Staat oder Markt

Das Buch

Daniel Yergin und Joseph A. Stanislaw beschreiben fesselnd das Kräftemessen zwischen Staat und Markt im Ringen um eine neue Wirtschaftsordnung. Wer wird eher in der Lage sein, aktuelle Probleme wie Arbeitslosigkeit und soziale Ungerechtigkeit zu meistern? Die staatliche Organisation oder der freie Markt? Erstmals wird diese grundlegende Frage im Rückblick auf die Jahrzehnte seit dem Zweiten Weltkrieg analysiert. Dabei verfolgen die Autoren die Erfolgsgeschichte des Sozialstaates, die Krise der staatlich regulierten Wirtschaft seit den 70er Jahren und den Siegeszug des Marktes durch den gesamten Westen. Sie zeigen aber auch, dass nach den jüngsten Krisen in Asien Staat und Markt erneut aufeinanderprallen. Ein außergewöhnlich wichtiger Beitrag zur Debatte um die Wirtschaft der Zukunft.

Die Autoren

Daniel Yergin, Historiker und Ökonom, gilt als Autorität auf dem Gebiet internationaler Politik und Wirtschaft. Er ist Berater der amerikanischen Regierung und erhielt 1992 als Sachbuchautor den Pulitzerpreis.

Joseph A. Stanislaw ist international anerkannter Experte für Energiemärkte, Geopolitik und Unternehmensstrategie. Er berät Regierungen wie auch Unternehmen weltweit.

Daniel Yergin
Joseph Stanislaw

Staat oder Markt

Die Schlüsselfrage unserer Zeit

Aus dem Englischen von Andreas Simon

Econ Taschenbuch

*Für Angela, Alexander und Rebecca Yergin
und für Augusta, Louis, Katrina und Henry Stanislaw*

Econ Taschenbücher erscheinen im Ullstein Taschenbuchverlag,
einem Unternehmen der
Econ Ullstein List Verlag GmbH & Co. KG, München
1. Auflage 2001
© 1999 für die deutsche Ausgabe by Campus Verlag GmbH, Frankfurt/Main
© 1998 by Daniel Yergin & Joseph Stanislaw
Titel der amerikanischen Originalausgabe: The Commanding Heights
(Simon & Schuster Inc., New York)
Übersetzung: Andreas Simon
Umschlagkonzept: Büro Meyer & Schmidt, München – Jorge Schmidt
Umschlaggestaltung: Init GmbH, Bielefeld (nach Guido Klütsch, Köln)
Druck und Bindearbeiten: Ebner Ulm
Printed in Germany
ISBN 3-548-70056-X

Inhalt

Vorwort zur deutschen Ausgabe 6
Einleitung: *An der Grenze zwischen Staat und Markt* 9

1. Dreißig glanzvolle Jahre: *Europas gemischtes Wirtschaftssystem* . 22
2. Der Fluch der Größe: *Amerikas regulierter Kapitalismus* 59
3. Verabredung mit dem Schicksal: *Der Aufstieg der Dritten Welt* . . 88
4. Der verrückte Mönch: *Großbritanniens Marktrevolution* 123
5. Die Vertrauenskrise: *Die globale Kritik am Staat* 168
6. Über das Wunder hinaus: *Das Auftauchen Asiens* 212
7. Die Farbe der Katze: *Chinas Wandlung* 264
8. Nach der Genehmigungswirtschaft: *Indiens Erwachen* 296
9. Die Regeln einhalten: *Die neue Linie in Lateinamerika* 317
10. Reise zum Markt: *Der Weg der nachkommunistischen Welt* . . . 362
11. Die verzögerte Revolution: *Amerikas neue Balance* 409
12. Die Zwickmühle: *Europas Suche nach einem neuen Sozialpakt* . . 461
13. Die Balance des Vertrauens: *Die Welt nach der Reform* 499

Chronologie 541
Anmerkungen 547
Interviewpartner 567
Ausgewählte Literatur 569
Danksagung 583
Personenregister 587
Sachregister 593
Bildnachweise 610

Vorwort zur deutschen Ausgabe

»Staat oder Markt?«, das mag wie ein theoretischer Streit anmuten. In Wahrheit geht es hier jedoch um eine sehr praktische Frage, die für Deutschland und seine Zukunft großes Gewicht hat. Diese Frage und die schwierigen Entscheidungen, die sich mit ihr verbinden, stecken das entscheidende Konfliktfeld der deutschen Politik und Wirtschaft in den ersten Jahren des neuen Jahrhunderts ab. Wie immer die Antworten auch ausfallen, sie werden weit reichende Auswirkungen auf das tägliche Leben aller Deutschen haben.

Das ist der Grund, warum die Gretchenfrage »Staat oder Markt?« für die Deutschen in dieser Phase ihrer Geschichte so wichtig ist. Was die historische Entwicklung des Verhältnisses von Staat und Markt in einem größeren Kontext betrifft, kommt Deutschland eine bedeutende Rolle zu. Die Leser und Leserinnen werden bei der Lektüre immer wieder auf wichtige deutsche Marksteine stoßen. Unsere Geschichte nimmt ihren Ausgang im Cecilienhof in Potsdam. Der Fall der Berliner Mauer hat weltweit Wellen geschlagen. Und der Euro ist auf seine Weise ein Meilenstein von überwältigender Bedeutung, der der deutschen Entschlossenheit und der modernen Tradition der Deutschen Mark viel verdankt.

Aber die besondere Bedeutung unserer Frage für Deutschland hat mit dem gegenwärtigen Streit über zwei eng miteinander verknüpfte Themen zu tun. Das erste Thema ist der Kampf um die angemessene Balance zwischen Staat und Markt. Wie die Leser sehen werden, vollzieht sich weltweit ein wirklicher Meinungswandel: hin zu größerem Vertrauen in die Kräfte des Marktes und weg vom Staat als Entscheidungsinstanz und Manager der Wirtschaftstätigkeit. Stattdessen wird der Staat heute eher als Schiedsrichter gesehen. Dieser Meinungswandel manifestiert sich in Privatisierungen, Deregulierung, Steuersenkungen und einer Öffnung zu größerem Wettbewerb.

Die zweite Streitfrage betrifft die Reform des Wohlfahrtsstaates. Einerseits soll der Wohlfahrtsstaat die sozialen Bedürfnisse befriedigen andererseits muss er bezahlbar bleiben und das Arbeitsethos stützen, statt es zu untergraben. Zu einer sinnvollen Reform wird es gehören, die Starrheit der Arbeitsgesetzgebung zu lockern. Ohne eine größere Flexibilität, die Risikobereitschaft und Unternehmergeist ermutigt, wird es Deutschland nur schwer gelingen, seine hohe Arbeitslosigkeit zu verringern.

Keine dieser Streitfragen ist leicht zu lösen. Schließlich gehen die Anfänge des Wohlfahrtsstaates vor einem Jahrhundert auf Bismarck zurück. Die Entwicklung des Wohlfahrtsstaates nach dem Zweiten Weltkrieg war eine der größten Errungenschaften Europas. Die Mischwirtschaft europäischer Prägung schuf ein Wohlstandsniveau, das sich zu Beginn der Nachkriegsära niemand hätte träumen lassen. Aber was in einer historischen Phase sinnvoll war – und funktionierte –, entspricht nicht notwendig dem, was in der darauf folgenden Phase erforderlich ist. Und selbst die besten und wertvollsten Ideen lassen sich ins Extrem treiben.

Traditionell würde man meinen, dass bei solchen Themen »linke« gegen »rechte« Politik steht. Aber die Welt hat sich verändert. Der große Kampf findet heute innerhalb der Mitte-links-Parteien statt. Passen diese sich, wie die Neuen Demokraten unter Bill Clinton in den USA oder New Labour unter Tony Blair in Großbritannien, dem Markt an? Oder beäugen sie, wie die französischen Sozialisten, den Markt weithin mit Misstrauen? Nirgendwo wird diese Spannung deutlicher als in der deutschen Sozialdemokratie. Gerhard Schröder mag mit Tony Blair ein Richtungspapier für eine »Neue Mitte« unterschreiben und verkünden, dass der allmächtige und interventionistische Staat unter den heutigen Bedingungen keinen Platz mehr habe. Aber gleichzeitig kann er sich einen revolutionären Anstrich geben und steht darüber hinaus einer Partei vor, die selbst nach dem Abtritt von Oskar Lafontaine noch nicht bereit scheint, wirklich eine »neue Mitte« zu suchen.

Die neue Ära des Wettbewerbs zwingt ebenfalls zum Handeln. Obwohl erst jüngsten Datums, bezeichnet das Wort »Globalisierung« plakativ die Realität der postkommunistischen Welt. Globalisierung wird als Leitstern beschworen – oder als drohendes Unheil verdammt. Aber wir versuchen hier, über die Globalisierung hinaus in ein neues Zeitalter zu blicken: das Zeitalter der »Globalität«. Wenn Globalisierung ein Prozess ist, der Weg, auf dem wir voranschreiten, dann ist Globalität das Ergebnis, das Ziel der Reise, der kommende Zustand.

Diese neue Globalität ist das Produkt einer Verbindung von vier Triebkräften. Die erste dieser Kräfte ist der globale Meinungswandel. Die zweite

Triebfeder ist die zunehmende Geschwindigkeit wirtschaftlicher Integration: durch Handel, Investitionen, Kapitalmärkte und regionale Zusammenschlüsse wie die Europäische Union und das Nordamerikanische Freihandelsabkommen (NAFTA) – und natürlich den Euro. Noch vor wenigen Jahren hätte man sich nur schwerlich vorstellen können, dass elf Nationen freiwillig die sichtbarste Verkörperung ihrer Souveränität – die mit den nationalen Emblemen, Helden und Heldinnen verzierten Geldscheine und Münzen – aufgeben würden. Die dritte Kraft besteht in den raschen Fortschritten der Technologie, besonders des Internets und preisgünstiger Kommunikation. Viertens gewinnt heute der »globale Aktionär« immer größeres Gewicht. Dieser Aktionär verstärkt den Druck auf Unternehmen in der ganzen Welt, ihre Wirtschaftsleistung zu verbessern. In Deutschland wird dies nicht zuletzt unverkennbar durch den Druck spürbar, der die Unternehmen zur Umstrukturierung zwingt.

Werden wir eine Umkehrung des gegenwärtigen Trends erleben? Die technologischen Entwicklungen lassen sich nicht zurückdrehen, auch nicht die wirtschaftliche Integration. Und der globale Aktionär wird eher noch an Bedeutung gewinnen. Was sich verändern könnte, ist unser Denken. Und das ist ein Punkt, den wir in diesem Buch betonen. Es gibt keine Garantien. Das Pendel könnte zurückschwingen. Wir zeigen fünf Gradmesser auf, die uns helfen können zu entscheiden, ob die Balance des Vertrauens sich wieder zugunsten des Staates neigen könnte. Werden die marktorientierteren Systeme die Wirtschaftsleistung erbringen, die wir uns von ihnen erwarten? Gelingt es ihnen, das gewünschte Maß an sozialer Gerechtigkeit, Fairness und Chancengleichheit herzustellen? Was geschieht mit der nationalen und kulturellen Identität in einer Welt der Globalität? Werden die jüngeren Generationen den Marktgesellschaften zutrauen, ihren Anforderungen an den Schutz der natürlichen Umwelt gerecht zu werden, oder werden sie nach neuer Regulierung und mehr Kontrolle rufen? Und wie werden die Märkte – und Staaten – auf die Anforderungen und Bedürfnisse der immer größeren Zahl älterer Menschen in den Industrienationen reagieren?

Wir meinen, dass die Themen, die wir in *Staat oder Markt* aufgreifen, gerade für Deutsche zum heutigen Zeitpunkt große Bedeutung haben. Wir hoffen sehr, dass dieses Buch für unsere deutschen Leser und Leserinnen eine nützliche und wertvolle Orientierung bietet, wenn sie über die Zukunft des vereinten Deutschlands und des neuen Europas nachdenken.

Daniel Yergin und Joseph Stanislaw

Einleitung
An der Grenze zwischen Staat und Markt

Bücher beginnen oft an unerwarteten Orten. Dieses Buch nahm seinen Anfang zum Teil an einem Sommertag am Stadtrand von Moskau. Der Markt von Ismajlowski erstreckt sich auf einem großen Areal unter freiem Himmel am Südwestrand der Stadt, beinahe am Ende der U-Bahn-Linie. Die Verwandlung dieses Ortes aus einem Kultur- und Erholungspark mit Ausstellungen von Gemälden und Kunsthandwerk in einen Bazar war eines der frühesten und sichtbarsten Zeichen für den Zusammenbruch des Kommunismus und den Übergang von einer staatlichen Kommandowirtschaft zu einer Marktwirtschaft.

Auf dem Markt standen Vergangenheit und Zukunft gleichzeitig zum Verkauf. Ölgemälde von schneebedeckten Dörfern und religiöse Ikonen – viele davon zweifelhaften Ursprungs – mischten sich mit südkoreanischen Elektronikwaren und billigen Videokassetten. Die Stände wetteiferten um den Verkauf alten Geschirrs und fleckiger Uniformen, von Erinnerungsstücken aus der Zarenzeit und Anstecknadeln, auf denen Lenins Gesicht prangte. Es gab Teppiche aus Zentralasien, Schwerter aus dem Kaukasus und Militaria der zaristischen und der Roten Armee. Und überall wurden ineinander geschachtelte hölzerne Puppen in endlosen Variationen feilgeboten: nicht nur die traditionellen Bäuerinnen, sondern auch eine Unzahl anderer Gestalten, von Sowjetführern und amerikanischen Präsidenten bis hin zum Basketballteam der Harlem Globetrotters. Das bevorzugte Zahlungsmittel für all diese Waren war der Dollar – eben jene Währung, deren Besitz nur wenige Jahre zuvor leicht zu einer empfindlichen Gefängnisstrafe hatte führen können.

Der Markt zog alle möglichen Leute an, darunter an diesem besonderen Tag auch Sir Brian Fall, den britischen Botschafter. Als Karrierediplomat im Auswärtigen Amt Großbritanniens hatte sich Fall dreißig Jahre lang, seit den Tagen des Kalten Krieges und von George Smiley, mit sowjetischen und russischen Angelegenheiten befasst. Zwischendurch hatte er immer wieder eine Reihe anderer Positionen bekleidet und unter anderem drei Außenministern und dem kanadischen Hochkommissar als Berater zur Seite gestanden. An diesem Tag jedoch war er nicht in diplomatischer Mission unterwegs, sondern besuchte mit seiner Frau und Tochter Ismajlowski den Markt, um wie alle anderen einzukaufen. Sie suchten nach einem Gemälde mit einer ländlichen Dorfszenerie, einer Beschwörung des traditionellen Mütterchens Russland. Aber ab und zu musste Sir Brian doch innehalten, um sich daran zu erinnern, dass die dramatischen Wandlungen des modernen Russland wirklich und tatsächlich stattfanden. Jeder Stand auf dem Markt von Ismajlowski führte diesen Wandel vor Augen. Der Markt war eine Metapher für eine zerrissene und verwirrte, aber auch mit neuer Energie aufgeladene Gesellschaft, die einen schmerzlicheren und schnelleren Wandel durchmachte, als die Russen begreifen konnten, nachdem sie eine Revolution erlebt hatten, die sie nicht vorausgesehen hatten – und auf die sie gewiss nicht vorbereitet waren.

»Um wie vieles leichter wäre es für die Russen gewesen«, sagte der Botschafter, als wir zwischen den Marktständen umherschlenderten, »wenn die Sowjetunion in den 60er oder 70er Jahren zusammengebrochen wäre.«

Warum?

»Weil zu jener Zeit im Westen die staatliche Interventionspolitik beherrschend war und staatliche Planung und Staatseigentum zu den bevorzugten Methoden zählten. Für Russland wäre es viel annehmbarer gewesen, an seinen riesigen staatlichen Kombinaten festzuhalten und weiter Geld in sie zu pumpen, egal wie hoch die Verluste gewesen wären. Dann wäre der Wechsel zur Markwirtschaft nicht so hart und traumatisch geworden.«

Die Bemerkungen von Botschafter Fall rückten plötzlich ins grelle Rampenlicht, wie viel sich seit den 70er Jahren auf der Welt verändert hat. Die gängigen, ja beherrschenden wirtschaftspolitischen Weisheiten von damals werden heute auf breiter Linie kritisiert, manchmal völlig in Frage gestellt und über Bord geworfen. Ideen, die ehedem nur Rand- oder sogar Außenseiterpositionen zu sein schienen und nur in einigen Universitätsseminaren diskutiert wurden, sind jetzt dagegen ins Zentrum gerückt. Als Folge davon werden Volkswirtschaften beinahe überall auf der Welt neu geordnet, in einigen Fällen radikal, mit ungeheuren und weit reichenden Auswirkungen.

Auf der ganzen Welt wenden sich Sozialisten dem Kapitalismus zu, verkaufen Regierungen Staatsbetriebe, die sie zuvor verstaatlicht hatten, und umwerben multinationale Konzerne, die sie erst zwei Jahrzehnte zuvor aus dem Land gewiesen hatten. Marxismus und staatliche Kontrolle werden zugunsten des Unternehmertums beiseite geschoben, die Zahl der Börsen explodiert, und viele Investmentfond-Manager sind zu Berühmtheiten geworden. Heute räumen linke Politiker ein, dass sich ihre Staaten nicht länger die teuren Wohlfahrtssysteme leisten können, und Linke in Amerika, die so genannten *liberals*, erkennen an, dass mehr Staat wohl nicht die Lösung für jedes Problem ist. Viele Menschen sind gezwungen, ihre grundlegenden Annahmen zu überprüfen und neu zu bewerten. Diese Veränderungen eröffnen auf der ganzen Welt neue Aussichten und Möglichkeiten. Der Wandel verursacht bei vielen aber auch neue Ängste und Unsicherheit. Sie fürchten, dass die zunehmende Verflechtung in einen Weltmarkt, der nationale Grenzen zu überwinden sucht, es dem Staat unmöglich machen wird, sie zu schützen. Und sie äußern ihr Unbehagen über den Preis, den der Markt seinen Teilnehmern abverlangt. Schocks und Turbulenzen auf den internationalen Kapitalmärkten, wie sie 1995 Lateinamerika und 1997 Südostasien heimsuchten, verwandeln dieses Unbehagen in grundlegende Fragen nach den Gefahren und sogar der Legitimität von Märkten. Die globale Finanzkrise, die 1997 in Asien begann und 1998 auf den Rest der Welt übergriff, warf tief greifende Fragen nach den machtvollen Auswirkungen und den unvorhergesehenen Risiken der Integration in den Weltmarkt auf. All diese Gesichtspunkte müssen jedoch zueinander in Verbindung gebracht werden.

Warum kam es zu diesem Wandel?

Warum diese Hinwendung zum Markt? Warum und wie kam es zu diesem Wandel, von einer Ära, in welcher der »Staat« – in Form nationaler Regierungen – versuchte die Kontrolle über die Volkswirtschaften zu erlangen und auszuüben, zu einer Ära, in der die Ideen des Wettbewerbs, der Offenheit, der Privatisierung und Deregulierung weltweit das ökonomische Denken beherrschen? Aus dieser Frage ergibt sich eine weitere: Sind diese Veränderungen unumkehrbar? Sind sie Teil eines fortlaufenden Entwicklungs- und Evolutionsprozesses? Wie werden die politischen, sozialen und ökonomischen Konsequenzen und Zukunftsperspektiven dieser grundlegenden Veränderung in der Beziehung zwischen Staat und Markt aussehen? Dies sind die grundlegenden Fragen, die dieses Buch zu beantworten sucht.

Wo die Grenze zwischen Staat und Markt zu ziehen sei, war nie eine Frage, die ein für alle Mal auf irgendeiner großen Friedenskonferenz hätte beigelegt werden können. Vielmehr war sie im Verlauf dieses Jahrhunderts stets Gegenstand erbitterter intellektueller und politischer Schlachten und ständiger Scharmützel. In seiner Gesamtheit stellt dieser Kampf eines der großen Dramen dar, die das 20. Jahrhundert bestimmten. Heute ist diese Auseinandersetzung so weit reichend und umfassend, dass sie unsere Welt grundlegend neu gestaltet – und die Leitlinien für das 21. Jahrhundert vorgibt.

Die Grenze zwischen Staat und Markt definiert nicht die Grenzen zwischen Nationen, sondern die Rollenverteilung innerhalb der Staaten. Worin bestehen der Bereich und die Verantwortung des Staates in der Ökonomie, und welche Art von Schutz soll der Staat seinen Bürgern bieten? Worin besteht die Domäne privater Entscheidungen, und welche Verantwortung hat der Einzelne? Diese Grenze ist nicht klar und sauber definiert. Sie verschiebt sich ständig und ist häufig unscharf. Während eines Großteils des 20. Jahrhunderts ging es jedoch mit dem Staat aufwärts und er weitete seinen Einfluss immer weiter auf Bereiche aus, die vorher zur Domäne des Marktes gehört hatten. Seine Siege wurden durch Revolutionen und zwei Weltkriege vorangetrieben, durch die Weltwirtschaftskrise der 30er Jahre, durch den Ehrgeiz von Politikern und Regierungen. Befördert wurden diese Erfolge in den demokratischen Industrieländern auch von den Forderungen der Öffentlichkeit nach größerer sozialer Sicherheit, in den Entwicklungsländern durch den Willen zum Fortschritt und zur Verbesserung der Lebensbedingungen sowie das Streben nach Gerechtigkeit und Fairness. Hinter alldem stand die Überzeugung, dass Märkte zu Extremen neigen und leicht scheitern, dass es zu viele Bedürfnisse und Dienstleistungen gibt, die sie nicht befriedigen können, dass ihre Risiken und die menschlichen und sozialen Kosten zu hoch und die Möglichkeiten des Missbrauchs zu zahlreich sind. Im Gefolge der traumatischen Umwälzungen in der ersten Hälfte des 20. Jahrhunderts weiteten Regierungen die bestehenden Verantwortungsbereiche und Verpflichtungen gegenüber ihren Bürgern aus und fügten ihnen neue hinzu. »Regierungswissen« – die kollektive Intelligenz der Entscheidungsträger im staatlichen Machtzentrum – war, so meinte man, dem »Marktwissen« überlegen – der verstreuten Intelligenz der privaten Entscheidungsträger und Konsumenten des Marktes.

Am Extrempunkt dieser Skala standen die Sowjetunion, die Volksrepublik China und andere kommunistische Staaten, die Marktintelligenz und Privateigentum völlig unterdrücken und durch zentrale Planung und Staatseigentum ersetzen wollten. Der Staat sollte allwissend sein. In vielen Industrieländern des Westens und in einem Großteil der Entwicklungsländer bestand das Modell dagegen in einer »Mischökonomie« (*mixed economy*): Hier sollte der Staat sein ganzes Wissen einsetzen und eine stark dominierende Rolle spielen, ohne jedoch die Marktmechanismen völlig außer Kraft zu setzen. Der Staat kümmerte sich hier um Wiederaufbau und Modernisierung; er trieb das Wirtschaftswachstum an; er sorgte für Gerechtigkeit, Chancengleichheit und Lebensqualität. Um all dies zu erreichen, versuchten die Regierungen vieler Länder die wirtschaftlichen Machtgipfel ihrer Ökonomien zu erobern und zu halten – die »Kommandohöhen«.

Dieser Ausdruck ist ein Dreivierteljahrhundert alt. Im November 1922, ein halbes Jahrzehnt, nachdem er die Bolschewiki zum Sieg geführt hatte, bahnte sich der bereits kranke Wladimir Iljitsch Lenin seinen Weg zur Rednertribüne der IV. Kommunistischen Internationale in Sankt Petersburg, das damals Petrograd hieß. Es war sein vorletzter öffentlicher Auftritt. Im Jahr davor hatte Lenin inmitten des wirtschaftlichen Zusammenbruchs aus Verzweiflung die »Neue Ökonomische Politik« eingeleitet, die Handel und private Landwirtschaft in kleinem Maßstab wieder erlaubte. Nun wurde er dafür von militanten Kommunisten angegriffen, weil er mit dem Kapitalismus Kompromisse schließe und den Ausverkauf der Revolution betreibe. Trotz seiner geschwächten körperlichen Verfassung verteidigte Lenin das Programm mit seiner üblichen Schärfe und gewohntem Sarkasmus. Auch wenn die neue Politik Märkte zulasse, würde der Staat doch die »Kommandohöhen« kontrollieren, die wichtigsten Teile der Wirtschaft. Diese Auseinandersetzung fand noch vor der Kollektivierung, dem Stalinismus und der völligen Auslöschung von Privatmärkten in der Sowjetunion statt.

In den Zwischenkriegsjahren wurde der Ausdruck in Großbritannien von der sozialistischen Fabian Society und der Labour Party aufgegriffen, wurde dann von Jawaharlal Nehru und der Kongresspartei in Indien übernommen und breitete sich in viele andere Regionen aus. Aber ob der Begriff nun ausdrücklich benutzt wurde oder nicht, das Ziel war immer das gleiche: die staatliche Kontrolle der strategischen Teile der Nationalökonomie zu sichern, ihrer größten Unternehmen und Schlüsselindustrien. In den USA übte die Regierung die Kontrolle über die Kommandohöhen der Wirtschaft nicht durch Verstaatlichung, sondern durch staatliche Regulierung aus, was zu einer besonderen amerikanischen Form des regulierten Kapitalismus führte.[1]

Insgesamt schien das Vordringen staatlicher Kontrolle unaufhaltsam. In den Jahren unmittelbar nach dem Zweiten Weltkrieg konnten nur die einzelnen Regierungen die notwendigen Ressourcen aufbringen, um die erschütterten und verwüsteten Nationen wieder aufzurichten. Die 60er Jahre schienen zu beweisen, dass sie ihre Wirtschaften effizient führen, ja ihre Feinabstimmung gewährleisten konnten. Mitte der 70er Jahre war die Mischökonomie praktisch unumstritten, und der Staatssektor wurde weiter ausgeweitet. Selbst in den USA versuchte die Administration der Republikaner unter Richard Nixon ein umfangreiches Programm detaillierter Lohn- und Preiskontrollen einzuführen.

Doch in den 90er Jahren war es der Staat, der den Rückzug angetreten hatte. Der Kommunismus war nicht nur gescheitert, er war in der ehemaligen Sowjetunion beinahe verschwunden und in China, zumindest als Wirtschaftssystem, aufgegeben worden. Im Westen schüttelten die Staaten ihre Kontrollmacht und Verantwortung ab. Statt auf das »Scheitern des Marktes« richtete sich das Augenmerk nun auf das »Scheitern des Staates« – auf die Schwierigkeiten, die entstehen, wenn der Staat zu expansiv und ehrgeizig wird und in der Wirtschaft der wichtigste Mitspieler sein möchte, statt sich mit der Schiedsrichterrolle zu begnügen. Paul Volcker, der als Präsident der amerikanischen Notenbank die Inflation besiegte, erklärte den Grund für diesen Wandel in einfachen Worten: »Der Staat war zu arrogant geworden.«

Der größte Ausverkauf

Heute privatisieren Regierungen, abgeschreckt von den hohen Kosten und der Enttäuschung über ihre mangelnde Effizienz, ihre Staatsbetriebe. Es ist der größte Ausverkauf der Weltgeschichte. Die Staaten ziehen sich aus dem Geschäft zurück und verkaufen Unternehmen und Vermögenswerte, deren Wert sich auf Billionen von Mark beläuft. Alles wird veräußert, von Stahlwerken, Telefongesellschaften und Elektrizitätswerken bis hin zu Fluglinien, Eisenbahnen, Hotels, Restaurants und Nachtklubs. Dies geschieht nicht nur in der Sowjetunion, Osteuropa und China, sondern auch in Westeuropa, Asien, Lateinamerika und Afrika – und in den USA, wo die Bundesregierung, die Regierungen der Bundesstaaten und die Kommunen viele ihrer traditionellen Aufgaben dem Markt überlassen. In einem Prozess, dessen Auswirkungen noch weiter reichen, der aber weniger deutlich zu erkennen ist, beseitigen sie parallel dazu das System ökonomischer Regulierungen, das während der letzten sechs Jahrzehnte beinahe jeden Aspekt des täglichen Lebens in Amerika berührt hat. Das Ziel lautet, von staatlicher Kontrolle als Ersatz für den Markt wegzukommen. Stattdessen verlässt man sich stärker auf den Wettbewerb des Marktes als eine effektivere Art, die Öffentlichkeit zu schützen.

Dieser Wandel signalisiert jedoch in keiner Weise das Ende des Staates. In vielen Ländern geben die Regierungen auch weiterhin einen ebenso großen Anteil des Volkseinkommens aus wie in den Jahren zuvor. In den Industrieländern ist der Grund dafür in den Sozialleistungen zu sehen – Transferleistungen und Leistungsansprüche –, und fast überall bleibt der Staat die letzte Zuflucht für eine Unzahl von gesellschaftlichen Forderungen. Dennoch nimmt der Anteil des Staates, die Bandbreite der Pflichten, die er sich in der Wirtschaft aufhalst, entschieden ab. Auf der ganzen Welt plant der Staat heute weniger, besitzt weniger, reguliert weniger und erlaubt stattdessen dem Markt sich auszudehnen.

Der Rückzug des Staates von den Kommandohöhen der Wirtschaft markiert eine große Wasserscheide zwischen dem 20. und dem 21. Jahrhundert. Viele Länder, die sich früher von Handel und Investitionen abgeschottet hatten, öffnen sich heute, und im Verlauf dieses Prozesses vergrößert sich der Weltmarkt gewaltig. Viele neue Arbeitsplätze entstehen. Doch Kapital und Technologie können in dieser neuen mobilen Ökonomie auf der Suche nach neuen Möglichkeiten, neuen Märkten und einem günstigeren Geschäftsklima problemlos um die Welt wandern. Die Arbeitskräfte dagegen sind weit weniger mobil und könnten auf der Strecke bleiben. Bei den Arbeitnehmern führt das zu einer doppelten Furcht: der Furcht vor der globalen Konkurrenz und vor dem Verlust des sozialen Netzes.

Das Wort *Globalisierung*, vor kaum mehr als einer Dekade geprägt, ist heute eine nur allzu vertraute Beschreibung für den Prozess der Integration und Internationalisierung der Wirtschaftstätigkeit und der ökonomischen Strategien. Dennoch wurde der Begriff bereits von den Ereignissen überholt. Eine neue Realität zeichnet sich ab. Sie ist kein Prozess, sondern ein Zustand: eine Globalität, eine Weltwirtschaft, in der traditionelle und vertraute Grenzen überwunden oder irrelevant sind. Das Ende der Sowjetunion und des Kommunismus hat die Karte der Weltpolitik neu gezeichnet und Ideologien als einen der dominierenden Faktoren der internationalen Beziehungen bedeutungslos gemacht. Das Wachstum der Kapitalmärkte und die fortschreitende Beseitigung von Handels- und Investitionshemmnissen binden die Märkte noch enger zusammen – und schaffen einen freieren Austausch von Ideen. Mit der Entstehung neuer Märkte, der so genannten *emerging markets*, halten eine gewaltige Dynamik und gigantische Möglichkeiten Einzug in die internationale Wirtschaft. Aus nationalen Firmen werden Weltunternehmen, *global players*; und Unternehmen, ob sie nun langjährige Erfahrung im internationalen Geschäft besitzen oder Neulinge darin sind, beeilen sich globale Strategien zu entwickeln. Parallel dazu vollzieht sich eine technologische Revolution von großer Tragweite, die diesen Prozess erleichtert, aber auch unabsehbare Folgen hat. Die Informationstechnologie schafft durch Computer eine »vernetzte Welt«, indem sie Kommunikation, Koordination, Integration und Kontakte mit einer Geschwindigkeit und in einem Umfang vorantreibt, welche die Planungs- und Lenkungsmöglichkeiten irgendeines Staates weit übersteigen. Die Beschleunigung des Informationsaustausches macht nationale Grenzen zunehmend durchlässig und, im Hinblick auf einige Formen der Kontrolle, zunehmend irrelevant.

Die Macht der Ideen

Alldem liegt ein fundamentaler Wandel der Ideen zugrunde. 1936 schrieb der bedeutende britische Wirtschaftswissenschaftler John Maynard Keynes am Ende seines berühmten Werkes *Die allgemeine Theorie der Beschäftigung, des Zinses und des Geldes* [dt. 1939], dass Ideen »einflussreicher [sind], als gemeinhin angenommen wird. Die Welt wird in der Tat durch nicht viel anderes beherrscht. Praktiker, die sich ganz frei von intellektuellen Einflüssen glauben, sind gewöhnlich Sklaven irgendeines verblichenen Ökonomen. Wahnsinnige in hoher Stellung, die Stimmen in der Luft hören, zapfen ihren wilden Irrsinn aus dem, was irgendein akademischer Schreiber ein paar Jahre vorher verfasst hat. (...) Früher oder später sind es die Ideen, und nicht erworbene Rechte, von denen die Gefahr kommt, sei es zum Guten oder zum Bösen.«

Die dramatische Neubestimmung von Staat und Markt in den letzten beiden Jahrzehnten zeigt aufs Neue, wie sehr Keynes' Grundsatz von der überwältigenden Macht der Ideen zutrifft. Denn Ideen und Vorstellungen, die früher entschieden außerhalb der etablierten Überzeugungen standen, sind nun mit beträchtlicher Schnelligkeit ins Rampenlicht gerückt und krempeln heute ganze Volkswirtschaften in jedem Winkel der Welt um. Sogar Keynes selbst ist von seinem eigenen Diktum eingeholt worden. Während der Bombardierung Londons im Zweiten Weltkrieg verschaffte er einem exilierten österreichischen Ökonomen, Friedrich von Hayek, eine zeitweilige Unterkunft in einem College der Universität von Cambridge. Das war eine großzügige Geste – schließlich war Keynes der führende Ökonom seiner Zeit und von Hayek einer seiner eher unbekannten Kritiker. In den Nachkriegsjahren erschienen Keynes' Theorien über die staatliche Lenkung der Wirtschaft unanfechtbar. Aber ein halbes Jahrhundert später ist Keynes vom Sockel gestürzt; und von Hayek, dem vehementen Befürworter freier Märkte, wird nun der Vorrang eingeräumt. Beherrschte in den USA die von Keynes geprägte »neue Wirtschaftslehre« aus Harvard die Regierungen der Präsidenten Kennedy und Johnson in den 60er Jahren, so hat in den 90er Jahren die so genannte »Schule von Chicago« mit ihrem Eintreten für freie Märkte weltweiten Einfluss gewonnen.[2]

Aber Ökonomen und andere Denker liefern nur die Ideen; es sind die Politiker, die sie umsetzen müssen, und eine der wichtigsten Lehren aus diesem bemerkenswerten Wandel ist die Bedeutung, die politischen Führern und der politischen Führung dabei zukam. Keith Joseph, Großbritanniens selbst ernannter »Denkminister«, und seine Schülerin Margaret Thatcher schienen sich auf einen Kampf mit Windmühlenflügeln eingelassen zu haben, als sie sich daranmachten, Großbritanniens Mischwirtschaft aus den Angeln zu heben. Doch sie hatten nicht nur Erfolg, sondern beeinflussten damit auch die Wirtschaftspolitik eines beträchtlichen Teils der übrigen Welt. Es war ein überzeugter Revolutionär, Deng Xiaoping, der das größte Land der Erde entschlossen zur Abkehr vom Kommunismus zwang und seine Integration in die Weltwirtschaft betrieb, während er verbal weiterhin Karl Marx seine Reverenz erwies. Und in den USA ließen die Siege von Ronald Reagan der Demokratischen Partei keine andere Wahl, als sich neu zu definieren.

Das Vokabular, das bei diesem Marsch in den freien Markt benutzt wird, verdient noch eine gesonderte Anmerkung. Für Amerikaner kann der globale Kampf zwischen Staat und Markt zuweilen verwirrend sein, scheinen hier doch »Liberalismus« und »Liberalismus« gegeneinander zu stehen. In den USA bedeutet *liberalism*, für eine aktive, eingreifende Rolle des Staates einzutreten; der Staat soll seinen Einfluss auf die Wirtschaft ausdehnen und in ihr mehr Verantwortung übernehmen. In der übrigen Welt meint Liberalismus fast das genaue Gegenteil (was ein »liberaler« Amerikaner als »Konservatismus« beschreiben würde). Dieser Überzeugung nach soll der Staat eine geringere Rolle spielen; individuelle und ökonomische Freiheit sollen maximiert werden, und man verlässt sich auf den Markt und die dezentrale Entscheidungsfindung. Die geistigen Wurzeln dieser Überzeugung finden sich bei solchen Denkern wie John Locke, Adam Smith und John Stuart Mill. Sie betont den Rang von Eigentumsrechten und sieht den Staat in der Rolle eines Schiedsrichters, der das Funktionieren der Zivilgesellschaft erleichtert. Wo also in diesem Buch von den USA die Rede ist, benutzen wir der amerikanischen Praxis entsprechend das Wort Liberalismus im Sinne von mehr, nicht weniger Staat.*

Zurück in die Zukunft

Das Erstarken dieses Liberalismus ist eine Wiedergeburt – ein erneutes Anknüpfen an die Tradition –, denn er hatte seine Hochphase im späten 19. Jahrhundert. Tatsächlich weist die Welt des heraufziehenden 21. Jahrhunderts Ähnlichkeiten mit jener des zu Ende gehenden 19. Jahrhunderts auf: eine Welt sich ausweitender ökonomischer Möglichkeiten, in der die Schranken der Reisefreiheit und Handelsbarrieren immer weiter abgebaut wurden. Damals wie heute halfen neue Technologien den Wandel zu beschleunigen. Im 19. Jahrhundert durchbrachen zwei Innovationen endgültig jene Schranken, die Wind und Gezeiten seit den Anfängen der Zivilisation dem Handel gesetzt hatten. Im frühen 19. Jahrhundert ermöglichte die Dampfmaschine die Beförderung von Menschen und Gütern auf Schienen und Schiffen, die sicherer, schneller und zweckmäßiger war als jede andere damals verfügbare Technik. Schon 1819 überquerte das amerikanische Schiff »Savannah« den Atlantik mit einer Dampfmaschine zur Unterstützung ihrer Segel. Mitte des 19. Jahrhunderts begann die Dampfmaschine die

---

* Wie kam es dazu, dass dieses Wort in den Vereinigten Staaten eine so radikal andere Bedeutung annahm? Während des Ersten Weltkriegs begannen einige der führenden progressiven Schriftsteller das Wort *liberalism* als Synonym für *progressivism* (»Fortschrittlichkeit«) zu benutzen, da dieser Begriff durch ihren gefallenen Helden Theodore Roosevelt kompromittiert war, der für die Partei der Progressisten in den Wahlkampf gezogen war und verloren hatte. Traditionelle amerikanische Liberale waren nicht glücklich darüber, dass ihr Name auf diese Weise besetzt wurde. In den 20er Jahren kritisierte die *New York Times* die »Enteignung des altehrwürdigen Begriffs ›liberal‹« und verlangte, dass die »radikal rote Denkschule (...) das Wort ›liberal‹ seinen ursprünglichen Eigentümern zurückgeben möge«. Zu Beginn der 30er Jahre trugen Herbert Hoover und Franklin D. Roosevelt einen Streit darüber aus, wer von ihnen der wahre Liberale sei. Roosevelt entschied diesen Streit für sich und benutzte das Wort, um Anschuldigungen zu begegnen, er sei links. Er konnte erklären, dass Liberalismus »gutes Englisch für die veränderte Pflicht und Verantwortung des Staates gegenüber dem Wirtschaftsleben« sei. Seit dem New Deal Roosevelts wird Liberalismus in den USA als Ausweitung der Rolle des Staates in der Wirtschaft verstanden.

Windkraft ganz zu ersetzen. Als 1865 nach drei missglückten Versuchen das erste Telegrafenkabel auf dem Boden des Atlantiks verlegt war, wurden damit die Märkte der Alten und Neuen Welt verbunden. Die Verbreitung dieser Technologien war der Motor einer dramatischen Ausweitung des Welthandels. Darüber hinaus schufen sie Investitionsmöglichkeiten für Privatkapital. Europäisches Kapital floss in den Bau von Eisenbahnlinien in Nord- und Südamerika, Afrika und Asien sowie in Minen und Plantagen, die durch diese Linien mit den Häfen verbunden wurden. Mit dem vielen britischen Geld, das die Entwicklung der amerikanischen Eisenbahnen finanzierte, wurden die USA zum attraktivsten neuen Markt im 19. Jahrhundert. Ende des 19. und im frühen 20. Jahrhundert erlebte die Weltwirtschaft eine Phase des Friedens und des Wachstums, an die man sich nach dem Gemetzel des Ersten Weltkriegs wie an ein goldenes Zeitalter erinnerte.

Kritische Bewährungsproben

Was beförderte die Rückkehr zum traditionellen Liberalismus auf der ganzen Welt? Die Hoffnung auf den Staat als Katalysator der Modernisierung hatte sich in Enttäuschung über Staatseigentum und staatliche Interventionspolitik verwandelt, da die Kosten und Folgen dieser Politik unerwartet groß waren. Die Regierungen waren nicht länger in der Lage die finanziellen Lasten einzudämmen: Schulden und Defizite waren zu groß geworden. Die Inflation war zur chronischen Dauererscheinung geworden. Als sich die Kluft zwischen Absichten und tatsächlicher Leistung vergrößerte, schlug die Zuversicht in Zynismus um. Die Implosion des Sowjetsystems – des großen Leitsterns der zentralistischen Planung – brachte jede Art von Dirigismus in Verruf, während der Aufstieg der erfolgreichen ostasiatischen Wirtschaften auf eine andere Balance zwischen Staat und Markt verwies und die Vorteile der Beteiligung am Weltmarkt heraushob.

Wird der scheinbare Triumph des Marktes von Dauer sein? Oder wird sich die Rolle des Staates wieder vergrößern? Die Antwort wird, wie wir glauben, von mehreren Schlüsselfragen abhängen: Werden die Marktwirtschaften ökonomisches Wachstum, Beschäftigung und höheren Lebensstandard sichern, und wie werden sie den Wohlfahrtsstaat neu bestimmen? Was wird mit den nationalen Identitäten in der neuen internationalen Wirtschaft geschehen? Wird die Öffentlichkeit darauf vertrauen können, dass genug für den Umweltschutz getan wird? Und wie werden die Marktwirtschaften mit den Kosten der demografischen Entwicklung fertig – mit dem wachsenden Anteil der Jungen in den Entwicklungsländern und der Alten in den Industriestaaten? Diese Fragen und die Themen, für die sie stehen, werden ein zentraler Gegenstand dieses Buches sein.[3]

Dabei wollen wir in den ersten drei Kapiteln darlegen, wie die Regierungen in Europa, den USA und den Entwicklungsländern die Kommandohöhen der Wirtschaft unter ihre Kontrolle brachten und der Staat in den 70er Jahren eine scheinbar unanfechtbare Position erreichte. Kapitel 4 beschreibt den ersten großen Gegenangriff auf den Staat, die Thatcher-Revolution im Großbritannien der 80er Jahre. Kapitel 5 erklärt die Triebkräfte, die in den 80er und 90er Jahren weltweit einen »Meinungsumschwung« über die Balance von Staat und Markt bewirkten. Die Kapitel 6 bis 8 konzentrieren sich auf Asien: auf die Dynamik der ostasiatischen Länder und die Kräfte, die sie nach dem »Wirtschaftswunder« umformen; auf die zwanzigjährige Kehrtwendung vom Kommunismus zum Kapitalismus in China sowie die Bemühungen Indiens, seine staatlich beherrschte »Genehmigungswirtschaft« zu beseitigen und die Nation in die Weltwirtschaft einzubinden. Lateinamerikas schmerzlicher Schritt von der Dependenztheorie (»*dependencia*«) zur Schocktherapie ist das Thema von Kapitel 9. Kapitel 10 erklärt, warum Russland und Osteuropa auf den Markt setzten, und beschreibt ihre anschließende holprige Reise in die postkommunistische Welt. Europas Anstrengungen, einen gemeinsamen Markt zu schaffen, und die Bemühungen einzelner Länder, den Staat abzuspecken und mit den Problemen des Wohlfahrtsstaats fertig zu werden, sind Gegenstand von Kapitel 11. Kapitel 12 nimmt die USA unter der Perspektive des Gesamtprozesses globaler Veränderung unter die Lupe und analysiert die Auswirkungen einer disziplinierten Finanzpolitik auf den expansiven des Staatssektor und die entgegenwirkenden Kräfte wirtschaftlicher und sozialpolitischer Regulierung. Am Schluss bietet Kapitel 13 einen Ausblick auf die Zukunft. Welche wichtigen ökonomischen, politischen und sozialen Themen stehen in verschiedenen Teilen der Welt auf der Tagesordnung? Wie werden die langfristigen Konsequenzen der globalen Finanzkrise am Ende der 90er Jahre aussehen? Wird es zu einer erneuten Abkehr vom Markt kommen, oder vollziehen sich derzeit grundlegendere und dauerhaftere Wandlungen? Und wer wird im nächsten Jahrhundert die wirtschaftlichen Kommandohöhen besetzen: der Staat oder der Markt?

Dies ist also unser Vorhaben: die Geschichte der Menschen, Ideen, Konflikte und Wendepunkte, die in den letzten 50 Jahren den Entwicklungsweg der Ökonomien und das Schicksal der Nationen verändert haben. Der Umfang dieses Unternehmens gebietet eine strenge Disziplin. Zahllose Bücher könnten allein über Europa oder über viele andere Regionen und Länder geschrieben werden. Wir betrachten Länder und Regionen hingegen als Teile eines größeren Bildes: des stürmischen Kampfes um die Machtgipfel der Wirtschaft, der damit verbundenen Risiken und Konsequenzen und der Aussichten, die sich daraus für das nächste Jahrhundert ergeben.

Aber beginnen wollen wir mit einer Friedenskonferenz, auf der es tatsächlich um traditionelle politische Grenzen ging. Es war das Jahr 1945. Der Ort des Geschehens: Potsdam.

Kapitel 1

Dreißig glanzvolle Jahre
Europas gemischtes Wirtschaftssystem

Das Abschlusstreffen der alliierten Regierungschefs fand im Juli 1945 im ehemaligen Kronprinzenschloss Cecilienhof in Potsdam bei Berlin statt. Ihre Aufgabe war es, den letzten Akt des Zweiten Weltkriegs zu beenden und den Frieden auszuhandeln. Einer von ihnen war der unerfahrene neue amerikanische Präsident Harry Truman, der dem verstorbenen Franklin D. Roosevelt kaum drei Monate zuvor im Amt gefolgt war. Der zweite war der Sowjetdiktator Joseph Stalin – »Onkel Joe«, wie ihn die anderen Alliierten zu seiner großen Irritation nannten. Erst viele Jahre später wurde das ganze Ausmaß der Opfer bekannt, die seine brutale Diktatur und die Gulags gefordert hatten. In der Zwischenzeit übte die zentralisierte Planung der Sowjetunion mit ihren Fünfjahresplänen und ihrer massiven Industrialisierung bereits einen Zauber aus, der noch Jahrzehnte andauern sollte. Der dritte war Winston Churchill, ein großer Stratege und unnachgiebiger Führer, dessen bulldoggenhafte Entschlossenheit zu einer Zeit, als England ganz allein stand, den Widerstand gegen die Aggression der Achsenmächte verkörpert und gebündelt hatte. In den dunkelsten Stunden von 1940/41 hätten sich nur wenige einen Sieg der Alliierten ohne Churchill vorstellen können.

Es ging um viel in Potsdam. Die Tagesordnung war angefüllt mit harten und bitteren Streitfragen: dem genauen Zeitpunkt des Eintritts der Sowjetunion in den Krieg gegen Japan, den Bedingungen der Besetzung Deutschlands, Reparationen – und natürlich Grenzen. Und es ging noch um etwas anderes. An einem Punkt der Konferenz schlenderte Truman, nachdem er über den erfolgreichen Atombombentest in der Wüste von Neumexiko unterrichtet worden war, wie beiläufig zu Stalin hinüber und erzählte ihm, dass die USA über eine neue Waffe verfügten. Gut, sagte Stalin; er hoffe, dass die USA sie einsetzen würden. Trumans Offenbarung war für den sowjetischen Diktator keine Überraschung; er wusste von der amerikanischen Bombe bereits durch seine Spione.

Nach neun Tagen diplomatischen Gerangels gab es eine Unterbrechung, deren Anlass dem erstaunten Stalin wie ein verstaubtes Relikt bürgerlicher Demokratie vorgekommen sein muss: eine Wahl, und zwar die eilig abgehaltene Parlamentswahl in Großbritannien, mit der die Kriegskoalition, die das Land seit Mai 1940 regiert hatte, abgelöst werden sollte. Churchill reiste am 25. Juli aus Potsdam ab. Obwohl durch einen Traum beunruhigt, in dem er sich selbst tot gesehen hatte, war er zuversichtlich, dass seine Konservative Partei mit großer Mehrheit siegen würde und er schnell zurückkehren konnte, um weiter mit Stalin zu ringen. Stattdessen aber verhalf das britische Wahlvolk, das eine Rückkehr zur Arbeitslosigkeit und Armut der 30er Jahre fürchtete, der Labour Party zu einem Erdrutschsieg. Für den Mann, der Großbritannien durch die schreckliche Krise der Kriegszeit geführt hatte, war die Niederlage eine große Demütigung. »Niederträchtig« nannte Churchill das Ergebnis. Einige Wochen später versuchte ihn seine Frau zu trösten. »Wer weiß, ob sich darin nicht ein Segen verbirgt«, sagte sie, worauf Churchill erwiderte: »Im Moment scheint er sich ausgesprochen wirkungsvoll zu verbergen.«

Großbritannien wurde nicht länger von der außergewöhnlichen Persönlichkeit geführt, die man einmal »den größten Abenteurer der modernen Politikgeschichte« genannt hat: Abkömmling des Herzogs von Marlborough, Kavallerieoffizier und Held des Burenkriegs, Eisenfresser und meisterhafter Prosastilist, ein liberaler Reformer, der sich zum Verteidiger des Empire wandelte. Ersetzt wurde Churchill durch Clement Attlee, der – bewegt von der Armut und Verzweiflung in den britischen Slums und, wie er selbst sagte, von einer »christlichen Ethik« inspiriert – die ersten 14 Jahre seines Berufslebens als Sozialarbeiter im East End von London verbracht hatte.[1]

Der Unterschied zu Churchill war gewaltig. Von einem Zeitgenossen als »sehr beherrscht und kurz angebunden« beschrieben, rühmte sich Attlee als Premierminister, keine Zeitungen zu lesen, suchte seine Presseerklärungen auf zehn Minuten oder weniger zu beschränken (akzentuiert durch »Da ist nichts dran« und »Diese Idee halte ich für kompletten Unsinn«) und drückte sich stets so knapp wie möglich aus. »Würden Sie sich als Agnostiker bezeichnen?«, wurde er zu einem späteren Zeitpunkt gefragt. »Ich weiß nicht«, erwiderte er. »Gibt es ein Leben nach dem Tod?« – »Möglich.«

Also kehrte nicht Churchill, sondern Attlee nach Potsdam zurück. Obwohl Attlee erklärter Sozialist war, veränderte sich die Zusammensetzung der britischen Delegation nur wenig, die Politik überhaupt nicht. Selbst der persönliche Diener des Premierministers blieb derselbe, denn als Churchill erfuhr, dass Attlee keinen hatte, lieh er ihm seinen eigenen. All dies war für Stalin völlig verwirrend; er dachte, es handele sich um einen Trick. Schließlich hätte Churchill, wie Stalins Außenminister Molotow Attlee gegenüber bemerkte, doch das Wahlergebnis »frisieren« können. In Potsdam schien es Attlee überhaupt nicht zu stören, dass der Gewerkschaftsführer Ernest Bevin, sein neuer Außenminister, das Wort führte, während Attlee selbst, in Pfeifenrauch gehüllt, still dasaß und mit dem Kopf nickte. »Man hält sich keinen Hund, um dann selbst zu bellen«, erklärte er, »und Ernie war ein sehr guter Hund.«[2]

Mit dem Kriegsende in greifbarer Nähe hatten Attlee und seine Genossen von der Labour Party – eine streitsüchtige Mischung aus Oxford-Intellektuellen, Gewerkschaftern und Bergleuten – beim Wahlvolk eine Saite zum Klingen gebracht, was Churchill nicht vermochte. Und die Programme, die sie auflegen sollten, standen am Beginn einer Ära, in der die Regierungen – der »Staat« – die Kommandohöhen ihrer Volkswirtschaften zu erklimmen und zu beherrschen versuchten. Dies geschah zuerst in den Industrieländern – im Namen des Wiederaufbaus, des Wirtschaftswachstums, der Vollbeschäftigung, der Chancengleichheit und Verteilungsgerechtigkeit, später auch in den Entwicklungsländern – im Namen des Fortschritts, der nationalstaatlichen Konsolidierung und des Antiimperialismus. Die britische Arbeiterpartei etablierte und legitimierte das Modell der »gemischten Wirtschaft«. Es war durch tiefe, direkte staatliche Eingriffe in die Wirtschaft vermittels der Finanzpolitik, einen staatlichen Wirtschaftssektor neben dem Privatsektor sowie einen expansiven Wohlfahrtsstaat gekennzeichnet. Dieses Modell hielt sich vier Jahrzehnte. Die Bemühungen von Labour markierten den Beginn einer ökonomischen und politischen Flutwelle, die um die ganze Welt lief und in den 70er Jahren ihren Höhepunkt erreichte.

Auf dem Weg zur gemischten Wirtschaft

In ganz Westeuropa gab es mehrere starke Triebkräfte, die hinter dem Konsens über ein gemischtes Wirtschaftssystem standen. Der erste Grund befand sich vor aller Augen: die erschreckende Zerstörung, das Elend und die Zersplitterung, die der Krieg verursacht hatte. Diese Verwüstung stürzte den Kontinent in eine Krise von beispiellosen Ausmaßen: Nie zuvor hatte es eine solche Katastrophe gegeben. Die Lage war, wie der amerikanische Kriegsminister Henry Stimson in sein Tagebuch schrieb, »wahrscheinlich schlimmer als irgendetwas, das jemals auf der Welt geschehen ist«. Für Abermillionen von Menschen war die Ernährungslage verzweifelt, viele standen kurz vor dem Hungertod. Die Krise ließ sich an den menschlichen Opfern ablesen: den Toten und Verwundeten, den verzweifelten Überlebenden, der Flut entwurzelter Menschen, den zerrissenen Familien. Sie war auch an der physischen Zerstörung meßbar: den in Schutt und Asche gelegten Wohnhäusern und Fabriken, der verwüsteten Landwirtschaft und den zerstörten Transportsystemen. Aber es gab auch eine Zerstörung, die weniger deutlich ins Auge fiel: Die Maschinen waren veraltet oder verbraucht; die arbeitende Bevölkerung war erschöpft, schlecht ernährt und durcheinander gewürfelt; technische Fertigkeiten waren verloren gegangen. Extreme Wetterbedingungen, die in dem Rekordwinter von 1947 in sibirischen Temperaturen gipfelten, verschärften die ernste Krise weiter.

Etwas musste getan werden – und zwar schnell. Das Elend war ungeheuer groß. Wenn nicht schnell Abhilfe geschaffen wurde, stand zu befürchten, dass der Kommunismus den gesamten Kontinent erobern würde. Es gab keinen funktionierenden Privatsektor, an den man sich hätte wenden können, um Investitionen, Investitionsgüter und Fertigkeiten zu mobilisieren, die für den Wiederaufbau und die wirtschaftliche Erholung erforderlich waren. Internationaler Handel und Zahlungsverkehr lagen brach. Die Regierungen mussten das Vakuum ausfüllen und die Dinge selbst in die Hand nehmen. So wurden sie zu Organisatoren und Vorkämpfern des Wiederaufbaus.

Die Politik und die Programme der gemischten Ökonomie waren auch eine Antwort auf die Erfahrungen der unmittelbar vorangehenden Dekaden, vor allem auf die Weltwirtschaftskrise in den 30er Jahren und ihre verheerendste Erscheinungsform, die Massenarbeitslosigkeit. Die Geschehnisse der folgenden vier Jahrzehnte – und die heutige Lage der Weltwirtschaft – kann man nur dann verstehen, wenn man die Arbeitslosigkeit als das zentrale strukturelle Problem begreift, auf das jede Politik ausgerichtet werden musste. In den 20er Jahren hatte das marktwirtschaftliche System in vielen Ländern nicht einmal entfernt befriedigend funktioniert, und in den 30er Jahren war es auf breiter Linie gescheitert. Ein erneutes Scheitern konnte man nicht riskieren. Der Staat übernahm daher eine erheblich umfangreichere Rolle, um Vollbeschäftigung zu schaffen, Wirtschaftskrisen zu beseitigen, die Wirtschaftstätigkeit zu regulieren und zu stabilisieren und sicherzustellen, dass der Krieg nicht von einer Rezession gefolgt wurde, die alle Verheißungen, den Idealismus und die Opfer des soeben beendeten Kampfes vergeblich erscheinen ließe.

Am Ende des Krieges war der Kapitalismus in Europa und weiten Teilen der Welt in einem Maße diskreditiert, das man sich heute kaum mehr vorstellen kann. Er wirkte schwach, untauglich und unfähig. Man konnte nicht darauf zählen, dass er Wirtschaftswachstum und ein erträgliches Leben gewährleistete. »Niemand in Europa glaubt an den *American way of life*, das heißt an das private Unternehmertum«, schrieb der britische Historiker Alan Taylor damals. »Oder besser, jene, die daran glauben, sind eine besiegte Partei, die keine größere Zukunft zu haben scheint als die Jakobiten in England nach 1688.« Der Kapitalismus wurde als moralisch anstößig betrachtet; er sprach die Gier statt den Idealismus an, er förderte die Ungleichheit, er war den Erwartungen der Menschen nicht gerecht geworden und viele machten ihn für den Krieg verantwortlich.

Noch ein weiterer Faktor fiel ins Gewicht. Die Sowjetunion genoss in wirtschaftlicher Hinsicht im Westen ein Prestige und einen Respekt, die heute nur noch schwer verständlich sind. Ihr Fünfjahresplan zur Entwicklung der Industrie, ihre »Kontroll-und-Kommando-Wirtschaft«, ihr Anspruch auf Vollbeschäftigung: all dies führte dazu, dass sie in den 30er Jahren als Oase und als Gegengift gegen die Arbeitslosigkeit und das Scheitern des Kapitalismus wahrgenommen wurde. Das sowjetische Wirtschaftsmodell gewann noch an Glaubwürdigkeit durch den erfolgreichen Widerstand der UdSSR gegen die Kriegsmaschine der Nazis. All das zusammen verschaffte dem Sozialismus einen guten Ruf. Respekt und Bewunderung schlugen ihm nicht nur von Seiten der europäischen Linken entgegen, sondern auch von Gemäßigten und selbst von Konservativen. Der Terror und die Brutalität des stalinistischen Systems waren noch nicht deutlich erkennbar oder wurden nicht sonderlich ernst genommen. Es sollte noch Jahrzehnte dauern, bis die Beschränkungen und die Rigidität der zentralistischen Planung – und schließlich ihr tödlicher Fehler: ihre Unfähigkeit zur Innovation – offenkundig wurden. Trotz der Sympathie, die er für das sowjetische »Experiment« stets gehegt hatte, übertrieb der Historiker Edward Hallett Carr nur wenig, als er 1947 schrieb: »Wenn ›wir heute alle Planer sind‹, so ist dies natürlich weitgehend das bewusste oder unbewusste Ergebnis der Auswirkungen der sowjetischen Praxis und der sowjetischen Errungenschaften.« Das Sowjetmodell war das Leitbild der Linken. Es forderte die Sozialdemokraten, die Vertreter der Mitte und die Konservativen heraus und beunruhigte sie. Sein Einfluss auf das Denken des gesamten politischen Spektrums war nicht zu leugnen.[3]

Großbritannien: Das Versprechen einlösen

Für die Labour Party in Großbritannien war das Gespenst der Arbeitslosigkeit der Ausgangspunkt, sozusagen ihre *raison d'être*. Sie wollte endlich das Versprechen von Premierminister David Lloyd George vom Ende des Ersten Weltkriegs einlösen, »Häuser für Helden« zu schaffen (»*homes fit for heroes*«), ein Versprechen, das in den bitteren Zwischenkriegsjahren gebrochen worden war. Die 20er und mehr noch die 30er Jahre waren von Massenarbeitslosigkeit und Not, harten Konfrontationen zwischen Arbeitern und Unternehmern und dem Festhalten an einem Klassensystem geprägt, in dem der Akzent, mit dem jemand sprach, und die Erziehung (oder ihr Mangel) vielen Menschen jede Chance verbauten und sie vom gesellschaftlichen Aufstieg ausschlossen. Labour betrachtete Großbritannien als eine Nation, deren Kapitalisten eindeutig versagt hatten: Sie hatten zu wenig investiert und keinen Unternehmergeist bewiesen. Stattdessen hatten hartherzige und niedrig gesinnte Geschäftsleute Profite gehortet, neue Technologien gemieden, Innovationen umgangen und ihre Arbeiter beraubt. Von solchen Geschäftsleuten war eine Wiederbelebung der Wirtschaft kaum zu erwarten.

Tatsächlich gelangte in der Antwort der britischen Labour Party auf die 30er Jahre und die Arbeitslosigkeit jener Zeit eine intellektuelle Bewegung zum Höhepunkt, die sich in den letzten Jahrzehnten des 19. Jahrhunderts in Reaktion auf die Armut, die infolge der Industrialisierung wuchernden Elendsviertel und die Wirtschaftskrisen und Zusammenbrüche des Wirtschaftskreislaufs gebildet hatte. Dies waren die Umstände, die Clement Attlee veranlaßt hatten, seine Karriere im Londoner East End aufs Spiel zu setzen, statt in die Gerichtssäle zu streben, in denen sein Vater zu Hause war. Und die Reaktion jener, die wie Attlee über die Armut entsetzt waren, schlug sich in unterschiedlichem Maße im Engagement für Reformen und soziale Gerechtigkeit nieder, in einer Suche nach Effizienz, im wachsenden Glauben an die Verantwortung des Staates gegenüber seinen Bürgern und in der Übernahme der britischen Ausprägung des Sozialismus. Vieles davon findet sich bei der Fabian Society, die im späten 19. Jahrhundert unter anderem von Beatrice und Sidney Webb und George Bernard Shaw ins Leben gerufen wurde. Dieser enorm einflussreiche Intellektuellenzirkel versuchte den »Kampf um privaten Gewinn« durch »kollektive Wohlfahrt« zu ersetzen und sich – in den Worten Shaws – Schritt für Schritt auf den »Kollektivismus« und die »Einführung des Sozialismus« zuzubewegen. Sie setzten auf Evolution, nicht Revolution.

In den 30er Jahren sahen sich britische Sozialisten in der Welt um und stellten fest, daß andere Staaten »etwas unternahmen«. Eines ihrer Modelle war Franklin D. Roosevelts so genannter »New Deal« mit seinem optimistischen Aktionismus, seiner Experimentierfreudigkeit und seiner interventionistischen Reformpolitik. Andere fühlten sich eher von der Sowjetunion und den »heroischen Errungenschaften« des Kommunismus, Sozialismus und der zentralistischen Planung angezogen, die aus der UdSSR eine Ausnahme von der weltweiten Stagnation zu machen schienen. Ein Teil der britischen Intellektuellen hielt unter Führung von Beatrice und Sidney Webb allzu lange an seinem Flirt mit dem Sowjetkommunismus fest. Das Sowjetmodell beeindruckte die Intellektuellen häufig mehr als die Gewerkschafter. Gewerkschaftsführer wie Ernest Bevin waren durch ihre Kämpfe mit den Kommunisten um die Kontrolle der britischen Gewerkschaftsbewegung zu erbitterten Antikommunisten geworden und erwiesen sich als die entschlossensten Gegner der sowjetischen Expansionspolitik nach dem Zweiten Weltkrieg.

Der Krieg selbst hatte das wirtschaftliche Betätigungsfeld des Staates stark vergrößert. Die Lenkung der britischen Wirtschaft während des Zweiten Weltkriegs lieferte den positiven Beweis, was der Staat zu leisten vermochte, und demonstrierte die Vorzüge der Planung. Tatsächlich übernahm die Regierung die Wirtschaft und betrieb sie weit effizienter und in weit größerem Maßstab, als es in den 30er Jahren der Fall gewesen war. Der Staat konnte aus der Industriemaschine eine weit höhere Produktionsleistung pressen als die kapitalistischen Eigner vor dem Krieg. Außerdem raufte sich die Bevölkerung zusammen und stand Schulter an Schulter unter der »Belastung des totalen Krieges«, sodass die nationale Wirtschaft zu einer gemeinsamen Sache statt zu einer Arena des Klassenkampfes wurde. Selbst die königliche Familie hatte Lebensmittelkarten.

All diese historischen Strömungen führten zu einer Ablehnung von Adam Smith, der *Laisser-faire*-Politik und des traditionellen Liberalismus des 19. Jahrhunderts als ökonomischer Philosophie. In den Jahren unmittelbar nach dem Krieg stieß die Idee, dass sich das »Eigeninteresse« des Individuums, wie Adam Smith es definierte, unter dem Strich zum Wohle »aller« auswirke, auf Skepsis oder völligen Unglauben. Nein, die Folgen waren Ungerechtigkeit und Ungleichheit; einige wenige profitierten vom Schweiß der vielen. Das Profitprinzip war als solches moralisch anstößig. Wie Attlee es ausdrückte, war die Überzeugung vom privaten Profit als Motiv wirtschaftlichen Fortschritts »ein lächerlicher Glaube, der jeder Erfahrungsgrundlage entbehrt«.

Die Politiker der Labour Party, die in den letzten Wochen des Zweiten Weltkriegs die Macht übernahmen, waren entschlossen, das »Neue Jerusalem« zu bauen, wie sie es nannten. Zu diesem Zweck wollten sie die Lehren der Geschichte anwenden und die Rolle des Staates verändern. Auf den Erfahrungen und Einrichtungen der Kriegsjahre aufbauend, verwandelten sie den Staat in den Beschützer und Partner des Volkes und übernahmen die Verantwortung für die Wohlfahrt der Bürger in weit größerem Maße, als dies vor dem Krieg der Fall gewesen war. Und Labour hatte den Plan schon zur Hand: Er war enthalten im Beveridge-Report, dem Gutachten einer während des Zweiten Weltkriegs von der Regierung ernannten Kommission unter Vorsitz von William Beveridge, einem ehemaligen Beamten, der Direktor der London School of Economics gewesen war. Das Gutachten unterbreitete Sozialprogramme, um die »fünf Riesen« zu erschlagen: Mangel, Krankheit, Unwissenheit, Elend und Untätigkeit (das heißt Arbeitslosigkeit). Der Bericht, veröffentlicht von der Staatsdruckerei (His Majesty's Stationer's Office), wurde ein phänomenaler Bestseller. (Zwei Kommentare zu dem Gutachten, beide mit der Aufschrift »geheim«, fanden sich bei Kriegsende sogar in Hitlers Führerbunker.) Der Report sollte weltweiten und weit reichenden Einfluss gewinnen. Er veränderte von Grund auf die Sichtweise nicht nur der Briten, sondern der gesamten industrialisierten Welt, welche Verpflichtungen der Staat im Hinblick auf die soziale Wohlfahrt hatte.

Die Labour-Regierung setzte die Empfehlungen des Beveridge-Reports um und führte die freie Gesundheitsversorgung unter dem neu gebildeten National Health Service ein, schuf ein neues Rentensystem, förderte bessere Erziehung und den Wohnungsbau und versuchte, die ausdrückliche Verpflichtung zur Schaffung von »Vollbeschäftigung« einzulösen. All dies summierte sich zu dem, was die Labour-Politiker als *welfare state* (Wohlfahrtsstaat) bezeichneten – und sie waren sehr stolz auf ihr Werk. Der Begriff wurde in ausdrücklichem Gegensatz zu den »Machtstaaten« der Diktatoren auf dem europäischen Festland benutzt – so etwa vom Erzbischof von York 1941. Freilich war die Pionierarbeit bei der staatlichen Renten- und Krankenversicherung auf dem Kontinent geleistet worden, nämlich schon in den 80er Jahren des 19. Jahrhunderts vom deutschen Reichskanzler Otto von Bismarck. In Großbritannien hatte die Reformregierung der Liberalen Partei 1906 die ersten staatlichen Programme für eine Arbeitslosen-, Kranken- und Rentenversicherung eingeführt. Diese frühesten Schritte in Richtung auf einen »Sanitätsstaat« (*ambulance state*), wie man es damals nannte, waren noch recht bescheiden gewesen. Im Gegensatz dazu verwandelte der umfassende Charakter des Labour-Programms von 1945 Großbritannien aus einem vermeintlichen »Sanitätsstaat« in den ersten großen Wohlfahrtsstaat.[4]

Die Eroberung der wirtschaftlichen Kommandohöhen

1918 hatte sich die Labour Party eine Satzung mit dem späterhin berühmten Absatz IV gegeben, der, abgefasst von Sidney Webb, die Überführung »der Produktions-, Verteilungs- und Tauschmittel« in »Gemeineigentum« forderte. Aber was bedeutete dies in praktischer Hinsicht? Die Antwort kam während des Zweiten Weltkriegs. Eines Abends im Jahre 1944 schneite der pensionierte Eisenbahnarbeiter Will Cannon, der zum Arbeitsdienst im Verschiebebahnhof herangezogen worden war, zufällig in eine örtliche Gewerkschaftsversammlung in Reading unweit von London. Im Verlauf der Versammlung entschloss er sich, einen Antrag auf »Verstaatlichung« vorzuschlagen, den die Ortsgruppe annahm. Der Antrag erregte im ganzen Land Aufmerksamkeit, und die Labour Party machte ihn sich schließlich 1944 zu eigen. Will Cannons Antrag sollte weltweit ein machtvolles Echo finden.

Im Juli 1945 übernahm Labour die Macht, eingeschworen auf Nationalisierung und entschlossen, die »Kommandohöhen« der Wirtschaft zu erobern – den Ausdruck hatte man Mitte der 30er Jahre von Lenin übernommen. In ihrem Streben, diese Positionen nach dem Zweiten Weltkrieg zu kontrollieren, verstaatlichten die Labour-Politiker die zersplitterte Kohleindustrie, die damals 90 Prozent der Energie in Großbritannien lieferte. Dasselbe taten sie mit der Stahlindustrie, der Eisenbahn, mit den Versorgungsunternehmen und der internationalen Telekommunikation. Es gab dafür in Großbritannien sogar einen Vorläufer: Schließlich war es Winston Churchill selbst gewesen, der im Jahre 1911 als erster Lord der Admiralität eine Mehrheitsbeteiligung bei der späteren British Petroleum erworben hatte, um die Ölversorgung der Royal Navy sicherzustellen. Churchill hatte diesen Schritt mit der nationalen Sicherheit, der militärischen Macht und dem englisch-deutschen Flottenwettrüsten begründet.

Die Voraussetzungen der Verstaatlichung waren in den 40er Jahren ganz andere. Den genannten Privatindustrien wurden nämlich zu niedrige Investitionen, Ineffizienz und eine zu geringe Größe vorgeworfen.* Als verstaatlichte Betriebe sollten sie Ressourcen mobilisieren und neue Technologien einführen, weit effizienter arbeiten und gewährleisten, dass die staatlichen Ziele für Wirtschaftsentwicklung und -wachstum, Vollbeschäftigung, Ge-

---

* Dies war auch die Begründung für die direkten Vorläufer dieser Verstaatlichungen: der Stromversorgung in den 20er Jahren (General Electricity Generating Board) und des überseeischen Luftverkehrs 1939 (British Overseas Airways Corporation).

rechtigkeit und Gleichheit erreicht würden. Sie sollten der Motor sein, der die Gesamtwirtschaft antrieb, die Impulse für ihre Modernisierung gab und für eine gleichmäßigere Verteilung des Einkommens sorgte. Die Verstaatlichungen wurden vom Labour-Minister Herbert Morrison, der sich bei der Vereinigung der Londoner Bus- und U-Bahn-Linien in den 30er Jahren Sachkenntnis erworben hatte, rasch durchgeführt.

Aber wie sollte die Verstaatlichung genau umgesetzt werden? Die Briten verwarfen nach einigem Hin und Her das »Postamtmodell«, das heißt verstaatlichte Unternehmen als Abteilungen oder Anhängsel von Regierungsministerien. Stattdessen optierten sie für die »öffentlich-rechtliche Körperschaft« (*public corporation*) – das bereits für die BBC verwendete Modell – und das Staatsunternehmen (*state-owned corporation*), wie es später auf der ganzen Welt bekannt wurde. Die Regierung ernannte einen Vorstand, der die Gesellschaft leitete. Morrison erklärte: »Dies werden öffentliche Gesellschaften sein, Wirtschaftskonzerne; sie werden die notwendigen Fachleute und Facharbeiter einkaufen und deren Vorgesetzte einsetzen.« Aber wie sollte die Tätigkeit der staatlichen Unternehmen koordiniert werden, um das Labour-Programm zu erfüllen? Die Antwort war der laut verkündete Appell an die »Planung«. Dieses Wort hatte im Zentrum des Wahlprogramms der Labour Party von 1945 gestanden; und zumindest am Anfang war der Marsch der Labour Party auf die Kommandohöhen der Wirtschaft vom Konzept der Planung als Schlüssel zu den erhofften Verheißungen der Verstaatlichung inspiriert. Der Verstaatlichung selbst kam dabei die Rolle der großen neuen Strategie zu, wie Attlee es ausdrückte, »die Verkörperung unseres sozialistischen Prinzips, die Wohlfahrt der Nation vor das Wohlergehen irgendeiner Schicht zu stellen«.

Am Ende arbeiteten 20 Prozent der britischen Arbeitnehmer in den frisch verstaatlichten Industrien. Dabei handelte es sich um jene Industrien, die zum Großteil die »strategischen Sektoren« ausmachten, auf denen die nationale Wirtschaft aufbaute. Es gab jedoch Grenzen, die bestimmten, wie weit der Staat gehen konnte oder wollte. Der politische Bewegungsspielraum war bei Kriegsende beschränkt, aufgrund der schlichten Tatsache, dass Großbritannien praktisch bankrott war. Seine Zahlungsbilanz befand sich in einem hoffnungslosen Zustand, hatte die Regierung doch einen gewaltigen Teil des Staatsvermögens für den Kampf gegen die Achsenmächte aufgewendet und viel von ihren unsichtbaren Einkünften durch die erzwungene Liquidation ihrer überseeischen Investitionen verloren. Wie gravierend die Armut in Großbritannien war, wurde 1946 offenkundig, als eine allgemeine Wirtschaftskrise einsetzte. Zum Bankrott gesellten sich nun ein strenger Winter und der völlige Zusammenbruch des internationalen Handels und Zahlungsverkehrs. Aufgrund der Rationierung der Elektrizität funktionierten nicht einmal die Fahrstühle im Finanzministerium.[5]

»Wir gehen die Dinge praktisch an«

Diese Krise, die noch durch den Kalten Krieg verschärft wurde, beendete wirkungsvoll alle weiteren Kampagnen, noch mehr wirtschaftliche Kommandohöhen zu besetzen. Der Labour Party waren die Hände gebunden. Daher wurden viele Absichtserklärungen der Labour-Politiker nie umgesetzt. Trotz aller Diskussionen um das große Ziel der »Planung« wurde nicht viel davon durchgeführt, und schließlich wurde es ganz aufgegeben. Ernest Bevin, der sich an der Leitung der britischen Kommandowirtschaft der Kriegsjahre beteiligt hatte, tat die Planungsbestrebungen Frankreichs nach dem Krieg mit einer Handbewegung ab: »Wir machen das in unserem Land nicht so; wir stellen keine Pläne auf, wir gehen die Dinge praktisch an.« Dieser Wandel wurde erleichtert, als Attlee 1947 die Kontrolle über die verstaatlichten Industrien von Herbert Morrison auf Sir Stafford Cripps übertrug. Obwohl Cripps ein recht effizienter, pragmatischer Manager war, trug ihm seine Selbstgerechtigkeit Churchills knurrigen Tadel ein (»da, nur nicht von Gottes Gnaden, geht Gott«). Cripps war auch ein standhafter und offener Befürworter eines gemäßigteren Ansatzes, und sein Aufstieg zur Nummer eins stellte eine deutliche Abkehr von dem Versuch dar, eine zentrale Planung der britischen Industrie zu betreiben.

Natürlich herrschte auch weiterhin Not. Bis 1954 blieben Nahrungsmittel rationiert. Babys wurden bei der Geburt als Vegetarier registriert, damit ihre Eltern Eier für sie bekamen; Kaninchenfleisch war das einzige nicht rationierte Fleisch. Selbst Bonbons blieben bis 1953 rationiert. Aber trotz der harten Zeiten hatte die Attlee-Regierung die Versorgung gesichert. Das britische Volk hatte nun einen Wohlfahrtsstaat, der ihm Zugang zu Gesundheitsversorgung und besserer Erziehung verschaffte und den Menschen im Hinblick auf die Wechselfälle von Krankheit, Behinderung, Unglück und Alter größere Sicherheit gewährte.

Und der erste der Riesen, der die Labour-Politiker herausfordernder als jeder andere in die Schlacht gerufen hatte, war erschlagen. Die Arbeitslosigkeit in Großbritannien hatte in den 30er Jahren 12 Prozent betragen; in den späten 40er Jahren belief sie sich auf nur 1,3 Prozent. Großbritannien war es gelungen, den Goldstandard, der in den 20er und 30er Jahren der Fels der orthodoxen Wirtschaftspolitik gewesen war, durch den »Vollbeschäftigungsstandard« zu ersetzen. Die Wirtschaft war nicht danach zu beurteilen, wie viel Troygewicht das britische Pfund hatte, sondern wie viele Jobs sie für eine arbeitswillige Bevölkerung schaffen konnte.

Die Mitglieder der Labour Party nannten sich selbst Sozialisten. Aber es war eine britische Version des Sozialismus, die dem Utopisten Robert Owen aus dem 19. Jahrhundert viel mehr verdankte als Karl Marx. Am Vorabend seines Regierungsantritts definierte es Attlee so: »eine gemischte Wirtschaft, die sich zum Sozialismus entwickelt. (...) Die Doktrinen von Überfluss, Vollbeschäftigung und sozialer Sicherheit erfordern die Überführung bestimmter wirtschaftlicher Hauptkräfte in öffentliches Eigentum und die Planungskontrolle über viele andere Wirtschaftstätigkeiten im öffentlichen Interesse.« Und diese »gemischte Wirtschaft« mit ihrem Wohlfahrtsstaat wurde zur Grundlage dessen, was verschiedentlich als Nachkriegsübereinkunft und »Attlee-Konsens« bezeichnet wurde. Welche Bezeichnung man auch vorzieht, in den folgenden vier Jahrzehnten sollte dieser Ansatz tief greifenden Einfluss auf der ganzen Welt haben.[6]

Frankreich: »Die Hebel der Macht«

In Frankreich erwuchs die Ausweitung der Rolle des Staates aus der Katastrophe des Krieges. Frankreich hatte weder Sieg noch Niederlage erfahren, sondern Zusammenbruch und Demütigung, Kollaboration und Widerstand. Nach dem Krieg konzentrierte sich die Nation auf die Erneuerung und Wiederherstellung der gesetzlichen Ordnung. Die alte Ordnung der Dritten Republik konnte nicht wieder hergestellt werden; sie war gescheitert. In Frankreich galt das kapitalistische System bei Kriegsende nicht anders als in Großbritannien als »verdorben«. Man betrachtete es als rückständig, engstirnig, durch ungenügende Investitionen und ein »Einfrieren des kapitalistischen Geistes« zurückgeblieben. Als Übeltäter galten starre Familienunternehmen und gesetzte Geschäftsleute, die aus mangelndem Unternehmergeist versucht hatten, sich vor dem Wettbewerb zu schützen, die Positionen ihrer Familien zu halten und »kreative Risiken« zu vermeiden. Tatsächlich war das System schon vor dem Zweiten Weltkrieg diskreditiert. 1939 waren die Industriemaschinen Frankreichs durchschnittlich viermal so alt wie in den USA und dreimal so alt wie in Großbritannien, während die Produktivität pro Arbeitsstunde nur ein Drittel der amerikanischen und die Hälfte der britischen Produktivität erreichte. Seit dem Ersten Weltkrieg hatte sich der Lebensstandard nicht verbessert; 1939 war das Pro-Kopf-Einkommen das gleiche wie 1913. Die Erfahrungen des Zweiten Weltkriegs verstärkten die Kritik am Kapitalismus auf dreierlei Weise: Frankreichs rückständige Wirtschaftsorganisation war ein gravierender Grund für seine militärische und politische Schwäche; das alte System war ungeeignet, die vorrangigen Bedürfnisse des Wiederaufbaus zu befriedigen; und ein beträchtlicher Teil der französischen Unternehmen war durch ihre Kollaboration mit den Nazis und der Marionettenregierung des Vichy-Regimes stark belastet.

In weiten Teilen des politischen Spektrums war man sich einig über die Notwendigkeit, angesichts der offenbaren Schwäche des Marktsystems den Staat auszuweiten. »Der Staat«, sagte General Charles de Gaulle, frisch gekürter Chef der provisorischen Regierung, im Jahre 1945, »muss die Hebel der Macht in der Hand halten.« Es sollte alles ganz anders werden als vor dem Krieg. De Gaulle erklärte den »privilegierten Klassen«, man könne auf sie verzichten, da sie sich »disqualifiziert« hätten. Ein neues, wirtschaftlich starkes Frankreich sollte entstehen, errichtet auf einer in drei Sektoren aufgeteilten Ökonomie: dem privaten, dem kontrollierten und dem verstaatlichten Sektor. Die Verstaatlichung sollte einer ganzen Reihe von Zwecken dienen: Sie sollte Investitionen, Modernisierung und technologische Innovation fördern; sie sollte das Problem der Monopole lösen; und sie sollte fragmentierte Industriezweige, von denen einige hochgradig zersplittert waren, konsolidieren und rationalisieren. (So waren beispielsweise etwa 1730 Firmen ausschließlich in der Stromerzeugung, Transport und Verteilung von Elektrizität tätig und weitere 970 Firmen teilweise auf demselben Sektor.) Durch Verstaatlichung sollten auch Kollaborateure bestraft werden, indem ihre Firmen enteignet und dem »Volk« übergeben wurden. Und noch einen weiteren entscheidenden Dienst sollte die Verstaatlichung leisten: Sie sollte die kommunistisch kontrollierten Gewerkschaften in den Prozess des Wiederaufbaus einbinden, statt sie durch Ausschluss zum offenen Widerstand zu reizen.

Es gab einige Vorläufer für die Verstaatlichung: In den 20er Jahren hatte Frankreich zum Beispiel eine staatliche Ölgesellschaft, die Compagnie Française des Pétroles, als »industriellen Arm der Staatstätigkeit« gegründet, um französische Interessen zu schützen und zu fördern. Diese Gesellschaftsform wurde später als »nationales Vorreiterunternehmen« bezeichnet: eine Gesellschaft, die – entweder staatlich oder dem Staat eng verbunden – im Inland und im internationalen Wettbewerb die nationalen Interessen repräsentierte und in dieser Eigenschaft von der Regierung bevorzugt behandelt wurde. Die Verstaatlichung der Eisenbahn 1937 war eine umfassende Rettungsaktion für dieses schwer angeschlagene Unternehmen. Im Allgemeinen gehörten jedoch die Verstaatlichung und die aktive Rolle des Staates nicht zur französischen Tradition. Dies änderte sich mit der Befreiung. Durch die Verstaatlichungsgesetze von 1945 und 1946 bekräftigte der französische Staat entschlossen seine Herrschaft über die Kommandohöhen der Wirtschaft, übernahm die Kontrolle des Bankwesens und, neben anderen Industrien, der Elektrizitäts-, Gas- und Kohlewirtschaft. Der Staat führte außerdem Verstaatlichungen als Strafaktionen gegen Firmen durch, deren Eigentümer und Manager mit dem Vichy-Regime gemeinsame Sache gemacht hatten, darunter Renault und mehrere wichtige Medienkonzerne. Am Ende dieser Verstaatlichungswelle war die französische Wirtschaft nicht mehr dieselbe.

Aber so rasch die Verstaatlichung umgesetzt wurde, so rasch wurde ihr 1947 Einhalt geboten. Die Form der korporativen Leitung in Frankreich verschaffte Vorstandsmitgliedern aus den kommunistisch kontrollierten Gewerkschaften übermäßigen Einfluss auf die frisch verstaatlichten Industrien, und der Eifer, mit dem sie diese Macht missbrauchten, um ihre eigenen Zwecke zu verfolgen, rief harte Gegenmaßnahmen hervor. Gesetzesänderungen und ein Wechsel der politischen Allianzen entrissen den Kommunisten schließlich die Kontrolle, aber der Antrieb für weitere Verstaatlichungen war verloren gegangen. Die Kommunisten verließen die Koalitionsregierung im Mai 1947 inmitten der Anfänge des Kalten Krieges auf Geheiß Moskaus und gingen mit massiven Streiks gegen den Staat in die Offensive. 1950 erklärte der Kommunistenführer, der während der Verstaatlichungsphase Minister für Industrieproduktion gewesen war, seinen Widerstand. Verstaatlichung sei »eine kapitalistische Waffe«, sagte er, um den kapitalistischen Staat zu stützen und sich der kommunistischen Welle entgegenzustemmen. Doch unter dem Strich war auch Frankreich zu einer gemischten Ökonomie geworden. In einem entschiedenen Bruch mit der Vorkriegstradition hatte der Staat die Mehrheitsbeteiligung in einigen der wichtigsten Wirtschaftssektoren übernommen.[7]

Der Cognac-Vertreter

Eine mögliche Antwort auf die Herausforderungen des Wiederaufbaus stellte auch eine weitere Form der Ausdehnung staatlicher Macht über die Wirtschaft dar: die *planification*, das heißt die Umsetzung eines staatlichen Wirtschaftsplans, der in der Nachkriegszeit zum Markenzeichen Frankreichs wurde. Dieser Planungsprozess – fokussieren, Prioritäten setzen und den Weg vorzeichnen, wie diese zu erreichen sind – wurde als »indikative« Planung bezeichnet, um ihn vom Sowjetsystem mit seiner starken Lenkung und starren zentralen Planung zu unterscheiden. Indikative Planung galt als Mittelweg zwischen freier Marktwirtschaft und Sozialismus.

Passenderweise wurde dieser Plan eines Mittelwegs von einem kapitalistischen Bankier entwickelt, der sozialistisch wählte. Sein Name war Jean Monnet, und obwohl er nie ein hohes Amt bekleidete, wurde er eine der einflussreichsten Persönlichkeiten der gesamten Nachkriegsära. Heute erinnert man sich an ihn vor allem als »Vater Europas« – als Initiator und Schöpfer der Europäischen Union. Aber zuvor schuf er den Plan, der die französische Wirtschaft aus ihrem Stillstand riss und sie in die Moderne führte.

Monnet war ein Weltbürger, der sich, falls nötig, wie ein dickschädeliger französischer Bauer beim Kauf oder Verkauf einer Kuh benehmen konnte. Der Alkohol brachte ihn gewissermaßen zum Internationalismus. Als Sohn einer Familie von Weinbrandproduzenten aus Cognac verließ er die Schule mit 16 Jahren, um durch die Welt zu reisen und Spirituosen zu verkaufen – von abgelegenen Farmen in den Prärien Westkanadas bis zu ägyptischen Dörfern am Nil. Man sagt, dass er von seinen Reisen schließlich mit einem größeren englischen als französischen Vokabular zurückkehrte. Auf einer seiner Kanada-Reisen fand er sich nach einer Fahrt von Medicine Hat nach Moose Jaw in Calgary wieder, auf der Suche nach einem Pferd und Wagen. Er fragte einen Fremden nach dem nächsten Stall. »Nehmen Sie mein Pferd«, erwiderte der Fremde. »Wenn Sie fertig sind, binden Sie es einfach hier an.« Dies, so Monnet später, war seine erste Lektion in internationaler Ressourcenteilung. Während des Ersten Weltkriegs spielte er eine Schlüsselrolle bei der Organisierung des Nachschubs der Alliierten. Er fing auch an, ein außergewöhnliches Netz von Freundschaften dies- und jenseits des Atlantiks zu knüpfen, das ihm in späteren Jahren sehr zugute kam. Auf der Konferenz von Versailles etwa traf er John Foster Dulles (später amerikanischer Außenminister). Monnet setzte alles daran, diese Verbindung aufrechtzuerhalten, da, wie er erklärte, »in den USA nichts Wichtiges ohne Rechtsanwälte geschieht«. 1919, im Alter von 31 Jahren, wurde er zum stellvertretenden Generalsekretär des neuen Völkerbundes. Nach zwei frustrierenden Jahren quittierte er den Dienst, kehrte in das Geschäft seiner Familie zurück, brachte die maroden Finanzen in Ordnung und zog sich dann völlig aus dem Cognac-Geschäft zurück, um ins internationale Bankwesen einzusteigen. So ausgedehnt und weit gespannt waren Monnets Verbindungen und so hart arbeitete er daran, sie nutzbringend einzusetzen, dass er vielleicht auch als Vater des Kontaktknüpfens in Erinnerung bleiben sollte – oder des *networking*, wie es im heutigen Sprachgebrauch heißt.

Aber es war ein dringendes Herzensanliegen, bei dem er seine einzigartige Kombination von Geist, Willenskraft, Hartnäckigkeit, Beziehungen und Kreativität wahrhaft unter Beweis stellte. 1929 verliebte sich Monnet hoffnungslos in eine Italienerin, eine Malerin namens Silvia di Bondini. Sie war nicht nur eine fromme Katholikin, sondern auch schon verheiratet und hatte eine Tochter. Eine Scheidung – mit Sorgerecht für das Kind – erwies sich als schier aussichtslos. Selbst Reno im amerikanischen Bundesstaat Nevada konnte den Wunsch der Verliebten nicht erfüllen. Es kostete Monnet fünf Jahre, eine Lösung zu finden. Auf dem Rückweg von einem Bankgeschäft in China 1934 reiste er mit der Transsibirischen Eisenbahn. Monnet stieg in Moskau aus, wo seine Geliebte ihn erwartete. Er nutzte seine Beziehungen und machte innerhalb von Tagen eine sowjetische Staatsbürgerin aus ihr. Sie wurde umstandslos geschieden. Ohne Zeit zu verlieren, heirateten sie sofort in Moskau. Monnet nahm mit ihr schnell den Zug nach Paris, wo er seine frisch angetraute Frau zurückließ, reiste weiter nach New York und kehrte von dort nach Schanghai zurück, wo er seine Arbeit bei der Organisation der chinesischen Eisenbahn wieder aufnahm. Er war sicherlich kein Mann, den es auf einem Stuhl hielt. Aber die Ehe hielt 45 Jahre.

Während des Zweiten Weltkriegs arbeitete Monnet wieder auf höchster Ebene und diente der französischen Exilregierung als Koordinator für Nachschub und Wiederaufbau sowie als Kontaktmann für Wirtschaftsfragen bei der US-Regierung. Er organisierte dringend benötigten Nachschub und Geldmittel und harmonisierte die Wirtschaftspolitik der Alliierten. Er hatte leichten Zugang zu Roosevelts engerem Zirkel. (Von jener Zeit an verdächtigte ihn de Gaulle, ein amerikanischer Spion zu sein.) Ihm kam der Satz in den Sinn, die USA sollten zur »Munitionsfabrik der Demokratie« werden, wofür ihm Roosevelts Berater wärmstens dankten. Sie wiesen ihn außerdem umgehend an, den Terminus nie wieder zu benutzen, damit Roosevelt diesen historischen Ausspruch für sich verbuchen konnte.[8]

Der Plan: »Modernisierung oder Niedergang«?

Monnet begriff vielleicht besser als jeder andere Franzose das Ausmaß der Kriegszerstörungen und die überwältigenden Erfordernisse des Wiederaufbaus, denen sich Frankreich danach gegenübersehen würde. Das Land war mit einer Industriemaschinerie belastet, die schon Jahrzehnte vor dem Krieg aus allen Löchern pfiff, und Frankreichs unmittelbare ökonomische Nachkriegsaufgaben wurden von der Notwendigkeit bestimmt, mit einem gewaltigen Zahlungsbilanzdefizit und dem Zwang einer grundlegenden Modernisierung fertig zu werden. Die Regierung musste sich um das erste Problem kümmern, und auf den Privatsektor konnte man sich zur Lösung des zweiten nicht verlassen. Aus diesen Notwendigkeiten entstand der Monnet-Plan.

Unmittelbarer Anlass dieses Plans war ein Gespräch, das Monnet mit de Gaulle in Washington, D. C., im August 1945, einige Wochen nach Kriegsende führte. »Sie sprechen von Größe«, sagte Monnet, »aber heute sind die Franzosen klein. Es wird nur Größe geben, wenn die Franzosen die Statur besitzen, um sie zu gewährleisten. (...) Zu diesem Zweck müssen sie ihr Land modernisieren, denn im Moment sind sie nicht modern. Materiell muss sich das Land verändern.«

»Sie haben sicher recht«, erwiderte de Gaulle. Beeindruckt von der Vitalität und dem Wohlstand, die er um sich herum in Amerika sah, gab der General das Problem an Monnet zurück: »Wollen Sie es versuchen?«

Keine Frage: Monnet wollte. Er richtete sein Büro zuerst in einigen Räumen im Pariser Hotel Bristol ein, mit einem Brett über der Badewanne, um den Büroraum zu vergrößern, und zog dann in ein Stadthaus in der Nähe des Büros des Premierministers um, das dem Kunsthändler von Cézanne gehört hatte. Dort entwarf er mit einem kleinen Team, aber mit größtem Verhandlungsgeschick hinter den Kulissen, den ersten Plan zur Wiederherstellung eines normalen Wirtschaftslebens in Frankreich.

Der Monnet-Plan legte im Wesentlichen Prioritäten fest, setzte Investitionsziele und wies Investitionsmittel zu, mit Schwerpunkt auf dem Wiederaufbau vor allem der Schlüsselindustrien. Für Monnet waren das die verstaatlichten Elektrizitätswerke, die Kohleindustrie, die Eisenbahn sowie die nicht verstaatlichte Stahl- und Zementindustrie und der Landwirtschaftsmaschinenbau. Für ihn lag die Bedeutung der Ziele nicht darin, ein wissenschaftlich optimiertes Investitionsniveau zu erreichen. Vielmehr hielt er die Aufstellung eines optimistischen, auf die Zukunft gerichteten Plans für sich genommen schon für ein positives Signal. Er wollte Aktionen, die selbst wieder Anstoß zu weiteren Aktionen gaben. Ein energischer Anschub würde verhindern, dass die Wirtschaft in ihren risikoscheuen Vorkriegszustand zurückfiel und sich wieder »auf niedrigem Niveau kristallisierte«.

Die Franzosen brauchten daneben einen Plan, der um amerikanische Hilfe warb. Der Unterstaatssekretär im amerikanischen Wirtschaftsministerium Will Clayton, einer der Schöpfer des Marshallplans, betonte dies ausdrücklich, als er in einem Privatgespräch französische Regierungsbeamte ermahnte, »Liberale oder Dirigisten [zu sein]. Kehren Sie zum Kapitalismus zurück oder steuern Sie auf den Sozialismus zu. (...) Aber in jedem Fall muss die Regierung (...) ein präzises Programm formulieren, das ihren Wunsch unter Beweis stellt, Frankreich eine Wirtschaft zu geben, die es dem Land erlaubt, international konkurrenzfähige, nach Mannstunden kalkulierte Produktionskosten zu erreichen. Wenn es (...) uns die Ernsthaftigkeit seines Programms beweist, werden wir Ihrem Land helfen, denn sein Wohlstand ist für den Frieden unverzichtbar.« Ein machbarer Plan war also eine wesentliche Bedingung, um jene Hilfe sicherzustellen, die schließlich durch den Marshallplan nach Frankreich floss. Monnet gelang es auch, die Planung aus den Launen der französischen Politik herauszuhalten. In einem brillanten Coup etablierte er die Planungskommission, das Commissariat Général du Plan, als unabhängige Kommission, die direkt dem Premierminister verantwortlich war.[9]

Die Formulierung des Plans verlangte Monnet sein ganzes Können ab – als Planer, Koordinator, Finanzier und Kontaktknüpfer. Das Ergebnis war ein Meisterwerk: ein Plan, auf den Frankreich seine Hoffnungen richten konnte, eine Basis, auf der die USA Hilfe bereitstellen konnten, und ein Mechanismus, durch den die französische Ökonomie die Unterstützung und die Umstrukturierung erreichen konnte, die ihr durch die pessimistischen Kapitalisten so lange vorenthalten worden waren. Dennoch waren die Ergebnisse durchaus gemischt. Einige Ziele wurden erreicht, andere verfehlt. Im Jahre 1950 hatten nur die Kohlebergwerke die ursprünglichen Ausbau- und Modernisierungsziele übertroffen. Frankreich verfehlte auch seine globalen Investitionsziele, das Wachstum seiner Industrieproduktion lag erheblich unter dem seiner Nachbarn und das aggressive Investitionsprogramm trug zur Inflation bei. Aber die tatsächliche Leistung des Plans bestand darin, der Nation in einer kritischen Phase Disziplin, Richtung, Visionen, Zuversicht und Hoffnung zu vermitteln und so zu verhindern, dass sie in einer tiefen und gefährlichen Misere stecken blieb. Und er brachte Frankreich auf den Weg zum Wirtschaftswunder der 50er Jahre.

Monnet hatte als Junge eine große Liebe zu Bilanzen entwickelt, als er mit seinem Vater über den Geschäftsbüchern des Familienunternehmens saß, und sein Plan wurde zur damaligen Zeit als »der erste Versuch im Nachkriegseuropa« begrüßt, »einen Bilanzierungsplan und ein Gesamtprogramm für die Zukunft« zu entwerfen. Doch Monnet war nicht unbedingt in zentrale Planung verliebt. Ein späterer Premierminister bemerkte: »Das Seltsame ist, dass er keine Pläne mochte.« Monnet bezog nicht Stellung zur Verstaatlichung, und vielleicht hätte er durchaus Märkte, große, offene Märkte, den großartigen Plänen vorgezogen. Aber er nutzte das Staatsmonopol über Kapital und Kredite, wenn auch nur zeitweise, weil er keine gute Alternative sah.

»Modernisierung oder Niedergang«: das war die Wahl, vor die Monnet Frankreich mit seinem Plan stellte. Indem er versuchte, die Wahl zugunsten der Modernisierung zu beeinflussen, weitete er die Rolle des Staates in der Volkswirtschaft aus und schuf für diese Rolle und für die Planung eines der glaubwürdigsten Modelle. Damit half er, wie sein Biograph schreibt, »einen relativen Konsens für (...) die ›gemischte Wirtschaft‹ zu schaffen – nicht nur in Frankreich, sondern in Europa«.[10]

Deutschland: Lucky Strikes und »Hühnerfutter«

Nirgendwo sonst in Europa war der Kapitalismus derart in Verruf geraten wie in den vier Besatzungszonen Deutschlands nach dem Krieg, und zwar aufgrund der Komplizenschaft eines guten Teils der Großunternehmen mit Hitler. Die Nazis hatten einen »Kriegsstaat« geschaffen und betrieben, der das Privateigentum bewahrte, aber kontrollierte und ihren Zwecken unterordnete. Die SPD war die einzige Partei, die sich darauf berufen konnte, die Nazis vom ersten bis zum letzten Tag bekämpft zu haben, und sie beabsichtigte, eine nicht-kapitalistische Zukunft zu schaffen.

Das erschreckende Elend direkt nach dem Krieg schien die Bedigungen für die Umsetzung einer sozialistischen Vision zu bieten. Deutschland war ein verwüstetes, verzweifelt hungerndes Land. Kontrollen und Rationierung trugen zu einer Tauschwirtschaft bei, in der niedergedrückte Menschen mit klapprigen Zügen in Scharen aufs Land fuhren, um alle möglichen Haushaltsgegenstände, die sie vielleicht noch besaßen, gegen ein paar Eier oder einen Sack Kartoffeln zu tauschen. So allgegenwärtig waren die grauen und schwarzen Märkte, dass Schätzungen zufolge nur die Hälfte der dürftigen Produktion des Landes durch legale Kanäle ging. Die offizielle Währung war beinahe wertlos: Sie hatte noch ein Fünfhundertstel ihres ursprünglichen Wertes. Die funktionierende Währung des Landes war nicht die Reichsmark, sondern Lucky-Strike-Zigaretten, die Lieblingsmarke der amerikanischen GIs. Die Bedingungen waren so elend, dass der katholische Erzbischof von Köln seinen Gläubigen sagte, es sei in Ordnung, Essen und Kohle zu stehlen, um zu überleben. Der Bürgermeister von Köln, Konrad Adenauer, schlief aufgrund der fehlenden Heizung in Anzug und Mantel. Sein Fahrer hatte es besser, konnte er doch in einer Badewanne in einem Krankenhausbadezimmer schlafen, wo es wenigstens wärmer war.

Es schien gewiss, dass unter solchen Bedingungen das neue Deutschland dazu bestimmt war, ein sozialistisches Land zu werden. Die Sozialdemokraten wurden von Kurt Schumacher geführt, der zehn Jahre in den Konzentrationslagern der Nazis verbracht hatte, acht davon in Dachau. Nun, im Nachkriegsdeutschland, wollten er und seine Partei den Kapitalismus durch Verstaatlichung und zentrale Planung ersetzen, in weitgehender Übereinstimmung mit der britischen Labour Party. Das schien eindeutig die Richtung zu sein, die das Land einschlagen würde. Selbst die Mitte-rechts-Partei der Christdemokraten verabschiedete 1947 ihr Ahlener Programm, das erklärte, »der private Kapitalismus« habe die nationalen und sozialen Interessen des deutschen Volkes missachtet. Es rief zur Verstaatlichung der wirtschaftlichen Kommandohöhen auf und forderte ein »erhebliches« Maß an zentraler Planung und Lenkung »auf lange Zeit hinaus«.

Innerhalb eines Jahres jedoch schlug Deutschland einen ganz anderen wirtschaftlichen Weg ein. Dafür gab es eine Reihe von Gründen. Die sowjetische Expansionspolitik fachte eine Konfrontation zwischen Ost und West an, die zur Teilung Deutschlands führte und die Linke in Misskredit brachte. Die Marshallplanhilfe begann die Grundlagen für eine integrierte europäische Wirtschaft zu legen. Und dann war da noch die Sache mit dem Hühnerfutter.

Die Ernährungssituation in Deutschland war haarsträubend. Im Durchschnitt verbrauchte jeder Deutsche pro Tag 1300 Kalorien, manchmal nur 800, das heißt nur ein Viertel der Menge vor dem Krieg. »Wir verstehen nicht, warum Sie die *New York Times* lesen müssen, um zu erkennen, dass die Deutschen kurz vor dem Verhungern sind«, telegrafierte General Lucius Clay, der Militärgouverneur der amerikanischen Besatzungszone, aufgebracht nach Washington. »Wir haben die Krise jetzt.« Der Mangel in

Deutschland war Teil einer weltweiten Nahrungsmittelkrise; die europäische Weizenproduktion lag 1947 nur halb so hoch wie 1938. Als Antwort begannen die USA eine groß angelegte Nahrungsmittelhilfe für Deutschland. Im Januar 1948 hielt Johannes Semler, der deutsche Direktor der Wirtschaftsverwaltung der Bizone (wie die amerikanische und britische Besatzungszone zusammenfassend genannt wurden), eine Rede, in der er sich darüber beklagte, dass die Amerikaner nicht Weizen, sondern Mais schickten, den, wie er sarkastisch bemerkte, die Deutschen als Hühnerfutter benutzten, nicht als Essen für Menschen. Das Wort »Hühnerfutter« war kaum eine angemessene Art, seine Dankbarkeit für kostenlose Nahrungsmittelhilfe zum Ausdruck zu bringen. Der wütende Clay setzte Semler vor die Tür und entschied sich als Ersatzmann für einen rundlichen Ökonomen namens Ludwig Erhard, der nach dem Krieg ein gutes Jahr lang Minister für Handel und Gewerbe in Bayern gewesen war. Während der Nazi-Jahre ohne akademische Stellung, weil er sich geweigert hatte, der NSDAP beizutreten, hatte er die Zeit im Stillen mit Marktstudien in Nürnberg verbracht. Nun fand er sich plötzlich und unerwartet in einer Position wieder, in der er Deutschland in eine wirtschaftliche Zukunft führen konnte, die ganz anders war, als man nur ein Jahr zuvor vermutet hätte.[11]

Ordoliberale und soziale Marktwirtschaft

Ludwig Erhard gehörte zu einer Gruppe von Ökonomen, die sich selbst Ordoliberale nannten. Einige ihrer Mitglieder gruppierten sich um die Universität Freiburg und wurden deshalb zuweilen auch Freiburger Schule genannt. Dazu gehörten etwa Alfred Müller-Armack, Wilhelm Röpke, Walter Eucken und Alexander Rüstow. Sie waren Anhänger freier Märkte und hielten das Desaster des Nationalsozialismus für den Höhepunkt von Kartellbildung und staatlicher Kontrolle über die Wirtschaft. Die Ordoliberalen glaubten auch, die Anwort auf eine äußerst schmerzliche Frage gefunden zu haben, die Frage nämlich, wie der Nazi-Totalitarismus im Land von Kant, Goethe und Beethoven entstehen konnte. Die Erklärung lag für sie im ausgehenden 19. Jahrhundert, als sich, ungehindert durch das neue Deutsche Reich, Kartelle und Monopole entwickelten, die zu immer größerer Konzentration ökonomischer und politischer Macht und schließlich in den Totalitarismus führten. Dem setzten die Ordoliberalen als Leitgedanken die Kräfte des

Marktes und eine Wettbewerbswirtschaft entgegen. Die Verantwortung des Staates bestand für sie darin, einen Rahmen zu schaffen und aufrechtzuerhalten, der den Wettbewerb förderte und Kartellbildungen verhinderte. Wettbewerb war der beste Weg, um private oder öffentliche Machtkonzentration zu verhindern. Er stellte somit nicht nur einen überlegenen wirtschaftlichen Mechanismus dar, sondern bot auch die beste Garantie für politische Freiheit.

Dennoch ließ sich die Vision der Ordoliberalen nicht mit einem schlichten *Laisser-faire* gleichsetzen. »Ordo« bezeichnete ihren Sinn für Ordnung – »eine gewisse Hierarchie oder ›natürliche Form‹ der Gesellschaft«. Das Wort knüpfte bewusst an die mittelalterliche Idee einer natürlichen Ordnung an. Sie glaubten an einen starken Staat und eine starke soziale Moral. Wilhelm Röpke erklärte dies so:

»Wir wollen keinen Abstrich an der Marktwirtschaft, Wettbewerb und freier Wirksamkeit des Preismechanismus, keinen gut geschüttelten Cocktail von Markt-, Monopol- und Kommandowirtschaft. Aber ebensowenig wissen wir, dass, wenn wir eine reinliche, freie und auf dem Wettbewerb beruhende Marktwirtschaft anstreben, diese nicht frei im gesellschaftlichen, politischen und moralischen Raum schweben kann, sondern von einem festen Rahmenwerk gesellschaftlicher, politischer und moralischer Art gehalten und geschützt werden muss. Recht, Staat, Sitte und Moral, feste Normen und Wertüberzeugungen (...) gehören zu diesem Rahmen nicht minder als eine Wirtschafts-, Sozial- und Finanzpolitik, die jenseits des Marktes Interessen ausgleicht, Schwache schützt, Zügellose im Zaum hält, Auswüchse beschneidet, Macht begrenzt, Spielregeln setzt und ihre Innehaltung bewacht.«

Für die Ordoliberalen gab es somit keinen Widerspruch zwischen ihrer Verpflichtung auf freie Märkte und ihrer Unterstützung eines sozialen Netzes – eines Systems von Subventionen und Transferleistungen, um für die Schwachen und Benachteiligten zu sorgen. All diese Faktoren zusammen ergaben das, was sie die »soziale Marktwirtschaft« nannten. Der Begriff wurde von Alfred Müller-Armack geprägt, einem von Ludwig Erhards Beratern, und avancierte zur Bezeichnung für das deutsche Wirtschaftsmodell der Nachkriegszeit. Ihrer Auffassung nach konnte der Staat eine Menge tun, jedoch sollte er nicht in die Marktmechanismen eingreifen, indem er Preise festsetzte und die Produktion kontrollierte. Wie viele Deutsche sahen die Ordoliberalen eine der wesentlichen Wurzeln des deutschen Unglücks in der Hyperinflation in den Jahren nach dem Ersten Weltkrieg, die die deutsche Mittelschicht traumatisiert und im Grunde ausgelöscht hatte, wodurch die Grundlage der Demokratie untergraben wurde. Daher hatten sie sich einer stabilen Währung verschrieben – eine Überzeugung, die später zur *raison d'être* der Bundesbank werden sollte.[12]

Erhard: »Schenken Sie ihnen keine Beachtung«

Erhard folgte den Prinzipien der Ordoliberalen. Es werde, so Erhard kurz bevor er zum Direktor der Wirtschaftsverwaltung ernannt wurde, »unserem Volke zum Wohl und Segen gereichen, wenn wir eine Wirtschaftsordnung verwirklichen, die an Stelle des von allen Volksschichten verabscheuten Schematismus und Bürokratismus der Freizügigkeit eines seiner sozialen Verantwortung bewussten Handelns Spielraum gibt«. Jetzt gab ihm die unglückliche Anspielung seines Vorgängers auf das »Hühnerfutter« die Chance, nach diesen Prinzipien zu handeln und den Ordoliberalismus in die Praxis umzusetzen.

Die Ereignisse kamen ihm zu Hilfe. Die Obstruktionspolitik und die territorialen Ambitionen der Sowjets brachten die Westalliierten dazu, die Zusammenarbeit im Rahmen der vier Mächte aufzugeben und stattdessen Westdeutschland in Westeuropa einzubinden. Darin folgten sie auch der Erkenntnis, dass sich Europa mit einem Not leidenden Deutschland in seiner Mitte nicht erholen konnte. Die letzten Reste des Morgenthauplans der USA von 1944, worin gefordert wurde, Deutschland in ein »Agrarland« zu verwandeln, wurden langsam aufgegeben. Stattdessen sollte ein wieder belebtes Deutschland mit verjüngter Industrie durch den Marshallplan mit seinen Nachbarn integriert werden.

Die entscheidenden Ereignisse, die die Weichen für die Zukunft stellten, vollzogen sich im Juni 1948. Amerikaner und Briten führten über Nacht eine umfassende Währungsreform durch und ersetzten die alte wertlose Reichsmark durch die neue Deutsche Mark, die ein gesundes wirtschaftliches Fundament legte. Die Währungsreform war von zentraler Bedeutung, wenn die Besatzungszonen politisch verschmelzen sollten. Erhard wurde nicht an der Durchführung beteiligt und war wütend, als er nur wenige Stunden vorher von General Clay darüber in Kenntnis gesetzt wurde. Er schlug zurück, indem er die Währungsreform in seiner wöchentlichen Radiosendung ankündigte, als wäre er maßgeblich daran beteiligt gewesen.

Nicht weniger bedeutend war der Schritt in Richtung auf eine liberale Wirtschaftsordnung, den Erhard wenige Tage später unternahm, diesmal aus eigener Machtbefugnis. Deutschland war immer noch fest im Griff des von den Nazis hinterlassenen Zuteilungs- und Preiskontrollsystems. Jetzt hatte Erhard Clay gegenüber die Gelegenheit, den Spieß umzudrehen. Das System der Preiskontrollen durfte ohne Zustimmung der Alliierten nicht verändert werden. Aber die völlige Abschaffung des Systems war nicht zustimmungspflichtig, da niemand sie überhaupt für möglich hielt. Genau das jedoch tat Erhard: Er schaffte die meisten Preiskontrollen einfach über Nacht ab, ohne Clay vorher ein Sterbenswörtchen zu sagen.

Plötzlich hatte Deutschland wieder eine funktionierende Wirtschaft. Die schwarzen und grauen Märkte verschwanden; Waren tauchten wieder in den Schaufenstern auf. Jetzt befand sich Clay im Zugzwang. »Herr Erhard«, sagte er, »meine Berater berichten mir, dass Sie einen schrecklichen Fehler gemacht haben. Was sagen Sie dazu?«

»Herr General, schenken Sie ihnen keine Beachtung!«, erwiderte Erhard. »Meine eigenen Berater erzählen mir das Gleiche.«

Clay widersprach nicht. Historiker beschrieben das Treffen später als »das ›schicksalhafteste‹ Ereignis in der deutschen Nachkriegsgeschichte«, als den Anfang des deutschen Wirtschaftswunders und den Stapellauf der sozialen Marktwirtschaft.

Wenige Tage später, am 23. Juni, verhängten die Sowjets die Berlinblockade, um die Währungsreform zu stoppen und die Bemühungen zur Konsolidierung der drei westlichen Besatzungszonen zu torpedieren. Sie riegelten Berlin ab, das trotz seiner Lage 150 Kilometer innerhalb der sowjetischen Zone von allen vier Siegermächten besetzt war. Durch die Unterbrechung aller Bahn- und Straßenverbindungen versuchten sie, die Stadt von ihrer Versorgung abzuschneiden, bis die Westmächte bei der politischen Vereinigung und der gemeinsamen Währung ihrer Sektoren klein beigeben würden. Aber die Sowjets hatten nicht mit der massiven Luftbrücke gerechnet, die die westlichen Alliierten eilig improvisierten. Hätten die Russen diese zu unterbinden versucht, hätten sie einen dritten Weltkrieg riskiert. Die Blockade schwächte die sowjetische Position zusätzlich, da sie das genaue Gegenteil dessen bewirkte, was beabsichtigt war. Im April 1949 wurde mit der Unterzeichnung des Nordatlantikpaktes die NATO aus der Taufe gehoben, und die Blockade führte nur dazu, die Umwandlung der drei westlichen Besatzungszonen in einen neuen, vereinigten, westlich orientierten demokratischen Staat zu beschleunigen. Mit starker Unterstützung der Westalliierten verkündeten die Deutschen das Grundgesetz und gründeten am 8. Mai 1949 die Bundesrepublik Deutschland, vier Jahre nach der Kapitulation der Nazis. Die Sowjets erkannten, dass sie sich verkalkuliert hatten, und brachen die Blockade ab.[13]

Das Wirtschaftswunder

So erhielt die soziale Marktwirtschaft günstige politische Rahmenbedingungen. Aber würden diese Rahmenbedingungen anhalten? Dies hing vom Ergebnis der Wahl zum ersten Bundestag ab, dem neuen Parlament, und von der Wahl des ersten Nachkriegskanzlers. Und es schien wahrscheinlich, dass Kurt Schumachers Sozialdemokraten den Sieg davontragen würden, mit ihren völlig anderen Vorstellungen davon, wie die Wirtschaft gelenkt werden sollte. Als Gegenkandidat von Schumacher wurde Konrad Adenauer aufgestellt, ein katholischer Liberaler, der von 1917 an Bürgermeister von Köln gewesen war, bis er 1933 vor die Tür gesetzt wurde, weil er sich geweigert hatte, auf dem Rathaus Nazi-Flaggen hissen zu lassen, als Hitler Köln besuchte. Während der Nazi-Jahre hatte er sich der Pflege seiner Rosen gewidmet, war zeitweise im Gefängnis gewesen oder hatte sich versteckt. 1944, nach dem missglückten Attentat auf Hitler, wurde er zum letzten Mal gefangen genommen, kam anfänglich in ein Konzentrationslager und dann in ein Gestapo-Gefängnis. »Wenn der Vormarsch der amerikanischen Armee nicht so überraschend in unserer Nähe erfolgt wäre«, schrieb er einer Freundin in den USA einen Tag nach Hitlers Selbstmord, »würde ich wohl von der Gestapo verschleppt und umgebracht worden sein.« Eine Zeit lang war er nach dem Zweiten Weltkrieg wieder Bürgermeister von Köln. Niemand konnte seine Gegnerschaft zu den Nazis in Abrede stellen; seine Frau starb 1948 an den Folgen ihrer Haft in einem Gestapo-Gefängnis.

Die Wahlen vom September 1949 konzentrierten sich nach Adenauers Worten in hohem Maße auf den Gegensatz von »Planwirtschaft« versus »sozialer Marktwirtschaft«. Das Ergebnis führte zu keiner klaren Entscheidung, da Schumachers Sozialdemokraten und Adenauers CDU/CSU je etwa 30 Prozent der Stimmen auf sich vereinten; die restlichen Stimmen verteilten sich auf eine Vielzahl anderer Parteien. Der Kanzler wurde vom Bundestag gewählt, und entscheidend waren die Stimmen der kleinen Freien Demokratischen Partei, der einzigen wirklich marktwirtschaftlichen Partei in Deutschland. Sie unterstützte Adenauer, der mit einer Stimme Mehrheit gewählt wurde – seiner eigenen. Sein Arzt habe ihm gesagt, erklärte der 73-jährige Kanzler, er könne dieses Amt wenigstens ein, vielleicht zwei Jahre ausüben. Tatsächlich wurde er dreimal wiedergewählt und blieb 14 Jahre im Amt. Während dieser gesamten Zeit war Ludwig Erhard sein Wirtschaftsminister und verantwortlich für die Schaffung der sozialen Marktwirtschaft. Das Ergebnis war das deutsche Wirtschaftswunder.

Zweifellos sah die soziale Marktwirtschaft in vieler Hinsicht wie eine gemischte Ökonomie aus. 1969 zum Beispiel besaß der Bund ein Viertel oder mehr Anteile an etwa 650 Unternehmen. Auf Länder- und Gemeindeebene war das Eigentum in öffentlicher Hand relativ breit gefächert und umfasste unter anderem Verkehrssysteme, Telefon-, Telegrafen- und Postwesen, Radio- und Fernsehstationen und Versorgungsunternehmen. Teilweise in öffentlicher Hand waren Kohlebergbau, Eisenhütten und Stahlindustrie sowie Schiffswerften und andere Betriebe des produzierenden Gewerbes. Aber es gab entscheidende Unterschiede in der Industriepolitik der Deutschen im Vergleich zum französischen oder britischen Modell. In Frankreich und England übernahm der Staat die Kontrolle der Kommandohöhen der Wirtschaft, damit er Wohlstand für alle schaffen konnte. In Deutschland schuf der Staat ein Netz von Organisationen – die er in begrenztem Maße kontrollierte – um die Kommandohöhen herum, damit der Markt effizienter arbeiten konnte. Die Wirtschaft operierte unter dem dreigeteilten Management von Regierung, Unternehmern und Gewerkschaften. Das einzigartige Wesen dieses korporativen Systems verkörperten die Aufsichtsräte, die sich aus einer Anzahl von Vertretern aller drei Sektoren zusammensetzten. Diese spezifisch deutsche Ausformung der Marktwirtschaft unter der Ägide von Adenauer und Erhard brachte Deutschland in weniger als einem Jahrzehnt von seinem wirtschaftlichen Tiefpunkt 1947 ins Zentrum der europäischen Wirtschaftsordnung und machte es dauerhaft zur Lokomotive des europäischen Wirtschaftswachstums.[14]

Italien: Das nationale Vorreiterunternehmen

Italien brauchte nach dem Krieg keine Mischwirtschaft zu entwickeln; es erbte sie von der faschistischen Regierung Benito Mussolinis. 1933, mitten in der Weltwirtschaftskrise, schufen die Faschisten ein Institut für industriellen Wiederaufbau, das IRI (Istituto per la Ricostruzione Industriale), das bankrotte Unternehmen durch Kreditvergabe zahlungsfähig halten und sie schließlich aufkaufen sollte. Das IRI kontrollierte schließlich nicht nur die drei größten Banken, sondern einen erheblichen Teil der industriellen Basis des Landes. »1936 war die erste Phase der ›ungeplantesten‹ Verstaatlichung in der westlichen Welt« abgeschlossen. Anschließend entwickelten die Faschisten wirklich einen Plan, um mit dem Instrument des IRI eine Industriepolitik zu betreiben, die darauf abzielte, Italiens Kriegsfähigkeit zu stärken. Nach dem Krieg waren mehrere aufeinander folgende schwache Regierungen nicht in der Lage, das IRI wirkungsvoll zu kontrollieren, und seine Direktoren führten ihre einzelnen Teilgesellschaften nach eigenem Gutdünken. Das IRI war weniger ein Werkzeug zur Gestaltung der Zukunft als ein Mittel zur Fortführung einer behaglichen Vergangenheit. Ohne zentralisierte Kontrolle lief die Industriepolitik auf einen Mischmasch aus den jeweiligen Strategien der verschiedenen Teile des IRI hinaus.

Der entscheidende Bruch mit der Vergangenheit des IRI vollzog sich jedoch mit der neuen staatlichen Ölgesellschaft ENI (Ente Nazionale Idrocarburi). Sie wurde in den Jahren unmittelbar nach dem Krieg aus der AGIP geschaffen, einer staatlichen Raffineriegesellschaft, die in den 20er Jahren als nationales Vorreiterunternehmen gegründet worden war. Dass es der ENI gelang, zum Motor der italienischen Wirtschaft zu werden, war das Werk eines Mannes, Enrico Mattei, des widerspenstigen Sohnes eines Polizisten aus Norditalien. Mattei, der im Alter von 14 Jahren der Schule den Rücken kehrte, brachte es schließlich zum Leiter einer chemischen Fabrik und wurde während des Zweiten Weltkriegs zum Partisanenführer. Seine Managementfähigkeiten und politische Begabung trugen ihm nach dem Krieg die Leitung von AGIP ein, und er machte sich daran, eine riesige neue Gesellschaft zu gründen, die in Italien eine dominierende Stellung hatte und mit den bereits bestehenden großen Ölgesellschaften, den »sieben Schwestern«, wie er sie nannte, konkurrieren konnte. In den 50er Jahren war die ENI ein stark expandierendes Konglomerat von 36 Gesellschaften; ihre Geschäftsfelder erstreckten sich von Rohöl und Tankstellen bis hin zu Hotels, gebührenpflichtigen Autobahnen und Seifen.

Der Präsident oder leitende Direktor jeder dieser Tochtergesellschaften war ein und derselbe Mann: Enrico Mattei. »Zum ersten Mal in der Wirtschaftsgeschichte Italiens«, berichtete 1954 die amerikanische Botschaft, ist eine staatliche Gesellschaft in Italien »in der einzigartigen Position, finanziell solvent zu sein, fähig geleitet zu werden und keinem anderen verantwortlich zu sein als ihrem Präsidenten«, einem Mann, wie der Bericht hinzufügte, von »unbegrenztem Ehrgeiz«. Mattei war auch ein Mann von großer Ausstrahlung. »Jeder, der mit ihm arbeitete, ging für ihn durchs Feuer«, erinnerte sich später einer seiner Mitarbeiter, »obwohl man nicht genau erklären konnte, warum.«

Gut erklärlich war dagegen die große Symbolwirkung der staatlichen ENI. Sie verkörperte all das, was solche staatlichen Vorreitergesellschaften nach dem Krieg so bedeutsam machte. Enrico Mattei brachte die italienische Nachkriegsvision zum Ausdruck: Antifaschismus, die Wiedererweckung und den Wiederaufbau der Nation und den Aufstieg des »neuen Menschen«, der es allein geschafft hatte, ohne Hilfe der alten Seilschaften der IRI-Leute oder der faschistischen Vergangenheit. Die Gesellschaft erleichterte den Wiederaufbau; sie stellte Ressourcen für ein ressourcenarmes Land in Aussicht. Das sprach den Nationalstolz an. Mattei wusste, wie man die Vorstellungskraft der Öffentlichkeit gefangen nahm. Nur wenige Jahre nach dem Krieg baute die ENI bereits neue Tankstellen entlang der Straßen und Autobahnen, die größer, attraktiver und zweckmäßiger waren als die der Konkurrenz. Sie hatten sogar Restaurants.

Kein Privatkonzern in Italien hätte es der ENI gleichtun können, und die ENI hätte nicht diese herausragende Stellung erreicht, wenn die Kontrolle, die der italienische Staat über die Kommandohöhen der Wirtschaft ausübte, nicht so prekär und desorganisiert gewesen wäre. Die ENI hatte Zugang zu den Ressourcen des Staates und nutzte sie, um die achtgrößte Ölgesellschaft der Welt aufzubauen. Sie schuf auch die personellen Ressourcen und die Aufstiegschancen für Generationen von technisch gut ausgebildeten und geschäftstüchtigen Italienern, die in der Ölbranche Weltklasse erreichten. Die ENI trieb nicht nur das italienische Wirtschaftswunder an und wurde zum wichtigsten Wachstumsmotor, sondern symbolisierte zugleich, dass der Faschismus der Vergangenheit angehörte, und half mit, die Zukunft Italiens in der Nachkriegsära zu gestalten. Die ENI wurde zum Modell für die Leistungskraft einer staatlichen Gesellschaft – und war die Daseinsberechtigung staatlichen Eigentums. Dieser Grund ließ sich in zwei Wörtern zusammenfassen: *Wachstum* und *Fortschritt*.[15]

Das »Durchdringen« des John Maynard Keynes

Als sich die Phase des Wiederaufbaus ihrem Ende zuneigte und sich die ersten Anzeichen von Wohlstand bemerkbar machten, ruhte die Lenkung der gemischten Wirtschaft bereits auf den intellektuellen Grundlagen einer unwiderstehlichen neuen Ökonomielehre. Sie entstammte nicht dem Sozialismus, sondern den Werken eines Kapitalismusreformers, John Maynard Keynes, des einflussreichsten Ökonomen des 20. Jahrhunderts. Keynes war ein Kind der spätviktorianischen Zeit und des frühen 20. Jahrhunderts, einer

Phase von Stabilität, Wohlstand und Frieden, als Großbritannien noch die Weltwirtschaft beherrschte. Keynes verlor nie das Selbstvertrauen, die Selbstgewissheit, ja den Optimismus jener Zeit. Aber sein intellektueller Werdegang und sein tief greifender Einfluss beruhten auf seinem Bestreben, die Verwerfungen und Krisen zu verstehen, die nach dem Ersten Weltkrieg begannen und sich bis zur Weltwirtschaftskrise fortsetzten.

Zu Keynes' Urahnen gehörte einer der Ritter, die mit Wilhelm dem Eroberer den Ärmelkanal überquert hatten, sein Vater war Ökonom an der Universität von Cambridge. Er erhielt seine Ausbildung in Eton und Cambridge und bewies von früh auf verblüffende, äußerst vielseitige geistige Fähigkeiten, die sich mit einem arroganten Zug und, wie manche es sahen, einem unduldsamen Elitebewusstsein verbanden. Seine bürgerlichen Gewohnheiten (darunter sein Markenzeichen, der Homburg, ein Hut, wie ihn normalerweise Börsenmakler in der Londoner City trugen) und sein Stolz, zur »*gebildeten* Bourgeoisie« zu gehören, wie er es nannte, verbanden sich mit einer ständigen sozialen und intellektuellen Rebellion und Widerspenstigkeit sowie dem Lebensstil eines Ästheten und Bohemiens des Bloomsbury-Kreises. Seine enormen mathematischen Fähigkeiten wurden durch einen bemerkenswert guten Prosastil ergänzt, ob er nun über die Feinheiten des ökonomischen Denkens schrieb oder sich seiner Obsession widmete, die Hände von Staatsmännern zu analysieren. Er pries die »aufmerksame Beobachtung« der wirklichen Welt als eine der Voraussetzungen für einen guten Ökonomen und liebte es, sich in Statistiken zu vertiefen. Seine besten Ideen, so sagte er gern, kamen ihm, wenn er »mit Zahlen herumhantierte« und dann »*sah*«, was sie bedeuten mussten. Dennoch frönte er endlosen Gedankenspielen und schloss unablässig von Details auf Verallgemeinerungen und allumfassende Theorien.

Als Wirtschaftsberater in der britischen Delegation auf der Konferenz von Versailles 1919 gewann er die Überzeugung, dass der karthagische Frieden, den die Alliierten Deutschland aufzwangen, die wirtschaftliche Wiederbelebung Europas untergraben und unweigerlich neue Krisen heraufbeschwören würde. Angewidert zog er sich in England aufs Land zurück, wo er innerhalb von Wochen seine beißende Kritik in der Schrift *Die wirtschaftlichen Folgen des Friedensvertrages* zusammenfasste. Dieses Buch machte ihn berühmt. In den 20er Jahren konzentrierte er sich weitgehend auf monetäre Fragen. Sein Werk über die »wirtschaftlichen Folgen von Herrn Churchill« (*The Economic Consequences of Mr. Churchill*) war eine harte Attacke auf Winston Churchills Entscheidung, Großbritannien mit einem überbewerteten Pfund zum Goldstandard zurückzuführen.

In jenen Jahren und bis in die 30er Jahre teilte er seine Zeit zwischen dem King's College in Cambridge, wo er unterrichtete, und London auf, wo er sich mit Währungs-, Waren- und Aktienspekulationen beschäftigte. Er saß auch im Vorstand einer Reihe von Investment- und Versicherungsgesellschaften (bei einer als Vorsitzender). Er war ein Meister der Märkte und ihrer Psychologie. Als Schatzmeister des King's College während der Weltwirtschaftskrise steigerte er die Finanzausstattung des College um das Zehnfache. Trotz periodischer Rückschläge wurde er auch bei der Verwaltung seiner eigenen Finanzen sehr reich. Er zögerte nicht, Risiken einzugehen. »Der akademische Ökonom«, so sagte einmal ein enger Freund von Keynes, »weiß nie wirklich, was einen Geschäftsmann im Innersten bewegt, warum er manchmal lieber mit einem Investitionsprojekt spekuliert und ein andermal Liquidität und Bargeld vorzieht.« Keynes selbst erklärte: »Das Wirtschaftsleben ist immer eine Wette.«[16]

Die hartnäckige Arbeitslosigkeit in Großbritannien und später die Massenarbeitslosigkeit der Weltwirtschaftskrise lenkten Keynes' Aufmerksamkeit von monetären Fragen auf die Arbeitslosigkeit und führten zu seinem einflussreichsten Buch, *Die allgemeine Theorie der Beschäftigung, des Zinses und des Geldes*, veröffentlicht 1936. Die *Allgemeine Theorie* zeigte Keynes' Stärken als aufmerksamer Beobachter, scharfsinniger Mathematiker, selbstbewusster Rebell und großer Generalisierer. Das Buch stellte einen umfassenden Angriff auf die klassische Nationalökonomie dar, mit der er groß geworden war. Die Ära, in der die klassische Volkswirtschaftslehre entstanden war, war mit dem Ersten Weltkrieg zerstört worden, und für Keynes hatten die seither eingetretenen Katastrophen die Unzulänglichkeit dieser Tradition bewiesen. Eine neue Synthese war erforderlich, und diese Synthese versuchte Keynes mit seinem »Kindergarten« von Anhängern in Cambridge zu erarbeiten.

Insbesondere schlussfolgerte er, dass die klassische Volkswirtschaftslehre auf einem fundamentalen Fehler beruhe. Sie ginge fälschlich davon aus, dass die Balance zwischen Angebot und Nachfrage Vollbeschäftigung sichern würde. Aus Keynes' Sicht war die Wirtschaft jedoch im Gegenteil chronisch instabil und ständigen Schwankungen unterworfen. Angebot und Nachfrage konnten sich sehr wohl zu einem Gleichgewicht einpendeln, das keine Vollbeschäftigung sicherte. Die Gründe dafür waren fehlende Investitionen und eine zu hohe Sparquote; beides ließ sich auf den psychologischen Faktor der Unsicherheit zurückführen.

Die Lösung dieses Problems war scheinbar einfach: Man musste nur die fehlenden privaten Investitionen durch öffentliche ersetzen, die durch bewusste Defizite finanziert würden. Die Regierung würde Geld leihen und für öffentliche Arbeiten und Ähnliches ausgeben; diese Defizitfinanzierung würde ihrerseits Arbeitsplätze schaffen und die Kaufkraft erhöhen. In Zeiten des Abschwungs nach einem ausgeglichenen Haushalt zu streben half nicht, sondern verschlechterte vielmehr die Lage noch zusätzlich. Um seine Argumentation zu stützen, setzte Keynes eine ganze Reihe neuer Werkzeuge ein – eine standardisierte Berechnung des Volkseinkommens (die zum Grundkonzept des Bruttosozialprodukts führte), das Konzept der Gesamtnachfrage und das Multiplikatorprinzip (Menschen, die staatliche Mittel für öffentliche Arbeiten erhalten, geben das Geld aus, und dies schafft wieder neue Arbeitsplätze). Keynes' Analyse legte die Grundlage für das Feld der Makroökonomie, das die Wirtschaft als Ganzes behandelt und sich auf die Fiskalpolitik des Staates konzentriert: Ausgaben, Defizite, Steuern. Diese Werkzeuge ließen sich einsetzen, um Einfluss auf die Gesamtnachfrage zu nehmen und so Vollbeschäftigung herzustellen. Als logische Folge würde die Regierung in Zeiten wirtschaftlicher Erholung und Expansion ihre Ausgaben zurückschrauben. Dieses letztere Gebot wurde jedoch allzu oft vergessen oder übersehen.

Keynes dachte dem Staat eine weit größere Rolle in der Wirtschaft zu. Seine Vision war die eines reformierten, gelenkten Kapitalismus: eines vor dem Sozialismus und vor sich selbst geretteten Kapitalismus. Er sprach von einer »gewissermaßen umfassenden Sozialisierung der Investitionen« und vom Staat, der »immer mehr Verantwortung bei der direkten Organisierung der Investitionen übernehmen« müsse. Die Fiskalpolitik würde kluge Regierungen in die Lage versetzen, die Wirtschaft zu stabilisieren, ohne zu echten Kontrollen greifen zu müssen. Das Gros der Entscheidungen würde beim dezentralisierten Markt verbleiben statt bei zentralen Planern.

Keynes hatte die *Allgemeine Theorie* mit fieberhafter Anstrengung ausgearbeitet, überzeugt, dass neue Katastrophen unmittelbar bevorstanden, während die Welt noch mit den Auswirkungen der Weltwirtschaftskrise kämpfte. Die Alternative zur Reform hieß Totalitarismus. Es waren also nicht nur die neuen Perspektiven der Makroökonomie, sondern auch die Gefahren der damaligen Zeit, die erklären, warum die Theorie bei anderen auf so leidenschaftliche Zustimmung stieß. Einer seiner Studenten erklärte: »Was Keynes schließlich bot, war *Hoffnung*: die Hoffnung, dass der Wohlstand zurückgewonnen und aufrechterhalten werden konnte, ohne auf Gefangenenlager, Exekutionen und bestialische Verhöre zurückzugreifen.«

Eine neue Apokalypse kam früh genug. Mit dem Ausbruch des Zweiten

Weltkriegs wandte sich Keynes der Frage zu, wie der Krieg zu finanzieren sei und wie sich nach seiner Beendigung ein Wechselkurssystem entwickeln ließe. Er war einer der Väter der Übereinkunft von Bretton Woods, welche die Weltbank, den Internationalen Währungsfonds und ein System fester Wechselkurse ins Leben rief. Er wandte sich auch wieder einer Frage zu, die ihn seit dem Ersten Weltkrieg nicht mehr losgelassen hatte: wie man der Unterwerfung Großbritanniens unter Amerikas Finanzkraft Paroli bieten könnte. Schließlich war er in einem Zeitalter aufgewachsen, in dem Großbritannien die Weltwirtschaft regierte. Nun kämpfte er, wenn auch vielleicht widerwillig, um Großbritanniens Anpassung an die neue Realität des Aufstiegs der USA. Sein letztes großes Unternehmen war 1946 die Aushandlung eines Multimilliardenkredits der USA an Großbritannien. Es waren besonders harte Verhandlungen, und der Stress brachte ihn im wahrsten Sinne des Wortes um.

Keynes bot sowohl einen spezifischen Vernunftgrund für eine stärkere Rolle des Staates in der Wirtschaft als auch eine allgemeinere Zuversicht in die Fähigkeit des Staates, effizient in die Wirtschaft einzugreifen und sie zu lenken. Als sich Keynes' Werk in den Jahren nach dem Zweiten Weltkrieg in den »Keynesianismus« verwandelte, blieb das Selbstvertrauen, das seinen Autor beseelt hatte, in seinem Kern erhalten. Trotz der Faszination, die Ungewissheit auf ihn ausübte, und trotz seiner Fähigkeit zur Spekulation hielt Keynes »Regierungswissen« dem Wissen des Marktes für überlegen. In den Worten des Keynes-Biografen Robert Skidelsky lautete die unausgesprochene Botschaft in ihrer zugespitztesten Form: »Der Staat ist weise und der Markt ist dumm.«

In einer der berühmtesten Passagen seiner *Allgemeinen Theorie* hatte Keynes geschrieben: »Ich bin überzeugt, dass die Macht erworbener Rechte im Vergleich zum allmählichen Durchdringen von Ideen bei weitem überschätzt wird.« Das »Durchdringen« des Keynesianismus, seine Eroberung der Kommandohöhen ökonomischen Denkens, ging indessen durchaus nicht allmählich vor sich. Innerhalb weniger Jahre nach Keynes' Tod nahm seine Lehre bereits einen dominierenden Platz in der Wirtschaftspolitik sowohl Großbritanniens als auch der USA ein. Wie weit sein Einfluss reichte – oder zumindest die Wahrnehmung seines Einflusses –, zeigt eine Mitte der 60er Jahre veröffentlichte Geschichte der Wirtschaftstheorie:

»In den meisten westlichen Wirtschaften hat die Theorie von Keynes die geistigen Grundlagen für eine gelenkte, an Wohlfahrt orientierte Form des Kapitalismus gelegt. Tatsächlich war die verbreitete Übernahme der Botschaft von Keynes in erheblichem Maße für die allgemein hohen Beschäftigungszahlen verantwortlich, die von den meisten westlichen Industrieländern seit dem Zweiten Weltkrieg erreicht wurden, sowie für eine bedeutsame Neubestimmung der Rolle des Staates im Wirtschaftsleben.«

Keynes' Selbstbewusstsein lebte in seinem Denken fort.[17]

Handel und nationale Macht

Die allgemeine Akzeptanz des Keynesianismus und anderer Prinzipien der gemischten Wirtschaft führte die europäischen Länder trotz ihrer vielen Unterschiede in den drei Jahrzehnten nach dem Krieg enger zusammen. Entscheidender Ausdruck dieser Gemeinsamkeit war die Bildung der Europäischen Union.

Jean Monnet begriff zuerst die Möglichkeit, Europas Zukunft durch wechselseitige Abhängigkeit zu sichern. Während des Zweiten Weltkriegs fasste er bereits ein neues Lotharingien ins Auge, wie das mittlere der von den drei Enkeln Karls des Großen geschaffenen Königreiche vor 1 000 Jahren ursprünglich hieß. Aber Monnets Vision war kein anachronistischer Traum. Sie war die Antwort auf sehr praktische Probleme: Was mit Deutschland geschehen sollte und wie sich ein weiterer europäischer Krieg verhindern ließe. Die Antwort sah Monnet in dem Leitgedanken, ein wieder belebtes, produktives Deutschland in ein vereintes Europa zu integrieren. Lothringien würde der erste Schritt sein. Die Kohle und Stahl produzierenden Regionen an den Grenzen von Frankreich und Deutschland in Elsass-Lothringen und an der Ruhr, die der Anlass so vieler Konflikte gewesen waren, sollten nach dem so genannten Schumanplan unter internationale Verwaltung gestellt werden. Dieser Plan war benannt nach dem französischen Außenminister Robert Schuman, tatsächlich aber war er weitgehend das Werk Monnets. Dieser Plan stand Pate an der Wiege des geeinten Europa. Aber seine ersten Schritte wurden stark vom Marshallplan abgefedert, der von den Europäern verlangte, einen gemeinsamen Plan für die Ausschüttung der amerikanischen Hilfe aufzustellen. Der Marshallplan bot auch einen »Kodex der Liberalisierung« zur Reduzierung der Handelsschranken zwischen den europäischen Ländern, um den effizientesten Einsatz der Hilfe zu erleichtern.

Der nächste Schritt kam 1957. Angespornt von Monnets Vision und schockiert von den dramatischen Ereignissen im Herbst 1956 – der Suezkrise, welche die westliche Allianz spaltete, und der sowjetischen Unterdrückung der ungarischen Revolution – taten die europäischen Nationen mit der Unterzeichnung der Römischen Verträge einen entscheidenden Schritt nach vorn. Sie schufen damit die Europäische Wirtschaftsgemeinschaft, einen beispiellosen Zusammenschluss verschiedener Volkswirtschaften zu einem gemeinsamen Markt, der auf drei Säulen aufbaute: dem Konsens der gemischten Wirtschaft, dem Wunsch, die deutsche Frage zu lösen, und der Bedrohung durch den Sowjetblock.

Zu einer Zeit also, als die westeuropäischen Regierungen mehr Verantwortung für ihre Volkswirtschaften übernahmen, taten sie mit der europäischen Integration auch den ersten Schritt, um nationalstaatliche Macht abzutreten, indem sie Handels- und Investitionshindernisse beseitigten. Europa war damit Teil eines umfassenderen Prozesses des Abbaus von Handelsbarrieren und der Ausweitung des internationalen Handels, der zu einem Gegengewicht nationalstaatlicher Macht wurde.

Während des Zweiten Weltkriegs hatten Amerikaner und Briten die Vorreiterrolle übernommen, indem sie ein umfassendes und beispielloses neues System aushandelten, um den internationalen Handel zu erleichtern und zu fördern. Sie wussten genau, was sie hinter sich lassen wollten: das zerstückelte Handelssystem der Zwischenkriegsjahre mit seinen Mengenbegrenzungen, hohen Zöllen, Vorzugsverträgen, Blockaden, seinem gesteuerten Handel und einer Handelspolitik, die darauf abzielte, die Nachbarn arm zu machen. Dieser grimmige Protektionismus – davon waren sie überzeugt – hatte in erheblichem Maße zur Weltwirtschaftskrise, zu den daraus resultierenden Problemen und dem darauf folgenden Krieg beigetragen. Sie träumten davon, das offene Handelssystem des späten 19. Jahrhunderts wiederherzustellen, das weltweites Wachstum stimuliert hatte. Dabei konnten sie auf den bilateralen Handelsabkommen aufbauen, für die sich US-Außenminister Cordell Hull, ein traditioneller Liberaler im Stil des 19. Jahrhunderts, in den 30er Jahren stark gemacht hatte. Aber das neue System, das Amerikaner und Briten während des Krieges aushandelten, beruhte im Gegensatz zur Politik Hulls auf Multilateralismus, was bedeutete, dass viele Länder gleichzeitig der Beseitigung von Handelsbarrieren zustimmten. Dieses neue System sollte von der Internationalen Handelsorganisation (ITO) verkörpert werden, die sowohl den Rahmen der multilateralen Verhandlungen als auch die Mechanismen bereitstellen sollte, um die erforderlichen Regeln zu gestalten und auszuführen. Neben der Weltbank und dem Internationalen Währungsfonds sollte die ITO das dritte Standbein der internationalen Wirtschaftsordnung der Nachkriegszeit sein.

1947 schlossen 57 Länder auf einer Konferenz in Havanna Verhandlungen über ein Abkommen ab, mit dem die ITO ins Leben gerufen wurde. Es sollte sich jedoch herausstellen, dass es in der amerikanischen Öffentlichkeit und im Kongress nur wenig Unterstützung für die ITO gab, aber viele Gegner. 1950, mehrere Monate nach Ausbruch des Koreakrieges, gab das amerikanische Außenministerium eine Pressemitteilung heraus, in der trocken erklärt wurde, dass der Plan für die ITO ausgesetzt sei. Die Protektionisten im Kongress wähnten sich bereits als Sieger. »Das Außenministerium hat den Nachruf geschrieben, aber ich habe für die Beerdigung gesorgt«, erklärte ein Senator triumphierend. Doch die Protektionisten sollten sich irren. Präsident Truman wies die Exekutive an, die Bestimmungen einer Ersatzmaßnahme, die Teil der ITO-Verhandlungen war, umzusetzen: das Allgemeine Zoll- und Handelsabkommen (GATT: General Agreement on Tariffs and Trade). Durch regelmäßige Treffen bildete dieses Abkommen einen Mechanismus, um die multilaterale Beseitigung von Handelsbarrieren auszuhandeln und Regeln für den Welthandel aufzustellen.

Das GATT hatte nicht den formalen Charakter oder die Macht der ITO. Aber mit seinem Inkrafttreten 1948 wurde es zu einem Rahmen, innerhalb dessen im Verlauf des folgenden halben Jahrhunderts die Barrieren des internationalen Handels – ob für Waren, Dienstleistungen oder Kapital – fortlaufend gesenkt wurden. Das GATT wurde zu einem der kraftvollsten Motoren für das Wirtschaftswachstum in der Nachkriegszeit und half eine globale Wirtschaft zu schaffen, die die Grenzen der Einzelstaaten überschritt, die wirtschaftlichen Kommandohöhen dem internationalen Wettbewerb öffnete und die Macht der Nationalstaaten aufweichte.[18]

»Es ging Ihnen noch nie so gut«

All dies ließ jedoch noch viele Jahre auf sich warten. Damals gab es unmittelbarere Quellen der wirtschaftlichen Erholung. Der Koreakrieg (1950-1953) und die militärische Aufrüstung, die mit ihm einherging, sorgten für einen bedeutenden Wachstumsimpuls in der gesamten westlichen Welt; und auch danach blieben die Verteidigungsausgaben ein bedeutender Wachstumsmotor. Im Westen hielt die Furcht vor den vermeintlichen wirtschaftlichen Leistungen und Wachstumsraten der Sowjetunion an, und die Frage, ob der Osten oder der Westen das wirtschaftliche Wettrennen gewinnen würde und wer von beiden in wirtschaftlicher Hinsicht die von Churchill so benannte »Dritte Welt« hinter sich scharen könnte, bewegte die Gemüter. Der Start des ersten sowjetischen Sputnik-Satelliten 1957 war nicht nur ein Schock, sondern schien auch die Vitalität der Kommandowirtschaft sowjetischen Stils zu bestätigen.

Doch die wirtschaftliche Leistung der westeuropäischen Länder in den Nachkriegsjahren war außerordentlich. Die gemischte Ökonomie schuf einen Lebensstandard und einen Lebensstil, die am Ende des Zweiten Weltkriegs nicht vorherzusehen oder überhaupt vorstellbar waren. Die 50er und 60er Jahre wurden in Großbritannien als goldene Ära des Wohlfahrtsstaates bekannt. »Die meisten Menschen in diesem Land hatten es noch nie so gut«, erwiderte Premierminister Harold Macmillan einem Zwischenrufer bei einer politischen Veranstaltung auf einem Fußballfeld. »Es ging Ihnen noch nie so gut« wurde zu seinem – durchaus zutreffenden – Wahlkampfslogan.

Dies galt für ganz Westeuropa. Zum ersten Mal konnten sich Arbeiter nach und nach die Produkte ihrer eigenen Arbeit kaufen. In Frankreich gehörten Streiks und die Drohung einer kommunistischen Machtübernahme der Vergangenheit an. Diese Zeit wurde in Frankreich *Les Trente Glorieuses* genannt, die »Dreißig glanzvollen Jahre«. Deutschland, angetrieben von seiner sozialen Marktwirtschaft, wurde das Land des »Wirtschaftswunders«, als es sich dem Ziel Ludwig Erhards näherte, »Wohlstand für alle« zu schaffen. Beide Länder erreichten Wachstumsraten von 5 oder 6 Prozent jährlich. 1955 hatten alle westeuropäischen Länder ihre Produktionsniveaus der Vorkriegszeit überschritten. Die Geißel der Arbeitslosigkeit, welche die Vorkriegsordnung in der gesamten industrialisierten Welt in Verruf gebracht und die wichtigste Motivation zum Handeln geliefert hatte, war gebannt. In Frankreich betrug die durchschnittliche Arbeitslosigkeit zwischen 1945 und 1969 1,3 Prozent. In Deutschland fiel sie 1970 auf praktisch nicht mehr sichtbare 0,5 Prozent.

Diese Erfolgsgeschichte der industrialisierten Länder Europas rechtfertigte die Idee, dass der Staat eine aktive Rolle bei der Beaufsichtigung oder Lenkung der Wirtschaft zu spielen habe – und in vielen Fällen einen Teil davon besitzen sollte –, um Wohlstand für alle zu schaffen. Dank dieser beispiellosen wirtschaftlichen Expansion wurde die gemischte Ökonomie zum neuen Standardsystem, dessen Einfluss in den folgenden Jahren noch wuchs. Der Staat kontrollierte entweder die Schaltstellen der Wirtschaft selbst oder setzte in der Fiskalpolitik die Hebel an. Der Staat hatte die Verantwortung für den neuen Wohlfahrtsstaat übernommen und verpflichtete sich, die »Mängel« des Marktes zu korrigieren. All dies summierte sich zu einer Formel für wirtschaftlichen Erfolg, die die leidvollen Zwischenkriegsjahre und die Zerstörungen des Zweiten Weltkriegs der Vergangenheit überantwortete. Welchen Vergleich man auch wählt, es waren in wirtschaftlicher Hinsicht tatsächlich glanzvolle Jahre.[19]

Kapitel 2

Der Fluch der Größe
Amerikas regulierter Kapitalismus

Der Ex-Tycoon starb 1938 auf einem Metro-Bahnsteig in Paris. Es wurde kaum Geld bei ihm gefunden, und die Schlagzeilen zu Hause in den USA meldeten, dass er als armer Mann gestorben sei. Obwohl in Schande gefallen, war er in Wirklichkeit nicht arm und seine Brieftasche war vermutlich gestohlen worden, bevor die Behörden eintrafen. Aber zu schreiben, dass er in Armut gestorben sei, war die bessere Story. Denn mehr als jeder andere Amerikaner lieferte Samuel Insull mit seinem Aufstieg zum berühmten Industriemagnaten und seinem anschließenden Fall die perfekte moralische Geschichte über die Unbeständigkeit der Börsen in den 20er und ihren Zusammenbruch in den 30er Jahren. Wie konnte man den Bankrott des Kapitalismus besser demonstrieren als am Absturz des Samuel Insull, in dessen Taschen sich nur französische Centimes im Gegenwert von acht amerikanischen Cent fanden? Die traurigen und leidvollen Zeiten riefen nach solchen Moralgeschichten.

Was für ein Unterschied zu den Boomjahren der 20er, als Insull Ehrgeiz, Mut und Können verkörperte. Geboren 1859, hatte er als Junge in London als Telefonist zu arbeiten begonnen und wurde später Stenograf des Direktors des britischen Unternehmenszweiges von Thomas Edison. Nach einiger Zeit avancierte er zum Privatsekretär von Edison und arbeitete sich von dieser Position in Edisons Unternehmen nach oben. Als es geteilt wurde, wurde er Direktor von Chicago Edison und baute die Firma zu einer großen Elektrizitätsgesellschaft aus. Er war der König, der über einem weit gespannten Unternehmen thronte, das einen erheblichen Teil der USA mit Elektrizität versorgte. Insull war für seine Ernsthaftigkeit und Erregbarkeit bekannt (»Insult Insull« nannte man ihn daher, »Schmäh-Insull«), vor allem aber für seinen Ehrgeiz, ein Imperium zu errichten. Er hatte eine große Vision von der Zukunft der Elektrizität: »Jedes Heim, jede Fabrik und jede Transportlinie wird ihre Energie aus einer gemeinsamen Quelle beziehen, aus dem einfachen Grund, weil dies die billigste Art sein wird, sie zu produzieren und zu verteilen.« Der Weg, um dieses Ziel zu erreichen, sollte jene Art von Unternehmen sein, das er errichtet hatte: eine unendlich komplexe und verwirrende Pyramide aus unzähligen Gesellschaften. Insulls operative Unternehmen betrieben die Kraftwerke, lieferten den Abnehmern die Elektrizität und lasen die Stromzähler ab. In seinen Holdinggesellschaften, deren Hauptaktiva Aktienanteile an anderen Gesellschaften waren, wurde die Finanzierung abgewickelt, mit viel Spielraum für Manipulationen. Wer stieg da noch durch? An einem Punkt war Insull Vorsitzender von 65, Direktor von 85 und Präsident von 11 Firmen. Eine Zeit lang galt »Insullismus« als Modell der Zukunft. Aber mit dem Börsenkrach und der Weltwirtschaftskrise brach Insulls Imperium zusammen und der Wert seiner höchstdotierten Holdinggesellschaft, der Insull Utility Investments, fiel seit 1929 von über 100 Dollar pro Aktie auf wenig mehr als einen Dollar im Jahre 1932. Hinterher sagte man, Insull habe sein eigenes Imperium nie verstanden. Der Wut seiner Anleger konnte Insull jedenfalls kaum entgehen, und so ließ er sich klugerweise von 36 Leibwächtern rund um die Uhr beschützen.

Als hätte die Rage der ruinierten Aktionäre noch nicht gereicht, erhob das Cook County Anklage gegen ihn wegen Diebstahls und Veruntreuung. Insull machte sich flugs nach Europa aus dem Staub. Auf Grund des Versprechens des soeben gewählten Präsidenten Roosevelt, »die Insulls dingfest zu machen«, versuchten die US-Behörden, seiner habhaft zu werden. Insull reiste durch Frankreich, und Roosevelt bat den Diktator Benito Mussolini, ihm zu helfen, falls er in Italien auftauchen sollte. Zu dieser Zeit war Insull jedoch bereits in Griechenland. »Warum bin ich in den Vereinigten Staaten nicht beliebter?«, fragte er verständnislos aus dem Exil. »Was habe ich getan, was jeder Bankier und Geschäftsmagnat bei seinen Geschäften nicht getan hätte?« Die einzige Antwort, die er von griechischer Seite erhielt, war seine Ausweisung auf Verlangen der USA. Ohne einen Ort, wo er noch hingehen konnte, wurde Insull zu einem Heimatlosen und segelte auf einem gemieteten Frachtdampfer ziellos durchs Mittelmeer. Als der Frachter vor der türkischen Küste ankerte, um Proviant aufzunehmen, wurde er verhaftet, und die türkische Regierung setzte ihn trotz fehlenden Auslieferungsabkommens auf ein Schiff nach Amerika. Insull wurde in Cook County wegen Betrugs vor Gericht gestellt. Trotz des großen Hasses auf ihn erlangte er jedoch 1934 mit erstaunlicher Leichtigkeit einen Freispruch. Die Jury brauchte nur fünf Minuten, um zu ihrem Urteil zu gelangen. Insull hatte nun aber genug von Amerika und verbrachte die letzten vier Jahre seines Lebens außerhalb der USA. Einst hunderte von Millionen schwer, hatte er den Großteil seines Reichtums verloren;

selbst die Eigentumsrechte an seinen Kragenknöpfen wurden zum Gegenstand eines Prozesses. Er nahm gewöhnlich die Metro in Paris, um Geld zu sparen, obwohl ihn seine Frau – in weiser Vorahnung, wie sich herausstellte – gewarnt hatte, dass das schlecht für sein Herz sein könnte.[1]

Lange vor seinem Tod war Insull in den USA zum nationalen Symbol für die Exzesse des Kapitalismus geworden, für die Rechtskniffe und die Gier, die der Weltwirtschaftskrise vorausgegangen waren, ja für alles, was in ungezügelten Märkten schief gehen konnte. Sein Name wurde von Roosevelt und anderen Vertretern des New Deal nur erwähnt, um ihn zu brandmarken. So sehr wurde die Not den Machenschaften von Insull und anderen großen Wirtschaftsbossen angelastet, dass der Insullismus nicht länger als eine Wachstumsvision der Zukunft erschien, sondern vielmehr als einer der Hauptgründe für die Wirtschaftskrise. Um den Scherbenhaufen aufzukehren – und künftige Insulls daran zu hindern, weiteres Unheil anzurichten –, machten sich die Vertreter des New Deal an ein weit reichendes Experiment zur Ausweitung der Befugnisse des Staates über die Wirtschaft. Dabei wurden Staatsunternehmen durchaus in Erwägung gezogen. Die Tennessee Valley Authority war ein solches öffentliches Unternehmen, ein großes Experiment in Sachen Staatseigentum und Wirtschaftsentwicklung, mit dem die schmutzige, arme Region des mittleren Südens elektrifiziert wurde. Aber überwiegend versuchte der Staat die Schlüsselsektoren der Wirtschaft nicht durch Verstaatlichung zu kontrollieren, sondern durch einen entschieden amerikanischen Ansatz: wirtschaftliche Regulierung. Diese Stoßrichtung unterschied sich vom Vorgehen in Europa und den Entwicklungsländern. Im Vergleich zu diesen waren die USA stärker marktorientiert. Aber der Staat übte trotzdem eine beträchtliche Macht über den Markt aus. Tatsächlich wurde im Amerika der 30er Jahre die »regulative Idee« zur Lösung für die Probleme des Marktes. Diese Idee sollte für Jahrzehnte bestimmend bleiben, bis neue wirtschaftliche Verwerfungen und eine wachsende intellektuelle Kritik den Konsens unterminierten.

Der Aufstieg der Regulierung

Regulierung – die Schaffung von Regeln – kann natürlich vielen Zwecken dienen. Sie erstrecken sich von Gesundheit, Sicherheit und Umweltschutz bis zu Arbeitsschutz, Gleichheit, Fairness und Sozialpolitik. Die nationale Regulierung besonders zu wirtschaftlichen Zwecken hat in den USA ihre Ursprünge im 19. Jahrhundert in der Entwicklungsphase des Landes mit der Einrichtung der Bundesverkehrsbehörde (Interstate Commerce Commission, ICC) zur Regulierung der Eisenbahnen, der großen neuen Industrie der Zeit. Bis dahin blieben die Aktivitäten der Bundesregierung bemerkenswert beschränkt, wie sich an der Zahl ihrer Zivilbediensteten ablesen ließ. Anfang der 70er Jahre des 19. Jahrhunderts beschäftigte die Bundesregierung insgesamt 51 020 Zivilisten, davon 36 696 Postbedienstete. Die ICC markiert den ersten großen Versuch der Regierung, die Volkswirtschaft zu beaufsichtigen. Eisenbahnen waren nicht nur zu einer entscheidenden Industrie geworden, sondern auch zu einer nationalen Kraft, die zwischenstaatliche Grenzen auslöschte und die Nation zusammenband. Die ICC wurde geschaffen, um »gerechte und vernünftige« Tarife und die Gleichbehandlung von Spediteuren und Städten und Gemeinden zu sichern – und Manipulationen der großkapitalistischen Raubritter zu begrenzen. Mit fünf Regierungskommissaren, die für jeweils sechs Jahre mit versetzten Amtszeiten ernannt wurden, wurde sie auch zum Modell künftiger Regulierungskommissionen. In ihren frühen Jahren wurden ihre Befugnisse von den Gerichten radikal beschnitten, bis sie von den Progressisten nach der Jahrhundertwende wieder ausgeweitet wurden.

Im späten 19. Jahrhundert war Amerika bereits auf seinem Weg, eine Industrienation zu werden. Seine Städte wurden zur Heimat von Millionen und Abermillionen von Immigranten, zusammen mit wuchernden Fabriken, die dunklen Rauch aus ihren Schornsteinen bliesen. Die Industrialisierung und die Verwandlung des Lebensraums brachten eine Unzahl von Übeln mit sich, die zum Angriffsziel einer Gruppe von investigativen Journalisten wurden, Skandaljäger, die als *muckrakers* bezeichnet wurden (das heißt so viel wie »Leute, die im Schmutz wühlen«). Den Begriff, John Bunyans puritanischem Erbauungsbuch *Pilgerreise zur seligen Ewigkeit* (*Pilgrim's Progress*) entliehen, benutzte zuerst Präsident Theodore Roosevelt, selbst ein Schriftsteller von beträchtlichen Meriten. Roosevelt meinte das Wort nicht als Kompliment; er hielt die Schriften solcher Journalisten für zu negativ, ihre Arbeit konzentrierte sich zu sehr auf das »Schändliche und Verderbte«, und ihr Einfluss fachte seiner Meinung nach nur das Feuer der Revolution an. Dennoch bereiteten die Skandaljournalisten mit ihren Darstellungen der Krankheiten der neuen Industriegesellschaft – schmutzige Nahrung, schmutzige Arbeitsbedingungen, schmutzige Städte, schmutzige Geschäfte, schmutziges Geld und schmutzige Politik – den Weg für das Amerika der Jahrhundertwende, und Roosevelt und andere Politiker machten sich ihre Sache zu Eigen. Regulierung war die Antwort auf einen Katalog von Missbräuchen.

Ein großer Teil der Regulierungen konzentrierte sich auf ein einziges Problem, nämlich darauf, wie mit Großunternehmen und Monopolen zu verfahren sei. Zusammenschlüsse, mit denen Preise und Produktionsmengen kontrolliert werden sollten, waren natürlich ein immer währendes Problem – tatsächlich hatte es schon Adam Smith stark beschäftigt. »Geschäftsleute des gleichen Gewerbes kommen selten, selbst zu Festen und zur Zerstreuung, zusammen, ohne dass das Gespräch in einer Verschwörung gegen die Öffentlichkeit endet oder irgendein Plan ausgeheckt wird, wie man die Preise erhöhen kann«, schrieb er in einer der berühmtesten Passagen seines Hauptwerks *Der Wohlstand der Nationen* (*The Wealth of Nations*, veröffentlicht 1776). Aber diese Worte wurden ganz zu Anfang der industriellen Revolution geschrieben. Smith hätte sich die Ausmaße solcher Praktiken in Amerika kaum vorstellen können, die ein Jahrhundert später durch Technologie, Firmenzusammenschlüsse und -übernahmen, wirtschaftliche Konzentration und die Entstehung von (für die damalige Zeit) gewaltigen Kartellen möglich wurden. Das waren unter der Kurzbezeichnung Trust bekannte, häufig absolute Monopole, die entschlossen zu sein schienen, die atomistische Welt der Kleinunternehmen in Familienbesitz zu vernichten. Trusts, so 1899 der Herausgeber von Amerikas führendem Magazin zur Aufdeckung von Skandalen, stellten das »brandheißeste Eisen« dar. Sie waren das beherrschende nationale Thema der Zeit.

Etwas musste geschehen. Aber was? Obwohl er den Spitznamen »Trust-Brecher« (*trust buster*) verdiente, war Präsident Roosevelt nicht gegen Großunternehmen an sich. Zusammenschlüsse, so sagte er, ließen sich nicht leichter aufhalten als die Springfluten am Mississippi. Aber, so fuhr er fort, »wir können sie durch Dämme regulieren und kontrollieren«, das heißt durch Regulierung und penible öffentliche Aufsicht. Er unterschied zwischen »guten Trusts« und »schlechten Trusts«. Nur Letztere sollten vernichtet werden.[2]

Der Anwalt des Volkes

Andere erkannten in der Größe selbst den Feind und waren entschlossen, die Trusts zu zerstören. Der vornehmste Vertreter dieser Position war »der Anwalt des Volkes der progressiven Ära«, Louis Brandeis, der seinen Blick allein auf ein Übel fixierte: auf das, was er den »Fluch der Größe« nannte. Brandeis war ein Mann von herausragender Intelligenz. Mit 18 Jahren ging er auf die Harvard Law School und zeigte rasch phänomenale Leistungen, die zu den besten in der gesamten Geschichte der Schule gehören. Er gelte als jemand, der »alles weiß und immer abrufbereit« habe, so ein Kommilitone über ihn. »Die Professoren hören seine Meinungen mit der größten Hochachtung an, und es stimmt im Allgemeinen, was über ihn gesagt wird. Legendäre Geschichten über seine Allwissenheit geistern durch die Schule.« Brandeis' anschließende Karriere erfüllte die Erwartungen, die dieser verheißungsvolle Beginn geweckt hatte. Er wurde ein brillanter Rechtsanwalt, und in nichts war er so überzeugend wie in seinem Eintreten für die Zerstörung von Größe. Er war ein meisterhafter Angreifer im Gerichtssaal und ein ebenso meisterhafter Skandaljäger. Der Titel seines berühmtesten Werks sagte alles: *Other People's Money and How the Bankers Use It* (»Das Geld anderer Leute, und wie die Bankiers es benutzen«). Brandeis war auch ein scharfer Kritiker von Theodore Roosevelt. Der Präsident, so sagte er abschätzig, trete für ein »reguliertes Monopol« ein, während er im Gegensatz dazu für »regulierten Wettbewerb« sei. Was die Öffentlichkeit anging, so fürchtete er, dass sie »immer noch die Trust-Kapitäne« bewundere.

Das Thema der Größe und der Trusts wurde sowohl in der politischen Arena wie vor den Gerichten ausgefochten. Obwohl sie zwischen »guten« und »schlechten« Trusts unterschied, strengte die Roosevelt-Administration nicht weniger als 45 Anti-Trust-Klagen an, die sich häufig sehr lange hinzogen. Am berühmtesten wurde die Klage, die zur Entscheidung des Obersten Bundesgerichts von 1911 führte, den Standard Oil-Trust von John D. Rockefeller zu zerschlagen.

Louis Brandeis seinerseits wurde der oberste Wirtschaftsberater von Woodrow Wilson, der 1912 zum Präsidenten gewählt wurde. Brandeis spielte danach eine wichtige Rolle bei der Gestaltung sowohl des Zentralbanksystems als auch der neuen Regulierungsbehörde, des Kartellamtes (Federal Trade Commission), das Großfirmen überwachen, Wettbewerbsbeschränkungen vermindern und »unfaire« Wettbewerbspraktiken verhindern sollte. Doch selbst Wilson stellte den Anwalt des Volkes nicht gänzlich zufrieden. »Meiner Meinung nach«, erklärte Brandeis, »war der wahre Fluch Größe, weniger die Monopole. Mr. Wilson (und andere kluge Politiker) führten den Angriff gegen die Monopole – weil Amerikaner Monopole hassten und Größe liebten.« 1916 nominierte Wilson Brandeis für das Oberste Bundesgericht, und trotz einer heftigen antisemitischen Kampagne wurde er bestätigt und diente dem Gericht 23 Jahre lang. Er war ein außergewöhnlicher Richter und, wie sich herausstellte, einer zurückhaltenden Judikative verpflichtet.[3]

Normalität, »keine Allheilrezepte«

Was die Regulierung anging, blieb es einige Jahre mehr oder weniger dabei. In den anbetungsfreudigen 20er Jahren schien die Wirtschaft nichts falsch machen zu können, abgesehen von gelegentlichen Eklats wie dem Skandal um die Ölreserven der Marine in Teapot Dome. Jene Kapitäne des Kapitalismus, die Brandeis so zu schaffen gemacht hatten, waren nun Helden, und je weniger die Regierung tat, umso besser. Präsident Warren Harding eröffnete die Dekade der 20er Jahre mit einem beruhigenden Aufruf: »Kein Heldentum, sondern Gesundung, keine Allheilrezepte, sondern Normalität«. Ein republikanischer Justizminister brandmarkte die Bundeskartellbehörde: Sie sei wenig mehr als »ein Publicity-Büro, um sozialistische Propaganda zu verbreiten«. »Vereinigungen« und »Kooperationen« von Unternehmen wurden ermutigt; sie förderten die Rationalisierung, eine der großen Losungen der Zeit. Selbst die Kritiker stimmten in den Chor ein. Lincoln Steffens, einer der berühmtesten Skandaljounalisten, erklärte, »amerikanische Großunternehmen produzieren, was Sozialisten als ihr Ziel hochhielten: Nahrung, Schutz, Kleidung für alle«*. Alles schien so gut zu gehen. »Kein Kongreß der USA, der je zusammengekommen ist«, so Präsident Calvin Coolidge im Dezember 1928, »um die Lage der Union zu beurteilen, fand befriedigendere Aussichten vor als die heutigen.«

Diese Aussichten hielten nicht lange an. Zehn Monate später, am Schwarzen Donnerstag, dem 24. Oktober 1929, brach die Börse zusammen. Danach stürzte das gesamte Gebäude von Schulden und Krediten – Banken, Effektenkreditkonten, Nachkriegsreparationen, Kredite an Rohstoff produzierende Länder – in den USA und auf der ganzen Welt in sich zusammen.

---

* Wenige Jahre zuvor, 1919, hatte Steffens die utopischen Hoffnungen, die einige westliche Intellektuelle in die Sowjetunion setzten, mit dem unsterblichen Satz auf den Punkt gebracht: »*I have seen the future and it works.*« (»Ich habe die Zukunft gesehen und sie funktioniert.«) Tatsächlich hatte Steffens mit der Formulierung schon auf der Zugreise in die Sowjetunion gespielt, bevor er das Land überhaupt gesehen hatte, und verschiedene Varianten ausprobiert wie »*I have been over into the future and it works*« (»Ich bin in die Zukunft hinübergefahren und sie funktioniert«).

Die jungen Demokratien Deutschland und Japan erlagen der Diktatur. Mit einer Arbeitslosenrate von beinahe 25 Prozent in den USA und einem um die Hälfte gesunkenen Bruttosozialprodukt war es durchaus nicht gewiss, dass der demokratische Kapitalismus in den USA überleben würde.[4]

Der New Deal: »Ich war mir nie einer Sache so sicher«

Franklin D. Roosevelt trat sein Präsidentenamt im März 1933 an, mit dem Auftrag, etwas zu tun, und zwar unverzüglich. Der Tag seiner Amtseinführung, bemerkte seine Frau Eleanor, war »sehr, sehr feierlich und ein bisschen beängstigend«. Roosevelt erklärte dem verängstigten Land, das Einzige, was es zu fürchten habe, sei die Angst selbst. Er machte sich sofort daran, mit Worten und Tatkraft das Vertrauen der Amerikaner wiederherzustellen – und entfachte ein Feuerwerk wirtschaftspolitischer Improvisation. Einige der Strategien waren Notmaßnahmen – Einführung von »Bankfeiertagen«, Fürsorge-, Wohlfahrts- und Nahrungsmittelprogramme. Eine andere bestand in »Kooperation« und staatlicher Planung. Bei seinem zweiten Kamingespräch im Mai 1933 rief Roosevelt zu einer »Partnerschaft der Planung zwischen Regierung und Wirtschaft« auf, in der »die Regierung das Recht hat, mit Hilfe der überwältigenden Mehrheit der jeweiligen Industrie, unfaire Praktiken zu verhindern und diese Übereinkunft mit der staatlichen Autorität durchzusetzen«.

Während der Präsident an der Rede arbeitete, warnte ihn einer seiner Assistenten, Raymond Moley: »Ihnen ist doch bewusst, dass Sie einen gewaltigen Schritt weg von der Gleichheitsphilosophie und der *Laisser-faire*-Politik machen?«

Der Präsident schwieg einen Moment lang und erwiderte dann mit großem Ernst: »Wenn sich diese Philosophie nicht als bankrott erwiesen hätte, würde hier jetzt Herbert Hoover sitzen. Ich war mir in meinem Leben nie einer Sache so sicher wie der Richtigkeit dieser Passage.«

Dieses Denken kam nirgendwo klarer zum Ausdruck als in der National Recovery Administration [der Behörde, die zwischen 1933 und 1936 zur Umsetzung des gleichnamigen Gesetzes zur nationalen Erholung eingerichtet wurde, A.d.Ü.]. Die NRA gründete auf der Überzeugung, dass die wesentlichen Probleme in der Überproduktion und dem Überangebot von beinahe allem lagen. Als Antwort versuchte die NRA Arbeitnehmer, Wirtschaft und

Regierung in einer großen Partnerschaft zusammenzubringen – ein Schulterschluss der Organisationen und Verbände, um die Produktion zu vermindern, Preise festzusetzen und so die Einkommen nach oben zu drücken. Eine solche Koordination war entscheidend, so wurde argumentiert, weil Amerika in die Phase seiner »wirtschaftlichen Reife« eingetreten sei. Die Depression habe gezeigt, dass sich Amerika für sein Wohlergehen nicht länger auf eine ewig expandierende Wirtschaft verlassen könne. Offenbar war das Land bereit, die NRA und ihre beispiellosen Eingriffe in das Wirtschaftsleben zu akzeptieren, und traditionelle Argumente gegen die Bildung von Trusts wurden dabei nach und nach beiseite geschoben. Und wirklich begann die NRA ihre Tätigkeit mit enthusiastischem Schwung, schmückte mit ihrem blauen Adler die Fensterscheiben im ganzen Land und füllte New Yorks Fifth Avenue bei der Werbeparade im September 1933 mit Luftschlangen und Glück wünschenden Menschenmengen. Aber es funktionierte nicht. Amerika war nicht so schnell bereit, sein tief verwurzeltes Misstrauen gegen Konzentration und Kartelle aufzugeben oder auf die Ehrlichkeit von Unternehmern und Regierungsbeamten zu vertrauen, um diese gefährlichen Kräfte dem öffentlichen Wohl nutzbar zu machen. Mit dem Versuch, ein solches System zu etablieren, verletzte die NRA die traditionellen Lehrsätze der Progressisten. Das Gewissen Amerikas ertrug eine solche Übertretung nicht. Die Unmöglichkeit seiner Aufgabe verwandelte den NRA-Direktor General Hugh Johnson bald von einem reformwütigen Derwisch in einen schluchzenden Alkoholiker. Innerhalb von zwei Jahren wurden die NRA und ihr Auftrag von den Gerichten zu Fall gebracht.

Das Reformprogramm des New Deal schlug nun einen anderen Weg ein – Regulierung statt Staatseigentum oder Verstaatlichung, Anti-Trust-Gesetze statt Konzentration und Rationalisierung, dezentralisierte Kontrolle statt Planung. Damit errichtete der New Deal ein System, um Märkte zu regulieren und sicherzustellen, dass sie besser funktionierten, um so nach und nach den Kapitalismus vor sich selbst zu retten. Trotz der großen Bandbreite der Aufgaben der verschiedenen Regulierungsbehörden hatten sie zwei gemeinsame Ausgangspunkte: das Scheitern der Märkte und das Problem der Monopole.

Die Börsenaufsichtsbehörde (Securities and Exchange Commission, SEC) war bei diesem Bemühen ein sichtbares Signal von entscheidender Bedeutung. Sie sollte gewährleisten, dass die zerrütteten Finanzmärkte besser funktionierten, und das Vertrauen in sie durch den Zwang zu größerer Transparenz und die Schaffung von fairen Spielregeln, die Insidern keinen Vorteil verschafften, wiederherstellen. Wie konnte man das besser erreichen, als einem Finanzier, Joseph P. Kennedy (Vater eines künftigen Präsidenten), die Verantwortung dafür zu übertragen? Als die Gegner von Kennedys Nominierung zu bedenken gaben, dieser sei ein Erzspekulant gewesen, erwiderte Roosevelt, das könne ja nur von Vorteil sein, denn dann kenne er alle Tricks der Branche.

Die SEC erhielt starken Rückenwind, als sich herausstellte, dass Richard Whitney, der angesehene Präsident der New Yorker Börse und ein führender Gegner der Börsenaufsichtsbehörde, selbst 30 Millionen Dollar veruntreut hatte, um faule Kredite zu decken – in den 30er Jahren eine wahrhaft Schwindel erregende Summe. Whitney hatte dieselbe Privatschule und Universität besucht wie Roosevelt – Groton und Harvard. Als Roosevelt von diesem besonderen Schurkenstreich erfuhr, hörte man ihn seufzen: »Nicht Dick Whitney!« Aber nein, es half nichts: sogar Dick Whitney. Um solche Praktiken in Zukunft zu verhindern, schuf die SEC eine ganze Reihe von Offenlegungspflichten, die Investoren einen besseren Einblick in die Geschäfte geben sollten, in die sie ihr Geld steckten. Offenlegung und gleiche Spielregeln für alle waren die Grundprinzipien. Nicht nur Käufer, so Roosevelt, sondern auch Verkäufer sollten aufpassen. Unter anderem sollten sie darauf achten, auch die Wahrheit zu sagen. Roosevelt stellte – ein Widerhall von Brandeis' Buch *Other People's Money* – das Prinzip auf, dass jene, die »das Geld anderer Leute verwalten oder benutzen, Treuhänder sind, die für andere handeln«.[5]

Der »Prophet der Regulierung«

Federführend bei der Schaffung der SEC war James Landis. Aufgewachsen in Tokio, wo seine Eltern als Missionare arbeiteten, war Landis wie Brandeis ein brillanter Rechtsanwalt. Er erhielt eine Professur an der Harvard Law School, bevor er 30 war, und wurde ihr Dekan, bevor er 40 wurde. In der Zwischenzeit beteiligte er sich am New Deal und war einer der klügsten seiner jungen Stars. Er wurde außerdem, um ein Wort des Historikers Thomas McCraw aufzugreifen, ein »Prophet der Regulierung« – zusammen mit Louis Brandeis, für den er als Sekretär des Obersten Bundesgerichts arbeitete. Tatsächlich wirkte Landis wie der wahrscheinliche Erbe von Brandeis an der Schnittstelle von intellektueller Arbeit und Politik, wo die Beziehung zwischen Staat und Markt für die nächste Generation festgelegt wurde. Er schien für die gleiche Art von großer nationaler Karriere bestimmt, die Brandeis erreicht hatte.

An einem Freitag im April 1933 bat sein Mentor Felix Frankfurter, Harvard-Professor und Roosevelt-Vertrauter, Landis dringend, den Zug nach Washington zu nehmen. Landis erwartete, über das Wochenende dort zu bleiben, auszuhelfen und dann am Montag nach Cambridge zurückzufahren. Er blieb vier Jahre. Er war der archetypische Vertreter des New Deal, arbeitete Tag für Tag bis Mitternacht, schlief häufig einige Stunden auf einem Feldbett in seinem Büro, schrieb in der Zeit der wirtschaftlichen Notmaßnahmen beinahe rund um die Uhr Gesetzentwürfe und eilte zu Beratungen mit dem Präsidenten ins Weiße Haus und zurück. »Sie können Ihren Verstand nicht antreiben wie ein Brauereipferd«, warnte ihn Frankfurter. Aber Landis verlangsamte das Tempo nicht. Details des täglichen Lebens entgingen ihm, eine Nachlässigkeit, die ihn auch in späteren Jahren weiterhin plagen sollte. Sein persönliches Leben musste hinter der nationalen Notlage zurückstehen. Als sie eingeladen wurde, ihren Ehemann zu einer Party mitzubringen, erwiderte seine Frau: »Welchen Ehemann?«

Landis diente zuerst als Kommissar der Kartellbehörde und dann als Kommissar der neuen Börsenaufsichtsbehörde (SEC), an deren Schaffung er erheblichen Anteil gehabt hatte. Dabei hatte er sich bemüht, alle interessierten Parteien am neuen System zu beteiligen. Zu seinen scharfsinnigsten Entscheidungen bei der Schaffung der SEC gehörte es, die Repräsentanten der Wirtschaft als Partner in den Prozess einzubinden. Eine Auflage für öffentliche Gesellschaften war beispielsweise die unparteiische Bilanzprüfung. Durch diese Auflage trug Landis viel zur Entstehung des Berufs des unabhängigen Wirtschaftsprüfers bei.

Ein anderes Monument, das Landis hinterließ, war das Gesetz über Holdinggesellschaften öffentlicher Versorgungsunternehmen von 1935 (Public Utility Holding Company Act), mit dem die Grundlage für die Struktur der Elektrizitätswirtschaft in den USA geschaffen wurde, die bis Mitte der 90er Jahre überdauerte. Elektrizität gehörte zu den Themen, die Präsident Roosevelt innerlich am tiefsten bewegten. Er sah Elektrizität als entscheidendes Mittel wirtschaftlicher Entwicklung und Konsolidierung und förderte gegen enorme Widerstände die Elektrifizierung der ländlichen Regionen und die Tennessee Valley Authority, ein beispielloses, weit verzweigtes staatliches Unternehmen, das enorme Mengen von Elektrizität produzierte, Dämme baute, Dünger herstellte, Überschwemmungen bekämpfte, Wälder aufforstete und die Bodenqualität verbesserte – alles im Dienst der wirtschaftlichen Entwicklung. Roosevelt war sehr stolz darauf.

Aber es gab auch einen privaten Aspekt der Elektrizität. Für Roosevelt waren die Holdinggesellschaften, besonders in der Elektrizitätswirtschaft, eine der Plagen der Nation und ein Hauptgrund des finanziellen Zusammenbruchs. Er war entschlossen, »die Insulls« für immer zu verbannen. Diese Holdinggesellschaften mit ihrer »konzentrierten Wirtschaftsmacht« stellten eine Form des privaten Sozialismus dar, sagte er und fügte hinzu: »Ich bin genauso strikt gegen privaten Sozialismus wie gegen staatlichen Sozialismus. Der eine ist ebenso gefährlich wie der andere; und die Zerstörung des privaten Sozialismus ist absolut unabdingbar, um staatlichen Sozialismus zu vermeiden.«

Daraus resultierte das Gesetz über Holdinggesellschaften öffentlicher Versorgungsunternehmen (Public Utility Holding Company Act). Dieses Gesetz demontierte wesentliche Teile der Struktur von Holdinggesellschaften und unterwarf den Rest strengen Beschränkungen, um zu verhindern, dass Holdinggesellschaften operative Unternehmen »ausbeuteten«. Es gab der SEC außerdem die Befugnis, die praktische Zusammenlegung von Elektrizitätsversorgern zu fördern, um größere technische Effizienz zu erreichen. Die Industrie bekämpfte das Gesetz erbittert und gewann für ihre Sache so herausragende Anwälte wie John Foster Dulles, Dean Archeson und John W. Davis, den demokratischen Präsidentschaftskandidaten von 1924. Es sollte ein ganzes Jahrzehnt dauern, bis alle Klagen abgewiesen waren und das Gesetz in Kraft treten konnte.

Landis war nicht nur ein Aktivist. Er war auch ein Theoretiker und tat mehr als jeder andere, um die Doktrin wirtschaftlicher Regulierung zu formulieren. Als junger Juraprofessor hatte er bei der Erforschung des Prozesses der Gesetzgebung und -durchführung Pionierarbeit geleistet. 1938, nachdem er die SEC verlassen hatte, legte er seine Gedanken in einem Werk nieder, das zu einem Klassiker der Regulierung wurde: *The Administrative Process*. Die Märkte für sich genommen, schrieb Landis darin, hätten enorme und ausufernde Schwierigkeiten, die den traditionellen Staat überforderten, der einfach zu schwach, zu inkohärent und nicht sachkundig genug war. »In der Sprache der politischen Theorie ausgedrückt, ergibt sich der administrative Prozess aus dem Umstand, dass eine einfache dreigeteilte Staatsform die heutigen Probleme nicht angemessen bewältigen kann.« Gesetzgebung sollte am Anfang, nicht am Ende stehen. Landis zufolge bestand die Notwendigkeit für eine vierte Gewalt im Staat, einen »administrativen Arm«, verkörpert von unabhängigen Regulierungsbehörden, die »quasi-legislativ, quasi-exekutiv und quasi-judikativ« sein sollten und die Durchsetzung der Gesetze sicherstellten. Landis warnte die Politiker, sich von der Zunahme der Staatstätigkeit einschüchtern zu lassen, die damit verbunden war. »Eine Folge einer wachsenden Beteiligung des Staates an den verschiedenen Phasen der Industrieentwicklung muss die Bildung von mehr Verwaltungsbehörden sein, wenn die Nachfrage nach Expertenwissen gedeckt werden soll. (...) Effizienz in den Prozessen staatlicher Regulierung wird am ehesten erreicht, indem mehr, nicht weniger Behörden geschaffen werden. Und Effizienz ist in äußerstem Maße geboten.« Dieser administrative Arm sollte nicht mit Politikern oder Amateuren besetzt werden, sondern mit Experten, die sich »52 Wochen im Jahr, Jahr für Jahr« ihren Ressorts widmeten. Das klang schon sehr nach einer Beschreibung des Jobs, den Landis selbst in den hektischen Jahren des New Deal übernommen hatte.[6]

Landis schrieb sein Werk in der Hochzeit der Regulierung, als der New Deal seine Strategie mit einer beispiellosen Ausweitung der administrativen Regulierungsbefugnisse festigte. Neben den bereits existierenden Bundesverkehrs- und Kartellbehörden, die beide gestärkt wurden, stattete der New Deal auch die Bundesbehörde für Energiewirtschaft (Federal Power Commission) mit größeren Kompetenzen bei der Kontrolle der Elektrizitäts- und Gaspreise aus. Die Roosevelt-Administration schuf nicht nur die Börsenaufsichtsbehörde, sondern auch die Bundesfernmelde- und Fernsehbehörde (Federal Communications Commission), die Zivile Luftfahrtbehörde (Civil Aeronautics Board) und den Bundesausschuss zur Regelung der Beziehungen zwischen Arbeitnehmern und Arbeitgebern (National Labor Relations Board). Der Angriff auf die Wirtschaft wurde in den 30er Jahren noch hitziger, als *liberals* (also Linke) sie für die gravierende Rezession verantwortlich machten, weil sie nicht investiert habe (»Streik des Kapitals«). Roosevelt beschuldigte die »Wirtschaftsroyalisten«, bewusst die Rezession zu schüren, um den New Deal zu torpedieren. Als sich die 30er Jahre ihrem Ende zuneigten, hatte die Roosevelt-Administration nach den anfänglichen Fehlstarts schließlich die Strategie des New Deal ausformuliert. Die gemütliche Vorstellung einer Partnerschaft mit der Wirtschaft aus dem frühen New Deal war der schärferen und wachsameren Haltung gewichen, die James Landis vertrat.

Keynes' amerikanischer Brückenkopf

Aber die eigentliche Nagelprobe des Regulierungssystems wurde durch neue dringliche Erfordernisse vereitelt. Die Rezession der späten 30er Jahre lenkte das Land von seinem Regulierungseifer ab. In der Reaktion der Regierung spiegelte sich eine neue ökonomische Strategie: der Keynesianismus. In den frühen Jahren des New Deal hatte Keynes eine Reihe von offenen Briefen an Roosevelt geschrieben und war durch Vermittlung des allzeit geschäftigen Felix Frankfurter 1934 ins Weiße Haus geladen worden. Roosevelt berichtete Frankfurter, er habe eine »großartige Unterredung mit Keynes« gehabt und »schätze ihn außerordentlich«, wenngleich Bemerkungen gegenüber anderen nahe legen, dass ihn Keynes' herablassende Art etwas irritiert hatte. Keynes seinerseits sagte, er habe die Unterredung »faszinierend und erhellend« gefunden. Er beklagte sich allerdings über Roosevelts Hände: »Recht enttäuschend. Fest und recht stark, aber ohne Gewandtheit oder Finesse.« Obwohl er zu jener Zeit intensiv mit der Abfassung der *Allgemeinen Theorie* befasst war, gibt es keinen Beleg dafür, dass Keynes versuchte, den Präsidenten – oder den New Deal – von seinen Ideen zu überzeugen. Tatsächlich misstraute Roosevelt der Defizitfinanzierung; an den Rand eines Buches, das Keynes' Argumente vorwegnahm, hatte er geschrieben: »Zu schön, um wahr zu sein: Man kann nicht etwas für nichts bekommen.«

Die *Allgemeine Theorie* wurde 1936 veröffentlicht und Keynes' Ideen überquerten mit bemerkenswerter Geschwindigkeit den Atlantik. Als mächtigster Brückenkopf erwies sich die Wirtschaftsfakultät der Harvard University, geführt von Professor Alvin Hansen und unterstützt von einer Unzahl anderer Konvertiten und Rekruten: von ordentlichen Professoren bis hinunter zu Erstsemestlern. Sie nahmen Keynes' Botschaft auf, verfeinerten und vermittelten sie in Rekordzeit und erzielten damit eine enorme Wirkung. Zentrum der geistigen Arbeit war Hansens Seminar über Fiskalpolitik, das die neuesten Forschungen diskutierte und regelmäßig Politiker aus Washington einlud. Der Keynesianismus gewann in Washington schnell Gefolgsleute, in erster Linie, weil er einen Weg zu bieten schien, grundlegende Fragen der Wirtschaft anzugehen »ohne die gefährlichen dirigistischen Merkmale anderer, interventionistischerer Methoden«. Der Nobelpreisträger Paul Samuelson, in den späten 30er Jahren graduierter Harvard-Student, kam zu dem Urteil: »Man kann sagen, dass der Einfluss Hansens den New Deal Franklin Roosevelts aus einem ursprünglich populistischen Mischmasch (...) in eine gemischte Wirtschaft mit einer kohärenten und gut informierten makroökonomischen Politik verwandelt hat.« Zwischen 1938 und 1940 begann man in den USA die Fiskalpolitik von Keynes anzuwenden. Und mit dem Auftreten des Keynesianismus – in Verbindung mit der Konzentration auf die Rezession und das wachsende Gespenst eines internationalen Konflikts – traten Neuerungen auf dem Gebiet der Regulierung in den Hintergrund.[7]

Auf dem Weg zur Vollbeschäftigung

Der Zweite Weltkrieg beförderte die regulierenden Eingriffe in die Wirtschaft nicht. Die Lenkung der Wirtschaft durch den Kriegswirtschaftsausschuss (War Industries Board) während des Ersten Weltkriegs galt als großer Erfolg und wurde hoch gelobt. Der Koordinator dieser Leistung, Bernard Baruch, wurde geradezu selig gesprochen. Im Zweiten Weltkrieg war dies ganz anders. Die Dimensionen sowohl der Wirtschaft wie der Kriegsanstrengungen stellten alle vorangegangenen Kriege völlig in den Schatten. Roosevelt und seine Kriegsadministration sahen sich einer weit komplexeren Herausforderung gegenüber als seinerzeit Woodrow Wilson und Bernard Baruch. Und die Ergebnisse spiegelten diese Komplexität wider. Die Schwierigkeiten, mit denen die beiden wichtigsten Koordinationsbehörden – das Preisprüfungsamt (Office of Price Administration) und der Kriegsproduktionsausschuss (War Production Board) – während des Zweiten Weltkriegs zu kämpfen hatten, machten Pläne zur Ausweitung staatlicher Eingriffe in die Wirtschaft nach dem Zweiten Weltkrieg zunichte. Das Preisprüfungsamt, bemerkte der Historiker Alan Brinkley, »war vielleicht die interventionistischste Bürokratie, die jemals in Amerika geschaffen wurde«. Ihr Beispiel war »eine schrille Umkehrung des zweiten New Deal. (...) Es erinnerte einen Großteil der Öffentlichkeit daran, dass staatliche Macht nicht nur dazu dienen konnte, Hilfe zu spenden, sondern auch zu verweigern.« Der Kriegsproduktionsausschuss wurde in ähnlicher Weise kritisiert. So wurde die Lenkung der Kriegswirtschaft neben der National Recovery Administration zu einer Warnung an die Amerikaner vor einer hochgradig interventionistischen Politik des Staates. »1945 hatten die Kriegsbehörden nach vier Jahren Mühe und Arbeit nichts vorzuweisen, was sich auch nur entfernt mit der Autorität und dem Ansehen vergleichen ließ, welche die Kriegsausschüsse des Ersten Weltkriegs Ende 1918 genossen hatten. Wenn sie überhaupt als Modell angesehen wurden, so als Modell für die Gefahren staatlicher Verwaltung der

Wirtschaft, nicht ihrer Verheißungen.« Selbst die amerikanischen Linken, die *liberals*, wollten nach dem Zweiten Weltkrieg für den Staat eine Rolle finden, »die es ihm erlaubt, die Wirtschaft zu lenken, ohne die Institutionen der Wirtschaft zu lenken«.[8]

Überdies war, anders als in Europa, der Kapitalismus nach dem Zweiten Weltkrieg in Amerika nicht in Ungnade gefallen. Die Mobilisierung durch die Industrie hatte funktioniert. Die Unternehmer, in den späten 30er Jahren von Roosevelt noch als »Wirtschaftsroyalisten« angegriffen, hatten sich hinter die gemeinsame Fahne geschart und in den 40er Jahren einen beträchtlichen Beitrag zu den Kriegsanstrengungen geleistet. Nun waren sie Helden, Patrioten, die Ärmel hochkrempelnde »Eindollarmänner«. Und nach dem Krieg erlebte die amerikanische Wirtschaft statt des befürchteten Rückfalls in die Depression einen großen Aufschwung.

Nach dem Krieg stellten jedoch alle großen westlichen Staaten Experimente mit verschiedenen Formen eines gemischten Wirtschaftssystems an. Und trotz der negativen Erfahrungen mit staatlicher Intervention während des Krieges und des stark gehobenen Ansehens der Kapitalisten und des Kapitalismus selbst machte Amerika dabei keine Ausnahme. Die Debatte darüber, welche Richtung die amerikanische Wirtschaft nach 1945 einschlagen sollte, schlug sich im Kampf um das Vollbeschäftigungsgesetz (Full Employment Act) nieder, der im Kongress geführt wurde. In seinen frühen Fassungen enthielt das Gesetz Formulierungen, nach denen »jeder arbeitsfähige und -willige Amerikaner« das *Recht* auf eine »nützliche und einträgliche Arbeit« hatte. Hinter solchen Formulierungen standen zumindest teilweise Argumente, die bewusst an die Geburt des britischen Wohlfahrtsstaates anknüpften. 1943 hatte der Nationale Planungsausschuss einen Bericht über Sicherheits-, Arbeits- und Fürsorgepolitik veröffentlicht. Auf Grund der Ähnlichkeiten, die dieser Bericht hinsichtlich der Inhalte und Schlussfolgerungen mit dem ungeheuer einflussreichen Beveridge-Report aufwies, der den britischen Wohlfahrtsstaat eingeleitet hatte, erhielt er den Spitznamen »amerikanischer Beveridge-Plan«. Tatsächlich gab es in Amerika starke Antriebskräfte, den Alliierten in der Schaffung einer gemischten Wirtschaft zu folgen.

Letztlich aber begrenzten die politischen Traditionen Amerikas und die besondere amerikanische Kriegserfahrung die Expansion der direkten staatlichen Kontrolle, die eine Festschreibung des Vollbeschäftigungsziels nach sich gezogen hätte. Am Ende wurde aus dem Vollbeschäftigungsgesetz nur ein Beschäftigungsgesetz, das 1946 verabschiedet wurde und nur noch das gewundene und stark eingeschränkte Versprechen enthielt, dass die Regierung »alle praktikablen Mittel in Übereinstimmung mit ihren Bedürfnissen und Verpflichtungen und anderen Erwägungen nationaler Politik einsetzt (...) um Bedingungen (...) zu fördern, unter denen für alle Arbeitsfähigen, Arbeitswilligen und Arbeitsuchenden nützliche Beschäftigung geschaffen werden kann«.

Doch während Amerika den Marktkräften stärker nachgab als seine Alliierten, blieb der Regulierungsrahmen des New Deal erhalten. In der gesamten Regierungszeit Trumans und Eisenhowers kam es nur zu wenigen Konflikten um die Regulierung. Amerika befand sich mitten in seinen eigenen dreißig glanzvollen Jahren, und der wachsende Wohlstand verwässerte den Regulierungseifer im Stile des New Deal. Der Geist der Zeit war vom Wirtschaftswachstum geprägt, und Erwägungen, das Vordringen des Marktes zu dämpfen, schienen von der öffentlichen Meinung meilenweit entfernt. Der Harvard-Ökonom John Kenneth Galbraith bemerkte damals, alles laufe so, als ob der heilige Petrus bei seiner Entscheidung, wessen Seele er ins Paradies und wen er in die Hölle schicken solle, den Menschen »nur eine Frage stellen würde: ›Was hast du auf Erden getan, um das Bruttosozialprodukt zu mehren?‹«[9]

Regulierung und Reform

Die Nachkriegsjahre waren also eine Zeit des regulatorischen Gleichgewichts. Der Aktionismus und der Eifer, die James Landis 1938 in Aussicht gestellt hatte, wurden durch eine gewandelte ökonomische Pespektive erneut gebremst. Aber nicht jeder fand diesen Stand der Regulierung befriedigend. Schon 1946 kam eine Untersuchung zu dem Ergebnis, dass neue Regeln – in Form von administrativen Durchführungsgesetzen – erforderlich seien, um Gleichbehandlung und den verfassungsmäßigen Schutz der bürgerlichen Freiheitsrechte zu sichern. Aber beunruhigender war die offene Frage, wie denn der Staat die dezentralisierte und wachsende Hydra des »administrativen Arms« überwachen sollte. 1949 beauftragte Truman den ehemaligen Präsidenten Herbert Hoover diese Frage zu untersuchen. Die Hoover-Kommission empfahl, die Exekutivorgane nach funktionalen Gesichtspunkten neu zu organisieren, aber sie hatte keine Vorstellung, wie mit den Regulierungsbehörden zu verfahren sei.

Dwight D. Eisenhower war ebenso ratlos. Seine Mannschaft kam 1952 ins Amt, als »entschlossene, ja schneidige Reformer, ›moderne‹ Republikaner, die endlich an die Regierung gekommen waren, nachdem diese 20 Jahre lang von Linken [*liberals*] missbraucht worden war«. Aber nach und nach wurde Eisenhower klar, dass er nicht einmal die Kontrolle über die Exekutive besaß. Der New Deal hatte mit seiner Rhetorik und der Schaffung eines neuen administrativen Arms durch »Delegierung« von Autorität die Pflichten der Regierung auf eine Weise erweitert, die nicht wieder rückgängig zu machen war. Die Regulierungstätigkeit während der Eisenhower-Regierung war nicht sonderlich lebhaft oder bemerkenswert. Sie ging ihren normalen Gang und war ihrer Form nach eine eher gesellige Angelegenheit.

John F. Kennedy versuchte die Idee der Regulierung wieder zu beleben. Er ernannte starke Direktoren, wie Newton Minow, der die Fernmelde- und Fernsehbehörde übernahm und landesweit Schlagzeilen machte, als er erklärte, das Fernsehen sei zu einer »riesigen Wüste« verkommen. Aber eine wirkliche Überprüfung des Regulierungssystems, das sich festgefressen hatte, ineffizient geworden und mit Fällen überlastet war, die es ohne eine Spur jener Energie bearbeitete, die seinen Schöpfern in den Zeiten des New Deal vorgeschwebt hatte, sollte von dem Mann kommen, der so entscheidend zu seiner Schaffung beigetragen hatte: James Landis.

Landis war es nach dem New Deal nicht gut ergangen. Anders als Brandeis hatte er die großen Erwartungen, die man früh in ihn gesetzt hatte, nicht erfüllt. Nach einer unglücklichen Professur nahm er seinen Abschied als Dekan der Harvard Law School, wurde während der Truman-Administration Chef der Zivilen Luftfahrtbehörde, bis Truman ihn feuerte, und arbeitete dann in der Privatwirtschaft für seinen alten Boss bei der Börsenaufsichtsbehörde, Joseph Kennedy. Er übernahm eine Reihe von kleineren Jobs. Unter anderem half er bei der Recherche für John F. Kennedys Buch *Zivilcourage*, für das dieser den Pulitzerpreis erhielt. Als Kennedy 1960 zum Präsidenten gewählt wurde, bat er Landis, eine detaillierte Analyse des Regulierungsapparats zu erstellen. Wieder von seinem alten Feuereifer beseelt, lieferte Landis eine vernichtende Kritik des Systems, das sich seit seiner optimistischen Arbeit von 1938 unbefriedigend entwickelt hatte. Hatte er in den 30er Jahren die Idee der Regulierung als Mittel zur Effizienzsteigerung gepriesen, verurteilte er sie nun wegen ihrer Starrheit und Untauglichkeit. Der Report kam zu dem Urteil, dass »Verzögerung (...) zum Markenzeichen bundesstaatlicher Regulierung« geworden sei, und nannte als zwei Hauptgründe das Fehlen einer übergreifenden Regulierungspolitik und die Verschlechterung der Qualifikation der Angestellten der Regulierungsbehörden. In der Bundesbehörde für Energiewirtschaft erkannte Landis »das herausragende Beispiel« für »den Zusammenbruch des Verwaltungsprozesses«. Es würde 13 Jahre dauern, so schrieb er, um die anhängigen Fälle bei der Regulierung der Gaspreise abzuarbeiten. Und die Anzahl der weiteren Fälle, die innerhalb dieser 13 Jahre vermutlich angehäuft würden, könnte nicht vor dem Jahr 2045 erledigt werden – selbst bei einer Verdreifachung des Personals.[10]

Kennedy machte Landis zu seinem besonderen Assistenten, mit der Aufgabe, das System der staatlichen Regulierung zu reformieren und die Qualifikation der Regulierungsbeamten und ihre Leistung zu verbessern. Trotz seines anfänglichen Schwungs bekam Landis nie wirklich eine Chance, sich wieder ins Gefecht zu stürzen. Das hatte persönliche Gründe. Es stellte sich heraus, dass Landis aus unerfindlichen Gründen mehrere Jahre lang seine Steuern nicht bezahlt hatte. Er trat zurück, wurde vor Gericht gestellt und zu einer Gefängnisstrafe von 30 Tagen plus einem Jahr Bewährung mit einjähriger Suspendierung seiner Anwaltszulassung verurteilt. Sein hervorragender Ruf als führender Denker auf dem Gebiet der Regulierung war dahin. Einige Jahre später wurde er tot in seinem Swimmingpool gefunden. Sein Haus wurde von der Regierung beschlagnahmt, um seine Steuerschulden zu begleichen.

Während die staatliche Regulierung weiterhin für all jene eine Rolle spielte, die reguliert wurden, blieb sie in der Öffentlichkeit sehr im Hintergrund – zum Teil deshalb, weil sie funktionierte. Aber der Schwerpunkt verlagerte sich von der Regulierung des Marktes zur Regulierung der Wirtschaft mittels einer Fiskalpolitik im Sinne von Keynes. Der Keynesianismus kreiste um die Lenkung der Gesamtwirtschaft, nicht um die spezifischen Mechanismen des Marktes. Es waren Jahre starken Wirtschaftswachstums, und Abermillionen von Amerikanern zogen aus den verstopften Städten auf die grüne Wiese der Vorstädte. Der Rasenmäher in der Garage war ebenso ein Wohlstandssymbol wie das Auto. Der Keynesianismus schien seine Verheißungen von Wachstum und Vollbeschäftigung einzulösen. Die guten wirtschaftlichen Ergebnisse und die anhaltende Wachstumsphase in der Amtszeit Kennedys und Johsons markierten – bis sie vom Vietnamkrieg unterbrochen wurden – die Hochphase des Keynesianismus. Sie lieferten den Beweis, dass es möglich war, die Wirtschaft durch makroökonomische Lenkung und durch die fiskalischen Werkzeuge der Besteuerung und Ausgabenpolitik genau zu steuern. Diese Sichtweise brachte John F. Kennedy anlässlich der Verleihung eines Ehrentitels der Yale University auf den Punkt. Er eröffnete seine Rede mit der Anmerkung, dass er die beste aller Welten erreicht habe, »eine Ausbildung in Harvard und einen Titel von Yale«, und schloss mit den Worten: »Worum es geht, ist nicht irgendein großer Krieg zwischen rivalisierenden Ideologien, der das Land mit Leidenschaft überzieht, sondern das praktische Management einer modernen Wirtschaft.«

In jenen Jahren erreichte in den USA der Glaube an das »Regierungswissen« seinen Höhepunkt. Es hatte drei Jahrzehnte gedauert, bis Keynes' »Notizen« aus den Räumen des King's College in Cambridge zum allgemein anerkannten Standard der Regierungspolitik aufgestiegen waren. Zum Beweis schaffte es Keynes 1965 auf das Titelblatt des *Time Magazine* – 19 Jahre nach seinem Tod. Er war erst der zweite längst Verstorbene, der auf diese Weise geehrt wurde (der erste war Sigmund Freud gewesen).

Die letzte »liberale« Regierung

Die massivste Anstrengung, den Markt zu lenken, unternahm in den USA eine spätere Regierung, die versuchte, eine durchgreifende staatliche Kontrolle der Löhne einzuführen. Besonders seltsam daran war, dass dieser Versuch nicht die Handschrift linker *liberals* trug, sondern ausgerechnet von der Administration Richard Nixons unternommen wurde, der ein gemäßigt konservativer Republikaner und Kritiker staatlicher Eingriffe in die Wirtschaft war. Als junger Mann hatte Nixon während des Zweiten Weltkriegs vor seinem Eintritt in die Marine in der Abteilung für Reifenrationierung beim Preisprüfungsamt (Office of Price Administration) gearbeitet, eine Erfahrung, die ihm eine dauerhafte Abneigung gegen Preiskontrollen einimpfte.

Was waren also die Beweggründe, die Nixon dazu führten, die grundlegendsten Marktelemente unter eine staatliche Reglementierung zu zwingen? Zweifellos brachte er wirtschaftlichen Fragen kaum Leidenschaft entgegen, die vielmehr der Außenpolitik vorbehalten blieb. Selbst ausländische Wirtschaftspolitik interessierte ihn nicht sonderlich. Einmal verkündete er bei einer denkwürdigen Gelegenheit während internationaler Währungsturbulenzen ungehalten, was genau mit der italienischen Lira zu passieren habe. Was die heimische Wirtschaft betraf, hielt er seine Radioansprachen über Wirtschaftspolitik am liebsten am Samstagmittag, weil er davon überzeugt war, dass ihm um diese Zeit nur Farmer auf ihren Traktoren zuhören würden, die wahrscheinlich so oder so zu seinen Anhängern gehörten.

Einer der Gründe für Nixons Vorgehen war das gestiegene Vertrauen in die Fähigkeit des Staates, die Wirtschaft zu lenken und große soziale Probleme durch Programme wie den »Krieg gegen die Armut« zu lösen – unabhängig von den Auswirkungen, die der Vietnamkrieg auf den nationalen Konsens haben mochte. Nixon teilte – zumindest teilweise – diese Überzeugung. »Jetzt bin ich Keynesianer«, erklärte er im Januar 1971 und überließ es seinem Hilfspersonal, die verärgerten Briefe zu beantworten, die seine konservativen Anhänger zuhauf ins Weiße Haus schickten. Er führte ein »Vollbeschäftigungs«-Budget im Sinne von Keynes ein, das eine Defizitfinanzierung vorsah, um die Arbeitslosigkeit zu reduzieren. Ein republikanischer Kongressabgeordneter aus Illinois sagte Nixon, er würde den Haushaltsentwurf des Präsidenten zwar widerwillig unterstützen, müsse nun aber einen Haufen alter Reden verbrennen, in denen er die Defizitfinanzierung angeprangert habe. Darauf Nixon: »Wir sitzen da im selben Boot.«

Seiner Philosophie nach war Nixon gegen staatliche Interventionen in die Wirtschaft, aber die Philosophie hatte gegenüber der Politik zurückzustehen. Er hatte 1960 sehr knapp gegen John F. Kennedy verloren: mit 49,7 zu 49,5 Prozent der Stimmen. Manchmal schob er es auf den Staat Illinois, dessen Stimmen den entscheidenden Ausschlag gegeben hatten. Dort stand die Chicagoer Wahlmaschine der Demokraten in dem Ruf, so effizient zu sein, dass sie alle Wähler, lebende wie tote, mobilisieren konnte. Kennedy gewann Illinois mit nur 8 858 Stimmen Vorsprung. Aber Nixon war sicher, dass ihn auch eine verfehlte Wirtschaftspolitik den Wahlsieg gekostet hatte. »Er schrieb seine Niederlage in der Wahl von 1960 weitgehend der Rezession jenes Jahres zu«, schrieb der Ökonom und Nixon-Berater Herbert Stein, »und er schrieb die Rezession, oder zumindest ihre Tiefe und Dauer, Wirtschaftsfachleuten zu, den ›Finanztypen‹, die die Bekämpfung der Inflation über die Reduzierung der Arbeitslosigkeit stellten.« Bei seiner Wahlkampagne 1972 würde Nixon dies nicht noch einmal passieren. Er würde nun auch der Wirtschaftspolitik Beachtung schenken müssen. Trotz der optimistischen Beurteilung der Fähigkeit des Staates, die Wirtschaft zu lenken, begannen sich die Rahmenbedingungen zu verschlechtern. Die Inflationsrate, die zu Beginn der 60er Jahre 1,5 Prozent betragen hatte, war auf 5 Prozent gestiegen. Die Arbeitslosigkeit war ebenfalls von 3,5 Prozent Ende der 60er Jahre auf 5 Prozent gestiegen.

Die zentrale wirtschaftspolitische Frage war jetzt also, wie man Inflation und Arbeitslosigkeit gegeneinander abwog, ohne politischen Selbstmord zu begehen, mit anderen Worten: wie man die Inflation senkte, ohne die Wirtschaft zu bremsen und die Arbeitslosigkeit zu steigern. Ein Ansatz schien sich immer stärker als Lösung abzuzeichnen: eine Einkommenspolitik, bei der die Regierung eingriff, um die Löhne festzusetzen und zu kontrollieren, ob nun mittels mahnender Worte oder gesetzlicher Auflagen. Solche Ansätze waren in den westeuropäischen Ländern üblich geworden. In den 70er Jahren lieferte die demokratische Mehrheit im Kongress dafür die Werkzeuge durch die Verabschiedung von Gesetzen, die dem Präsidenten die nötigen Vollmachten gaben.

Nach außen blieb die Nixon-Regierung auf den Markt verpflichtet. Aber es gab in ihr solche, die den »Markt« eher für ein Idyll der Vergangenheit als für eine akkurate Beschreibung dessen hielten, wie die gegenwärtige Wirtschaft funktionierte. Sie betrachteten die Wirtschaft wie Lenins Frage: *Kto kvo?* – (Wer konnte) was (mit wem) tun? Das heißt, sie sahen die Wirtschaft »durch Macht-, Status-, Rivalitäts- und Nachahmungsbeziehungen organisiert«. Staatliche Intervention war erforderlich, um die Machtkämpfe zwischen starken Unternehmen und starken Gewerkschaften auszubalancieren, die andernfalls die Lohn-Preis-Spirale nach oben treiben würden.

Einen entscheidenden Schritt in Richtung auf eine Einkommenspolitik unternahm Arthur Burns, den Nixon zum Präsidenten der Zentralbank ernannt hatte. Burns war ein bekannter konservativer Ökonom. Nixon schenkte Burns besonderes Gehör, weil dieser ihn 1960 gewarnt hatte, dass die strenge Geldpolitik der Zentralbank den wirtschaftlichen Abschwung verstärken und so Nixons Chancen im Rennen gegen Kennedy vermindern würde – und genau dies war eingetreten. Nun, ein Jahrzehnt später, im Mai 1970, erhob sich Burns und erklärte, er habe seine Meinung über Wirtschaftspolitik geändert. Die Wirtschaft funktioniere aufgrund der nun machtvolleren Position von Großunternehmen und Gewerkschaften, die gemeinsam Löhne und Preise hochtrieben, nicht mehr so wie früher. Die inzwischen traditionelle Fiskal- und Geldpolitik wurde als ungenügend angesehen. Seine Lösung sah einen Lohn- und Preisprüfungsausschuss aus angesehenen Bürgern vor, der sein Urteil über wichtige Lohn- und Preissteigerungen abgeben würde. Die Macht dieses Ausschusses würde sich, so Burns, auf (freundliche oder weniger freundliche) Überzeugungsarbeit beschränken.

Der Druck in Richtung Regulierung verstärkte sich zusätzlich, als der ehemalige demokratische Gouverneur von Texas, John Connally, auf den zentralen Posten des Finanzministers berufen wurde. Der energische Connally hatte keine weltanschauliche Abneigung gegen staatliche Kontrolle. Tatsächlich schien er in der Wirtschaftspolitik überhaupt keine ausgeprägten Vorlieben in der einen oder anderen Richtung zu besitzen. »Ich kann den Ball hoch oder flach spielen«, pflegte er zu sagen. »Sagen Sie mir nur, wie.« Connally hatte allerdings eine Vorliebe für dramatische Gesten, für das große Spiel; und die Inflation beim Genick zu packen und vom Spielfeld zu werfen war ein Spielzug nach seinem Geschmack.

Ein zweites Problem rückte nun ebenfalls in den Vordergrund: der Dollar. Der Goldpreis war seit der Roosevelt-Administration auf 35 Dollar je Unze Feingold festgesetzt. Aber das wachsende Zahlungsbilanzdefizit bedeutete, dass ausländische Staaten große Dollarsummen anhäuften, die zusammengenommen die Goldreserven der USA bei weitem überstiegen. Diese Staaten, oder ihre Zentralbanken, konnten jederzeit am »Goldschalter« des amerikanischen Schatzamtes erscheinen und darauf bestehen, ihre Dollars gegen Gold einzutauschen, was einen Ansturm ausgelöst hätte. Das war keine rein theoretische Frage. In der zweiten Augustwoche des Jahres 1971 erschien der britische Botschafter im Schatzamt und bat darum, ihm drei Milliarden Dollar in Gold umzutauschen.[11]

Als die Inflation wuchs, riefen Politiker und Presse immer lauter nach Maßnahmen. Ende Juni 1971 hatte Nixon seinen Wirtschaftsberatern erklärt: »Es wird keinen Kontrollausschuss für Löhne und Preise geben. Wir werden es mit Moralpredigten machen.« Aber der Widerstand gegen eine staatliche Lohnpolitik wurde mit jedem Monat schwächer. Die Situation erreichte Mitte August 1971 ihren Höhepunkt, als Nixon sich mit 15 Beratern nach Camp David zurückzog, dem Erholungsort des Präsidenten in den Bergen. Bei dieser vertraulichen Zusammenkunft entstand die »neue Wirtschaftspolitik«, die zeitweilig – für eine Spanne von 90 Tagen – die Löhne und Preise einfror, um die Inflation zu stoppen. Diese Maßnahme würde, so glaubte man, das Dilemma von Inflations- und Beschäftigungspolitik lösen, denn eine solche Kontrolle würde es der Regierung erlauben, eine expansivere Fiskalpolitik zu betreiben – und die Beschäftigung rechtzeitig zur Präsidentschaftswahl 1972 stimulieren, ohne die Inflation anzufachen. Der Goldschalter sollte geschlossen werden. Arthur Burns wandte sich offen dagegen. Er meinte, »die *Prawda* würde von einem Anzeichen des Zusammenbruches des Kapitalismus schreiben«. Doch Burns wurde überstimmt. Der Goldschalter sollte schließen. Aber dies würde die Notwendigkeit noch verstärken, die Inflation zu bekämpfen; denn schloss man den Goldschalter, schwächte man den Dollar gegenüber anderen Währungen und schürte so durch höhere Preise für Importgüter die Inflation zusätzlich. Sich vom Goldstandard zu verabschieden und die festen Wechselkurse abzuschaffen war ein folgenschwerer Schritt in der Geschichte der internationalen Wirtschaftspolitik.

Die meisten Teilnehmer am Treffen in Camp David waren frohgemut über all die großen Entscheidungen, die sie getroffen hatten. In ihren Diskussionen wurde der Präsentation der neuen Politik, besonders im Fernsehen, große Aufmerksamkeit geschenkt. Präsident Nixon sollte seine Rede am Sonntag zur *prime time*, zur besten Sendezeit halten. Er äußerte sich sehr besorgt, weil gleichzeitig die ungeheuer populäre Fernsehserie »Bonanza« lief und er mit diesem Sendetermin möglicherweise alle vergraulen könnte, die süchtig nach den Abenteuern der Familie Cartwright auf der Ponderosa-Ranch waren. Aber seine Berater überzeugten ihn, dass die Rede gehalten werden musste, bevor die Börse am Montag öffnete, und das bedeutete *prime time*. Einige Berater erinnerten sich später, dass mehr Zeit darauf verwandt wurde, den richtigen Zeitpunkt der Rede zu erörtern, als darauf, wie das Wirtschaftsprogramm funktionieren würde. Tatsächlich gab es praktisch keine Diskussion darüber, was nach den anfänglichen 90 Tagen Lohn- und Preisstopp passieren würde oder wie das neue System wieder beendet werden sollte.

Nixons Stabschef, Harry R. Haldeman, traf sich am Vorabend der Rede mit dem Präsidenten privat in Camp David. »Der P. [Präsident] saß unten in seinem Arbeitszimmer bei ausgeschaltetem Licht und Feuer im Kamin, obwohl es draußen eine heiße Nacht war«, schrieb Haldeman in sein Tagebuch. »Er war in einer seiner irgendwie mystischen Stimmungen.« Nixon sagte Haldeman, »dass er hier alle seine großen Überlegungen anstelle. (...) Er sagte, worauf es hier wirklich ankomme, sei das Gleiche wie bei [Franklin D.] Roosevelt, wir müssen den Geist des Landes heben, dies werde die rhetorische Stoßrichtung der Rede sein. (...) Wir müssen den Geist ändern, und dann könnte die Wirtschaft gewaltig abheben.« Während er an der Rede arbeitete, quälte sich Nixon mit der Frage, ob die Schlagzeilen lauten würden »Nixon ergreift mutige Maßnahmen« oder »Nixon ändert seine Meinung«. Nachdem er noch kurze Zeit zuvor Lohn- und Preiskontrollen als Übel bezeichnet habe, schrieb Nixon später, wusste er, dass er sich dem Vorwurf aussetzte, entweder seine Prinzipien verraten oder seine wahren Absichten verborgen zu haben. Aber Nixon war zuallererst ein pragmatischer Politiker, wie in der meisterhaften Erklärung seines Meinungswandels deutlich wurde. In weltanschaulicher Hinsicht war jedoch immer noch gegen Lohn- und Preiskontrollen, auch wenn er überzeugt war, dass ihn die objektive Realität der ökonomischen Situation dazu zwang.

Nixons Rede war – trotz ihrer Konkurrenz zu »Bonanza« – ein großer Erfolg. Die Öffentlichkeit hatte das Gefühl, dass ihr die Regierung gegen die Preistreiber zu Hilfe kam. Den internationalen Spekulanten wurde ein tödlicher Schlag versetzt. Die Berichterstattung des folgenden Abends widmete 90 Prozent ihrer Sendezeit der neuen Politik Nixons, und der Tenor der Berichte war positiv. Der Index der Industriewerte an der New Yorker Börse, der Dow Jones Industrial Average, registrierte einen Anstieg um 32,9 Zähler – die bis dahin größte Steigerung innerhalb eines Tages.

Der Rat für Lebenshaltungskosten (Cost of Living Council) übernahm die Aufgabe, die Kontrollen durchzuführen. Nach den ersten 90 Tagen wurden die Kontrollen Schritt für Schritt gelockert, und das System schien zu funktionieren. Aber die Arbeitslosigkeit ging nicht zurück, und die Administration brachte eine expansivere Politik auf den Weg. Nixon wurde 1972 wieder gewählt. In den folgenden Monaten zog die Inflation in Reaktion auf eine Reihe von Faktoren wieder an: heimischer Lohn-und-Preis-Druck, ein gleichzeitiger internationaler Wirtschaftsboom, Ernteausfälle in der Sowjetunion und – noch vor dem arabischen Ölembargo – ein Anstieg des Ölpreises. Nixon, der sich wachsendem Druck aufgrund der Untersuchung der Watergate-Affäre ausgesetzt sah, fror im Juni 1973 widerwillig Löhne und Preise erneut ein. Nun befassten sich Regierungsbeamte mit der Festsetzung von Preisen und Löhnen. Diesmal war es jedoch offenkundig, dass das Kontrollsystem nicht funktionierte. Viehzüchter brachten ihr Vieh nicht mehr auf den Markt, Farmer ertränkten ihre Hühner und die Konsumenten leerten die Supermarktregale. Nixon tröstete sich mit einem Nebeneffekt, den George Shultz, damals Chef des Office of Management and Budget, ausgemacht hatte. Wenigstens, so erklärte Shultz dem Präsidenten, hätten sie nun jeden von der Richtigkeit ihrer ursprünglichen Meinung überzeugt, dass Lohn- und Preiskontrollen nicht die Antwort seien. Ein Großteil des Systems wurde schließlich im April 1974 abgeschafft, 17 Monate nach Nixons triumphaler Wiederwahl gegen George McGovern – und vier Monate, bevor Nixon als Präsident zurücktrat.

Im Rückblick nannten einige die Präsidentschaft Nixons »die letzte linke [*liberal*] Regierung«, und dies nicht nur wegen der Einführung von Wirtschaftskontrollen. Die Nixon-Regierung weitete auch die Regulierung erheblich auf andere Wirtschaftsbereiche aus, initiierte die positive Diskriminierung (*affirmative action*) und schuf die Umweltschutzbehörde (Environmental Protection Agency), das Arbeitsschutz- und Arbeitsgesundheitsamt (Occupational Safety Administration and Health Administration) und eine Kommission für gleiche Beschäftigungschancen (Equal Employment Opportunity Commission). »Während der Nixon-Regierung wurden der Wirtschaft wahrscheinlich mehr neue Regulierungen auferlegt als in jeder anderen Präsidentschaft seit dem New Deal«, bemerkte Herbert Stein wehmütig.[12]

Nur ein Element des Lohn- und Preiskontrollsystems wurde nicht abgeschafft: die Preiskontrollen für Öl und Gas. Sie wurden noch mehrere Jahre lang aufrechterhalten, was zum Teil auf dem tief verwurzelten Verdacht gegen Verschwörung und Monopolmacht im Energiesektor beruhte. Aber Washingtons Anstrengungen, den Energiemarkt beruhte, boten ein nachhaltiges Lehrbeispiel, welche widersinnigen Konsequenzen es haben kann, wenn ein Staat die Kontrolle über den Markt übernimmt. Es gab mindestens 32 verschiedene Preise für Gas, einen ganz schlichten Rohstoff, dessen Moleküle aus je einem Kohlenstoff- und vier Wasserstoffatomen bestehen. Das Ölpreiskontrollsystem legte mehrere Stufen von Ölpreisen fest. Die Preise für die Inlandsproduktion wurden ebenfalls niedrig gehalten, was letztlich dazu führte, dass die Inlandsproduzenten Importöl subventionierten und zusätzliche Anreize geschaffen wurden, Öl in die USA zu importieren. Das ganze Unternehmen war ein ausgefeiltes und verwirrendes System von Preiskontrollen, Förderrechten und Zuteilungen. Schätzungen zufolge waren 200 000 Menschen in der Industrie allein damit beschäftigt, der Belegpflicht an die spätere Bundesenergiebehörde (Federal Energy Administration) nachzukommen, worauf jährlich geschätzte fünf Millionen Arbeitsstunden verwendet wurden.

Die amerikanische »Malaise« und die Inflation

Insgesamt waren die 70er Jahre durch eine chronisch schlechte wirtschaftliche Verfassung gekennzeichnet. Das Ölembargo, das den Jom-Kippur-Krieg zwischen Arabern und Israelis begleitete, versetzte der Wirtschaft einen furchtbaren Schock. 1974 erreichte die Inflation ihren höchsten Stand seit dem Zweiten Weltkrieg. Monatelang stand die Arbeitslosigkeit bei 9,2 Prozent, zwei Prozentpunkte höher als jemals zuvor in der Nachkriegszeit. Und es gab eine wachsende Angst, dass sich Inflation und Inflationserwartung so tief verankern würden, dass sie nicht nur jeden Haushalt, sondern auch die soziale Ordnung und Stabilität der Nation bedrohten. Als Teil ihrer Kampagne zur Bekämpfung der Inflation gingen Mitglieder der Regierung von Gerald Ford dazu über, Buttons mit der Aufschrift WIN zu tragen: »Whip Inflation Now« (»Bekämpft die Inflation jetzt«). Nach einigem Spott wurden diese Buttons zurückgezogen. In der Präsidentschaftswahl von 1976 wurde Ford von dem Außenseiter Jimmy Carter geschlagen, der gegen die Wirtschaftsmisere zu Felde zog. Kurz darauf taufte Carters oberster Inflationsbekämpfer in einem Versuch, die Stimmung der Nation zu heben, die Inflation in »*bananas*« um, zu Deutsch »Mumpitz«. Nach Protesten des Bananenhandels ging er zu dem Codewort »*kumquats*« über, was das Gleiche meinte, aber auch nicht viel half.

Ende der 70er Jahre wurde der Schah von Persien gestürzt, was einen zweiten gravierenden Ölschock auslöste. Der Ölpreis stieg von 13 auf 34 Dollar pro Barrel, vor den Tankstellen des Landes bildeten sich wieder lange Autoschlangen und der Zorn der Nation wuchs gewaltig. Ebenso die Inflation, die 13,2 Prozent erreichte. Die Carter-Administration fühlte sich wie im Belagerungszustand. »In vieler Hinsicht könnte dies als der Tiefpunkt erscheinen«, schrieb der Stabschef des Weißen Hauses an Carter. Der Präsident zog sich nach Camp David zurück, um über die Probleme des Landes nachzusinnen. Er wandte sich einem neuen Buch zu, das den Kern von Amerikas Problemen im »Narzissmus« erkannte. Zudem zwang er fünf Mitglieder seines Kabinetts zum Rücktritt und legte sofort eine Rede nach, in der er die Krise des amerikanischen Selbstbewusstseins – rasch in »Malaise« umgetauft – als die Krankheit diagnostizierte, die Amerikas Seele befallen habe. Was vom Selbstvertrauen noch übrig war, verwandelte sich einige Monate später in Demütigung, als iranische Studenten in Teheran amerikanische Beamte als Geiseln nahmen.

Es gab viele Gründe für Amerikas Leiden in den späten 70er Jahren – von der Politik im Mittleren Osten und dem islamischen Fundamentalismus bis hin zur Unbeweglichkeit des Arbeitsmarktes. Die beiden Ölkrisen lähmten mit ihren mächtigen Schockwellen die Weltwirtschaft. Zu den Nachwirkungen des Vietnamkrieges gehörten eine weit verbreitete Bitterkeit sowie Entfremdung und Misstrauen der Bürger gegenüber dem Staat. Doch erkannte man die Ursachen eines guten Teils der Übel Amerikas auch in jener Balance zwischen Staat und Markt, die in den vorangehenden Dekaden geschaffen worden war – eine Balance, die sich freilich zunehmend zur Seite des Staates neigte. Schließlich war das Zusammentreffen von hoher Inflation und hoher Arbeitslosigkeit eine neue Erscheinung, und dies allein machte schon eine Neueinschätzung erforderlich. Es gab Stimmen, die nach mehr Planung und stärkeren Kontrollen riefen. Aber die Stimmung war umgeschlagen. »Wir befanden uns am Ende von zwei Jahrzehnten, in denen Staatsausgaben, staatliche Steuern, Staatsdefizite, staatliche Regulierungen und staatliche Geldmengenvermehrung allesamt stark gewachsen waren«, schrieb Herbert Stein. »Und am Ende dieser beiden Dekaden war die Inflationsrate hoch, das reale Wirtschaftswachstum gering und unsere ›normale‹ Arbeitslosenrate (...) höher denn je. Nichts lag näher, als die Schlussfolgerung zu ziehen, dass die Probleme von all diesen Ausweitungen des Staatssektors herrührten und ihnen abzuhelfen wäre, wenn man diesen Trend umkehrte oder ihm zumindest Einhalt gebot«.

Das Vertrauen in das Regierungswissen kehrte sich nun in Zynismus um. Das keynesianische Paradigma erschien als Trugschluss. Es war überhaupt nicht leicht, die Wirtschaft zu lenken, indem man die Hebel der Fiskalpolitik ansetzte. Tatsächlich war angesichts all der Verzögerungen und Ungewissheiten nicht klar, ob das überhaupt im Bereich des Möglichen lag. Die Kritiker argumentierten sogar, dass die keynesianischen Maßnahmen ihrem Wesen nach selbst die Inflation anfachten. Statt die Flaute bei den Investitionen des Privatsektors auszugleichen, wie Keynes es in den 30er Jahren vorgeschlagen hatte, schienen nun die öffentlichen Ausgaben die Privatinvestitionen zu verdrängen. Auch das Vertrauen in die Fähigkeit des Staates, große soziale Probleme durch große Interventionsprogramme zu lösen, ließ nach. Wie selbstlos und idealistisch die Absichten solcher Programme auch sein mochten: die Anwendung der Kosten-Nutzen-Rechnung in Verbindung mit der alltäglichen Erfahrung ließ die Frage aufkommen, ob die amerikanische Öffentlichkeit einen entsprechenden Gegenwert für die Steuerdollars erhielt, die sie dafür bezahlte. In einer wachsenden Wirtschaft mit niedriger Inflation hatte die Öffentlichkeit die Steuerlast akzeptiert. Aber mit der Rezession und dem verlangsamten Wachstum – und der höheren Einkommensgruppe, in die man aufgrund der Inflation rutschte – erregten die Steuern den Zorn der Öffentlichkeit. Die Konservativen hatten traditionellerweise argumentiert, dass die hohe Besteuerung der Arbeitnehmereinkommen und hohe Transferleistungen an die nichtarbeitende Bevölkerung die Wirtschaft bremsten. Dies hatte man nicht weniger traditionell als »ideologische Fantasterei« der Rechten von der Hand gewiesen. Aber nun ließ sich diese Behauptung nicht länger abtun; tatsächlich stützte eine neue Welle akademischer Forschungsarbeiten diese Auffassung.[13]

All dies wurde begleitet von neuen fundamentalen Fragen über das System des regulierten Kapitalismus, das aus dem New Deal entstanden war. Obwohl die Diskussion in der Intellektuellengemeinde schon seit den 50er Jahren köchelte, bedurfte es der wirtschaftlichen Plagen der 70er Jahre, um sie in den Vordergrund zu rücken. Das System schien stecken geblieben zu sein. Es war zu unbeweglich, zu langsam, zu verzerrend. Es konnte die Situation noch verschlechtern. Es hemmte Innovationen in Technologie und Handel. Vor allem aber ersetzte es die Entscheidungen des Marktes durch seine eigenen, es verweigerte den Märkten die heilsamen Wirkungen des Wettbewerbs. Es fror Marktbeziehungen ein, hielt das Kostenniveau hoch und – das war von entscheidender Bedeutung – es institutionalisierte die Inflation.

Die Situation rechtfertigte einen Wandel, und Amerika war bereit in eine neue Richtung zu gehen. Die Ideen standen bereit. Die Furcht vor dem Scheitern des Marktes: dieses Schreckgespenst hatte vier Jahrzehnte lang die staatliche Wirtschaftspolitik geformt. Aber die Botschaft der 70er Jahre war, dass auch der Staat scheitern konnte. Vielleicht waren die Märkte am Ende doch nicht so dumm.

Kapitel 3

Verabredung mit dem Schicksal
Der Aufstieg der Dritten Welt

An jenem Abend füllten Menschenmassen die Straßen von Neu Delhi; es war der Anfang vom Ende des Kolonialismus. Bei Einbruch der Nacht wurden überall Fackeln angezündet und überall schallten die gleichen Sprechchöre durch die Dunkelheit. In den Stunden vor Mitternacht – des Zeitpunkts, den man gewählt hatte, um die Astrologen zufrieden zu stellen – erklangen Tritonshörner, mit denen in den Tempeln der Hindu traditionell die Götter angerufen werden. Bewegt, aber beherrscht schritt Jawaharlal Nehru in seiner charakteristischen Jacke zum Podium der verfassunggebenden Versammlung Indiens. Nur drei Jahre zuvor war er ein Gefangener Großbritanniens gewesen – zum neunten Mal. Nun, kurz vor Mitternacht, am Vorabend des 15. August 1947, würde er die Rolle des Nachfolgers Großbritanniens einnehmen, als erster Premierminister eines gerade unabhängig gewordenen Indien.

»Vor langen Jahren«, sagte er, »trafen wir eine Verabredung mit dem Schicksal«: Indiens Unabhängigkeit zu erstreiten. »Nun ist die Zeit gekommen, unser Versprechen einzulösen.« Und wirklich: Nehru und seine Verbündeten hatten alles daran gesetzt, ihr Versprechen zu erfüllen. Die größte Kolonie der Welt – das Herzstück des britischen Empire, die *raison d'être* der imperialen Politik, das Symbol des Imperialismus selbst – sollte nun eine unabhängige Nation werden, die größte Demokratie der Welt. Jene Mitternachtsstunde markierte den Anfang vom Ende aller europäischen Weltreiche, auch wenn noch viel Blut fließen sollte, bevor die Sonne des Imperialismus schließlich auf der ganzen Welt unterging – und in der Folge noch viel mehr Blut vergossen wurde.

Aber der 15. August war kein vollständiger Sieg für Nehru; das Versprechen wurde nicht gänzlich eingelöst. Obwohl eine Balkanisierung des Landes in eine Vielzahl von Staaten und Fürstentümer vermieden werden konnte, war die vormalige britische Kolonie Indien nun in zwei Länder geteilt: das von Hindus dominierte Indien und das muslimische Pakistan.* Und obwohl dank eiliger britischer Improvisation der befürchtete totale Zusammenbruch in Bürgerkrieg und Anarchie verhindert wurde, war die Umwälzung, die sich mit der indischen Unabhängigkeit ereignete, gewaltig. 15 Millionen Hindus und Moslems flüchteten in entgegengesetzte Richtungen und liefen auf der frisch gezogenen indisch-pakistanischen Grenze aneinander vorbei. Die quälende Angst und der Groll über ihr zerbrochenes Leben entluden sich bald in brutaler Gewalt. Mit Flüchtlingen gefüllte Züge wurden aus dem Hinterhalt angegriffen, bevor sie die Grenze überquerten. Wenn sich auf dem Bahnhof ihre Türen öffneten, gaben sie nur noch den Blick auf leblose Körper frei. In den Städten griffen Nachbarn, die lange Zeit friedlich zusammengelebt hatten, einander an. Insgesamt wurden im Kampf zwischen Hindus und Moslems, der mit der Unabhängigkeit begann, schätzungsweise mindestens eine Million Menschen getötet.

Für den geistigen Führer des Unabhängigkeitskampfes, Mahatma Gandhi, der die Einheit von Hindus und Moslems gepredigt hatte, erstickte der Jubel über den Sieg in der Qual einer bitteren Niederlage. Während sich Nehru auf die Machtübernahme vorbereitete, verbrachte Gandhi, in stillem Gebet versunken, den Unabhängigkeitstag in Kalkutta und fastete, in der vergeblichen Hoffnung, die Gewalt aufzuhalten, die sich der Stadt bemächtigt hatte.[1]

Die Schaffung einer Nation

Die *British Raj*, die Zeit der britischen Herrschaft in Indien, war zu Ende. Nun lag es bei Nehru und seiner Kongresspartei, eine Kolonie in eine Nation zu verwandeln. Sie hatten von Großbritannien das Demokratiemodell geerbt und die Schaffung – und Erhaltung – einer föderalen parlamentarischen Demokratie auf ihre Fahnen geschrieben. Aber die Herausforderung der »Schaffung einer Nation« bedeutete mehr als die Gründung politischer Institutionen. Sie erforderte die Entwicklung einer modernen Wirtschaft. Um dies in einem Land zu bewerkstelligen, in dem Ressourcen und das erforder-

---

* Zur Zeit der Unabhängigkeit 1947 betrug die Gesamtbevölkerung des indischen Subkontinents 300 Millionen Menschen. 95 Millionen davon waren Muslime. Heute hat der indische Teil des Subkontinents 935 Millionen, Pakistan 120 Millionen und Bangladesch 125 Millionen Einwohner, das sind insgesamt 1,18 Milliarden Menschen.

liche fachliche Können furchtbar knapp waren, musste der Staat die Kommandohöhen der Wirtschaft erobern und kontrollieren, wie Nehru häufig sagte. Die nächsten 40 Jahre wurde Indien von Nehrus Vision einer modernen, geplanten, industrialisierten, sozialistischen Wirtschaft dominiert. Nehru wurde von begabten und erfahrenen Ökonomen von internationalem Ruf beraten. Er war überzeugt, dass er das Beste aus den westlichen und sowjetischen Wirtschaftsmodellen herauszog und zusammenfügte, und die Wahlerfolge der beherrschenden Kongresspartei spornten ihn noch weiter an. So gab es wenig, was Nehru davon abhalten konnte, eines der durchgreifendsten, komplexesten, verwickeltsten und schließlich schwerfälligsten Systeme nationaler Wirtschaftsplanung und -verwaltung der Welt zu entwickeln. Private Firmen konnten darin durchaus gedeihen. Aber das Herz der indischen Wirtschaft, ihre Kommandohöhen, blieb einem überwältigenden Aufgebot von Staatsunternehmen überlassen.

Der öffentliche Sektor war von zentraler Bedeutung für die Gesamtvision der Planwirtschaft indischen Stils. Das Modell entwickelte große Anziehungskraft. Die ökonomischen Entscheidungen Indiens spiegelten einen tiefen Glauben an Rationalismus, Vorhersagbarkeit, Quantifizierung – und Planung. Diese Entscheidungen waren Ausdruck der herrschenden Wirtschaftslehre der Zeit, die Ökonomen und internationale Institutionen mit den besten Absichten auf der ganzen Welt förderten. In dieser oder jener Form ließ sich die herrschende Sicht auf einen einzigen Punkt bringen: Der Staat musste Entwicklung schaffen. Es gab keinen anderen Weg. Die Auswirkungen dieses Ansatzes waren in allen Entwicklungsländern weit reichend und dauerhaft. Seinen Zenit erreichte er in den 70er Jahren, als die Dritte Welt in ihrer Konfrontation mit den reichen Ländern auf der Siegerstraße zu sein schien – vor der großen Ernüchterung.

Nehrus Entdeckung

Der Ansatz, den Nehru formulierte, erwuchs aus seiner Sicht der modernen Welt und seinem Glauben an ihre Technologie, in Verbindung mit seiner Erfahrung der Realitäten der indischen Gesellschaft oder, wie er es nannte, seiner »Entdeckung Indiens«.

The Discovery of India, die *Entdeckung Indiens*, so hatte er ein Buch genannt, das er während seiner zwanzigmonatigen Haft in dem entlegenen Militärstützpunkt Ahmadnagar während des Zweiten Weltkriegs geschrieben hatte. Er hatte mit der Arbeit an seiner Autobiografie während einer früheren Haftzeit begonnen, sie aber nicht beendet, weil er im Dezember 1941 vorzeitig entlassen wurde. Nur wenig später wurde er erneut verhaftet, dieses Mal, weil er während einer der schlimmsten Phasen des Zweiten Weltkriegs Proteste gegen die britische Herrschaft angeführt hatte. Im Großen und Ganzen wurde er bei seinen Gefängnisaufenthalten nicht schlecht behandelt. Die Tatsache, dass er Harrow besucht hatte, eine der renommiertesten Privatschulen Englands, scheint ihm eine besondere Rücksichtnahme beschert zu haben. In Ahmadnagar verbrachte er jeden Tag Stunden damit, im steinigen Boden des Gefängnishofes zu graben und Blumenbeete anzulegen. Aber er verfasste auch handschriftlich ein tausendseitiges Manuskript, in dem er detailliert seine Erwartungen für die Zukunft niederlegte. Darin beschrieb er auch seine »Entdeckung« Indiens und wie sie sein Leben verändert hatte.

Nehru war in einer privilegierten Familie in der Stadt Allahabad an den Ufern des Ganges aufgewachsen, in Indiens nördlichem Kernland. Sein Vater Motilal gehörte zu den prominentesten Anwälten Indiens und war ein erfolgreicher Mann von wachsendem Wohlstand. Motilal Nehru war einer der ersten Führer der nationalen Wirtschaftselite Indiens und einer der Gründer der Kongresspartei, die die Unabhängigkeit forderte. Er war jedoch auch stolz auf seine Leistungen als Mann des britischen Empire. Als Junge lebte Jawaharlal in einem Haus mit 50 und mehr Dienern, einem Swimmingpool und den neuesten europäischen Autos. Sein Vater wollte für seinen einzigen Sohn, den er abgöttisch liebte, nur das Beste. Er sollte in den indischen Staatsdienst eintreten, damals die Position mit dem höchsten Prestige, die ein Inder im britischen Empire erreichen konnte. Er schickte seinen Jungen nach Harrow (wo er den Spitznamen Joe erhielt) und dann auf das Trinity College in Cambridge, wo der junge Mann mit beträchtlicher Gleichgültigkeit Naturwissenschaften studierte und sich in den »Backs«, wie die Ufer des Flusses Cam genannt wurden, dem geselligen Leben hingab. Danach studierte er in London Jura, gab reichlich Geld aus, reiste durch Europa und schrieb seinem Vater über die Schauspieler und Schauspielerinnen, die er in den Theatern verschiedener Städte sah. Er war technikbegeistert und verfolgte fasziniert die Entwicklung der Luftfahrt. Außerdem hatte er den wiederkehrenden Traum, ohne Anstrengung durch die Luft zu fliegen.

1912 kehrte Nehru nach Allahabad zurück, wo er acht Jahre lang ohne großen Enthusiasmus als Anwalt arbeitete. Sein Lebensstil war geradezu opulent. Er arbeitete in der Kanzlei, ging zu Partys und las am Sonntag das britische Satiremagazin *Punch*. Aber er sehnte sich nach mehr. Als Junge hatten ihn Erzählungen vom indischen Aufstand von 1857/58 aufgewühlt. Er hatte auch Geschichten über Giuseppe Garibaldi, den italienischen Freiheitshelden des 19. Jahrhunderts, und andere Nationalisten verschlungen und träumte von »Größe«. »Ich war immer, wie mein Vater, in gewisser Weise ein Spieler«, schrieb er, »zuerst um Geld und später mit höchstem Einsatz um die größeren Fragen des Lebens.« Zu dieser Zeit hatte Mahatma Gandhi seine lange Fußreise durch die Dörfer des Landes angetreten, scharte Anhänger hinter sich und hauchte der Unabhängigkeitsbewegung der Kongresspartei neue Dringlichkeit ein. Nehru war von ihm eingenommen, wurde ein enger Vertrauter der »großen Seele« und begann, sich für die Sache zu engagieren. Selbst aus der Warte seines privilegierten Lebens sah er, dass das Empire und die britische Herrschaft eine Demütigung waren. Die hochrangigen britischen Kolonialbeamten kamen ins Haus seines Vaters und tranken seinen Champagner, aber sie luden ihn nie zum Dinner in ihre eigenen Häuser.

1919 massakrierte die britische Armee Demonstranten in der Stadt Amritsar. Die Wut über diesen Vorfall riss Nehru aus seiner Lethargie und bewegte ihn zum Handeln. Er beteiligte sich an einer unabhängigen Untersuchung der Kongresspartei. Aber das entscheidende Ereignis kam für Nehru im folgenden Jahr, 1920. Seine Familie hatte sich vor der drückenden Hitze Allahabads ins elegante Savoy Hotel im Bergort Mussoorie geflüchtet. Nehru sollte nachkommen. Im selben Hotel übernachtete eine Delegation afghanischer Moslems. Aus Angst vor einer Zusammenarbeit von Hindus und Moslems verboten die britischen Behörden Nehru jedoch, sie zu treffen. Statt sich von den Briten herumkommandieren zu lassen, entschloss er sich, in Allahabad zu bleiben. Zur gleichen Zeit kam eine Gruppe von Bauern aus dem Hinterlanddistrikt Rae Bareli in der Stadt an, die gegen maßlose Steuern und Massenvertreibungen protestierten und hofften, Gandhi in der Stadt zu finden. Aber er war woanders. So gingen sie stattdessen zum Anwesen der Familie Nehru. Dort baten sie Nehru, an Stelle von Gandhi eine Untersuchung durchzuführen. Nehru, der kaum etwas anderes zu tun hatte, willigte ein.

Was nun folgte, überwältigte ihn. Über Nacht bauten die Bauern Straßen, damit Nehru mit seinem Auto tief in das ländliche Indien fahren konnte; immer wieder scharten sie sich zusammen, um seinen Wagen hochzuheben, wenn er im Schlamm stecken geblieben war. Nehru hatte nie etwas gesehen, was mit der elenden Armut vergleichbar war, die ihm nun begegnete.

»Schließlich«, so sein Biograf Mobashar Jawed Akbar, »war er immer noch ein indischer Sahib mit Hut und Seidenunterwäsche.« Aber unter der blendenden, sengenden Sonne vollzog sich in Nehru eine Verwandlung. »Ich war von Scham und Trauer erfüllt«, schrieb er später, »Scham über mein eigenes leichtes und komfortables Leben und unsere kleinkarierte Politik in der Stadt, die diese gewaltige Menge halb nackter Söhne und Töchter Indiens ignorierte, und Trauer über die Herabwürdigung und überwältigende Armut Indiens.« Er hatte auch seine politische Bestimmung entdeckt – und das Ziel seines Ehrgeizes. Seinem Vater, mit dem er eine freimütige Korrespondenz führte, schrieb er: »Größe wird mir auferlegt.« Er trat an die Spitze der Unabhängigkeitsbewegung und wurde zum designierten Erben Gandhis. Aus Joe, dem Schuljungen in Harrow, wurde Pandit – Lehrer – und zusammen mit Gandhi der Führer der Kongresspartei.[2]

»Traktoren und große Maschinen«

Wenn Unabhängigkeit die zentrale politische Frage war, so war die Bekämpfung der Armut die zentrale wirtschaftliche Frage. Mit Erlangung der Unabhängigkeit im August 1947 wurde die Armut *das* dominierende Problem. Während Gandhi und Nehru politisch dieselben Ziele hatten, waren sie in Wirtschaftsfragen gespalten. Gandhis Ideal war *swadeshi*, Eigenständigkeit, das heißt die einfache heimische Produktion von Grundnahrungsmitteln, Selbstversorgung der Dörfer und ein Spinnrad in jeder Hütte. Warum sollte das koloniale Indien Baumwolle nach Manchester exportieren, nur um sie in Form von teurer Kleidung wieder einzuführen? Die Inder sollten ihre eigene Kleidung herstellen. Gandhi hatte wenig Zeit für Sozialismus und Klassenkampf. Nach der Unabhängigkeit belehrte er eine Gruppe von Kommunisten: »Noch lächerlicher kommt mir vor, dass ihr Russland als eure geistige Heimat betrachtet. Ihr verachtet die indische Kultur und träumt davon, das russische System hierher zu verpflanzen.« Nehrus Auffassung widersprach Gandhis Vorstellungen grundsätzlich. Er strebte eine andere Art von Eigenständigkeit an: Industrialisierung und Stahlwerke. Sein zentrales Ziel war, »die erschreckende Armut des Volkes zu beseitigen«. Er glaubte an Technologie und Fortschritt, an Maschinen und Industrialisierung. »Ich bin ganz und gar für Traktoren und große Maschinen«, sagte er und beabsichtigte zur Erreichung seines Ziels die Mittel des 20. Jahrhunderts einzusetzen.

Lenin hatte gesagt, Kommunismus sei »Sowjetmacht plus Elektrifizierung«. Nehru bot eine Variante dieser Formel für Indiens Entwicklung: »Anlagen- und Maschinenbauindustrie, wissenschaftliche Forschungsinstitute und Elektrizität«. Er befürwortete zweifellos den Attlee-Konsens. Er übernahm die Themen und Ideen der britischen Labour Party, wie sich an seiner wiederkehrenden Beschwörung der »Kommandohöhen der Wirtschaft«, der gemischten Wirtschaft und der Notwendigkeit von Planung deutlich erkennen ließ. Aber er war auch vom Sowjetmodell sehr beeindruckt und optierte für Fünfjahrespläne und zentrale Planung. Obwohl er besorgt darüber war, was unter dem Kommunismus mit der Freiheit geschah, schrieb er während seiner letzten Gefängnishaft, dass mit »der Sowjetrevolution die menschliche Gesellschaft einen großen Sprung vorangekommen war und eine helle Flamme entzündet hatte, die nicht erstickt werden konnte«. Die Revolution habe »die Grundlage für eine neue Zivilisation gelegt, zu der die Welt vorwärts schreiten konnte«. Er war nicht gegen Privateigentum, aber es sollte beim Aufbau der indischen Wirtschaft dem Staat untergeordnet werden.

Ihre extrem unterschiedlichen wirtschaftlichen Vorstellungen brachten Gandhi und Nehru in einen starken Gegensatz zueinander. 1945 beschuldigte Gandhi seinen designierten Erben, seiner ökonomischen Vision von *swadeshi* und einem Indien der harmonischen Dörfer untreu zu werden. »Ich verstehe nicht, warum das Dorf notwendigerweise Wahrheit und Gewaltlosigkeit verkörpern sollte«, feuerte Nehru zurück. »Dörfer sind in der Regel geistig und kulturell rückständig und in einer rückständigen Umgebung kann es keinen Fortschritt geben. Engstirnige Leute sind weit eher unehrlich und gewalttätig.« Die Vision des Meisters, so Nehru, sei »völlig unrealistisch«.

Am 30. Januar 1948 wurde Gandhi von einem extremistischen Hindu ermordet. Das Land war geschockt und fiel in Trauer. Nehru hatte seinen spirituellen Vater verloren. Aber nun gab es auch nichts mehr, was sein Wirtschaftsprogramm aufhalten konnte, das er als Premierminister bis zu seinem Tod 1964 verfolgte. Unter Nehru machte sich Indien auf einen sozialistischen Weg, der bereits in den 30er Jahren vom nationalen Planungskomitee der Kongresspartei formuliert worden war – unter dem Vorsitz Nehrus. Damals hatte er die Welt in zwei Gruppen von Menschen unterteilt. Es gab solche, die »die Welt voranbringen und die Menschen von den Ketten des Imperialismus und Kapitalismus befreien wollen. Auf der anderen Seite gibt es eine Hand voll Menschen, die aus der gegenwärtigen Lage ihren Nutzen ziehen.« Indien, so schloss er, würde sich auf die Seite von »Unabhängigkeit und Sozialismus« stellen; denn dies sei »in unserem eigenen, von Armut geschlagenen Land, wo Arbeitslosigkeit vorherrscht«, erforderlich.³

»Die Idee der Planung«

Eine Reihe von Maßnahmen begründete zwischen 1948 und 1952 den Prozess der nationalen Wirtschaftsplanung, schuf die Instrumente und Behörden für ihre Durchführung und führte zum ersten Fünfjahresplan. Es sollte ein gemischtes Wirtschaftssystem mit Schwergewicht auf dem Staat entstehen. Die Planungskommission wurde 1950 eingesetzt, und ihre herausragende Stellung sollte bald deutlich werden. Unter Vorsitz Nehrus wurde sie zu einer eigenständigen Quasi-Regierung, zur eigentlichen Lenkerin der Wirtschaft.

In den folgenden Jahren wurde Indiens Verpflichtung auf eine staatlich dominierte Wirtschaft bekräftigt. 1954 riefen die Kongresspartei und das Parlament nach einem »sozialistischen Gesellschaftssystem«. Aber wonach Indien wirklich strebte, war eine gemischte Wirtschaft, die Anleihen sowohl beim europäischen wie beim sowjetischen System machte. Wie in Frankreich sollte das System dreigeteilt sein: Der Schlüsselsektor der Schwerindustrien sollte sich im Staatseigentum befinden und staatlich kontrolliert werden, ein weiterer sollte staatlich reguliert und der dritte privatwirtschaftlich organisiert werden. Aber das indische Modell legte weit größeres Gewicht auf die Rolle des Staates. Der Staat sollte beherrschend werden; er sollte durch massive Industrialisierung den »großen Schub« bewirken, der Entwicklung und Wachstum schuf. Der Staat sollte der weise und unparteiische Wächter sein. Seine Elite sollte den Entwicklungsprozess lenken, um zu gewährleisten, dass er die Bedürfnisse der »Nation« erfüllte und nicht »Sonderinteressen« bediente.

Um all dies zu erreichen, schuf Indien ein komplizierteres und verwickelteres Planungssystem als irgendeins der europäischen Länder, mit detaillierten Tabellen wirtschaftlicher »Inputs« und »Outputs«, als sei die Wirtschaft etwas, das sich mit der Präzision eines physikalischen Experiments messen und rational lenken ließe. Nehru erteilte dem gesamten Prozess seinen Segen. »Die Idee der Planung und einer geplanten Gesellschaft«, sagte er, »wird heute in unterschiedlichem Maß von jedermann akzeptiert.«

Die extrem rationalistische Wissenschaftsgläubigkeit des indischen »Planungs- und Kontrollsystems« trug die Handschrift eines brillanten Naturwissenschaftlers, der sich in seinem späteren Leben der Ökonomie zugewandt hatte. Prasanta Chandra Mahalanobis war der herausragende indische Ökonom seiner Zeit und beeinflusste eine ganze Generation. Wie Nehru hatte er in Cambridge Naturwissenschaften studiert; aber anders als Nehru hatte er herausragende Leistungen gezeigt und das Physikstudium mit Auszeichnung abgeschlossen. Er wurde Statistiker und erst später Ökonom. Aber er bewahrte sich den rationalen Glauben des Naturwissenschaftlers und förderte daher im Gegensatz zur indikativen Planung, die Jean Monnet in Frankreich eingeführt hatte, eine hochgradig quantifizierende Planung auf der Grundlage komplexer mathematischer Matrizes, die er aus dem »wissenschaftlichen« Studium der Wirtschaft und aus Verknüpfungen von Sektoren und Unternehmen entwickelte. Wie einer seiner jüngeren Kollegen es ausdrückte, pflichtete Mahalanobis von ganzem Herzen dem Diktum des britischen Physikers William Kelvin bei, »dass qualitatives Denken nichts anderes sei als ›schlechtes quantitatives Denken‹«. Mahalanobis versuchte, diese Maxime auf die Wirtschaft eines Landes mit vielen hundert Millionen Menschen anzuwenden.

Die Expansion des öffentlichen Sektors wurde mit großem Enthusiasmus betrieben. Der Staat kontrollierte einige Wirtschaftssektoren allein; in anderen Sektoren konnten bereits bestehende Privatunternehmen weiter existieren; alle neuen Unternehmungen wurden jedoch vom Staat übernommen. Die Wirtschaftspolitik schloss, von wenigen Ausnahmen abgesehen, Verstaatlichungen bestehender Unternehmen aus. Handel und kleine Firmen blieben privatwirtschaftlich organisiert und die großen privaten Industrieimperien der Tata, Birla und anderer Familien blieben intakt (bis auf die Fluggesellschaft Tata Air, die verstaatlicht und zu Air India wurde). Stattdessen übernahm der Staat alle großen neuen Wirtschaftsunternehmungen. Zusammen mit staatlichen Banken wurden unzählige neue staatliche Gesellschaften gegründet – von Energieversorgern über Chemieunternehmen bis zu Automobilfirmen und sogar Hotelketten.

Diese unterschiedlichen Gesellschaften waren nationale Vorreiterunternehmen, die wirtschaftliche Verkörperung von Indiens Unabhängigkeit. Sie bewiesen der Nation und der Welt Indiens Fertigkeiten und Fähigkeiten und halfen, die neue Nation zusammenzubinden. Dieses letzte Ziel war entscheidend für eine Nation, die versuchen musste, aus vielen Provinzen und zahlreichen Fürstentümern, deren Erbherrscher mit den Briten in direkten Beziehungen gestanden hatten, zusammenzuschmelzen. Die Staatsunternehmen waren eine Quelle des Nationalstolzes. In ihren Stellenanzeigen und auf ihren Briefköpfen verkündeten diese Betriebe im Anschluss an ihren Firmennamen stolz: »Ein Unternehmen des indischen Staates«.[4]

Die Herrschaft der Genehmigungen

Die Wirkung des indischen Systems reichte weit über die Landesgrenzen hinaus. Indien war das prominenteste Beispiel für die Entkolonialisierung der Nachkriegsjahre. Nehru genoss hohes Ansehen als aufrechter Mann, der ohne Schwert in der Hand gegen das britische Empire gesiegt hatte, er galt als Führer der blockfreien Dritten Welt. Die vielen Ökonomen Indiens wurden bestens ausgebildet und blieben ihren Vorbildern verpflichtet. Sie waren auch weltzugewandt und von beeindruckender Eloquenz. Das indische Wirtschaftsmodell erschien als die Speerspitze der Entwicklung und gewann infolgedessen enormen Einfluss.

Es gab jedoch ein Problem: Die indische Wirtschaft leistete nicht das, was das Modell vorhergesehen hatte. Die Schöpfer des Systems waren der Meinung, dass sie eine außerordentlich rationale – ja die einzig rationale – Lösung des Problems industrieller Entwicklung zum Wohl der Gemeinschaft in einem von tiefer Armut geplagten Land gefunden hatten. Die Ergebnisse sahen indessen anders aus. Es stellte sich heraus, dass die Wirtschaft Indiens nicht auf physikalische Gesetze reduziert werden konnte. Sie ließ sich weder kontrollieren – zumindest nicht durch zentrale Planer – noch konnte sie durch eine riesige Menge von Staatsunternehmen, die nicht der Disziplin und den Bewährungsproben des Marktes unterstanden, befriedigend »angeschoben« werden. Statt einen perfekt konstruierten Mechanismus für den »großen Schub« zu gewinnen, entwickelte Indien ein durch und durch komplexes, extrem schwerfälliges System. Dieses System arbeitete mit einem byzantinischen Gewirr von Regulierungen, Quoten, Zöllen, unendlichen Genehmigungspflichten, Industriekonzessionen und einer Unzahl von anderen Kontrollen – ein Gewirr, in dem Anreize, Initiative und Unternehmergeist entweder verloren gingen oder hoffnungslos verzerrt wurden. All dies machte die Wirtschaft zunehmend ineffizient. Bürokratische Verteilung und Zumessung übernahm die Funktionen des Marktes. Die britische Herrschaft über Indien (*British Raj*), so meinte schließlich mancher, sei durch die »Herrschaft der Genehmigungen« ersetzt worden (*Permit Raj*).

Die staatlichen Beschränkungen führten zu wirtschaftlicher Stagnation. Sie frustrierten die Unternehmer, die die Kongresspartei und die Unabhängigkeit so glühend unterstützt hatten. Sie schufen auch ein großes Paradox. Indien brachte zahlreiche hoch talentierte Wissenschaftler und Ingenieure von Weltniveau hervor. Die Betonung der indischen Eigenständigkeit und der Vorrang der Staatsbetriebe hatten jedoch zur Folge, dass sich Indien vom weltweiten Technologieaustausch abschnitt und sich selbst zu technologischer Rückständigkeit verurteilte. In seiner *Endeckung Indiens* war Nehru davon ausgegangen, dass Wissenschaft und Ingenieurwesen das Wirtschaftswachstum und die Entwicklung des Landes antreiben würden. Aber in den beiden Jahrzehnten nach der Unabhängigkeit musste Indien erkennen, dass das eingeführte System schließlich sowohl den wirtschaftlichen wie auch den technologischen Fortschritt lähmte. Das Symbol für diese Entwicklung konnte man auf den Straßen Indiens besichtigen: den »Amby« – »Ambassador« –, ein heimisches Automodell nach dem Vorbild des britischen Austin der 60er Jahre, ein automobiles Fossil, das in den späten 90ern immer noch produziert wurde.

Das System fiel auch der Politik zum Opfer. Als Nehru alt wurde, lockerte sich der dominierende Einfluss der Kongresspartei. Als sie sich mit Konkurrenz konfrontiert sah, wandte sich die Partei der Patronage und – zuweilen – der Korruption zu. Staatliche Unternehmen fanden sich in der Zwickmühle zwischen dem politischen Gerangel um Wahlkreise und dem Gezänk organisierter Interessen. Als die indische Demokratie lebendiger und lauter wurde, konnten die wirtschaftlichen Strukturen – die von einer intellektuellen Elite erdacht waren und auf Wissenschaft und Rationalität gründeten – nicht länger aus der gewöhnlichen, »vulgären« Politik herausgehalten werden.

Doch gab es eine Alternative? Keine, die für Nehru und die Politiker, Technokraten und Ökonomen um ihn herum leicht zu erkennen gewesen wäre. In den Jahren nach der Unabhängigkeit hatte die Nation mit enormen politischen und ökonomischen Problemen zu kämpfen und das Land war schrecklich arm. Es gab keinen nennenswerten Kapitalmarkt und kaum eine Mittelklasse. Die Vergangenheit – so sah es Nehru – steckte im Sumpf des Mystizismus. Die Zukunft sollte auf Rationalität gründen. »Entwicklung« hieß, Wissenschaft und Technologie nutzbar zu machen. Man konnte es sich nicht leisten, hundert Jahre zu warten. Privatkapitalisten waren schon *per definitionem* verdächtig; sie würden nur ihre eigenen Privatinteressen verfolgen und hatten keinen moralischen oder ethischen Anspruch. Unter welchen Modellen konnte man also wählen? Die Antwort bestand in einer Kombination der gemischten Wirtschaft Westeuropas und des Modells der Kommando- und Kontrollwirtschaft der Sowjetunion mit ihren Fünfjahresplänen und der großen Anstrengung bei der Industrialisierung. So wurden die Modelle verschmolzen und zum Teil auf der Eigenständigkeit, dem Erbe Gandhis, und dem imperialen Staatsapparat errichtet, den Gandhi bekämpft hatte, sowie auf einer starken staatlichen Tradition, die bis zu den Mogul-Herrschern zurückreichte. Und im Herzen des ganzen Systems stand die machtvolle Überzeugung, dass es ein Gebot der Notwendigkeit war, die wirtschaftliche Zukunft der Nation dem Staat anzuvertrauen.

»Eine Agenda für eine bessere Welt«: Die Entwicklungsökonomen

Indien existierte durchaus nicht im luftleeren Raum. Die Erfahrung dieses Landes sollte im Gegenteil einen enormen Einfluss gewinnen: als Brennpunkt der Entwicklungsanstrengungen, als das größte Versuchslabor und als Vorbild für viele andere Nationen. Denn Indien war zwar die größte, aber lediglich die erste einer Reihe von Nationen, die nach dem Zweiten Weltkrieg die Unabhängigkeit erlangten. Als sich die Entkolonialisierung mit der Auflösung der europäischen Kolonialreiche Bahn brach, wuchs die Zahl der unabhängigen Länder von 55 im Jahre 1947 auf über 150 in den 80er Jahren (vor dem Zusammenbruch des kommunistischen Imperiums). Die meisten von ihnen waren arm, viele verzweifelt arm. An Armut krankten auch Länder, die ihre Unabhängigkeit lange vor dem Zweiten Weltkrieg erstritten hatten, wie in Lateinamerika.

Das Schreckgespenst der Armut war ein mächtiger Antrieb für gemeinsame Anstrengungen. Während des Krieges hatte Franklin Roosevelt mit der vierten seiner »vier Freiheiten« – der Freiheit von der Not – die Welt zum Kampf gegen die Armut aufgerufen. In Großbritannien hatte zur gleichen Zeit der Beveridge-Report dazu aufgefordert, den »Riesen« der Armut zu erschlagen und einen Wohlfahrtsstaat zu schaffen. Dieser Geist beseelte eine große Kraftanstrengung, ein besseres Leben für jene Regionen zu schaffen, die in früheren Zeiten als rückständige oder unterentwickelte Weltteile apostrophiert und bald als Dritte Welt oder, optimistischer, als Entwicklungsländer bezeichnet wurden.

Idealismus und Selbstlosigkeit waren nicht die einzigen Triebkräfte. Die

Konfrontation des Kalten Krieges machte die Entwicklung zu einer vorrangigen Sorge der westlichen Staaten. Die Sowjetunion setzte sowohl ihr Entwicklungsmodell als auch ihre Auslandshilfe ein, um andere Länder in ihr Lager zu ziehen. Der Wettbewerb mit dem Kommunismus spornte Amerika und andere westliche Staaten an, nach einem nichtkommunistischen Weg der Entwicklung zu suchen, einem Weg, der zu Stabilität führen würde. Der Erfolg der Marshallplanhilfe und des Wiederaufbaus der Nachkriegszeit und die dabei gesammelten Erfahrungen verliehen diesen Bemühungen nicht nur mehr Nachdruck, sondern lieferten auch die Zuversicht, damit Erfolg zu haben. Tatsächlich erschien der Kreuzzug gegen Armut und Verzweiflung in den Entwicklungsländern beinahe als die logische Fortsetzung des Wiederaufbaus der Nachkriegszeit. »Nach dem Erfolg des Marshallplans«, erinnert sich der Ökonom Albert O. Hirschman, »rückte die Unterentwicklung Asiens, Afrikas und Lateinamerikas als das größte ungelöste Problem in jeder ›Agenda für eine bessere Welt‹ in den Vordergrund.«

Aber wie sollte sich diese Entwicklung vollziehen? Die Antwort kam von einer Gruppe von Ökonomen, die sich zu einer Art Kreuzzug aufgemacht hatte. In Reaktion auf die Armut der jungen Nationen schufen sie einen neuen trostlosen Wissenschaftszweig namens Entwicklungsökonomie und wurden damit zu den großen Strategen des Kreuzzugs. Sie versuchten eine Reihe von grundlegenden Fragen zu beantworten: Was treibt das Wirtschaftswachstum an? Wie lässt es sich beschleunigen? In gewisser Weise waren dies zentrale Fragen von Adam Smiths Untersuchung über den »Wohlstand der Nationen« gewesen, hatte Smith es dort schließlich unternommen, »den natürlichen Prozess des Überflusses« zu erklären. Aber in den späten 40er, den 50er und 60er Jahren war das Wort »natürlich« inakzeptabel. Für die Entwicklungsökonomen bestand die dringendste Notwendigkeit in der Beschleunigung: nicht einen hundertjährigen Kreislauf abzuwarten, sondern zu sehen, was sich in einem Jahrzehnt erreichen ließe. Sie fragten, was man sofort tun könnte, um etwas in Gang zu bringen. Und ihre Arbeit bewies aufs Neue Keynes' Diktum über den Einfluss »akademischer Schreiberlinge«, denn ihre Ideen übten einen enormen Einfluss auf die Formung der Wirtschaftssysteme von Aberdutzenden von Ländern während zweier Generationen der Weltgeschichte aus. Die Macht ihrer Ideen erwuchs aus der Tatsache, dass sie nicht nur Denker, sondern auch Praktiker waren, die sich aktiv an deren praktischen Ausgestaltung und Durchsetzung beteiligten.

Ihre Überzeugungen leiteten sich zumindest teilweise vom Keynesianismus ab: in der Konzentration auf staatlich angetriebenes Wachstum, im Hinblick auf die Werkzeuge der makroökonomischen Analyse und die feste Grundlage keynesianischen Selbstvertrauens. Sie waren zudem in starkem Maße von der Wohlfahrtsagenda des Beveridge-Reports beeinflusst. Aber auch von Indien. »Keynes und Beveridge waren beide Vertreter aktiver staatlicher Intervention«, schrieb Hans Singer, einer der prominentesten frühen Entwicklungsökonomen. »Dies führte mich dazu, mich für die Probleme der Entwicklungsplanung zu interessieren, die in den Jahren unmittelbar nach dem Krieg sehr in Mode war, mit besonderem Schwergewicht auf Indien. Prasanta Chandra Mahalanobis wurde in dieser Hinsicht zu einem Propheten (oder Guru) der Entwicklungsökonomen, und Kalkutta wurde ihr Mekka.«

Idealismus, Moral, Gerechtigkeit, menschliche Anteilnahme, der Schock der Armut, die Vision einer besseren Welt: all dies veranlasste Menschen dazu, sich an dem Kreuzzug zu beteiligen. Ihre Weltsicht fasste Albert Hirschman zusammen, einer der hervorragendsten »Pioniere der Entwicklung«: »Diese Ökonomen hatten nach dem Zweiten Weltkrieg begonnen die Entwicklungsökonomie zu kultivieren, nicht als engstirnige Spezialisten, sondern getrieben von der Vision einer besseren Welt. Als Linke nahmen die meisten von ihnen an, dass ›alle guten Dinge zusammengehen‹, und hielten es für selbstverständlich, dass eine Reihe von wohltätigen Effekten in den sozialen, politischen und kulturellen Bereichen folgen würden, wenn es nur gelänge, das Volkseinkommen der betreffenden Länder zu heben.« Das übergreifende Ziel war, »von Rückständigkeit zu einer umfassenden Emanzipation zu gelangen«.[5]

Die persönlichen Werdegänge der Entwicklungsökonomen erleichtern das Verständnis dafür, was sie zur Entwicklung einer Agenda für eine bessere Welt trieb. Hirschmans Leben spiegelte wider, was er selbst die »unglückseligen Entgleisungen der Geschichte« nannte. Er wurde in Berlin geboren, erhielt seinen Doktor in Philosophie an der Universität von Triest, diente im Zweiten Weltkrieg fünf Jahre in der (französischen und amerikanischen) Armee, arbeitete nach dem Krieg für die amerikanische Zentralbank und den Marshallplan und verbrachte vier Jahre als Wirtschaftsberater in Kolumbien. Paul Rosenstein-Rodan wurde im polnischen Krakau geboren und wuchs in einer Welt und einer Kultur auf, die später von den Nazis vollständig ausgelöscht wurde. Im Zweiten Weltkrieg war er Mitglied einer Studiengruppe am Royal Institute of International Affairs in London, die sich mit den zu erwartenden Problemen von unterentwickelten Ländern in der Nachkriegszeit beschäftigte. Seine Maxime lautete: »Wenn wir überleben, sollten wir nicht zum früheren Status quo zurückkehren, sondern (...) eine bessere Welt schaffen.« Seiner Meinung nach bestand die Nachkriegsherausforderung darin, vom »nationalen Wohlfahrtsstaat zum internationalen« Wohlfahrtsstaat zu gelangen. »Nicht genug gegen Chancenungleichheit und Armut zu tun, wenn unsere Weltressourcen ausreichen, um die Situation zu verbessern, das ist die wahre moralische Krise«, schrieb Rosenstein-Rodan.

Jan Tinbergen, dem später der Nobelpreis für Wirtschaftswissenschaften verliehen wurde, beschäftigte sich als Direktor des Zentralen Planungsbüros der Niederlande nach dem Zweiten Weltkrieg mit dem Wiederaufbau. 1951 lud ihn Prasanta Chandra Mahalanobis nach Indien ein. Obwohl Tinbergen in seinem eigenen Land die vom Krieg verursachte Not gesehen hatte, »war die in Indien herrschende Armut – als eine normale Situation – ein solcher Kontrast dazu, dass sie meinem Denken und meinen Handlungsschwerpunkten eine andere Richtung gab«. Arthur Lewis wuchs in St. Lucia in der britischen Karibik auf. Er verließ die Schule mit 14 Jahren. Einige Jahre später erhielt er ein Stipendium an der London School of Economics, das ihn in eine herausragende Karriere als Wirtschaftswissenschaftler führte, die wie bei Tinbergen von der Verleihung des Nobelpreises gekrönt wurde. Der Sieg über die Armut war seine zentrale Sorge: Sie sollte nicht nur, sie *konnte* auch besiegt werden. »Meine Mutter hatte mich in dem Glauben erzogen«, so erinnert er sich, »dass wir alles können, was sie können.« Walt Rostow brachte seine Berufung mit einigen Zeilen des amerikanischen Dichters auf den Punkt, nach dem er benannt worden war, Walt Whitman: »Alle Völker der Erde segeln zusammen / machen die gleiche Reise / haben die gleiche Bestimmung« (»*All peoples of the globe together sail / sail the same voyage / are bound to the same destination*«).

Die Entwicklungsökonomen sahen sich in der Geschichte nach Vorbildern um. Alexander Gerschenkrons Meisterwerk über wirtschaftliche Rückständigkeit, *Economic Backwardness in Historical Perspective*, erschienen 1951, übte auf sie sehr starken Einfluss aus. Gerschenkron erkundete darin, wie die industriellen »Spätentwickler« – Deutschland, Frankreich, Russland – danach gestrebt hatten, Großbritannien »einzuholen«. Er zeigte auf, dass es viele Wege gab, auf denen sich eine Nation industrialisieren konnte. Die Spätentwickler gelangten nicht auf der Route von Adam Smith an ihr Ziel. Stattdessen schienen sie kraft einer viel intensiveren Beteiligung des Staates in doppelter oder dreifacher Geschwindigkeit voranzuschreiten: durch die Lenkung von Investitionen und eine enge Allianz von Staat, Finanzwirtschaft und Industrie. Diese Perspektive zeigte Wege auf, wie sich angesichts unzureichender Institutionen Kapital mobilisieren ließ, und bewies, dass der Staat die Lücke schließen und Mittel bereitstellen konnte, um das »Fortschreiten des Reichtums« zu beschleunigen. Bei den Entwicklungsökonomen, die sich um den Anschluss der »späten Spätentwickler« bemühten, fiel sie auf überaus fruchtbaren Boden.

Einige Grundannahmen dienten zur Untermauerung der Entwicklungsökonomie. Die Dritte Welt verfügte über reichlich Land, Arbeitskräfte und natürliche Ressourcen, aber was sie verzweifelt benötigte, war Kapital. Ohne Kapital waren die Märkte behindert oder fehlten sogar ganz, und die Signale, die sie aussandten, waren nicht verlässlich. Die Entwicklungsländer brauchten Infrastruktur – Straßen, Eisenbahnen, Elektrizität –, um die Grundlagen einer modernen Wirtschaft zu schaffen, und es war unwahrscheinlich, dass ihre bis dahin rudimentären Märkte die riesigen Kapitalsummen mobilisieren konnten, die solche Projekte erforderten. Dies mussten stattdessen die Regierungen tun, da sie anders als private Finanziers, die von den Anlegern zur Suche nach kurzfristiger Rendite angehalten werden, das Risiko und die Verantwortung der Investitionen tragen konnten, die vielleicht Jahrzehnte benötigten, um sich auszuzahlen.

Die Entwicklungsökonomen zweifelten am Markt und seiner Lebenskraft, und aus diesem Grund misstrauten sie dem Privatsektor in den Entwicklungsländern. Er schien hoffnungslos klein: In den Kolonien Afrikas war er auf den Handel mit Waren des Grundbedarfs beschränkt geblieben – sicher keine Basis für eine Industrialisierung. Wo ein größerer Privatsektor existierte, besonders in Lateinamerika, schien er aus einer Hand voll exzessiv reicher Familien zu bestehen, die mit einer »ausbeuterischen« Sozialordnung zufrieden waren und sich gegen jeden Wandel sträubten. Kurz: Der Privatsektor verfolgte entweder Partikularinteressen statt des »Gemeinwohls«, das Nehru betont hatte, oder er ließ die Fähigkeit, die Vitalität und den Mut vermissen, um seine Aufgabe zu erfüllen. Aber wenn sie den Privatsektor prinzipiell pessimistisch beurteilten, waren die Entwicklungsökonomen im Hinblick auf das, was der Staat tun konnte, optimistisch. Daraus ergab sich »die Überzeugung, dass Industrialisierung in unterentwickelten Regionen eine bewusste, intensive und gesteuerte Anstrengung erforderte«. Nicht an ein »Voranstürmen« nach Art der sowjetischen Fünfjahrespläne war gedacht, sondern an eine Konzentration der Anstrengungen und des Kapitals. Dies wurde abwechselnd als »großer Schub«, »Start«, »großer Ruck« oder, weniger farbig, als »Verknüpfung vor- und nachgelagerter Sektoren« bezeichnet.

Auf diese Weise sollten die Entwicklungsländer in eine neue Realität geführt werden.

Natürlich waren einige Entwicklungsökonomen optimistischer, was die Effizienz und die Nützlichkeit von Märkten, Preisen und internationalem Handel anging. Auf der Basis seiner Erfahrungen mit bäuerlichen Gummiproduzenten in Malaya und Händlern in Westafrika argumentierte Peter T. Bauer, dass es auch in der Dritten Welt Unternehmertum gab und die Anstrengungen der Unternehmer zusammengenommen weit wirkungsvoller waren als staatliche Lenkung. Aber Kritiker der herrschenden Entwicklungsökonomie wie Bauer galten als exzentrisch, ihre Ansichten erschienen abwegig. Die 30er Jahre hatten nicht nur den Kapitalismus diskreditiert, sondern auch die marktwirtschaftlich orientierte Wirtschaftslehre in Verruf gebracht. Statt sich darauf zu konzentrieren, wie Märkte funktionierten, betonten die Ökonomen die Unvollkommenheit und Mängel des Marktes. Die herrschende Sicht in der Entwicklungsökonomie dachte dem Staat eine weit größere – und zentralere – Rolle zu. Der einleuchtende Weg, um die Unvollkommenheit zu korrigieren, war für sie ein starker Staat.[6]

»Die Bank«

Angetrieben von der Entkolonialisierung und gespeist von üppig sprudelnden Entwicklungshilfe-Dollars und dem Gebot des Kalten Krieges, aus den soeben unabhängig gewordenen Ländern Verbündete zu machen, wurde ein umfangreiches Entwicklungsunternehmen aus der Taufe gehoben. Es setzte sich aus staatlichen und privaten Stiftungen, internationalen Entwicklungsbanken, Universitäten und Forschungsinstituten in Verbindung mit Finanz-, Industrie- und Entwicklungshilfeministerien zusammen. Eine Institution nahm dabei eine zentrale Stellung ein: die Internationale Bank für Wiederaufbau und Entwicklung, auch unter dem Namen Weltbank bekannt. Sie war der Dreh- und Angelpunkt der Entwicklungspolitik und -finanzierung, um den herum sich die Debatte organisierte.

Die Weltbank wurde 1944 auf der Konferenz von Bretton Woods geschaffen, um die gewaltige Aufgabe des wirtschaftlichen Wiederaufbaus Europas nach dem Krieg zu koordinieren. Aber ihr Auftrag wurde bald – genau wie ihre Gründer, einschließlich Keynes, es beabsichtigt hatten – auf Investitionen in die Infrastruktur von Entwicklungsländern ausgedehnt. Ihr erster

Kredit an ein Land der Dritten Welt waren 16 Millionen Dollar an Chile im Jahre 1948 für ein Kraftwerk und landwirtschaftliche Maschinen; der erste asiatische Kredit ging (zusammen mit einem Wiederaufbaukredit an Japan) 1949 an Indien für ein Wasserkraftwerk; als erstes afrikanisches Land wurde im Jahre 1950 Äthiopien unterstützt, das einen Kredit für die Anschaffung von Kommunikationsanlagen erhielt. In den frühen 50er Jahren verlagerte sich das Schwergewicht der Weltbank vom »Wiederaufbau« Europas völlig zur »Entwicklung« der Dritten Welt. Ihr wesentlicher Auftrag war, multilaterale Mittel aus den Kapitalmärkten der entwickelten Länder zu beschaffen und das Geld für sehr günstige langfristige Darlehen an den Staatssektor von Entwicklungsländern einzusetzen. Diese Kredite wurden durch Rückzahlungsgarantien des jeweiligen Entwicklungslandes abgesichert. So bewirkte die Bank, dass Kapital über – alte wie neue – Grenzen floss. Aber sie musste beinahe bei null beginnen, denn »die Struktur und der Fluss internationaler Investitionen waren durch die Weltwirtschaftskrise und den Zweiten Weltkrieg bis zur Unkenntlichkeit zerstört«.

Die Rolle der Weltbank bestand darin, dabei mitzuwirken, dass die Bedingungen für Marktentwicklung erfüllt wurden. Ihre Kredite sollten die Mängel oder gar das Fehlen von Märkten korrigieren. Das heißt, sie sollten den Aufbau einer bis dahin nicht vorhandenen oder höchst ungenügenden Infrastruktur finanzieren, die erforderlich war, um Marktwirtschaften zu entwickeln. Deswegen floss ein Großteil ihrer Kredite in Transportmittel und -einrichtungen (Häfen, Straßen, Eisenbahnen), in das Kommunikationswesen und vor allem in die Elektrizitätserzeugung – häufig durch den Bau großer Dämme für Wasserkraftwerke. Solche Infrastrukturmaßnahmen waren, so die Weltbank, »eine wesentliche Vorbedingung für nachhaltiges Wirtschaftswachstum«. Genötigt wurde sie zu dieser Orientierung, wie zwei Historiker, die sich mit der Geschichte der Bank befasst haben, feststellten, durch »eine Reihe von Notfallsituationen«. In Asien und Lateinamerika kam es notorisch zu Energieausfällen; in Afrika gab es fast überhaupt keine Infrastruktur. Für Brasilien war es einfacher, Kartoffeln aus den Niederlanden nach Rio de Janeiro zu importieren, als sie aus hundert oder zweihundert Kilometer Entfernung aus dem Hinterland in die Stadt zu transportieren. Lieferungen durch die indische Eisenbahn verzögerten sich um Wochen und Monate. Wie konnte man angesichts solcher Hindernisse, Ungewissheit und Desorganisation von Privatunternehmern erwarten zu investieren und Risiken einzugehen?

Die Weltbank übernahm diese Rolle, weil die Entwicklungsländer nicht genug heimische Ersparnisse mobilisieren konnten, um solche Projekte durchzuführen. Ausländische Investoren konnten bei ihnen nicht auf eine zufrieden stellende Rendite rechnen. Davon abgesehen war in dieser Konsolidierungsphase junger Nationalstaaten, in der es um die »Formung von Nationen« ging, ausländisches Kapital nicht sehr willkommen. Private Investitionen in Infrastrukturprojekte, denen kritische Bedeutung zukam, führten entweder zu ausländischem Management und ausländischen Enklaven mit Gewinnabführung in die Heimatländer der Investoren oder zu weiterer Bereicherung und mehr Macht für einige wenige inländische Familien, die bereits sehr reich waren.

Wenn es ein Modell für den Auftrag der Weltbank gab, so war es die amerikanische Tennessee Valley Authority (TVA), ein staatliches Unternehmen, das geschaffen worden war, um einer großen Not abzuhelfen. Die TVA war effizient. Sie hatte einen ausgeprägten Sinn für ihre Mission und eine ausreichende Größe, um wirkungsvoll zu arbeiten, sie war von politischen Einflüssen und Korruption abgeschottet, schuf und bündelte Fachwissen und war in der Lage, eine längerfristige Perspektive zu entwickeln. Sie hatte im mittleren Süden der USA einen gewaltigen Erfolg, und ihr erster Direktor, David Lilienthal, war das lebende Beispiel eines hingebungsvollen, uneigennützigen und fähigen Staatsbediensteten, der an der Schnittstelle von öffentlichen und privaten Interessen wirkungsvoll, ja brillant operierte. Wie die TVA in den USA und die staatlichen Gesellschaften in Europa wurden Staatsunternehmen in der Dritten Welt zum Instrument für Entwicklung und Modernisierung.

Das Image der TVA passte zur Satzung der Weltbank. Die Bank konnte nur dem öffentlichen Sektor Geld leihen, und besser als Ministerien waren halb unabhängige Unternehmen in Staatseigentum, die Fertigkeiten und Kapital mobilisierten, um wichtige nationale Ziele zu erreichen. Darüber hinaus wollte die Bank zu größeren Betriebsgrößen und mehr Effizienz ermutigen, wie es die Schaffung der TVA vorgemacht hatte. Mit der Zeit öffnete sie sich zunehmend der Zusammenarbeit mit staatlichen Unternehmen auf Gebieten, die nicht die Infrastruktur betrafen – zum Beispiel Industrie und Finanzwirtschaft. 1956 schuf die Weltbank zwar eine Tochter, die Internationale Finanzierungsgesellschaft, die Kredite für Unternehmen in privater Hand bereitstellen sollte, aber diese Institution spielte lange Jahre nur eine geringe Rolle.[7]

Der Aufstieg der Staatsunternehmen

Die sichtbarste Verkörperung der Entwicklungsökonomie war in der Tat das Staatsunternehmen. Solche Unternehmen stellten das genuine Mittel dar, um die Kommandohöhen der Wirtschaft zu erobern. Da Privatunternehmer eindeutig nicht das Kapital aufbringen konnten, das für die Entwicklung erforderlich war, mobilisierte und lenkte der Staat Ressourcen durch staatliche Unternehmen. Sie dienten als Modernisierungsmaschinen, als Motor des Wirtschaftswachstums, Katalysatoren der Entwicklung, als Instrument, um eine bessere Zukunft zu erreichen. Sie waren dem Gemeinwohl – dem nationalen Interesse – verpflichtet, nicht den besonderen Interessen bestimmter Händler, Industrieller oder verschiedener Gruppen extrem reicher Familien. Ihre Angestellten wurden nach dem Grundsatz der Meritokratie nach ihren Leistungen ausgewählt, nicht durch Patronage oder Abstammung bestimmt. Sie glichen die Mängel des Marktes aus und schufen Volkswirtschaften von ausreichender Größe. Auf diese und andere Weise verkörperten sie Souveränität, Würde und die Geburt der nationalen Identität von Ländern, die sich selbst als Nationen konstituieren wollten. Kurz, das Staatsunternehmen wurde als wesentliches Element sowohl für die wirtschaftliche Entwicklung als auch für die Herausbildung eines Staatsvolkes angesehen.

Die Entwicklungsökonomie beurteilte die Effizienz der Staatsunternehmen optimistisch. Die »Art des Eigentums«, wie Jan Tinbergen es ausdrückte, war nicht wirklich von Belang. Worauf es bei der Effizienz ankam, war »die Qualität ihres Managements«, und die war gänzlich unabhängig von der Eigentumsfrage. Effizienzüberlegungen mussten daher »kein Stolperstein sein, wenn man sich für Staatsunternehmen als Mittel zur Förderung der Entwicklung des Landes entscheidet«. Staatseigentum würde vielmehr den Prozess der Koordination zwischen Ministerien, Planern und Unternehmensmanagern rationeller machen – alles zum höheren Wohl.

Tatsächlich war eine sorgfältige Koordination erforderlich, wollten die Entwicklungsländer die heiß ersehnte Industrialisierung erfolgreich bewerkstelligen. Neue Industrien waren von vornherein gegenüber etablierten ausländischen Billigimporten im Nachteil. Also schützte das Entwicklungsland seine »Baby-Industrien« mit Handelsbarrieren. Nur auf diese Weise konnte es den Prozess der »Importsubstitution« erzwingen, das heißt Importgüter nach und nach durch einheimische Produktion ersetzen, angefangen mit Textilien und Leichtindustriegütern, um schließlich auch Anlagen und Industrieprodukte selbst herzustellen. Sobald dieser Prozess sicher auf den Weg gebracht war, konnten die Handelsschranken fallen und das Land wieder in den internationalen Handel eingebunden werden. Die meisten Entwicklungsländer folgten bis zu einem gewissen Grad diesem Weg. Aber nur wenigen – besonders in Asien – gelang es erfolgreich, ihre »Babys« zur rechten Zeit zu entwöhnen. In allzu vielen Ländern gewöhnte man sich an Protektionismus und Staatseigentum; und statt den Privatsektor zu fördern, erlegte man ihm schließlich Beschränkungen auf und drängte ihn aus dem Geschäft. Die Zahl der »parastaatlichen« Unternehmen, wie Staatsunternehmen zuweilen genannt wurden, wuchs rapide an und umfasste nicht nur die Infrastruktur, sondern Industrie, Finanzwirtschaft und Dienstleistungsbetriebe. In Argentinien gehörte selbst der Zirkus dem Staat.

Staatsunternehmen nahmen eine Vielzahl unterschiedlicher Formen an. Einige waren Regierungsbehörden, Ableger von Ministerien oder staatliche Ämter, die bestimmte Aufgaben oder Dienste erfüllten. Sie hatten weder eigenes Betriebskapital noch irgendeine Art von Autonomie, sondern wurden direkt vom Ministerium kontrolliert. (Dies hatten die britischen Labour-Politiker als »Postamtsmodell« verworfen.) Andere waren rechtlich eigenständige öffentliche Gesellschaften, die als Unternehmen mit eigenem Kapital arbeiteten, aber von einem oder mehreren Ministerien beaufsichtigt wurden. Es gab auch Firmen in einer Mischform: Die Regierung hielt die Mehrheitsanteile, aber ein Aufsichtsrat sorgte für einen gewissen Puffer zwischen Management und Staat. Einige dieser Staatsunternehmen hatten absolute Monopole; andere waren nationale Vorreiterunternehmen, die aus einer privilegierten Position heraus mit heimischen und ausländischen Wettbewerbern konkurrierten. Häufig übernahmen diese Gesellschaften Aufgaben im Bereich der Wohlfahrt: Sie versorgten Arbeiter und deren Familien mit Wohnungen, Stipendien und Kliniken. Sie sorgten für die Heranbildung von heimischem »Humankapital« – ein 1950 wieder entdeckter Ausdruck –, und darin bestand möglicherweise ihre wichtigste Rolle. Aber sie konnten der Günstlingswirtschaft und dem Nepotismus Vorschub leisten. Manchmal waren sie den Regierungsministerien klar untergeordnet; in anderen Fällen wurden sie zu einem mächtigen »Staat im Staate«.[8]

»Der Wind des Wandels«

Entwicklung brauchte Kunden, und bald gab es viele davon. Indiens Unabhängigkeit inspirierte nationalistische Bewegungen auf der ganzen Welt, schuf ein Modell der Entkolonialisierung und löste eine Unabhängigkeitswelle aus. Die alte Kolonialordnung schien in jeder Beziehung ihre Kraft, ihre historische Relevanz eingebüßt zu haben. Zwei Weltkriege hatten den Anspruch der europäischen Mächte, eine »zivilisatorische Mission« zu erfüllen, gründlich diskreditiert. Und auch zu Hause verlor die Kolonialherrschaft ihre Fürsprecher. Mehr und mehr setzte sich das Gefühl durch, dass die wirtschaftlichen Vorteile nicht länger die wachsende Last der Verwaltung der Imperien aufwogen. Und überall in den Kolonien stieg eine neue Elite auf, die sich aus den wenigen Glücklichen zusammensetzte, die Zugang zu westlicher Erziehung gefunden hatten und mit Abschlüssen als Ingenieure, Rechtsanwälte oder Buchhalter zurückkehrten. Diese neue Berufsschicht hatte sich auch die politischen Ideale des Westens angeeignet und konnte den Kolonialherren geschickt die Abweichungen von ihren eigenen Maßstäben vor Augen halten. Sie bildeten politische Parteien – die in vielen Fällen von der Kongresspartei Nehrus und Gandhis inspiriert waren – und übten Druck aus, um mehr Selbstbestimmung zu erlangen. Sie wurden auch zu glaubwürdigen Kandidaten für eine friedliche Machtübergabe. In Großbritannien und Frankreich, den beiden mit Abstand größten Kolonialmächten, wuchs in den 50er Jahren beständig die Überzeugung, dass die Entkolonialisierung unvermeidlich war. Der britische Premierminister Harold Macmillan nannte es »den Wind des Wandels«. Natürlich gab es Ausnahmen: Frankreich versuchte gewaltsam an zweien seiner Kolonien festzuhalten, Vietnam und Algerien – ein letztlich fruchtloser Versuch, der einen hohen Blutzoll kosten sollte. Und Portugal klammerte sich bis zu seiner eigenen Wandlung von der Diktatur zur Demokratie im Jahr 1975 an Angola und Mosambik.

Der Wandel war in Afrika am auffälligsten. Frankreich entließ beinahe alle seine afrikanischen Kolonien in einem einzigen Jahr – 1960 – in die Unabhängigkeit; Großbritannien vollzog diesen Schritt langsamer, von 1957 bis 1965. Beinahe überall begann dieser Prozess mit einer autonomen Interimsregierung, wobei die Kolonialmacht die letzte Kontrolle und Verantwortung für Währung, Verteidigung und Außenpolitik behielt. Mit zunehmendem Schwung der Unabhängigkeitsbewegung weiteten die Einheimischen ihren Verantwortungsbereich aus. Wenn der Zeitpunkt des Flaggenwechsels vor dem Regierungsgebäude gekommen war und die gewählten nationalen Führer die Macht übernahmen, hatte sich ein friedlicher Übergang vollzogen. Im Hintergrund blieben die wirtschaftlichen Beziehungen in der Regel intakt.

Die neuen Führer sahen sich gewaltigen Herausforderungen gegenüber. Die koloniale Infrastruktur war dürftig, und das Wenige, was vorhanden war, war für die rasche Ausbeutung natürlicher Ressourcen bestimmt, nicht zur Stützung des Binnenhandels und des zivilen Lebens. Wo es Eisenbahnen gab, verbanden sie Bergwerke mit Häfen; wo Straßen befestigt waren, erschlossen sie Plantagen. Dörfer entlang dieser Routen wuchsen zu Handelsplätzen heran, während historische Zentren an alten Handelsstraßen ihre Bedeutung verloren. Die öffentlichen Dienstleistungen in den Städten beschränkten sich auf ein Minimum. Das typische Elektrizitätsnetz in einem afrikanischen Land am Vorabend der Unabhängigkeit bestand aus launenhaften Dieselturbinen, welche die Villen und Büros der Kolonialverwaltung mit Strom versorgten. Fabriken und wohlhabende Händler installierten ihre eigenen Generatoren. Wasserversorgung und Telefone waren ähnlich mangelhaft. Grundschulbildung und Gesundheitsversorgung waren zurückgeblieben. Mit der Unabhängigkeit hegten Stadt- und Landbewohner gleichermaßen die Hoffnung auf ein schnelles Wachstum auf allen Gebieten. Und die neuen Führer, die sich mit dem schnellen Wandel und der geringen Zahl an qualifiziertem Personal abmühten, wurden zu Treuhändern dieser Erwartungen.

»Zuerst das politische Königreich«

In der Phase des Übergangs war der Leitstern Afrikas das Land Ghana, das 1957 als erstes die Unabhängigkeit erlangte; und die einflussreichste Persönlichkeit war sein Premierminister, Kwame Nkrumah. Als Nkrumah 1910 geboren wurde, war Ghana noch die Goldküste, eine britische Kolonie, die für ihre Plantagen und als weltgrößter Kakaoproduzent bekannt war. Seine Grenzen waren das Ergebnis von Abmachungen der Kolonialmächte untereinander – Großbritannien, Frankreich, Deutschland – und entsprachen nicht den historischen Grenzen der Königreiche vor der Kolonialisierung, besonders des einstmals mächtigen Aschanti-Reiches. Nkrumah, der aus einer bescheidenen traditionellen Familie kam, erhielt seine erste Ausbildung von katholischen Missionaren. Er wurde Lehrer und unterrichtete einige Jahre in Städten entlang der Küste. Er war beliebt und charismatisch und hatte sein Auskommen. Aber seine Berührung mit der Politik und einigen einflussreichen Persönlichkeiten weckte in ihm einen größeren Ehrgeiz: nach Amerika zu gehen. Er bewarb sich an Universitäten in den USA und stach mit finanzieller Unterstützung von Verwandten 1935 auf einem Dampfschiff in See. Er erreichte New York fast ohne einen Penny in der Tasche und suchte Zuflucht bei anderen Westafrikanern in Harlem. Dann stellte er sich an der Lincoln University in Pennsylvania vor und schrieb sich ein; ein kleines Stipendium und ein Job auf dem Campus halfen ihm über die Runden zu kommen.

In den USA sah Nkrumah Alternativen zur britischen Regierungstradition. Er entwickelte außerdem ein sehr ausgeprägtes Bewusstsein für die Politik der Rassenbeziehungen. Anders als viele afrikanische Führer, die ihre europäischen Lehrer nachzuahmen versuchten, suchte Nkrumah den engen Kontakt zu den schwarzen Gemeinden Amerikas. Noch vor dem Bürgerkrieg gegründet, war die Lincoln University Amerikas älteste afroamerikanische Hochschule, und Nkrumah fand ihre besondere Atmosphäre angenehm und inspirierend. Im Sommer ging er körperlich anstrengenden Jobs auf Schiffswerften, auf dem Bau oder auf See nach. Er studierte Theologie und Philosophie; er besuchte die afroamerikanischen Kirchen in New York und Philadelphia und wurde manchmal gebeten, zu predigen. Er knüpfte auch Verbindungen zu schwarzen amerikanischen Intellektuellen, für die Afrika in jener Zeit des politischen Wandels enorm interessant wurde. Nach dem Zweiten Weltkrieg zog Nkrumah nach London und half panafrikanische Kongresse zu organisieren, welche die neu entstehenden Gruppen von Gebildeten aus den Kolonien mit Aktivisten, Schriftstellern, Künstlern und Sympathisanten aus den Industrieländern zusammenbrachten. Es war eine Zeit starker intellektueller Gärung, bewegt und optimistisch. Indiens Unabhängigkeit 1947 weckte in anderen Kolonien den Traum von der Freiheit. »Wenn wir die Selbstregierung erlangen«, erklärte Nkrumah, »verwandeln wir die Goldküste innerhalb von zehn Jahren in ein Paradies.«

1949 kehrte Nkrumah an die Goldküste zurück und erlebte, dass die indische Unabhängigkeit auch in den anderen Kolonien Großbritanniens einen Prozess der langsamen Machtübergabe in Gang gesetzt hatte. Die Bedingungen und die Fristen waren äußerst unklar, und dies führte zu Konflikten und gewalttätigen Zusammenstößen, aber das Grundprinzip der Selbstregierung wurde zum Konsens. Nkrumah war mit der bestehenden nationalistischen Gruppierung unzufrieden und fand sie bieder, konservativ und allzu sehr den kolonialen Wirtschaftsinteressen verbunden. Mit mehreren anderen gründete er die Convention People's Party (CPP) und bewies dabei sein herausragendes Organisationstalent. Innerhalb von zwei Jahren hatte die CPP Wahlen für eine begrenzte Selbstregierung gewonnen und Nkrumah wurde zum »Führer der Regierungsgeschäfte«, de facto ein Premierminister, der für Innenpolitik und -verwaltung zuständig war. Er richtete den Blick fest auf die Unabhängigkeit. Kein Grad der Autonomie und Selbstverwaltung, so argumentierte er, könne sich mit der Energie, dem Engagement und der Zielstrebigkeit einer Regierung und eines Volkes in einem wirklich unabhängigen Land messen. Die Unabhängigkeit sei eine Voraussetzung für Wachstum. Er fasste seine Philosophie in einem Slogan zusammen, der in ganz Afrika berühmt und einflussreich wurde: »Suche zuerst das politische Königreich, und alles Weitere wird dir gegeben werden.«

Um dieses Ziel zu erreichen, begann Nkrumah eng mit der britischen Administration zusammenzuarbeiten und erreichte einen Kompromiss mit der heimischen Opposition. Der Übergangsprozess beschleunigte sich und verlief friedlich. Am 6. März 1957 wurde die neue Flagge gehisst. Das Land nahm den Namen Ghana an. Es war eine bewusst historisch falsche Bezeichnung: Das alte Reich Ghana war ein ruhmreicher afrikanischer Staat des Mittelalters gewesen, hatte jedoch nicht an der Goldküste, sondern viel weiter im Hinterland gelegen, im heutigen Mali. Aber die Idee vergangenen afrikanischen Ruhms hatte Vorrang; Nkrumah und seine Mitstreiter wählten einen Namen, der diesen Ruhm ihrer Meinung nach am besten zum Ausdruck brachte, und niemand erhob Einwände.

Ghanas Weg in die Unabhängigkeit wurde zum Modell für den übrigen Kontinent. Mitte der 60er Jahre waren über 30 afrikanische Länder unabhängig geworden, und viele hatten charismatische Führer, darunter Jomo Kenyatta in Kenia, Julius Nyerere in Tansania und Kenneth Kaunda in Sambia. Ihre wirtschaftspolitischen Vorstellungen waren stark von ihrer Zeit geprägt und befanden sich auf einer Linie mit dem Konsens unter den Entwicklungsökonomen. Wieder war es allein der Staat, der ihrer Auffassung nach die Mittel mobilisieren und die Anstrengungen zur wirtschaftlichen Umwandlung koordinieren konnte, wenn sie noch zu Lebzeiten der neuen politischen Führer erreicht werden sollte, ganz zu schweigen vom Ende ihrer Amtszeit. Tatsächlich war in Afrika die pessimistische Bewertung der Marktwirtschaft noch weiter verbreitet als anderswo. Schließlich hatte sich die Kolonialisierung Afrikas mit wenig Rücksicht auf örtliche Erziehung, Gesundheitsversorgung oder Infrastruktur vollzogen. Sie war von Rassismus und Verachtung durchdrungen. Als Ergebnis brachten die Menschen nicht die Voraussetzungen mit, um als

Marktteilnehmer zu agieren – oder zumindest schien es so. Stattdessen ersannen die neuen Führer Entwürfe für einen »afrikanischen Sozialismus«, der sich irgendwie mit modernem Wachstum und traditionellen Werten verbinden sollte. »Kapitalismus ist ein zu kompliziertes System für eine gerade unabhängig gewordene Nation«, so argumentierte Nkrumah. »Daher die Notwendigkeit einer sozialistischen Gesellschaft.« Nur wenige widersprachen. Dies war schließlich die allgemein verbreitete Überzeugung der Zeit.[9]

Staatliche Handelsorganisationen: Die Kontrollwerkzeuge

Ironischerweise war der ökonomische Mechanismus, in den die afrikanischen Führer ihr Vertrauen setzten, selbst eine koloniale Erfindung: die staatliche Handelsorganisation, eine öffentliche Behörde, die dafür verantwortlich war, landwirtschaftliche Produkte von den Bauern zu kaufen und für den Export weiterzuverkaufen. Diese scheinbar harmlosen Handelsorganisationen mit ihren fast langweiligen Namen waren für die neuen Staaten tatsächlich mächtige Kontrollwerkzeuge. Sie waren aus der Not geboren, als die Weltwirtschaftskrise die Preise für Erzeugnisse erst nach unten und der Boom der Kriegszeit sie wieder nach oben schnellen ließ. Die afrikanischen Bauern lebten am Existenzminimum und waren durch solche wechselhaften Umschwünge des Weltmarktes sehr verwundbar. Sie konnten in Zeiten hoher Preise zu viel anbauen und die Felder brachliegen lassen, wenn die Preise fielen. Dadurch verlor der Staat Steuereinnahmen und seine Fähigkeit vorauszuplanen. Die staatlichen Handelsorganisationen wurden geschaffen, um diese Situation zu korrigieren. Sie kauften die Ernte zu einem festen Preis. In Zeiten hoher Weltmarktpreise häuften sie einen Geldüberschuss an; in Zeiten niedriger Weltmarktpreise benutzten sie ihre finanziellen Rücklagen, um die Preise vor Ort zu stützen. Dies schützte die Bauern vor den Turbulenzen der Märkte, über die sie keine Kontrolle hatten. Weil aber die Handelsorganisationen den Bauern ihre Produkte zu Preisen abkauften, die nicht den Weltmarktpreisen entsprachen, konnten sie in einem Wettbewerbsmarkt nicht funktionieren. Daher wurde ihnen eine Monopolstellung eingeräumt. Nahezu alle für den Export bestimmten Feldprodukte gingen durch die staatlichen Handelorganisationen. Dies war zur Zeit der Unabhängigkeit das herrschende System in fast allen afrikanischen Ländern. Der einzige Unterschied zwischen ihnen bestand in der jeweiligen Zahl und der Bandbreite der einbezogenen Produkte.

Für Nkrumah und seine Kollegen schien es angebracht und sinnvoll, die kolonialen Handelsorganisationen beizubehalten. Sie boten einen Mechanismus, um den produzierten »Überschuss« der Landwirtschaft abzuschöpfen und die Einkommen zu heben. Die so beschafften Ressourcen konnten mit Investitionen und ausländischer Hilfe kombiniert werden, um die industrielle Entwicklung machtvoll anzuschieben und die »große Umwandlung« der ländlichen Wirtschaften hin zur Industrialisierung zu bewerkstelligen. Dabei gab es natürlich einige Probleme. Wenn die Handelsorganisationen Preise unterhalb der Weltmarktpreise festsetzten, wie konnten sie dann verhindern, dass die Feldprodukte auf dem Schwarzmarkt landeten oder über die Grenze in Nachbarländer gingen? Die Grenzen waren künstlich und durchlässig und schließlich konnte der afrikanische Fernhandel auf eine beträchtliche Geschichte zurückblicken. Und wenn die Handelsorganisation einen Geldüberschuss anhäufte, wer würde dann das Management und die solide Anlage der Mittel beaufsichtigen?

Aber inmitten des Enthusiasmus über die Unabhängigkeit und der bestimmenden Furcht vor dem Scheitern der Märkte schienen diese Fragen von geringer Bedeutung. Die Staaten konzentrierten sich stattdessen darauf, die bestehenden Handelsorganisationen zu erweitern und neue Ämter für Waren zu schaffen, die bis dahin keiner Regulierung unterlagen. Sie lenkten ihre Wirtschaften über die Handelsorganisationen. In Ghana nahmen Größe, Beschäftigtenzahl und Macht der Handelsorganisation für Kakao zu. Ihr gesellten sich bald andere Handelsorganisationen für Holz und Diamanten und eine Unzahl weiterer staatlicher Organisationen hinzu, die sich nicht nur um den Export kümmerten, sondern auch den lokalen Nahrungsmittel-, Fisch- und Haushaltswarenhandel regulierten. Diese alles durchdringende, selbstgewisse – oder, wie einige meinten, zudringliche – Beteiligung des Staates an beinahe jedem Aspekt von Investitionen und Handel machte Ghana zu einem Lehrbeispiel für »angewandte Entwicklungsökonomie«.

Der Volta-Stausee: Die Hochphase des afrikanischen Sozialismus

Mit der gleichen Zuversicht wandte man sich auch der anderen Hälfte des Prozesses zu, der Industrialisierung. Nkrumah war fest überzeugt, dass ein »großer Schub« notwendig sei und schnell erreicht werden könne. Er setzte seine Hoffnungen auf ein gigantisches Vielzweckprojekt, das als Volta-Stausee-Projekt bekannt wurde. Ghana hatte große Bauxitreserven und folglich das Potential, zu einem der großen Aluminiumexporteure zu werden. Aber dazu musste eine Aluminiumhütte gebaut werden und ein riesiger Staudamm mit einem Kraftwerk, das die Energie lieferte. Dies würde wiederum den Aufbau eines landesweiten Elektrizitätsnetzes unterstützen, und die billige, reichlich vorhandene Elektrizität würde überall im Land schlagartig die Industrialisierung in Gang setzen. Es war eine große Vision, die so ganz der Entwicklungsökonomie entsprach. Der Damm würde die »Verknüpfung vor- und nachgelagerter Sektoren« auf den Weg bringen, die die Ökonomen anstrebten, und er würde Ghana wirtschaftliche Unabhängigkeit bescheren. Er würde auch den größten künstlichen See der Welt schaffen und die Umsiedlung von zehntausenden von Menschen erzwingen.

Alles zusammengenommen war das Volta-Stausee-Projekt das ehrgeizigste und komplizierteste Entwicklungsprojekt seiner Zeit und mit Sicherheit eines der berühmtesten. Es war auch Gegenstand langer und langwieriger Verhandlungen zwischen der Regierung von Ghana und ihren möglichen Partnern – der Weltbank, den Regierungen von Großbritannien und den USA sowie der Aluminiumfirma Kaiser and Reynolds, die den Bau der Schmelzhütte übernehmen wollte. Mehrere Jahre frustrierender Diskussionen gipfelten in einer Reihe von Vertragsdokumenten, die ein Teilnehmer als die kompliziertesten Verträge der Welt seit »Königin Marias rumänischen Pfandbriefen« bezeichnete.

Aber der Handel war noch nicht perfekt. Während sich die Verhandlungen hinzogen, stieg der Einsatz. Nkrumahs Ansichten verhärteten sich und spiegelten seine zunehmende Neigung zum »wissenschaftlichen Sozialismus« und die wachsende Sorge um die Sicherung seiner Herrschaft wider. Bereits 1960 hatte er aus Ghana eine Republik gemacht und sich zum Präsidenten erklärt. 1961 geißelte er in einer Rundfunksendung »Selbstsucht« und »Karrierismus« und nahm dies zum Anlass, den Rücktritt potentieller Rivalen zu erzwingen. Bald gab es politisch motivierte Verhaftungen. Er setzte auch die britischen Offiziere vor die Tür, die seine Armee ausbilden sollten.

All dies geschah kurz vor dem geplanten Staatsbesuch von Königin Elisabeth II. in Ghana im November 1961 zur Feier der neuen Ära der Entkolonialisierung. Nach der Explosion mehrerer Bomben in der Hauptstadt Akkra wuchs dann jedoch im britischen Unterhaus die Auffassung, der Besuch solle aus Sicherheitsgründen abgesagt werden. Premierminister Harold Macmillan befürchtete indes, eine Absage würde Nkrumah provozieren, das Commonwealth zu verlassen und sich Moskau in die Arme zu werfen. Um eine solche Abkehr zu verhindern, appellierte er an Präsident John F. Kennedy zu bestätigen, dass die USA die Verträge für das Volta-Stausee-Projekt unterzeichnen würden. Als sich am Vorabend der Abreise der Königin die mögliche Ablehnung der Reise durch das Unterhaus abzeichnete, machte Macmillan klar, dass er in diesem Fall noch am selben Abend zurücktreten würde – selbst wenn dies bedeutete, die Königin wecken zu müssen. Die Abstimmung gegen die Reise kam nicht zustande und die Königin machte sich auf den Weg.

Die Reise wurde ein großer Erfolg. Die ghanaische Presse begrüßte die Königin als »die größte sozialistische Monarchin der Welt«. Als die Reise beendet und die Königin wohlbehalten zurück in Großbritannien war, rief Macmillan sofort Kennedy an. »Ich habe meine Königin aufs Spiel gesetzt«, sagte Macmillan. »Jetzt müssen Sie Ihr Geld aufs Spiel setzen!« Galant erwiderte Kennedy, dass er dem »tapferen Beitrag« der Königin mit seinem eigenen gerecht werden würde. Die USA unterzeichneten den Vertrag über das Volta-Stausee-Projekt.

Im selben Jahr besuchte Nkrumah die Sowjetunion, war sehr beeindruckt von der Geschwindigkeit der dortigen Industrialisierung und kehrte mit einem rigiden Siebenjahresplan zurück. »Wir müssen versuchen, Fabriken in großer Zahl und in großer Geschwindigkeit zu bauen«, argumentierte er. Staatliche Gesellschaften und öffentliche Behörden schossen auf allen Gebieten wie Pilze aus dem Boden – ebenso wie Misswirtschaft und Korruption. Der Preis dafür wurde am schmerzlichsten auf dem Lande spürbar, da Nkrumah Einkünfte aus dem Kakaoanbau benutzte, um die wachsenden Verluste der staatlichen Gesellschaften auszugleichen. Die Festsetzung von unrealistisch niedrigen Preisen für die Kakaobauern in Verbindung mit der Aufblähung der Handelsorganisation hatte verheerende Auswirkungen auf die Kakaoproduktion. Viele Bauern gaben den Anbau zugunsten anderer Feldfrüchte völlig auf, andere fanden Wege, um den Kakao in Nachbarländer zu schmuggeln, wo höhere Preise geboten wurden. Ghana verlor seine Stellung als größter Kakaoproduzent der Welt. Die Währungsreserven des Landes wurden aufgezehrt und das Land fiel zurück in den Tauschhandel und war auf Kredite aus dem Ostblock angewiesen.

Nkrumah entrückte zunehmend der Tagespolitik und entwarf lieber großartige Pläne für die afrikanische Einheit, als sich um die Führung seines eigenen Landes zu kümmern. 1964 verwandelte er das Land in einen Einparteienstaat, nannte sich *Osagyefo*, »Erlöser«, und gab sich der Inszenierung eines schauerlichen Personenkultes hin. Der Verdruss darüber ließ nicht lange auf sich warten. Er entging mehreren Attentatsversuchen. Am 22. Januar 1966 weihte er den Volta-Stausee ein und drückte stolz den Knopf, der das nationale Stromnetz mit Elektrizität speiste – nicht ahnend, dass selbst dieses Projekt nur ein halber Erfolg werden würde. Ghanas Bauxitminen wurden nie erschlossen. Die Schmelzhütte fand es wirtschaftlicher, aus Jamaika importiertes Bauxit zu verhütten. Die Einweihung sollte für Nkrumah der letzte Moment seines Ruhmes sein. Am 24. Februar, als er auf seinem Weg nach China auf einer großen Rundreise zur Lösung des Vietnamkonfliktes in Birma Station machte, ergriffen zu Hause Armeeoffiziere die Macht. »Der Mythos, der Kwame Nkrumah umgab, ist gebrochen«, verkündete ein Oberst im Radio. Nkrumah erfuhr von dem Coup erst, als er in China ankam. Premier Tschou En-lai war unsicher, welchem Protokoll er folgen sollte, fuhr mit dem geplanten Programm fort und gab ein gespenstisches Staatsbankett zu Nkrumahs Ehren. Dieser ging schließlich nach Guinea ins Exil, wo ein weiteres Experiment des »afrikanischen Sozialismus« unternommen wurde. Der Präsident von Guinea, Sékou Touré, dessen eigene Regierungsführung zunehmend repressiv und willkürlich wurde, verlieh Nkrumah den Titel »Kopräsident«. Auf Kurzwelle wandte sich dieser regelmäßig an seine Landsleute in Ghana, veröffentlichte ideologische Abhandlungen und plante eine triumphale Rückkehr zur Macht, bis er krank wurde und 1972 im Exil starb. Das »politische Königreich« war so schnell zerbröckelt, wie es errichtet worden war. Der »Erlöser«, der einst einen ganzen Kontinent inspiriert hatte, war tief gefallen.[10]

Die »Dritte-Welt-Ideologie«

Ghana war kaum eine Ausnahme. In den 60er Jahren wichen die großen Hoffnungen der Unabhängigkeitsphase in einem Großteil der Entwicklungsländer einer fortgesetzten Folge von Staatsstreichen und politischen Unruhen, in deren Verlauf der Optimismus der Unabhängigkeit einer intellektuellen Neubestimmung Platz machte, die Nord und Süd – die Industrie- und die Entwicklungsländer – als beständige Antagonisten sah. Das politische Ringen um Unabhängigkeit verwandelte sich in einen andauernden Kampf gegen das, was abwechselnd als »Wirtschaftsimperialismus« und »Neoimperialismus« bezeichnet wurde – einen Kampf, der sich vor allem gegen die multinationalen Konzerne richtete. Tatsächlich wurde es Mode, die Beziehungen zwischen den entwickelten und den unterentwickelten Nationen als »Ausbeutung« zu charakterisieren. Karl Marx hatte nicht viel über die Entwicklungsländer gesagt, und was er gesagt hatte, war sehr doppeldeutig. Er sah den Kapitalismus als notwendige Verbesserung der »asiatischen Produktionsweise«. Marx zufolge führte der britische Imperialismus eindeutig zur Modernisierung »rückständiger« Länder wie Indien. Dennoch vertraten die meisten marxistischen Theoretiker, die Vertreter der Dependenztheorie und viele andere linke Theoretiker die Auffassung, dass die entwickelten Nationen durch die Dynamik des internationalen Handels und der internationalen Investitionen die Entwicklungsländer ausbeuteten. Strenge staatliche Kontrollen waren notwendig, um das Entwicklungsland gegen diese Kräfte zu schützen, und das Staatsunternehmen nahm dabei den hohen Stellenwert ein, den zuvor die Ausländer besetzt hielten.

Das Problem nationaler Kontrolle war am dringlichsten für die vielen Länder, deren Überleben vom Export von Primärprodukten abhing, ob nun aus der Landwirtschaft – wie Kaffee, Gummi oder Ananas – oder aus dem Bergbau – wie Kupfer oder Bauxit. Die Alternative schien zu sein, dass entweder multinationale Konzerne aus dem Ausland die ganzen »Pachteinkünfte« abschöpften oder nationale Firmen an ihre Stelle traten. Wenn es für die Multis billiger war, Rohstoffe zu exportieren, als in weiterverarbeitende Betriebe zu investieren, welche Hoffnung gab es dann, dass die produzierenden Länder aus ihren Plantagen jemals eine moderne Agrarindustrie machen konnten? Und wenn die multinationalen Konzerne zu ökonomischen Verzerrungen statt zu Wachstum führten, war dann der demütigende Anblick von ausländischen Managern in schicken neuen Autos, während die Einheimischen für »Hungerlöhne« arbeiteten, noch länger zu rechtfertigen? Sicher würden staatliche Gesellschaften, nationale Vorreiterunternehmen, die nationalen Bestrebungen besser verkörpern.

Die Epiphanie der gemischten Wirtschaft und der staatlichen Dominanz in den Entwicklungsländern ereignete sich in den späten 60er und 70er Jahren, als der Vietnamkrieg in der Linken Schuldgefühle hinsichtlich der gesamten Dritten Welt verursachte. So wie sich die öffentliche Meinung gegen den Krieg und die USA zu wenden begann, so wandte sie sich gegen das Wirtschaftssystem, das mit den USA identifiziert wurde. Marktwirtschaft und Kapitalismus schienen ihre Legitimität zu verlieren. Der Krieg wurde teilweise ihnen angelastet. Nationale Befreiungsbewegungen zielten nicht nur auf die Bekämpfung pro-westlicher Regierungen, sondern wollten auch die Marktwirtschaft beseitigen und sie im Namen des »Volkes« durch Staatseigentum ersetzen. Sozialismus und Kommunismus erlebten eine Renaissance. Der Kapitalismus verlor das Vertrauen in sich selbst und die Jungen rebellierten gegen ihn. Moralische Tugend fand sich nur in der Dritten Welt und in ihrer Solidarität gegen die Erste. All dies war Teil einer vagen »Dritte-Welt-Ideologie«, die in jenen Jahren in der entwickelten Welt in Mode kam. Aber die Dritte-Welt-Ideologie kam auch aus der Dritten Welt selbst. Als mehr und mehr Länder die Unabhängigkeit erreichten, schlossen sie sich zu Allianzen, Organisationen und einem Abstimmungsblock bei den Vereinten Nationen zusammen. Schon 1955 gesellte sich Nehru zu den Präsidenten Sukarno von Indonesien, Gamal Abd el-Nasser von Ägypten und Josip Broz Tito von Jugoslawien. Zu viert vertraten sie die Forderung, eine »Blockfreienbewegung« zu gründen und sich so aus dem Kalten Krieg herauszuhalten. Trotz Meinungsverschiedenheiten – und Skepsis im Westen – wuchs die Bewegung, und während der 60er Jahre tauschten Drittweltländer wirtschaftspolitische Ideen aus. Am Ende des Jahrzehnts fühlten auch sie sich bereit auf die Weltbühne zu treten und ihre Identität und ihren wahren Wert in die Waagschale zu werfen.

Goodbye, Coca-Cola

In mancher Hinsicht erreichte diese Entwicklung am 6. Oktober 1973 ihren Höhepunkt, als Ägypten und Syrien einen massiven Angriff auf Israel führten und damit den Jom-Kippur-Krieg begannen. Einige Tage lang stand das schiere Überleben Israels in Frage, bis es dem Land schließlich gelang, die Geschicke zu wenden. Aber bevor der Krieg vorbei war, hatten die arabischen Ölexporteure die »Ölwaffe« eingesetzt – ein Ölembargo –, um die USA und andere westliche Nationen für ihre Unterstützung Israels zu bestrafen. Als die erste Ölkrise vorüber war, war der Ölpreis auf das Vierfache gestiegen.

Dieses Ereignis bezeichnete einen Höhepunkt. Es beschleunigte den Prozess der Verstaatlichung der Ölförderkonzessionen, der schon vor 1973 begonnen hatte. 1975 und 1976 wurden die großen Ölkonzessionen Saudi-Arabiens, Kuwaits und Venezuelas allesamt verstaatlicht und unter der Kontrolle von neu geschaffenen Staatsunternehmen gebündelt, von denen man sich nun die Beherrschung des internationalen Ölgeschäfts erwartete. Die Schaffung dieser Unternehmen bedeutete, nicht nur den Förderkonzessionen selbst ein Ende zu bereiten, sondern auch der Demütigung, die mit ihnen einherging: Das Gros der Ölgewinne würde in die Hände der Nationen gelangen, die das Öl produzierten.

Aber die Ölkrise wurde noch in viel weiterem Sinn verstanden: als radikale Verschiebung der Macht im internationalen politischen System. Zum ersten Mal, seit die Japaner 1905 die gesamte russische Flotte in der Seeschlacht von Tsuschima versenkt hatten – so bemerkte ein namhafter Experte für Außenpolitik –, hatte die Dritte Welt die Erste besiegt. Damit zeichnete sich weltweit die Perspektive einer radikalen Umverteilung des Einkommens von den Industrie- zu den Entwicklungsländern ab, die das Unrecht der Ausbeutung, die man den Industrienationen anlastete, wieder gutmachen würde. Pläne für eine Vielzahl anderer Rohstoffkartelle wurden geboren, von Kupfer bis Bauxit, doch hatte schließlich keines davon Erfolg. Verstaatlichung stand in den Ländern der Dritten Welt auf der Tagesordnung; nicht über das Ob, sondern nur über das Wie wurde debattiert. Die beiden größten Kupfer produzierenden Länder verstaatlichten die ausländischen Bergwerke auf ihrem Boden: In Sambia verstaatlichte Kenneth Kaunda die Minen friedlich und zahlte den britischen Bergwerksgesellschaften Entschädigungen; aber Salvador Allende in Chile ging radikaler vor und beschleunigte so den gewaltsamen Sturz seiner Regierung. Die Janata-Partei in Indien, die von 1977 bis 1980 an der Macht war, wies ausländische Firmen aus dem Land, die sich weigerten, ihre Technologie mit den nationalen Vorreiterunternehmen zu teilen. IBM packte die Koffer, ebenso der Getränkekonzern Coca-Cola, der sich geweigert hatte seine heilige und eifersüchtig gehütete Formel preiszugeben. Auf der ganzen Welt übernahmen die Staaten jetzt noch größere Verantwortung für die Wirtschaftstätigkeit ihrer Länder, während multinationale Unternehmen und ausländische Investitionen als Übel angeprangert wurden, die ausgetrieben werden mussten. Dies war nun in der Tat die Hochzeit des Staates.

Wie sich herausstellte, waren viele Entwicklungsländer von der Ölkrise am schlimmsten betroffen: Die Märkte und Preise für ihre Rohstoffe und Fertigerzeugnisse fielen mit der globalen Rezession, die der Vervierfachung des Ölpreises folgte. Aber diese Tatsache ging im Geist der Dritte-Welt-Ideologie und der scheinbaren Solidarität des Südens gegen den Norden unter, die sich, wie einige meinten, im internationalen Klassenkampf um eine »neue internationale Wirtschaftsordnung« herauszubilden schien. Die Entwicklungsländer formierten sich in den Vereinten Nationen zur »Gruppe der 77«. Unterstützt von der Sowjetunion argumentierten sie, dass sie als Rohstoffexporteure durch die niedrigen Preise für ihre Produkte von den Industrieländern ausgebeutet worden seien. Die entwickelten Länder sollten nicht nur höhere Preise zahlen, sagten sie, sondern auch Entschädigung leisten. Um den Nord-Süd-Konflikt zu entschärfen, trat 1977 in Paris eine Nord-Süd-Konferenz zusammen. Sie sollte Einkommen umverteilen, Rohstoffpreise schützen, »Kontrolle« sicherstellen und den Technologietransfer beschleunigen. Außerdem sollte sie Spannungen abbauen. Auch nach zwei Jahren zäher Verhandlungen gab es schließlich wenig vorzuweisen; am Ende konnten sich die Konferenzteilnehmer nicht einmal auf ein gemeinsames Kommuniqué einigen.

Das Ende einer Idee

Doch hinter der Rhetorik und den Solidaritätsbezeugungen dämmerte eine unbequeme, bittere Einsicht herauf. Ohne Zweifel schädigte das zuweilen heftige Auf und Ab der Weltmärkte die Wirtschaft der Entwicklungsländer. Aber das Problem, so wurde langsam erkennbar, hatte auch interne Gründe. In vielen Ländern Lateinamerikas, Afrikas und Südostasiens ging es den einfachen Menschen nicht besser. Die staatlich gelenkte Entwicklung blieb weit hinter den Erwartungen zurück; Korruption und Vergeudung von zweifelhaften Investitionen waren nur zu verbreitet. Und rätselhafterweise schienen mehrere Länder in Asien, die bekanntermaßen geringe natürliche Ressourcen besaßen und von Ölimporten abhingen, den Sturm gut überstanden zu haben und erzielten ein beeindruckendes Wachstum. All dies legte nahe, dass die Rohstoffpreise und Weltmärkte nur Teil eines Problems waren, dessen Wurzeln tatsächlich zu Hause lagen.

Die Politik war in den meisten Entwicklungsländern ebenfalls heruntergekommen. Auf drei Kontinenten hatten gewählte Regierungen allzu häufig autoritären Regimes weichen müssen. Die meisten Länder Südamerikas standen Ende der 70er Jahre unter Militärherrschaft. Verstockte Autokraten erschienen auf der Bildfläche und plünderten die nationalen Ressourcen immer unverschämter und zügelloser. Auf den Philippinen lenkte Ferdinand Marcos nationalen Reichtum in seine Privatschatulle und finanzierte seiner Familie und seinen Kumpanen einen verschwenderischen Lebensstil. Unter dem Deckmantel des wirtschaftlichen Nationalismus wies Idi Amin Dada in Uganda die indischen Händler, die in der heimischen Wirtschaft eine zentrale Rolle spielten, aus dem Land und enteignete sie. Mobutu Sese Seko änderte den Namen des Kongo in Zaire und finanzierte seine extravaganten Ausgaben, indem er ausländische Entwicklungshilfegelder stahl und Geld drucken ließ, sodass die Währung des Landes wertlos wurde und der Handel in den Schwarzmarkt abtauchen musste.

Die gewöhnliche Bevölkerung trug dabei den größten Schaden davon. Sie profitierte nicht vom alles durchdringenden staatlichen Sektor; sie litt unter Mangel, verfallender Infrastruktur, bürokratischer Gängelung, Korruption und dem ständigen Aufschieben versprochener Verbesserungen. Einer der gewichtigsten Anklagepunkte war die abnehmende Fähigkeit einiger Agrarstaaten, sich selbst zu ernähren. In den späten 70er Jahren war es schwer, die genauen Zusammenhänge zwischen Weltmärkten, staatlicher Vorherrschaft über die Wirtschaft, Korruption, Armut und politischem Niedergang zu erkennen. Aber eins war sicher: Die Hoffnung der Entwicklungsökonomen – geboren aus der Katastrophe des Zweiten Weltkrieges und der Massenarmut in den Entwicklungsländern –, dass »alle guten Dinge zusammengehen«, hatte sich zerschlagen, und dies läutete das Ende einer Idee ein.

Im Rückblick auf alle Fortschrittshoffnungen fragte sich der bedeutende Ökonom Sir Arthur Lewis, welche fundamentalen Irrtümer die Entwicklungsökonomie begangen hatte. Er erkannte zwei grundlegende Fehler, die sich beide als sehr kostspielig erwiesen hatten. Der erste Fehler, so sagte er, war die Unterschätzung der Macht des internationalen Handels, Wachstum voranzutreiben. Der andere, so Lewis weiter, habe darin bestanden, dass man sich zu viel Zeit mit der Erkenntnis gelassen habe, dass »Marktpreise mächtigere Anreize sind als Ministerreden«.[11]

Kapitel 4

Der verrückte Mönch
Großbritanniens Marktrevolution

Historisch gesehen war es eines der kürzesten Exile überhaupt. David Young war Geschäftsmann, ein sehr erfolgreicher Selfmademan, bis der Zusammenbruch des Londoner Immobilienmarktes 1972 beinahe seine Existenz vernichtete. 1975 hatte er sich gerade wieder aus dem finanziellen Trümmerhaufen herausgearbeitet. Doch er war zunehmend unzufrieden mit seinem Leben in England. Dabei ging es nicht nur darum, dass man tunlichst vermeiden musste sich als Unternehmer zu erkennen zu geben, obwohl das sicherlich ein Problem war. »Es war nicht gesellschaftsfähig, für sich selbst zu arbeiten«, erinnerte er sich später. »Man arbeitete nur für *große* Unternehmen.«

Was ihn aber wirklich zur Verzweiflung brachte, war der Zustand, in dem sich das Land befand. Großbritannien schien unaufhaltsam in Niedergang und Verfall zu versinken. Die Inflation betrug 24 Prozent. Die Gewerkschaften hatten gerade die konservative Regierung von Edward Heath zu Fall gebracht. Ständige Streiks hielten die Wirtschaft im Würgegriff und lähmten die Nation. Die Spitzensteuersätze waren hoch – bis zu 98 Prozent – und zerstörten jeden Leistungsanreiz. Großbritannien war auf dem besten Weg, das Ostdeutschland der westlichen Welt zu werden, ein korporativer Staat, der in grauer Mittelmäßigkeit versank, wo jede Initiative als krankhaftes Verhalten betrachtet wurde, das man bekämpfen musste. Young hatte genug davon. Er sagte seiner Frau, dass er Großbritannien verlassen wolle; er wolle mit ihr auswandern. Ihr Ziel: Amerika.

Young und seine Frau kamen an einem Wochenende in Boston an und trugen sich im Ritz-Carlton-Hotel ein, von wo aus man auf den öffentlichen Park von Boston blickt. Am Sonntagmorgen wurden sie von Sirenengeheul aus dem Schlaf gerissen. Später machten sie einen Spaziergang. Bald hatten sie Tränen in den Augen, allerdings nicht aus Trauer über das Land und das Leben, das sie zurückgelassen hatten. Vielmehr wurden sie durch das Tränengas hervorgerufen, das die Polizei eingesetzt hatte, um Ausschreitungen zu beenden, die aufgrund eines gerichtlich verfügten Busverkehrs für Schüler ausgebrochen waren. »Du bist nicht bei Trost«, sagte seine Frau zu ihm, als sie sich mit dem Taschentuch die Augen wischten. »Du musst verrückt sein, wenn du glaubst, dass ich dafür meine Familie aufgebe.«

In der gleichen Nacht nahmen sie ein Flugzeug zurück nach London. Auf dem Rückflug sagte sich Young, dass es noch etwas anderes geben musste, als einfach zu verzweifeln und fortzugehen. Er kam auf den Gedanken, in die Politik zugehen. Er war ein Wähler der Labour Party gewesen, bevor ihn Premierminister Harold Wilson nach 1964 enttäuschte. Margaret Thatcher war gerade zur Führerin der Konservativen Partei gewählt worden, und sie schien einige neue Ideen über die darniederliegende britische Wirtschaft zu haben. Aber konnte es eine Frau ins höchste Regierungsamt schaffen? Wie viele andere war auch Young skeptisch.

In den folgenden Wochen begann er die Reden eines britischen Politikers namens Keith Joseph zu lesen, den einige später den »verrückten Mönch« nannten; Joseph beschrieb sich kaum anders, wenn er sich selbst als »bequemen Verrückten« bezeichnete. Er sprach von solchen Dingen wie der Notwendigkeit von Initiative und Unternehmertum. Es sei nichts falsch daran, ein Unternehmen zu gründen, sagte Joseph; tatsächlich seien es die Unternehmer, die den Wohlstand einer Nation schufen. Josephs Worte standen in völligem Widerspruch zur damals herrschenden Meinung, aber sie stießen bei David Young auf weit geöffnete Ohren. Er war beeindruckt. Bei einem Wohltätigkeitsessen bemühte er sich Joseph kennen zu lernen und ihm seine Dienste anzubieten. »Aber Sie *glauben* nicht«, erwiderte Joseph. Young nahm das als Herausforderung, verschrieb sich der Sache und wurde Mitglied eines Kreises, der sich die Erneuerung des wirtschaftlichen und politischen Denkens in Großbritannien auf die Fahnen geschrieben hatte. Joseph stand dabei im Zentrum, oder wie Young es später ausdrückte: »Keith Joseph war der Architekt der ganzen Sache.«[1]

»Mein engster politischer Freund«

Die »ganze Sache« sollte schließlich Auswirkungen weit über die Grenzen Großbritanniens hinaus haben. Joseph, so ließe sich argumentieren, leistete einen größeren Beitrag zu der neuen Debatte über Staat und Markt als jeder andere. Diese weltweite Debatte griff eine Vielzahl von Ideen auf, verband sie zu einer machtvollen Kritik an der gemischten Ökonomie und führte schließlich zu einem politischen Programm, das Josephs wichtigste Schülerin artikulierte und in die Praxis umsetzte: Margaret Thatcher. Sie realisierte die Ideen. Aber Joseph war es, der im Laufe eines halben Jahrzehnts, der zweiten Hälfte der 70er Jahre, das ganze Paket schnürte, zu einer Zeit, als die Prinzipien der gemischten Wirtschaft kaum in Frage gestellt wurden, obwohl das System schon zu jener Zeit in gravierende Schwierigkeiten geriet, die seine Funktionsfähigkeit unterminierten. So wie der Attlee-Konsens der 40er Jahre mehr als drei Jahrzehnte lang als Handlungsanleitung für Regierungen und Politiker fungierte, so trug der Befund, der sich zunächst in den Seminarräumen von Forschungsinstituten in den 70er Jahren verdichtete und dann in den 80er Jahren im Regierungsprogramm Margaret Thatchers Gestalt annahm, viel dazu bei, die globale Agenda für die 90er Jahre zu prägen. Keith Josephs Namen kennen längst nicht so viele wie den Namen Margaret Thatcher. Aber Thatcher würdigte seine Verdienste in vollem Umfang. »Ich hätte ohne Keith nicht Führerin der Opposition werden können und ich hätte nicht erreicht, was mir als Premierministerin gelang«, sagte sie. Joseph, so sagte sie an anderer Stelle, war ihr »engster politischer Freund«.

Im Rückblick mag man leicht den Eindruck gewinnen, dass aufgrund der Kombination von hoher Inflation, geringen Wachstumsraten, Arbeitskonflikten und sozialer Unzufriedenheit in den 70er Jahren ein Wandel in Großbritannien kurz bevorstand. Mitte der 70er Jahre wagte Lord Blake, Biograf des großen britischen Premierministers im letzten Drittel des 19. Jahrhunderts, Benjamin Disraeli, und Historiker der Konservativen Partei, eine kühne Voraussage: »Es gibt Anzeichen für eine jener seltenen und tief greifenden Veränderungen des geistigen Klimas, die sich in hundert Jahren nur ein- oder zweimal ereignen. (...) Es weht ein Wind des Wandels durch Großbritannien und große Teile der demokratischen Welt – und er kommt von rechts, nicht von links.« Das war damals eine mutige Vorhersage, aber wie sich zeigte, sollte Blake Recht behalten.

Doch die Waagschalen der Ideen heben oder senken sich nicht einfach von selbst. Ereignisse, Krisen, Fehlschläge: das sind die Kräfte, die den Wandel vorantreiben und eine Revision scheinbar unanfechtbarer Annahmen erzwingen. Und genau dies geschah in den 70er Jahren. »Eine Art erstarrter Sozialismus war in Großbritannien zur allgemein akzeptierten Anschauung geworden«, schrieb Margaret Thatcher. »Die Aufeinanderfolge von – ökonomischen, fiskalischen und industriellen – Krisen unter Labour [d. h. der

Regierung der Labour Party] forderte uns ständig auf, Gedanken zu denken und politische Maßnahmen vorzuschlagen, die sowohl von den allgemein akzeptierten Überzeugungen (...) als auch von der Konsenslinie abwichen.« Aber in solchen Zeiten muss es auch Leute geben, die ein Überdenken alter Gewissheiten erzwingen. Und ebendarin bestand die Rolle von Keith Joseph.[2]

Der »Denkminister«

Joseph war vielleicht deshalb die treibende Kraft, weil er Politiker, Intellektueller und Vordenker in einem war. Tatsächlich glaubte er mit dem Enthusiasmus der Idealisten an die Macht der Ideen. Er war in beträchtlichem Wohlstand aufgewachsen. Sein Vater, Sir Samuel Joseph, ein Baronet, führte die Familienfirma Bovis, eins der größten Bauunternehmen des Landes, und war außerdem für eine Amtszeit Oberbürgermeister von London. Keith Joseph erhielt am Vorabend des Zweiten Weltkrieges seinen Abschluss in Oxford. Statt sich wie viele andere Studenten ganz dem Lernen oder der Politik zu widmen, bestand seine Hauptbeschäftigung während der Studienzeit im Kricketspielen. Aus dem Krieg kehrte er mit dem Wunsch zurück, die sechs Jahre aufzuholen, die er als Soldat verloren hatte. Da sein Vater während des Krieges gestorben war, war er bei seiner Heimkehr Sir Keith geworden. Josephs Leistungen an der Universität waren trotz seines vorrangigen Interesses für Kricket gut gewesen und ihm wurde von der juristischen Fakultät in Oxford ein Lehrauftrag angeboten, den er jedoch ablehnte. Dennoch zog ihn das intellektuelle Leben weiterhin an und es gelang ihm, Mitglied (*Fellow*) des All Souls College in Oxford zu werden, eines der Flaggschiffe britischer Gelehrsamkeit. Aber auch das praktische Leben reizte ihn. Während er viele Nächte damit zubrachte, an seiner Doktorarbeit – über das Thema Toleranz – für All Souls zu arbeiten, war er tagsüber eifrig damit beschäftigt, auf den Baustellen seiner Familienfirma Löcher zu graben. Dann gab er die Wissenschaft und die Firma für die Politik auf und begann auf dem alten Ratsherrensitz seines Vaters in London. Wie Clement Attlee machten ihn die Armut und die Not im East End sehr betroffen. Von Mitgefühl und dem Wunsch nach Verbesserung der Lebensbedingungen und sozialen Reformen beseelt, engagierte er sich in einer Vielzahl von Wohltätigkeitsinitiativen. Er widmete sich besonders einer Organisation, die allein stehenden Frauen in mittleren Jahren half, die die Welt vergessen hatte, weil sie zu Hause geblieben waren, um sich um ihre kranken Eltern zu kümmern. Dieses spezielle Engagement machte ihn zu einem glühenden Befürworter von Heiratsvermittlungen.

Joseph zog 1956 mit 38 Jahren als konservativer Abgeordneter ins Parlament ein und hielt eine Jungfernrede, die schon den Keim jener Ideen enthielt, für die er zwei Jahrzehnte später eintrat. Die Inflation, so argumentierte er, ließ sich nicht durch Kontrolle der Nachfrage, sondern vielmehr »durch Erhöhung des Angebots« kurieren. Die Führung eines Unternehmens müsse, so fügte er hinzu, »angemessen belohnt« werden. Die 30er Jahre, so Joseph, seien nicht notwendigerweise ein Maßstab für die Zukunft. Der »Alptraum« der Arbeitslosigkeit sei eine »völlig unbegründete Angst«, denn »wir leben in einem Zeitalter der Expansion«. Er wurde Staatssekretär in der Regierung von Harold Macmillan, konnte sich aber an die harten Angriffe in parlamentarischen Debatten nie richtig gewöhnen. Nach seiner ersten Rede vor dem Parlament beglückwünschte ihn Macmillan, fügte aber hinzu: »Wenn es Sie tröstet: Es wird noch schlimmer.«

Joseph neigte dazu, sich endlos zu quälen und selbst zu kritisieren. Er war außerdem leicht weltentrückt. Er weigerte sich, einen Fernseher im Haus zu haben. Als er einmal mit einem Fernsehinterview unzufrieden war, das er soeben gegeben hatte, bat er darum, es zu wiederholen. »Ich dachte, Ihnen sei bewusst, Sir Keith«, sagte der Produzent, »dass dies ein Live-Interview war.« – »Ja, ich weiß«, erwiderte Joseph. »Deshalb möchte ich es ja noch einmal machen.« Seine seltsame Besessenheit von Ideen fiel bald seinen Kollegen auf. Einige folgerten schließlich, dass es für ihn keinen besseren Posten gäbe als den eines »Denkministers«.[3]

Die Kehrtwendung

Doch leider existierte ein solcher Job in der Realität nicht. Als Edward Heath 1970 Premierminister wurde, machte er Joseph zum Sozialminister. Die Konservative Partei, die »Torys«, wie sie in Großbritannien genannt werden, hatte die Wahl mit großer Mehrheit gewonnen – die Quittung für die schwache Wirtschaftsleistung unter der Labour-Regierung. Die gemischte Ökonomie funktionierte ausgesprochen schlecht. Das Expertenwissen der Regierung, das für einen hohen Grad an staatlicher Kontrolle erforderlich war, wurde, wie sich herausstellte, der Realität nicht gerecht. Die Inflation lag hoch – bei sieben Prozent –, ebenso die Zinsen. Die Arbeitslosigkeit war ebenfalls beträchtlich und stieg weiter; der Wohlfahrtsstaat und die verlustreichen verstaatlichten Industrien bewiesen einen gefräßigen Appetit auf die Steuereinnahmen; die Kosten des nationalen Gesundheitssystems stiegen ständig, und darin spiegelten sich eine offenbar »grenzenlose Nachfrage« und das Fehlen eines disziplinierenden Mechanismus. Die Beziehungen zwischen Arbeitgebern und Arbeitnehmern hatten sich in einen dauernden Krieg verwandelt, der Gesellschaft und Wirtschaft chronisch behinderte. Die Zahlungsbilanz befand sich ständig in der Krise; das britische Pfund stand unter stetem Druck und war wie die britische Industrie international schlicht nicht konkurrenzfähig. Das gesamte Land ächzte unter einer drückenden Steuerlast, die jeden Leistungsanreiz zerstörte und Unternehmer in die Steuerflucht trieb. Einer der Minister der letzten Labour-Regierung hatte bemerkt, dass sich selbst Gewerkschafter – die traditionell die Erhöhung von Steuern und Staatsausgaben befürworteten – darüber beschwerten, dass ihre Löhne so hoch besteuert wurden. Sie wollten »mehr Geld in ihren Taschen klimpern hören«.

Edward Heath hatte versprochen, all dies zu ändern. Aber das geschah nicht. Heath war alles andere als ein Konservativer auf hohem Ross. Er kam aus bescheidenen Verhältnissen; sein Vater war ein kleiner Bauunternehmer gewesen. Heath rief nach Modernisierung und Wettbewerb. Aber er glaubte auch an den Staat, an seine Verantwortung und seine interventionistische Rolle in der Wirtschaft. Er wollte das System besser steuern, aber nicht verändern. Die Heath-Regierung glich in vielerlei Hinsicht der Nixon-Administration, die zur selben Zeit in den USA regierte. Beide kamen als konservative Regierungen an die Macht und wollten staatliche Interventionen vermindern; und beide weiteten sie schließlich aus. Im Fall von Heath wurde dies als seine berühmte »Kehrtwendung« bekannt. Wie Nixon war Heath ein Anhänger des Keynesianismus, glaubte an Planung und den Nutzen sozialer Reformprogramme. So wie Nixon Lohn- und Preiskontrollen eingeführt hatte, versuchte Heath das strengste und umfassendste Kontrollsystem für Löhne und Dividenden einzuführen, das es in Großbritannien jemals gegeben hatte. In einem besonders extremen Fall rief der Minister für Handel und Konsum einmal sogar persönlich den Vikar von Trumpington in der Nähe von Cambridge an, um ihn zu bitten, gemäß dem Preis- und Einkommensgesetz die Tarife für Beerdigungen nicht zu erhöhen. Der öffentliche Sektor wucherte unter Heath weiter und seine Regierung betrieb in einem

»Sturm auf Wachstum« eine lockere Geldpolitik. Unglücklicherweise trug dieser Sturm schließlich weit stärker zur Erhöhung der Inflation als zum Wachstum bei. In der Tat erhöhte sich der Staatsanteil an der Wirtschaft noch; die einzigen staatlichen Unternehmen, deren Privatisierung Heath am Ende doch noch gelang, waren einige Pubs in Nordengland und ein Reisebüro.[4]

1973 und 1974 lief die Situation noch mehr aus dem Ruder. Die Ölkrise von 1973 traf Großbritannien schwer und verschärfte sich sofort durch einen Bergarbeiterstreik, der sich zu einer heftigen Schlacht auswuchs. Kohle- und Energieversorgung waren so stark beeinträchtigt, dass die britische Industrie nur drei Tage in der Woche arbeiten konnte. Reisende, die aus dem Ausland zurückkehrten, fanden eine Nation vor, die aufgrund der Energierationierung in Dunkelheit lebte. Familien mussten bei Kerzenlicht zu Abend essen und zu Bett gehen. Geistliche diskutierten im BBC-Sender »Radio Four«, ob Familien ihr warmes Badewasser teilen sollten, um Energie zu sparen. Ein Minister des Kabinetts trat im Fernsehen auf, um den Männern zu erklären, wie man sich im Dunkeln rasiert. Heath rief den Notstand aus. Die Inflation erreichte 15 Prozent. In einem verzweifelten Versuch, ein neues Mandat zu erhalten, beraumte Heath eilig Wahlen an. Er verlor. Die schlichte Wahrheit war, dass die Bergarbeiter die Regierung zu Fall gebracht hatten. Keine Partei gewann die absolute Mehrheit, und so übernahm eine Minderheitsregierung der Labour Party die Macht, geführt vom ehemaligen Premierminister Harold Wilson.

Die »Bekehrung« von Keith Joseph

Angesichts dieser düsteren Lage, verärgert über seine Partei und sich selbst und überzeugt, dass Großbritannien in einer zerstörerischen Abwärtsspirale gefangen war, erlebte Keith Joseph, was er seine »Bekehrung« zum Konservatismus nannte. »Ich war überzeugt, ein Konservativer zu sein«, bemerkte er, »aber nun sehe ich, dass ich überhaupt keiner war.« Das Problem, so folgerte er, bestand nicht darin, dass der Staat seine Sache nicht gut machte, sondern darin, dass er zu viel tun wollte. Und die Quelle dieses Problems war der Nachkriegskonsens, der dem interventionistischen Staat den Weg geebnet hatte. Der Feind war der Dirigismus. Die politische Kultur des Landes musste verändert werden und der Weg dorthin war der intellektuelle Guerillakrieg.

Nun waren die konservativen Torys in der Opposition, und Joseph versuchte in der Führung der Partei eine Art Autopsie zu erzwingen, um herauszufinden, was in der Politik der Heath-Regierung schief gegangen war. Aber Heath erteilte ihm eine Abfuhr. »Die wesentliche Schlussfolgerung ist«, sagte dieser seinen Kollegen im Schattenkabinett, »dass unsere Politik richtig war, wir aber nicht lange genug darauf beharrt haben.« Sir Keith hob bei dieser Feststellung die Augenbrauen. Margaret Thatcher, die in der Heath-Regierung Erziehungsministerin gewesen war, verzog keine Miene.

»Ich wurde immer besorgter«, erklärte Joseph später. »Schreiben Sie es einer Mischung aus Ungeduld über unsere langsamen Fortschritte und Neid auf unsere Nachbarn zu. Ich konzentrierte mich nie auf Amerika – ich dachte, es läge außerhalb unserer Kultur und unserer Reichweite –, sondern auf unsere vitalen Nachbarn. Warum ging es ihnen so viel besser, besonders, nachdem sie nach dem Krieg rücklings auf dem Boden gelegen hatten?«

Zunächst wurde Joseph bei einem Wirtschaftsforschungsinstitut vorstellig, dem Institute of Economic Affairs (IEA), das eine Insel liberalen Wirtschaftsdenkens inmitten des keynesianischen Konsenses in Großbritannien war und rechts von der Mitte stand. Tatsächlich erweckte das Institut – einst als »verdammtes Ärgernis« betitelt und ursprünglich von einem Landwirt finanziert, der ein Vermögen mit der Massenproduktion von Hähnchen gemacht hatte – den traditionellen Liberalismus in Großbritannien zu neuem Leben. Sein Leiter war Ralph Harris, der aus der Londoner Arbeiterklasse stammte. Er lehrte Ökonomie an der St. Andrews University und schrieb später Leitartikel für den *Glasgow Herald*, bis man ihm die Leitung des Instituts anbot, das man ihm einmal als »anti-fabianische Gesellschaft«* beschrieb. Harris war dafür mehr als empfänglich. Er blickte auf die Zeit der Macmillan-Regierung zurück und kritisierte, sie sei in einem »keynesianisch-kollektivistischen Schematismus« erstarrt. Diese Politik war der Grund, wie er erklärte, dass er den Weg der »radikalen Reaktion« beschritten und das Institute of Economic Affairs »gestartet« habe. Sein Partner bei der Schaffung des IEA war Arthur Seldon, der ebenfalls aus der Arbeiterklasse stammte und an der London School of Economics liberale Ökonomie studiert hatte. Seldon entwarf das Forschungsprogramm. Zusammen leiteten sie das IEA bis Mitte der 80er Jahre.

---

* Die Fabian Society war 1883/84 von führenden linksliberalen Intellektuellen Londons gegründet worden, darunter George Bernard Shaw und Beatrice und Sidney Webb. Die sozialistische Gesellschaft bemühte sich um Wirtschaftsdemokratie und Gesellschaftsreform, lehnte revolutionäre Mittel ab und unterstützte 1893 die Gründung des Vorläufers der Labour Party, mit der sie seither eng verbunden ist. (A. d. Ü.)

In seiner Frühzeit kämpfte das Institut gegen die dirigistische indikative Planung, die in den späten 50er Jahren durch das französische Beispiel so stark in Mode gekommen war. Der Reihe nach richtete es seinen analytischen Blick auf alle abgegriffenen Schlagwörter der Zeit – vom ungehinderten Wohlfahrtsstaat und der Gewerkschaftsmacht bis zur keynesianischen Ankurbelung der Nachfrage, den verstaatlichten Industrien und dem Wachstum des Staatssektors. Unter dem Strich leistete es mit seinem »Grabenkrieg der Fußnoten« eine rigorose und profunde Kritik des gemischten Wirtschaftssystems. Es präsentierte sogar einen detaillierten Vergleich des amerikanischen und britischen Telefonsystems und wagte die Behauptung, Großbritannien würde mit privaten Telefongesellschaften besser fahren als mit einem System, dessen Telefone und Dienstleistungen von einem Ableger des Postamtes bereitgestellt wurden. Ein Thema zog sich durch das gesamte Forschungsprogramm des Instituts: dass Ökonomen und Politiker zu viel versprochen hatten, viel mehr, als sie tatsächlich im Griff haben oder erfüllen konnten. Wie der Ökonom Alan Walters es ausdrückte, bestand der »wirkliche Stoß der Gegenrevolution« in dem Eingeständnis, »dass wir wenig über die Kräfte wissen, die detaillierte wirtschaftliche Bedingungen bestimmen (...) wie Preise und Beschäftigung, Exporte und Importe, Produktion und Produktivität, Ersparnisse und Investitionen«. Viele hoch angesehene Ökonomen veröffentlichten beim IEA, darunter auch Colin Clark, der die ersten Studien zum Volkseinkommen für Keynes durchgeführt hatte.

Das IEA bot vor allem zwei Ökonomen eine Plattform, die beide in den Jahren, als das Institut – in den Worten Margaret Thatchers – noch mit dem Kopf »gegen eine Ziegelwand anrennen« musste, als Randfiguren galten, aber später sehr starken Einfluss gewinnen sollten. Einer von ihnen war Friedrich von Hayek, der hervorragendste Exponent der wirtschaftsliberalen »Österreichischen Schule« in Großbritannien. Von Hayek hatte früh Kritik an Keynes geübt. Er bekräftigte nun seinen Angriff und rief zu einem Wandel auf, von der Makroökonomie und der Welt der keynesianischen Multiplikatoren hin zur Mikroökonomie und der Welt des Unternehmens, wo tatsächlich Wohlstand geschaffen wurde. Der andere Ökonom war Milton Friedman von der Universität von Chicago, dessen monetaristische Theorien das IEA in Großbritannien propagierte. Für das IEA waren die Nobelpreise für von Hayek und Friedman 1974 beziehungsweise 1976 eine hochwillkommene Unterstützung. Diese Anerkennung kam gerade zur rechten Zeit, sah das Institut doch eine große »Nachfrage« nach solchen Ideen und hatte bereits die Agenda umrissen. »Ich bezweifle stark«, sagte Milton Friedman später, »dass es ohne das IEA eine Thatcher-Revolution gegeben hätte.«

Keith Joseph hatte seit den 60er Jahren sporadisch für das Institut gearbeitet. Nun, im Jahre 1974, war er begierig auf einen Neuanfang und bat Ralph Harris, den Direktor des Instituts, um Nachhilfeunterricht. Er wollte Bücher, Leselisten, Kritiken und Artikel, um sich selbst sachkundig zu machen. Und er sog alles in sich auf.

Als Nächstes gründete er sein eigenes Institut, das Centre for Policy Studies. Obwohl Joseph die Sozialisten der Fabian Society als Urheber der Übel des Landes ansah, formte er seine Strategie nach dem Muster der Fabianer: Kultur und Politik sollten verändert werden, indem man Einfluss auf die Meinungsmacher nahm. Um es vom akademisch ausgerichteten IEA abzugrenzen, setzte Joseph seinem Institut eine sehr spezifische politische Vorgabe. Später umschrieb er es so: »Mein Ziel war es, die Tory Party [die britischen Konservativen] zu bekehren.« Er rekrutierte ein anderes konservatives Parlamentsmitglied als stellvertretende Direktorin: die Abgeordnete des Wahlkreises Finchley, Margaret Thatcher. Wegen ihrer politischen Verbindungen benötigten sie für das neue Institut die Zustimmung von Edward Heath. Obwohl er Joseph misstraute, gab Heath nach, in der Annahme, dass es gut wäre, wenn die beiden – Joseph und Thatcher – etwas über Wirtschaft und die Volkswirtschaften anderer Länder lernten. So würden sie ihm wenigstens nicht mehr in die Quere kommen. Es wurde auch die Vermutung laut, dass es noch einen weiteren Grund für seine Zustimmung gab: »Die Absicht von Heath muss gewesen sein, Joseph einen Chemiebaukasten in die Hände zu geben, mit dem er sich hoffentlich selbst in die Luft sprengen würde.«[5]

Aber was genau sollte das Institut tun? Auf der ersten Präsidiumssitzung konnten die Direktoren nur eine spezifische Aufgabe erkennen: Sir Keith sollte Reden halten – viele Reden. Schon bald jedoch entwickelte das Institut sein eigenes Programm. »Unser Job war, das nicht Hinterfragte zu hinterfragen«, sagte Alfred Sherman, der Forschungsdirektor des Instituts und zu jener Zeit Josephs intellektueller Partner, »das Undenkbare zu denken, neue Wege zu bahnen.« Das Zentrum entwickelte, förderte und unterstützte eine Flut von Ideen durch einen Strom von Büchern, Pamphleten, Seminaren, Dinners und Mittagessen.

Nun war es Joseph, der Lektürelisten verteilte. Unter jenen, die eine solche Liste von ihm erhielten, war seine stellvertretende Direktorin, Margaret Thatcher. Und ganz oben auf dieser Liste stand Friedrich von Hayeks Werk *Der Weg zur Knechtschaft*. Sie hatte das Buch während des Studiums gelesen, aber nun las sie es mit neuem Verständnis aufmerksam noch einmal. Veröffentlicht 1944, war *Der Weg zur Knechtschaft* das einflussreichste Werk der – im traditionellen Sinne – liberalen Kritik am Wohlfahrtsstaat, an der gemischten Wirtschaft und dem »Kollektivismus«. Für Joseph und seinen Zirkel wurde es zur Bibel.

Das Ziel des Instituts bestand – in Josephs Worten – darin, die »inneren Widersprüche« der gemischten Wirtschaft offen zu legen. Der Feind, das waren »30 Jahre sozialistische Moden« und »Dirigismus« – drei Jahrzehnte, in denen man auf den Staat geblickt hatte, wenn es darum ging, Probleme zu lösen und die Wirtschaft zu lenken. Wie Joseph und seine Partner es sahen, war dieser Konsens bereits im Begriff, Großbritannien in das Armenhaus Europas zu verwandeln. Gleichheit um der Gleichheit willen führte zu Armut. Stattdessen musste Risikobereitschaft gefördert werden – und die damit verbundenen Belohnungen für Erfolg beziehungsweise Sanktionen für Versagen. *Wealth creation*, die »Schaffung von Wohlstand«, wurde zu einem der Lieblingsworte Josephs, aber das Ziel war die Schaffung von Wohlstand für die Gesellschaft, nicht für einzelne Individuen. Den Einzelnen zu erlauben, Geld zu verdienen und Vermögen zu bilden, war dafür jedoch eine notwendige Vorbedingung. Nach Josephs Meinung hatte die Politik zu lange im Bann der 30er Jahre und der Massenarbeitslosigkeit gestanden. Das hatte er schon 1956 in seiner Jungfernrede vor dem Parlament gesagt. Das Ziel sollte die Schaffung von Wohlstand sein, nicht die Subventionierung von Beschäftigung.

Joseph und seine Freunde wussten, dass sie noch eine winzige Minderheit waren. Sie quälten sich mit Bedenken wie zum Beispiel der Frage, ob sie das Wort *Marktwirtschaft* benutzen sollten, aus Furcht, dass ein solcher Begriff sie in der Öffentlichkeit in den Dunstkreis von Attila, dem Hunnenkönig, rücken könnte. Die Welt, so urteilten sie, war noch nicht reif für einen derart radikalen Ausdruck wie Marktwirtschaft (der dann in den 90er Jahren zu einem Gemeinplatz wurde). Allerdings redeten sie über Kapitalismus – aber es war ein »mitfühlender Kapitalismus«.[6]

Der Kampf um die Führung

All dies betraf die intellektuelle Agenda. Aber Lektürelisten waren nicht genug. Es gab auch eine politische Agenda. Edward Heath sollte gehen. Er war zu sehr Pragmatiker, zu kompromissbereit, zu sehr ein Mann der Mitte. Einmal hatte er die Aktivitäten eines bestimmten Unternehmens als »das inakzeptable Gesicht des Kapitalismus« bezeichnet, aber für viele kam in diesen Worten Heaths zwiespältiges Verhältnis zum Marktsystem insgesamt zum Ausdruck. Schlimmer noch: Wegen der Krise wollte er noch weiter an den linken Rand der Mitte rücken und eine Koalitionsregierung der nationalen Einheit bilden – geführt, versteht sich, von ihm selbst. Harold Wilson setzte 1974 eine zweite Wahl an und gewann dieses Mal die absolute Mehrheit. Es galt als sicher, dass Heath nun zurücktreten würde. Aber der erwies sich als störrisch und machte keinerlei Anstalten, die Führung der Partei abzugeben. Keith Joseph galt als der bedeutendste Herausforderer. Es war jedoch nicht ausgemacht, dass er darauf brannte, »in vorderster Front« zu stehen, wie er es ausdrückte.

Dann löste Joseph mit einer umstrittenen Rede unerwartet einen Proteststurm aus. Darin hatte er die Frage aufgeworfen, ob wirklich eine so große Zahl armer, unverheirateter und allein stehender Frauen Mütter werden sollten. Nach Josephs Einschätzung war dies schlecht für das Land und er trat für Geburtenkontrolle ein. Ironischerweise stützte er seine Argumentation auf Arbeiten linker Soziologen. Aber nun wurde er beschuldigt ein Rassist zu sein und die Eugenik zu befürworten. Die Presse schlug ihre Zelte vor seiner Tür auf, bombardierte ihn und seine Familie mit unverschämten und feindseligen Fragen. Die Angriffe trafen ihn tief. Die politische Maxime missachtend, sich niemals zu entschuldigen, veröffentlichte er einen Brief in der *Times*, der in mehr als einer Spalte darlegte, wie sehr er missverstanden worden sei. Doch das nützte nichts. Die Angriffe gingen weiter. Joseph rang mit sich, ob er Heath unter diesen Umständen noch direkt herausfordern sollte.

Eines Nachmittags erschien er im Parlamentsbüro der inoffiziellen Leiterin seines Wahlkampfes um die Parteiführung, Margaret Thatcher. »Es tut mir Leid«, sagte er. »Ich kann einfach nicht antreten. Seit ich diese Rede gehalten habe, steht die Presse vor meinem Haus. Sie sind erbarmungslos. Meine Frau hält das nicht aus«, fuhr er fort, »und ich habe mich entschlossen, dass ich einfach nicht kandidieren kann.«

Thatcher war verzweifelt. Sie konnten sich doch nicht der »Sorte Politik« fügen, die Heath vertrat. Sie war ehrgeizig, daran bestand kein Zweifel. Aber bis dahin hatte sie allerhöchstens davon geträumt, Finanzministerin zu werden. Dennoch hörte sie sich antworten: »Wenn du nicht kandidierst, Keith, werde ich es tun.«

An jenem Abend erzählte sie ihrem Mann von dem Plan. Seine erste Reaktion zeigte, dass ihn ihre Kandidatur nicht gerade überzeugte. »Du musst von Sinnen sein«, sagte er. »Du hast keine Chance.« Sie war sich überhaupt nicht sicher, dass er Unrecht hatte. Aber ein paar Tage später ging sie zu Heath. »Ich muss Ihnen sagen, dass ich beschlossen habe, für den Parteivorsitz zu kandidieren«, sagte sie. Seine Antwort war kühl. Er versuchte nicht, sie davon abzubringen. Stattdessen kehrte er ihr den Rücken, zuckte mit den Achseln und sagte nur: »Tun Sie, was Sie tun müssen.«

Sie hatte keinen Zweifel daran, dass sie es tun musste, und sie tat es. Es wurde allgemein erwartet, dass Heath als Parteiführer bestätigt würde; Thatcher wurden kaum Chancen eingeräumt. Einer der wenigen Zuversichtlichen war ihr Wahlkampfleiter Airey Neave, der im Zweiten Weltkrieg den legendären Ausbruch aus dem Nazi-Lager Colditz mitorganisiert hatte. Er war ein guter Organisator und prophezeite im privaten Rahmen: »Mein Fohlen wird gewinnen.« Und dies tat das »Fohlen« mit einem überraschenden Ergebnis: Thatcher schlug den verblüfften Heath und wurde Oppositionsführerin.

Sie war gegen Kritik und Presse besser gewappnet als Joseph. Sie stand ständig unter Beschuss. Die Angriffe kamen nicht nur von der Linken, von außerhalb, sondern auch aus ihrer eigenen Partei, von den Heath-Gefolgsleuten und den paternalistischen Grandseigneurs der Konservativen Partei. Thatcher, Tochter eines Lebensmittelhändlers, wurde vorgeworfen zu Hamsterkäufen von Konserven aufzurufen und auch selbst zu hamstern. Dann wurde berichtet, sie sei dabei beobachtet worden, wie sie in einem Geschäft im Norden von London große Mengen Zucker, der damals knapp war, aufgekauft hatte. Es tat nichts zur Sache, dass es das »Geschäft« gar nicht gab und dass ihre Familie nur äußerst wenig Zucker verbrauchte. Darüber hinaus war es höchst unwahrscheinlich, dass einem männlichen Politiker das Kapitalverbrechen zur Last gelegt worden wäre, heimlich tütenweise Zucker einzukaufen. Aber Thatcher dachte nicht daran, aufzugeben. »Ich habe gesehen, wie sie Keith kaputtgemacht haben«, sagte sie einem Freund. »Nun, mit mir werden sie das nicht machen.«

Joseph selbst hatte kurz davor gestanden, den Lorbeer zu gewinnen, aber er empfand kein Bedauern. »Sehen Sie«, erklärte er, »es gibt so etwas wie Instinkt. Frau Thatcher hat eine Menge Instinkt und Gespür und ich nicht. Niemand, der mich kennt, würde das glauben.« Joseph war indessen keineswegs weit von der Macht entfernt. Er war die Nummer drei in der Opposition, zuständig für Politik und Forschung. Er war wirklich zum »Denkminister« des Schattenkabinetts geworden und kämpfte rund um die Uhr die »Schlacht der Ideen«.[7]

»Keine Zeit für Geziertheiten«

Was sowohl Margaret Thatcher wie Keith Joseph suchten, war die politische Durchsetzung von Überzeugungen, nicht Konsenspolitik. »Dies ist keine Zeit für Geziertheiten«, erklärte Joseph. Und er war derjenige, der sich am lautesten äußerte. In den folgenden Jahren zog er kreuz und quer durchs Land und hielt eine Reihe von Reden, die nach Thatchers Ansicht »die Denkweise einer politischen Generation grundlegend beeinflussten«. Tatsächlich konnte man vieles von dem, was später Thatcherismus genannt werden sollte, in diesen Reden finden. Mit ihnen hatte Joseph ein großes Unternehmen begonnen, eine Kampagne, um den »Trend« des Kollektivismus »umzukehren«, wie er es ausdrückte. Er machte sich daran, den gesamten Konsens herauszufordern, auf dem die gemischte Wirtschaft basierte. Sein Kernpunkt war, durch eine stabile Geldpolitik das Hauptaugenmerk auf die Inflationskontrolle zu legen, nicht auf die Vollbeschäftigung durch Nachfragesteuerung im Sinne von Keynes. Obwohl der nach dem Zweiten Weltkrieg entstandene Dirigismus »gut gemeint« und aus ehrenwerten Motiven betrieben worden war, machte ihn das nicht weniger falsch oder schädlich. Das Ergebnis war immer noch ein niedrigerer Lebensstandard. Es mussten wieder Leistungsanreize geschaffen werden. »Wir haben zu viel Regierung, zu viele Ausgaben, zu viele Steuern, zu viele Schulden und zu viel Personal«, erklärte Joseph. Wenn der Trend nicht umgekehrt würde, so seine Warnung, »werden wir eine beschleunigte Verschlechterung der Jobperspektiven, eine wachsende Flucht gut ausgebildeter, talentierter und fähiger Menschen in andere Länder und immer mehr Ärmlichkeit und Elend im alltäglichen Leben erleben«.

Die geistige Trendwende bestand in der Ablehnung der keynesianischen Verpflichtung auf Vollbeschäftigung, die als fundamentaler Irrtum betrachtet wurde. Wenn diese Verpflichtung wirklich falsch war – und davon waren Joseph und seine Verbündeten überzeugt –, dann gab es keine heilsame »makroökonomische Funktion« der Staatsausgaben mehr. In diesem Fall mussten die Staatsausgaben reduziert werden. Dadurch wurden Steuersenkungen möglich und ein wirklich heilsamer Beitrag geleistet, indem die »Angebotsseite« der Wirtschaft gestärkt wurde: die Seite, die Joseph in seiner ersten Parlamentsrede 1956 gefeiert hatte.[8]

Zu Josephs Kampagne gehörten über 150 Reden an Universitäten und Colleges. Er sprach vor großem und kleinem Publikum. Es gab häufig Zwischenrufe, er wurde manchmal körperlich angegriffen und oft boykottiert.

Die Studenten versuchten zu verhindern, dass er an der London School of Economics sprach. Selbst wenn er seine Rede hielt, wurden Hinweisschilder angebracht, dass die Versammlung abgesagt worden sei, damit potentielle Besucher der Veranstaltung fernblieben. Doch Joseph genoss diesen Teil der Kampagne mehr als alles andere – zumindest im Rückblick. »Es war wunderbar. Damals war es natürlich schrecklich.« Dies war das Publikum, das er am meisten bekehren wollte, junge Leute, die »überzeugte Dirigisten, wenn nicht Sozialisten« waren. Worüber er sprach, war ihrer Erziehung, ja ihrem ganzen Leben völlig fremd. Einer der Studenten, der bei einer Rede in Oxford im Publikum saß, erinnert sich, dass er »in einen überfüllten Vortragssaal ging, um Sir Keith Joseph über freie Märkte, Monetarismus und die Gefahren des Korporatismus zu hören. (...) Dies war die Art von Dingen, vor denen achtbare Eltern ihren Sohn warnten; die Art von Dingen, die einen ehrgeizigen Tutor beunruhigten, wenn seine Studenten sich davon angezogen fühlten.«

Joseph argumentierte, dass die gesamte Stoßrichtung der Wirtschaftspolitik nach dem Krieg auf Fehlurteilen beruhte. »Unser Nachkriegsboom begann im Schatten der 30er Jahre. Uns verfolgte die Furcht vor dauerhafter Massenarbeitslosigkeit, vor grimmigen, trostlosen Schlangen an den Zahlschaltern der Arbeitsämter und vor sterbenden Städten. Also fingen wir an, uns einzureden, dass diese hageren, schmallippigen Männer in Mützen und Schals bald wieder vor uns stehen würden, und schnitten unsere Politik auf diese eingebildeten Bedingungen zu. Denn mehr als Einbildung waren sie nicht.«

Joseph sprach das Unaussprechliche aus. Er sagte, dass solche Menschen, die Verantwortung und Risiko übernähmen und Geld verdienten, der Gesellschaft einen Gefallen erwiesen. »Der Privatsektor, die unabdingbare Basis, auf der alles andere aufbaut, steht unter Beschuss. (...) Und doch entmutigen wir diejenigen, die ihn funktionsfähig machen. (...) Der Arbeiter allein kann keinen Wohlstand schaffen. Wir brauchen Wohlstand schaffende, Arbeitsplätze schaffende Unternehmer und Wohlstand und Arbeitsplätze schaffende Manager. Wir behandeln sie sehr schlecht.« Er erfand einen Ausdruck für jene, die das Wirtschaftswachstum beförderten: Die »Magengeschwür-Leute« nannte er sie, durchaus angemessen für einen Mann, der selbst unter einem kranken Magen litt. »Sie haben die Unsicherheit und die Sorgen. Von ihnen wird Risikobereitschaft erwartet. (...) Sie verdienen eine Chance, dafür belohnt zu werden.«

Joseph zweifelte nicht, dass er seine Zuhörer an den Universitäten schockierte. »Ich bin sicher, dass sie niemals eine moralische Verteidigung des Kapitalismus gehört hatten. (...) Was ich immer sagte, war, dass dies eine herzlich unvollkommene Welt ist und ich lediglich meinte, dass der Kapitalismus der am wenigsten schlechte Weg sei, den man bisher gefunden habe – wie Churchill über die Demokratie sagte.« Er warnte, dass das unablässige, einsinnige Streben nach Gleichheit nur zu einer gleichmachenden allgemeineren Armut führen würde. Immer und immer wieder sagte er etwas besonders Schockierendes: »Was Großbritannien braucht, sind mehr Millionäre und mehr Bankrotteure.« Größere Risiken und größere Belohnungen seien notwendig, um einen höheren Lebensstandard und einen größeren Wohlstand zu erlangen. Er sage allerdings nicht, so betonte er, dass der Staat gar keine Rolle zu spielen habe. »Ich verteidige nicht die völlige Freiheit. Der Staat muss handeln, um Regeln aufzustellen und durchzusetzen, um den Schutz des menschlichen Lebens, den Schutz vor Zwang und Betrug und den Schutz jener – sozialen, ökonomischen und ökologischen – Werte und Standards zu sichern, welche die Gesamtheit der gegenwärtigen Hoffnungen unserer Gemeinschaft verkörpern.«

Am Ende seiner Reden pflegte Joseph die Studenten zu fragen, welches Land seine Angelegenheiten besser regle als Großbritannien. Gewöhnlich kam die gleiche Liste: Kuba, China, Jugoslawien. Mit der Zeit, als die Wahrheit über diese Länder offenkundig geworden war, wurde die Frage mit Schweigen beantwortet. Bei einer der letzten Versammlungen gab ein Zwischenrufer nach einer Pause schließlich eine Antwort: Die Pariser Kommune von 1871 – die gerade drei Monate Bestand gehabt hatte.[9]

»Heute keine Züge«

Joseph, der »Denkminister« des Schattenkabinetts, der unablässig sich selbst und anderen Fragen stellte, seine Notizbücher füllte und massenhaft Ideen von sich gab, wurde zu einer Art Witzfigur. Er erschien als ein politischer Don Quixote, der sich landauf, landab erst auf diese, dann auf jene Windmühle stürzte. Konnte man ihn ernst nehmen? War er nicht tatsächlich, wenn man einmal ganz genau hinsah, ein völliger Außenseiter? Der *Economist*, zur damaligen Zeit eine Zeitung, die am Konsens der gemischten Wirtschaft weitgehend teilhatte, konnte nicht widerstehen, den »verrückten Mönch« herunterzuputzen. »Die Mühe, die sich Sir Keith gibt, um jede Verwirrung zu zerstreuen, jedes Missverständnis seiner Erläuterungen zu erklären, ist wohl bekannt, seitdem (...) man ihm die Kärrnerarbeit aufgebürdet hat, den Konservatismus zu verfeinern, neu zu definieren – oder was immer. (...) Ein politischer Weiser muss zugleich clever und heilig sein.« Joseph versuchte den Artikel des *Economist* zu berichtigen und schrieb dem Magazin, dass die Thesen, die er verfechte, »aus einer kritischen Neubewertung hiesiger Orthodoxien im Lichte unserer bitteren Erfahrungen in den frühen 70er Jahren [erwachsen sind] (...) wir sind Leute der Praxis, die Ideen und Politikansätze an ihren Ergebnissen messen«.

Dieselbe Botschaft trug er in die Parlamentsdebatten. Ein Journalist beschrieb ihn, wie er eine Rede hielt: »Er steht gebeugt, rundum bewehrt mit seinen eigenen weitschweifigen Notizen und zusätzlicher Artillerie in Form von Zeitungsausschnitten, Streitschriften von verschiedenen rechtsgerichteten Instituten und Studiengruppen, dem voluminösen Seminarbericht einer amerikanischen Universität im Mittleren Westen über die Frage, ob Keynes ein Monetarist war. Während er spricht, treten die Adern an seiner Stirn hervor, die Augenbrauen sind eingerollt, die Augen in Konzentration halb geschlossen. Der ganze Kopf ähnelt bald einem zu stark aufgezogenen Wecker kurz vor dem Klingeln oder dem Bersten seiner Federn. (...) Entweder spricht er vor den stumpfen oder verwirrten Blicken seiner Kollegen aus dem Schattenkabinett aufs Neue über die Effizienz des freien Unternehmertums. Oder er weist irgendeinen sinnlosen Zwischenruf zu Chile zurück (...) während er erklärt, dass der Kapitalismus für die politische Freiheit entscheidend sei (...) eine notwendige, wenn auch keine hinreichende Bedingung für Freiheit. Danach geht die Welt wieder ihren Gang und jeder glaubt weiter, was er zuvor geglaubt hat.«

Das stimmte nicht ganz, denn Josephs Botschaft fand immer größere Resonanz. Mit Großbritannien war es weiter bergab gegangen. War dies das Bestmögliche, was der Keynesianismus, die »Feinabstimmung« und die staatliche Intervention tun konnten? Das gesamte Land bezog Arbeitslosenhilfe, war 1976 gezwungen Geld, vom Internationalen Währungsfonds zu leihen, um das Pfund zu stützen und sich über Wasser zu halten. Als Bedingung für den Kredit forderte der IWF umfangreiche Kürzungen der öffentlichen Ausgaben und löste eine erbitterte Rebellion in der Labour Party aus. Der Labour-Premierminister James Callaghan, Nachfolger von Harold Wilson, riskierte einen weiteren Aufstand, als er Fabrikstilllegungen und Stellenabbau bei staatlichen Unternehmen unterstützte. Er lehnte außerdem eine der grundlegenden Doktrinen des Keynesianismus zur Schaffung von Vollbeschäftigung ab. Defizitfinanzierung, sagte er, schaffe keine Arbeitsplätze. »Allzu lange«, äußerte Callaghan auf dem jährlichen Labour-Parteitag, »haben wir grundlegende Entscheidungen und grundlegende Veränderungen in unserer Gesellschaft und Wirtschaft vor uns hergeschoben (...) wir haben von geborgter Zeit gelebt. Sie würde immer weitergehen, so sagte man uns, die gemütliche Welt, in der Vollbeschäftigung durch einen Federstrich des Schatzkanzlers garantiert wird (...) mit dieser gemütlichen Welt ist es vorbei. (...) Wir glaubten, dass man sich einfach aus einer Rezession herauskaufen kann und die Beschäftigung erhöht, indem man die Steuern senkt und die Staatsausgaben kräftig steigert (...) diese Option gibt es nicht mehr, und (...) soweit es sie überhaupt je gab, funktionierte sie nur, indem man die Inflation in der Wirtschaft anheizte.« Wenn Callaghans Rede sich eher nach dem konservativen Institute of Economic Affairs als nach der traditionellen Labour Party anhörte, gab es dafür einen Grund: Einer der Autoren dieser Rede war Callaghans Schwiegersohn Peter Jay, Ökonom und Journalist, der unter anderem mehrere Broschüren des IEA geschrieben hatte.

Ende 1978 steckte das Land erneut in der Krise, als staatliche Angestellte streikten – ein weiterer »Winter der Unzufriedenheit«. Das Krankenhauspersonal trat in den Ausstand und die Gesundheitsversorgung musste streng rationiert werden. Der Müll türmte sich auf den Straßen. Streikende Totengräber weigerten sich, die Verstorbenen zu begraben. Auch die Lastkraftwagenfahrer befanden sich im Streik. Nur Betriebsratsvorsitzende hatten das Recht, mit »wichtigen Versorgungsgütern« die Streikpostenlinie zu überqueren. Die britische Eisenbahn hängte ein Schild mit der knappen Mitteilung auf: »Heute keine Züge.« 1974 hatten die Bergarbeiter die Regierung gestürzt; nun schienen streikende Gewerkschaften die ganze Nation zum Stillstand zu bringen. Callaghan überlegte, ob er den Notstand ausrufen sollte, wie Heath es 1974 getan hatte. Etwas lag zutiefst im Argen.

Am 28. März 1979, einem Tag, an dem selbst das Kantinenpersonal des britischen Unterhauses streikte, stürzte die Labour-Regierung durch ein Misstrauensvotum – ihr fehlte nur eine Stimme. Callaghan blieb keine andere Möglichkeit, als Parlamentswahlen anzusetzen. Er wusste, dass die schlimme Lage die Wahl in ein Referendum über die gemischte Wirtschaft verwandeln würde. Gegen Ende des Wahlkampfes, als er vom Parlament zu seinem Amtssitz Downing Street Nr. 10 zurückfuhr, äußerte einer seiner Mitarbeiter die Meinung, dass Labour doch noch mit knapper Not durchkommen könnte. »Da wäre ich mir nicht so sicher«, erwiderte Callaghan ruhig. »Wissen Sie, es gibt Zeiten, vielleicht alle 30 Jahre, da gibt es in der Politik einen Umschwung. (...) Ich habe den Verdacht, dass jetzt ein solcher Umschwung stattfindet – und zwar zugunsten von Mrs. Thatcher.«[10]

»Jetzt kommt die eigentliche Schlacht«

Die Konservativen gewannen die Parlamentswahlen von 1979 und Margaret Thatcher wurde Premierministerin. »Wir haben die erste Hürde genommen«, schrieb sie einem ihrer Vertrauten. »Jetzt kommt die eigentliche Schlacht.« Joseph mochte der führende Verbreiter der Ideen gewesen sein, doch nun war es an Thatcher, sie umzusetzen. Indem sie dies tat, wurde sie zur einzigen Premierministerin des 20. Jahrhunderts, »deren Name zum Synonym für eine politische Philosophie wurde«.

Margaret Thatcher wurde 1925 unter dem Namen Margaret Roberts geboren. Die Wurzeln ihrer politischen Karriere und ihrer grundlegenden Anschauungen lagen in ihrer Kindheit. »Im Grunde war Margaret Thatcher ein ausgesprochen intelligentes Mädchen aus der unteren Mittelklasse aus den Midlands«, so ein Minister ihres Kabinetts. »Sie glaubte an harte Arbeit, Leistung und daran, dass man für alles bezahlen muss. Wenn du kein Geld hast, bekommst du nichts.« Sie war die Tochter eines Lebensmittelhändlers und politisch aktiven Vaters aus Grantham, einer Stadt in den Midlands. Alfred Roberts hatte Lehrer werden wollen, war aber aufgrund der bescheidenen Mittel seiner Familie gezwungen gewesen die Schule im Alter von 13 Jahren zu verlassen und arbeiten zu gehen. Er sparte seine Pennys und brachte es schließlich zu zwei eigenen Lebensmittelläden. Er war ein Autodidakt, brachte sich das meiste selbst bei und war einer der eifrigsten Benutzer der örtlichen Bibliothek. Sein Interesse galt weit stärker der Lokalpolitik als den Lebensmitteln.

Alfred Roberts war der prägende Einfluss im Leben seiner Tochter. »Ich schulde fast alles meinem Vater«, sagte sie, besonders, wie sie später hinzufügte, »Integrität«: »Er lehrte mich, dass man zuerst herausfindet, woran man glaubt. Dann wendet man es an. Bei wichtigen Dingen schließt man keine Kompromisse.« Er war es, der ihr die moralischen Lehrsätze und Beispiele vermittelte – über harte Arbeit, Eigenständigkeit, Sparsamkeit, Pflichtgefühl und die Treue zu den eigenen Überzeugungen, selbst wenn man in der Minderheit ist –, die sie als Premierministerin stolz zitierte. Von ihm wusste sie, dass es nicht genug war, »A« zu sagen (*be a starter*), man musste auch

»B« sagen (*be a sticker*) und die Sache »durchziehen«. »Manche sagen, ich verkünde nur häusliche Moralpredigten und Salonweisheiten«, sagte sie 1982. »Aber das stört mich nicht. Diese Weisheiten hätten manchen Finanzier vor dem Scheitern und manches Land vor der Krise bewahrt.« Außerdem war sie von dem starken methodistischen Glauben ihrer Familie geprägt. Sonntags ging sie zwei- oder dreimal am Tag in die Kirche. Die Familie lebte einfach, ja kärglich. Es gab nur wenig Spielzeug und die Wohnung lag direkt über dem Laden. Politik war, wie sie bemerkte, der beste und aufregendste Teil des Lebens ihres Vaters, und Alfred Roberts sprach mit seiner Tochter über Politik. Sie war zehn, als sie das erste Mal bei einer Wahlkampagne mitarbeitete.

Sie ging auf die Universität Oxford, wo sie ohne große Überzeugung Chemie studierte. Gefesselt war sie stattdessen von der Politik. Schließlich wurde sie Vorsitzende der Oxford University Conservative Association (obwohl sie nicht im Debattierklub von Oxford das Wort ergreifen konnte, weil dies Frauen damals noch nicht erlaubt war). Sie hatte sich für die politische Laufbahn entschieden. 1945 ging sie nach Grantham zurück, um als konservative Kandidatin in den Wahlkampf zu ziehen. »Die Gegenwart einer jungen Dame von 19 Jahren«, berichtete das *Grantham Journal,* »mit solch entschlossenen Überzeugungen war kein geringer Faktor.« Ihre Universitätsjahre waren in die Zeit des Zweiten Weltkriegs gefallen; daher wuchs sie mit einem unverblümten und starken Patriotismus auf, den sie nie aufgab. Der Krieg – nicht die Weltwirtschaftskrise – war für sie die prägende Erfahrung.

Nach ihrem Universitätsabschluss arbeitete sie als Chemikerin bei einem Kunststoffunternehmen und danach in der Forschungsabteilung der Nahrungsmittelfirma Lyons, wo sie Kuchenfüllungen und Eiskrem testete. Sie hatte kein großes Interesse an der Forschung, aber sie war entschlossen, außerhalb des Elternhauses auf eigenen Beinen zu stehen. Was sie wirklich wollte, war, als Kandidatin in einem Parlamentswahlkreis aufgestellt zu werden. Später räumte sie ein, dass sie der Labour Party eines schuldete: Die Labour-Regierung hatte die Bezüge der Parlamentsabgeordneten von 600 Pfund im Jahr auf 1000 Pfund erhöht. »Von dem Augenblick an«, erinnert sie sich, »wurde es möglich, an eine politische Karriere zu denken.«[11]

Sie erhielt einen Wahlkreis im Südosten Englands, der traditionell eine Labour-Hochburg war. Sie verlor. Niemand hatte etwas anderes erwartet und sie war sehr glücklich über diese erste Chance, ins Parlament gewählt zu werden. An dem Abend, als sie zur Kandidatin ihres Wahlkreises gewählt wurde, traf sie einen Geschäftsmann namens Denis Thatcher, der die Farben-

und Chemiefirma seiner Familie führte. Beide interessierten sich für Politik und, wie sie es ausdrückte, »sein berufliches Interesse an Farben und meines an Plastik« gab ihnen weiteren Gesprächsstoff, so »unromantisch« eine solche Grundlage auch erscheinen mochte.

Sie heirateten 1951. Sie hatte genug von Chemie und Kuchenfüllungen, studierte Jura, wurde Rechtsanwältin und spezialisierte sich auf Patent- und Steuerrecht. Als junge Tory-Frau hatte sie bereits einen gewissen Bekanntheitsgrad erreicht. 1952 schrieb sie einen Artikel für eine Sonntagszeitung, in dem sie die Meinung vertrat, dass Frauen nicht notwendig das Gefühl haben sollten, zu Hause bleiben zu müssen. Sie konnten Karriere machen – auch als Abgeordnete im Parlament, wo unter 625 Mitgliedern nur 17 Frauen waren. Und es gab keinen Grund, nicht hoch hinauszuwollen, selbst im Parlament. »Sollte eine Frau der Aufgabe gerecht werden, dann, so meine ich, soll sie die gleiche Chance haben wie die Männer, einen führenden Kabinettsposten zu besetzen. Warum keine Frau als Finanzministerin? Oder Außenministerin?« 1959 wurde Thatcher ins Parlament gewählt. Sie hatte die erste Stufe erklommen.

»Der natürliche Weg, voranzukommen und Erfolg zu haben«, erinnerte sie sich später, »lag in der politischen Mitte und im linken Flügel der Konservativen Partei. Vor allem musste ein viel versprechender Tory-Politiker vermeiden ›reaktionär‹ zu sein.« Premierminister Harold Macmillan verkörperte all dies. Er war sehr betroffen gewesen von der Arbeitslosigkeit und Verzweiflung, die er in seinem Wahlkreis in Stockton-on-Trent in den 30er Jahren gesehen hatte. Er hatte mit zu den Ersten gehört, die sich für Keynesianismus und Planung einsetzten. Macmillan, eine Art »New-Deal-Konservativer«, hatte es als seine Pflicht angesehen, die konservativen Torys fest im Nachkriegskonsens zu verankern; und er befürwortete den Wohlfahrtsstaat, Vollbeschäftigungspolitik und Planung. All dies war für ihn ein »Mittelweg« zwischen dem alten Liberalismus auf der einen und Sozialismus und Totalitarismus auf der anderen Seite. Sein Familienunternehmen, der Verlag Macmillan, hatte Keynes' wichtigste Werke veröffentlicht. Macmillans Buch über einen wirtschaftlichen Mittelweg (*The Middle Way*) galt in den 30er Jahren als das deutlichste politische Bekenntnis zum Keynesianismus, und Macmillans gesamte politische Karriere war stark von Keynes und vom Keynesianismus beeinflusst. In seinen Jahren als Premierminister von 1956 bis 1963 machte er sich weit mehr Sorgen über die Arbeitslosigkeit als über die Inflation. »Die Inflation betrug um 2½ Prozent pro Jahr«, erklärte er später, »und Keynes hatte mir immer gesagt, das sei ungefähr richtig. (...) Niemand würde sie spüren.«

Margaret Thatcher schloss sich der »herrschenden Orthodoxie« an, wie sie es nannte, und erklomm weitere Stufen auf der Karriereleiter. 1961 machte Macmillan sie zur Staatssekretärin und sie folgte ihm so pflichtbewusst wie seinem Nachfolger Alec Douglas-Home (der in der Presse gnadenlos karikiert wurde, weil er einmal bemerkt hatte, er veranschauliche sich ökonomische Probleme mithilfe von Streichhölzern). Dann gehörte sie zum Team von Edward Heath und wurde Erziehungsministerin, als er die Konservativen 1970 zum Wahlsieg führte. Erst nach der Wahlniederlage 1974 brachen sie und Keith Joseph mit Heath und der herrschenden Parteilinie, mitten in der wirtschaftlichen und sozialen Krise und dem Kampf um die Parteiführung. Aber sie war schon zuvor stark vom Institute of Economic Affairs beeinflusst gewesen, mit dem sie seit den 60er Jahren zusammenarbeitete.

Als Oppositionsführerin seit 1974 ließ Thatcher keinen Zweifel daran, dass sie zu den überzeugtesten Anhängern des freien Marktes innerhalb der Konservativen Partei gehörte. Mitte der 70er Jahre, kurz nachdem sie Parteivorsitzende geworden war, besuchte sie die Forschungsstelle der Partei. Ein Referent hielt einen Vortrag, in dem er dafür eintrat, dass die Torys einen Mittelweg zwischen rechts und links beschreiten sollten, als sie ihn mitten in seinen Ausführungen schroff unterbrach. Sie war nicht daran interessiert, Harold Macmillan wieder aufzupolieren. Sie griff in ihre Aktentasche und zog ein Buch heraus. Es war von Hayeks *Die Verfassung der Freiheit*. Sie hielt es hoch, sodass alle es sehen konnten. »Dies ist es«, sagte sie barsch, »woran wir glauben.« Sie knallte das Buch auf den Tisch und hielt dann einen Monolog über die Krankheiten der britischen Wirtschaft.

In jener Zeit fuhr sie eines Abends beim Institute of Economic Affairs vorbei, um sich privat mit von Hayek zu treffen. Nachdem sie gegangen war, versammelten sich alle Mitarbeiter um den betagten Ökonomen, der ungewöhnlich nachdenklich war, um ihn nach seiner Meinung zu fragen. Nach einem langen Augenblick des Schweigens bestand seine ganze Antwort in dem Satz: »Sie ist so schön.«

Und jetzt, 1979, nur ein halbes Jahrzehnt nach dem Wahldebakel der Konservativen und ihrem Bruch mit Heath und dem traditionellen Konservatismus, war sie Premierministerin. Eine ihrer ersten Amtshandlungen bestand darin, Ralph Harris, den Direktor des Institute of Economic Affairs, zum Mitglied des Oberhauses (House of Lords) zu ernennen. »Es war in erster Linie Ihre Grundlagenarbeit«, schrieb sie, »die es uns ermöglichte, die Philosophie zu schaffen, mit der unsere Partei Erfolg hatte.«

Bei ihrer Amtsübernahme dachte sie an ihren Vater, der ein Jahrzehnt zuvor gestorben war. »Ich bin sicher, dass er nie geglaubt hätte, dass ich schließlich Premierministerin werden würde. Er hätte sich dies für mich gewünscht, weil Politik so sehr Teil seines Lebens und ich darin ganz seine Tochter war.«[12]

Traditionalisten und Neuerer: Die *wets* gegen die *drys*

Die Ideen – das Kanonenfutter für die Schlacht – waren da. Margaret Thatcher hatte ganz genaue Vorstellungen. Der Staat tat zu viel. »Wir sollten vom Staat nicht erwarten«, erklärte sie kurz nach ihrer Amtsübernahme, »dass er bei jeder Taufe als verschwenderische gute Fee erscheint, in jeder Phase der Lebensreise als ein redseliger Gefährte und bei jeder Beerdigung als unbekannter Trauergast.« Sie wollte den – wie sie es nannte – »Kindermädchenstaat« mit seiner »Verhätschelung« von der Wiege bis zum Grab durch die viel erfrischenderen Risiken und Belohnungen einer »Unternehmerkultur« ersetzen. Sie liebte die Sentenz von Edmund Burke, dass Politik »angewandte Philosophie« sei. Aber Ideen waren das eine; sie in die Tat umzusetzen, sie inmitten der immensen Komplexität und Kontroversen eines modernen Staates und einer modernen Gesellschaft in Politik zu verwandeln: das war etwas völlig anderes. Und nach den ersten drei Jahren zu urteilen, hätte man die Thatcher-Revolution als gescheitert betrachten können. Oder, schlimmer noch: als ein Ereignis, das gar nicht stattgefunden hatte.

Die neue Tory-Regierung, die 1979 die Macht übernahm, entdeckte, dass die von Labour geerbte wirtschaftliche Situation noch schwieriger war als erwartet. Die Callaghan-Regierung hatte sich mit Notbehelfen über die Runden gerettet. Der Zinssatz betrug 16 Prozent; ein Anstieg der Inflationsrate auf 20 Prozent wurde erwartet; das Staatsdefizit konnte nur anschwellen. Gewaltige Lohnerhöhungen waren den Angestellten des öffentlichen Dienstes versprochen worden, eine Art rückdatierter Scheck von der Labour-Regierung, der die Inflation noch weiter anfachen würde. Die Staatsunternehmen saugten unersättlich Geld aus der Staatskasse. Die Lage wurde noch schwieriger, weil sich die Hoffnungen von Keith Joseph, die Konservative Partei zu bekehren, nur teilweise erfüllt hatten. Zu Beginn ihrer Regierung sagte Thatcher gern: »Gebt mir sechs starke und getreue Männer, und ich pack es an.« (»*Give me six strong men and true, and I will get through.*«) Doch sie hatte kaum sechs. Thatcher war in ihrer eigenen Regierung in der Minderheit und hatte keine Kontrolle über ihr Kabinett.

Der Riss verlief, um im Jargon der Zeit zu bleiben, zwischen den *wets* und den *drys*. Die *wets* waren die traditionellen Torys, die den keynesianischen Konsens der gemischten Ökonomie teilten, traditionell an Disraelis »eine Nation« glaubten, die Konfrontationspolitik kritisierten und Erben des mittlerweile erkrankten Harold Macmillan und des nunmehr cholerischen Edward Heath waren. Die *drys* waren jene, die die Botschaft der Reden von Keith Joseph aufgesogen und verinnerlicht hatten. Wer zu diesem Kreis gehörte, war »einer von uns«, wie Thatcher zu sagen pflegte: einer, der die Revolution wollte. Aber in Thatchers erstem Kabinett gab es mehr *wets* als *drys*.

Davon abgesehen war das Wahlprogramm von 1979 eher vorsichtig als revolutionär gewesen. Aber Thatcher wusste schon von Anfang an, wonach sie strebte. »Die beiden großen Probleme der britischen Wirtschaft«, verkündete sie, »sind das Monopol der verstaatlichten Industrien und das Monopol der Gewerkschaften.« Um sie zu besiegen, musste sie ihnen den Krieg erklären.

Da sie nach endlosen Streiks ins Amt kam, war sie gezwungen, sich auf die mächtigen Gewerkschaften zu konzentrieren. Wenn es nicht gelang, die Gewerkschaften zu zügeln und eine größere Waffengleichheit herzustellen, konnte nichts Wesentliches erreicht werden. Die Regierung leistete mit unterschiedlicher Vehemenz Widerstand gegen eine Reihe von Streiks, eifrig um den »Demonstrationseffekt« bemüht, dass die Gewerkschaftsführungen nicht tun und lassen konnten, was sie wollten, und die korporatistischen Zeiten gemütlicher Lohnabschlüsse bei »Bier und Sandwiches« in Downing Street Nr. 10 vorüber waren. Sie brachte auch einschneidende Gesetze durchs Parlament, mit denen die Möglichkeiten der mitunter auch untereinander um Macht ringenden Gewerkschaften, jede Meinungsverschiedenheit in einen Klassenkampf zu verwandeln, beschnitten wurden.

Als Industrieminister stand Keith Joseph im Zentrum der Arbeitskonflikte und hatte es unter anderem mit dem Vorreiterstreik in der Stahlindustrie von 1980 zu tun, dem ersten Industriearbeiterstreik der Thatcher-Jahre. Die Gewerkschaften erhielten schließlich ihre Lohnerhöhung, mussten dafür aber Abstriche beim Zwang zur Neueinstellung nicht benötigter Arbeitskräfte und bei anderen restriktiven Vereinbarungen hinnehmen sowie Umstrukturierungen zustimmen. Joseph hatte sich geweigert, sich an den traditionellen Kuhhandel zwischen Gewerkschaften, Industrie und Regierung zu halten. Mit ihm waren keine Abschlüsse bei »Bier und Sandwiches« zu machen. »Mit Ihnen zu reden«, soll ein Gewerkschaftsführer gesagt haben, »ist, als wollte man einem tauben Esel Chinesisch beibringen.« Joseph machte sich außerdem für drastische Kürzungen der Staatsausgaben stark, um die unablässig steigende Staatsverschuldung zu vermindern.

Bei alldem vergaß er nicht seine Berufung, andere zu bekehren. Zu Beginn der Legislaturperiode überreichte er ranghohen Regierungsbeamten eine Lektüreliste, sozusagen einen Katalog der Philosophie, die in die Tat umgesetzt werden sollte. Josephs Biograf ergatterte eine mit Tee bekleckerte Kopie, auf der 29 Titel standen, darunter von Hayeks *Der Weg zur Knechtschaft* und zwei Werke von Adam Smith – nicht nur *Der Wohlstand der Nationen*, sondern auch seine *Theorie der ethischen Gefühle* – neben acht Broschüren von Sir Keith Joseph.[13]

»Die Dame ist nicht fürs Umkehren«

Gleichzeitig setzte die Regierung alles daran, den Keynesianismus durch den Monetarismus zu ersetzen. Statt bei der Fiskalpolitik anzusetzen, glaubte die Tory-Regierung, dass ihre wichtigste wirtschaftspolitische Aufgabe darin bestand, ein stetiges Wachstum der Geldmenge sicherzustellen, das dem Wirtschaftswachstum entsprach. Dies war der direkteste Angriff auf den bis dahin geltenden Konsens. »Wir sind hier alle Keynesianer«, äußerte damals der ständige Staatssekretär im Finanzministerium privat und etwas bedrückt. »Aber wir haben unser Bestes getan, um der Regierungslinie zu folgen.« Die traditionellen Mittel des Keynesianismus zur Lenkung der Wirtschaft – Beschäftigungs- und Produktionsziele – wurden in den Budgetplänen der Regierung zugunsten von Zielvorgaben für das Wachstum der in der Wirtschaft zirkulierenden Geldmenge aufgegeben. Riesige und äußerst umstrittene Kürzungen, die den Trend der vorangegangenen vier Jahrzehnte deutlich umkehrten, wurden bei den Staatsausgaben vorgenommen. Dennoch trat keine wirtschaftliche Erholung als unmittelbares Ergebnis ein. Die bereits tief verwurzelte Inflation verschlimmerte sich noch durch den Ölpreisschock von 1979 und die vorgesehenen Lohnerhöhungen im öffentlichen Dienst. Josephs Vision schien nicht ganz so zu einzutreten, wie er versprochen hatte; es gab viel mehr Bankrotteure als Millionäre.

Ein Teil der härtesten Kritik kam aus Thatchers Kabinett. Einer ihrer Minister kritisierte heftig die gesamte politische Agenda und warnte, dass »Wirtschaftsliberalismus à la Professor von Hayek aufgrund seiner Härte und Unfähigkeit, Gemeinsinn zu schaffen, kein Garant politischer Freiheit, sondern eine Bedrohung für sie ist«. Die Bürger würden dem Staat gegenüber nicht loyal sein, es sei denn, der Staat biete ihnen Schutz. »Belehrungen darüber, dass Wettbewerb letztlich heilsam und Eingriffe in den Markt gefährlich sind, befriedigen die Leute nicht, die in Not sind.« Hinter verschlossenen Türen im Kabinett wurden noch apokalyptischere Voraussagen getroffen.

Andere Politiker hätten vielleicht einen Kompromiss geschlossen. Nicht so Thatcher. Sie war entschlossen. »Oh ja, ich weiß, kürzlich haben uns nicht weniger als 365 Wirtschaftsprofessoren erklärt, dass so etwas nicht möglich ist, dass die britische Wirtschaft zum Untergang verurteilt ist«, sagte sie. »Ihr Vertrauen in die Genauigkeit ihrer eigenen Vorhersagen raubt mir den Atem. Aber da ich selbst über einem Geschäft aufgewachsen bin, frage ich mich manchmal, ob sie für ihre Vorhersagen mit ihrem Geld einstehen.« Politisch mag sie mit dem Rücken zur Wand gestanden haben, aber sie jubelte beinahe über die Herausforderung. Bei einem kleinen Dinner in der Downing Street streifte sie ihre Schuhe ab und stieg auf einen Stuhl, um eine ungeplante Rede zu halten. »Ich bin der rebellische Kopf einer Regierung des Establishments«, sagte sie stolz.

Aber würde sie nicht doch – wie Edward Heath – gezwungen sein, eine Kehrtwendung zu machen und zum Konsens zurückzufinden? Nicht im Geringsten. Das würde heißen, klein beizugeben, und das war mit ihr nicht zu machen. Der neue Ansatz mit seiner Betonung des Marktes statt des Staates mochte umstritten sein, aber der alte Ansatz war diskreditiert – er war gescheitert. Doch der Ruf nach einer Kehrtwendung fort von den Ideen, die Joseph und sie in den 70er Jahren vorgeschlagen hatten, wuchs immer mehr. Thatcher ließ sich indessen nicht umstimmen. 1980, auf dem jährlichen Parteitag der Konservativen, wo viele einen Kurswechsel wünschten, zog Thatcher den Trennungsstrich. »Kehren Sie um, wenn Sie wollen«, erklärte sie. »Die Dame ist nicht fürs Umkehren« (»*The lady's not for turning*«). Es wurde ihr berühmtester Ausspruch.

Großbritanniens Krankheiten zu heilen, so sagte sie immer wieder, würde nicht schmerzlos sein. Aber die wirtschaftlichen Schmerzen wurden immer größer. Und mit ihnen nahm Thatchers Popularität ab. Was ihre Anhänger als Entschlossenheit, Verpflichtung auf traditionelle Werte und als Bereitschaft sahen, die Wahrheit offen auszusprechen, war für ihre Kritiker Ausdruck einer herrischen, feindseligen und zuweilen grundlos hartherzigen Persönlichkeit. Es war dieser Eindruck, der ihr bei ihren Gegnern sowohl im ganzen Land wie in ihrer eigenen Partei eine besondere Feindschaft eintrug. Für das ehemalige Establishment der Konservativen war sie »diese Frau« geworden, was man mit emphatischer Bissigkeit aussprach. Als sie persönlich einen Grandseigneur der Torys und Schwiegersohn von Winston Churchill, den Aristokraten Christopher Soames, in barschem Ton aus dem Kabinett feuerte, machte sich dieser in einer Schmährede Luft, in der er all ihre Fehler auflistete, eine Anklage, die durch ein offenes Fenster von Downing Street Nr. 10 bis auf die Straße zu hören war. Zum Katalog ihrer Missetaten gehörte, dass keine Frau jemals in so beleidigender Weise mit ihm, Soames, gesprochen habe. Thatcher selbst schrieb seine Wut dem Umstand zu, dass er offenbar das Gefühl gehabt habe, »von seinem Dienstmädchen entlassen zu werden«.

Auch sie mag durchaus ihre Zweifel gehegt haben, aber sie behielt sie für sich. Trotz ihrer Sicherheit – oder gerade deswegen – schien die Chance, dass sie Erfolg haben würde, immer geringer zu werden. Die Torys waren in der Wählergunst auf 30 Prozent zurückgefallen, sie selbst stand mit 23 Prozent Unterstützung noch schlechter da. Sie war so unpopulär wie kein Premierminister vor ihr seit Einführung der Meinungsumfragen. Das war kaum eine Ausgangsbasis, auf der sich eine Revolution durchführen ließ.[14]

Der Falklandkrieg: »Das Unerwartete passiert«

Einer von Thatchers Lieblingsaphorismen war »Thatchers Gesetz«, wie sie es nannte: »Das Unerwartete passiert.« Und dies geschah am 2. April 1982. An jenem Tag besetzten argentinische Truppen die Falklandinseln im Südatlantik, einige hundert Kilometer vor der Küste Argentiniens. Großbritannien hatte die zerklüfteten Inseln, wo weniger als 2 000 Briten lebten, 149 Jahre lang regiert. Schon seit langem reklamierte Argentinien diese öde, wenig einladende Immobilie für sich; die brutale Militärjunta, die das Land regierte, wollte sie zurückgewinnen und erwartete kaum nennenswerten Widerstand. Aber Thatcher entschied, dass die argentinische Aggression nicht toleriert werden durfte. Trotz beträchtlicher Risiken schickte sie eine Armada in See, um die Inseln zurückzuerobern. Zu diesem Zeitpunkt war das eine sehr einsame Entscheidung für sie. »Ich war nicht bereit es zu akzeptieren«, sagte sie später. »Ich glaubte nicht an Beschwichtigungspolitik und war nicht bereit unsere Leute der Diktatur auszuliefern. Aber wenn ich alle Faktoren in einen Computer eingegeben hätte – 8 000 Seemeilen Entfernung, Winter, Nachschubprobleme, die Luftunterstützung der Gegenseite nur 700 Kilometer entfernt, nur zwei Flugzeugträger auf unserer Seite – und was, wenn einer davon drei oder vier Wochen, nachdem die Soldaten an Bord gegangen waren, noch vor der Landung versenkt worden wäre? –, dann hätte der Computer geantwortet: Tu's nicht. Aber wir sind Menschen, die ihren Glauben haben.«

Nach mehreren Seeschlachten, einer Landung mit allen Einsatzkräften und drei Wochen harter Kämpfe gaben die Argentinier auf. Ein Ergebnis war der Fall der Militärregierung in Buenos Aires. Der Sieg verwandelte auch Margaret Thatchers Position zu Hause. »Wir sind nicht länger eine Nation auf dem Rückzug«, erklärte sie ihrem Land. »Stattdessen haben wir zu neuem Selbstbewusstsein gefunden – geboren in den wirtschaftlichen Kämpfen zu Hause und erprobt und bestätigt in 8 000 Seemeilen Entfernung.« Ihr Vertrauen in ihre eigene Überzeugung und Urteilskraft hatte enormen Aufwind bekommen. Das Gleiche galt für das Vertrauen der Nation in sie – und sich selbst. Der Falklandkrieg schuf eine neue politische Realität in Großbritannien. Jetzt konnte Thatcher ihre Philosophie erfolgreicher in die Tat umsetzen. »Die ersten drei Jahre hatte ich eine sehr harte Zeit, eine sehr, sehr schwierige Zeit«, erinnerte sie sich später. »Aber nach dem Falklandkrieg verstanden die Leute, dass wir tun würden, was wir zu tun versprochen hatten.«

Der Falklandkrieg verwandelte die britische Politik und half so den Boden für die Thatcher-Revolution zu bereiten. Thatcher selbst war nicht länger eine unpopuläre, beinahe sektiererische Gestalt. Sie hatte nach und nach bewiesen, dass eine Frau das Amt des Premierministers ausfüllen konnte. Aber der wahre Test sollte bei den Parlamentswahlen 1983 kommen. Unbedacht tat die Opposition das Ihre, um Thatchers neue Position zu stärken. Moderate Parteifunktionäre trennten sich von einer Labour Party, die unfähig war, sich von ihrer Vergangenheit zu lösen, und gründeten eine neue sozialdemokratische Partei. Das Ergebnis war eine Spaltung der Opposition, eine politische Realität, welche die hohen Arbeitslosenzahlen und die mangelnde öffentliche Unterstützung für die wirtschaftspolitische Strategie der konservativen Torys überdeckte.

Trotz der nunmehr – wie es schien – starken Position der Konservativen verbrachte Thatcher einen Teil ihrer kostbaren Freizeit vor der Wahl in ihrer

Privatwohnung in Downing Street Nr. 10, um schon einiges einzupacken, nur für den Fall, dass sie verlieren würde und über Nacht ausziehen müsste. Diese Vorbereitungen erwiesen sich als unnötig. Sie gewann mit einem Erdrutschsieg – eine Mehrheit von 144 Sitzen. Es war der größte Wahlerfolg seit dem Sieg der Labour Party im Sommer 1945, der das »Neue Jerusalem« einleitete.

Nun befand sich Margaret Thatcher in der Position, ein Programm verfolgen zu können, das den Namen Thatcherismus verdiente. Es enthielt die vielen Elemente, die Keith Joseph in seinen Reden bereits vorweggenommen hatte: die Ablehnung des Keynesianismus, eine Beschränkung des Wohlfahrtsstaates und der Staatsausgaben, die Verpflichtung auf eine Verminderung der direkten Interventionen des Staates in die Wirtschaft, den Verkauf staatlicher Unternehmen, eine gemeinsame Anstrengung, um die absurd hohen, leistungsfeindlichen Steuersätze zu reduzieren und die Verpflichtung auf die Senkung des Staatsdefizits. Das ganze Paket wurde mit kompromissloser Selbstgewissheit auf den Weg gebracht, und es hatte den Anschein, dass nichts von der mitfühlenden Fürsorglichkeit des »Kindermädchenstaates« dabei überlebte. Dies war es wohl, was so polarisierend wirkte und einer nüchternen Beurteilung des Thatcherismus im Weg stand.[15]

Die entscheidende Schlacht

Die beiden Siege – im Falklandkrieg und an den Wahlurnen – gaben Thatcher nun die Gelegenheit, in den nächsten Krieg zu ziehen und ohne Umschweife ein Problem anzugehen, das bewältigt werden musste, um die britische Wirtschaft auf einen neuen Kurs zu bringen. Dieses Problem war die überwältigende Macht der Gewerkschaften, die zu einer äußerst lähmenden Kraft geworden waren. Die Konfrontation nahm die Gestalt einer vetrackten Pattsituation mit der Nationalen Bergarbeitergewerkschaft an, die von einem militanten Marxisten namens Arthur Scargill geführt wurde. Der Kampf war dramatisch und langwierig. Und er erwies sich als die entscheidende Schlacht.

Die Kohleindustrie, die 1947 verstaatlicht worden war, fuhr horrende Verluste ein; die staatlichen Subventionen beliefen sich auf umgerechnet weit über zwei Milliarden Mark pro Jahr. Der Bergbau musste dringend rationalisiert werden; Bergwerke mussten geschlossen und Arbeitsplätze abgebaut werden, wenn es irgendeine Hoffnung auf Erholung geben sollte. Scargill und seine militanten Mitstreiter waren kompromisslos. Keine Zeche sollte stillgelegt werden, sagten sie, egal wie hoch die Verluste waren. Für sie war es kein Kampf um Modernisierung, sondern ein Klassenkampf.

Thatcher und ihre Kollegen wussten aus eigener bitterer Erfahrung, dass ein Bergarbeiterstreik fast genau ein Jahrzehnt zuvor den Fall der Regierung Heath entscheidend beschleunigt hatte. Seither war man allgemein der Meinung, dass die Nationale Bergarbeitergewerkschaft eine Regierung retten oder stürzen konnte. So erschien die Konfrontation mit den Bergleuten unvermeidlich und notwendig. Auch für Thatcher kam ein Kompromiss nicht in Betracht. In Vorbereitung der Kampagne sorgten Thatchers Feldherren dafür, dass die staatliche Elektrizitätsgesellschaft (Central Electricity Generating Board) sehr frühzeitig Kohlevorräte anlegte, um das Ausbleiben von Lieferungen durchstehen zu können. Eine Wiederholung der Stromausfälle und -rationierung wie 1974 sollte es nicht geben.

Der Streik begann im März 1984. Er wurde erbittert und mitunter gewalttätig geführt – Tausende wurden in seinem Verlauf inhaftiert. Nicht nur die Bergleute, die weiter arbeiten wollten, sondern auch ihre Familien waren Gegenstand ständiger Einschüchterungen. Der Streik erregte international großes Aufsehen. Sozialdemokraten in Westeuropa sammelten auf der Straße Geld, um die Streikenden zu unterstützen. Die Nationale Bergarbeitergewerkschaft erbat Mittel vom libyschen Oberst Moamar al-Gaddhafi und erhielt Geld von den »Gewerkschaften« des sowjetisch kontrollierten Afghanistan und offenbar von der Sowjetunion selbst. Trotz des enormen Drucks und der kritischen Lage blieben die staatliche Kohlegesellschaft (National Coal Board) und die Regierung standhaft. Der Streik dauerte ein Jahr, aber dann, ganz im Gegensatz zu 1974, erlahmte er langsam. Diesmal musste die Bergarbeitergewerkschaft kapitulieren. Die Regierung hatte gewonnen. Am Ende stand eine neue Ära der Beziehungen zwischen Arbeitnehmern, Management und Staat, eine neue Ära der fundamentalen Wirtschaftsbeziehungen in Großbritannien. Die Jahrzehnte des Arbeitsplatzprotektionismus, für die das Land mit mangelnder Flexibilität, roten Zahlen und verlorenem Wirtschaftswachstum teuer bezahlt hatte, waren vorüber.

Die Geburt der Privatisierung

Die Schlacht mit den Bergleuten machte die Wende im Wirtschaftsgefüge am augenfälligsten. Aber das entscheidende und – zusammen mit der Philosophie selbst – wirkungsmächtigste Element des Thatcherismus wurde unter dem Begriff Privatisierung bekannt. Sie stellte den schärfsten Bruch mit dem Attlee-Konsens der Nachkriegszeit dar. Tatsächlich galt das, was in den späten 90er Jahren selbstverständlich werden sollte, vor den britischen Unterhauswahlen von 1979 als so radikal, dass selbst die überzeugtesten Thatcher-Anhänger nicht davon zu sprechen wagten. Das Äußerste, was man im Hinblick auf Staatsunternehmen fordern konnte, war die Einführung von »starren« finanziellen Zielen, die Beseitigung ministerieller Einmischung, die Verbesserung der Effizienz und das Ende staatlicher Subventionen. Die Privatisierung selbst wurde im Wahlprogramm von 1979 nur beiläufig angeschnitten. Weiter zu gehen hätte bedeutet, die Wähler am Vorabend der Wahlen zu verängstigen.

Die ersten weiten Vorstöße nach dem Wahlsieg von 1979 gingen in dieselbe Richtung. Staatsunternehmen, so sagten einige, sollten »kommerzieller« und stärker wie Privatunternehmen geführt werden. Die politischen Vordenker in Downing Street Nr. 10 untersuchten die Möglichkeit einer Umwandlung in staatlich dominierte Aktiengesellschaften. Aber andere, angefangen mit Margaret Thatcher und Keith Joseph, hielten dies nicht für ausreichend. Sie wollten viel weiter gehen. Ihnen erschien die Idee, mit staatlichen Unternehmen Privatunternehmen »nachzuahmen«, als würde man versuchen »aus einem Esel ein Zebra zu machen, indem man ihm Streifen auf den Rücken malt«. Ihnen schwebte etwas weit Radikaleres und Originelleres vor: Sie wollten den Staat aus der Wirtschaft zurückziehen. Um dies zu bewerkstelligen, mussten sie ein neues Modell erfinden, denn es gab weder in den Industrie- noch in den Entwicklungsländern ein Vorbild für das, was sie beabsichtigten.

Noch komplizierter wurde die Sache, weil dieses Modell einen Namen brauchte. Ein augenfälliger Kandidat war *denationalization*, also Rückführung von Unternehmen, die in das Eigentum des Staates übergegangen waren, in private Hand. Aber da gab es ein Problem. Einige Unternehmen, wie die Telefongesellschaft, waren überhaupt nie verstaatlicht worden; sie waren als Anhängsel von staatlichen Ministerien entstanden. Außerdem hatte das Wort einen entschieden negativen und abstoßenden Beiklang. So fasste man stattdessen ein anderes Wort ins Auge: »Privatisierung«, obwohl man den Ausdruck kaum weniger hässlich fand. In den späten 60er Jahren war ein junger konservativer Politiker namens David Howell beauftragt worden einen Plan auszuarbeiten, um, wie er selbst es ausdrückte, »den gewaltigen britischen Staatssektor zu entflechten und gleichzeitig das Kapitaleigentum in der britischen Gesellschaft zu verbreitern«. In den USA stieß er bei der Suche nach Ideen im Werk des Wirtschafts- und Sozialtheoretikers Peter Drucker auf den Begriff »Privatisierung«. Howell fand das Wort unschön; dennoch war er der Meinung, dass es beschrieb, was ihm vorschwebte, und so benutzte er es 1969 in seinem Aufsatz »A New Style of Government«. Aber damals, so Howell, »schlummerte« die Idee noch, bis Joseph und Thatcher sie aufgriffen.

Das Eigenartige an diesem Wort war, dass diejenigen, die es vorschlugen, es ebenso hässlich wie nützlich fanden. »Ich mag es nicht«, sagte Thatcher. »Es geht um freie Wirtschaft. Aber wir mussten es akzeptieren. Es war ein bündiges Wort.« Tatsächlich mochte Thatcher das Wort so wenig, dass sie sich eine Zeit lang weigerte es überhaupt zu benutzen. Aber wie alle anderen gab sie schließlich nach. »Keinem von uns fiel etwas Besseres ein«, schrieb Nigel Lawson, der Energieminister und spätere Schatzkanzler. »Und da das Wort, oder wortwörtliche Übersetzungen dieses Wortes, heute von Sibirien bis Patagonien benutzt wird, können wir es auch genauso gut weiter verwenden.«

Thatcher übernahm das Konzept – wenn schon nicht das Wort –, weil sie darin weit mehr sah als ein Mittel, um das Säckel des Finanzministeriums zu füllen oder die Gewerkschaften zu zügeln. Es ging ihr um die Veränderung der Balance in der Gesellschaft. »Ich wollte die Privatisierung einsetzen, um mein Ziel einer Demokratie von Kapitaleigentümern zu verwirklichen. Das ist ein Staat, in dem die Bürger Häuser und Aktien besitzen, einen Anteil an der Gesellschaft haben und Vermögen, das sie an kommende Generationen weitergeben können.« Dieser Ehrgeiz trieb sie an.

Die Labour-Politiker hatten vor und nach dem Zweiten Weltkrieg staatliche Unternehmen als nahezu altruistische Unternehmungen gefördert. »Die staatliche Gesellschaft soll kein bloßes kapitalistisches Geschäft sein, dessen Ein und Alles Profite und Dividenden sind«, hatte Herbert Morrison gesagt, jener Labour-Politiker, der so großen Einfluss auf das Verstaatlichungsprogramm der Nachkriegszeit genommen hatte. »Ihr Vorstand und ihre Manager müssen sich als Treuhänder des öffentlichen Interesses betrachten.« Aber in der Praxis, so argumentierten die Thatcheristen, war dieses hohe Ideal nicht zu erreichen. Konnte der Staat die Zukunft besser vorhersehen als die Privatwirtschaft? Er hatte keinen Zugang zu einem höheren Wissen.

Tatsächlich glaubten die Thatcheristen nicht an das Regierungswissen. Der Staat verfüge nicht, wie Nigel Lawson es ausdrückte, über »eine einzigartige Hotline in die Zukunft«. Die geschichtliche Erfahrung legte das genaue Gegenteil nahe: Dem Wandel begegnete der Staat mit mangelnder Flexibilität.

Was immer das Ideal gewesen war, Staatsunternehmen hatten sich in der Praxis häufig als äußerst ineffiziente, unflexible und schlecht wirtschaftende Beschäftigungsagenturen entpuppt, die unter dem politischen Druck standen, Belegschaften zu halten und zu erweitern, die weit über ihren Bedarf hinausgingen. Sie waren auch unfähig, den Lohnforderungen der Gewerkschaften des öffentlichen Sektors zu widerstehen, und gehörten damit zu den Kräften, die wesentlichen Anteil an der Inflation hatten. Auf Grund ihrer mangelnden Effizienz, ihrer Schwäche gegenüber dem Druck der Gewerkschaften und ihrer Abschirmung vom Wettbewerb des Marktes türmten sie hohe Verluste auf, die sie ausglichen, indem sie sich an den Steuerzahler wandten oder, wie Lawson es ausdrückte, indem sie bei »den bodenlosen öffentlichen Kassen Zuflucht suchten«. Jede ihrer Entscheidungen lief Gefahr, zu einer politischen Entscheidung zu werden, deren treibende Kraft nicht die Interessen des Unternehmens waren, sondern die Wünsche der herrschenden Politiker, ob es nun um Tarifverhandlungen oder Standorte für neue Investitionen, Großprojekte oder Ausrüstung ging. Es fehlte genau das, was die Förderer der staatlichen Industrien in der Labour Party am wenigsten mochten: die Disziplin des Marktes. »Staatseigentum«, erklärte Lawson 1982, »beseitigt Drohung von Übernahmen und letztlich des Bankrotts sowie die Notwendigkeit, sich Kapital auf dem Markt zu suchen, vor der alle privaten Unternehmen von Zeit zu Zeit stehen.« Staatsbetriebe nach britischem Muster bedeuteten auch, dass Produktion und Produkte nicht an den Markt angepasst waren und die Bedürfnisse und Wünsche der Konsumenten, der Käufer, nicht allzu sehr ins Gewicht fielen.

Für die Thatcher-Anhänger wurde die Privatisierung zur großen gemeinsamen Sache. Sie würde den Umschwung bringen, den Keith Joseph im ganzen Land gepredigt hatte. Mehr Menschen zu Kapitaleigentümern zu machen und ihnen so ein vitales Interesse am Privateigentum zu geben, das würde die politische Kultur der Nation verändern. Die Privatisierung würde die Rolle des Staates entschieden begrenzen und zumindest einen Teil des Programms von Margaret Thatcher unumkehrbar machen. Sie würde auch die Effizienz der Unternehmen verbessern und den Verbrauchern mehr Leistung für ihr Geld bringen. Sie würde dem Griff der Staatsunternehmen in die »bodenlosen Staatskassen« ein Ende setzen und den Anteil des Staates am Bruttosozialprodukt verringern. Und nebenbei würde sie dem Staatssäckel beträchtliche Einnahmen verschaffen, die sich wiederum für Steuersenkungen verwenden ließen.

Trotz all dieser Argumente kam nie der Eindruck auf, dass die Privatisierung auf breite öffentliche Zustimmung stieß. Was die Staatsbediensteten anging, so taten sie nichts, um den Prozess aufzuhalten. Ihre Erfahrungen mit staatlichen Unternehmen in den 70er Jahren waren so bitter, dass selbst jene, die sich theoretisch zur gemischten Wirtschaft hingezogen fühlten, in der Praxis die Hoffnung aufgegeben hatten, dass sie gut funktionieren könnte. Zudem hatten sie keine guten Alternativen anzubieten. Die traditionellen Ideen waren ausgelaugt. »Eine der wirklichen Triebkräfte der Privatisierung«, erinnerte sich Thatchers Kabinettsminister John Wakeham, »war der Konsens unter den Bürokraten, dass sie nicht wussten, wie sie noch irgendetwas bestimmen sollten. Planung, Verstaatlichung und so weiter: es war alles gescheitert. Die staatlichen Industrien erwirtschafteten gewaltige Defizite. Es gab die Bereitschaft, etwas Neues auszuprobieren. Man spürte, dass sich in der Bürokratie gegenüber der neuen konservativen Regierung die Auffassung durchgesetzt hatte, dass ›es nicht schlimmer werden konnte, als es schon war‹.« Keith Joseph begann mit der Privatisierung im Industrieministerium und ernannte am ersten Tag der neuen Regierung David Young zu seinem Sonderberater für Privatisierung. »Die neue Regierung war entschlossen, die Staatsausgaben zurückzufahren, und das hieß Privatisierung«, sagte Young. »Das große Risiko lag darin, dass wir Unternehmen für die Privatisierung fit machen mussten. Es stellte sich heraus, dass wir es nicht mit den Kommandohöhen der Wirtschaft zu tun hatten, sondern mit klapprigen Zechen und anderen Industrien, die viel Geld verloren. Unser Ziel war zu verkaufen, was sich verkaufen ließ, und in der Zwischenzeit an den anderen Betrieben zu arbeiten, um die Verluste zu reduzieren, die notwendigen Schließungen vorzunehmen und Management einzuführen.«

Unter solchen Umständen waren die ersten Schritte zur Privatisierung eher bescheiden im Vergleich zu dem, was später kam. Cable & Wireless und British Aerospace gehörten zu den Ersten. Ebenfalls abgestoßen wurden Autobahntankstellen, Hotels, die der staatlichen Eisenbahn gehörten, und eine Firma, die radioaktive Isotope für die medizinische Behandlung herstellte. Als bedeutendste Form der Privatisierung in den frühen Jahren erwies sich der Verkauf von öffentlichen Wohnbauten (»*council housing*«) an die Mieter.

Manchmal löste selbst ein kleiner Privatisierungsschritt einen Sturm des

Widerstands in Presse, Teilen der Öffentlichkeit und bei den Gewerkschaften der Staatsunternehmen aus – und auch bei den Managern solcher Unternehmen, die ihren Herrschafts- und Wirkungsbereich nicht beschnitten sehen wollten. Es schien beinahe keine Rolle zu spielen, was im Einzelnen verkauft werden sollte. British Gas etwa hielt ein umfangreiches Monopol. Die Schaffung dieses Staatsunternehmens war das Mittel gewesen, um ein modernes, integriertes Gasversorgungsnetz im Land aufzubauen. Sein Markt war sehr breit gefächert. British Gas hatte sogar das Exklusivrecht, in seinen 900 über das Land verteilten Verkaufsstellen gasbetriebene Heizöfen und andere Geräte zu verkaufen. 1981 gab die Regierung bekannt, dass sie beabsichtige diese Läden zu verkaufen, weil das Monopol den Wettbewerb hemme, zu höheren Preisen führe und Exporte verhindere. Dass es überhaupt ein solches Monopol gab, war außerdem eher lächerlich: Welche besondere Befähigung hatte der Staat, um Hüter der nationalen Gasherde zu sein?

Doch die Torys ahnten nicht, was sie erwartete. Aufgestachelt vom Management, das nichts von seinem Imperium verlieren wollte, egal wie nebensächlich es war, taten sich die bei British Gas vertretenen Gewerkschaften mit Unterhausabgeordneten von Labour und sogar einigen Konservativen zusammen und verurteilten den geplanten Schritt, die Verkaufsstellen zu veräußern. »Nur wenigen von uns war klar«, schrieb Nigel Lawson, »welcher Sturm ausbrechen würde über etwas, das man kaum als eine der Kommandohöhen der Wirtschaft bezeichnen konnte.« Die Gegner der Regierung, fügte er hinzu, waren »bemerkenswert erfolgreich darin, die Privatisierung dieser staatlichen Ladenkette (...) als einen ideologisch motivierten Angriff auf den britischen Lebensstil darzustellen. Das Herz jeder Gemeinde, so schien es, war weder die Kirche noch der Pub, sondern die örtliche Gasverkaufsstelle.« In diesem Fall handelte Lawson, den die Heftigkeit der Angriffe unvorbereitet getroffen hatte, einen zeitweiligen Rückzug aus, um das Gesicht zu wahren: Vom Verkauf der Läden sollte abgesehen werden, bis neue Gesetze mit Sicherheitsnormen verabschiedet waren.[16]

Aber wie soll man es anpacken?

Nach dem Falklandkrieg war die Regierung mächtig genug, um die wahren Kommandohöhen der Wirtschaft zu privatisieren. Doch eine der größten Schwierigkeiten war, wie sich Lawson erinnert, »die Tatsache, dass man so etwas praktisch niemals zuvor getan hatte. (...) Es gab kein ministerielles Dossier darüber, das man nur aus der Schublade zu ziehen brauchte.« Es galt viele Fragen zu entscheiden. Sollten die Bürger freie Anteile an den Unternehmen bekommen? Auf gar keinen Fall, antwortete Finanzminister Lawson, da er mit dem amerikanischen Revolutionär und Patrioten Thomas Paine der Meinung war, dass wir nicht zu schätzen wissen, was wir zu billig bekommen. Zu welchem Preis sollte man die Aktien verkaufen, sodass sie nicht zu hoch bewertet würden (und Investoren abschreckten), andererseits aber auch nicht zu niedrig (was der Regierung Einbußen beschert hätte)? Gleichzeitig aber – dies war ein entscheidender Punkt – musste darauf geachtet werden, dass sie niedrig genug angesetzt wurden, damit ihr Wert nach der Emission stieg und nicht fiel. Wie konnte man Anreize für Angestellte und Kleinanleger schaffen, damit sie in die emittierten Aktien investierten? Um diesen Wunsch zu fördern, wurde eine Reihe von Werbespots plaziert, die einen fiktiven Jedermann namens Sid aufforderten, nicht die Chance zu verpassen, Aktionär zu werden.

Als eine der dringendsten Herausforderungen erwies sich die Schaffung einer gehaltvollen und exakten Bilanzgeschichte des jeweiligen Unternehmens, die den konventionellen Bilanzierungsgrundsätzen gerecht wurde, aber auch allgemein verständlich war. »Als wir die staatliche British Telecom untersuchten«, sagte Lawson, »entdeckten wir, dass die Gesellschaft in bester osteuropäischer Manier nicht die leiseste Ahnung hatte, welche ihrer Geschäftsaktivitäten profitabel waren und welche nicht, ganz zu schweigen von subtileren Punkten des betrieblichen Rechnungswesens.« David Young fügte hinzu: »British Telecom war ein totales Durcheinander.« Eine kleine Abteilung des Unternehmens mit 500 Beschäftigten »hatte eine gesonderte Buchführung. Alles andere kam in einen großen Topf. Man kannte keine regionalen Kosten oder überhaupt irgendeine Kostenrechnung. Sobald man etwas gekauft hatte, vergaß man es.«

Dies deutete auf eine noch größere Schwierigkeit hin. Unternehmen konnten nicht privatisiert werden, bevor man sie nicht »in Ordnung gebracht« hatte, das heißt ihre Verluste reduziert, ihre Organisation umstrukturiert und die Grundlage für ihre Wirtschaftlichkeit geschaffen hatte. Wie sollte sonst jemand Anteile an dem Unternehmen kaufen? British Steel erwies sich als vorzügliches Fallbeispiel. Das Unternehmen verlor von Mitte der 70er bis Mitte der 80er Jahre umgerechnet weit mehr als 15 Milliarden Mark. Zunächst wurde eine Umstrukturierung vorgenommen, um die Belastung der öffentlichen Kassen zu vermindern. Erst in den 80er Jahren wurde die

Privatisierung angestrebt. Als das Unternehmen schließlich verkauft wurde, war die Belegschaft bereits drastisch reduziert, die Produktivität dramatisch erhöht und waren die Anlagen rationalisiert worden. Und das Unternehmen war profitabel – und international wettbewerbsfähig.

Aber es gab auch besondere Fälle, in denen eine Privatisierung über das Ziel hinausschießen konnte. Wie sollte man etwa bei »strategischen« Wirtschaftsgütern verfahren, um sicherzustellen, dass sie nicht in ausländische Hände fielen? Schließlich erfolgte die Privatisierung nur einige Jahre nach den Ölkrisen der 70er Jahre, die ja die teilweise Verstaatlichung des Nordseeöls erst ausgelöst hatten. In dieser Frage bewies Lawson große Kreativität. Er erinnerte sich an »die seltsamen Abstimmungsstrukturen«, denen er ein Jahrzehnt früher begegnet war, als er für die *Financial Times* als Börsenkolumnist gearbeitet hatte. Sie ermöglichten jemandem mit einem »sehr kleinen Stammaktienanteil die Ausübung einer ganz unverhältnismäßigen Macht«. Als Journalist hatte er dies missbilligt, aber als Politiker kam ihm diese Praxis wie ein Gottesgeschenk vor. Also präsentierte er den »goldenen Anteil«: »ein besonderer Anteil, der vom Staat nach der Privatisierung gehalten und ihn in die Lage versetzen würde zu verhindern, dass die Kontrolle über das Unternehmen in ungeeignete Hände fällt«. Das Wort »ungeeignet« war ein Euphemismus für »ausländisch«. Doch wie euphemistisch auch immer, es funktionierte.[17]

Ein weit größeres Programm

Schließlich war die Thatcher-Regierung in der Lage, ein Privatisierungsprogramm durchzuführen, das weit umfangreicher war, als irgendjemand am Anfang vermutet hätte; ein Programm, das die Grenzen des Staates zurückdrängte. 1982 und 1984 wurden die staatlichen Anteile am Nordseeöl und -gas privatisiert, woraus unter anderem Enterprise Oil entstand, heute eine der größten unabhängigen Ölgesellschaften der Welt. Die Regierung stieß ihren Anteil an British Petroleum ab, den Winston Churchill am Vorabend des Ersten Weltkriegs erworben hatte. Häfen und Flughäfen wurden privatisiert. Heathrow und andere Flughäfen werden heute von einer Privatgesellschaft betrieben, BAA, die auch Flughäfen in den USA übernommen hat.

Die erste wirklich massive Privatisierung war die Umwandlung des staatlichen Telefonsystems in die private British Telecom. Mehr als jede andere Privatisierung verschob sie das Schwergewicht von der Produktion zum »Verbraucher«. Sie verhalf der Privatisierung außerdem zu ihrem wahren Durchbruch. Ob die Öl- und Gasreserven in der Nordsee in Händen des Staates oder privater Unternehmen waren, betraf das Leben der Menschen nicht direkt. Ganz anders das Telefonnetz. Relativ wenige Menschen schenkten der Privatisierung von Öl und Gas Beachtung; aber beinahe jeder wusste, dass etwas Dramatisches mit dem Telefonnetz geschehen würde. Das Telefonsystem war Teil der Post gewesen, bis Keith Joseph beide trennte, und verkörperte für viele die schlimmsten Züge staatlicher Gesellschaften. Innovationen wurden durch bürokratische staatliche Kontrolle verhindert. Der Verbraucher zählte nicht. Es dauerte Monate, bis man ein neues Telefon bekam. Dabei konnte man nur zwischen zwei Optionen wählen: Entweder entschied man sich für das angebotene Design oder für gar nichts. Wollte man ein defektes Telefon in annehmbarer Zeit reparieren lassen, hatte man nur die Möglichkeit, einen Mechaniker zu bezahlen, der nach Dienstschluss schwarz arbeitete. Die roten Telefonzellen waren relativ rar gesät, rochen mitunter übel und waren häufig außer Betrieb.

»Als wir in die Telefonämter gingen, um mit der Belegschaft zu reden«, erinnerte sich Young, »sprachen sie über die Arbeitsbedingungen im Büro, Pensionen und viele andere Dinge. Niemand erwähnte jemals die Kunden. Wenn British Telecom eine Gruppe aus einem verfallenen Bürogebäude in ein neues Gebäude umsetzen wollte, erpressten die Gewerkschaften Kompensation – einige hundert Pfund pro Angestelltem für die ›Belästigung‹, bessere Arbeitsbedingungen zu bekommen. Und wenn es um die Installation von neuen Telefonen ging, dann kamen sie erst, wenn sie auch wirklich und richtig so weit waren.« Andere Schritte gingen der Privatisierung voraus. Ein wettbewerbsfähiger Ferngesprächsservice, Mercury, wurde geschaffen, der weitere Innovationen anregte. An einem Dienstag in Thatchers erster Legislaturperiode erhob sich Keith Joseph im Parlament und gab bekannt, dass es in Zukunft Geschäften erlaubt sei, Telefone zu verkaufen. Zwei Tage später kam David Young auf seinem Weg zur Arbeit an einem Geschäft in der Lower Brook Street vorbei, dessen Schaufenster eilig mit importierten Telefonen gefüllt worden waren, obwohl solche Verkäufe noch nicht legal waren. Im Ministerium angekommen, eilte er in Josephs Büro, um aufgeregt zu verkünden: »Der Markt funktioniert.«

Die eigentliche Privatisierung von British Telecom fand im November 1984 statt. Die erste Tranche von 50 Prozent wurde für umgerechnet etwa sechs Millionen Dollar an private Kleinanleger verkauft. Ein riesiger populärer Privatisierungsmarkt war entstanden. Seltsamerweise nahmen nach der Privatisierung in der Öffentlichkeit die Klagen über den Service zu, aber das mit gutem Grund. »In den alten Zeiten vor der Privatisierung beklagte sich niemand, weil das keinen Sinn hatte«, sagte Young. »Es hörte sowieso niemand zu.« Nun gab es jemanden, bei dem man sich beschweren konnte. British Gas, British Airways und British Steel folgten. Später kamen British Coal und British Rail hinzu. Das staatliche Wasserversorgungssystem wurde in Form einer Reihe von regionalen Wassergesellschaften privatisiert. Am gewaltigsten war die Auflösung des staatlichen Elektrizitätsmonopols in zwölf regionale Verteilungsunternehmen*, drei Stromproduzenten und eine offen zugängliche Leitungsnetzgesellschaft.

Der Prozess der Privatisierung rief eineinhalb Jahrzehnte lang viel Kritik hervor. Bei größeren Transaktionen schien regelmäßig die Gefahr zu drohen, dass die Kapitalmärkte sie nicht verkraften würden. Die Bewertung der Aktien wurde allgemein kritisiert, weil sie entweder zu hoch oder zu niedrig ausgefallen sei. Der ehemalige Premierminister Macmillan, der in der Konservativen Partei für die gemischte Wirtschaft und einen Mittelweg stand, verlieh den Bedenken vieler Ausdruck, als er erklärte, das »Familiensilber« – die Staatsunternehmen, deren Namen durchweg mit »British« begannen – werde verschleudert. Die einleuchtende Antwort lautete, dass sich die »Familie« das Silber nicht länger leisten konnte.

Einige wiesen darauf hin, dass eine Reihe von Staatsunternehmen bereits vor der Privatisierung effizienter geworden waren und ihre Produktivität erhöht hatten. Darauf ließ sich entgegnen, dass solche Verbesserungen von der Notwendigkeit diktiert worden waren, von der Disziplin und dem Druck der drohenden Privatisierung. Nach der Durchführung der Privatisierungen wurde die Erhöhung der Vergütungen – Gehälter und Vorkaufsrechte – des gehobenen Managements und der Aufsichtsräte ein heißes Eisen auf den Titelblättern, ein Thema, das wegen des einschneidenden Abbaus der leidigen Überbeschäftigung in den ehemaligen Staatsbetrieben noch heikler wurde. Die Empfänger dieser Wohltaten wurden als »fat cats« bezeichnet und zum Gegenstand des Volkszorns. Die Arbeitsplätze in vielen privatisierten Unternehmen wurden häufig um 20 bis 40 Prozent zusammengestrichen. Ohne Frage verbesserte sich die Qualität des Service und die Unternehmen wurden wirtschaftlicher. Aber für jene, die – häufig zu einem späten Zeitpunkt in ih-

---

* Elf davon wurden seither verkauft, sieben an amerikanische Elektrizitätsunternehmen.

rer beruflichen Laufbahn – ihre Jobs verloren, war es schwer, eine neue Chance zu finden. Die Rationalisierung, die sich dank der Privatisierung vollzog, speiste eine Zeit lang eine wachsende Flut von Arbeitslosen im neuen »schlanken« Großbritannien. Doch das Ansteigen der Arbeitslosigkeit erwies sich als zeitlich begrenzt. In den späten 90er Jahren lag die Arbeitslosigkeit in Großbritannien viel niedriger als auf dem Kontinent.

Die Privatisierung stellte auch die Regulierung vor eine neue Herausforderung. Die verstaatlichten Industrien hatten unter der – häufig freilich ineffektiven – Kontrolle von staatlichen Ministerien gestanden. Nun lag die Grundversorgung der Bevölkerung – Gas, Elektrizität, Wasser – in den Händen von Privatunternehmen, die sich vom Kriterium der Rentabilität leiten ließen, nicht der flächendeckenden Versorgung um jeden Preis. Um funktionieren zu können, bedurfte dieses neue System einer Regulierungsinstanz, die den Wettbewerb sichern und den Verbraucher schützen konnte. Die Einrichtung einer solchen Regulierung war entscheidend für die öffentliche Akzeptanz des neuen Systems. Zuversichtlich, dass sie aus den amerikanischen Erfahrungen die nötigen Lehren gezogen hatten, suchten die Torys eine Lösung, mit der die Regulierung so »leicht« wie möglich, aber dennoch effizient sein würde. Schließlich wären drückende oder dirigistische Strukturen dem Ziel zuwidergelaufen, den Staat zu verschlanken. Deshalb wurde für jede Industriebranche jeweils ein Aufseher ernannt, der so genannte »Regulator«. Er hatte die Aufgabe, die Geschäftstätigkeit der privatisierten Unternehmen zu überwachen und mit dem kleinstmöglichen Mitarbeiterstab Richtlinien für ihre Preispolitik auszuarbeiten.

Was als »leichte Regulierung« begann, wuchs sich jedoch bald zu einem weit größeren Regulierungsapparat aus. Die Regulierungsanforderungen, die aus dem Übergang von Staatsmonopolen zu Privatfirmen entstanden, waren unterschätzt worden. Das Risiko, dass sich private Monopole oder »Duopole« bildeten, war sehr groß; und technisch gesehen waren die ausgeklügelten, komplexen Preismechanismen von Industrien wie der Elektrizitätswirtschaft schwer zu lenken und zu überwachen. Aus all diesen Gründen geriet die ursprüngliche Idee des »Regulators« unter Beschuss und die Tendenz zu voll ausgebildeten Regulierungsbehörden, mitunter mit hunderten von Beschäftigten, wuchs.[18]

»Ein Stück weit eine Institution«

Margaret Thatchers dritter Wahlsieg 1987 bestätigte, dass der Thatcherismus keine Verirrung, sondern ein Richtungswechsel war. »Ich glaube, ich bin ein Stück weit eine Institution geworden«, sagte sie kurze Zeit darauf. »Die Leute scheinen zu meinen: ›So schlecht ist die gar nicht, diese Maggie, oder?‹« Nach der Wahl fühlte sie sich bemüßigt, ihren vielfältigen Pflichten ein privates Projekt hinzuzufügen: das Alte Testament zu lesen und ihrem Stab jeden Tag von ihren Fortschritten zu berichten. »Mir wurde gesagt, das Alte Testament handle von Gesetzen und das Neue Testament von Gnade«, sagte sie später, »aber ich bin nicht sicher, ob ich dem zustimme.«

Aber der Wahlsieg von 1987 war auch der Anfang vom Ende einer Ära. Die Torys lösten einen Sturm der Entrüstung aus, als sie unbedacht eine radikale Veränderung in der Gemeindebesteuerung in Form der Kopfsteuer »durchpauken« wollten. Thatcher wurde zudem in ihren Angriffen auf die Bemühungen, die Europäische Gemeinschaft zu stärken, immer nationalistischer und ungehaltener. Sie schimpfte auf das neue bürokratische Monster, das ihrer Meinung nach in Brüssel entstünde und Westminster seiner Souveränität berauben würde. Besonders erbost war sie über Pläne, eine einheitliche europäische Währung zu schaffen, die – davon war sie überzeugt – zu einer deutschen Hegemonie über Europa führen würde. Ihre geharnischte Position trug mehr als alles andere dazu bei, ihr jene Weggefährten zu entfremden, die ihre wichtigsten Verbündeten bei der Verwirklichung der Thatcher-Revolution gewesen waren. Diese waren überzeugt, dass Großbritannien in Europa Position beziehen und bei seiner Gestaltung mithelfen sollte, statt am Rand zu stehen und nur zu kritisieren. All dies verschlimmerte sich noch durch Thatchers Führungsstil. Sie schien immer größeres Vertrauen in ihre eigene Meinung zu setzen und isolierte sich zunehmend von anderen Auffassungen. Sie zeigte wenig Bereitschaft, Opposition zu erdulden, und demütigte selbst diejenigen, die ihr am nächsten standen. Sie spaltete nicht nur die Nation, sondern zunehmend auch ihre eigene Partei.

Es gab einen kurzen Aufschub. Als Saddam Hussein im August 1990 Kuwait überfiel, befand sie sich gerade zu Gesprächen mit George Bush in Aspen im amerikanischen Bundesstaat Colorado. Sie ergriff die Gelegenheit, um deutlich zu machen, dass man vollendete Tatsachen nicht hinnehmen würde. »Denk daran, George«, sagte sie zum Präsidenten, »dies ist keine Zeit zum Schwanken« (»*no time to go wobbly*«). Die Lehren, die sie aus dem Falklandkrieg – und aus der Appeasementpolitik – gezogen hatte, waren immer noch frisch.

Zu Hause jedoch begann ihre politische Position entschieden zu wanken. Nigel Lawson, der Vorreiter der Privatisierung, trat 1989 als Finanzminister zurück. Einer von Thatchers engsten Verbündeten über die Jahre hinweg war Geoffrey Howe gewesen, der in den ersten vier Jahren der Regierung als Finanzminister und die folgenden sechs Jahre als Außenminister gedient hatte. Sie fand, dass er nicht genügend aniteuropäisch sei, zwang ihn das Außenministerium aufzugeben und machte ihn zum Trost zum Vorsitzenden des Unterhauses und stellvertretenden Premierminister. Nach etwas über einem Jahr hatte er genug. Er ertrug Thatchers despotische Führung und ihre, wie er fand, platt nationalistische Gegnerschaft zur Europäischen Gemeinschaft nicht länger. In seiner Rücktrittsrede im November 1990 brachte er mit Bedauern, aber unumwunden seine abweichenden Meinungen zum Ausdruck. Die Rede setzte einen Wettstreit um die Führung der Konservativen Partei in Gang. Margaret Thatcher war gerade in Paris, als sie erfuhr, dass sie bei der ersten Abstimmung führte, aber ohne die erforderliche Mehrheit. An jenem Abend nahm sie an einer eleganten Ballettaufführung mit anschließendem Diner teil, zu dem Präsident François Mitterrand nach Versailles geladen hatte. Sie bewies enorme Selbstsicherheit. Aber einem anderen Staatsführer, der ihr für die laufende Abstimmung Glück gewünscht hatte, antwortete sie: »Nein, es ist alles vorbei.« Gewarnt, dass sie letztlich verlieren würde, und im Bewusstsein, welche Demütigung folgen würde, zog sie ihren Namen aus dem zweiten Wahlgang zurück. Einige Tage später folgte ihr der neue Führer der Konservativen Partei, John Major, Sohn eines zum Geschäftsmann gewandelten Varieteekünstlers, als Premierminister.

Die Thatcher-Ära war vorüber. Ihr Abgang war nicht von sentimentalen Ausbrüchen begleitet. Ihre Unbeliebtheit ging quer durch das gesamte politische Spektrum und erstreckte sich auf weite Teile ihrer eigenen Partei. Sie galt als selbstgerecht, hart und lieblos. Ihre Stärke – ihre Überzeugungen – hatte sie gleichzeitig zu Fall gebracht. Sie war, wie Geoffrey Howe später sagte, »eine große Premierministerin«. Aber seiner Meinung nach bestand »ihre Tragödie« in »der Rücksichtslosigkeit, mit der sie später ihre eigenen zunehmend kompromisslosen Auffassungen durchzusetzen versuchte. Margaret Thatcher machte in den letzten Jahren ihrer Herrschaft keinen Unterschied mehr zwischen ihrer Person, der Regierung, der Partei und der Nation. (...) Das Beharren auf der ungeteilten Souveränität ihrer eigenen Meinung im Gewande nationaler Souveränität war ihr eigener Ruin.«

Dennoch war ihr Erbe mächtiger und dauerhafter, als es den meisten Politikern vergönnt ist. Sie hatte die Auffassungen über Staat und Markt verändert, den Staat aus der Wirtschaft zurückgezogen und das Vertrauen in das »Regierungswissen« geschwächt. Der Thatcherismus verschob das Schwergewicht von der Verantwortung des Staates auf die Verantwortung des Einzelnen und versuchte der Eigeninitiative, Leistungsanreizen und der Schaffung von Wohlstand höchsten Vorrang einzuräumen, statt Umverteilung und Gleichheit das Wort zu reden. Er feierte das Unternehmertum. Privatisierung wurde zu einer Selbstverständlichkeit. Die Wirtschaft wurde nicht mehr ständig von Arbeitskämpfen lahmgelegt. Einige Jahre lang schien der Thatcherismus beinahe überall der bestgehasste Feind zu sein. Aber in den 90er Jahren stellte sich heraus, dass Margaret Thatcher die neue ökonomische Agenda der ganzen Welt vorgezeichnet hatte.

Einige Zahlen geben einen Begriff vom Ausmaß des wirtschaftlichen Wandels in Großbritannien. 1992 waren zwei Drittel der staatlichen Industrien in den Privatsektor übergegangen. Insgesamt 46 Großunternehmen mit zusammen 900 000 Beschäftigten waren privatisiert worden. Die daraus dem Staat zufließenden Einnahmen beliefen sich auf etwa 50 Milliarden Mark. Was einst die Steuerkasse in erheblichem Maße belastet hatte, wurde zu einer bedeutenden Steuereinnahmequelle für den Staat. Die Zahl der Aktienbesitzer verdreifachte sich auf neun Millionen – 20 Prozent der erwachsenen Bevölkerung –, auch wenn viele dieser neun Millionen nur ein paar Aktien besaßen. Aber die wichtigste Konsequenz der Privatisierung war die Tatsache, dass sie zusammen mit der Gewerkschaftsreform die grundlegenden institutionellen Beziehungen veränderte, die Großbritannien seit 1945 definiert und das Land im Jahr 1979 zum Stillstand gebracht hatten. In jenem Jahr kamen auf 1 000 Beschäftigte 1 274 durch Streiks verlorene Arbeitstage. 1990 war diese Zahl auf 108 gefallen, weniger als ein Zehntel. Die politische und wirtschaftliche Kultur in Großbritannien war dauerhaft verändert worden; Keith Josephs geistige Revolution hatte in hohem Maße und trotz aller Kontroversen Erfolg gehabt. David Young, der noch 1975 hatte auswandern wollen, war vier Jahre später Sonderberater von Keith Joseph und dann, unter Margaret Thatcher, Mitglied des Kabinetts. Blickt man aus heutiger Perspektive zurück, so Young, dann könne man sagen: »Die Thatcher-Jahre verwandelten das Vereinigte Königreich aus einer produktionsgeleiteten in eine konsumentenorientierte Wirtschaft – und in eine wettbewerbsfähige Wirtschaft. Und dieser Prozess wurde von Überzeugungen angetrieben.«[19]

»Immer mit Überzeugungen«

Mit der Zeit ist die Bitterkeit des Thatcherismus verflogen. Was Joseph und Thatcher begannen, gilt nicht mehr als radikal, sondern ist in beträchtlichem Maße Teil eines neuen Konsenses in Großbritannien. »New Labour«, die reformierte Labour Party unter Tony Blair, kam 1997 an die Macht – nicht mit Angriffen auf den Thatcherismus, sondern indem die Labour Party viel von dessen Rhetorik und Politik übernahm, wenngleich abgemildert durch die Betonung von Mitgefühl, das in Thatchers Repertoire entschieden fehlte.

Ideen und Politik waren das Thema eines Gesprächs mit Baroness Thatcher, ein Titel, den sie seit 1992 trägt. »Vor Jahren gingen normale Menschen zur Labour Party, weil sie ein besseres Leben wollten«, sagte sie gelassen auf einem kleinen Sofa im Salon im zweiten Stock des eleganten Reihenhauses im Londoner Stadtteil Belgravia, wo die Thatcher-Stiftung zu Hause ist. »Nun verstehen sie, dass Freiheit und Unternehmertum auf gesetzlicher Grundlage besser sind als massive staatliche Kontrolle über Industrie und Menschen. New Labour versteht, was der Sozialismus war und wie er nicht funktioniert; dass man irgendwie Wohlstand schaffen muss, bevor man ihn verteilt. Der Sozialismus fing an zu verteilen, bevor Wohlstand geschaffen war.

Der Sozialismus entsprach lange dem Zeitgeschmack. Wir haben in diesem Land ein sozialistisches Experiment erlebt. Als die Konservativen an der Macht waren, taten sie nichts, um es rückgängig zu machen. Ich selbst hatte nie irgendwelche Sympathien für den Sozialismus. Für mich war es so einfach: Der Staat sollte uns nicht sagen, was wir tun sollen. Meine Erfahrungen bestärkten mich in meinen Überzeugungen. Es wurde für die Leute offensichtlich, dass der sozialistische Weg bedeutete den Niedergang zu akzeptieren. [Baroness Thatcher schüttelte den Kopf.] Können Sie sich das vorstellen: Leute, die den Niedergang akzeptieren?«

Worin bestehen also die Aufgaben des Staates?

»Erstens die Finanzen in Ordnung zu halten. Zweitens eine solide gesetzliche Grundlage zu sichern, sodass Industrie, Handel, Dienstleistungen und der Staat gedeihen können. Drittens Verteidigung. Erziehung ist das Vierte, der Weg zu den Chancen. Das Fünfte ist das soziale Netz. Die Gesellschaft ist komplexer und muss differenzierter auf grundlegende Fragen antworten. Wie kann sie ein wirkungsvolles Sicherheitsnetz bieten, ohne eine Abhängigkeitskultur zu schaffen oder zu stärken? Wie können wir die Tugenden der Zivilgesellschaft hochhalten? Eine gewisse Summe muss für die Infrastruktur und ein gewisser Betrag für die Grundlagenforschung ausgegeben werden. Und vergessen Sie nicht Thatchers Gesetz: Das Unerwartete passiert. Darauf sollte man vorbereitet sein.«

Für Margaret Thatcher war so etwas »Unerwartetes« die globale Wirkung des Programms, das sie in Großbritannien auf den Weg brachte. »1981 kam ein Finanzminister zu mir«, erinnert sie sich. »›Wir sind alle an dem interessiert, was Sie tun‹«, sagte er, »›denn wenn Sie Erfolg haben, werden Ihnen andere folgen.‹ Das war mir nie in den Sinn gekommen.« Wie sich herausstellte, sind ihr tatsächlich andere gefolgt – ob sie nun den Einfluss des Thatcherismus zugeben oder sich von ihm distanzieren.

Auf dem Treppenabsatz blieb sie nachdenklich stehen. Die Thatcher-Revolution selbst kam unerwartet. Wer hätte Mitte der 70er Jahre das Ausmaß des Wandels vorhergesehen? »Es begann mit Sir Keith und mir, mit dem Centre for Policy Studies und Lord Harris am Institute of Economic Affairs. Ja, es begann mit Ideen, mit Überzeugungen.« Sie hielt inne. »Das ist es. Man muss mit Überzeugungen anfangen. Immer mit Überzeugungen.«[20]

Kapitel 5

Die Vertrauenskrise
Die globale Kritik am Staat

Bis heute weiß niemand, wie es genau passierte. Im Rückblick scheint es unvermeidlich gewesen zu sein, und doch spielte bei dem, was sich in der Nacht des 9. November 1989 ereignete, auch der Zufall eine Rolle. Bekannt ist, dass die Grenzposten entlang der ostdeutschen Seite der Berliner Mauer an jenem Abend völlig verwirrt waren. Die Mitglieder des Zentralkomitees der SED saßen in einer endlosen Sitzung fest, in der sie untereinander um Macht und Einfluss feilschten. Und Günter Schabowski, erster Parteisekretär von Berlin und Mitglied des Politbüros, stand kurz davor, im Fernsehen eine Live-Pressekonferenz zu geben, als der Generalsekretär der Sozialistischen Einheitspartei, Egon Krenz, ihm den Entwurf einer neuen Bestimmung des Innenministeriums überreichte.

Krenz war der Meinung, die neue Bestimmung könnte »einschlagen«. Und das tat sie dann auch. Der Entwurf beschrieb neue bürokratische Prozeduren für die Erteilung von Visa für den Westen. Das war nicht der Hauptgegenstand von Schabowskis weitschweifiger Pressekonferenz; er war durcheinander und sich nicht im Klaren, was er vorgelesen hatte, und noch weniger klar war ihm, wie er es ausdrücken sollte. In jedem Fall war es nur ein Entwurf. Doch in Erwiderung auf die Frage eines italienischen Journalisten schien er zu sagen, dass die Ostdeutschen ohne Beschränkungen in den Westen reisen konnten – und dies ab sofort. Egon Krenz beschrieb später diese Worte als »kleinen Fehler« – das war, gelinde gesagt, eine Untertreibung.

Es war gerade sieben Uhr abends. Viele Ostdeutsche verfolgten die Pressekonferenz. In Reaktion auf Schabowskis Worte machten sich erst Tausende, dann Zehntausende auf den Weg zur Mauer, um die neue Politik, was immer damit gemeint war, auf die Probe zu stellen. Ganze Familien reihten sich in den Zug ein, viele von ihnen im Schlafanzug. Drei Stunden lang schwoll die Menge vor der Mauer an, weigerte sich fortzugehen und forderte die Grenz-

Die globale Kritik am Staat 169

soldaten in Sprechchören auf die Schlagbäume zu öffnen. In den Jahren der kommunistischen Unterdrückung hatten die Grenzer akribisch genaue Anweisungen für den Fall erhalten, dass Menschen die Mauer durchbrechen wollten. Aber nun war das Unvorstellbare geschehen; sie hatten keine Direktiven, wie sie in dieser Situation reagieren sollten, und so waren die Grenzposten wie gelähmt. Sollten sie schießen oder die Schlagbäume öffnen? In ihrer Verwirrung taten sie Letzteres. Hunderttausende von Ostberlinern strömten durch die Grenzübergänge und wurden auf der anderen Seite von großen Mengen wartender Westberliner begrüßt, die sie mit offenen Armen empfingen und in Bier und Sekt badeten.

Es war unglaublich; was Kanzler Helmut Kohl erst ein Jahr zuvor zu seinen Lebzeiten nicht für möglich gehalten hatte, war gerade geschehen. Die Berliner Mauer war *de facto* gefallen. Zusammen sangen und tanzten Ost- und Westberliner die ganze Nacht hindurch. Nun waren sie alle Berliner. Am nächsten Tag fasste ein Sprecher auf einer Krisensitzung der SED die neue Lage niedergedrückt zusammen: »Die Partei ist praktisch kaputt.« Sehr bald wurde Ostdeutschland von der Geschichte hinweggefegt. Die Mauer selbst wurde abgerissen und Teile davon als Souvenirs einer vergangenen Ära verkauft. Der Kalte Krieg war vorbei. Er war weder mit einem Knall noch mit einem Wimmern zu Ende gegangen, sondern mit einer Party.

Die Mauer hatte die Teilung zwischen Ost und West, zwischen Kommunismus und Kapitalismus symbolisiert. Ihr Fall war auch ein großartiges Symbol für das Ende der Konfrontation und den Übergang in eine neue Ära. Mit ihr verschwand außerdem eine geistige Mauer: Die Grenzen öffneten sich für Ideen und Wissen, und was zwei unterschiedliche Welten gewesen waren, jede mit Abermillionen von Menschen, wandelte sich zu einer gemeinsamen Landschaft – zu einem gemeinsamen Markt. Da der Kommunismus die extremste Form staatlicher Wirtschaftskontrolle gewesen war, signalisierte sein Ableben einen gewaltigen Wandel: von staatlicher Kontrolle zum Marktkonsens. Der scheinbare Erfolg und das daraus resultierende Prestige des kommunistischen Wirtschaftsmodells waren eine der wichtigsten Triebkräfte für staatliche Kontrolle gewesen. Nun wurde das Scheitern des Marxismus und des kommunistischen Systems ohne Zweifel zu einer der wichtigsten formenden Kräfte der neuen Ära.

In der neuen Ära gipfelten die Begriffsveränderungen in einer durchgreifenden Revision des Denkens und der Politik im Hinblick auf die Organisation von Volkswirtschaften auf der ganzen Welt. Zwischen den einzelnen Regionen und Ländern gab es viele Unterschiede, aber aufs Ganze gesehen stellte dieser Wandel einen Prozess dar, in dem die Fragen nationaler Souveränität gelöst wurden, die Überreste des klassischen Kolonialismus und Imperialismus der Vergangenheit überantwortet wurden und die Wirtschaft Vorrang gegenüber der Politik erhielt. Darüber hinaus lieferte ein gemeinsamer Grundstock von Ideen und Perspektiven einen Angelpunkt, um den sich die Beziehung zwischen Staat und Markt drehte. Aber wie hatte all dies begonnen? Mit der Enttäuschung über die gemischten Volkswirtschaften in den Industrieländern.[1]

Die Vertrauenskrise

Erfahrung ist ein Lehrmeister, und was die Erfahrung in den 70er und bis in die 80er Jahre hinein lehrte, war eine wachsende Skepsis gegenüber den Fähigkeiten des nun schon traditionellen gemischten Wirtschaftssystems. Bei einigen führte dies dazu, die Fähigkeiten des Staates völlig in Abrede zu stellen. Bei anderen war es eher ein Unbehagen am Staat: Sie hatten das wachsende Gefühl, dass die ökonomischen Strukturen der Nachkriegsära nicht mehr die Ziele erfüllten, die ihren Schöpfern vorgeschwebt hatten. In beiden Fällen vollzog sich der Gesinnungswandel nach und nach, als sich die in den 30 glanzvollen Nachkriegsjahren gewachsene Zuversicht auf die eine oder andere Weise verflüchtigte. Es war weniger eine plötzliche Offenbarung als ein langsamer Lernprozess über die Grenzen der Fähigkeit des Staates, eine moderne Wirtschaft zu lenken.

Drei Jahrzehnte lang war es Konsens gewesen, dass Wirtschaftswachstum und die Verbesserung von Lebensstandard und Lebensqualität eine Form der zentralen Steuerung erforderten. Das Ausmaß der notwendigen Koordinierungsleistung galt als so groß, dass nur der Staat sie zu bewältigen vermochte. Dieser Konsens beruhte auf Vertrauen. Damit er funktionieren konnte, mussten öffentliche wie private Unternehmen überzeugt sein, dass die politische Führung – selbstverständlich durch Wahlen kontrolliert und modifiziert – in der Lage war, das erforderliche Wissen anzusammeln, um in die äußerst unsichere Zukunft zu schauen und wirtschaftspolitische Maßnahmen zu ergreifen, die die Aussichten des Landes verbesserten und die Zukunft sicherer machten. Die Staaten mit gemischtem Wirtschaftssystem taten dies, indem sie fünf Maßnahmenbündel kombinierten: Regulierung, Planung, Staatseigentum, Industriepolitik und keynesianische Fiskalpolitik. Diese Instrumente konnten durch ein sechstes ergänzt werden: die Geldpolitik. Die jeweilige Mischung dieser Elemente unterschied sich von Land zu Land erheblich, je nach seinen Traditionen und seiner Geschichte.

Die grundlegende Motivation für die Rolle des Staates war die Vorstellung der Ökonomen, dass Märkte »scheitern«. Einige gewünschte Ergebnisse erforderten ein Maß an Koordination, das die einzelnen Konkurrenten auf dem Markt nicht aufbringen konnten. Aufgrund dieses Mangels griff der Staat ein und stellte die Koordination sicher. Der Zeithorizont, innerhalb dessen sich eine Investition rentierte, war häufig ein wichtiger Gesichtspunkt. Die Wirtschaft allein konnte Investitionen nicht gewährleisten; entweder dauerte es zu lange, bis sie sich auszahlten, oder ihr Nutzen kam mehr der Gesellschaft insgesamt zugute als dem einzelnen Unternehmen, das investiert hatte. Die Infrastruktur mit ihren langen Entwicklungszeiten war ein Beispiel dafür, ebenso wie die Ausgaben für Grundlagenforschung und -entwicklung: Fälle, bei denen der Nutzen sehr diffus sein konnte und daher nicht der Firma zugute kam, die das Geld ausgab.

Das Scheitern des Marktes ist noch in einem anderen Sinne zu verstehen: als Mangel an Scharfblick, an Wissen. »Regierungswissen« – was der Staat wusste und was zu wissen man von ihm erwartete – war etwas anderes als das »Wirtschaftswissen«. Ersteres wurde in anderen Bildungsinstitutionen kultiviert: in juristischen und politologischen Fakultäten, nicht in Wirtschaftsakademien oder gar Berufsschulen. Man glaubte, dass das Wirtschaftswissen umso weniger genüge, je stärker die Wirtschaftstätigkeit auf die Zukunft gerichtet war und die breite Bevölkerung betraf. Interventionsmaßnahmen des Staates wurden zu Instrumenten, um Regierungswissen anzuwenden. Ressourcen wurden durch politische und bürokratische Entscheidungsfindung vom Staat gelenkt und verteilt, nicht durch die elementaren Kräfte von Angebot und Nachfrage – Kräfte, die auf dem Wissen der am Markt Beteiligten beruhten. Valéry Giscard d'Estaing, der ehemalige französische Präsident, war in den frühen 50er Jahren ein Musterschüler der École Nationale d'Administration, des großen Horts des Regierungswissens in Frankreich. Im Rückblick auf seine Ausbildung erinnerte er sich, dass man dort viel über indikative Planung und Preiskontrollen erfuhr, »aber es gab keinen Hinweis, nicht die geringste Diskussion des Marktes oder über den Markt«.

Zunächst erschienen die Annahmen des Staates über die Risiken der Wirtschaftstätigkeit logisch – und sicher. Niemand konnte die 30er Jahre vergessen. So wurde der Staat eine Art nationale Versicherungsgesellschaft, die Wachstum garantierte, während sie die Bürger vor den Risiken des Marktes schützte. Wie ein großes Versicherungsunternehmen sammelte der Staat Versicherungsbeiträge in Form von direkten und indirekten Steuern aller Art, um für seine Auslagen aufzukommen. Anders als einem Versicherungsunternehmen stand ihm das Vorrecht der öffentlichen Hand zur Verfügung: die Defizitfinanzierung, auf die der Staat zunehmend zurückgriff. Aber in dem Maße, wie sich die Rolle des Staates als Versicherung verfestigte, wuchsen auch die Erwartungen der Konsumenten, Arbeiter und Unternehmen. Sobald er einmal etabliert war, konnte ein interventionistischer Staat nur wachsen, nicht schrumpfen. Die Erwartung, dass der Staat Wachstum und immer mehr Wohltaten garantieren konnte und würde, wurde Teil der politischen Kultur.

Doch wer konnte den Erfolg des Experiments leugnen? Vom Ende des Zweiten Weltkrieges bis zu den Ölkrisen der 70er Jahre genoss die industrialisierte Welt drei Jahrzehnte des Wohlstands und steigender Einkommen, die Hoffnungen und Träume nährten. Es war eine außergewöhnliche Leistung. Die Kinder des Krieges und der Rationierungen der Nachkriegszeit wuchsen in einer Zeit der wirtschaftlichen Erholung und des Wachstums auf und wurden dann die Eltern der Konsumgesellschaft. Die Wohnqualität verbesserte sich enorm. Familien kauften ihr erstes und dann ihr zweites Auto; sie schafften sich alle möglichen Elektrogeräte und einen Fernseher an. Sie gingen in Supermärkten und großen Kaufhäusern einkaufen, sie fuhren in Urlaub und reisten ins Ausland und sie kauften Produkte, die durch Werbung zu Markenprodukten und Prestigeobjekten geworden waren. Und vor allem: Sie hatten Arbeitsplätze. Gesellschaftskritiker beklagten Konsumorientierung und Materialismus; sie erkannten die Kluft zwischen »privatem Wohlstand« und »öffentlichem Elend«. Aber die grundlegende Wahrheit bestand darin, dass eine Lebensqualität erreicht worden war, von der am Ende des Zweiten Weltkriegs niemand zu träumen gewagt hätte. Es ist kein Wunder, dass die Wähler in allen nichtkommunistischen Industriestaaten den Politikern den Auftrag erteilten, die Standardinstrumente einzusetzen, um eine stetig wachsende Wirtschaft zu garantieren – und folglich Vollbeschäftigung. Damit verneigten sie sich vor dem überlegen Wissen des Staates im Hinblick auf das volkswirtschaftliche Interesse.

Das Warnsignal war die Inflation. In den 60er Jahren wuchsen die inflationären Tendenzen in den gemischten Volkswirtschaften, aber nie bis zu einem wirklich alarmierenden Punkt. In den 70er Jahren wurde der Inflationsdruck jedoch ausgeprägter und sichtbarer. Die Instrumente, mit denen sich der Staat bis dahin durchgewurstelt hatte – Stützung der Nachfrage, Inflationsausgleich durch Lohnerhöhungen –, waren nun nicht mehr angemessen. Die keynesianische Nachfragesteuerung ging davon aus, dass die Kombination von niedriger Arbeitslosigkeit und einer niedrigen, gesteuerten Inflationsrate dauerhaft funktionierte. Diese Annahme erwies sich als falsch.

Es dauerte einige Zeit, bis diese Lehre verstanden wurde, denn sie widersprach allen bis dahin allgemein akzeptierten Überzeugungen. Der Mangel an politischem Willen, das Problem direkt anzugehen, führte nur dazu, dass sich die Lage verschlimmerte. Die Inflation setzte sich aus vielen Gründen fest: durch die Erhöhung der Staatsverschuldung, durch die Ausweitung des Wohlfahrtsstaates, durch Wettbewerbshindernisse, durch die Unbeweglichkeit des Arbeitsmarktes, durch die »sozialen Kosten«, die auf die Lohnkosten aufgeschlagen wurden, und durch das Wesen der Tarifverhandlungen zwischen Arbeitgebern und Arbeitnehmern und die Art, wie sich die Löhne dadurch auf das System auswirkten. Ein guter Teil der Inflation war einfach der Preis des Schutzes, den der Versicherungsstaat gegen Unsicherheit, Wechselfälle und Wettbewerb bot. Die Einführung von Lohn- und Preiskontrollen erbrachte den Beweis, dass die Inflationsdynamik beherrschend geworden war. Aber solche Kontrollen waren nur ein Notbehelf. Sie konnten die Inflation nur für kurze Zeit aufhalten, nicht aber ihre Ursachen unschädlich machen.

Als 1973/74 die Ölkrise zuschlug, war die gemischte Wirtschaft bereits überlastet. Was aus dem dramatischen Anstieg des Ölpreises einen wirklichen »Schock« machte, war das Ausmaß, in dem er das gewohnte Kostengefüge der Wirtschaft durcheinander brachte. In der Rezession, die der Ölkrise folgte, begannen Inflation und Arbeitslosigkeit in einer unheilvollen und beispiellosen Spirale anzusteigen. Das Phänomen – Stillstand des Wirtschaftswachstums bei gleichzeitiger Geldentwertung – wurde »Stagflation« getauft. Und zwischen 1974 und 1980 mussten linke wie rechte Regierungen gleichermaßen erfahren, dass Versuche, sich durch das Mittel der Defizitfinanzierung einen Weg aus der Krise zu erkaufen, nutzlos und kontraproduktiv waren. Der Keynesianismus verlor an Ansehen. Das Wirtschaftswachstum der vorangegangenen Jahrzehnte, das man fast als selbstverständlich hingenommen hatte, wurde nun schmerzlich vermisst.

Schlechte wirtschaftliche Leistung, das Durchwursteln und die Verwirrung, welche die staatliche Politik kennzeichneten, schwächten das Vertrauen in das bestehende System. Das Regierungswissen galt nicht mehr so viel; der Staat wurde nicht mehr als allwissend betrachtet. Gegen Ende der geplagten 70er Jahre gewann immer mehr eine neue Einsicht an Boden: Nicht nur die tägliche Krisenbewältigung, die gesamte Wirtschaftsstruktur hatte ihre Grenzen erreicht. Es war unerlässlich, die Rolle des Staates in der Wirtschaft zu überdenken. Für die Pioniere – die Ökonomen, Politiker und Technokraten, die sich um erste Programme für einen Rückzug des Staates aus der Wirtschaft bemühten – war die Aufgabe geradezu revolutionär. Zum ersten Mal in Jahrzehnten versuchten Regierungen die Richtung zu wechseln: Vermögenswerte abzustoßen und sich zumindest mit der Idee vertraut zu machen, etwas von ihrer Kontrolle aufzugeben. Die Unzufriedenheit mit der gemischten Wirtschaft war in den Industriestaaten bereits Ende der 70er Jahre offenkundig und wurde bald auch an den Wahlurnen spürbar. Und während die industrialisierte Welt sich an eine Neubewertung ihres Wirtschaftsgefüges machte, erlebten die Entwicklungsländer ihren eigenen krisenhaften Umbruch.

Die Schuldenkrise und das verlorene Jahrzehnt

Jesús Silva Herzogs Nachname hat einen stolzen Klang in der Geschichte Mexikos. 1937 hatte sein Vater die historische Beschwerdeschrift gegen die ausländischen Ölgesellschaften verfasst. Sie lieferte Mexiko die Begründung für die Verstaatlichung der Ölindustrie. Jesús selbst hatte den Weg der neuen Verwaltungselite eingeschlagen, was in seinem Fall bedeutete, dass er ein Diplom in Wirtschaftswissenschaften an der Yale University in den USA erworben hatte. Im April 1982 wurde er zum Finanzminister seines Landes, gerade zu einer Zeit, als Mexiko sich anzuschicken schien einen neuen Rang in der Welt einzunehmen. Die Entdeckung großer neuer Erdölvorkommen verwandelte das Land in einen bedeutenden Ölexporteur, und die laufenden und projektierten Einnahmesteigerungen bedeuteten, dass Mexiko in der Lage sein würde, freigebig Geld in neue öffentliche Investitionen zu stecken. Präsident José López Portillo verlangte eine globale Führungsrolle für Mexiko und übte eine herrische Pose: Die Wirtschaft, so erklärte er, solle nicht »mehr essen, als sie verdauen kann«.

Aber dann, im Sommer 1982, entdeckte Silva Herzog, dass das alles nur ein Kartenhaus war. Mexiko hatte ein Verschuldungsfest gefeiert, das niemand aufhalten konnte oder wollte – schon gar nicht Präsident López Portillo, der sich mit Höflingen und Schmeichlern umgeben hatte, um zu hören, was für ein wundervoller Präsident er war. Tatsächlich hatte einige Monate zuvor eine Gruppe von Regierungsbeamten all ihren Mut zusammengenommen und den Präsidenten gewarnt, dass es Schwierigkeiten geben würde. Er hatte sie für ihre Mühen belohnt, indem er sie feuerte. Aber nun lag die Wahrheit offen zu Tage, zumindest für Silva Herzog. Am 12. August 1982 kam er zu dem Schluss, dass Mexiko die Zinsen für seine Auslandsschulden nicht mehr bezahlen konnte. Das Spiel war so gut wie zu Ende; Mexiko stand vor dem Bankrott.

»Es war schrecklich«, so Silva Herzog. »Wir hatten auf Grund des Öls einfach fürchterliche Fehler begangen. Aber es gab eine große Siegesstimmung in Mexiko. Wir befanden uns im größten Boom der mexikanischen Geschichte. Und zum ersten Mal in unserer Geschichte wurden wir in den Jahren von 1978 bis 1982 von den wichtigsten Leuten der Welt umworben. Wir dachten, wir sind reich. Wir hatten Öl.«

Silva Herzog eilte nach Washington, wo er nach äußerst harten Verhandlungen mit dem amerikanischen Finanzministerium und der Zentralbank (Federal Reserve Board) die ersten Schritte für ein Nothilfepaket ausarbeitete. Die Amerikaner hatten keine Schwierigkeiten, die extreme Gefahr zu erkennen. Es war nicht nur Mexiko oder selbst ganz Lateinamerika, das in Gefahr schwebte. So üppig waren die Kredite an die Entwicklungsländer geflossen, dass die meisten der amerikanischen Großbanken, ja das gesamte Bankensystem der Welt, ernste Gefahr lief zusammenzubrechen.

Einige Wochen später flog Silva Herzog auf Geheiß der amerikanischen Regierung nach New York, um sich mit den Präsidenten von mehreren hundert US-Banken zu treffen, die Mexiko Geld geliehen hatten, und ihnen zu erklären, wie groß der Schlamassel wirklich war, in dem sie sich befanden. Er wurde von einem anderen hochrangigen Regierungsvertreter begleitet, Ángel Gurría. Silva Herzog beschrieb die trostlose Lage und die Rettungsmaßnahmen, die bis dahin unternommen worden waren. Die Banken sollten kooperieren, indem sie Mexiko erlaubten die Rückzahlungen aufzuschieben. Der Präsident der New Yorker Zentralbank nannte den Aufschub einen »Stillstand«. Die amerikanische Seite wollte das Wort »*default*«, »Zahlungsunfähigkeit«, lieber vermeiden, aus Angst, dass es sofort eine Panik auslösen würde. Niemand konnte einen Zweifel am Ernst der Lage hegen. Und das Problem war keineswegs auf Mexiko beschränkt. Jeder kannte den Grad seiner Gefährdung und sah nun deutlich, wie alles zusammenhing: Alle standen sie gemeinsam vor dem Abgrund. Es war kein fröhliches Treffen. So benommen waren die versammelten Banker, dass sie kaum eine Frage herausbrachten. Auf der Suche nach einem Wort des Trostes sagte Jesús Silva Herzog den

Bankiers zum Schluss, dass sie sich langfristig über die Rückzahlung der mexikanischen Schulden keine Sorgen zu machen brauchten. Schließlich, so fügte er hinzu und wies auf seinen Kollegen Ángel Gurría und sich selbst, würden Jesús und Ángel – Jesus und der Engel – schon darauf achten. Das war ein schwacher Trost, aber man würde sich damit begnügen müssen. Die große Schuldenkrise der 80er Jahre hatte begonnen.

So wie Stagflation und Unbeweglichkeit den Konsens in den Industrieländern in den 70er Jahren gekippt hatten, so unterminierte die langwierige Schuldenkrise in den 80er Jahren die Zuversicht, die man in den Entwicklungsländern in die Ausweitung des Staates und die »Dritte-Welt-Ideologie« gesetzt hatte. Die Verschuldung, mit großem Ehrgeiz und großer Hoffnung begonnen, endete im »umfassendsten Schuldenproblem der Geschichte«. Es war mit bemerkenswerter Geschwindigkeit in der zweiten Hälfte der 70er Jahre entstanden. In jenen Jahren quollen die Finanzzentren der Welt von Einlagen über, die aus den unverhofften Gewinnen der Ölproduzenten stammten. Die Banken brachten diese »Petrodollars« getauften Gelder in Form von Krediten rasch wieder in Umlauf. Viele davon gingen an Entwicklungsländer, sowohl an Regierungen wie an staatliche Unternehmen. Manche hegten Zweifel an der Befähigung der betreffenden Staaten und Staatsunternehmen, den daraus folgenden Schuldendienst zu leisten, aber solche Befürchtungen wurden beiseite gewischt. Tatsächlich gab es, in Erinnerung an die 20er und 30er Jahre, die große Furcht, dass eine Weltwirtschaftskrise ins Haus stünde, wenn es nicht gelang, diese Gelder in Umlauf zu bringen.

Gleichzeitig glaubten sowohl die Geber- wie die Nehmerländer – und das entsprach dem Zeitgeist –, dieses Geld würde in die Zukunft investiert. Verschoben sich denn nicht weltweit Macht und Einfluss von den Industrie- zu den Entwicklungsländern? War der Süden nicht dabei, das Gewicht des Nordens auszugleichen und die Sünden von Kolonialismus und Imperialismus gutzumachen? Hinzu kam noch ein weiterer Faktor: Aufgrund des Abschwungs in den Industrieländern lief das Geschäft in den Heimatmärkten der Banken schlecht. Der Immobilienmarkt in den USA war gerade zusammengebrochen. Verstärkter Wettbewerb unter den Banken führte zu immer weicheren und verlockenderen Konditionen für mögliche Kreditnehmer. Tatsächlich war es Mode, den Ländern der Dritten Welt Geld zu leihen, und niemand wollte in dieser Bundesliga der Kreditgeber am Tabellenende stehen. »Für einen Präsidenten oder Finanzminister der Dritten Welt«, bemerkte der amerikanische Notenbankpräsident Paul Volcker später, waren »internationale Bankgeschäfte in den 70er Jahren wie eine Kreditkarte frei Haus – mit einem um drei oder vier Nullen erweiterten Kreditrahmen.«

Die Kredite an Entwicklungsländer stiegen gewaltig an. Wie es zu dieser Entwicklung kam, wurde zur damaligen Zeit nicht klar gesehen oder richtig gedeutet. Insgesamt versechsfachte sich zwischen 1972 und 1981 die Auslandsverschuldung der Entwicklungsländer und erreichte 1981 eine Höhe von 500 Milliarden Dollar. Diese Kapitalspritzen regten zumindest für einige Jahre ein höheres Wirtschaftswachstum an. Anfang der 80er Jahre hatten die neun größten Banken der USA das Äquivalent von 250 Prozent ihres Eigenkapitals an Entwicklungsländer vergeben. Die Kritiker dieses raschen Auftürmens von Schulden wurden als altmodische Nörgler abgetan. Schließlich – darauf bestand der Präsident von Amerikas größter Bank – konnten Regierungen nicht Bankrott gehen.

Spitzenreiter der Kredit nehmenden Länder war – angetrieben durch seinen Ölboom – Mexiko. In den frühen 80er Jahren hatte das Land Schulden von über 80 Milliarden Dollar angehäuft. Die Banken überschlugen sich, um Mexiko Geld zu leihen. Mitten im Kreditfieber wurde ein mexikanischer Regierungsvertreter sogar bewundernswert zum »Kreditnehmer des Jahres« gekürt. Nach dem August 1982 war das allerdings ein Titel, um den sich niemand mehr riss.

Aber wie kam es dazu, dass aus der Kreditaufnahme eine Schuldenkrise wurde? Im Rückblick war die Formel für den Bankrott sehr einfach: wachsende Schulden, steigende Zinsen plus sinkende Einnahmen. Der rasche Aufbau des Schuldenberges erreichte seinen Höhepunkt zu einer ungünstigen Zeit, als nämlich aufgrund der Rezession in den Industrieländern die Nachfrage nach Rohstoffen sank, mit denen die meisten Entwicklungsländer ihren Lebensunterhalt verdienten. Das hieß: niedrigere Preise für ihre Güter und folglich geringere Einnahmen. Gleichzeitig steigerten die hohen Zinsen in den frühen 80er Jahren, die der Inflation in den Industrieländern entgegenwirken sollten, die Kosten der kurzfristigen Kredite an die Entwicklungsländer und erhöhten so die Rückzahlungsbelastung. Natürlich wurde das geliehene Geld investiert und daraus hätten sich eigentlich höhere Einnahmen ergeben sollen. Leider ging das Kapital aber auch in Projekte, die nicht viel Rendite brachten: teure Importe, Extravaganz, Inflation, Verschwendung, Korruption und Schweizer Nummernkonten. Die Folge war, dass man für all die Kredite weit weniger produktive Aktiva vorweisen konnte, als man hätte erwarten können.

In den 20er Jahren, als es Diskussionen um einen Schuldenerlass für

Deutschland gab, sagte Präsident Calvin Coolidge: »Sie haben sich doch das Geld geborgt, oder?« Diesen Fehler wollte man nicht noch einmal begehen. Dieses Mal wurden enorme Anstrengungen unternommen, die Schuldenkrise zu »lösen«, indem man die Rückzahlungsfristen verlängerte, Schulden umschichtete, abschrieb und gnädig erließ sowie in andere Arten von Anleiheverbindlichkeiten und Ansprüche umwandelte. Die Alternative war eine langwierige Wirtschaftsmisere mit hochgradig unsicheren, aber potentiell äußerst gravierenden politischen Konsequenzen. So verbrachte man den Rest der 80er Jahre mit der Bereinigung des Schadens. Für einen Teil der Entwicklungsländer wurden die 80er Jahre zu einem »verlorenen Jahrzehnt«: eine Zeit mit nur bescheidenem oder negativem Wirtschaftswachstum und, rechnete man das Bevölkerungswachstum ein, stark sinkendem realem Pro-Kopf-Einkommen. Währenddessen schrieben die Banken ihre Kredite ab, wodurch sich ihre eigenen Bilanzen erheblich verschlechterten. All dies war der Preis für Ehrgeiz und Vermessenheit – und Unklugheit.

Die Schuldenkrise hatte in den Entwicklungsländern nachhaltige Auswirkungen auf die Balance zwischen Staat und Markt. Als Teil der Rettungspakete wurde der Internationale Währungsfonds zum Partner der schuldengeplagten Staaten, eine Art internationaler Konkursverwalter. Mit den harten Auflagen der ausgehandelten Sanierungspläne zwang der IWF die Länder ihre Finanzen in Ordnung zu bringen. Dies bedeutete Handelsbarrieren zu beseitigen, Währungen auf realistische Wechselkurse abzuwerten und Lohnerhöhungen einzuschränken. Vor allem aber mussten Staatsverschuldung und Staatsausgaben vermindert werden. Die Regierungen mussten die Ausgaben kürzen, die Subventionierung Verlust bringender Unternehmen einstellen und Staatseigentum an den Privatsektor verkaufen oder übertragen. Um diesen Übergang finanziell zu unterstützen und die Durchführung zu überwachen, schuf die Weltbank »strukturelle Anpassungskredite«, die nur dann ausgezahlt wurden, wenn die Empfänger gewisse politische Bedingungen erfüllten. Strenge Auflagen traten an die Stelle von Verschwendung.

Die Schuldenkrise war ein großer Wendepunkt für die Entwicklungsländer. Aus dem ganzen Drama wurden weit reichende Lehren gezogen. Zum Teil war man durch einen aufgeblähten Staatssektor und ineffiziente Staatsunternehmen in diese ernsten Schwierigkeiten geraten. Staaten in der Dritten Welt konnten nicht erwarten, dass die internationalen Kapitalmärkte ihre riesigen, undisziplinierten Staatssektoren finanzieren würden. Und gerade die dem Zeitgeist entsprechende Ausweitung des Staates hatte diese Nationen auf einen Weg geführt, der in Wirklichkeit in den Bankrott führte. Sowohl das Wirtschaftsgefüge wie die Leitideen der Entwicklungsökonomie mussten sich ändern, denn sie konnten nicht mehr das Wirtschaftswachstum hervorbringen, das sie versprochen hatten. Ideen, die nur wenige Jahre zuvor jenseits der Vorstellungskraft und des politisch Möglichen gelegen hatten, traten nun in den Vordergrund, und neue Leute erhielten eine Chance, sie umzusetzen. Die finanziellen Realitäten ließen schlichtweg keine andere Wahl.[2]

Die nationalen Vorreiterunternehmen

Als Franco Bernabè, der zu dieser Zeit etwas gelehrtenhaft wirkende Generaldirektor der italienischen Ölgesellschaft ENI, 1995 in die USA kam, sagte er einer Gruppe in Houston: »Wir müssen privatisieren.« Dann fügte er schlicht hinzu: »Wir haben keine Wahl.«

Bis dahin war es ein langer Weg gewesen. Die ENI, das größte Unternehmen Italiens, wäre nach dem Zweiten Weltkrieg niemals entstanden, wenn sie nicht Eigentum des Staates gewesen wäre. Ohne staatliches Kapital und ohne den Elan und die Mission einer nationalen Vorreitergesellschaft wäre sie niemals in der Lage gewesen, sich erfolgreich den Weg zu einer herausgehobenen Stellung und hervorragender technischer Leistung zu bahnen und zu wachsen, bis sie zu den zehn größten Ölgesellschaften der Welt gehörte. Doch was in den 40er und 50er Jahren Sinn machte, galt in den 90er Jahren nicht mehr, da war sich Franco Bernabè sicher.

Bernabès Überzeugung war aus Erfahrung erwachsen, die er in bitteren Kämpfen innerhalb der ENI und der politischen Arena Italiens gemacht hatte, bei denen er sich oft in der Defensive befand. Jeden Tag, so schien es, lernte er dieselbe Lektion immer und immer wieder: dass eine riesige Kluft zwischen dem Ideal des Staatsunternehmens und der Realität seiner misslichen Lage bestand. Der Sohn eines Eisenbahnarbeiters und gelernte Ökonom Bernabè hatte bereits eine Rolle bei der Umstrukturierung von Italiens größtem Privatunternehmen, Fiat, gespielt, als er 1983 zu ENI kam. Damals hatte er nicht die geringste Vorstellung, wie schlecht es um das Unternehmen stand. ENI verlor Geld. Die Gesellschaft stand außerdem unter dem ständigen Druck der politischen Parteien Italiens, die sie als Geldquelle und Beute für ihre Patronagewirtschaft betrachteten. Die Gesellschaft konnte nicht als kohärentes Wirtschaftsunternehmen funktionieren.

Von Anbeginn versuchte Bernabè das Unternehmen von politischen Einflüssen zu befreien. Aber als er sich daranmachte das Verlust bringende Chemiegeschäft neu zu organisieren, sah er sich bösartigen Angriffen von Ministerien, parlamentarischen Ausschüssen, Ministern und Parteifunktionären ausgesetzt. Das war für ihn der Wendepunkt. »Von da an«, sagte er, »fühlte ich einen erbitterten Hass auf politische Einmischung und fing an über Mittel und Wege nachzudenken, um die ENI vom öffentlichen Sektor zu befreien.« Er begann im Stillen mit dem Entwurf eines Privatisierungskonzeptes. Aber dann bekamen Politiker und Mitarbeiter des Unternehmens Wind von seinen Bemühungen. Sie brachen einen neuen Krieg gegen ihn vom Zaun. Man verlangte seinen Kopf. Gerettet wurde er zum Teil durch die Kampagne der »sauberen Hände« (*mani puliti*) der Mailänder Staatsanwaltschaft gegen die alles durchdringende Korruption. Die Untersuchung führte zur Inhaftierung zahlreicher Regierungsbeamter und Geschäftsleute. Zu den Inhaftierten gehörten auch 20 führende Manager der ENI, darunter der Präsident der Gesellschaft, der in der Untersuchungshaft Selbstmord beging. Die Kampagne der »sauberen Hände« hinterließ ein Vakuum innerhalb der ENI. 1992 zum Vorstandsvorsitzenden und Generaldirektor ernannt, erkannte Bernabè schnell, dass die Zeit für das verlustreiche Unternehmen auslief. In jenem Jahr konnte es kaum mehr die Löhne auszahlen. Bernabè begann nun mit unbändigem Elan die Gesellschaft umzustrukturieren, verkaufte unproduktive Unternehmensteile, veränderte das Management und sorgte dafür, dass die ENI nicht mehr Politikerinteressen bediente, sondern eine Dividende für die Aktionäre erwirtschaftete – auch wenn der einzige Aktionär zu dieser Zeit der Staat war. Er brachte außerdem einen Plan zur Privatisierung des Unternehmens auf den Weg. Ende 1995, mehrere Monate nach seinem Besuch in den USA, wurden ENI-Aktien zum ersten Mal an den Börsen von Mailand, New York und London angeboten.

Die ENI war eines der berühmtesten Staatsunternehmen der Welt gewesen. Obwohl es in einzigartiger Weise durch die politische Kultur Italiens geformt worden war, machten seine Misere und seine Umwandlung in besonders dramatischer Weise deutlich, wie sich die Position solcher Unternehmen verändert hatte. Staatsunternehmen waren gegründet worden, um wertvolle und wichtige Zwecke zu erfüllen: um nationale Ziele zu erreichen, um die eigene Souveränität zu behaupten und ausländischer Dominanz zu entgehen, um das Wachstum anzutreiben, private Monopole zu beschränken und sicherzustellen, dass die nationalen Ressourcen den Interessen des Volkes dienten. Sie sollten auch Investitionen bündeln und die technologische Entwicklung voranbringen. Aber die Schwierigkeiten der Staatsunternehmen begannen sich bereits in den 70er Jahren bemerkbar zu machen. Ein Ergebnis der Krise der 70er Jahre war der Vertrauensverlust, den die staatlichen Unternehmen erlitten. Der Glanz ihrer Stärken – ihrer Unternehmenskultur, ihrer Arbeitsweise, ihres Stolzes und ihres Sendungsbewusstseins, ihrer Fähigkeit, technische Fertigkeiten und Technologie zu mobilisieren – verblasste nun. Die Koordination hatte sich in schwerfällige Kontrolle verwandelt; die bessere Verteilung von Ressourcen war zu Verzerrung geworden; statt dem Staat Steuern und direkte Einnahmen einzubringen, mussten sie subventioniert werden und verwandelten sich in Wachstumshindernisse. Sie litten unter mangelnder Flexibilität und Ineffizienz; sie waren gezwungen Ressourcen fehlzuleiten; und sie wurden zu einer wachsenden Belastung für den Staatshaushalt. Öffentliche Unternehmen wurden nun als bedeutende Mitverursacher der allgemeinen wirtschaftlichen Krise gesehen, der sich die Staaten gegenübersahen.

Die mangelnde Flexibilität von Staatsunternehmen spiegelte sich in den Schwierigkeiten wider, die sie mit Innovationen hatten. Einige waren vor der Notwendigkeit von Innovationen durch ihr Monopol über den Inlandsmarkt oder ihre exklusiven Verwertungsrechte bestimmter Basisressourcen geschützt. Sie mussten nicht auf die Signale der Konsumenten reagieren; und tief verwurzelte Interessen innerhalb ihrer korporativen Strukturen verhinderten die Einführung neuer Technologien. Natürlich wurden auch große Privatunternehmen Opfer ihres Unvermögens, mit dem wirtschaftlichen und technologischen Wandel Schritt zu halten, aber die Wettbewerbsökonomie ließ ihnen keine Wahl. Viele waren zu schmerzhaften Umstrukturierungen gezwungen. Auf der anderen Seite waren staatliche Unternehmen vor dergleichen in der Regel allzu lange geschützt. Natürlich gab es Ausnahmen: Von Norwegen und Frankreich bis Lateinamerika und Asien befanden sich auch technologisch führende Unternehmen in Staatseigentum. Aber nicht weniger aufschlussreich war der bedauernswerte Zustand von öffentlichen Dienstleistungen, Ausstattung und Infrastruktur in allzu vielen Ländern. In Argentinien etwa kostete es umgerechnet etwa 3 500 Mark, einen Telefonanschluss zu bekommen – und mehrere Jahre Wartezeit. Der Mangel an Flexibilität wurde auch in der Personalpolitik der Staatsunternehmen offenkundig. Mächtige Gewerkschaften übten eine eiserne Kontrolle über die Arbeitsbedingungen im öffentlichen Dienst aus. In vielen Fällen waren eine zu große Personaldecke und von der Gewerkschaft erzwungene Einstellungen nicht benötigter Arbeitskräfte an der Tagesordnung.

Es fehlten die Kräfte, durch die man die öffentlichen Unternehmen am wirkungsvollsten zu Effizienz, Innovation und besserer Kontrolle ihrer Investitionen und Ausgaben hätte zwingen können: Wettbewerb und die Disziplin der Kapitalmärkte. Ob nun nationale Vorreitergesellschaften oder ausgewachsene Monopole, die staatlichen Unternehmen entwickelten sich in der Praxis zu voluminösen, hierarchischen Organisationen mit einer spezifischen Kultur, die offenbar typisch für das Management von Staatsunternehmen auf der ganzen Welt war. Viele Firmen kontrollierten sich schließlich nur noch selbst: Sie taten, was sie wollten, und manche ähnelten einem »Staat im Staate«. Sie waren stolz auf ihre produktiven Errungenschaften und ihre Expansionskraft, auf den Wert ihrer Produktion und ihren Beitrag zur nationalen Entwicklung. Aber ihre Kritiker warfen ihnen vor, dass sie sich gleichzeitig vom Rest des Landes abschotteten. Sie konnten ihre Budgets nicht kontrollieren und gingen nicht auf ihre Kunden ein. Ihre Investitionsentscheidungen waren politischer Einmischung, politischen Kriterien und endlosen Nachbesserungen unterworfen, statt sich an den wirtschaftlichen Realitäten und Chancen zu orientieren. Dies erwies sich als einer der größten Hemmschuhe für die Wirtschaftlichkeit der Staatsunternehmen.

Deutlich wurde auch, dass bei Staatsunternehmen eine andauernde Verwirrung im Hinblick auf ihre grundlegenden Zwecke bestand. Dies beobachtete etwa Vijay Kelkar, ein herausragender indischer Ökonom in Staatsdiensten und jetzt Indiens Finanzminister als er in den 80er Jahren in den Aufsichtsräten staatlicher Unternehmen saß. Seine Erfahrungen veranlassten ihn, die fundamentalen Theoreme der indischen Entwicklungsstrategie in Zweifel zu ziehen. »Wenn das ›indische Volk‹ der Aktionär ist«, sagte er, »stellen sich dem Management vielfältige und widerstreitende Ziele, die nicht miteinander vereinbar sind. Dies macht die Unternehmen langsam, ineffizient und schwierig zu führen. Die Interessen der Aktionäre und des Managements müssen in Übereinstimmung gebracht werden, und die einzige objektive Art und Weise, die Leistung zu messen, ist die Rentabilität.«

Eine andere Folge des staatlichen Eigentums an Unternehmen wurde von manchen Ökonomen euphemistisch als »unmittelbar unproduktive Praktiken« bezeichnet. Ein anderer Name dafür ist Korruption. Der »Staat im Staate« hatte Zugriff auf Ressourcen und zog Glücksritter an, die sich durch ihn Kredite, Anteilswerte und andere Einnahmen verschafften. So entstand eine Maschinerie von Vetternwirtschaft und Patronage. Weil staatliche Unternehmen oder der Staat selbst entschieden, wer unter dem Schirm des Monopols welche Rechte oder Chancen erhielt, bot sich jenen, die solche Entscheidungen trafen, die Möglichkeit persönlicher Bereicherung. In Zeiten des Wohlstands mochte die Öffentlichkeit Beamtenbestechung, gut gepolsterte Aufträge, politisch motivierte Investitionen und Schmiergelder an politische Parteien noch als naturgegeben hinnehmen. Aber wenn sich das Wachstum verlangsamte oder die Transparenz größer wurde, erregte die Bevorteilung begünstigter Gruppen größeren Anstoß und Empörung und wurde mit dem zutreffenden Begriff Korruption belegt.

Die größte Schwierigkeit für Staatsunternehmen bestand in der Einhaltung einer Obergrenze ihrer Ausgaben. Zwar sollten sie eigenständig sein, doch verlieh ihnen der Schutz, den sie als staatliches Eigentum genossen, größere Freiheit bei den Ausgaben, als Privatfirmen sie hatten. Ihre Ausgaben übertrafen häufig ihre Einnahmen und sie häuften immer größere Verluste an. Oft gab es keinerlei Ausgabendisziplin. Dies war das Problem Nummer eins und es war – in den Industrie- ebenso wie in den Entwicklungsländern – unvermeidlich. Dennoch konnten nationale Vorreiterunternehmen kaum geschlossen werden. In vielen Fällen durften sie ihre Preise nicht erhöhen, selbst wenn diese nicht entfernt die Kosten deckten, denn die Regierungen fürchteten dadurch die Inflation anzuheizen und – nicht minder – wütende Protestdemonstrationen auf den Straßen zu riskieren.

Als die internationalen Kredite plötzlich versiegten, konnten die Unternehmen kein Geld mehr borgen. Also gab es nur noch einen Ort, wo man Geld herbekommen konnte: die Staatskasse. Unerbittlich schossen die Verluste der Unternehmen gemeinsam mit den explodierenden Staatsschulden in die Höhe. Die finanzielle Lage des Staates selbst geriet nun in Gefahr. Der Staat handelte, weil er keine Wahl mehr hatte. Das Ende der Fahnenstange war erreicht. Die traditionellen Staatsunternehmen schienen ihre historische Rolle erfüllt zu haben. Aber jetzt mussten sie dramatisch umstrukturiert und reformiert werden, wieder mit dem Markt in Einklang gebracht und zu finanzieller Disziplin zurückgeführt werden: Kurz, sie mussten »kommerziell« werden. Oder aber – dies war der radikalere Ansatz – sie sollten überhaupt keine Staatsunternehmen mehr sein, sondern privatisiert werden: Wettbewerb und das Schreckgespenst der Firmenpleite würden besser funktionieren als Monopolstellung und staatliche Finanzierung. Der Staat sollte also seine Position auf den Kommandohöhen der Wirtschaft für die Kapitalmärkte räumen. Er würde nicht einfach seine Anteile aufgeben, sondern sie verkaufen und damit nach Möglichkeit noch hohe Einkünfte erzielen.

Genau das geschah mit dem italienischen Staatsunternehmen ENI. Ende 1997 hatte die italienische Regierung mit dem Verkauf der Aktien der Gesellschaft etwa 17,6 Milliarden Dollar Gewinn gemacht, und die ENI ihrerseits erwirtschaftete im Geschäftsjahr 1996 einen Profit von fünf Milliarden Mark. Für Franco Bernabè, den Chefarchitekten der Privatisierung, resultierte die Umwandlung teilweise aus der Notwendigkeit, den Kämpfen und Forderungen eines korrupten politischen Systems zu entkommen. Aber sie wurde auch von mächtigeren Kräften angetrieben. »Die Staatsunternehmen sind am Ende«, sagte er und fuhr fort: »Sie sind im Grunde archaisch in einer Welt, die viele ihrer Grenzen verloren hat und sich globalisiert. Tatsächlich sind staatliche Unternehmen auf sich selbst konzentriert und defensiv; Privatunternehmen richten ihren Blick nach außen. In einer staatlichen Gesellschaft ist man ein Staatsbediensteter, kein Unternehmer. Man ist nicht rechenschaftspflichtig. Nationalstaaten haben nicht die Mittel, um in einer globalen Wirtschaft wettbewerbsfähig zu sein. Ein Staatsunternehmen hat etwas mit Krieg zu tun, mit nationalen Interessen und Selbstverteidigung. Und an diesen Krieg waren die Volkswirtschaften bis 1990 angepasst. Sie waren Teil geschlossener und antagonistischer Systeme. Der Zugang zu Rohstoffen wurde als Schlüssel zum Überleben betrachtet. Die Privatisierung dagegen wird von der Abwesenheit des Krieges und von der Öffnung des internationalen Systems angetrieben, das Rohstoffe, Geld und Technologie für jeden verfügbar macht. Der Nationalstaat mit all seinem Beiwerk einschließlich seiner Staatsunternehmen ist eine relativ junge Erfindung. Die Weltwirtschaft gab es bereits im 14. und 15. Jahrhundert. Und es ist die globale Wirtschaft, in der wir konkurrieren müssen.«[3]

Der Niedergang des roten Sterns

Man kann es ein Modell nennen – oder eine Religion. Oder man kann es als einen Bann betrachten, der sich auf das 20. Jahrhundert legte. Denn ein Großteil des Jahrhunderts wurde vom Marxismus und dem Kampf zwischen jenen definiert, die von ihm hypnotisiert waren, und jenen, die ihn ablehnten – und jenen, die in ihm gefangen waren, ohne eine Wahl gehabt zu haben. Marxismus und Kommunismus stellten nicht nur ein Konkurrenzmodell zu den Marktgesellschaften dar, sondern prägten auch die Inhalte der weltweiten Debatte, die sie selbst innerhalb kapitalistischer Staaten zugunsten einer machtvollen Rolle des Staates beeinflussten. Inmitten der Ruinen, die der Kommunismus hinterlassen hat, kann man nur noch schwer begreifen, welch enormes Prestige das Sowjetsystem auf der ganzen Welt genoss, zuerst durch die Industrialisierung und dann durch die (scheinbar) sehr hohen Wachstumszahlen in den 50er und 60er Jahren. Dieses System schien die Lösung für das Problem der Arbeitslosigkeit gefunden zu haben; es glorifizierte die zentrale Planung; und es bot ein machtvolles Entwicklungsmodell, das die Strategien von Staaten rund um den Globus beeinflusste.

Die Anziehungskraft des Marxismus ging über die praktischen Fragen, wie die Wirtschaft organisiert werden sollte, hinaus. Er bot zugleich einen Rahmen zur Erklärung der Welt, eine allumfassende Theorie über alles, von Wirtschaft und politischer Organisation über zwischenstaatliche Beziehungen bis hin zu jeder Art von »Struktur«, ob des Romans, der Familie oder der Geschlechterbeziehung. Wer es nicht schaffte, sich durch die undurchdringlichen Seiten des *Kapitals* zu kämpfen, dem blieb immer noch der romantische Reiz des »jungen Marx«. In seinen verschiedenen Ausprägungen zog der Marxismus Intellektuelle an, bot ein Ventil für das Gefühl von Ungerechtigkeit, Wut und Entfremdung und einen Mechanismus für politische Mobilisierung und Kontrolle.

Und der Marxismus schien so viele Erfolge auf seiner Seite verbuchen zu können. Hatte die DDR nicht pro Kopf gerechnet die zehntgrößte Wirtschaft der Welt? Bewies Chinas Kulturrevolution nicht, wie sich eine dekadente Gesellschaft sowohl entwickeln wie reinigen ließ? Zeigte der Sieg Nordvietnams über den Süden des Landes nicht die Autorität von Marx und die Macht des Marxismus, eine rückständige bäuerliche Kultur zu modernisieren? Selbst die Kritiker mussten einräumen, dass etwas dran war am Marxismus, zumindest solange die Vorhänge – der eiserne und der Bambusvorhang – den freien Fluss des Wissens verhinderten.

Es dauerte Jahrzehnte, bis sich diese Vorhänge schließlich hoben. Aber als dies geschah, erwies sich die Realität überraschenderweise als völlig anders als der äußere Anschein. Als Wirtschaftssystem war der Kommunismus gescheitert, und dies in spektakulärer Weise. In den 80er Jahren fand die verkalkte sowjetische Wirtschaft ihre perfekte Entsprechung in einer Reihe von verkalkten Sowjetführern – dem schwankenden Leonid Breschnew, dem kranken Juri Andropow, ehemaliger Chef des KGB, und dem tatternden Konstantin Tschernenko, einst Grenzsoldat und Busenfreund Breschnews. Als Michail Gorbatschow 1985 an die Macht kam, befand sich die Wirtschaft in einer tiefen Krise. Obwohl militärisch immer noch eine Supermacht, sah die Sowjetunion immer mehr wie ein Entwicklungsland aus – und wie ein gescheitertes obendrein. Noch bevor die Sowjetunion 1991 zerfiel, war es offensichtlich geworden, dass Kommunismus und Marxismus – mit ihrer charakteristischen zentralen Planung und dem allumfassenden Staatseigentum – gegen eine Mauer gefahren waren und einen Totalschaden erlitten hatten.

Das System hatte in Osteuropa, aus dem sich die Sowjetunion jetzt zurückzog, nicht besser funktioniert. Zwischenzeitlich öffnete auch China der Marktwirtschaft die Pforten, wenngleich das Land seine rhetorische und politische Verbundenheit mit dem Marxismus bewahrte, und verdoppelte seine Wirtschaftsleistung alle sieben Jahre. Die Ermahnung von Parteiführer Deng Xiaoping an das chinesische Volk war die gänzlich unmarxistische Aufforderung: »Geht hinaus und bereichert euch.« Tatsächlich hatte Deng den Reformprozess bereits in den späten 70er Jahren eingeleitet, aber die dramatischen Veränderungen wurden bis Mitte der 80er Jahre kaum bemerkt. Zu diesem Zeitpunkt hatte China bereits den entscheidenden Schritt getan, im kommunistischen System des Landes die Politik von der Wirtschaft zu trennen.

In früheren Jahrzehnten konnte man im Westen ein glühender Antikommunist sein, entsetzt über die Gulags und die Unterdrückung, und dem Sowjetsystem dennoch seine scheinbaren Erfolge zugute halten. In den 80er Jahren war das nicht mehr möglich. Infolgedessen gerieten zentrale Planung, staatliche Intervention und Staatseigentum fast gänzlich in Misskredit. Eine berühmte Sammlung von Essays desillusionierter ehemaliger Kommunisten, die in den 50er Jahren veröffentlicht wurde, trug den durchaus passenden Titel *Der Gott, der keiner war*. Aber nun war nicht nur die religiös anmutende Ideologie, sondern auch das Wirtschaftsmodell des Kommunismus gescheitert. »Zwischen dem Fall der Berliner Mauer 1989 und dem Zusammenbruch der Sowjetunion 1991«, erinnerte sich einer der höchsten Wirtschaftsbeamten Indiens, »fühlte ich mich, als wachte ich aus einem fünfunddreißigjährigen Traum auf. Alles, was ich über Wirtschaftssysteme gedacht und umzusetzen versucht hatte, war falsch.« Der Bann war gebrochen.[4]

Der Aufgang des asiatischen Sterns

Während der rote Stern unterging, stieg ein anderer empor und betonte die Abkehr von der staatszentrierten Wirtschaft. Es war das »asiatische Wunder«, das natürlich in Japan seinen Anfang nahm. Die Japaner bevölkerten –

wie ihre offiziellen Vertreter oft und gern wiederholten – einen kleinen Teil einiger Inseln, die kaum über natürliche Ressourcen verfügten – in scharfem Kontrast zur ressourcenreichen Sowjetunion, die sich über elf Zeitzonen erstreckte. Doch bereits Mitte der 80er Jahre wurde Japan langsam als »wirtschaftliche Supermacht« anerkannt. Es stand nicht allein. Danach kamen die »Tigerstaaten« Südkorea, Taiwan, Hongkong und Singapur. Und dicht dahinter folgten die »neuen Tiger«: Malaysia, Indonesien, Thailand und die Philippinen, sowie ein fünfter, die chinesische Provinz Guangdong. Diese Länder wurden die neuen Vorbilder und Lehrmeister.

Was Asien zu einem Wunder machte, war nicht nur die Geschwindigkeit seines Wirtschaftswachstums, sondern mehr noch die Tatsache, dass dieses Wachstum nachhaltig war, dass es den Wandel zur Industriegesellschaft einschloss, und vor allem, dass die normalen Bürger daran Anteil zu haben schienen und eine Revolution des Lebensstils ins Rollen gekommen war. Aber Politiker und Wissenschaftler gleichermaßen beeilten sich zu erklären, dass dies alles andere als ein Wunder sei. Der Erfolg Ostasiens ließ sich erklären – und er bot dem Rest der Welt praktische Lehren. Es setzte eine lebhafte Debatte über die Quellen des Wachstums ein. Die Argumente konzentrierten sich schließlich auf die Rolle der staatlichen Intervention – oder der staatlichen Zurückhaltung. Der Erfolg war das Ergebnis von Industriepolitik, sagten einige: Der Staat habe unter den heimischen Unternehmen die »Gewinner herausgesucht«, sie mit Subventionen, Schutzzöllen und Patronage versorgt und mit diesen nationalen Vorreitergesellschaften dann sehr eng zusammengearbeitet, um sie in die Lage zu versetzen, die Märkte auf der ganzen Welt zu erobern. Das Resultat ließ sich an den Wachstumsraten ablesen. Andere widersprachen dieser Auffassung. Sie merkten an, dass die asiatischen Länder immer noch weit offener für Handel und Unternehmertum waren als andere Teile der Welt. Trotz aller Widersprüchlichkeiten waren die asiatischen Länder, wie der Ökonom und Nobelpreisträger Gary Becker es ausdrückte, »im Hinblick auf die damaligen Weltstandards recht marktorientiert«.

Diese Meinung gewann in den 90er Jahren mit dem Aufstieg eines neuen Ansatzes, der den Leitsatz von der gezielten Industriepolitik direkt angriff, an Boden. Diese neue Herangehensweise war die Interpretation der »Makrofundamentalisten«. Die Wirkung staatlicher Eingriffe, so ihre These, werde weit überschätzt. Der entscheidende Faktor sei, dass diese asiatischen Staaten die ökonomischen Grundbegriffe richtig erfasst hätten: niedrige Inflation, geringe Staatsverschuldung, hohe Sparquote, Ausbildung, Beständigkeit, ein institutioneller und gesetzlicher Rahmen, der das Unternehmertum begünstigt, und – entscheidend – die Bereitschaft, sich am internationalen Handelssystem zu beteiligen. Aus dieser Sicht bestand der direkte positive Beitrag des Staates in der Förderung von Humankapital durch Ausbildung und Gesundheitsvorsorge. Die Auswahl und Förderung von Gewinnern des Wettbewerbs auf dem Binnenmarkt war nach dieser Auffassung zweitrangig und wurde in jedem Fall überschätzt.

Neuseeland: »Wenn man keine Wirtschaft hat«

Diese Lehren wurden in der zweiten Hälfte der 80er Jahre und in den frühen 90er Jahren von einem radikalen Experiment in einem entlegenen Teil des Pazifiks unterstrichen: in Neuseeland. Jahrzehntelang in einen dicken sozialdemokratischen Mantel gehüllt, war Neuseeland ein unwahrscheinliches, aber wichtiges Laboratorium für die wirtschaftliche Liberalisierung. Zu Beginn des 20. Jahrhunderts eines der reichsten Länder der Erde, hatte sich Neuseeland in der Nachkriegszeit zu einer klassischen gemischten Wirtschaft entwickelt, die den sozialdemokratischen Traum erfüllen sollte, seine Bürger »von der Wiege bis zum Grab gegen wirtschaftliche Unsicherheit« zu schützen. Es war eine hochgradig regulierte und hochgradig geschützte Wirtschaft mit einem großen Staatssektor und der Verpflichtung des Staates, für Vollbeschäftigung zu sorgen. Die Löhne wurden kontrolliert; Gleiches galt für die Preise. Wie in vielen anderen Ländern gehörten die beiden Fernsehsender dem Staat. Aber anders als in anderen Ländern bestimmte der Staat auch, wer Fernsehgeräte produzierte und wie viel sie kosten durften. In den 80er Jahren wurde deutlich, dass das ganze System schlecht funktionierte. Die Wirtschaft war nicht wettbewerbsfähig; das Pro-Kopf-Einkommen fiel im Vergleich zu anderen Volkswirtschaften. Der Anteil der Schulden am Bruttoinlandsprodukt war nach oben geschnellt. Die Arbeitslosigkeit lag hoch. Die Wechselkursturbulenzen im Jahr 1984 ließen keinen Manövrierspielraum mehr.

Die Labour-Regierung, die nach einer kurzfristig anberaumten Wahl an die Macht kam, begann umgehend mit einem raschen – manche fanden, »atemberaubenden« – Liberalisierungsprozess, in dessen Verlauf die meisten politischen Maßnahmen, die typisch für eine Mitte-links-Regierungen waren, über Bord geworfen wurden. In den folgenden Jahren wurde die Wirtschaft dereguliert und Staatsunternehmen auf breiter Front privatisiert. Jede Form von Protektionismus – ob in Gestalt von Handelsbarrieren oder auf dem Arbeitsmarkt – wurde eingeschränkt oder ganz abgeschafft. In offener Ablehnung des klassischen Egalitarismus wurden die Steuern von der höchsten bis zur niedrigsten Steuerklasse gekürzt. Das Ergebnis war beeindruckend. Inflation und Arbeitslosigkeit gingen zurück; das Wachstum zog an; der Anteil der Schulden am Bruttoinlandsprodukt verminderte sich und Neuseeland wurde international wettbewerbsfähig. »Im Rückblick sehe ich nicht, wie wir dies hätten vermeiden können«, sagte ein Premierminister mehrere Jahre nachdem die Reformen begannen. »Man kann keine soziale Gerechtigkeit haben, wenn man keine Wirtschaft hat.« Anders als die asiatischen »Tiger« war Neuseeland keines der ständig genannten Paradebeispiele der wirtschaftspolitischen Debatte, aber sein Reformprogramm – initiiert von einer vermeintlichen Mitte-links-Regierung – hatte zweifellos große Wirkung auf das Denken von Entscheidungsträgern in anderen Teilen der Welt.

Die Reformen in Neuseeland wurden zur Zeit der Thatcher-Revolution in Großbritannien durchgeführt. Beide Länder spiegelten das Zusammentreffen einer Wirtschaftskrise mit einer politischen Führung, die bereit war, gegen den Strom zu schwimmen und Ideen umzusetzen, die bis dahin überwiegend nur auf dem Feld der Theorie ihre Wirkung entfaltet hatten. Aber der fundamentale Rahmen der ökonomischen Theorie, durch den die Welt gesehen wurde, veränderte sich. Und das war eine klassische Demonstration der Macht der Ideen.[5]

Friedrich von Hayek und die »Schlacht der Ideen«

Im Nachhinein betrachtet war es die Vergabe des Nobelpreises für Wirtschaftswissenschaften im Jahre 1974, die zuerst und nachgerade zufällig den großen geistigen Wandel andeutete. Die schwedische Akademie wollte Gunnar Myrdal ehren, einen herausragenden Keynesianer, Vater der Entwicklungsökonomie und eine große Gestalt des schwedischen Sozialismus. Aber die Jury, besorgt über den Eindruck, den die Wahl eines einheimischen Kandidaten erwecken würde, beschloss zum Ausgleich zugleich an einen konservativeren Ökonomen zu wählen und verlieh den Preis neben Myrdal zugleich an Friedrich von Hayek. Ein nicht geringer Teil des Berufsstandes war empört über von Hayeks Wahl. Wären sie gefragt worden, so hätten viele Wirtschaftswissenschaftler von Hayek nicht einmal als Ökonomen bezeichnet. Er gehörte mit Sicherheit nicht zum breiten Mainstream, galt als rechts, ja als verbohrt – ein Fossil aus einer archaischen Ära. Was Gunnar Myrdal betrifft, so geht unter anderen Nobelpreisträgern die Legende, er sei so irritiert gewesen, dass er während der gesamten Feierlichkeiten kaum ein Wort mit von Hayek wechselte.

Doch die Verleihung dokumentierte den Beginn einer großen Verschiebung des intellektuellen Gravitationszentrums in der Wirtschaftswissenschaft – hin zur Wiederherstellung des Vertrauens in den Markt, ja zu einem erneuerten Glauben an die Überlegenheit des Marktes über andere Arten, die Wirtschaftstätigkeit zu organisieren. Innerhalb von eineinhalb Jahrzehnten war dieser Wandel zu einer neuen Sichtweise weitgehend abgeschlossen, ein Sieg, der letztlich von zwei Städten ausging: Wien und Chicago.

Friedrich von Hayek war die Persönlichkeit, die diese beiden Städte miteinander verband; er war außerdem das Bindeglied zwischen der Österreichischen oder Wiener Schule nach dem Ersten Weltkrieg und der Wiederentdeckung des Marktes in den 80er Jahren. Von Hayek war ein Kind des österreichisch-ungarischen Reiches und seines Zusammenbruchs: Ihn hatte die pulsierende, lebendige Wiener Kultur vor dem Ersten Weltkrieg nicht minder geprägt als die eher zerrissene Form, die diese Kultur nach dem Krieg annahm. Hayek war ein Vetter zweiten Grades des Philosophen Ludwig Wittgenstein und kam aus einer Familie von Biologen und Beamten. In den Fußstapfen seines Vaters fasste er eine Karriere als Botaniker ins Auge. Doch dann änderte der Erste Weltkrieg seine Weltsicht grundlegend. Als Unteroffizier erlebte er die Komplexität und die Gefahren des glühenden Nationalismus hautnah. »Ich sah mehr oder weniger, wie das große Reich unter dem Problem des Nationalismus zusammenbrach«, sagte er später. »Ich diente in einem Kampf, in dem elf verschiedene Sprachen gesprochen wurden. Das lenkt die Aufmerksamkeit zwangsläufig auf die Probleme der politischen Organisation.« Der Krieg brachte ihn auch dazu, eine Antwort auf die »brennende Frage« einer »gerechteren Gesellschaft« zu suchen.

Mit diesem Ziel vor Augen promovierte er nach dem Krieg in Wien sowohl in Wirtschaftswisssenschaften wie in Jura und ging 1923 nach Amerika, um sich ins Doktorandenprogramm der Universität von New York einzuschreiben. Aber ihm ging das Geld aus und er kehrte nach Wien zurück, um seine wirtschaftswissenschaftlichen Arbeiten fortzusetzen. Wie viele seiner jungen Zeitgenossen hatte ihn der Krieg zur idealistischen Suche nach

Erneuerung getrieben, zur Suche nach einer besseren Welt – und das hieß: Sozialismus. »Wir fühlten, dass die Kultur, in der wir aufgewachsen waren, zusammengebrochen war«, sagte er später. »Der Wunsch, die Gesellschaft wieder aufzubauen, führte viele von uns zum Studium der Ökonomie. Der Sozialismus versprach die Erfüllung unserer Hoffnungen auf eine rationalere, gerechtere Welt.« Aber dann, als er anfing Ökonomie zu studieren, gelangte er widerwillig zu einer schmerzlichen Neubewertung und kam zu dem Schluss, dass seine idealistischen Ziele besser durch eine Marktwirtschaft zu erreichen seien.

Dieser Wandlungsprozess vollzog sich unter dem Einfluss von Ludwig von Mises, dem namhaftesten Mitglied der österreichischen Wirtschaftsschule. In seinem Buch *Gemeinwirtschaft*, veröffentlicht 1922, präsentierte Mises eine vernichtende Analyse des zentralen wirtschaftlichen Fehlers des Sozialismus, das Fehlen einer, wie er es nannte, ökonomischen Kalkulation. Das Problem bestand darin, dass es bei zentraler Planung keine ökonomische Kalkulation gab: Es war nicht möglich, zu einer rationalen Entscheidung darüber zu gelangen, ob man diese Ressource hier einsetzte oder jenes Gut dort kaufte, weil es kein Preissystem gab, mit dem man die Alternativen gegeneinander abwägen konnte. Zentrale Planer konnten technische Entscheidungen treffen, aber keine ökonomischen. Im weiteren Verlauf des Jahrhunderts sollte sich diese Kritik als außerordentlich weitsichtig erweisen. »[Mises' Buch] *Gemeinwirtschaft* erschütterte unsere Generation«, sagte von Hayek später. Doch trotz dieses Schocks, so fügte er hinzu, habe das Buch die Weltsicht von Idealisten, die aus dem Krieg zurückkehrten, grundlegend verändert. »Ich weiß das, denn ich war einer von ihnen. (...) [Mises'] *Gemeinwirtschaft* sagte uns, dass wir in der falschen Richtung nach Verbesserung gesucht hatten.«

Von Hayek wurde Schüler von Mises und dann für mehrere Jahre sein Forschungsassistent. Angesichts der Inflation in Österreich nach dem Krieg lernte er bei seiner ersten Arbeitsstelle aus erster Hand, was Geldentwertung bedeuten konnte: Er begann mit 500 Kronen. Neun Monate später war sein monatliches Gehalt auf eine Million Kronen gestiegen. 1931 wurde von Hayek auf einen Lehrstuhl an der London School of Economics (LSE) berufen. Das Angebot kam von William Beveridge (der ein Jahrzehnt später den Beveridge-Report verfasste), zu verdanken war es aber besonders dem Vorschlag von Lionel Robbins, dem herausragenden liberalen Ökonomen Großbritanniens. In seiner Antrittsvorlesung an der LSE erklärte von Hayek, es sei »beinahe unausweichlich«, dass jeder »warmherzige Mensch, sobald ihm das bestehende Elend bewusst wird, zum Sozialisten wird«. Aber das Studium der Wirtschaft würde diesen Menschen zu einer konservativeren Auffassung führen. Das, so von Hayek weiter, würde auch solchen Menschen so gehen, die »weitestgehende Sympathie für die ethischen Motive« hegten, aus denen sich der Radikalismus speist, und die »überglücklich wären, wenn sie glauben könnten, dass Sozialismus oder Planung erfüllen, was sie versprechen«.

Die London School of Economics war 1895 von der sozialistischen Fabian Society gegründet worden und stand seit den 30er Jahren im Ruf einer linken Institution, die von Sozialisten dominiert wurde und sich der Verbreitung linker Doktrinen in Großbritannien und unter den jungen Menschen aus der ganzen Welt widmete, die dort studierten. Doch in den 30er Jahren wurde der Fachbereich Ökonomie mit Robbins, von Hayek und anderen zu einem Stützpunkt des traditionellen Liberalismus und kämpfte um die Bewahrung liberaler Prinzipien, während Sozialismus und Keynesianismus zu den beherrschenden Kräften der Zeit wurden. Von Hayek stand dabei in vorderster Linie. Er war nicht nur der konsequenteste, sondern auch der freimütigste Kritiker der Arbeiten von Keynes vor und nach dessen *Allgemeiner Theorie*. Keynes' Ansatz, so glaubte von Hayek, basierte auf einem Fehler; er würde die Wirtschaftskrise nicht kurieren, sondern die Inflation institutionalisieren. Tatsächlich war die *Allgemeine Theorie* nach Hayeks Auffassung überhaupt keine allgemeine Theorie, sondern vielmehr eine aufpolierte spezifische Theorie, um aus der politischen Sackgasse in Großbritannien herauszukommen. Keynes' Erwiderung war nicht minder bissig. Von Hayek, so sagte er, habe einen seiner Aufsätze gleich »mit einem Fehler« begonnen, um dann »völlig verrückt zu spielen«. Einen anderen Aufsatz von Hayeks bezeichnete er als »den wildesten Mischmasch von Unsinnigkeiten«. 1933 berichtete Keynes seiner Frau über einen Besuch von Hayeks in Cambridge. Keynes saß beim Dinner neben ihm und traf ihn dann am nächsten Tag zum Lunch. »Privat kommen wir sehr gut miteinander aus. Aber was für ein Unsinn seine Theorie ist.«[6]

Der Weg zur Knechtschaft

Im Laufe des Zweiten Weltkriegs wuchsen von Hayeks Befürchtungen hinsichtlich des Vordringens des Kollektivismus, der zentralen Planung und dessen, was man später keynesianische Interventionspolitik nannte. In einem seiner berühmtesten Aufsätze argumentierte er, das Problem des Wissens bringe die zentrale Kontrolle von Volkswirtschaften zum Scheitern: Die Menschen im Zentrum könnten nie über genügend Informationen verfügen, um ihre Entscheidungen zu treffen. Viel besser, argumentierte er, sei das Preissystem, dessen wirkliche Funktion »ein Mechanismus der Informationsvermittlung« sei. Für von Hayek war dies nichts weniger als ein »Wunder«: »Das Wunder besteht darin, dass in einem Fall wie dem der Knappheit eines Rohstoffs, ohne dass eine Anordnung gegeben wird, ohne dass mehr als vielleicht eine Hand voll Menschen die Ursachen kennen, zehntausende von Menschen, deren Identität durch monatelange Untersuchungen nicht festgestellt werden könnte, dazu geführt werden, das Material oder seine Produkte sparsamer zu verwenden; das heißt, sich in der angemessenen Richtung zu bewegen.«

Gleichzeitig bereitete von Hayek einen Generalangriff in einer populäreren Form vor: sein Buch *Der Weg zur Knechtschaft*. Dieses Buch, das 1944 erschien, hätte in Großbritannien ein Bestseller werden können, wenn es nicht die extreme Papierrationierung des Krieges gegeben hätte. Trotzdem fand zumindest ein Exemplar seinen Weg in die Hände einer jungen Oxford-Studentin, Margaret Roberts, der späteren Margaret Thatcher. Die University of Chicago Press veröffentlichte das Buch in den USA, und von Hayeks Argumente gelangten noch zu weit größerer Bekanntheit, als *Reader's Digest* eine gekürzte Version abdruckte. Bis zu einem gewissen Grad musste von Hayek seine Argumente verschlüsseln, denn Kritik an der Sowjetunion, damals ein wichtiger Verbündeter, war nicht erwünscht. Dennoch wurde das Buch nach dem Zweiten Weltkrieg auf Betreiben der Sowjetunion von den vier Besatzungsmächten in Deutschland verboten.

Keynes, der von Hayeks *Der Weg zur Knechtschaft* auf dem Weg zur Konferenz von Bretton Woods gelesen hatte, schrieb diesem rätselhafterweise, dass es »ein großartiges Buch« sei. Er sei mit dem Ganzen »zutiefst einverstanden«. Dann fuhr er fort, seine tiefe Ablehnung darzulegen: »Meinen Ideen zufolge unterschätzen Sie stark die Gangbarkeit des Mittelweges. (...) Wir brauchen nicht Verzicht auf Planung oder auch nur weniger Planung; tatsächlich möchte ich meinen, dass wir fast mit Sicherheit mehr Planung brauchen.« Er schloss mit dem Rat an von Hayek, sich der »Wiederbelebung des rechten moralischen Denkens« zuzuwenden. Denn »wenn Sie Ihren Kreuzzug nur in diese Richtung lenken könnten, würden Sie sich nicht gar so sehr wie Don Quichotte fühlen«.

Aber nach dem ersten Paukenschlag von *Der Weg zur Knechtschaft* erschien von Hayek wirklich wie ein Don Quichotte auf einem eingebildeten

Feldzug. In späteren Jahren räumte er reumütig ein, das Buch sei für seine akademische Position zu »populär« gewesen und habe seinen Ruf in den Wirtschaftswissenschaften diskreditiert. Kurz darauf ging seine erste Ehe in die Brüche und er heiratete eine Frau, in die er sich 20 Jahre zuvor verliebt hatte. 1950 verließ von Hayek die London School of Economics, um eine Professur an der Universität von Chicago anzutreten. Er wurde dort Professor für Sozialwissenschaften und Ethik und Mitglied des renommierten Committee on Social Thought, wo er amerikanische Intellektuelle von allererstem Rang zu Kollegen hatte. Dem Fachbereich Wirtschaftswissenschaften gehörte er nicht an und hatte keinen großen Einfluss auf die dortigen Studenten. Auf andere wirkte von Hayek stark wie ein zentraleuropäischer Gentleman der alten Schule: reserviert und ziemlich streng. Als ihn ein junger Student (der lange Zeit später den Nobelpreis erhalten sollte) bat, sich einen handgeschriebenen Aufsatz über Wirtschaftsanalyse und politische Entscheidung durchzulesen, lehnte von Hayek höflich ab: Er lese keine handschriftlichen Manuskripte, erklärte er.

Während seiner Zeit in Chicago schrieb von Hayek eine Arbeit, die viele für sein herausragendes Werk halten: *Die Verfassung der Freiheit*, veröffentlicht 1960. Darin entwickelte er eines seiner wichtigsten Themen weiter: *Laisser-faire* war nicht genug. Der Staat habe eine klare Rolle: die Entwicklung und Aufrechterhaltung der Institutionen – der Gesetze und Regeln – sicherzustellen, die den Wettbewerb in der Wirtschaft gewährleisteten. Und das blieb – was immer das Gefühl sagen mochte – der beste Mechanismus, um jene Ideale zu verwirklichen, die ihn auf dem Schlachtfeld des Ersten Weltkrieges in ihren Bann geschlagen hatten. Von Hayek fühlte sich in Chicago nie ganz zu Hause. Er hatte ein Auto in Paris und kehrte mit seiner neuen Frau in die Alpen zurück, wann immer er konnte. Niedergeschlagenheit und Unruhe machten ihm zunehmend zu schaffen. Nach zwölf Jahren an der Universität von Chicago übernahm er einen Lehrstuhl an der Universität Freiburg im Breisgau, mitten unter den Ordoliberalen.

Die Alpen waren bereits zuvor der Schauplatz gewesen, von dem aus von Hayek seinen Einfluss ausweitete. 1947 hatte er ein Treffen einer bemerkenswerten Gruppe von 36 Intellektuellen organisiert, in erster Linie Ökonomen. Es wurde im Schweizer Kurort Mont Pèlerin abgehalten und später wurde dieser Zirkel als Mont-Pèlerin-Gesellschaft bekannt. Das erste Treffen war ein so großer Erfolg, dass die Gruppe zwei Jahre später erneut zusammenkam und sich anschließend mit ständig wachsender Teilnehmerzahl an wechselnden Orten regelmäßig versammelte. Die Treffen boten einen Rahmen für gleich gesinnte Denker, um Sozialismus und Kollektivismus kritisch zu analysieren und über Philosophie und Politik zu debattieren. Sie gaben liberalen Ökonomen auch das Gefühl, zu einer internationalen Gemeinschaft zu gehören, schufen einen Anreiz, ihre Ideen zu entwickeln, und boten besonders jenen, die aus Ländern kamen, in denen es nur ein paar verstreute liberale Ökonomen gab, ein Mittel, um ihre Isolation zu überwinden und die Genugtuung zu erfahren, nicht allein zu stehen.

Für von Hayek waren die Treffen der Mont-Pèlerin-Gesellschaft wichtige Feldlager im Krieg der Ideen. Er glaubte, dass der Kampf lange dauern würde; das liberale Denken würde »für die nächsten zehn oder zwanzig Jahre« in der Defensive sein, »in denen die gegenwärtige kollektivistische Tendenz unweigerlich fortdauern« würde. In einem Aufsatz mit dem Titel »The Intellectuals and Socialism«, der nach dem ersten Treffen der Gesellschaft zirkulierte, mahnte er die Teilnehmer, sie müssten sich auf einen langwierigen Kampf einstellen, auch wenn sie diese Auseinandersetzung gewinnen könnten. »Was dem zeitgenössischen Beobachter als eine Schlacht widerstreitender Interessen erscheint, die von den Stimmen der Massen entschieden wird«, schrieb er, »wurde gewöhnlich lange zuvor in einer Schlacht der Ideen entschieden, die sich auf enge Zirkel beschränkte.«[7]

Die Chicagoer Schule

Zu denen, die an jenem ersten Treffen in Mont Pèlerin teilnahmen, gehörte ein junger Ökonom der Universität von Chicago, der zum ersten Mal nach Europa reiste: Milton Friedman. Mont Pèlerin half Friedman zweifellos, Teil eines internationalen Netzwerks zu werden, und trug gleichzeitig dazu bei, sein zunehmend einflussreiches Werk zu verbreiten. Tatsächlich hätte sich der grundlegende Wandel in der allgemeinen Einschätzung des Marktes vielleicht nie ereignet – zumindest nicht in dieser Form –, wenn Friedman und seine Kollegen nicht Jahrzehnte mit der Abfassung höchst unmoderner akademischer »Schreibereien« verbracht hätten. Die Chicagoer Schule, wie man sie später bezeichnete, legte große Teile des Fundaments für die intellektuelle Neuformulierung wirtschaftspolitischer Fragen in den USA und auf der ganzen Welt.

Wie viele große Fachbereiche an US-amerikanischen Universitäten bildete sich die Chicagoer Wirtschaftsfakultät in den 30er und 40er Jahren aus einem Gemisch herausragender amerikanischer Akademiker, aufstrebender Jungstars und bedeutender Europäer, von denen einige vor den Nazis und Faschisten geflohen waren. Der führende Kopf war der Ökonom Frank Knight, ein Verfechter des freien Marktes. Aber es gab auch Paul Douglas, einen eifernden New-Deal-Linken, der schließlich eine politische Karriere einschlug und US-Senator wurde. Ein anderes Mitglied des Fachbereichs war der polnische Flüchtling Oskar Lange, der während seiner Chicagoer Zeit ironischerweise große Anstrengungen unternahm, ein Modell des Marktsozialismus zu entwickeln. Lange galt er als Wissenschaftler, dem an der Fakultät eine große Zukunft bevorstand, aber stattdessen verließ er Chicago nach dem Ende des Zweiten Weltkriegs, um in der von den Kommunisten dominierten Regierung Polens mitzuarbeiten, und wurde Vertreter Polens bei den Vereinten Nationen.

Ende der 50er Jahre sprach man bereits von einer charakteristischen Chicagoer Schule, die im Gegensatz zum Keynesianismus das Gewicht auf *Laisser-faire* legte – auf freie Märkte – und gegen staatliche Eingriffe in die Wirtschaft argumentierte. Was machte Chicago zu etwas Besonderem? Die Wirtschaftsfakultät war in ihrer Lehre auf eine berühmt-berüchtigte Strenge und klar definierte Maßstäbe für die Promotion verpflichtet. Manch einer fiel durch. Der Fachbereich konzentrierte sich auf Workshops, die Lehrkörper und Studenten regelmäßig zu Erörterungen und Diskussionen zusammenbrachten. Geeint wurden die Mitglieder der Fakultät von einer bestimmten Weltsicht und einer Reihe von Ideen, über die geforscht und die ausschließlich vertreten wurden. Sie bildeten auch die Grundlage für die Vorbereitung neuer Doktoranden. George Shultz, der spätere US-Finanz- und Außenminister, bemerkte sofort den Unterschied, als er im Anschluss an 15 Jahre am Massachussets Institute of Technology nach Chicago kam. »Chicago war in stärkerem Maße eine Universität als irgendeine andere«, sagte er. »Die Leute an der ganzen Universität arbeiteten kollegial zusammen.«

»Chicago hatte immer eine starke Tradition des Glaubens an den Markt«, so Gary Becker, der als graduierter Student 1951 nach Chicago wechselte und 1992 den Nobelpreis erhielt. »Chicagos Beitrag bestand darin, die Macht der Märkte und der Entscheidungen der Menschen zu zeigen, nicht nur in der Politik, sondern auch in den Wirtschaftswissenschaften. Die Fakultät besaß auch eine starke Führung. Wir hatten ein ausgeprägtes Selbstbewusstsein, dass wir die richtigen Antworten besaßen und der Rest des Berufsstandes Unrecht hatte. Wir sahen die Wirtschaftsanalyse als einen wirkungsvollen Weg zum Verständnis menschlichen Verhaltens, der Einsichten nicht nur in die Wirtschaft selbst lieferte, sondern auch darüber, wie sich die Gesellschaft organisierte. Ich glaube, dass Ökonomie an den meisten Orten als Spiel gelehrt wurde; es war nicht erkennbar, dass Lehrer anderswo die Ökonomie als machtvolles Instrument sahen. Chicago tat dies.« Die Chicagoer Ökonomen glaubten an eine sehr kleine Zahl von Theoremen über die Art und Weise, wie Entscheidungsträger Ressourcen verteilten und wie diese Verteilung die Preisbildung steuerte. Sie vertrauten auf Märkte und auf die Effizienz des Wettbewerbs. Ihren eigenen Mechanismen überlassen, führten Märkte zu den besten Ergebnissen. Preise waren die besten Ressourcenverteiler. Jede Intervention, die das veränderte, was sich selbst überlassene Märkte erreichten, war sehr wahrscheinlich kontraproduktiv. Für die Chicagoer Ökonomen lagen die Folgerungen für die staatliche Politik auf der Hand: Wo immer möglich, sollte die private Wirtschaftstätigkeit an die Stelle staatlichen Wirtschaftens treten. Je weniger der Staat tat, desto besser. Eingriffe in die Geldmenge verzerrten die Märkte; besser war ein beständiges, voraussehbares Geldmengenwachstum. Das war das genaue Gegenteil der keynesianischen Idee, wonach der Staat wirtschaftliche Schwankungen ausgleichen konnte. Dieser Aspekt des Chicagoer Ansatzes und seine späteren Varianten wurden als Monetarismus bekannt.

Während eines Großteils der 50er Jahre blieb die Chicagoer Schule unbeachtet und unmodern, zumindest in der Öffentlichkeit. Sie schien der landläufigen Überzeugung in beinahe jeder Hinsicht zu widersprechen. Aber am Ende des Jahrzehnts veränderte sich das. Diese Entwicklung wurde zum Teil von Milton Friedman vorangetrieben, der nicht nur ein überaus fähiger Ökonom war, sondern auch eine charismatische und optimistische Persönlichkeit, die sich durch nichts aus der Ruhe bringen ließ, weder durch das Rampenlicht noch durch die gewaltige Lawine der Kritik, die über ihn hereinbrach.

In der Highschool hatte sich Friedman in die Mathematik verliebt, inspiriert von einem Lehrer, den die Geometrie so leidenschaftlich begeisterte, dass er den Beweis des Satzes des Pythagoras mit einem Zitat aus John Keats' »Ode an eine griechische Vase« über die Schönheit der Wahrheit und die Wahrheit der Schönheit beendete (»*Beauty is truth, truth beauty*«). Friedman ging mit einem staatlichen Stipendium auf die Rutgers University und war bestrebt einen Beruf für sich zu finden, in dem er die Mathematik anwenden konnte. Sein Ehrgeiz, Versicherungsmathematiker zu werden, erlosch, als er einige Kurse für Versicherungsmathematik nicht bestand. Aber zu diesem Zeitpunkt war sein Interesse für die Ökonomie bereits geweckt, wiederum inspiriert von außergewöhnlichen Lehrern, darunter Arthur Burns, der später Präsident der Zentralbank (Federal Reserve Board) wurde. Die Ökonomie war für Friedman eine nahezu unausweichliche Karrierewahl: »Ich schloss 1932 das College ab, als sich die USA auf der Talsohle der tiefsten Wirtschaftskrise ihrer Geschichte befanden«, schrieb er später. »Ökonom zu werden erschien im Hinblick auf die brennenden Themen des Tages wichtiger, als in der angewandten Mathematik oder als Versicherungsmathematiker zu arbeiten.« Er ging als Doktorand an die Wirtschaftsfakultät der Universität Chicago und schrieb dort, unterbrochen von Forschungen an der New Yorker Columbia University, seine Doktorarbeit.

Als er 1946 Professor an der Universität Chicago wurde, hatte Friedman bereits begonnen seinen eigenen Weg zu gehen. Er tat sich unter den übrigen Dozenten als bilderstürmerischer und streitbarer Denker hervor und wurde zum Kopf einer Kritik des Keynesianismus, die sich bis zum Ende der 50er Jahre zu einem Generalangriff auf nahezu jeden Aspekt dieser Theorie ausgeweitet hatte. Er war ein gefürchteter Debattierer. Kollegen witzelten, dass die Leute es vorzogen, mit ihm zu diskutieren, wenn er nicht da war. Als Lehrer war er anspruchsvoll und unerbittlich. »Alles, was man sagte, konnte er besser ausdrücken«, erinnerte sich ein Student. Seine Schüler bewiesen ihm gegenüber gewaltige Loyalität. Es gab ein starkes Gefühl der Kameradschaft. Sie betrachteten sich als Teil einer kleinen verschworenen Gemeinschaft, die für die Wahrheit focht.

Dem Chicagoer Ansatz zufolge brachten staatliche Eingriffe in die Wirtschaft fast immer mehr Schaden als Nutzen. In einem berühmten frühen Aufsatz (»*Roofs or Ceilings? The Current Housing Problem*«) demonstrierten Friedman und sein Koautor George Stigler, dass die Kontrolle der Mieten – so gut die dahinter stehenden Absichten auch sein mochten – den widersinnigen Effekt hatte, die Zahl der verfügbaren Wohnungen zu vermindern, indem sie den Anreiz für Hauseigentümer und Baugesellschaften beseitigte, neue Wohnungen für den Markt zu bauen. Insgesamt, so argumentierte Friedman, waren Besteuerung und Staatsausgaben nur bei einer äußerst begrenzten Reihe von »öffentlichen Gütern« angemessen, wie etwa Verteidigung. Alles andere überließ man besser sich selbst.[8]

Die Mitglieder der Chicagoer Schule lehnten die Vorstellung vom Versagen des Marktes und die Lehrmeinungen des Keynesianismus ab. Ihnen bereitete die Ausweitung der staatlichen Macht weit mehr Sorgen als die Gefahren der Monopolbildung, die in den USA einer der Hauptgründe für staatliche Regulierung gewesen waren. Das Problem privater Monopole erschien ihnen überbewertet, zum Teil aufgrund des technologischen Wandels. »Unregulierte Privatmonopole«, schrieb Friedman, seien das geringere Übel, »wenn man sie mit staatlicher Regulierung und Staatseigentum vergleicht.«

Während Friedman die heiligen Kühe der Makroökonomie attackierte, forderten seine Kollegen andere Aspekte der herrschenden Lehre heraus. George Stigler führte eine stille, aber nicht weniger vernichtende Klinge gegen staatliche Interventionen durch Regulierung. Gary Becker wandte die ökonomische Analyse auf ein Spektrum sozialer Themen an, angefangen mit Diskriminierung. »Ich glaube, dass Menschen rationale Entscheidungen treffen und versuchen, die Konsequenzen ihres Handels abzuschätzen«, erklärte Becker. »Sie reagieren auf Anreize. Man kann Märkte, Rationalität und Anreize nehmen und damit Themen wie ethnische Zugehörigkeit, Erziehung und Familie beleuchten.« Beckers berühmteste Arbeit war eine bahnbrechende Analyse über »Humankapital«. Obwohl es heute mehr als ein Modethema ist, wurde es kaum untersucht, bevor sich Becker seiner annahm. Bei dem Begriff »Humankapital«, so Becker, gehe es um »Ausgaben für Menschen – für Erziehung, Ausbildung, Gesundheit –, die in einem allgemeinen Sinne die Produktivität erhöhen«. Er rang allerdings mit sich, ob er den Ausdruck »Humankapital« als Titel verwenden sollte. »Ich war besorgt, dass er zu viele Menschen vor den Kopf stoßen könnte. Für viele Menschen war es unannehmbar, die Begriffe ›human‹ und ›Kapital‹ zu verbinden. Heute ist es gang und gäbe, den Ausdruck zu benutzen.« Robert Lucas, Mitglied der Chicagoer Schule und Nobelpreisträger von 1995, begründete in den 70er Jahren eine neue Forschungsrichtung um das Thema »rationale Erwartungen«. Er argumentiert, dass staatliche Entscheidungen aufgrund der Reaktionen der Entscheidungsträger in der Wirtschaft kaum je die vorhergesehenen Resultate zeitigen. Das Regierungswissen wird vom Marktwissen überlistet.

Die Chicagoer Schule wurde als dogmatisch, engstirnig und reduktionistisch belächelt. Friedman ging mit Vergnügen zum Gegenangriff über. Er genoss es, auf der Kanzel zu stehen. Er glaubte, seine Ideen könnten die Welt verändern – und man kann durchaus der Meinung sein, dass sie es taten. Er sah eine direkte, ausdrückliche und unverstellte Beziehung zwischen Kapitalismus und Demokratie. Freie Märkte führten seiner Meinung nach zu den besten Ergebnissen, und wirtschaftliche Freiheit beruhte ihrerseits auf politischer Freiheit. Friedman vertrat seine Ideen nicht nur in einem nicht abreißenden Strom von Aufsätzen in Fachzeitschriften, sondern auch in populärerer Form. Sein Klassiker von 1962, *Kapitalismus und Freiheit*, zielte ebenso auf Ökonomen wie auf die breite Öffentlichkeit. 1964 war er Wirtschaftsberater des konservativen republikanischen Präsidentschaftskandidaten Barry Goldwater. Als er 1976 den Nobelpreis erhielt, wurde er derart berühmt, dass er »über alles, von der Behandlung eines gewöhnlichen Schnupfens bis zum Marktwert eines Briefes von John F. Kennedy«, interviewt wurde. Er vermittelte seine Ideen in einem Bestseller, *Chancen, die ich meine*, der als Vorlage für eine Sendereihe im Fernsehen diente. In den 80er Jahren konnte Friedman mit einiger Befriedigung daran zurückdenken, dass die Ideen, die er in den 50ern gemeinsam mit seinen Kollegen vertreten hatte, seinerzeit die Auffassungen einer kleinen, bedrängten Minderheit waren, die von unseren Kollegen als exzentrisch betrachtet wurde. In den 80er Jahren waren ebendiese Ideen unter Intellektuellen zumindest respektabel und in der breiteren Öffentlichkeit mit hoher Wahrscheinlichkeit fast schon Gemeingut. Noch ein Jahrzehnt später, Mitte der 90er Jahre, schrieb Paul Krugman, dass Friedmans »lange Kampagne gegen die Ideen der keynesianischen Ökonomielehre« ihn zum »bekanntesten Ökonomen der Welt« gemacht hatte. So viel zu Keynes.

Die Chicagoer Schule stand kaum allein da und in den frühen 80er Jahren war »Chicago« selbst breiter gefächert. Friedman zog sich von der Lehrtätigkeit zurück und verlagerte gemeinsam mit anderen seine Basis zur Hoover Institution in Stanford, die direkte Verbindungen zu Ronald Reagan und dessen Beratern hatte. Aber zu dieser Zeit war schon erkennbar, dass die Chicagoer Schule einen vernichtend erfolgreichen »neoklassischen Gegenangriff« in der Ökonomielehre und deren praktischer Anwendung geführt hatte. Die makroökonomische Steuerung funktionierte nicht, während das Herumdoktern an der Geldmenge nur die Unsicherheit erhöhte und Investoren abschreckte. Und die Chicagoer Schule zeigte auch, dass die Regulierung unweigerlich ihr Ideal, das überpersönliche öffentliche Wohl zu fördern, verfehlen musste. Stattdessen wurde sie zur Beute von Partikularinteressen. Zu alldem kam noch, dass der Staat bei dem Versuch gescheitert war, zuverlässige Vorhersagen zu treffen. Der Glaube an den allwissenden Staat, an das *big government*, hielt dem Angriff nicht stand.

Die Arbeit der Chicagoer Schule – und, auf indirektere Weise, von Hayeks Beitrag – hatte entscheidenden Anteil an einer allgemeinen Verschiebung des Gravitationszentrums wirtschaftlichen Denkens und einer Neubewertung der angemessenen Balance von Staat und Markt. Die fiskalische Steuerung wurde nicht länger als wirkungsvolles Mittel gesehen; die Feinabstimmung lag jenseits des Wissens und der Fähigkeiten der Leute an den Hebeln der politischen Macht. Höhere Inflation führte nicht zu einer Verminderung der Arbeitslosigkeit, aber sie bedeutete größere Unsicherheit. Weniger Staat hieß die Devise; denn es war nur allzu leicht für einen großen Staatssektor, die private Wirtschaftstätigkeit aus dem Markt zu drängen. Im Gegensatz zur allgemein akzeptierten Weisheit des Keynesianismus stimulierte nicht die Erhöhung, sondern die Reduzierung der Defizite die Wirtschaftstätigkeit. Keynes, so erwies sich, war kein Mann für alle Fälle.

Die Chicagoer Professoren hatten lange Jahre das Gefühl, dass andere bedeutende Universitäten in den USA – wie Harvard, Yale, das Massachusetts Institute of Technology und Berkeley – Chicago nicht ernst nahmen und seine Studienabgänger nicht einstellten. Dagegen zeigten Universitäten wie die in Los Angeles und Rochester weit mehr Geistesverwandtschaft. Die Wirtschaftsfakultät der Universität von Virginia um James Buchanan wurde ein Zentrum des Gedankens der freien Marktwirtschaft. Buchanan und die Theorie »nichtmarktmäßiger Entscheidungen« (*public choice theory*) wandten wirtschaftliche Annahmen auf das von Eigeninteresse geleitete Verhalten von Politikern, Bürokraten und Wählern an. Eine Welle von Nobelpreisen, angefangen mit von Hayek und Friedman Mitte der 70er Jahre, zeigte Chicagos Aufstieg an. Insgesamt wurde seit 1974 acht Professoren aus Chicago und weiteren elf, die zeitweise mit Chicago verbunden waren, der Nobelpreis für Wirtschaftswissenschaften verliehen. »Die Verlagerung des Schwerpunktes nach Chicago war mir nach 1975 klar«, sagte Gary Becker. »Das war das Ergebnis dessen, was in den Wirtschaftswissenschaften und in der Welt vor sich ging. Beides vollzog sich gemeinsam.«

Wie Friedman selbst es sah, folgte die Akzeptanz der Chicagoer Ideen zuerst aus der Stagflation und der ökonomischen Sackgasse der 70er Jahre und dann aus dem Fall der Berliner Mauer. »Einzelne Menschen haben keinen Einfluss, wenn sie für andere Wege der Wirtschaftspolitik argumentieren«, so Friedman. »Ihre Rolle ist es, Ideen lebendig zu halten, bis eine Krise kommt. Es war nicht mein Reden, das die Leute dazu brachte, diese Ideen anzunehmen, so wie der krähende Hahn nicht die Sonne aufgehen lässt. Der Kollektivismus war eine unmögliche Art, eine Wirtschaft zu betreiben. Was den Wandel herbeigeführt hat, sind die Realität, die Tatsachen – und was Marx die unvermeidlichen Kräfte der Geschichte nannte.«[9]

Widerwilliger Respekt

Diese intellektuelle Wanderungsbewegung führte zu einem dreifachen Wandel: in den Wirtschaftswissenschaften, in den Köpfen derer, die auf diesem Gebiet arbeiteten, und in der nationalen und internationalen Wirtschaftspolitik. Alle drei Entwicklungen werden an der Karriere von Jeffrey Sachs deutlich. Er wurde in Harvard zum Keynesianer »erzogen«. 1976 war er der beste Student der Wirtschaftswissenschaften und wurde zur Belohnung von der New Yorker Zentralbank zum Lunch eingeladen. »Ich erinnere mich«, so Sachs im Rückblick, »das Wort ›Monetarist‹ geäußert zu haben, fast als würde ich es ausspucken.« Von Mitte der 80er Jahre an stand er im Zentrum der Wirtschaftsreform in Lateinamerika und seitdem in Osteuropa, der ehemaligen Sowjetunion, Asien und Afrika. Seine Erfahrungen mit den Ergebnissen der staatlichen Kontrolle über die Kommandohöhen der Wirtschaft waren zutiefst enttäuschend; er verlor sein Vertrauen in die Fähigkeit von Staaten, ihre Volkswirtschaften auf rationale Weise zu kontrollieren. »Je öfter ich mit Mitgliedern der Regierung zusammensaß und über Wirtschaft diskutierte«, sagte Sachs, »desto stärker wurde mein Glaube an die anonymen Wettbewerbsprozesse des freien Marktes. Und nun werde ich auf der ganzen Welt als ›Friedmanier‹ angegriffen. Wenn ich bedenke, woher ich komme, dann finde ich das erstaunlich.«

Der Wandel im Denken stimmte mit den Erfahrungen und den Lehren der vorangegangenen Jahrzehnte überein. Die Grundlage der globalen Kritik am Staat war das Vertrauen in das Marktwissen an Stelle des Regierungswissens. Diese neue Sichtweise kam im einflussreichen jährlichen *World Development Report* der Weltbank von 1991 zum Ausdruck. Der Bericht markiert einen deutlichen Bruch mit den bis dahin allgemein akzeptierten Überzeugungen. Statt Intervention, so der Bericht, sollte die Regierung eine »marktfreundliche« Politik verfolgen: eine Politik, die den privaten Sektor ermutigt. Im Umkehrschluss konnte man aus dem Bericht folgern, dass die vergangene Politik weitgehend »marktunfreundlich« gewesen war.

Verantwortlich für den Bericht zeichnete Lawrence Summers, der damalige Chefvolkswirt der Weltbank und heutige Finanzminister der USA. Summers, Neffe zweier Nobelpreisträger – Paul Samuelson und Kenneth Arrow – und ehemaliger Student des Massachusetts Institute of Technology und der Harvard University, wurde mit der Clark-Medaille als bester Witschaftswissenschaftler unter 40 Jahren ausgezeichnet. »1955 war es nicht unvernünftig, auf die Weltwirtschaftskrise und die Auswirkungen des Zweiten Weltkriegs zu schauen«, sagte er. »Den autarken Ländern Lateinamerikas ging es gut und die Sowjetunion schien dreieinhalbmal so schnell zu wachsen wie die USA. Heute sind die Weltwirtschaftskrise und der Zweite Weltkrieg ein viel kleinerer Teil der historischen Erfahrung.«

»Drei Dinge haben das Denken der Menschen in den letzten Jahren verändert«, so Summers weiter. »Erstens haben sie gesehen, wie heillos der öffentliche Sektor den Karren in den Dreck fahren kann. Mit Wettbewerb scheint es besser zu gehen. Es kommt zu Innovationen. Die Welt konzentriert sich mehr auf Vielfalt als auf Quantität. Zweitens sind Märkte zu Leistungen in der Lage, die man vorher ohne staatliche Koordinierung nicht für möglich hielt. Märkte machen es ohne staatliche Beteiligung möglich, in jeder Stadt Amerikas Videos auszuleihen. Heute wird die Ansicht, dass man einen öffentlichen Sektor brauche, um die Dinge in die Hand zu nehmen, mit Skepsis betrachtet. Und drittens hat eine schrittweise Ausdifferenzierung der Wirtschaftswissenschaften dazu geführt, die Ausschläge, mit denen Wirtschaftssysteme auf Veränderungen reagieren, nach oben hin zu korrigieren. Die Reaktion auf Steuersätze ist stärker, als man früher glaubte. Wenn man in Eigentumsrechte eingreift, reagiert die Wirtschaft, indem sie woanders hingeht. Vielleicht liegt das daran, dass das Wirtschaften globaler wird.« Summers zufolge sollte das Studium der Wirtschaftswissenschaft heute unbedingt eine wichtige Lehre vermitteln: »Was ich meinen Studenten mit auf den Weg geben wollte, ist die Einsicht, dass die unsichtbare Hand mächtiger ist als die versteckte Hand. Gut organisierte Wirtschaftstätigkeit funktioniert ohne Steuerung, Kontrolle und Pläne. Das ist der Konsens unter Ökonomen. Das ist von Hayeks Erbe. Was Milton Friedman angeht, so war er für mich in meiner Jugend der Leibhaftige. Erst mit der Zeit empfand ich widerwillig großen Respekt für ihn. Und mittlerweile schwindet der Widerwille zusehends.«[10]

Emerging Markets: **Die Entdeckung neu entstehender Märkte**

Tom Hansberger war ein Mann mit einer Obsession. Es begann, als er in den späten 50er Jahren in der US-Luftwaffe in Nordafrika und Europa diente. Auf einer Mission nach Griechenland und in die Türkei machte er die überraschende Entdeckung, dass es Länder gab, die sich modernisierten und gut geführte Privatunternehmen hatten. Und niemand in den USA schien irgendetwas über solche Unternehmen zu wissen. Das war der Beginn seiner Obsession für internationales Investment. Hansberger stieg ins Wertpapiergeschäft ein, kam von der Wall Street bis nach Ohio viel herum und fand schließlich einen Job als Leiter der Abteilung Vermögensverwaltung einer Bank in Tampa, Florida. Dort, auf einem örtlichen Treffen von Wertpapieranalytikern, begegnete er John Templeton. Hansberger hatte einen Artikel im *Forbes*-Magazin gelesen, in dem Templeton als die »weise alte Eule« des Investmentgeschäfts bezeichnet wurde, und wirklich war Templeton, der von einem kleinen Büro auf den Bahamas aus arbeitete, bereits auf dem Weg, zu einer der großen Legenden des Geschäfts zu werden. Templeton war einer jener Menschen mit der Fähigkeit, viel weiter vorauszusehen als andere. Er war außerdem sowohl bei der Arbeit wie im Privatleben äußerst diszipliniert und blieb ein sparsamer Mann, selbst nachdem er Milliardär geworden war. »Für John hatte jede Investition ihre eigene Persönlichkeit und ihr eigenes Leben«, sagte Hansberger, »und er ließ es nie zu, dass sich Gefühle in die Entscheidungsfindung mischten. Alles wurde nach streng sachbezogenen Kriterien entschieden.«

Als sie sich begegneten, war Templeton, der an die 60 Prozent der Fonds, die er verwaltete, in Japan investiert hatte, gerade dabei, seinen globalen Wertpapierbestand auszuweiten. Und genau das interessierte Hansberger brennend. 1979 machte er sich als Direktor von Templeton Investment an die Arbeit, damals noch eine kleine Firma. Als Erstes besorgte sich Hansberger einen Reisepass, kaufte sich ein Dauerflugticket und reiste mehrere Monate um die ganze Welt, besuchte Unternehmen und hielt nach örtlichen Spezialisten Ausschau. In den folgenden anderthalb Jahrzehnten hatten Templeton und Hansberger großen Anteil daran, die Aktienmärkte von Entwicklungsländern für amerikanische und europäische Investoren zu öffnen. Am Anfang war das durchaus nicht leicht. »Wir sprachen mit potentiellen Investoren und redeten über internationale Investitionen, aber fast niemand hielt es für nötig, in Übersee zu investieren«, sagte Hansberger. »Sie sagten uns, dass sie keinen Bedarf hätten für das Wechselkursrisiko, das wirtschaftliche Risiko und erst recht nicht für das politische Risiko. Manchmal wurden wir ausgelacht. Manchmal sahen sie uns an, als ob man uns dingfest machen müsste.«

Zu jener Zeit bemühte sich die Internationale Finanzierungsgesellschaft *International Finance Corporation* (IFC), ein Tochterunternehmen der Weltbank, das sich auf den Privatsektor konzentriert, um die Förderung von Investitionen in die Aktienmärkte von Entwicklungsländern. Antoine van Agtmael, ein niederländischer Bankier, hatte in den späten 70er Jahren in

Thailand gearbeitet, als die thailändische Börse die Hochstimmung ihres ersten Booms erlebte, dem dann ein massiver Einbruch folgte. »Daraus zog ich drei Schlussfolgerungen«, erinnerte sich Agtmael. »Es gab ein gewaltiges Potential in solchen Ländern. Es gab dort einen gewaltigen Kapitalbedarf bei Unternehmen, die von den Großinvestoren völlig übersehen wurden. Und es gab ein enormes Risiko. Das sprach für Diversifizierung, für Investitionen in viele Länder.« Van Agtmael kam zur IFC und arbeitete mit einer kleinen Gruppe, die diese Art von Investitionen fördern sollte. »Wir kämpften«, sagte er, »gegen die damals in der Weltbank herrschende Überzeugung, wonach diese Märkte als verrückte kleine Spielkasinos galten und weit größeres Interesse an staatlichen Interventionen bestand.«

Eines Tages sprach van Agtmael als Teil seines Kreuzzuges in New York mit einer Gruppe von Investoren über seine Lieblingsidee eines »Investmentfonds Dritte Welt«. Nach seinem Vortrag erhob sich jemand im Publikum und sagte: »Ich finde die Idee interessant, aber Sie werden sie nie verkaufen können. Niemand will Geld in einen ›Investmentfonds *Dritte Welt*‹ stecken. Sie sollten sich etwas Besseres ausdenken.« Van Agtmael wurde klar, dass die Kritik berechtigt war. Er verbrachte das folgende Wochenende damit, sich den Kopf zu zerbrechen. Der Begriff »unterentwickelte Märkte« war auch nicht ansprechender. »Dritte Welt« würde nicht funktionieren, ebenso wenig wie »Entwicklungsländer«, das von der Weltbank bevorzugte Wort. Keiner dieser Begriffe würde Amerikaner und Europäer dazu verführen, sich von ihren Ersparnissen zu trennen, schon gar nicht in einem Moment, in dem die Schuldenkrise die wirtschaftlichen Schwächen dieser Länder ins breite Rampenlicht rückte. »Ich wusste, dass wir etwas Positives, Ermutigendes brauchten, nichts Negatives«, so van Agtmael. Und als er am Montagmorgen zur Arbeit ging, hatte er die Antwort parat: *emerging markets*, neu entstehende Märkte. Das war das neue Zauberwort.

Aber von Worten zur Wirklichkeit war es noch ein langer Weg. Die Anfänge waren denkbar unglücklich, denn die Internationale Finanzierungsgesellschaft hatte gerade einen Mexiko-Fonds auf den Weg gebracht, als das Land in den Bankrott schlitterte. Mehr Glück hatte sie mit dem Korea-Fonds. Van Agtmael schrieb sogar ein Buch über Wertpapieranlagen in neu enstehenden Märkten (*Emerging Securities Markets*). Aber Mitte der 80er Jahre gab es trotz aller Bemühungen noch nicht viel vorzuweisen. Dabei war die Notwendigkeit dringender denn je; die Schuldenkrise und das abrupte Ende der Kreditvergabe verstärkten noch den Bedarf der nach Kapital dürstenden Wachstumsunternehmen der Dritten Welt.

Doch während die Bereinigung der Schuldenkrise weiterging, waren nur wenige Investoren bereit ihr Kapital in ein Vorhaben zu stecken, das hoch riskant erschien. Schließlich gelang es der Internationalen Finanzierungsgesellschaft 1986 in Zusammenarbeit mit der Vermögensverwaltungsgesellschaft Capital Group, eine Gruppe von großen institutionellen Investoren zu überzeugen, insgesamt 50 Millionen Dollar in einen Fonds für neu entstehende Märkte zu investieren. Den Entwicklungsländern stand das Wasser bis zum Hals und die Chancen schienen sehr beschränkt. Templeton zog mit dem ersten öffentlichen Anlagefonds für neue Märkte nach. »Als wir 1986 unseren Fonds für neu entstehende Märkte initiierten«, so Hansberger, »brachten wir 80 Millionen Dollar zusammen. Unsere größte Sorge war damals, dass wir nicht in der Lage sein würden sie zu investieren, weil es nicht genug Möglichkeiten geben könnte.« Zum gegenwärtigen Zeitpunkt investieren Templetons Fonds für neue Märkte über 10 Milliarden Dollar.

Mit der Starthilfe der IFC begannen die neuen Märkte in der zweiten Hälfte der 80er Jahre ihr dramatisches Wachstum. 1987 betrug die Kapitalisierung der neu entstehenden Aktienmärkte 332 Milliarden Dollar, das waren gut vier Prozent der Kapitalisierung der Aktienmärkte weltweit von 7,8 Billionen Dollar. Ein Jahrzehnt später, 1996, belief sich ihre Kapitalisierung auf 2,2 Billionen Dollar, das sind knapp elf Prozent der Gesamtkapitalisierung weltweit von 20,2 Billionen Dollar. »Ich habe es immer kommen sehen«, so Hansberger, »aber es kam schneller, als ich dachte.« Den eigentlichen Anstoß gab der Fall der Berliner Mauer. »Milliarden von Menschen, die in den kommunistischen Staaten und den Entwicklungsländern lebten, gehörten nun zum Weltmarkt. Das wirkte als Katalysator für globale Investitionen. Davor waren sie regional begrenzt.« In den frühen 90er Jahren begannen die Entwicklungsländer um Investitionen zu konkurrieren. Was vor einem Jahrzehnt als sehr riskant galt, ist heute selbstverständlich geworden. Investmentexperten raten dazu, 5 oder 10 Prozent der Gesamtersparnisse in *emerging markets* zu investieren. Calpers, der Mammutpensionsfonds der kalifornischen Staatsbediensteten, hat derzeit über 2,5 Milliarden Dollar in solche Märkte gesteckt.

Als Templeton an eine andere Fondsgesellschaft verkauft wurde, entschloss sich Hansberger ein eigenes Unternehmen zu gründen. Aber die Umstände waren jetzt ganz andere als 1979, dem Jahr, als er zu John Templeton gegangen war. »Als ich mit internationalen Investitionen anfing, gab es nur sieben Märkte außerhalb der USA, in die man investieren konnte. Deutschland und Japan waren damals die neu entstehenden Märkte, obwohl niemand sie so nannte. Heute investieren wir in 47 und analysieren 62 Länder. Insgesamt gibt es 90 *emerging markets* und ihre Zahl steigt ständig. Die Technologie hilft das Wachstumstempo zu erhöhen. Mit Computern können wir noch vor dem Lunch 20 000 Unternehmen auf Investitionsziele analysieren. Die Technologie ermöglicht auch den sofortigen Geldtransfer. Man drückt einen Knopf, und in einer Sekunde bewegt man eine Milliarde Dollar.« Die Entwicklung neu entstehender Märkte war von größter Bedeutung für den wirtschaftlichen Wandel auf der ganzen Welt. Sie war eine Reaktion auf die Notwendigkeit in den 80er Jahren, neue Geldquellen zu erschließen, um das Wachstum anzutreiben. Staaten nahmen keine neuen Kredite auf, die ihnen ohnehin nicht mehr gewährt wurden; stattdessen erhielten Privatunternehmen in den Entwicklungsländern Kapital über die örtlichen Börsen. Auf diese Weise gewannen die Entwicklungsländer Zugang zu den Einlagen – in den offenen Investmentfonds und den Pensionsfonds – der Industrieländer. Und um Kapital anzuziehen, mussten diese Länder stabile Währungen vorweisen, die Wachstumsaussichten fördern und ein einladendes politisches Klima schaffen. In der Praxis hängt der Investitionsfluss natürlich auch von weniger quantifizierbaren, eher psychologischen Faktoren ab. Der Aufstieg neu entstehender Märkte hat weit reichende Auswirkungen: Er hat das neue Vertrauen in das Marktwissen verstärkt, hat Volkswirtschaften zusammengebunden, ist zu einer treibenden Kraft des Wandels geworden und hat ein wichtiges Gegengewicht zur traditionellen staatlichen Interventionspolitik geschaffen. In allen Entwicklungsländern müssen sich die staatlichen Entscheidungsträger heute nicht nur über die Auswirkungen ihrer Politik im Inland Gedanken machen, sondern auch über die Reaktion von ausländischen Investoren. Staatliche Funktionsträger können noch immer in die Wirtschaft eingreifen, wie sie wollen, und tun dies häufig auch; sie können eine Autarkiepolitik betreiben und Handelsbarrieren aufrichten; sie können eine Politik verfolgen, die die Inflation anheizt und Defizite schafft. Aber sie riskieren dabei eine Reaktion – nämlich einen raschen Abzug ausländischen Kapitals aus ihren Börsen –, die es zuvor nicht gab.

Die neu entstehenden Märkte versetzen dem alten System einen gewaltigen Schlag. Um die Auswirkungen dieser Entwicklung auf die staatliche Politik verständlich zu machen, schlug der indische Ökonom Vijay Kelkar eine begriffliche Anleihe bei dem Psychologen Erich Fromm vor: »Fromm spricht über die Balance zwischen ›Mutterliebe‹, die bedingungslos, und ›Vaterliebe‹, die an Bedingungen geknüpft sei. Wir erleben den Übergang von der bedingungslosen Liebe des Staatskasse, die sich in Form von Defiziten und endlosen Subventionen für verlustreiche Staatsunternehmen äußerte, hin zur bedingten Vaterliebe, die in der von den internationalen Kapitalmärkten auferlegten Disziplin besteht. Diese Vaterliebe hatte zuvor gefehlt.«

Doch nur wenige sahen voraus, wie hart diese »Vaterliebe« sein würde. Und es gab Stimmen, die an die Schuldenkrise erinnerten und zu bedenken gaben, dass Investoren Risiken häufig falsch einschätzen. Angesichts der großen Kapitalmengen, die zwischen nach wie vor vergleichsweise kleinen Märkten hin und her wanderten und sehr anfällig für psychologische Entscheidungen der Investoren und für Markttrends waren, bestand in den neu entstehenden Märkten das ständige Risiko von »Korrekturen«.

Aber niemand war darauf gefasst, wie heftig die globale Finanzkrise sich 1997 und 1998 auf den *emerging markets* der Welt austoben würde. Die hohen Wachstumsraten Asiens hatten nicht nur den Grund für die Expansion der Börsen geliefert, sondern auch für eine massive Aufnahme kurzfristiger Kredite. Die Regulierungsprozesse des Finanzsystems erwiesen sich für diesen Kapitalfluss als völlig ungeeignet. Es stellte sich heraus, dass die nationalen Kontrollsysteme institutionell nicht in der Lage waren – oder nicht über genügend Wissen und Unabhängigkeit verfügten –, mit der rasanten Zunahme von kurzfristigen Kreditaufnahmen und Investitionen fertig zu werden.

Die darauf folgende Krise entpuppte sich als eine sich selbst erfüllende Prophezeiung. Hohe Zinsen, fallende Wechselkurse und Abwertungen: All dies bedeutete, dass die Schulden weder bedient noch zurückgezahlt werden konnten. Ausländische Investoren flohen, und auch die nationalen Investoren waren bestrebt, ihr Kapital abzuziehen. Niemand wollte der Letzte sein, der das Licht löscht. Auf der ganzen Welt gerieten die Börsen neu entstehender Märkte ins Taumeln. *Contagion,* »Ansteckung«, wurde zur Bezeichnung für den um sich greifenden Zusammenbruch der Märkte. Der Begriff meinte nicht den Zustand der Länder selbst, sondern das Verhalten der Investoren: Bei ihnen kam es zu einer fundamentalen Neubewertung der Risiken und einer daraus folgenden Kapitalflucht aus den neuen Märkten. Einige beschrieben es als absolute Panik. Die Liquidität in vielen Ländern versiegte. Die Börsen der *emerging markets* fielen. An den rasch sinkenden Kurven ihrer Börsenindizes ließ sich der abrupte Vertrauensverlust ablesen. Investitionen werden erst dann wieder fließen, wenn eine wirtschaftliche Erholung in Sicht ist – und neues Vertrauen in die Dauerhaftigkeit und Transparenz der Märkte dieser Länder gewachsen ist. In Zukunft werden potentielle Investoren nicht nur auf Wachstumsraten achten, sondern auch auf die Qualität der Regulierung und der politischen Institutionen. Auch hier kommt also wieder alles auf das Vertrauen an.

Die finanzielle Integration der Kapitalmärkte

Durch das stetige Anwachsen der grenzüberschreitenden Investitionen von Unternehmen und die Globalisierung ihrer Aktivitäten rückte die Welt auch früher schon immer enger zusammen. Aber seit Mitte der 80er Jahre gaben die Entwicklung und das Zusammenwachsen – die finanzielle Integration – von Kapitalmärkten der internationalen Wirtschaft eine neue Bedeutung. Die machtvollen Auswirkungen der finanziellen Integration hingen ihrerseits von der informationellen Integration ab. Die raschen Fortschritte in der Telekommunikations- und Computertechnik banden Märkte und Investoren zusammen und lieferten unverzügliche Leistungsrückmeldungen. Eine Folge davon ist, dass nicht nur nationale, sondern auch globale Kapitalmärkte die Möglichkeit haben, die Börsen nicht nur jeden Tag oder jede Stunde, sondern jede Minute zu bewerten – und damit auch die Volkswirtschaften. Eine negative Bewertung könnte sehr schnell einen Abzug des Kapitals bewirken.

Auf zunächst nicht leicht erkennbare Weise trug die Revolution in der Informations- und Telekommunikationtechnologie ihren Teil zur globalen Kritik am Staat bei. Staatliche Kontrolle beruht auf einem Staat, der die Verantwortung trägt. Und eine seiner wichtigsten Machtquellen ist sein Informationsmonopol. Dies war am offensichtlichsten in der Sowjetunion, wo die Ölreserven ein Staatsgeheimnis waren und Fabrikmanager kaum eine Chance hatten, etwas über Entwicklungen im Rest der Welt zu erfahren, die ihr Handeln beeinflussen konnten, es sei denn, sie gingen das Risiko ein, Radio Liberty oder BBC zu hören. Im klassischen Autarkiesystem war Kontrolle über Information so wichtig wie Kontrolle über Lizenzen, über die Währung und Investitionen.

Aber sobald der Informationsfluss freier wurde – mit einem verbesserten und weniger teuren Telefonservice, Faxgeräten und Computerisierung (und natürlich mit dem wachsenden Reiseverkehr) –, wurden ganze Wirtschaftssysteme transparenter. Mit der Geschwindigkeit und Reichweite der neuen Informationstechnologien können Staaten nicht länger mithalten. Mit den Informationen, die um die Welt rasen, können Menschen Vergleiche anstellen; sie können Wissen sofort auf den Markt bringen; sie können darauf reagieren. Investoren können wesentlich besser informierte Entscheidungen treffen, ganz gleich, wo sie sich befinden. Der Zugang zu einem Terminal von Reuters oder Bloomberg bietet Informationen von einer Breite und Tiefe, die vor zehn Jahren kaum vorstellbar waren – und dies ohne jede Verzögerung. In Ländern, die früher hohe Mauern hatten, können Menschen heute etwas über Alternativen und Wahlmöglichkeiten erfahren.

Die Auswirkungen der Revolution in der Informations- und Telekommunikationstechnik beginnen erst langsam spürbar zu werden. Aber es entsteht eine ganz andere Art von Wirtschaft, wenn Unternehmen virtuelle Firmensitze einrichten und wenn Software-Designer im kalifornischen Silicon Valley und im indischen Bangalore, Ölgeologen in Sibirien und Houston oder Auto-Designer in Detroit und Stuttgart via Computer als Team zusammenarbeiten. Die Wirksamkeit staatlicher Kontrolle und die Grenzen der Nationalstaaten selbst erodieren. Wo die Wirtschaft universell wird, werden nationale Wirtschaftsmanager provinziell. So ist das Konzept des Regierungswissens, wie es über Jahrzehnte hinweg von Planern und Regulierern entwickelt wurde, in Bedrängnis geraten. Vielleicht weiß der Staat am Ende nicht so viel, wie er zu wissen glaubte, und vielleicht ist er nicht in der Lage, wirkungsvoll auf das zu reagieren, was er weiß. Die Folge ist eine wachsende Beschränkung des Staates. Wo Marktsysteme die Kontrolle über die Lieferung von Gütern, über Preissenkungen, über die Verminderung der Inflation und die Verbesserung des allgemeinen Lebensstandards übernehmen, unterliegen politische Impulse ökonomischen Imperativen. Aber durch den intellektuellen Sieg des Marktes sind diesem auch eine Reihe neuer Pflichten und neue Verantwortung zugefallen, die zu neuen Fragen führen, was und wie viel der Markt weiß und wie effektiv er dieses Wissen umsetzt – und wie gravierend seine möglichen Fehlleistungen sein können. Globale Märkte bedeuten auch globale Risiken. So wie ein stark gewachsener Reiseverkehr bedeutet, dass sich Krankheiten schneller ausbreiten können, so bedeutet finanzielle Integration, dass sich Märkte untereinander rasch anstecken.

Dies ist die nachhaltige Lektion der globalen Ansteckung in den späten 90er Jahren. Wie die Schuldenkrise der 80er Jahre wird die Krise der Jahre 1997 und 1998 zu neuen Denk- und Handlungsansätzen führen. Das Risiko der Verflechtung hat ein Ausmaß, das bis dahin noch nicht verstanden wurde. Die Krise wird eine erneute Untersuchung der Rolle des Staates in dieser neuen Weltwirtschaft erzwingen. Neue Kritik wird einsetzen. Welche Rolle sollen Nationalstaaten in dieser integrierten Weltwirtschaft spielen? Welche neuen Formen internationaler Kooperation – oder sogar Regulierung – sind erforderlich? Was wird in Zukunft in der Verantwortung von internationalen Organisationen wie dem Internationalen Währungsfond liegen? Welche Standards, Normen, Regeln und Regulierungen sollten grenzüberschreitend gültig sein? Was kann man tun, um die Transparenz und Fairness von Märkten zu erhöhen, und wie lässt sich sicherstellen, dass Risiken nicht hinter Partikularinteressen und Vetternwirtschaft verborgen bleiben?

All dies wird sich zu einer kritischen Neubewertung der neuen Weltwirtschaft bündeln. Doch es ist nicht wahrscheinlich, dass diese Neueinschätzung zu einer uneingeschränkten Rückkehr zur staatlichen Steuerung der Wirtschaft führen wird. Zu viel ist geschehen. Die grenzüberschreitenden Wirtschaftsverbindungen sind dafür bereits zu ausgeprägt und zu fest verwurzelt. Tatsächlich ist die bleibende Folge der globalen Kritik am Staat eine größere Bescheidenheit im Hinblick auf das Wissen des Staates und die Frage, wie dieser sein Wissen einsetzen soll.

Für Valéry Giscard d'Estaing symbolisierte ein so einfaches Produkt wie Brot den Wechsel von staatlicher Kontrolle zur Kontrolle der Märkte. Als Staatssekretär im französischen Finanzministerium in den späten 60er Jahren überwachte er die Einführung von Preiskontrollen für Grundnahrungsmittel. »Ich hatte eine Armee von Beamten«, erinnert er sich, »deren Aufgabe es war, jede Bäckerei in Frankreich zu inspizieren und sicherzustellen, dass der Preis für Baguette den Richtlinien entsprach.« Tausende von Beamten schwärmten aus, um sich in Städten und Dörfern mit den Bäckern herumzuzanken. »Das war Unsinn«, so Giscard. »Mir wurde klar, dass dieses System nicht aufrechtzuerhalten war.«[11]

Kapitel 6

Über das Wunder hinaus
Das Auftauchen Asiens

Gab es wirklich so etwas wie ein ostasiatisches Wirtschaftswunder? Die Frage stellte sich mit immer größerer Dringlichkeit, seit die Region ab Mitte des Jahres 1997 in eine Finanz- und Wirtschaftskrise stürzte. Aber auch vor der Krise war die Frage des asiatischen »Wirtschaftswunders« heftig umstritten. Es ging um die Erklärung, warum und wie ein so großer Teil Asiens es geschafft hatte, so schnell und scheinbar so reibungslos zu wachsen. Der Premierminister von Malaysia, Mahathir Mohamad, hatte dazu eine sehr entschiedene Meinung – und dies umso mehr, als er sich zu jener Zeit auf der Höhe seines Prestiges befand. Stolz konnte er auf beinahe zwei Jahrzehnte zurückblicken, in denen Malaysia unter seiner Ägide ein rasches Wirtschaftswachstum erlebt hatte – häufig von mehr als sechs Prozent im Jahr. An dem Tag, als er über diese Frage Rede und Antwort stehen wollte, hieß er seine Besucher etwas steif hinter seinem riesigen Schreibtisch aus glänzendem Teakholz in seinem Büro in Kuala Lumpur willkommen. Der Premierminister trug schlichte Kleidung: den traditionellen malaysischen Anzug. An der Brust war ein Schild angeheftet, auf dem MAHATHIR stand. Alle seine Mitarbeiter trugen solche Namensschilder.

Mahathir war ausgesprochen gut vernetzt: Auf einem separaten Tisch ihm zur Seite standen vier Monitore, die abwechselnd blinkten. Der erste diente für Videokonferenzen, der zweite war ans Internet angeschlossen, der dritte zeigte die aktuellen Meldungen der Nachrichtenagentur Reuters und der vierte lieferte stündliche Informationen über Ereignisse in ganz Malaysia. Zur Linken waren auf einem Fensterbrett Modelle von Flugzeugen aufgestellt, die Malaysier entworfen und gebaut hatten.

Mahathir mochte die Rede vom »asiatischen Wunder« nicht besonders. Sie schien die harte Arbeit und die Opfer außer Acht zu lassen und die gewaltigen Unterschiede zu verwischen, die zwischen den asiatischen Ländern im Hinblick auf Größe und Struktur der Märkte, Geschichte, Kultur und – für Mahathir sehr wichtig – den Nationalismus bestanden. »Es gibt kein asiatisches Wunder. Es ist nur die Verwirklichung einer Idee, der Idee, wie man ein Wirtschaftssystem steuert. Es geht um die richtigen Entscheidungen, die richtige Mischung von politischen und ökonomischen Methoden.«

Das Bild der Stadt schien dies unter Beweis zu stellen. Das Geschäftsviertel von Kuala Lumpur – KL, wie die Stadt in Asien kurz genannt wird – boomte mit einem Wald von Kränen und Baumaschinen. Die Möglichkeit eines wirtschaftlichen Rückgangs oder eines Zusammenbruchs konnte sich niemand vorstellen. Auf den Straßen sah man in Jeans und T-Shirts gekleidete junge Leute – Malaysier, Chinesen, Inder – auf Motorrädern durch die mit japanischen Autos, Mercedesen und dem allgegenwärtigen Proton, Malaysias Nationalauto, verstopften Straßen fahren. Die kulturelle Mischung wurde an dem heftigen Kontrast von Frauen in Minikleidern und hochhackigen Schuhen deutlich, die man neben muslimischen Frauen sah, die von Kopf bis Fuß verhüllt waren. Erstaunlich hohe Zwillingsbürotürme schossen in den Himmel auf. Sie gehören der staatlichen Ölgesellschaft Petronas, überragen das World Trade Center in New York und den Chicagoer Sears Tower und sind die höchsten Bürogebäude der Welt. Sie sind auch ein außergewöhnliches architektonisches Symbol des asiatischen Wirtschaftswachstums, das so nachhaltig und dramatisch war, dass selbst die Weltbank es als Wunder bezeichnete. Mit seiner in den Süden der Region schwappenden Welle erreichte dieses Wunder auch Malaysia und formte die ehemalige Plantagenwirtschaft von Grund auf um. »Erst im Jahr 1960«, so Mahathir, »gelang es uns, mit dem Pro-Kopf-Einkommen Haitis gleichzuziehen« – dem ärmsten Land der westlichen Hemisphäre. In den späten 90er Jahren war Malaysia eine technologisch immer stärker fortgeschrittene Gesellschaft, die bestrebt war, bis zum Jahr 2020, wenn nicht früher, den Westen einzuholen.

Es hatte nur 30 Jahre gedauert, die einstige Gummikolonie in den weltgrößten Halbleiterproduzenten zu verwandeln. Aber es sollte nur ein Jahr dauern, bis eine bittere Finanz- und Wirtschaftskrise in Malaysia und seinen Nachbarländern und regionalen Partnern die Kräne zum Stillstand brachte und einen substantiellen Teil des Erreichten zerstörte. Auslöser war Mitte 1997 der Zusammenbruch der thailändischen Währung. Aber die Ursachen der Krise waren vielfältig und umstritten und zumindest einige der Hauptgründe lagen in den Wirtschaftssystemen der Region verborgen, die als so erfolgreich gegolten hatten. Als die Finanzkrise sich in großen Teilen der Region zu einer Rezession auswuchs, attackierten Ausländer und Einheimische gleichermaßen die Glaubwürdigkeit des »asiatischen Wirtschaftsmodells«, was immer sie darunter verstanden. Dieser Wahrnehmungswandel kam nirgends besser zum Ausdruck als in der Ersetzung des Begriffs »asiatisches Wirtschaftswunder« durch »Vetternkapitalismus«.

Der Ernst der Krise verblüffte viele Beobachter. Und die Ansteckungswelle, die sich auf Grund der eng verbundenen Finanzmärkte ausbreitete und schließlich Russland und Teilen Lateinamerikas eine Rezession bescherte, ließ noch größere Zweifel an Asiens ökonomischem Fundament aufkommen. Solche kritischen Urteile verdunkelten das bleibende Erbe und die guten Zukunftsaussichten, die durch 30 Jahre Wirtschaftswachstum und Fortschritt in Ost- und Südostasien geschaffen wurden – ein Wachstum, das an Intensität und Schnelligkeit in der Wirtschaftsgeschichte nahezu ohne Beispiel ist.

Das »Wesen des Wunders« bestand nach Auffassung der Weltbank darin, dass Asien etwas erreichte, das dem Stein der Weisen in der Wirtschaftslehre am nächsten kommt: »schnelles Wachstum und Gerechtigkeit«. Dies rückte Asien machtvoll in die vorderste Reihe und sorgte dafür, dass der aufgehende Stern des asiatischen Wunders den untergehenden Stern des Marxismus und der zentralistischen Planung als maßgebliches und – eine Zeit lang – nachgeahmtes Modell ablöste. Trotz der Krise war das, was in 30 Jahren erreicht wurde, in jeder Hinsicht außergewöhnlich.

Aber worin genau bestand diese Erfolgsformel? Wie sah die Mischung von Staat und Markt aus, mit der diese Länder so viel erreichten? Auch wenn es keine zwei asiatischen Länder gibt, die dieselbe Mischung aufweisen, waren sie doch alle irgendwo zwischen einer liberalen Marktwirtschaft und zentraler Planwirtschaft angesiedelt. Wie das Verhältnis von Staat und Markt in diesen Ländern zu beschreiben und zu erklären war, wurde Gegenstand heftiger und zuweilen bitterer Debatten, sowohl im Hinblick auf die Erklärung des asiatischen Erfolgs als auch, in jüngster Zeit, bei der Suche nach den Ursachen der Krise.

Manche meinen, das Geheimnis sei die lenkende Hand des Staates: ein Elitekader von Bürokraten, die unablässig damit beschäftigt waren, die wirtschaftlich besten Unternehmen auszuwählen und die Entwicklung zu kontrollieren. Durch die Steuerung von Handelsschranken, Krediten, Investitionen und Wettbewerb griffen sie beständig in den Wirtschaftskreislauf ein. Sie förderten aggressiven Wettbewerb auf dem Weltmarkt und ausgeklügelten Protektionismus zu Hause. Staat und Wirtschaft schützten sich gegenseitig in einer engen Beziehung, in der Schutzherren ihre Günstlinge mit Krediten,

Privilegien und Protektion belohnten. Andere vertreten die Auffasssung, dass ein weit wichtigerer Grund für den Erfolg der Umstand gewesen sei, dass die Regierungen »marktfreundlich« waren und auf diese Weise die richtigen makroökonomischen Bedingungen sicherstellten: hohe Sparquoten, niedrige Inflation, starke Exportorientierung und eine starke Förderung von Erziehung und Ausbildung, Letztere abgestimmt auf die sich wandelnden technischen Fähigkeiten, die von der Industrialisierung gefordert wurden. Hinzu kämen Beständigkeit und Hartnäckigkeit, unterstützt von der tiefen Überzeugung, dass nicht Verteilung, sondern angesichts eines militanten Kommunismus das nackte Überleben auf dem Spiel stand.

War es nun staatliche Lenkung oder der Markt? Die unzweideutige Antwort lautet: beides. Asiens Erfolg gelang durch eine Balance zwischen staatlicher Intervention und Marktkräften, die trotz aller lokalen Unterschiede charakteristisch bleibt und sich vom Westen unterscheidet. Markt und Staat – Wirtschaft und Regierungen – spielten dabei jeweils ihre eigene Rolle, auf der Grundlage von Koordination und gemeinsamen Zielen und motiviert von einem Antrieb zur Arbeit, der als »hungriger Geist« bezeichnet worden ist. Seit ihren Anfängen in Japan entwickelte sich diese Balance weiter und passte sich an. Ihre gemeinsamen Elemente prägten sich unterschiedlich aus, um den Bedürfnissen von Ländern gerecht zu werden, die von industrialisierten Stadtstaaten bis zu gewaltigen Agrarstaaten, von kulturell homogenen bis zu ethnisch und religiös gemischten Gesellschaften reichten. Es gab auch einige Länder darunter, die von Anfang an weniger zu staatlichen Eingriffen neigten und stärker auf den Markt setzten.

Das wichtigste gemeinsame Band war, dass man entschieden darauf setzte, das Wachstum der inländischen Wirtschaft durch Exporte zu erreichen – und diese so den Härten des internationalen Wettbewerbs zu unterwerfen. Doch während die Länder der Region »nach außen« konkurrierten, setzten sie »nach innen« gleichzeitig auf Protektionismus und isolierten ihre inländischen Märkte in unterschiedlichem Grad von ausländischem Wettbewerb. Das gesamte Gebäude beruhte sowohl in der Politik wie in der Wirtschaft in unterschiedlichem Maße auf Regulierung oder Zwang. Zu den meisten asiatischen Erfolgsgeschichten gehörten zum einen oder anderen Zeitpunkt Diktatur, autoritäre Regime oder zumindest eine regulierte Politik und ein Parteiensystem, das *de facto* von einer Partei allein beherrscht wurde. Doch gleichzeitig schufen sie einen Konsens hinsichtlich der Notwendigkeit des Überlebens und der sichtbaren Verteilung der Erträge des Wachstums – ein »geteiltes« Wachstum –, der zu größerer Gleichheit führte. Die meisten asiatischen Staaten griffen in die Wirtschaft ein – zuweilen sehr drastisch. Aber sie taten dies, um Einfluss auf die Leistung und Resultate der Markttätigkeit zu nehmen, nicht um Märkte zu ersetzen oder zurückzudrängen. Das Paradox Asiens bestand also darin, dass die »marktfreundlichen Ergebnisse« in vielerlei Hinsicht von Regierungswissen, gestützt auf politische Strukturen, gefördert wurden.

Das Verhältnis von Staat und Markt, das hinter dem asiatischen Wunder steht, lässt sich auch heute noch mit der Idee des Landes als Firma ausdrücken. Die Analogie von Staat und Firma, die von den Führern der Region häufig bemüht wurde, brachte die Orientierung auf den Handel, das Streben nach Produktivität und den Rückgriff auf systematische Organisation deutlich zum Ausdruck. Darüber hinaus aber erreichten diese Staaten ein Ausmaß an gemeinsamer Zielsetzung, mit dem nur wenige Firmen mithalten können: ein nationalistischer Antrieb, geformt von noch lebenden Erinnerungen an Kolonialismus, Eroberung, Abspaltung, Bürgerkrieg, Umstürze oder Krieg.

Die Krise von 1997 und 1998 und ihre wirtschaftlichen Kosten haben neue, beunruhigende Fragen aufgeworfen. War es das alles wert? Und was ging schief? Als sich die Krise entwickelte, erwies sich der unterschiedliche Grad, in dem jedes der »Wirtschaftswunderländer« betroffen war, als einer der Schlüssel zur Beantwortung dieser Fragen: Einige konnten sich sehr gut behaupten, während andere mit Schwierigkeiten kämpften und ihre eigenen Lösungen suchten. All dies zeigt, dass Asiens phänomenaler wirtschaftlicher Erfolg kein singulärer, homogener Prozess war, sondern sich in je spezifischer Weise vollzog, wobei die Auswirkungen auf die Gesellschaft in jedem Land verschieden waren und jedes seine eigene Fähigkeit entwickelte, sich Herausforderungen und Veränderungen anzupassen.

Tatsächlich waren aufgrund der lokalen Kultur und Geschichte zunächst alle Länder verschieden. Aber sie hatten einen gemeinsamen Bezugspunkt und ein gemeinsames Modell. Dieses Modell war Japan, das erste Land in der Region, das die industriellen Errungenschaften des Westens erreichte und, wie man durchaus meinen kann, überbot.[1]

Japan: »Ich setze auf Einkommensverdoppelung«

1945 war Japan ein verwüstetes Land, gedemütigt durch eine totale Niederlage. Seine Führer saßen in Gefangenschaft oder waren diskreditiert, seine Industrie lag in Trümmern, ein Drittel seiner städtischen Wohnhäuser bestanden nur noch aus Schutt und Asche, die Versorgungslage des Land reichte gerade zum nackten Überleben. Die Menschen waren demoralisiert und führungslos, ihr Leben zerrissen. Es gab kaum etwas zu essen. Kleine Kinder standen an Bahnlinien und bettelten die amerikanischen Soldaten in den vorbeifahrenden Zügen um Süßigkeiten an.

Die Konfrontation mit der amerikanischen Macht hatte die Japaner überwältigt. Die riesigen Geschwader von B-29-Bombern, die während des Krieges über den Himmel zogen, und die totale Verwüstung durch die beiden Atombomben, die ihn beendeten, hatten die technologische Überlegenheit der Amerikaner unter Beweis gestellt. Die Besatzungszeit, die dem Krieg folgte, führte den Japanern unmittelbar den amerikanischen Lebensstandard vor Augen. Sie waren direkt damit konfrontiert, wovon sie selbst träumen konnten. Doch von der Realität schienen solche Träume unendlich weit entfernt. Oder waren sie erreichbar? »Come, Come, Everybody« hieß der Titelsong der Konversationssendung in englischer Sprache, die im japanischen Radio ausgestrahlt wurde, und die Melodie, die auf den Straßen gesungen wurde, setzte einen Kontrapunkt zur trostlosen Lage, der die Zuhörer in eine andere Zukunft lockte.

Die ersten Jahre nach dem Krieg waren unerträglich hart, beherrscht von gewaltigen Verwerfungen, chronischer Knappheit und hoher Inflation. Ende der 40er Jahre leitete die amerikanische Besatzungsmacht – von den hohen Kosten der Besatzung dazu ebenso gezwungen wie vom einsetzenden Kalten Krieg – einen grundlegenden Kurswechsel ein und fing an die Erholung der japanischen Wirtschaft zu fördern. Ein Teil dieser Maßnahmen war der Dodge-Plan, der wesentlich zur Beseitigung der Inflation beitrug. Der Koreakrieg, der 1950 begann, verwandelte Japan in eine Nachschubbasis für die amerikanischen Truppen auf der koreanischen Halbinsel und regte einen Exportboom an. Die frühen 50er Jahre markierten den Beginn der Erholung. Jene Jahre wurden in einem Bestseller von 1952 verewigt, dessen Held seinen Vorkriegs-Datsun gegen einen Ford eintauscht und dann genug Geld verdient, um sich einen Lincoln zu kaufen, mit dem er um den äußeren Garten des Meiji-Schreins fährt und ausruft: »Leicht wie eine Feder! Leicht wie eine Feder! Es ist ganz so, als flöge man über den Wolken.« Niemand hätte damals auch nur im Entferntesten daran gedacht, dass ein japanisches Auto dereinst begehrter und ein bedeutenderes Statussymbol sein könnte als ein Auto aus Detroit.

Erst Mitte der 50er Jahre schaffte Japan den Sprung aus der wirtschaftlichen Erholung in ein nachhaltiges Wirtschaftswachstum, das zum zentralen nationalen Ziel wurde. 1960, als Hayato Ikeda kurz davor stand, vom Minister für internationalen Handel und Industrie zum Premierminister aufzusteigen, wurde er nach seinen Plänen gefragt. »Ist nicht alles eine Frage der Wirtschaftspolitik?«, erwiderte er. »Ich setze auf Einkommensverdoppelung.« Und genau das sollte in Japan geschehen. 1964, am Vorabend des Tages, an dem er die Olympischen Spiele in Tokio eröffnete, erklärte Ikeda stolz: »Nach 19 Nachkriegsjahren schnellen Wachstums nähert sich Japan dem Niveau Westeuropas an; wir versuchen in 20 Nachkriegsjahren zu vollbringen, was uns in den 80 Jahren vor dem Krieg nicht gelang.« Dies ließ sich am Lebensstandard messen. In den 60er Jahren erwarben die Konsumenten die »drei heiligen Schätze«: Fernseher, Waschmaschine und Kühlschrank. In den 70er Jahren waren die nächsten drei Schätze an der Reihe: Auto, Farbfernseher und Klimaanlage.[2]

Als die Energiekrise der 70er Jahre das Land traf, befürchteten die Japaner, das Spiel sei aus. Ihr Wachstum, gegründet auf billigem Öl, könne sich nicht fortsetzen – so glaubte man. Doch trotz des Pessimismus jener Zeit erwies sich die Energiekrise für Japan nur als vorübergehender Rückschlag. In den frühen 80er Jahren hatte sich seine Wirtschaft durch rasche technologische Anpassung – von einer energieintensiven hin zu einer »wissensintensiven Wirtschaft« – sowie verstärkte Bemühungen zur Produktivitätssteigerung bereits kräftig erholt. Japan war nun eine wirtschaftliche Supermacht. Ende der 80er Jahre hatte die Tokioter Börse eine ebenso hohe Kapitalisierung wie die Börse von New York, und acht der zehn größten Banken der Welt kamen aus Japan. Man vermutete, dass die Grundstücke um den Kaiserpalast im Zentrum von Tokio einen höheren Verkaufswert hatten als der gesamte Westen der USA. Wer in der Lobby des Hotel Imperial stand und Gruppen von westlichen und japanischen Geschäftsleuten dabei beobachtete, wie sie sich verbeugten und ihre Visitenkarten austauschten, hatte das Gefühl, auf der Agora der Weltwirtschaft zu stehen, am Dreh- und Angelpunkt des Welthandels.

Gestärkt durch einen starken Yen, feierte Japan ein gewaltiges Einkaufsfest, bei dem nicht nur Unternehmen, sondern Trophäen aller Art erworben wurden – Weinberge in Frankreich, einige der berühmtesten Gemälde der Welt, das Rockefeller Center und das Exxon-Gebäude in New York und zwei der fünf größten Filmstudios von Hollywood. Amerikanische und europäische Firmen und Unternehmensstrategen suchten nach dem Geheimnis des kommerziellen Erfolgs der Japaner und versuchten ihn zu kopieren; und als wollte er auf die künftige Entwicklung vorausweisen, schickte der Präsident Mexikos seine Kinder auf die japanische Schule in Mexiko Stadt.

An Japans Nachkriegserfolg hatten viele Faktoren Anteil. Das Land war bereits vor dem Zweiten Weltkrieg relativ weit entwickelt gewesen. Die US-Besatzung führte eine Landreform durch und zerschlug die *zaibatsu*, die großen Industrie- und Finanzkonglomerate. Die *zaibatsu* wurden von den *keiretsu* gefolgt, Banken- und Industriegruppen, aber die Verbindungen waren weniger eng und es gab Raum für Unternehmer wie Akio Morita, den Mitbegründer von Sony, um aus kleinen Hinterhofwerkstätten dynamische globale Unternehmen zu schmieden. Die fundamentalen Bedingungen stimmten: Das Land hatte ein großes und gut ausgebildetes Heer von Arbeitnehmern, niedrige Inflation und sehr hohe Sparquoten. Die Macht der Amerikaner hatte gezeigt, welch zentrale Rolle die Technologie spielte, und die japanischen Unternehmen machten sich daran, mit großer Geschwindigkeit Technologie aus Amerika und Europa zu erwerben und sich anzueignen. Masaru Ibuka, Moritas Partner bei Sony, entdeckte 1956 auf einer vom Außenministerium gesponserten Reise in die USA bei der Westinghouse Electric Corporation das Transistorradio und erwarb prompt die Rechte. Firmen suchten ständig nach Qualitätsverbesserungen als Waffe im Wettbewerb und investierten in immer größerem Maßstab in die Massenproduktion, um Marktanteile zu gewinnen. All dies wurde von Werten gestützt, zu denen ein unglaubliches Arbeitsethos gehörte, eine außerordentlich intensive Identifikation mit dem Unternehmen, ein gemeinsames Gefühl nationaler Identität (und der prekären Lage des Landes), der Wunsch nach einem besseren Leben und die schmerzliche Erinnerung an die Niederlage, die harten Nachkriegsjahre, die Besatzung und die Demütigung, die mit ihr verbunden waren.

Ein weiterer Faktor war von höchster Bedeutung: Japans Streben, Wachstum durch Exporte zu schaffen. In den frühen 50er Jahren gab es in Japan eine heftige Debatte, welcher Strategie man folgen sollte, dem internationalen Handel oder einer nach innen blickenden »Entwicklungspolitik«: dem Liberalismus oder zentraler Planung. Die Entscheidung fiel zugunsten des internationalen Handels. Japan verschrieb sich infolgedessen ganz der Weltwirtschaft – und das machte sich mehr als bezahlt. Das Land profitierte enorm – und sehr bewusst – von dem zunehmend offenen internationalen Handelssystem, das unter Führung der Amerikaner geformt wurde. Günstig für Japan wirkte sich aus, dass es als Wirtschaftsmacht bis in die frühen 70er Jahre nicht beachtet wurde. In den USA und Europa wurde es nicht als Wettbewerber, sondern als Lieferant billiger Güter von geringer Qualität betrachtet. Kaum jemand erinnerte sich daran, wie wirkungsvoll Japan in der Zwischenkriegszeit den Briten die asiatischen Exportmärkte abgejagt hatte. Und sein Protektionismus wurde ebenfalls übersehen. Als Exporteur hangelte sich Japan in der Produktkette nach oben: von Textilien und einfachen Produkten über Schiffe und Stahl bis hin zu komplexen mechanischen Gütern, Elektronik und High-Tech.

Das eiserne Dreieck: »Das System von 1955«

All dies war in ein Marktsystem eingebettet, das von einer besonderen Form der Zusammenarbeit zwischen Staat und Unternehmen gekennzeichnet war. Trotz des häufig harten Wettbewerbs unter japanischen Firmen erreichte es seine Wachstums- und Lebensstandardziele und wurde unter dem Namen »Firma Japan« oder »Japan, Inc.« bekannt. Es war ein System, in dem Regierungsbeamte häufig eine dominante Rolle spielten. Sie taten dies durch Regulierung und etwas, das weniger klar zu umschreiben, aber nicht minder wirkungsvoll war: »administrative Führung«. Japanische Wissenschaftler beschrieben dies kürzlich als das »System der 40er Jahre«, eine Fortführung des Systems, das am Vorabend des Zweiten Weltkriegs etabliert worden war. Bürokratie und Unternehmen hatten in diesem System eng zusammengearbeitet, um die Kriegswirtschaft zu steuern, jedoch lag die entscheidende Macht bei der Bürokratie. Nach dem Zweiten Weltkrieg wuchs die Überlegenheit der Bürokratie noch mehr, doch wird dies besser als »System von 1955« umschrieben. In jenem Jahr begannen nämlich der Aufstieg der Liberaldemokratischen Partei und die feste Etablierung des »eisernen Dreiecks« von Bürokratie, Unternehmern und Politikern.

Im japanischen System wurde diese enge Koordination zwischen Staat und Wirtschaft als natürliche Ordnung akzeptiert und durch die prekäre Position des Landes verstärkt. Sowohl Beamte wie Wirtschaftsführer, so ein Wissenschaftler, »sahen staatliche Eingriffe in die Industrie als natürliche Komponente der Wirtschaftspolitik«. Die Regulierung der Industrie hatte strategische Ziele; sie war gleichbedeutend mit der »Förderung der Industrie«. Firmen mussten zu Hause stark sein, um international konkurrieren zu können, und der japanische Staat sah keinen Widerspruch zwischen der Stärkung der internationalen Wettbewerbsfähigkeit und einer strikten Kontrolle des heimischen Marktes.

Dieses System sollte die Produzenten, nicht die Konsumenten unterstützen; daher lagen die Verbraucherpreise hoch. Das war der Preis für die Sicherung des Angebots und die anhaltende Gesundheit der Wirtschaft. Die Anstrengungen, welche die Steuerung dieses ökonomischen Systems verlangte, waren komplex und hingen von fähigen, von der Politik isolierten Beamten ab. Der ganze Apparat der Wirtschaftssteuerung wurde als *jukyu chosei* bekannt, »Angebot-und-Nachfrage-Anpassung«.

Im Mittelpunkt von *jukyu chosei* stand eine einzige, mächtige Organisation, die sowohl die externe wie die interne Industriestrategie koordinierte: das Ministerium für Internationalen Handel und Industrie, das während eines Großteils der Nachkriegsära das Kommandozentrum der japanischen Wirtschaft darstellte, die ja keine Kommandowirtschaft war. Es ist besser unter seinem englischen Kürzel MITI (Ministry of International Trade and Industry) bekannt. »Es gibt im Japanischen ein Wort für die Kommandohöhen der Wirtschaft«, so bemerkte ein ehemaliger hochrangiger japanischer Beamter, »zumindest bis zum Ende der 70er Jahre: das MITI.«

Von seinem Hauptquartier aus, in einem graubraunen Büroblock aus den 50er Jahren im Kasumigaseki-Distrikt in Tokio, nicht weit von den Mauern des Kaiserpalastes gelegen, koordinierte das MITI das gesamte System der Industriepolitik. Sein Ziel war nicht nur, den Unternehmen dabei zu helfen, sich an die Weltexportmärkte anzupassen, sondern sie auch dabei zu unterstützen, den größten Nutzen aus diesen Märkten zu ziehen. Das MITI kanalisierte Informationen und Wissen und erleichterte den Austausch neuer Technologien. Es nutzte eine stattliche Vielfalt von Instrumenten, um seine Ziele zu erreichen: Preisfestsetzungen, Quoten für Importe und Marktanteile, Lizenzvergabe, Qualitätsstandards, Industrieverbände, »Old-Boy«-Netzwerke und eine nicht bindende, aber deutliche Art, Signale auszusenden: die administrative Führung. Sie interpretierte Veränderungen auf den Weltmärkten, um die Regeln für die Organisation der heimischen Industrie zu formen, bot ständige Beratung und intervenierte durch ihre örtlichen Büros. Das MITI versuchte zu verhindern, dass »exzessiver« heimischer Wettbewerb die Stärke der japanischen Firmen untergrub, die sie benötigten, um im Ausland konkurrenzfähig zu sein. Es organisierte kleine und große Firmenzusammenschlüsse, koordinierte Investitionen, um Überkapazitäten zu vermeiden, und ermutigte die Spezialisierung kleiner und mittelgroßer Unternehmen. Es versuchte außerdem, ausländische Konkurrenten auf dem japanischen Markt durch eine Unzahl von Instrumenten und Barrieren zu beschränken. Internationaler Handel und heimische Industrie waren auf diese Weise eng verflochten und das MITI agierte als alleiniger Koordinator. Das war eine von Japans größten Innovationen. Nur ein Ministerium konnte es an Prestige und Einfluss mit dem MITI aufnehmen (oder übertraf es darin noch, wie einige meinten): das Finanzministerium, das die Kontrolle über Kredite und Devisen ausübte. Aber das Finanzministerium operierte auf höherer Ebene und war viel weniger sichtbar.

Die Menschen, die in diesen beiden Ministerien arbeiteten, waren die besten Absolventen der besten Universitäten, besonders der juristischen Fakultät der Universität Tokio. Sie wurden Bürokraten genannt – und tatsächlich bezeichneten sie sich ohne Ironie selbst so –, aber das Wort hatte nicht jenen negativen Beiklang wie in den USA oder Europa. Es war ein konfuzianischer Begriff des Respekts, mit dem sich Verantwortung, Pflichterfüllung und Macht verbanden. Und derart weit reichende Verantwortung zu übernehmen verlangte den japanischen Bürokraten viel ab.

Die Rolle des MITI entfaltete sich mit der Zeit, als Japans Privatsektor stärker wurde. Das System erwies sich, wie ein ehemaliger Beamter es ausdrückte, »als sehr effektives Aufholmodell«. Das MITI wurde zum Brennpunkt der Wirtschaftsexpansion der Firma Japan. Eine ganze Kultur bildete sich um das Ministerium herum. Unternehmen, von denen verlangt wurde beinahe stetig mit dem MITI zusammenzuarbeiten, verlagerten ihren Hauptsitz in die Nähe des Ministeriums, innerhalb eines Radius, der als »kurzer Weg« bezeichnet wurde. Sie besetzten seine Beratergremien, die ebenso sehr Ratschläge erteilten wie empfingen. Hohe Firmenmanager achteten häufig sorgsam darauf, ehrgeizigen MITI-Beamten, die Jahrzehnte jünger waren als sie selbst, großen Respekt zu erweisen und sich angemessen zu verbeugen.

Das MITI arbeitete eng mit den Industrieverbänden zusammen und versuchte die Industrie insgesamt zu fördern. Einige Unternehmen wurden jedoch berühmt dafür, dass sie dem MITI widerstanden und eigene Wege gingen. Um im Automobilsektor internationale Wettbewerbsfähigkeit zu erreichen, versuchte das MITI die Zahl der Unternehmen zu reduzieren, um massive Kosteneinsparungen zu erreichen. Ein Teil dieser Strategie war, Honda zu überreden, sich nur auf Motorräder zu konzentrieren. Doch trotz des nachdrücklichen Rates des MITI produzierte Honda unbeirrt weiter Autos. Die Konsumelektronikindustrie, der entscheidende Bedeutung zukam, entwickelte sich mit nur wenig staatlicher Unterstützung. Der klassische Fall war die Produktion von Videorekordern. Drei japanischen Unternehmen gelang es, eine 50 000 Dollar teure amerikanische Erfindung, die sich nur Fernsehstationen leisten konnten, in ein Konsumprodukt zu verwandeln, das für ein Hundertstel dieses Preises verkauft wurde. Das MITI spielte dabei bestenfalls eine bescheidene Rolle. Doch trotz einiger Fehlgriffe war dieses System die Schnittstelle des Wirtschaftslebens in Japan, und aus diesem Nexus erwuchs die außerordentliche Leistung des Landes. Größtenteils funktionierte das System so, wie es sollte. Es war derartig erfolgreich, dass Ende der 80er Jahre die japanische Vorrangstellung die letzten Reste der Demütigung der Besatzungszeit zu tilgen schien. Die kleinen Kinder, die an den Zügen hochgesprungen waren, um amerikanische GIs um Süßigkeiten anzubetteln, führten nun nicht nur eine wirtschaftliche Supermacht, sondern noch dazu eine, die die USA bald zu überholen schien.

Stattdessen wurde die Wirtschaft von einem gewaltigen und berauschenden Spekulationsboom erfasst, der 1990 zu platzen begann. 1992 stürzte Japan in eine tiefe Rezession, die gravierendste Wirtschaftskrise, seit die Ära des Wachstums begonnen hatte. Die Börse fiel um 60 Prozent, Grundstückspreise stürzten und Banken, die mit zahllosen faulen Immobilienkrediten belastet waren, schlitterten auf den Bankrott zu. Die Schwäche des Finanzsystems erwies sich als stetiger Hemmschuh für eine Erholung. Japan verlor seine Wettbewerbsfähigkeit. Ein finsterer Pessimismus legte sich über das Land. Das Vertrauen von Verbrauchern und Wirtschaft erodierte, während sich gleichzeitig die Liberaldemokratische Partei spaltete und das Monopol zerbrach, das sie ein halbes Jahrhundert lang ausgeübt hatte.

Diese Schwierigkeiten führten zu einer heftigen Debatte darüber, ob die Firma Japan am Ende war. Musste die Formel der Beziehung zwischen Staat und Markt radikal überdacht werden, mit einer Begrenzung des Staates und einer Deregulierung der Wirtschaft? Das Ergebnis dieser Diskussion, die in der politischen Arena und auf theoretischem Feld immer noch andauert, wird über die wirtschaftliche Zukunft Japans entscheiden.[3]

Ein »Selbstmordgesetz« für Bürokraten

Diesen Kampf verkörpert exemplarisch Masahisa Naitoh, ehedem Generaldirektor des MITI und Chef des Büros für Industriepolitik innerhalb des MITI, der zu einem der ersten Befürworter von Deregulierung in Japan wurde. Wie die meisten Führungsbeamten des Ministeriums war er Absolvent der juristischen Fakultät der Universität Tokio. 1961 trat er ins Ministerium ein. Nachdem er an den Verhandlungen über Japans Beitritt zur Organisation für wirtschaftliche Zusammenarbeit und Entwicklung (OECD) teilgenommen hatte, stiegen in ihm Zweifel an der langfristigen Wirksamkeit des

Systems auf. »Ich dachte, dass die Planung nicht so gut funktionieren würde, es sei denn, alle Informationen würden zu einem speziellen Zentrum geleitet«, sagte er. »Aber das ist sehr unwahrscheinlich. So war die zweitbeste Lösung der Marktmechanismus. Seit den 60er Jahren war mein Hauptthema, welche Beziehung zwischen Staat und Unternehmen bestehen sollte. Damals glaubten viele im MITI, dass nur die Weisheit der MITI-Leute die Wirtschaft lenken konnte. Aber ich hielt das MITI nicht für allmächtig. Ich las amerikanische Literatur über Monopolbekämpfung und Wettbewerbstheorie. Und ich vergaß zu keinem Zeitpunkt, wie gut die Konsumelektronik ohne staatliche Unterstützung funktioniert hatte.«

Während Naitoh im MITI aufstieg, behielt er solche unkonventionellen Gedanken mehr oder weniger für sich. Stattdessen galt er schließlich als einer der »goldenen Jungs« des MITI. Er spielte eine Schlüsselrolle bei einigen der wichtigsten Verhandlungen mit den USA, darunter über Autos, Fernseher und Stahl. Ende der 80er Jahre war er in eine Position aufgerückt, die hoch genug war, um von den Vorzügen einer stärker deregulierten Wirtschaft sprechen zu können. Es hagelte von vielen Seiten Kritik. »Die alten MITI-Beamten fühlten, dass Deregulierung ihre Position schwächen würde«, so Naitoh. »Die Präsidenten der Unternehmen und die Politiker waren ebenfalls dagegen. Broschüren zirkulierten, in denen stand, dass ich für die ›Zerstörung‹ des gegenwärtigen Systems eintrete. Aber all diese Kritik stärkte nur meine Überzeugung. Ich war der Meinung, dass man es tun sollte.«

Naitoh hatte die »internationalistische« Fraktion im MITI auf seiner Seite. Er leitete das mächtige Büro für Industriepolitik und hatte sehr gute Chancen, in die höchste Position aufzusteigen, die einem Beamten offen stand: stellvertretender Minister. Er vertrat seine Meinung nun offener. Er sprach vor der Hiraiwa-Kommission unter Vorsitz des Präsidenten von Keidanren (der mächtigen japanischen Unternehmervereinigung) über die Zukunft der japanischen Wirtschaft. Er bestand darauf, dass Deregulierung entscheidend war, um Japans schwindende Wettbewerbsfähigkeit wiederherzustellen. Naitoh war der einzige hohe Regierungsbeamte, der diese Position vertrat. »Innerhalb der Regierung mochte man nicht, was ich tat«, erinnerte er sich. »Andere waren der Meinung, dass Regierungsbeamte nur die Gesetze umsetzen sollten. Man sagte, ich plane ein ›Selbstmordgesetz‹ für Bürokraten.«

Dann, Ende 1993, geschah das Unerhörte. Der MITI-Minister, ein Politiker, griff in einer beispiellosen Weise ein: Er feuerte Naitoh ohne Vorwarnung und stellte so sicher, dass dieser niemals auf den entscheidenden Posten des stellvertretenden Ministers aufrücken konnte. Der Rauswurf erregte großes Aufsehen in Japan und gab einer laufenden Debatte neuen Zündstoff. Naitoh ging nach Washington, um zu lehren – als ein, wie er selbst sagte, »politischer Flüchtling«. Seine Feinde lancierten Artikel, die ihn bezichtigten sich heimlich mit amerikanischen Firmenbossen zu treffen.

Aber nun war es bereits zu spät. Zu dieser Zeit gab es eine wachsende Bewegung für Deregulierung. Das Zerplatzen der Spekulationsblase, die sich durch hochschnellende Börsenkurse und Immobilienwerte gebildet hatte, traf Japan hart. Mehrere Jahre trägen Wachstums oder gar Nullwachstums zerstörten alle Hoffnungen, das System von 1955 würde weiter funktionieren. Die Flaute brachte die Probleme einer kostenintensiven, geschützten, einseitig auf die Produktion ausgerichteten Wirtschaft ans Tageslicht. Die finanziellen Auswirkungen waren beträchtlich. Der Imperativ billigen Geldes für die Industrie hatte bedeutet, dass Firmen weniger auf der Basis ihrer Bilanzen Kredite erhielten, sondern durch ein gesteuertes System, in dem administrative Lenkung und persönliche Kontakte eine große Rolle spielten. Dieses System verhinderte eine klare Differenzierung zwischen stärkeren und schwächeren Unternehmen. Spareinlagen wurden benutzt, um das System zu stützen. Hohe Verbraucherpreise schufen einen Sparanreiz, statt die Nachfrage zu fördern. Aber die Ersparnisse der Haushalte wurden hin zu Bankguthaben und Lebensversicherungsverträgen gelenkt, wo sie geringe Renditen brachten, statt ihren Eigentümern in dynamischeren – und risikoreicheren – Märkten höhere Erträge zu bescheren. In einem zunehmend globalen Finanzmarkt besaß Japan nur einen kleinen Investmentfondssektor. Zahllose Regulierungen trennten die Funktionen von Banken und Finanzinstitutionen und begrenzten die Möglichkeiten von japanischen oder ausländischen Firmen, neue Finanzprodukte anzubieten. Mit der rasch alternden Bevölkerung Japans und einer wachsenden Zahl von Menschen, die bald ihre Rentenleistungen in Anspruch nehmen würden, nahm die schwache Rendite japanischer Ersparnisse den Charakter einer Zeitbombe an.

Weder der niedrige Kurs des Yen, der die Exporte förderte, noch mehrere Wellen von Staatsausgaben für Infrastrukturprojekte konnten die Wirtschaft wieder ankurbeln. Während die Rezession andauerte, wurden die Stimmen lauter, die sich für strukturelle Veränderungen aussprachen, um die Wirtschaft von ihren engen Regulierungen zu befreien und so ihre Wettbewerbsfähigkeit wiederherzustellen.

In den ersten Jahren nach dem Beginn der Rezession wurden konzertierte politische Aktionen durch die Instabilität mehrerer Koalitionsregierungen erschwert. Aber die Hoffnung auf Wandel bei der staatlichen Reglementierung wuchs seit 1996, als die Regierung der reformierten Liberaldemokratischen Partei (LDP) mit Premierminister Ryutaro Hashimoto die Amtsgeschäfte übernahm. Hashimoto erschien zunächst als unwahrscheinlicher Kandidat für eine Strukturreform. Im Laufe seiner Karriere hatte er sechs Ministerien geführt und war 1991 als Finanzminister zum Rücktritt gezwungen worden, als die Rolle des Ministeriums in einem Finanzskandal ruchbar wurde. Eine Zeit lang galt danach seine Laufbahn als beendet. Während der parteiinternen Kämpfe der LDP hielt er sich bedeckt und wurde schließlich zum Parteivorsitzenden und 1996 zum Premierminister gewählt.

Hashimoto rückte die Dereglierung ins Zentrum seiner politischen Agenda. Zwei unterschiedliche Kräfte wirkten in Japan bereits auf eine stärkere Deregulierung der Wirtschaft hin. Die erste war relativ einfach und ihre Wirkung hält bis heute an. Sie betrifft bestimmte Sektoren, in denen das Kostengefälle zu den Wettbewerbern zu extrem geworden ist – zum Teil deshalb, weil die Prinzipien, nach denen diese Industrien organisiert wurden, veraltet sind. Der Imperativ der nationalen Sicherheit, der lange Zeit verlangte, japanisches Öl ausschließlich in japanischen Raffinerien zu veredeln, auch wenn dies andernorts günstiger gewesen wäre, gilt nun als überholt oder nicht mehr in gleicher Weise gültig. Die japanischen Stromerzeuger sehen ihr Monopol an den Rändern von unabhängigen Energieproduzenten aufgeweicht, als Teil einer nationalen Strategie, Veränderungen in der Elektrizitätswirtschaft zu erreichen. Auch in der Luftfahrt soll es mehr Wettbewerb geben. Diese Reformen sind bedeutsam, aber kaum allumfassend. In Sektoren, wo das Kostengefälle nicht so groß ist, gibt es weit weniger Druck, Veränderungen zuzulassen, und die Macht etablierter Interessen bleibt in Verbindung mit der Unbeweglichkeit des Arbeitssystems unangefochten.

Die komplexere Kraft in Richtung Deregulierung ist das Finanzsystem, von dem man glaubt, dass es eine zwar weniger direkte, aber durchgreifendere Wirkung auf die Art und Weise haben wird, wie Japan seine Wirtschaft lenkt. Die Rede ist vom so genannten »Big Bang«, einer Reihe von Liberalisierungen, deren Vorbild die Deregulierung des Finanzmarktes in London ist und mit denen 1998 begonnen wurde. Angefangen mit der Deregulierung des Devisenhandels bis hin zu Bankgeschäften, Wertpapieren und Versicherungen soll der »Big Bang« Tokio als Finanzzentrum neue Energie verleihen. Er zielt auch darauf ab, die Verflechtungen von Finanz- und Unterwelt zu lösen, die zu mehreren Aufsehen erregenden Skandalen führten. Sollte diese Reform gelingen, wird sie eine umfassendere Wirkung auf die gesamte Wirtschaft haben, denn sie wird zu einem größeren Maß an Wettbewerb um Spareinlagen und Investitionskapital führen. Kleinanleger werden höhere Renditen von jenen fordern können, die ihr Geld verwalten; japanische Firmen werden untereinander und mit ausländischen Märkten um Investitionskapital konkurrieren müssen. Die Finanzmärkte werden den Unternehmen eine neue Disziplin auferlegen und ihre Wettbewerbsfähigkeit verbessern. Eine Folge unter anderen wird sein, dass der Markt auswählen kann, welche Firma er für stärker hält als andere.

Aber die langen und harten Prüfungen der japanischen Bankenkrise überschatteten schließlich alles andere. Es war kein Geheimnis, dass viele Banken zahlungsunfähig waren. Andererseits waren sie zu groß, um ihren Bankrott zuzulassen. Zu viele Interessen waren beteiligt. Es gab jedoch keinen konzertierten Plan, um den Bankensektor mit seinem gewaltigen Bestand an faulen Krediten neu zu strukturieren. Dies wurde zu einer schweren Belastung für die gesamte Wirtschaft, welche die Wettbewerbsfähigkeit des exportorientierten japanischen Fertigungssektors mehr als aufwog.

Die Folge war, dass Japan während eines Großteils der 90er Jahre in einer ausgedehnten Rezession steckte. Internationale Kapitalmärkte zweifelten am Willen und an der Fähigkeit der japanischen Regierungen, Reformen durchzuführen. Und in der japanischen Öffentlichkeit, die zunehmend um ihre ökonomische Zukunft besorgt war, wuchs der Groll – ein dramatischer Vertrauensverlust und ein Zeichen dafür, dass für viele Japaner das »Wunder« immer mehr zu einer entfernten Erinnerung wurde.

Der »Staat« hatte Japan jahrzehntelang außerordentliche Dienste erwiesen. Aber der Abschwung, die Auswirkungen der Globalisierung, der Stillstand und die Lethargie der Regierungen: All dies zerstörte das Vertrauen zwischen Staat und Öffentlichkeit. Nach dem enttäuschenden Abschneiden seiner Partei bei den Wahlen trat Premierminister Ryutaro Hashimoto 1998 zurück. Mit geringem Rückhalt bei den öffentlichen Meinungsführern und den Jüngeren folgte ihm der farblose Außenminister Keizo Obuchi im Amt. Er war zum ersten Mal im Alter von 26 Jahren ins Parlament gewählt worden – der jüngste jemals gewählte Parlamentarier und mittlerweile ein wahrer Politikveteran, denn anschließend hatte er elf weitere Wahlen erlebt.

Nicht nur die Politiker, auch die lange Zeit geheiligte Bürokratie erlitt einen Vertrauensverlust. Ein großer Teil des Antriebs zur Deregulierung kam tatsächlich aus einigen Abteilungen des MITI und des Finanzministeriums. Doch nach einer Reihe von Skandalen wurde selbst das Wertesystem der Bürokratie in Frage gestellt. Masahisa Naitoh, nun schon lange aus dem

MITI verbannt, bemerkte, dass der Glaube an die Fähigkeit des Staates, den Markt zu lenken – oder sogar nur sich selbst zu reformieren –, geschwunden sei. »Das japanische Volk traut dem Entscheidungsprozess der Regierung und den Entscheidungen selbst nicht mehr«, so Naitoh Ende der 90er Jahre. Warum? »Weil sich die Regierungspolitik als ineffizient erwiesen hat, besonders im Hinblick auf die deflationäre Spirale und die Krise des Bankensystems.« Die Folge war Enttäuschung. »Das japanische Volk spürt, dass seine wirtschaftliche Zukunft unsicher ist und der Staat seine wirtschaftlichen Interessen nicht geschützt hat.«

Das bedeutete nicht notwendigerweise, dass die Japaner nun für einen offeneren Markt mit mehr Wettbewerb bereit waren – mit all den Unwägbarkeiten und der Unsicherheit, die er schaffen würde. Das »System von 1955« hatte Japan zu einem gefürchteten Wettbewerbsteilnehmer gemacht; es hatte einen Lebensstandard geschaffen, der am Anfang unvorstellbar gewesen war. Aber heute sind die Tage, in denen der Staat den Markt »führte« und das MITI ein Synonym für die »Kommandohöhen« der Wirtschaft war, fraglos längst vorbei. Wie wird die Zukunft aussehen? Die Schlacht zwischen »Staat« und »Markt« wird die japanische Gesellschaft noch auf Jahre hinaus bestimmen. Sie wird nicht nur auf dem Feld der Politik ausgetragen werden, sondern auch in den Köpfen der Japaner.[4]

Südkorea: Das Für und Wider der Auslese der Stärksten

Am sonnigen Morgen des 9. Oktober 1983 nahmen die koreanischen Mitglieder des Empfangskomitees Aufstellung im Mausoleum der Märtyrer in Rangun, der birmesischen Hauptstadt. Sie wollten Südkoreas Präsident Chun Doo Hwan willkommen heißen, der in Birma eine Reise durch fünf Länder begann und im Mausoleum zu einer Kranzniederlegung erwartet wurde. Der südkoreanische Botschafter fuhr mit beflaggter Limousine und Motorradeskorte vor und eilte ins Mausoleum. Ein birmesischer Soldat hob das Signalhorn an seine Lippen. Er hatte kaum zwei Noten geblasen, als eine gewaltige Explosion das Mausoleum zerriss, sein Dach absprengte, Körper hoch in die Luft schleuderte und noch kilometerweit entfernte Gebäude erschütterte. Fünf koreanische Minister und drei Vizeminister waren unter den Opfern, darunter ein an der amerikanischen Stanford University ausgebildeter Ökonom namens Kim Jae-Ik, der die nächste Phase der Wirtschaftsentwicklung seines Landes geplant hatte. Aber die Attentäter verfehlten ihr Ziel, Präsident Chun, der immer noch einige Minuten vom Mausoleum entfernt war. In die Irre geführt von der Wagenkolonne und dem birmesischen Trompeter, hatten sie den südkoreanischen Botschafter mit Chun verwechselt und die ferngesteuerte Bombe zu früh gezündet.

Es konnte keinen Zweifel daran geben, wer den Bombenanschlag organisiert hatte: das kommunistische Nordkorea. Das Ziel war, die Südhälfte der koreanischen Halbinsel zu destabilisieren. Die südkoreanischen Soldaten entlang der demilitarisierten Grenzzone, die die beiden Länder teilte, wurden sofort in höchste Alarmbereitschaft versetzt. Es war eine weitere Schlacht in einem Krieg, der im Grunde nie wirklich beendet worden war. Aber was sich seit dem vernichtenden Krieg in den 50er Jahren verändert hatte, war die Tatsache, dass Südkorea auf dem besten Weg war zu einer bedeutenden Wirtschaftsmacht zu werden und das totalitäre Nordkorea zu beschämen. Und dies schaffte es in sehr kurzer Zeit.

1945, als die Halbinsel geteilt wurde, war Südkorea nur wenig geblieben. Ein Großteil der bestehenden Industrie – überwiegend von den Japanern gebaute Wasserkraftwerke am Jalu-Fluss und die Chemie- und Düngemittelfabriken in ihrer Nähe – befand sich nunmehr in Nordkorea. 1950 drangen 135 000 nordkoreanische Soldaten in den Süden ein. Das kommunistische China trat in den Krieg ein, um Nordkorea zu unterstützen, und während die kommunistischen Truppen vordrangen, schien es eine Zeit lang, als würde Südkorea überhaupt nicht überleben können. Seoul, seine Hauptstadt, wechselte viermal den Besitzer. Der Krieg endete 1953 mit einem Waffenstillstand, nicht mit einem Friedensvertrag – eine ständige Mahnung für Südkorea, wie prekär seine Existenz und wie gefährlich die Bedrohung aus dem Norden war. Kim Il Sung, Nordkoreas größenwahnsinniger Führer, schwankte nie in seiner unerbittlich feindseligen Politik. So musste Südkorea nach dem Krieg um jeden Preis eine wirtschaftlich starke Position aufbauen, zumal sowohl China wie Nordkorea eine rasche Industrialisierung im kommunistischen Stil betrieben. Aber Südkorea befand sich, vom Krieg verwüstet, in einem schrecklichen Zustand. Sieben Prozent seiner Bevölkerung waren getötet worden, darunter ein hoher Anteil junger Männer, und zwei Drittel seiner ohnehin dürftigen industriellen Fertigungsstätten waren zerstört.

Die Ausgangslage für die Präsidentschaft von Syngman Rhee, der die südkoreanische Politik vom Ende des Zweiten Weltkrieges bis 1960 bestimmte, war also denkbar ungünstig. Die koreanische Halbinsel war seit 1895 japanische Kolonie gewesen und die Japaner hatten Rhee von 1898 bis 1904 wegen nationalistischer Aktivitäten ins Gefängnis gesteckt. Danach gelang ihm die Ausreise in die USA, wo er 1910 bei Professor Woodrow Wilson (dem späteren Präsidenten der USA) seine Promotion an der Princeton University abschloss. Insgesamt verbrachte er 40 Jahre außerhalb seiner Heimat und engagierte sich im Ausland für die Unabhängigkeit Koreas. Einmal an der Macht, beschäftigten ihn politische Fragen und die Beziehungen zu den USA weit mehr als die Wirtschaftsentwicklung. Nationalismus, nicht Wirtschaft, war seine Stärke.

Der wahre Industrialisierungsschub kam 1961 nach einem Militärputsch. General Park Chung Hee wurde der neue starke Mann und führte das Land von 1962 bis 1979. Hart, autokratisch und absolut auf wirtschaftliche Entwicklung eingeschworen, war er der Unternehmensgründer der »Firma Korea« und spielte seine Rolle mit eiserner Faust. Er wurde von energischen jungen Militäroffizieren unterstützt, einer gut ausgebildeten und zunehmend erfahrenen Bürokratie, einer breiten Basis arbeitswilliger Bürger und dem nationalen Willen, sich industriell zu entwickeln. Die fortdauernde Gefahr aus dem Norden war dabei die alles antreibende Kraft.

Von allen asiatischen Ländern übernahm Südkorea am bewusstesten – wenn auch mit gemischten Gefühlen – das japanische Modell. Daraus ging ein System hervor, das, in den Worten des Ökonomen Dwight Perkins, »stark interventionistisch« war, »aber dies mit der Disziplin, exportieren zu müssen«. Zweifellos lag eine gewisse Ironie in Koreas Konzentration auf Japan. Es war nicht nur eine japanische Kolonie gewesen, sondern die Koreaner blickten auch auf eine lange Geschichte zurück, in der sie die japanische Vorherrschaft abgewehrt hatten. Sie waren bemüht, ihre eigene Nation mit ihrer eigenen Identität aufzubauen. Infolge der japanischen Okkupation waren jedoch viele Koreaner in japanischen Schulen erzogen worden und stark vom Modell des MITI und der japanischen Kultur beeinflusst. Darüber hinaus konnten sie über das Meer nach Japan blicken, wo der Aufstieg einer wirtschaftlichen Supermacht nur allzu offensichtlich war. Präsident Park, der eine japanische Militärakademie besucht hatte und während des Zweiten Weltkrieges zwei Jahre lang als Offizier in der japanischen Mandschurei-Armee gedient hatte, pflegte enge japanisch-koreanische Beziehungen als Teil seiner Entwicklungsstrategie.

Eine Variante des MITI konnte die dringendsten Bedürfnissen Koreas erfüllen. Das Land war sehr arm; sein Bruttosozialprodukt erreichte erst im Jahr 1963 100 Dollar pro Kopf. Im ersten Jahrzehnt der Militärherrschaft konzentrierte sich die Regierung auf die Steigerung der Exporte, um die zurückgehende US-Hilfe zu kompensieren. Ursprünglich galt das System des Exportanschubs unterschiedslos und bot Schutz und eine Vielzahl von Subventionen für alle Bewerber. Aber bald kamen die Wirtschaftsplaner in der Park-Regierung zu einem Schluss mit weit reichenden Konsequenzen: Sie waren überzeugt, dass Korea Großunternehmen brauchte, wenn es auf den internationalen Märkten konkurrieren und ausländischen Importen standhalten wollte. Um dieses Ziel zu erreichen, förderten sie eine Reihe von nationalen Vorreiterunternehmen, genannt *chaebol* – Holdinggesellschaften, die breit gefächerte Industriegruppen kontrollierten. Park und sein Team wählten Firmen aus, die bereits auf einem Gebiet erfolgreich waren (zum Beispiel in der Reismehlproduktion, im Immobilien- oder Baugeschäft). Üblicherweise wurden sie von einer starken Unternehmerpersönlichkeit geführt, der es nicht an Selbstvertrauen fehlte. Diese Unternehmen wurden mit zinsgünstigen staatlichen Krediten, Steueranreizen und anderen Vorteilen hochgepäppelt, um sie in die Lage zu versetzen, große, starke und breit gefächerte Industriegruppen zu werden. So entstanden die Unternehmen, deren Namen heute weltweit bekannt sind: Hyundai, Samsung, Lucky Goldstar und Daewoo.

1973 griff der Staat noch stärker in die Wirtschaft ein und brachte die so genannte Initiative für die Schwer- und Chemieindustrie auf den Weg: das Fundament, auf dem Koreas globale Rolle errichtet wurde. Die Initiative verdankte sich in erster Linie Sicherheitsgründen. Nordkorea war eine Militärmaschine, über deren Ziele kein Zweifel bestehen konnte, und so ging es für Südkorea um eine elementare Frage: der Auslöschung zu entgehen. Im Gefolge des drohenden Siegs der Kommunisten in Vietnam fürchteten Park und seine Umgebung, dass die Amerikaner ihren Schutzschild zurückziehen würden. Und Südkorea war kaum darauf vorbereitet, aus eigener Kraft zu überleben. Seine wenigen Kanonen, noch aus dem Zweiten Weltkrieg stammend, waren nicht mehr einsatzfähig; die USA produzierten dafür keine Ersatzteile mehr. Das Land hatte keine Panzerabwehrwaffen, um den nordkoreanischen T-62-Panzern zu widerstehen, und seine militärischen Vorräte reichten für nicht mehr als drei Kriegstage. Südkoreas neu erwachtes Unsicherheitsgefühl wurde von Präsident Jimmy Carter kräftig verstärkt, der 1976 seine Absicht ankündigte, die US-Truppen von der koreanischen Halbinsel abzuziehen. Es brauchte einige Überredungskunst, Carter zum Nachgeben zu bewegen, aber er verband die Präsenz der US-Armee mit der Einhaltung der Menschenrechte und vergrößerte so noch die Kluft zum autoritären Park-Regime.

Regierungsbeamte trafen in der Initiative für die Schwer- und Chemieindustrie die grundlegenden Investitionsentscheidungen und setzten sie dann mittels der Kontrolle der Kredite durch. Die Folge war ein sehr konzentriertes Wirtschaftssystem, das auf einer starken und engen Beziehung zwischen dem Staat und einer begrenzten Anzahl großer Industrieunternehmen beruhte. Park selbst war der hemdsärmelige Firmenchef, wählte die Unternehmen aus, überwachte den Fortschritt, räumte Hindernisse in den Verbänden oder der Bürokratie aus dem Weg und reiste im Helikopter durchs Land, um die verschiedenen Standorte selbst in Augenschein zu nehmen. Park praktizierte auch seine eigene anspruchsvolle Version von »zielgesteuerter Unternehmensführung« (*«management by objectives«*). An jedem Neujahrstag suchte er alle seine Minister auf, um mit ihnen ihre Ziele durchzusprechen und wie sie erreicht werden konnten. Am folgenden Neujahrstag ging er erneut zu den Ministern, um Satz für Satz die Versprechungen des Vorjahres durchzugehen. Wer weniger als 80 Prozent seiner Versprechungen erfüllt hatte, wurde gefeuert. Jeder begriff die Botschaft und verstand, was Park wollte: hohes, nachhaltiges Wachstum.

Die Regierung griff sechs strategische Industrien heraus, die unterstützt wurden: Stahl, Petrochemie, nichteisenhaltige Metalle, Schiffbau, Elektronik und Maschinenbau. Sie trieb die *chaebol* an, aggressiv nur auf die fortschrittlichste Technologie zu setzen, und sie drängte auf Größe. Um effizient zu sein, musste ein Automobilproduzent etwa 300 000 Fahrzeuge im Jahr produzieren, was Südkoreas Aufnahmefähigkeit bei weitem überstieg, da es im ganzen Land zur damaligen Zeit insgesamt nur 165 000 PKWs gab. So war es unerlässlich, so bald wie möglich einen Exportmarkt zu entwickeln und gleichzeitig einen heimischen Markt zu schaffen.

Die *chaebol* erhielten großzügige Kredite und wurden vom Staat vor Einbrüchen bewahrt. Sie wurden auf dem koreanischen Markt vor ausländischer – und auch inländischer – Konkurrenz geschützt. Die Unternehmen bekamen Exklusivlizenzen für ihre Produkte, und nur einem *chaebol* war es gestattet, in der ersten Phase einer neuen Industrie den Inlandsmarkt zu bedienen. Der Staat zwang die *chaebol* auf ihren Gebieten nach einem strengen Zeitplan mit einer Vielzahl von Produkten international wettbewerbsfähig zu werden. Schafften sie dies nicht, wurden sie ökonomisch und politisch bestraft. Das Programm wurde mit außergewöhnlicher Hingabe verfolgt, die in einem machtvollen Arbeitsethos zum Ausdruck kam. Die Koreaner, so drückte es ein Manager aus, »überwanden die Armut mit harter Arbeit und Disziplin«. In vielen Fällen war es noch mehr als das. Die staatlichen Arbeitsvorschriften waren sehr hart, die Arbeiter waren streng organisiert und die Arbeitswoche betrug beinahe 60 Stunden. Die *chaebol* hatten viele Vorteile, darunter die Möglichkeit, Subventionen innerhalb der Gruppen zu verschieben. Die Chefs der *chaebol* wurden ungeheuer reich, was sie nicht davon abhielt, weiterhin hart und aggressiv zu arbeiten. Aber es gab keine Frage, wer der Boss war. Sie wurden regelmäßig in den Präsidentenpalast gebeten, ins »Blaue Haus«, wo Präsident Park sie maßregelte, sofern sie nicht im Interesse des Staates gehandelt hatten. Sie hatten zu tun, was man ihnen sagte.[5]

Ende der 70er Jahre begann sich der Staat aus dem massiv interventionistischen Programm der Initiative für die Schwer- und Chemieindustrie zurückzuziehen. Dies lag zum Teil an wachsender Opposition und Unzufriedenheit mit dem Park-Regime im Inland. Durch Inflationskontrolle und breiterer Verteilung der Wohltaten der Industrialisierung sollte eine Stabilisierung der Lage erreicht und dadurch die Bevölkerung beruhigt werden. Der offensichtliche Bruch kam im Oktober 1979, als Präsident Park vom Chef des koreanischen Geheimdienstes ermordet wurde. Der Mann, der danach ans Ruder kam, General Chun Doo Hwan, war noch stärker an Stabilität interessiert. Er stand außerdem den großen *chaebol* und ihrem beträchtlichen Einfluss mit einer gewissen Feindseligkeit gegenüber.

Die geistige Kraft von Kim Jae-Ik trieb Koreas Kurswechsel ebenfalls voran. 1938 geboren, besuchte Kim die Nationaluniversität von Seoul und promovierte in Wirtschaftswissenschaften an der Stanford University in Kalifornien. Er gewann zunächst als Mitglied des mächtigen Wirtschaftsplanungsausschusses Einfluss und wurde 1979 zum Architekten der Stabilisierung und Förderer der Liberalisierung. Seine Ziele waren, das Wachstum unter Kontrolle zu bringen, die Eingriffe des Staates zu reduzieren und eine größere Chancengleichheit für kleine und mittelgroße Unternehmen zu schaffen.

Kim wurde Präsident Chuns wirtschaftlicher Chefberater – das ungleiche Paar, das die *Financial Times* als »der mürrische Soldat und der überschwängliche, in den USA ausgebildete Ökonom« bezeichnete, war eine Verbindung, die vielen seltsam vorkam. Aber ihre Beziehung war ungewöhnlich eng. Kim, so ein Kollege, »erklärte dem General die Wirtschaft«. Er erkannte an, wie erfolgreich die bis dahin geltende Industrialisierungsstrategie gewesen war, aber er war auch überzeugt, dass sie geändert werden musste; andernfalls würde das Land scheitern. Viele der *chaebol* waren beklagenswert ineffizient geworden und wären ohne Sanierung durch den Staat praktisch zahlungsunfähig gewesen. Das Bankensystem, weitgehend in Händen des Staates, war praktisch niemandem Rechenschaft schuldig. Die Landwirtschaft war hochgradig ineffizient. Kims Rezept lautete, die Grenzen des Staates zurückzuverlegen, zumindest einige staatlich kontrollierte Unternehmen zu verkaufen, den Finanzsektor zu liberalisieren und die Importbarrieren zu senken, um ineffiziente Industrien ausländischer Konkurrenz auszusetzen. Er wollte, dass ausländische Investitionen eine größere Rolle spielten. Er erkannte, dass die Komplexität der Wirtschaft nun der staatlichen Kontrolle über den Kopf gewachsen war. Und zur Überraschung seiner Kollegen machte er sogar Fortschritte bei dem Versuch, die Generäle von Kürzungen bei den Verteidigungsausgaben zu überzeugen.

Wie weit wäre Kim mit seiner charmanten Bescheidenheit noch gekommen, wäre er nicht Mitglied jener Delegation von hohen Regierungsvertretern gewesen, die im Oktober 1983 Rangun besuchten? Das Blutbad im Mausoleum der Märtyrer war eine schreckliche Erinnerung an die Gefahren, denen Südkorea gegenüberstand. Kims Tod wurde als »der größte Verlust« des gesamten Vorfalls bezeichnet. Obwohl zum Zeitpunkt seines Todes erst 44 Jahre alt, erreichte Kim Jae-Ik in der Folge einen »legendären« Status.

Auf Kims Erbe aufbauend, betrieb Südkorea danach eine Politik, die auf eine weniger dirigistische indikative Planung, eine erweiterte Rolle des Staates und eine Liberalisierung des Finanzmarktes und der Importe abzielte. Die Veränderungen waren nicht leicht. Sie stießen auf beträchtlichen Widerstand sowohl in der mächtigen Bürokratie als auch bei den südkoreanischen Unternehmen, die es gewohnt waren, dass man Rücksicht auf sie nahm. Viel »versteckte Regulierung«, so ein Beamter, ist bis in die späten 90er Jahre erhalten geblieben, bewahrt von Beamten, die ihre Macht nicht verlieren wollen.

Südkorea ist heute kein Niedriglohnland mehr. Das strenge Arbeitssystem führte wiederholt zu Spannungen. Sie begannen mit dem Massaker an streikenden Arbeitern in Kwangju 1979, das den Staatsstreich heraufbeschwor, der General Park stürzte. Seither gab es in periodischen Abständen immer wieder Arbeitskämpfe. Viele koreanische Arbeiter waren der Meinung, ihnen würden die Früchte ihrer Arbeit vorenthalten. Aber in den 80er Jahren erhöhten sich die Löhne erheblich und die Arbeitsplatzsicherheit wurde garantiert. Nach 1987 wurden die Gewerkschaften von staatlicher Repression und Kontrolle befreit. In jüngerer Zeit vergrößerten sich die Schwierigkeiten jedoch aufgrund des Drucks, den Arbeitsmarkt zu flexibilisieren, um Südkorea in die Lage zu versetzen, mit den neuen Tigerstaaten zu konkurrieren und die Arbeitsgesetze an die internationale Praxis anzugleichen – eine Bedingung des Beitritts Südkoreas zur OECD. Die Gewerkschaften reagierten mit häufig gewalttätigen Streiks und Demonstrationen.

Besorgt über die Aussichten der heimischen Wirtschaft, versuchten die *chaebol* ihre Konkurrenzfähigkeit durch Investitionen im Ausland aufrechtzuerhalten. Allein die fünf größten *chaebol* planten innerhalb eines Jahrzehnts 70 Milliarden Dollar im Ausland zu investieren. Südkoreas Wirtschaft schwankt weiterhin unter der Last Not leidender Kredite, mit denen die Großindustrien aufgebaut wurden, und der anhaltenden Notwendigkeit, die in den 70er Jahren geschaffenen Industrien zu rationalisieren und umzustrukturieren. Außerdem verfügt Südkorea nicht über das Netz kleiner und mittlerer Unternehmen, die in Japan eine Quelle der Stabilität waren. Hinzu kommt, dass die Koreaner angesichts des hohen Preises der deutschen Wiedervereinigung besorgt sind über die Kosten, die auf sie zukommen könnten, falls Nordkorea plötzlich zusammenbricht und das hochgehaltene Ziel der Wiedervereinigung Wirklichkeit wird. Doch ungeachtet aller Hochs und Tiefs erzielte Südkorea ein überaus beeindruckendes Wachstum. Das abgewogene Urteil des Asienexperten Ezra Vogel drückt in knappen Worten aus, was in drei Jahrzehnten erreicht wurde: »Selbst verglichen mit Japan blieb die Geschwindigkeit, mit der Südkorea von einem Land, das nahezu keine Industrietechnologie besaß, zu einer Nation wurde, die ihren Platz unter den Industrienationen der Welt einnimmt, unerreicht.« Und er fügt hinzu: »Keine Nation hat den Übergang von Handarbeit zu Schwerindustrie, von Armut zu Wohlstand, von unerfahrenen Führern zu modernen Planern, Managern und Ingenieuren so schnell und so gründlich vollzogen.«

Korea zahlt einen hohen politischen Preis für seinen wirtschaftlichen Erfolg. Massive staatliche Interventionen schufen ausgedehnte Möglichkeiten für Korruption. Industriepolitik im koreanischen Stil bedeutet, dass der Staat sich begünstigten Unternehmen gegenüber schier grenzenlos freigebig zeigte, und für diese Großzügigkeit mussten die Begünstigten einen Preis zahlen. »Wenn man der Regierung nicht nahe stand, konnte man auf dem koreanischen Markt nicht überleben«, so erklärt ein Geschäftsmann. »Die koreanischen Unternehmen, die ins Geschäft kommen wollten, folgten den informellen Regeln, nach denen die Gelder zur Schaffung von Geschäften flossen« – mit anderen Worten: Schmiergeld, Bestechungen und politisches Schweigegeld.

Bei den Präsidentenwahlen 1987 ließ eine gespaltene Opposition es zu, dass Chuns handverlesener Nachfolger Roh Tae-Woo die Macht übernahm.

Aber die Verärgerung in der Öffentlichkeit über das autoritäre Regierungssystem, die Repression, Ungleichheit und Korruption nahm zu. Die »Topmanager« der »Firma Korea« – die Generäle und Politiker – hatten sich zu viel vom Profit selbst unter den Nagel gerissen und der Ruf nach mehr Transparenz ließ sich nicht länger unterdrücken. 1993 startete der neu gewählte Präsident Kim Young-Sam eine Antikorruptionskampagne, die umfassend durchgriff und noch dazu populär war. Die Folge war, dass die ehemaligen Präsidenten Chun und Roh vor Gericht gestellt und aufgrund ihrer Rolle beim Staatsstreich 1979 und dem Massaker an Demonstranten einer Kundgebung für Demokratie verurteilt wurden. Gleichzeitig wurden die Präsidenten von acht *chaebol* zu Gefängnisstrafen verurteilt, weil sie Bestechungsgelder an Roh gezahlt hatten. Der »informelle« Fluss von Geldern an Roh war äußerst beträchtlich gewesen: Laut Anklage handelte es sich um 650 Millionen Dollar. Schmählich aneinander gefesselt und sich die Hände haltend, hörten die beiden ehemaligen Präsidenten ihr Urteil im August 1996 an. Roh erhielt 22 Jahre Gefängnis, Chun wurde zum Tode verurteilt. Roh soll die ersten Nächte im Gefängnis damit verbracht haben, die Memoiren von Margaret Thatcher zu lesen, wobei er zweifellos über die Philosophie des freien Marktes und die Argumente gegen staatliche Intervention nachsann.

Auf seine Weise war das Ergebnis des Prozesses eine Anklage gegen das gesamte System, das Südkorea in der Weltwirtschaft nach oben gebracht hatte. »Was in der Vergangenheit als Teil einer Phase der ökonomischen Entwicklung in Korea normal und notwendig war, wird heute in Frage gestellt«, bemerkte ein wichtiges Mitglied der Kommission, die mit der Reform der koreanischen Wirtschaft befasst ist. »Eine reifere Wirtschaft, die in die nächste Entwicklungsphase eintritt, erfordert eine Neuordnung der Beziehung von Markt, Staat und Industrialisierung.«

Aber es sollte noch schlimmer kommen. Als die Finanzkrise der Region Südkorea erreichte, offenbarte sie die Schwäche der Banken und *chaebol* noch deutlicher und schränkte deren Spielraum erheblich ein. Eine Welle von Bankrotten und Firmenzusammenschlüssen erfasste das Land, die zu einer grundlegenden Veränderung der koreanischen Art des Wachstumsmanagements führte. Außerdem verlangte sie der Regierung harte Entscheidungen ab, ob sie geschützte Firmen scheitern lassen und Ausländern erlauben sollte in Not geratene Firmen zu kaufen. Die Wahl des altgedienten Oppositionellen Kim Dae-jung zum Präsidenten bot auch einen politischen Neuansatz für diese Entscheidungen. Die Wahl von Kim, dem lebenden Symbol des langjährigen Widerstandes gegen die Militärdiktatur, war ein erster Schritt, um sowohl politisch wie ökonomisch mit dem Erbe jener Zeit fertig zu werden. Reformen, die Südkoreas wirtschaftliche Erfolge bewahrten, gleichzeitig aber die starre Struktur der *chaebol* lockerten, erschienen in diesem Kontext nur logisch. Das Land war, so schien es, schon viel zu weit gekommen, um noch zusammenbrechen zu können. Innerhalb eines halben Jahres hatte Südkorea bedeutende Fortschritte bei der Reform und Umstrukturierung des Finanzsektors gemacht. Aber die Umwandlung in eine flexiblere Wirtschaft inmitten eingewurzelter Interessen von Wirtschaft und Gewerkschaften wird Koreas Reformprozess weiterhin belasten und vor schwierige Herausforderungen stellen.[6]

Taiwan: Konfuzianischer Kapitalismus

Der Sonne-Mond-See, eingebettet in die Berge von Zentraltaiwan und häufig von Nebel bedeckt, ist seit langem Taiwans beliebtestes Flitterwochenziel. Sein Name stammt von seinen Formen, wie man sie von den Gipfeln der nahen Berge aus sieht. An einem Ufer befindet sich ein prächtiger Tempel, der Konfuzius und zwei Kriegsgottheiten geweiht ist. 1949 kam der Generalissimus Chiang Kai-shek auf der Suche nach Ruhe an den Sonne-Mond-See. Er war gerade vom chinesischen Festland geflohen, um der Gefangennahme durch Mao Zedongs vorrückende Truppen zu entgehen. Und hier, an den Ufern des Sees, erhielt er das Telegramm mit der Mitteilung, die er lieber nie vernommen hätte: der Botschaft vom endgültigen Zusammenbruch seiner nationalistischen Truppen auf dem Festland. Er versank in Schweigen und saß eine Stunde lang regungslos da. Dann stand er auf und machte mit seinem Sohn einen Spaziergang durch den Wald. Nach langem Schweigen – und da es nichts anderes zu tun gab – machte er den Vorschlag, fischen zu gehen. Sein Sohn gab einem alten Fischer Geld, damit er sie mit dem Boot hinausfuhr. Von Schwermut erfüllt, warf Chiang beinahe abwesend sein Netz aus und fing zu seiner Verwunderung einen sehr großen Fisch. Der Fischer sagte, es sei der größte, den man seines Wissens je im See gefangen habe. Das sei ein gutes Omen, fügte er hinzu. Doch das schien kaum möglich. Schließlich stand allem Anschein nach der Fall von Taiwan, Chiangs letztem Zufluchtsort, kurz bevor. Sein alter Widersacher Mao Zedong war dem totalen Sieg nahe. Und es gab keinen Ort, an den sich Chiang noch flüchten konnte.

Die Rivalität zwischen Chiang und Mao hatte das moderne China geprägt. Der Machtkampf zwischen ihnen schien 1949 entschieden zu sein, als

Maos Truppen ihren letzten Sieg errangen und von der vietnamesischen Grenze aus die Kontrolle über das chinesische Festland übernahmen. Doch ein Vierteljahrhundert später, zur Zeit ihres Todes, nahm sich diese Balance ganz anders aus. Chiang und Mao starben beide Mitte der 70er Jahre – im Abstand von einem Jahr – im Alter von 87 bzw. 83 Jahren. In den zweieinhalb Jahrzehnten, die dazwischen lagen, hatte Chiang über ein außergewöhnliches Wirtschaftswunder gewacht, das Taiwan in die vorderste Reihe der Industrienationen katapultierte, während Mao es geschafft hatte, eine Reihe von Katastrophen zu verursachen, die das chinesische Festland in ein wirtschaftliches Desaster stürzten.

Wie Südkorea war Taiwan ein Produkt des Kalten Krieges. Seine Nachkriegsgeschichte hatte es »von der Armut zum Reichtum« geführt, wie einer der Architekten seiner Wirtschaft es ausdrückte. 50 Jahre lang, von 1895 an, war es eine japanische Kolonie gewesen – eine »Reisschüssel« – und dann für kurze Zeit nach dem Zweiten Weltkrieg wieder eine Provinz Chinas. Erst 1949 wurde es zu einem selbstständigen Land, als Chiang, Führer der Nationalen Volkspartei (Kuomintang), dort mit mehr als zwei Millionen Soldaten und Zivilisten Zuflucht suchte. Obwohl es dreimal mehr Taiwaner gab, kontrollierten die Flüchtlinge vom Festland das Leben auf der Insel. Die Spaltung zwischen ihnen und den gebürtigen Taiwanern sollte von dauerhafter wirtschaftlicher, politischer und sozialer Bedeutung sein.

Für Taiwan stand die Frage des Überlebens im Vordergrund. Die Kommunisten auf dem Festland betrachteten das Land immer noch als eine ihrer Provinzen und deren Eroberung als unvollendete Aufgabe des Bürgerkrieges. Chiang und seine Nationalisten ihrerseits weigerten sich zuzugeben, dass Taiwan nicht China war, und sprachen viele Jahre lang davon, das Festland wieder einzunehmen. Jedoch die Jahre vergingen und Chiangs Ehrgeiz wandelte sich von einem »grimmigen Entschluss« erst zu »einer Hoffnung, dann zu einem Mythos und dann zu einer Litanei«. Aber das Überleben blieb das vordringlichste Gebot. Zunächst war es nur nötig, dem Ansturm vom Festland standzuhalten. Später ging es darum, Taiwans Isolierung zu trotzen, als die Volksrepublik ihren Platz in der internationalen Staatengemeinschaft einnahm und dadurch die meisten diplomatischen Verbindungen Taiwans kappte, darunter auch jene zu den USA. Es musste im internationalen Staatensystem einen ständigen und beinahe einzigartigen Kampf um Legitimität ausfechten. Aber Taiwans prekäre Lage bewirkte, was nach dem englischen Schriftsteller Samuel Johnson wohl nur die Todesangst vermag: Sie bündelte die geistigen Kräfte, stärkte die nationale Einheit und konzentrierte die

Entschlusskraft auf die Schaffung der wirtschaftlichen Nervenstränge, die zum Überleben erforderlich waren.

In den späten 40er und frühen 50er Jahren sah die Lage nicht gerade viel versprechend aus. Das Land besaß wenige Ressourcen, wenige Unternehmer, keine Rücklagen, und es hatte im Krieg schwere Schäden erlitten. Darüber hinaus war die Überzeugung verbreitet, dass das chinesische Volk nicht für den modernen Kapitalismus geeignet war. Die Chinesen, so glaubte man, weiteten ihre Tätigkeit nicht über den Kreis der Familie hinaus aus; auch hätten sie keine Neigung zum Sparen. Sie seien zu misstrauisch; ihnen fehle Innovationsgeist. Keine geringere Autorität als der Soziologe Max Weber hatte in seiner Studie über den Aufstieg des Kapitalismus erklärt, dass der Konfuzianismus mit dem Kapitalismus unvereinbar sei. 1949 schrieben einige die Niederlage der Nationalisten dem Umstand zu, dass sie zu tief im traditionellen konfuzianischen System verwurzelt waren. Diese Ansicht klingt heute seltsam; schließlich wird das asiatische Wirtschaftswunder jetzt zuweilen als »konfuzianischer Kapitalismus« bezeichnet.

Doch Taiwan verfügte über ein paar starke Fundamente. Ein Erbe seiner fünfzigjährigen Besetzung durch die Japaner war die starke Betonung der Bildung. 1949 konnte die Hälfte der Bevölkerung lesen und schreiben. Auch verwandelte sich das vernichtende Ausmaß der Niederlage auf dem Festland in eine Stärke, als die Nationalisten begannen, in einer tief schürfenden und schmerzhaften Selbsterforschung die Frage zu beantworten, was ihre Niederlage verursacht hatte. Sie erkannten eine Reihe von Ursachen: Hyperinflation, Korruption, Ungleichheit, das Ausbleiben einer Agrarreform, eine willkürliche Staatsmacht, die mangelnde Bereitschaft, sich der modernen Wissenschaft und Technologie zuzuwenden. Aus diesen Lehren versuchten sie auf ihrer nun viel kleineren Bühne methodisch Konsequenzen zu ziehen. Schon früh führte die nationalistische Regierung eine Landreform durch, die eine starke landwirtschaftliche Basis und mehr Gleichheit schuf. Sie schärfte ihrer neuen Bürokratie ein starkes, gegen Korruption gerichtetes Ethos ein. Fast von Anbeginn an war man auch überzeugt, dass die wichtigste Rolle des Staates darin bestand, ein Klima zu schaffen, in dem Unternehmertum gedeiht, und sich mehr und mehr zurückzuziehen, sobald diese Aufgabe erfüllt war. Taiwan wurde mittels Planung in ein marktwirtschaftliches System geführt. Das Ziel bestand – in den Worten eines der ranghöchsten Planer – darin, »einen Prozess der graduellen Entpolitisierung des Wirtschaftssystems« zu steuern.

Das Wort »graduell« sollte sich als gute Beschreibung erweisen. Während eines Großteils der 50er Jahre setzte Taiwan auf die vertraute Strategie der Importsubstitution – das heißt die Ersetzung von Importen durch einheimische Produkte – und konzentrierte sich auf massive Investitionen in die Infrastruktur und arbeitsintensive Produktionsweise, flankiert durch Schutzzölle und Steueranreize. Auch staatliche Unternehmen gehörten dazu; zum Teil deshalb, weil die Regierung mit den Staatsunternehmen, die die Japaner zurückgelassen hatten, schließlich irgendetwas anfangen musste. Solche Unternehmen galten darüber hinaus als unverzichtbar, um die wenigen Fertigkeiten und Ressourcen zu bündeln, die verfügbar waren. Auch der offenkundige Aufstieg staatlicher Unternehmen in Europa übte einen Einfluss aus.

Die Auslandshilfe der USA war in dieser Phase sehr wichtig, weil sie Taiwan ermöglichte in Ausrüstungsgüter zu investieren und gleichzeitig weiter für seine Importe zu zahlen. Aber in den späten 50er Jahren war für Taiwan absehbar, dass die amerikanische Hilfe auslaufen würde (wie es dann 1965 wirklich geschah), und so bestand die dringende Notwendigkeit, Devisen einzunehmen. Mit dem damaligen Hauptausfuhrprodukt Zucker war dies kaum zu schaffen. So vollzog Taiwan einen entschiedenen Wandel in eine neue Phase: zum Export von Fertigungsgütern auf den Weltmarkt. Dies bedeutete nicht nur eine Öffnung, sondern auch, wenngleich weniger offensichtlich, die beginnende Lockerung der einheimischen Kontrolle. Der Staat unterstützte diese künftigen neuen Industrien durch zinsgünstige Kredite, niedrigere Steuern auf solche Importe, die wieder in Exportprodukte eingingen, und die aggressive Suche nach neuen Technologien. Er ermunterte auch direkte ausländische Investitionen, um den Transfer von Fertigkeiten und Technologie zu erleichtern und die Qualität zu verbessern. Die Ergebnisse waren spektakulär: Die Exporte stiegen von 123 Millionen Dollar im Jahr 1963 auf drei Milliarden Dollar 1972. Eine neue Phase setzte 1980 ein, gekennzeichnet durch eine stärkere Betonung von Technologie, Forschung und Entwicklung; und von da an prägte sich die Tendenz zur Liberalisierung deutlicher aus.

Der Staat bemühte sich konsequent um die Entstehung einer Unternehmerschicht. Manchmal musste er bei der »Entstehung« etwas nachhelfen, indem er nach Unternehmern forschte, denen er bestimmte Aufgaben übertragen wollte. Zum Beispiel brauchte Taiwan einen privaten Unternehmer, der die staatliche PVC-Fabrik übernehmen wollte, die mit dem US-Hilfsprogramm finanziert worden war. Nach langem Suchen fand man einen Kandidaten aus Taiwan, Y. C. Wang, der als Bauholzhändler in Japan arbeitete.

Man überredete ihn zurückzukommen. Wang machte aus dem Unternehmen seine Formosa Plastics, den größten PVC-Produzenten der Welt, und wurde einer der zwei oder drei reichsten Männer Taiwans. Aber in augenfälligem Kontrast zu Südkorea beruhte Taiwans Entwicklung insgesamt weit mehr auf kleinen und mittleren Unternehmen, häufig im Besitz von Familien und in Netzwerken organisiert.[7]

Die Supertechnokraten

Einer der geschicktesten Züge Chiangs war es, die Wirtschaftspolitik den später unter der Bezeichnung Supertechnokraten bekannten Beamten zu überlassen, viele davon Wissenschaftler und Ingenieure, die ohne große politische Einmischung arbeiten konnten. Diese Spitzenkräfte konnten auf Chinesen zurückgreifen, die im Ausland lebten, darunter eine Reihe von namhaften Ökonomen in den USA, und später auf Generationen von Taiwanern, die ihre Ausbildung im Ausland absolvierten, was nicht den befürchteten »geistigen Aderlass« zur Folge hatte, sondern vielmehr den verfügbaren geistigen Reichtum vergrößerte. Chinesen, die im Ausland studierten oder arbeiteten, wurden zu einer kolossalen Ressource und boten unter anderem ein ausgesprochen effektives Netzwerk für den Technologietransfer.

Von den frühen 50er Jahren bis Mitte der 80er Jahre hatten nur fünf Männer einen entscheidenden Einfluss auf die Festlegung der Wirtschaftspolitik. Sie verbanden Altes und Neues. Sie spielten, wie ein Wissenschaftler bemerkte, »eine Rolle, die guten traditionellen konfuzianischen Ratgebern ähnelte, aber sowohl ihr Stil wie der Inhalt ihrer Arbeit waren in der chinesischen Geschichte neu. Sie waren Teil der weltweiten Wissenschafts- und Entwicklungsgemeinschaft, sie glaubten an Wachstum und Fortschritt.« Tatsächlich dominierten zwei dieser Männer auf wechselnden Positionen vier Jahrzehnte lang den gesamten Prozess.

Der erste war K. Y. Yin, der die Anstrengungen für die Exportphase koordinierte und als »Vater der taiwanischen Industrieentwicklung« bekannt wurde. Als Elektroingenieur ausgebildet, hatte er vor dem Zweiten Weltkrieg in ganz China gearbeitet und war während des Krieges Mitglied der chinesischen Einkaufsmission in den USA gewesen. Von 1949 bis in die frühen 60er Jahre war er Taiwans Chefplaner. Er dachte wie ein Ingenieur. »Ein Ingenieur ist ein Wissenschaftler, der etwas von Wirtschaft versteht«, sagte er. Er wurde zu einem unersättlichen Leser von wirtschaftswissenschaftlicher Literatur. Er konnte über die Details und Feinheiten im Werk von Adam Smith diskutieren – ja, es war Aufgabe des Staates, für die Verteidigung zu sorgen – und Verbesserungen der keynesianischen Theorie anbieten. Bei der Planung von Taiwans Zukunft orientierte er sich sowohl an Walt Rostows Theorie wirtschaftlicher Wachstumsstadien und seinem Begriff der »Startgesellschaft« (*take-off society*) als auch an Arthur Lewis' Betonung des exportgeleiteten Wachstums. Er war überzeugt, dass man das System stärker auf den Markt ausrichten sollte. Nach seinem Tod 1963 sagten die Menschen, er habe sich ein turmhohes Denkmal geschaffen: den schlichten Satz »Made in Taiwan«, mit dem Qualitätsgüter ausgezeichnet waren, die an fortgeschrittene Industrieländer verkauft werden konnten.

Yins Platz wurde von seinem Stellvertreter K. T. Li übernommen, der bis Ende der 80er Jahre die Zügel in der Hand hielt und als »Vater des nationalen Wirtschaftswunders« bekannt wurde. Nach seinem Physikdiplom an einer der renommiertesten Universitäten Chinas erhielt Li in den frühen 30er Jahren ein Stipendium und ging zuerst nach Schottland und dann nach Cambridge, um Kernphysik zu studieren. Nachdem Japan in China eingefallen war, kehrte er nach Hause zurück, um sich an den Kriegsanstrengungen zu beteiligen, und arbeitete in der Militärindustrie. Auch er dachte in technischen Begriffen. »Wirtschaftliche Modernisierung«, erklärte er, sei eine »riesige Maschinerie, die äußerst sorgfältige und detaillierte Planung erfordert«. Aber mit der Zeit bemühte er sich auch, den Staat zunehmend aus dem Markt zurückzuziehen und die »willkürliche politische Macht des Staates« durch »die automatischen Anpassungsmechanismen des Marktes« zu ersetzen.

Li war von der Idee besessen, günstige Bedingungen zu schaffen, unter denen Unternehmertum und Wirtschaft über die unmittelbare Familieneinheit hinaus gedeihen und sich entwickeln würden. Das bedeutete, dass der Staat sich auf die Schaffung der Infrastruktur und die Entwicklung eines zweckmäßigen institutionellen und rechtlichen Rahmens konzentrieren und die Dinge aus der Perspektive eines Unternehmers betrachten musste. »Da es kein Lehrbuch gibt, wie man das Geschäftsklima verbessert«, sagte Li, »versetze ich mich in die Lage von Investoren und verlasse mich dann auf wissenschaftliche Methoden, um die Antworten zu finden.«

Die taiwanischen Technokraten studierten wiederholt und mit großer Sorgfalt die japanische Erfahrung. Yin entwickelte starkes persönliches Interesse für die 1868 begonnene Reform in der Meijizeit, die den Anfang der

Modernisierung Japans markiert, und versuchte daraus Lehren zu ziehen. Lis erste Aufgabe nach dem Zweiten Weltkrieg, bevor er nach Taiwan floh, war die Untersuchung der von den Japanern im Nordosten Chinas errichteten Industrien. Daraus entwickelte sich ein lebenslanges Studium der Art und Weise, wie die Japaner die Dinge angingen. In Taiwan übernahmen beide Männer bestimmte Teile der japanischen Bürokratie im Stil des MITI, doch ohne den Sinn für Dauerhaftigkeit, der das japanische System charakterisierte. Sie gelangten auch zu der Schlussfolgerung, dass Taiwan, genau wie Japan, exportieren musste, um überleben zu können. Das hieß beständig die Qualität zu verbessern, während man seine Waren zu konkurrenzfähigen Preisen anbot. Dies wiederum erforderte die stete und effiziente Aneignung neuer Technologien. Es bedeutete auch den heimischen Markt hinreichend abzuschotten, um junge Industrien vor weiter entwickelten ausländischen Konkurrenten zu schützen. Kurz, sie übernahmen den japanischen Ansatz, »nach außen zu konkurrieren und nach innen zu schützen«. Aber man baute den Protektionismus nach und nach ab, um taiwanische Firmen im heimischen Markt bewusst den harten Bedingungen und den Prüfungen durch internationale Konkurrenz auszusetzen.

Die Supertechnokraten zwangen die heimischen Unternehmen, ihre Produkte auf Weltstandard zu bringen und ihre Preise auf Weltmarktniveau zu senken, und ermutigten ausländische Investitionen, um neue Exportkapazitäten zu schaffen, wenn sie spürten, dass die einheimischen Unternehmen dies nicht schafften. Aber Yin und Li stießen bei dieser »offenen Orientierung«, wie Li es nannte, auf starken Widerstand. Beide wurden beschuldigt mit einzelnen Geschäftsleuten in heimlichem Einvernehmen zu stehen. Viele wollten eine Fortsetzung des Protektionismus. Li antwortete: »Wer in der Mentalität der 50er Jahre groß geworden war – Glorifizierung von Staatsunternehmen und Ablehnung der Einmischung privaten [früher imperialistischen] japanischen Kapitals – für den waren die 80er Jahre traumatisch. All die neuen politischen Maßnahmen in dieser Zeit führten in der Summe zur Aufgabe einiger äußerst lieb gewordener Ideen, die sich vage mit dem Nationalismus verbanden« – die aber vor den Realitäten des Marktes keinen Bestand haben konnten.

In den späten 90er Jahren geriet Taiwan unter den gleichen Druck wie die anderen asiatischen Länder der ersten Generation mit hohem Wachstum, die keine Niedriglohnländer mehr sind. Der Druck rührt einerseits von den frisch industrialisierten Niedriglohnländern (darunter die Volksrepublik China) und andererseits von den hochtechnologischen Produkten der etablierten Industrieländer. Taiwan versuchte darauf zu reagieren, indem es seine Kapazitäten in der Hochtechnologie erhöhte. Taiwanische Unternehmer haben auf der Suche nach niedrigen Löhnen außerdem ihre Auslandsinvestitionen erhöht und großes Engagement auf dem chinesischen Festland gezeigt. Eine zweite Herausforderung besteht im noch andauernden Übergang von einem autoritären Staat zu einem demokratischeren Regierungssystem, der Hand in Hand mit der wirtschaftlichen Entwicklung und der Verbreiterung der Mittelklasse geht. Die Nationale Volkspartei (Kuomintang) hielt die Macht lange Zeit fest in Händen und ernannte den Präsidenten eher, als ihn zu wählen. Chiang Ching-kuo, Chiang Kai-sheks Sohn, hielt diesen Posten zehn Jahre inne. Dann, 1988, ernannte die Partei Lee Teng-hui, einen ehemaligen Landwirtschaftsökonomen, der an der Cornell University in den USA studiert hatte. Obwohl Mitglied der Nationalen Volkspartei, war er auch gebürtiger Taiwaner, kein Festlandschinese. 1996 wurde seine Amtszeit verlängert, dieses Mal in freien Wahlen mit mehreren Kandidaten, trotz chinesischer Flottenmanöver in der Straße von Formosa.

Die größte und bei weitem komplexeste Herausforderung ist in der Tat Taiwans Beziehung zur Volksrepublik China. Die Wirtschaft führt die ehemaligen Todfeinde zusammen. Taiwanische Firmen haben im Laufe des letzten Jahrzehnts Abermilliarden Dollar auf dem Festland investiert, wo Taiwan der bei weitem größte ausländische Investor wurde. Aber noch 50 Jahre nach Maos Sieg auf dem Festland hält die Politik die beiden Länder auseinander. Die Volksrepublik betrachtet Taiwan immer noch als verirrte Provinz, die in den Staat zurückgeholt werden muss. Auch in den Schulen Taiwans lernen die Kinder detailliert die Geografie Chinas; sie lernen die Dynastien auswendig und sehen Karten, auf denen Taiwan als chinesische Provinz dargestellt ist. Aber es gibt keine Neigung, von der Volksrepublik aufgesogen zu werden. Nach der Rückkehr Hongkongs 1997 rückte Taiwans Status in den Vordergrund. Wie Hongkong mit der neuen Situation fährt – und in welchem Maße sein Sonderstatus respektiert wird –, wird in Taiwan allergrößte Beachtung finden. Eine kurzfristige Lösung der Differenzen zwischen der Volksrepublik und Taiwan ist nicht in Sicht. Die Zeit könnte jedoch die Antwort geben. Mit dem Steigen des Pro-Kopf-Einkommens in China und der Tatsache, dass seine Art von Sozialismus immer größere Ähnlichkeit mit dem Kapitalismus gewinnt, könnte die Kluft zwischen beiden Ländern bald weniger tief erscheinen.

Der wirtschaftliche Erfolg Taiwans ist so spektakulär wie eine jener klassischen Geschichten, in denen aus einem Tellerwäscher ein Millionär wird. Das Pro-Kopf-Einkommen des Landes wuchs von 100 Dollar 1949 auf heute beinahe 14 000 Dollar. Mehrere Jahre lang hielt die Zentralbank die größten Devisenreserven auf der ganzen Welt. Heute produziert Taiwan 30 Prozent der Notebooks der Welt und die Hälfte der Computertastaturen, Monitore, Scanner und Systemplatinen. Doch diese Erfolge sind dem Land nicht in den Schoß gefallen.

Zu Beginn der taiwanischen Unabhängigkeit spielte der Staat eine übermächtige Rolle in der Wirtschaft. Dazu gab es seinerzeit kaum eine Alternative. Mit der Zeit zog sich der Staat immer stärker aus der Wirtschaft zurück, achtet aber stets darauf, dass die fundamentalen wirtschaftlichen Rahmenbedingungen stimmten. Die Supertechnokraten betrieben eine Politik, die sehr hohe Sparquoten förderte. Die Erfahrung der Inflation hatte sich zusammen mit der Niederlage auf dem Festland wie ein Alptraum in ihren Köpfen festgesetzt, und so kämpften sie mit Haushaltsdisziplin und monetärer Zurückhaltung unerbittlich gegen die Geldentwertung. Sie legten nachhaltiges Gewicht auf das Ausbildungswesen und die Entwicklung von Technologien und Fertigkeiten. Sie achteten auf Gerechtigkeit und faire Einkommensverteilung. Sie suchten ein umfassendes Engagement auf dem Weltmarkt. Und sie waren gewillt auf jenes Zaubermittel zu verzichten, das unter den Verlockungen des Staates das größte Suchtpotential besitzt: die Ausübung von Macht.

»Von Ländern, die in der chinesischen Kulturtradition stehen, nimmt man häufig an, dass sie eine tief verwurzelte, mächtige Bürokratie und ein zentralistisches Staatssystem haben«, bemerkte K. T. Li. »Dies ist nicht nur historisch richtig, sondern es gilt auch nach wie vor für Taiwan. Was wir als Politikgestalter in Taiwan taten, war jedoch, verschiedenen Teilen der Wirtschaft erst auf die Beine und dann beim Gehen zu helfen. Und dann ließen wir los.«[8]

In den kommenden Jahren werden Asiaten vielleicht über Lis Grundsätze intensiver nachdenken als jemals zuvor. Denn Taiwan überstand die Finanzkrise der Region relativ unbeschadet und bewahrte seinen Kurs der politischen Öffnung, des ausbalancierten Wachstums und gestärkten nationalen Selbstbewusstseins.

Singapur: Der Staat als Risikokapitalist

Als der nahezu 80 Jahre alte und gebrechliche Dr. Goh Keng Swee das Restaurant des ehrwürdigen Raffles Hotel betrat, drehten sich alle Gäste um und sahen ihn an. Schließlich war er eine Vaterfigur des Landes. Wenn Lee

Kuan Yew der Patriarch des modernen Singapur war, so kam Dr. Goh als Nächster in der Rangfolge, denn Goh war der wirtschaftliche Architekt des Wirtschaftswunders von Singapur: sieben bis neun Prozent Wirtschaftswachstum über drei Jahrzehnte hinweg. Aber, so insistierte Dr. Goh, die Quelle dieses Wunders werde völlig missverstanden. »Die Universitätsprofessoren haben alle Unrecht«, sagte er. »Die ausschlaggebenden Faktoren waren unsere Entscheidung, in den Schulen das Schwergewicht auf Naturwissenschaft und Mathematik zu legen, und die Beharrlichkeit der Mütter, die darauf bestanden, dass ihre Kinder Naturwissenschaften und Mathematik studierten. Es sind die Mütter, denen das eigentliche Lob gebührt.«

Natürlich passte Dr. Goh hervorragend ins Raffles Hotel. Schließlich war es Sir Thomas Stamford Raffles gewesen, der 1819 auf der Insel ankam und sie mit der kleinen malaysischen Gemeinschaft, die er dort vorfand, in eine britische Kolonie und einen Zwischenhafen der Region zu verwandeln begann. Und in den 30er Jahren des 20. Jahrhunderts wurde der junge Goh, wie es bei viel versprechenden jungen Einheimischen üblich war, ausgewählt, um die nach Stamford Raffles benannte Eliteschule zu besuchen, damit er später im Staatsdienst arbeiten könnte. Er wurde nach England geschickt, wo er an der London School of Economics promovierte. Erst nachdem er nach Singapur zurückgekehrt und in den Staatsdienst eingetreten war, stieß er zur Gruppe um Lee Kuan Yew.

Lee Kuan Yew hatte ebenfalls die Stamford-Raffles-Schule besucht, bevor er an die Cambridge University ging. Aus England war er mit dem Entschluss zurückgekehrt, sich der antikolonialen Bewegung zu verschreiben. Noch bevor der Kampf gegen die Briten erfolgreich beendet war, gelang es Lee außerdem, die Schlacht um die Kontrolle der nationalistischen Bewegung gegen die Kommunisten für sich zu entscheiden. Sein Traum war ein einziges Land, das Malaysia und Singapur umfasste, aber 1965 scheiterte das Experiment dieser Verbindung nach nur zwei Jahren. Lee weinte öffentlich. Er blieb der Führer einer um ein Vielfaches verkleinerten Nation, des Stadtstaates Singapur mit weniger als drei Millionen Einwohnern. Irgendwie musste er aus dem Vorhandenen eine Nation formen: aus einer armen und armselig ausgebildeten Bevölkerung, die zu 75 Prozent aus Chinesen bestand, während der Rest überwiegend Malaysier und Inder waren, durch keinerlei gemeinsame nationale Identität miteinander verbunden. Banden, Verbrechen und Kommunisten verwandelten den Alltag in Singapur in eine Dauerkrise. Das Land schien schlimmen Zeiten entgegenzugehen.

Singapur verfügte offensichtlich nur über zwei zukunftsträchtige Ressourcen: seine Menschen und seine politische Führung. In Lee Kuan Yew hatte das Land einen Mann mit einer ungewöhnlichen Mischung von Talenten: Er war ein charismatischer Führer und geschickter und kluger Politiker, ein exzellenter »Technokrat« mit einem breiten Horizont und ein Visionär. »Um ein Land aufzubauen, braucht man Leidenschaft«, sagte er einmal. »Wenn man nur rechnet – plus, minus, Soll, Haben –, ist man erledigt.« Lee *hatte* Leidenschaft und ließ keinen Zweifel an seiner Urteilskraft oder seiner Autorität aufkommen. Außerdem verfügte er, wie er später einmal bemerkte, über ein gewaltiges Überzeugungstalent.

Mit Dr. Goh besaß das Land einen pragmatischen Ökonomen. »Wenn wir Wirtschaftspioniere waren«, so Goh, »dann schlicht aus wirtschaftlicher Notwendigkeit. Der Schlüssel zum Erfolg ist keine Frage der Planung, sondern der Fähigkeit, sich wechselnden Situationen anzupassen.« Der einzige Vorstoß des Landes in Richtung auf einen Fünfjahresplan ereignete sich 1960. Aber, so Goh, das wurde »während eines langen Wochenendes ausgebrütet«, um die Weltbank glücklich zu machen. Ob es nun einen Plan gab oder nicht – das System, das Lee und Goh schufen, wies dem Staat eine starke, führende Rolle in der Wirtschaft zu. Das Ergebnis erhielt viele verschiedene Bezeichnungen: »administrativer Staat«, »Staat als Risikokapitalist« und, gelegentlich, »Kapitalismus mit sozialistischen Merkmalen«.

All das war eine Reaktion auf die Situation, die man vorfand. In seinen frühen Jahren war Singapur ein belagertes Land. Es besaß keine große Zuversicht, es schaffen oder auch nur überleben zu können. Da es wenig gab, worauf man aufbauen konnte, hatten Lee, Goh und ihre Kollegen kein großes Vertrauen in die Fähigkeiten der einheimischen Unternehmer. Außerdem waren sie stark von der britischen Labour Party und dem Trend der Nachkriegszeit zum Staatseigentum an Produktionsmitteln beeinflusst. Tatsächlich begannen sie ihre öffentliche Karriere als überzeugte Sozialisten, aber sie wandelten sich zu Anhängern der Marktwirtschaft, wenngleich mit starkem Schwergewicht auf dem Staat. Ihr System entwickelten sie zum größten Teil eigenständig. Wenn es einen bedeutenden Einfluss von außen gab, so kam er von dem niederländischen Ökonomen Albert Winsemius, ursprünglich ein Eiskrem-Experte. Winsemius führte sie in die internationale Wirtschaft, half ihnen bei der Entscheidung, welche Industrien unterstützt werden sollten, und hatte in Zeiten der Unsicherheit und Verzweiflung aufmunternde Worte parat. Ja, sie würden es schaffen; sie würden eine lebensfähige Wirtschaft hervorbringen – in einem Land, das im Wesentlichen aus einem Hafen bestand, in dessen Hinterland kleine Bauernhöfe lagen.

Goh und Lee richteten einen Ausschuss für wirtschaftliche Entwicklung ein, um die Schaffung einer modernen Wirtschaft zu lenken. Sie schufen staatliche Unternehmen und bemühten sich, sie mit den besten Leuten zu besetzen, die sie finden konnten. Sie zwangen Staatsbedienstete, wie Unternehmer zu denken, indem sie ihre Beförderung von der Rentabilität der Unternehmen abhängig machten, die sie leiteten. Sie finanzierten soziale Dienste – Gesundheitsfürsorge und Wohnungsbau –, aber sie waren immer sorgsam darauf bedacht, diese nie so perfekt zu machen, dass sie der Bevölkerung Singapurs ihren Sinn für Eigenverantwortung und familiäre Solidarität genommen hätten. Ein Wohlfahrtsstaat, der nicht allumfassend ist, so drückt es ein derzeitiger Minister aus, »hilft dem Volk von Singapur, die Zukunft klarer zu sehen«. Man konnte auch auf der chinesischen Neigung zum Sparen aufbauen und förderte eine sehr hohe Sparquote. Das geschah durch einen zentralen Vorsorgefonds, in den zu dessen Hochzeiten 50 Prozent der Löhne flossen. Das Geld wurde verwendet, um Infrastruktur, Industrie und Wohnungsbau zu finanzieren. Berühmtestes Beispiel für die Infrastrukturentwicklung war die Umwandlung des großen Jurong-Sumpfgebietes in ein riesiges Industriegebiet unter der Generalleitung von Goh. Viele hielten das Projekt für absurd und zum Scheitern verurteilt, es wurde als »Gohs Verrücktheit« abgetan. Heute ist es ein Synonym für den wirtschaftlichen Erfolg Singapurs.

Singapur unternahm zudem außerordentliche Anstrengungen im Bildungswesen, doch zumindest für die Universitätsausbildung wurden Gebühren erhoben. Nichts in Singapur sollte umsonst sein. Noch 1968 bildete das Land keinen einzigen Ingenieur aus; heute versucht man jährlich 20 000 Ingenieure zu qualifizieren. Der Staat erleichterte den gesamten Modernisierungsprozess. Er sorgte dafür, dass die Agenda eingehalten wurde, er besorgte – selbst ein strategischer Mitspieler – die langfristige Planung und lenkte die Ressourcen. Eine kleine Elite von Beamten, die nach Leistungskriterien ausgewählt wurde, steuerte das ganze System. Das Gefühl, sich in einer extrem verletzlichen Position zu befinden, die geringe Größe des Landes, der sich entwickelnde Erfolg und Lees beträchtliches Talent, Menschen zu mobilisieren und Pläne umzusetzen: all dies schuf einen nationalen Konsens, ein gemeinsames Ziel und eine effektive Koordination, die Singapur wie ein sehr fest gefügtes Unternehmen erscheinen ließ. Schließlich war selbst der Generalsekretär des Gewerkschaftsrates ein Kabinettsmitglied.

Doch die Dominanz des Staates war nur die eine Seite der Geschichte.

Denn in derselben Zeitspanne setzte Singapur entschieden auf den internationalen Handel – in einer Ära, als die Losungen des Tages Importsubstitution und Protektionismus lauteten. Lee und Goh waren sich der geringen Größe ihres Landes nur allzu bewusst; es war ihrer Meinung nach einfach zu klein, um es allein zu schaffen. So versuchten sie das Land fest in der Weltwirtschaft zu verankern. »Es gab keine Wahl, außer für den Export zu produzieren«, sagte Goh. »Unser Binnenmarkt war zu klein und die Fähigkeiten der lokalen Unternehmen waren damals zu gering.«

Zunächst schuf Singapur ein Klima, durch das Wirtschaftswachstum gefördert wurde: niedrige Inflation, stabile und vorhersehbare »Spielregeln«, an die sich die Wirtschaft und ausländische Investoren halten konnten, hohe Sparquoten, ein starkes, korruptionsfeindliches Ethos und ein wirtschaftsfreundliches Klima. »In Singapur sind Unternehmen etwas Gutes«, so drückte es ein Ökonom aus. Zweitens traf Singapur die höchst unpopuläre Entscheidung, multinationale Konzerne zu umwerben, denn diese Firmen würden eine entscheidende Mitgift mitbringen: Technologie, Fertigkeiten, Kapital und Zugang zu Auslandsmärkten. Die Unternehmen wurden sorgsam darauf geprüft, was sie mitbrachten und welche Industrien sie repräsentierten. Singapur suchte nach stabilen Unternehmen mit starker Technologie und dem Willen zu langfristigen Investitionen. Es wollte Projekte mit hoher Signalwirkung, die zu Singapurs »Markennamen« beitragen würden, wie es ein Minister ausdrückte: Sie sollten Qualität und Verlässlichkeit verkörpern und den ausländischen Investoren ein höheres Komfortniveau als anderswo bieten. Eines der ersten Unternehmen, die auf diese Weise angelockt wurden, war Texas Instruments, das 1968 in Singapur mit der Fertigung von Transistoren begann. In jenen Jahren profitierte das Land stark von den Unruhen der maoistischen Kulturrevolution, die Hongkong und Taiwan für multinationale Konzerne als unsicheres Pflaster erscheinen ließen. Stattdessen gingen sie nach Singapur, das den großen Vorteil bot, weiter von China entfernt zu liegen. Die Regierung bemühte sich ausländischen Unternehmen durch Investitionen in die Infrastruktur und die Abstimmung ihrer Ausbildungsprogramme auf die Bedürfnisse der Unternehmen entgegenzukommen.

Mitte der 90er Jahre sorgte sich Singapur, gegenüber den neu aufgestiegenen Ländern mit niedrigeren Produktionskosten Boden zu verlieren. Es versuchte sich zu schützen, indem es die Qualitätsleiter zur Hochtechnologie emporstieg und eine »externe Wirtschaft« schuf, wie etwa das »zweite Singapur«, das unter seiner Ägide in China entsteht. Diese Umorientierung begann schon in den 70er Jahren, doch heute wächst ihre Dringlichkeit.

Als in den späten 90er Jahren die Finanzkrise durch die Region fegte, bebte Singapur, aber es hielt stand – zum Teil dank seiner Rolle als Finanzzentrum und »sicherer Hafen« der Region. Aber als die Finanzkrise bei vielen seiner Nachbarn in eine Rezession umschlug, konnte Singapur dankbar sein für das Erbe des sorgsamen, ja konservativen technokratischen Managements, das Goh und seine Nachfolger hinterlassen hatten. In Zeiten großer Not schien sich dieses Erbe bezahlt zu machen. Aber endgültig lässt sich erst Bilanz ziehen, wenn die Rezession in der Region überwunden sein wird.[9]

Malaysia: Die »Söhne des Bodens«

Drei der ersten vier »Tigerstaaten« – Taiwan, Singapur und Hongkong – waren chinesische Länder. Bei den nachfolgenden »Tigern« – Indonesien, Malaysia und Thailand – waren die ethnischen Minderheiten der Chinesen der Motor der lokalen Wirtschaft. Im Falle Malaysias zielte die gesamte Stoßrichtung der Entwicklung besonders auf die Lösung seines »chinesischen Problems«: Obwohl die Malaysier, überwiegend arme Kleinbauern, die Mehrheit der Bevölkerung stellten, dominierten die ansässigen Chinesen mit ihrer langen Handelstradition und ihren Märkten die Wirtschaftstätigkeit. »Malaysias späterer Erfolg«, bemerkte ein guter Kenner seiner Wirtschaft, »resultierte weitgehend aus seinen Anstrengungen, seine ethnischen Probleme zu lösen.« Das Land war dabei so erfolgreich, dass es sich innerhalb von zwei Jahrzehnten von einem Gummi- und Palmölexporteur zu einem der größten Computerchiphersteller der Welt mauserte. Obwohl stark exportabhängig, diversifizierte und verstärkte sich die Wirtschaftstätigkeit. Eine Zeit lang war die malaysische Börse die dreizehntgrößte der Welt – und das bei einer Einwohnerzahl von nur 19 Millionen Menschen. Der Lebensstandard verbesserte sich in rasantem Tempo. »Nicht schlecht« für ein Land, so Premierminister Mahathir, das man »für einen der ersten Kandidaten für den Mülleimer der Geschichte« hielt.

Der Wendepunkt waren die antichinesischen Krawalle von 1969, die von einem starken chinesischen Erfolg bei den Wahlen ausgelöst wurden. Die Malaysier, von denen drei Viertel in Armut lebten, sahen die geringe politische Macht, die sie hatten, auf die Chinesen übergehen. Die Demokratie wurde ausgesetzt und eine »neue Wirtschaftspolitik« auf den Weg gebracht, die zu schnellem Wachstum, aber auch – und das war von entscheidender Bedeutung – zu Umverteilung führen sollte. Mit einem mächtigen Programm, das auf positive Diskriminierung, Quoten und Begünstigung setzte, sollten die eingeborenen *bumiputras* (die »Söhne des Bodens«) aus der Armut herausgeführt werden, Schulen und Universitäten besuchen und in die Mittelklasse aufsteigen. Der Erfindungsreichtum des Programms kannte keine Grenzen. So sollten zum Beispiel alle Unternehmen mindestens 30 Prozent malaysische Beteiligung haben. Der Staat bot den *bumiputras* niedrigere Hypothekenzinsen als anderen ethnischen Gruppen und eine Vielzahl weiterer Vergünstigungen.

Gleichzeitig jedoch versuchte der Staat die sozialen Spannungen zu entschärfen und breite Unterstützung für die neue Wirtschaftspolitik zu gewinnen. Um nachhaltig zu werden, erforderte die Umverteilung zuerst und vor allem die Schaffung von Wohlstand, und die gesamte Bevölkerung begann davon zu profitieren – in beträchtlichem Maße auch die Chinesen. Das Programm sah einen hohen Anteil des Staatssektors vor, starke Regulierung und eine ausgedehnte Bürokratie. Es sorgte auch für massive Investitionen in das Bildungswesen. 1957, als Malaysia unabhängig wurde, verfügte das Land über keine einzige Schule, an der Unterricht in malaysischer Sprache stattfand. »Der Zweck der malaysischen Erziehung ist«, so hatte ein bekannter britischer Pädagoge der Kolonialzeit bemerkt, »sie [die Malaysier] zu besseren Bauern und Fischern zu machen.« Wie in Erwiderung darauf erklärte Premierminister Mahathir, selbst Sohn eines Lehrers, später stolz: »Die Söhne von Reisbauern und Fischern leiten heute erfolgreich millionenschwere Unternehmen.« Ausländische Investitionen wurden gefördert. Die Wachstumskurve des Landes schnellte nach oben: in den 70er Jahren um 7,8 Prozent pro Jahr. Das Pro-Kopf-Einkommen stieg von 390 Dollar 1970 auf 1 900 Dollar 1982. Und das Land erreichte auch die nationale Einheit. Es gab genug Wirtschaftswachstum, das man verteilen konnte.

Aber in den frühen 80er Jahren geriet die neue Wirtschaftspolitik ins Taumeln. Der Staat hatte die Staatsunternehmen ausgeweitet und sehr viel Geld in die Schwerindustrie investiert, die sich als unwirtschaftlich erwies. Die Verluste stiegen, die Ineffizienz nahm zu. Der Anteil der Defizite der Staatsunternehmen am Bruttosozialprodukt wuchs beträchtlich. Das Wirtschaftswachstum sackte ab. An diesem Punkt leiteten Premierminister Mahathir und sein Finanzminister Daim Zainuddin geschickt eine Hinwendung zum Markt ein.

Was Mahathir zu dieser Kursänderung bewog, war weniger eine Wirtschaftsphilosophie, sondern das, was ihn immer angetrieben hatte: Nationalismus. Sein Vater war der erste malaysische Direktor einer englischen Schule im britisch kontrollieren Malaysia gewesen. Als Junge hatte Mahathir während des Zweiten Weltkriegs mit einem Karren als fliegender Händler gearbeitet und streng darauf geachtet, kein Obst an die japanischen Invasoren zu verkaufen. Nach dem Krieg trat er der Bewegung gegen die britische Kolonialmacht bei, noch bevor er sein Studium am King Edward VII College of Medicine in Singapur aufnahm. Bereits im Alter von 21 Jahren wurde er Mitglied der antikolonialistischen United Malay National Organization (UMNO), die 1997 immer noch Regierungspartei war. 1969 schrieb er ein Buch, *The Malay Dilemma*. Darin kritisierte er, dass die Regierung nicht auf die wirtschaftliche Schwäche der Malaysier im Vergleich zur Wirtschaftskraft der Chinesen reagierte. Das trug ihm den Rauswurf aus der UMNO und das Verbot seines Buches ein. Drei Jahre nach den antichinesischen Krawallen – und nachdem die Maßnahmen, die er in seinem Buch vorgeschlagen hatte, in die Tat umgesetzt wurden – bat man ihn in die Partei zurückzukehren. Mahathir hatte eine Reihe von Ämtern inne, bis er 1981 Premierminister wurde. Erst jetzt wurde das Verbot seines Buches aufgehoben.

Als Premierminister machte Mahathir deutlich, dass Effizienz und Modernisierung nun größeres Gewicht hatten. Um diesen Wandel zu symbolisieren, verlangte er, dass alle Staatsbediensteten einschließlich der Parlamentsmitglieder ihren Dienst nach der Stechuhr versähen. Er machte sich auch daran, maßgebliche Elemente des japanischen Modells auf die malaysische Wirtschaft anzuwenden. Einmal reiste er mehrere Wochen inkognito durch Japan, um »seinen Geist und seine Wurzeln« zu ergründen. Bücher über Japan standen in Malaysia häufig auf den Bestsellerlisten, und Mahathir legte Wert darauf, sie zu lesen, unterstrich wichtige Passagen und bestand darauf, dass seine Mitarbeiter sie ebenfalls lasen.

Der nationalistische Kampf bestimmte weiterhin Mahathirs Weltsicht. Trotz der zunehmenden Integration Malaysias in die Weltwirtschaft machte er häufig seiner Wut und Empörung Luft, wenn er von westlicher Seite Herablassung, Verurteilung oder ungebetenen Rat spürte. Mahathir schränkte die Kritik im Inland ein und sah Kritik von außen als Ausdruck von Kolonialismus. Einem deutschen Umweltschützer, der gegen die Waldrodungen protestierte, schrieb er: »Hören Sie auf arrogant zu sein und zu glauben, dass es die Last des weißen Mannes sei, über das Schicksal der Völker der Welt zu entscheiden.« Er verbot eine Reihe von westlichen Publikationen, wies Journalisten aus und attackierte die »so genannte westlich kontrollierte freie Presse«, wie er sich ausdrückte. Sein malaysischer Nationalismus ging nach und nach in einen asiatischen Nationalismus über.»Asien ist nicht zu stoppen«, sagte er. Denjenigen, die die Beständigkeit der hohen Wachstumsraten in Frage stellten, entgegnete er sarkastisch: »Dieser Glaube an unsere unbegrenzte Fähigkeit zu versagen und unsere begrenzte Fähigkeit, Erfolg zu haben, ist wirklich rührend.«

Mit dem Kurswechsel, den er der malaysischen Wirtschaft in den frühen 80er Jahren verordnete, reagierte Mahathir auf die Krise, die die Wirtschaft erfasst hatte. Die malaysische Wirtschaft war nach seinem Urteil jetzt stark genug, um die staatliche Kontrolle zu lockern, und er wollte – bemerkenswert für einen Nationalisten seines Schlages – das Land stärker für ausländische Investitionen öffnen. Das Land brauchte Wachstum und steigendes Volkseinkommen, wenn das wirtschaftliche Dilemma Malaysias gelöst werden sollte. »In den frühen 80er Jahren hatte Malaysia die Managementfähigkeiten und das Expertenwissen, um vorwärts zu kommen, einschließlich einer Unternehmerschicht«, so Mahathir. »In den 60er und 70er Jahren gab es all das nicht. Deshalb war in jenen Jahren eine stärkere staatliche Kontrolle vonnöten. Sobald die genannten Fertigkeiten geschaffen waren, konnte man sich jedoch zurückziehen und die Leistung dem Privatsektor und den Märkten überlassen.« Und, so Mahathir weiter: »Die eigentliche Sorge war, dass die staatlichen Ressourcen nicht mehr ausreichten.«

Zwischen 1984 und 1986 entwickelte eine von Mahathir eingesetzte Kommission Grundprinzipien für die Privatisierung. »Wir meinten, dass es nicht die Aufgabe des Staates ist, wirtschaftlich aktiv zu sein«, erklärte Mahathir. »Der Privatsektor sollte der wichtigste Wachstumsmotor sein.« Die tatsächliche Privatisierung folgte jedoch keiner *Laisser-faire*-Politik. Der Staat hält weiterhin große Anteile, ja zum Teil die Mehrheit an vielen Firmen. Der Verkauf staatlicher Vermögenswerte war häufig alles andere als transparent. Die Nutznießer, sagten Kritiker, waren prominente malaysische Geschäftsleute mit Verbindungen zur herrschenden Partei. Die Regierung erwiderte, sie wähle lediglich »Gewinner« aus: Leute, denen es gelingen würde, die teilprivatisierten Unternehmen zum Erfolg zu führen. Zu den Nutznießern gehöre auch die breitere malaysische Bevölkerung, die Anteile an den Unternehmen durch staatlich unterstützte Pensions- und Treuhandfonds erwarb. Diese Fonds schufen eine Art Volkskapitalismus, indem sie normalen Menschen gemeinsam mit Insidern zu Anteilen verhalfen. Mahathir legte den Wandel der Regierungsstrategie in einem neuen Programm nieder (»Nationale Entwicklungspolitik und Vision 2020«), das auf sieben Prozent jährliches Wachstum zielte, wodurch sich das Bruttosozialprodukt alle zehn Jahre verdoppelt hätte. Bei dieser Anstrengung sollte der Privatsektor in enger »Partnerschaft« mit dem Staat zusammenarbeiten.

Doch die Ereignisse sollten bald zeigen, dass sich diese Logik in zweierlei Richtung auswirken konnte. Die enge, kokonartige Koordination von Staat und Wirtschaft stärkte das malaysische Selbstvertrauen und den Stolz, solange sie zu beeindruckenden wirtschaftlichen Resultaten führte. Aber als sich die regionale Finanzkrise zur Rezession auswuchs, waren die Malaysier geschockt und schlecht vorbereitet. Das Land schien ins Taumeln zu geraten, unsicher, welchen Weg es einschlagen und bis zu welchem Grad es seine Wirtschaftsorganisation in Frage stellen sollte. Im Kern dieses Dilemmas steckte vielleicht eine tiefere Angst als die Furcht vor internationalen Spekulanten und schnellem Geld. Denn die Malaysier wussten, dass sie etwas Kostbares zu bewahren hatten: ihre hart erkämpfte soziale und ethnische Harmonie, das Produkt von beinahe drei Jahrzehnten, in denen die Wohltaten des Wachstums verteilt worden waren.

Als sich die Krise verschärfte, wuchsen die Spannungen zwischen Premierminister Mahathir und seinem stärker reformorientierten Stellvertreter und designierten Erben, Finanzminister Anwar Ibrahim. Monatelang schwankte Malaysia zwischen Attacken auf internationale Spekulanten und dem Versprechen einer »IWF-gemäßen« Politik, während das Land seine großen Investitionsprojekte aufschob. Aber im August 1998 ging aus dem Kampf, der sich zu einem Nachfolgestreit entwickelte, ein Sieger hervor: Mahathir führte eine strenge Zwangsbewirtschaftung der Devisen ein. Er feuerte Anwar und ließ ihn obendrein verhaften und vor Gericht stellen.[10]

Firma Asien

Dem wirtschaftlichen Transformationsprozess in Malaysia, Singapur und Taiwan entspricht ein vergleichbar dramatischer Wandel der nationalökonomischen Perspektiven und des Lebensstandards in den meisten anderen Ländern Ost- und Südostasiens. Tatsächlich entstand aus dem scheinbar automatischen, von exportgesteuertem Wachstum angetriebenen Kreislauf von intraregionalem Handel, von Nachfrage nach zunehmend komplexeren Gütern und mehr Wachstum eine echte regionale Wirtschaft. Sie umfasste und verband immer mehr Länder, die in demografischer, sozialer und ökonomischer Hinsicht immer verschiedenartiger wurden, aber alle in bestimmter

Weise an dem »Wunder« des exportgelenkten und breit verteilten Wachstums teilhatten. Eine Transformation der als »Firmen« geführten Einzelstaaten zur »Firma Asien«, zu »Asia, Inc.«, vollzog sich, ein Wandel zu einer neuen, integrierten regionalen Ökonomie, die langfristig einen zentralen Faktor des 21. Jahrhunderts darstellen wird.

Doch die Geschichte und politische Kultur jedes einzelnen Landes – ebenso wie seine Ressourcenbasis und demografische Entwicklung – modifiziert in je spezifischer Weise das Modell des Staates als »Firma«. Daraus ergeben sich angesichts neuer Herausforderungen auch unterschiedliche Möglichkeiten der Anpassungsfähigkeit, Flexibilität und des künftigen Erfolgs. In Indonesien wurde die Beziehung zwischen Staat und Markt in einem langen Konflikt zwischen zwei Gruppen von Technokraten ausgehandelt und wieder in Frage gestellt: zwischen den »Ingenieuren«, die große Projekte von hoher Signalwirkung verwirklichen wollten, und den »Ökonomen«, die staatliche Kontrolle und Intervention zu vermindern suchten. Anders als Taiwan war Indonesien bis in die späten 80er Jahre, als das Land eine entscheidende Kehrtwendung hin zum internationalen Markt und zur Deregulierung vollzog, nicht in der Lage diesen Konflikt zu lösen. Indonesien war ohne Zweifel von der Öffnung anderer Länder der Region beeinflusst. Sein Hauptziel war es, sich von der übermäßigen Abhängigkeit von Öl- und Gasexporten zu befreien. »Die Bürokraten müssen eine neue Rolle übernehmen«, sagte damals Ali Wardhana, einer der führenden Ökonomen Indonesiens. »Statt zu intervenieren und private Wirtschaftsakteure zu kontrollieren, müssen die Staatsbediensteten Interventionen vermeiden und die private Wirtschaftstätigkeit erleichtern.«

Das Programm half aus Indonesien ein Land mit hohem Wachstum zu machen, das sich erfolgreich zu einem bedeutenden Exportland mit diversifizierter Produktpalette entwickelte und sich von der hochgradigen Abhängigkeit von Öl- und Gasexporten lösen konnte. Aber mit 203 Millionen Menschen, die sich auf 17 000 Inseln verteilen, besitzt Indonesien nicht den Vorteil geografischer und politischer Homogenität und Konzentration, den die kleineren asiatischen Länder genießen. Dem Land stellen sich schwierige Fragen im Hinblick auf die regionale Entwicklung, den Zusammenhang von Bildung und wirtschaftlichem Fortschritt, die bedeutende Rolle chinesischer Unternehmer, im Hinblick auf Gerechtigkeit, Einkommensverteilung und die weit verbreitete Korruption. Sein politisches System geriet immer stärker in die Schusslinie internationaler Menschenrechtsaktivisten.

Der Rücktritt von General Suharto Anfang 1998, der 1965 angesichts eines drohenden kommunistischen Umsturzes die Macht übernommen und seither das Land mit einem im Wesentlichen von einer Partei beherrschten System kontrolliert hatte, erschien wie ein Teilerfolg der Kritiker und Aktivisten. Die Erschütterungen der asiatischen Finanz- und Wirtschaftskrise hatten den Unmut über Suhartos autokratischen Regierungsstil – und die Bereicherung seiner Familienmitglieder – noch über ihre unmittelbare Schockwirkung hinaus erheblich verstärkt. Obwohl die Unzufriedenheit auch in der Vergangenheit in periodischen Abständen köchelte, trieb die Krise, die sich rasch in einer Verminderung des Lebensstandards spürbar machte, jetzt Studenten und die Mittelklasse in ungeahnten Mengen auf die Straßen von Jakarta. Während Suharto zunächst standhaft blieb, erwog die Elite mehrere Wochen lang ihre Optionen. Aber dann gewannen die Unruhen an Schärfe. Demonstrierende Studenten wurden getötet; antichinesische Krawalle brachen aus. Suharto verlor seinen Rückhalt. Im Mai 1998 trat er in einem dramatischen Schritt nach 32 Regierungsjahren zurück und ernannte seinen langjährigen Berater Habibie zu seinem Nachfolger. Habibie versuchte seine Macht zu legitimieren, indem er das Privatvermögen und die Wirtschaftsimperien von Leuten aus Suhartos Umfeld ins Visier nahm – zumeist dessen eigene Familienmitglieder –, die sie sich durch Monopole und Bevorzugung aller Art verschafft hatten. Aber niemand vergaß, dass Habibie auch der führende Kopf der »Ingenieurs«-Fraktion im Suharto-Regime war, jener Parteiung, die für große Infrastruktur- und Prestigeprojekte, nicht für umsichtige Fiskalpolitik und einen zurückhaltenden Staat stand.

Thailands Wachstum seit Mitte der 80er Jahre wurde von Auslandsinvestitionen unter Führung der Japaner angetrieben. Das Land machte einige schwere politische Machtkämpfe zwischen verschiedenen militärischen und zivilen Gruppen durch. Aber Thailand ist unter den Staaten der Region insofern einzigartig, als es einen König hat, Bhumibol Adjulyadej, der seit einem halben Jahrhundert regiert und in den verschiedenen Krisen für Stabilität und Legitimität sorgte und eine moralische Instanz darstellt. Thailand ist der klassische Fall eines Landes, in dem die Infrastruktur – etwa Straßenbau und Eindämmung der Umweltverschmutzung – nicht mit dem Wachstum des Bruttosozialprodukts Schritt gehalten hat.

Seit den frühen 90er Jahren versuchte der Staat seine Rolle in der Wirtschaft durch umfangreiche Privatisierungen zu vermindern. »Die Privatisierungspolitik wurde aus zwei Gründen durchgeführt: Notwendigkeit und Einsicht«, so der ehemalige Premierminister Anand Panyarachun. »Die Staatsunternehmen benötigten mehr staatliche Gelder, um zu überleben und zu wachsen. Der Staat konnte sich das nicht leisten, selbst wenn die Unternehmen profitabel waren. Die Öffentlichkeit forderte einen schlankeren, abgespeckten Staat und wollte nicht, dass die Staatsunternehmen als staatliche Beschäftigungsgesellschaften ohne jeden Produktivitätseffekt oder langfristiges Potential weitergeführt wurden.« Anand erwähnte noch eine weitere Antriebskraft der Privatisierung: »Das Ende des kommunistischen Systems in dieser Zeit war ebenfalls ein bedeutender Faktor, der den globalen Trend zum freien Markt antrieb. Alle Ängste, dass der Kapitalismus scheitern könnte, und mein Glaube an die Dominanz des Staates wurden durch den Zusammenbruch des kommunistischen Systems und damit der staatlichen Kontrolle beseitigt.«[11]

Das Land, in dem der Kommunismus weiterhin im Zentrum steht, ist Vietnam. Mit einer Einwohnerzahl, die größer als die Bevölkerung Taiwans, Koreas, Malaysias und Singapurs zusammengenommen ist, steht Vietnam vor dem Aufstieg in die Liga der Länder mit schnellem Wachstum. Es verfügt über eine gut ausgebildete Bevölkerung und viele jener Merkmale, die das Wachstum antreiben. Dennoch wird der Wandlungsprozess des Landes wahrscheinlich schwieriger sein als der vieler anderer Staaten der Region, denn die Legitimität seines Systems und seiner Ideologie wurzelt im Vietnamkrieg und der Feindseligkeit gegenüber dem Kapitalismus und dem Westen. Eine Hinwendung zum Markt würde die Fundamente des Regimes untergraben, und dies liegt kaum im Interesse der gegenwärtigen Führung. So schwebt Vietnam gegenwärtig zwischen staatlicher Dominanz und Privatinitiative. Es gibt zwar ein Marktsystem, aber der Privatsektor wurde nicht freigegeben und auch eine Reform der Staatsunternehmen noch nicht ernsthaft in Angriff genommen.

Vielleicht das sicherste Anzeichen, dass es sich beim ostasiatischen Wachstum um ein übergreifendes, die ganze Region erfassendes Phänomen handelt, kam von den Philippinen. Viele Jahrzehnte lang lebte das Land weit unter seinem wirtschaftlichen Potential. Die soziale Ungerechtigkeit war extrem. Es herrschte eine Diktatur der Großgrundbesitzer mit dem berüchtigten, verschwendungssüchtigen Ferdinand Marcos an der Spitze. Anders als andere autoritäre Führer der Region lenkte Marcos nur selten seinen unrechtmäßig erworbenen Reichtum zurück in die lokale Wirtschaft. Stattdessen horteten er und seine Kumpane ihr Vermögen auf Schweizer Bankkonten und gaben es im Ausland aus. Die tausende von Schuhpaaren, die seiner Frau Imelda gehörten, wurden zum Symbol für die Korruption des Systems.

Marcos stürzte 1986, entmachtet durch einen Volksaufstand unter Führung von Corazon Aquino. Ihr Ehemann Benigno, ein freimütiger Gegner von Marcos, war drei Jahre zuvor von den Scharfschützen des Diktators erschossen worden, als er auf dem Flughafen von Manila eintraf. Die Philippinen blieben ein von Händlern und Investoren argwöhnisch betrachtetes Land, dessen Korruption und Unordnung mit dem schnellen Wachstum in anderen Ländern der Region kontrastierte. Doch die friedliche politische Entwicklung unter Frau Aquino und ihrem Nachfolger Fidel Ramos bereitete den Boden, auf dem die Philippinen Anschluss an den Rest Südostasiens finden können. Aquino und Ramos brachten die Wirtschaftspolitik mit ihren regionalen Partnern in Übereinstimmung. Dank dem freien Devisenmarkt und der Senkung der Handelsbarrieren verlor der Schwarzmarkt an Bedeutung. Manila, die Hauptstadt des Inselstaates, ist immer noch für eine hohe Kriminalitätsrate, Umweltverschmutzung und Armut bekannt. Doch nach mehreren Jahren, in denen die Wirtschaft des Landes nachhaltig und schnell wuchs, große Fortschritte bei der Behebung der chronischen Engpässe in der Energieversorgung und der Beseitigung der Mängel in der Infrastruktur erzielt wurden und sogar die jüngste Krise relativ elastisch aufgefangen werden konnte, haben die Philippinen die Kluft zu ihren Nachbarn geschlossen, die manche für »kulturell« bedingt, für ein unabänderliches Schicksal hielten.

All dies weist auf eine regionale Wirtschaft – eine »Firma Asien« –, deren einzelne Komponenten noch höchst verschiedenartig sind, in der aber alle Länder durch wirtschaftliche Gemeinsamkeiten verbunden sind – und zunehmend auch durch gemeinsame Bedrohungen. Der bedeutenste Einzelfaktor, der diese regionale Wirtschaft formte, war vielleicht die Welle japanischer Investitionen, die Mitte der 80er Jahre auf der Suche nach niedrigeren Kosten über Asien hinwegschwappte. Dieser Kapitalstrom beschleunigte sich noch, nachdem Japans gigantischer Einkaufsbummel in den USA und Europa beendet war. Er machte Asien zu einer Exportbasis – und zu einem Markt – für japanische Unternehmen. »Japanische Investitionen waren ein Katalysator des Wandels«, sagt Anand Panyarachun, Thailands ehemaliger Premierminister. »Thailand entschloss sich konkurrenzfähige Bedingungen zu schaffen, um japanische Investitionen in unser Land zu holen, statt zuzuschauen, wie sie nach Malaysia, Indonesien oder sonstwo in Südostasien gingen. Es war eine entscheidende politische Weichenstellung, Yen-Investitionen anzustreben und eine für ausländische Investoren offenere Wirtschaft zu schaffen. Sie stellte einen bewussten Schritt Thailands dar, einen Beitrag zur Entstehung eines regionalen Marktes zu leisten und ein Teil davon zu werden.«

Japans Kapitalexporte hatten großen Anteil daran, die asiatischen Wirtschaften zusammenzubinden, doch auch Südkorea, Taiwan und Hongkong, die wie Japan nach niedrigeren Kosten Ausschau hielten, wurden zu bedeutenden Investoren in der Region. Da diese Länder füreinander zu wichtigen Märkten wurden, wuchs der Handel in der Region schnell. Unternehmen und Unternehmer verstärkten ihr grenzüberschreitendes Engagement und der Aufstieg einheimischer multinationaler Konzerne tat das Seine, um die Region enger zu verflechten. Schnelles Wirtschaftswachstum hat inzwischen Abermillionen von Menschen zu Konsumenten gemacht. Die wachsende Nachfrage nach Wahlmöglichkeiten und höherer Lebensqualität verschiebt die wirtschaftliche Grundlage der Gesellschaften von einer Produzenten- hin zu einer Konsumentenlogik. Viele dieser Länder haben vergleichsweise kleine Bevölkerungszahlen, und so verschafft ihnen die regionale asiatische Wirtschaft Zugang zu einem größeren Markt und ermöglicht ihnen Wachstum in angemessener Größenordnung.

Und noch etwas bindet die regionale Wirtschaft in einzigartiger Weise zusammen: die Verbindungen unter den *hua ch'ia* (den »Chinesen jenseits der Brücke«), das heißt unter jenen aus China stammenden Menschen, die in der ganzen Region leben, Handel treiben und zusammenarbeiten. Sie haben sich als bedeutende Kraft erwiesen, die nicht nur die einzelnen Volkswirtschaften miteinander verknüpft, sondern auch die staatliche Kontrolle vermindert. Schätzungsweise 25 Millionen Auslandschinesen leben in Südostasien. Sie stellen 32 Prozent der Bevölkerung Malaysias, 15 Prozent der Thailänder, vier Prozent der Indonesier und ein Prozent der Philippiner. Die chinesischstämmige Bevölkerung spielt bei der Unternehmenstätigkeit und im Handel eine herausragende Rolle; darunter sind zwölf Familien mit einem Vermögen von je fünf Milliarden Dollar oder mehr, und man schätzt, dass sie insgesamt über mindestens zwei Billionen Dollar verfügen. Sie sind dafür berühmt, ihre Handelsgeschäfte ohne Rechtsanwälte, Bankiers und Berater abzuschließen, selbst wenn es um Milliardenbeträge geht. Auf Verwandtschaftsbeziehungen gründende Spielregeln übernehmen bei ihnen die Rolle, die anderswo das Vertragsrecht spielt; sie erleichtern Handel, Investitionen und Kapitalbewegungen. Das Bruttosozialprodukt der Auslandschinesen – ein etwas metaphorischer Begriff – wird auf 450 Milliarden Dollar geschätzt, was sie als eigenes Land zur neuntgrößten Wirtschaftsnation der Welt machen würde.

Obwohl die regionale Entwicklung den Erfolg von Ländern bezeugt, die als »Firma« geführt werden, vermindert sie doch zugleich auch die Fähigkeit der einzelnen Nationen, diese Strategie aufrechtzuerhalten. Es wird schwieriger, Regierungswissen einzusetzen und lenkend in den Wirtschaftsprozess einzugreifen, da die Spanne ökonomischer Aktivitäten – Investitionen, Zusammenschlüsse, Handel, Marktentwicklung – über die Grenzen der nationalen Souveränität hinausgeht und damit zugleich auch über die Fähigkeit der Staaten, zu steuern und zu intervenieren, wie sie es in früheren, vergleichsweise einfacheren Zeiten taten. Die Folge ist ein neues Mischsystem, dessen Merkmale mehr Privatisierung und Deregulierung, weniger Regeln, weniger Kontrolle und verminderter Protektionismus sind. Gleichzeitig sehen sich die Staaten dem Druck ausgesetzt, die neue Rolle als Koordinatoren der Wirtschaftsbeziehungen zwischen den Nationen der Region zu übernehmen. Der gegenwärtige Kooperationsrahmen ist die ASEAN (Association of Southeast Asian Nations), die Gemeinschaft Südostasiatischer Nationen, die in den 70er und 80er Jahren als politisches Bollwerk gegen den Kommunismus in China und mehr noch in Vietnam groß wurde. Ihre Aufgabe ist nicht länger ausschließlich politischer Natur. Tatsächlich wurde – Ironie der Geschichte – kürzlich auch Vietnam in die ASEAN aufgenommen.

Das Ende des Wunders

Die regionale Integration schafft neue Risiken. Asien und die Welt erlebten die bitteren Auswirkungen dieser Lektion, als in der zweiten Hälfte des Jahres 1997 eine Reihe von Finanzkrisen durch die Region fegten, die zur Verwirrung der Optimisten in eine ausgeprägte regionale Rezession mündeten. Die Krise brach aus, als die thailändische Regierung als Reaktion auf eine Devisenreservenknappheit ihre Währung abwertete und dadurch den festen Zinspflock ausriss, mit dem die Banken und Unternehmen Thailands ihre ungewöhnlich hohen Auslandskredite gesichert hatten, von denen viele zu Spekulationen auf dem Immobilienmarkt verwendet wurden. Die Abwertung ließ die Imobilienspekulationen wie eine Seifenblase platzen und brachte die Schwächen der lokalen Banken und Finanzinstitute zum Vorschein, die Auslandskredite aufgenommen hatten, um den Bauboom zu finanzieren, und sich nun mit steil in die Höhe schnellenden Rückzahlungsverbindlichkeiten konfrontiert sahen. Als die Krise die thailändische Wirtschaft erschütterte, waren Bankrotte und Entlassungen die Folge.

Mit atemberaubendem Tempo griff die Krise auf die übrige Region über.

Innerhalb weniger Wochen gerieten der malaysische Ringgit, der philippinische Peso und die indonesische Rupiah unter Druck. Südkorea, selbst durch hohe Auslandskredite in prekärer Lage, folgte auf dem Fuße. Die regionalen Börsen begannen dramatisch zu fallen. Auslösender Faktor war das Auftürmen von kurzfristigen, häufig schlecht abgesicherten Auslandskrediten. Die nationalen Finanzsysteme waren nicht in der Lage, die für die Integration in schnell bewegliche globale Kapitalmärkte erforderliche Aufsicht und Regulierung zu leisten. Durch das Fehlen solcher Kontrollsysteme waren die Länder weit verwundbarer als angenommen. Bald sah die regionale Rezession für eine Reihe von Ländern eher einer Depression ähnlich.

Zugrunde lag der Krise eine noch tiefer reichende Befürchtung, nämlich dass die Wettbewerbsstärken dieser Länder angesichts steigender Löhne und größerer Konkurrenz aufweichen und sie in einer Art Niemandsland »mittlerer Technologie« stecken bleiben könnten. Die Finanzkrise rief harsche Gegenkritik auf den Plan. Am lautesten äußerte sich Mahathir Mohamad: Der Premierminister Malaysias machte internationale Spekulanten für »niederträchtige Sabotageakte« und »den Gipfel internationaler Kriminalität« verantwortlich. Trotz ihrer Schärfe verdeutlichten Mahathirs Worte den Schock, den viele in der Region empfanden, als ihnen nicht nur ihre exponierte Position, sondern auch ihre starke Verwundbarkeit gegenüber den flatterhaften und mitunter drastischen Kapitalbewegungen in einem integrierten globalen Finanzsystem bewusst wurde. Manchen Stimmen zufolge machten die Währungsspekulationen 20 bis 30 Prozent des nationalen Wohlstands zunichte, der über mehrere Jahrzehnte hinweg mühsam angehäuft worden war.

Aber die Institutionen des internationalen Finanzsystems boten auch ihre Hilfe an. Asiatische Staaten fanden sich zu einer regionalen Intervention zusammen – einer Stützungsaktion in Höhe von 17,2 Milliarden Dollar unter Führung von Japan, an der sich auch andere Länder der Region, darunter China, beteiligten –, um den thailändischen Baht zu stabilisieren und einen »Dominoeffekt« einzudämmen. Doch die Dominosteine fielen: Die Rettungsaktion funktionierte nicht. Der Internationale Währungsfonds musste zu Hilfe gerufen werden. Eine Stützungsaktion über 23 Milliarden Dollar für Indonesien folgte. Um ihre Zahlungsbilanz und finanzielle Glaubwürdigkeit zu verbessern, kündigten viele Regierungen rasch Kürzungen bei teuren Prestigeinvestitionen an. Optimisten wiesen auf den Silberstreif am Horizont: Die Abwertung der Währungen würde die Wettbewerbsposition asiatischer Exporteure auf dem Weltmarkt wieder stärken. Und zumindest einige meinten, die Krise würde überhitzte Wirtschaften abkühlen.« »Rechtsanwälte, Buchhalter und Ingenieure gaben ihre Jobs auf, um in die Börse einzusteigen«, bemerkte ein malaysischer Geschäftsmann. »Auf lange Sicht könnten wir mit sechs Prozent Wachstum besser dran sein als mit acht Prozent. Damit kann man leichter umgehen.«

Aber der erwartete Aufschwung kam nur langsam und erwies sich als kompliziert, nicht zuletzt deshalb, weil die Krise dramatische politische Erschütterungen auslöste. Der abrupte Stillstand des Wachstums konfrontierte eine ganze Generation zum ersten Mal mit einer Rezession, zerstörte Illusionen und untergrub die Glaubwürdigkeit politischer Führer. Einige Länder stürzten in eine ernste Wirtschaftskrise. Die enge Koordination von Staat und Wirtschaft, mit der man sich lange gebrüstet hatte, erschien nun als »Vetternkapitalismus«. Die politische Erschütterung war in Indonesien am stärksten. Aber mit den Wahlen in Südkorea und der Bildung einer neuen Koalition in Thailand brachte die sich vertiefende Krise auch einen politischen Wandel. Dort profitierten die neuen Führer von der günstigen Gelegenheit, Firmenzusammenschlüsse, Bankrotte und eine Neustrukturierung des Finanzsektors zu erzwingen – alles unter den wachsamen Augen des Internationalen Währungsfonds und ausländischer Investoren. In der Zwischenzeit warteten die Öffentlichkeit und der Markt gleichermaßen gespannt das Ergebnis des bitteren Machtkampfes in Malaysia und seine Folgen für die Wirtschaftspolitik ab.

Noch bis weit ins zweite Jahr der Krise hinein reagierten die betroffenen Länder politisch und wirtschaftlich in unterschiedlicher Weise. Bei Südkorea und Thailand sahen Beobachter Licht am Ende des Tunnels. Anderswo blieb Pessimismus vorherrschend, genährt von düsteren Wirtschaftszahlen und viel sagenden politischen Kehrtwendungen: Schließlich kaufte selbst das auf den freien Markt eingeschworene Hongkong Aktien, um seine Börse zu stützen. Doch Taiwan und Singapur hatten beide den Sturm mehr oder weniger unbeschadet überstanden und ihre Erfahrung nährte Hoffnungen auf eine Erholung der ganzen Region – wenn auch erst nach harten Lektionen.

Die asiatische Krise war zum Teil die Folge einer finanziellen Panik. Aber sie spiegelte auch strukturelle Probleme der Wirtschaft der betroffenen Länder und des neuen globalen Kapitalmarktes. Zu den ausschlaggebenden Faktoren, die der Krise ein Ende setzen können, gehören Japans Fähigkeit, sich zu erholen, das Schicksal der chinesischen Wirtschaft und die Stärke der Weltexportmärkte. Aber eine Erholung setzt in ebenso großem Maße eine Wiederherstellung des Vertrauens bei den einheimischen und den internationalen Investoren voraus – und bei der Öffentlichkeit, die die Hauptlast des Einbruchs zu tragen hatte. Dieses Vertrauen wird von politischer Stabilität abhängen, vom Tempo von Reformen im Banken- und Finanzsektor und von industrieller Umstrukturierung. Nicht weniger wichtig wird die Wiederbelebung von Werten und Einstellungen sein, die so viel dazu beitrugen, 30 Jahre industrieller Entwicklung und sozialen und wirtschaftlichen Fortschritts anzutreiben – und die bei all den Qualen des Wachstums und des Wandels beinahe an ein Wunder grenzen.[12]

Kapitel 7

Die Farbe der Katze
Chinas Wandlung

Als das französische Linienschiff im Dezember 1920 in Marseille vor Anker ging, waren die meisten Mitglieder der chinesischen Studentengruppe an Bord benommen und verwirrt und wussten nicht recht, was sie tun sollten. Einer von ihnen jedoch regte sich sofort, organisierte das Gepäck und bereitete ihre Ausschiffung vor. Der junge Mann, gerade 16 Jahre alt, hieß Deng Xiaoping und bewies schon damals jenes Organisations- und Führungstalent, das ihn 60 Jahre später zur dominanten Gestalt Chinas machen sollte. In den letzten beiden Jahrzehnten des 20. Jahrhunderts brachte er sein Land auf neuen Kurs, um innerhalb eines kommunistischen politischen Systems eine kapitalistische Wirtschaft zu schaffen, und verwandelte China in einen bedeutenden weltwirtschaftlichen Faktor. Das war bemerkenswert zum einen, weil Deng bereits 74 Jahre alt war, als er zum höchsten Führer des Landes wurde und Chinas Reformära einleitete. Nicht weniger bemerkenswert war die außerordentliche Unverwüstlichkeit, die er angesichts gewaltiger Rückschläge, Herausforderungen, Entbehrungen und langer Jahre, die er in Ungnade fristete, an den Tag legte, bevor er schließlich die Macht in Händen hielt.

Deng war der Sohn eines wohlhabenden Grundbesitzers und örtlichen Regierungsbeamten in der bevölkerungsreichen inländischen Provinz Szetschuan (Sichuan). Als Junge besuchte er zunächst eine traditionelle konfuzianische Schule, wechselte dann aber inmitten des Aufruhrs und des Durcheinanders der chinesischen Revolution von 1911 an eine Schule mit modernerem Lehrplan und Verbindungen nach Frankreich. So kam es, dass er für weitere Studien nach Frankreich geschickt wurde. Seine dortige Ausbildung blieb lückenhaft. Deng ging verschiedenen Jobs nach, arbeitete in einem Werk von Renault, in Stahl- und Gummifabriken und auch als Küchenhelfer und Heizer auf einer Lokomotive. In Frankreich entwickelte er zwei bleibende Leidenschaften: eine für Croissants, die andere für den Kommunismus. Beide Passionen waren nicht gänzlich ohne Verbindung – schließlich war es Ho Chi Minh gewesen, der spätere Führer von Nordvietnam, der ihm erzählte, wo man in Paris die besten Croissants bekam.

Die Verbreitung des Kommunismus unter der Hand voll chinesischer Studenten in Europa war von der 4.-Mai-Bewegung in Peking inspiriert, die am 4. Mai 1919 auf dem Platz des Himmlischen Friedens als Protest gegen die ausländische Dominanz in China im Gefolge des Vertrags von Versailles ihre Geburtsstunde erlebt hatte. Der Kommunismus wurde zu einem machtvollen Vehikel des chinesischen Nationalismus. Für Deng wurde er zu einer Berufung. Einer seiner wichtigsten Förderer und Mentoren war Zhou Enlai, der den Kommunismus als Student in Japan aufgesogen hatte, bevor er nach Frankreich ging und zum Führer der kleinen Gruppe chinesischer Kommunisten in Europa wurde. Jahre später nannte Deng ihn »meinen älteren Bruder«, und wie ein guter älterer Bruder schützte Zhou den jüngeren Deng vor den schlimmsten Exzessen der Kulturrevolution in den 60er Jahren. Während ihrer Studentenzeit in Frankreich betraute Zhou Deng mit der Herstellung der kommunistischen Rundschreiben, was ihm den Titel »Doktor der Vervielfältigung« eintrug. Im Februar 1926 stürmten die Franzosen das Haus, in dem Deng lebte, aber sie kamen zu spät. Er war am Tag zuvor nach Moskau abgereist.

In Moskau studierte Deng unter anderem der Sun-Yat-sen-Universität. Es war die Zeit, in der Chinas Nationalisten und Kommunisten zusammenarbeiteten und noch keine Feinde waren. Ihr gemeinsames Ziel war Chinas Modernisierung und Erneuerung. Die Komintern, Stalins internationaler Apparat, lehrte die Nationalisten, wie man eine revolutionäre Partei aufbaute, und die Mitglieder der Kommunistischen Partei Chinas waren zugleich auch aktive Nationalisten. Wohlhabende Nationalisten finanzierten die Ausbildung junger Revolutionäre in Moskau, die Chinas Würde wiederherstellen sollten. Zu Dengs Kommilitonen gehörte auch Chiang Ching-kuo, Sohn des Führers der Nationalen Volkspartei, Chiang Kai-shek. Viel später, in den 80er Jahren, sollte der jüngere Chiang seinem Vater als Präsident von Taiwan nachfolgen.

Deng kehrte als überzeugter Kommunist nach China zurück, bereit, sein Leben in den Dienst der Revolution zu stellen. Sein Organisationstalent brachte ihn bald voran. Im Alter von 23 Jahren wurde er erster Sekretär des Zentralkomitees der Kommunistischen Partei und ging dann als Organisator aufs Land. In China tobte ein blutiger Bürgerkrieg. Militärführer kämpften um die Kontrolle einzelner Regionen, und die Allianz der Nationalisten mit den Kommunisten zerbrach über dem Kampf um die Vormachtstellung. In der Kommunistischen Partei selbst gab es bittere, schließlich blutige Flügelkämpfe. Deng folgte Zhou und verbündete sich mit der von Mao Zedong geführten Fraktion. An einem Punkt setzten Maos Feinde in der kommunistischen Bewegung Deng gefangen und verhörten ihn. Deng wurde vermutlich gefoltert und wiederholt aufgefordert seine politischen »Verbrechen« zu gestehen.

Er nahm am Langen Marsch von 1934/35 teil, dem 10 000 Kilometer langen Zug, den Mao führte, um den Nationalisten zu entkommen. In seinem qualvollen Verlauf wurden die Kommunisten dezimiert. Der Marsch begann mit 90 000 kommunistischen Soldaten und endete mit jämmerlichen 5 000 Leuten. Doch diese Erfahrung sollte den Mythos und den Zusammenhalt schaffen, die innerhalb von eineinhalb Jahrzehnten den Kommunisten zum Sieg und zur Herrschaft über China verhalfen.

Die japanische Invasion Chinas 1937 schuf die Bedingungen für eine Erneuerung der kommunistischen Macht gegenüber den Nationalisten. Dieser Krieg machte Deng auch zu einem Soldaten. Wieder tat er sich durch sein Organisationstalent hervor, zuerst gegen die Japaner, dann, nach 1945, gegen die Nationalisten. Er wurde einer der prominentesten Militärführer; tatsächlich spielte er im Huai-Hai-Feldzug, der 1949 den Nationalisten das Rückgrat brach, eine Schlüsselrolle. Diese Schlacht, in der die 500 000 Soldaten starke nationalistische Armee vernichtet wurde, gilt als eine der wichtigsten Landschlachten des 20. Jahrhunderts. Dengs Rolle im Krieg erhöhte seine Glaubwürdigkeit als Führer und schuf ein Netz von Beziehungen und Verbindungen, die seine politische Position stärkten und ihn – in kritischen Zeiten – beschützten.

Während der Phase, in der er die Taihang-Region im Krieg verwaltete, kreierte Deng auch eine Reihe von pragmatischen Regeln, die seine Politik der 80er und 90er Jahre vorwegnahmen. Wirtschaftliche Anreize waren aus seiner Sicht angebracht. »Einige Genossen meinen, das sei zu viel, aber ich bin nicht dieser Auffassung«, sagte er hohen Kadern während des Krieges. »Wenn sie es durch ihre eigene Arbeit und nicht durch Korruption erworben haben, ist es völlig angemessen. Wer faul ist und keinen Enthusiasmus hat, sollte leiden.« Der wirtschaftliche Wandel sollte sich graduell vollziehen; die Menschen sollten den Nutzen unmittelbar spüren. Und – das war von entscheidender Bedeutung – der Sozialismus hängt von guter Organisation und wirtschaftlicher Stärke ab und muss auf der »kapitalistischen Produktionsweise« aufgebaut werden. Mit anderen Worten: der Kapitalismus war kein totaler Feind des Sozialismus. Doch unverrückbar galt für Deng die Partei als Instrument der Modernisierung.[1]

Mäuse fangen

Nach dem Sieg über die Nationalisten im Jahre 1949 und der Errichtung der Volksrepublik China war Deng einer der höchsten Führer der Kommunistischen Partei. Er wurde zum Generalsekretär und zur Nummer vier in der Parteihierarchie. Als Mao 1957 mit einer Delegation nach Moskau fuhr, wandte er sich zum sowjetischen Führer Nikita Chruschtschow, wies auf Deng und sagte: »Sehen Sie den kleinen Mann da? Er ist hochintelligent und hat eine große Zukunft vor sich.«

Deng seinerseits blieb Mao gegenüber äußerst loyal, obwohl er sich zurückhielt, als dieser den »Großen Sprung nach vorn« initiierte. Der Große Sprung sollte den Enthusiasmus der »Massen« kanalisieren, damit China in 15 Jahren schaffte, wozu die kapitalistischen Nationen 150 Jahre gebraucht hatten – und um die völlige Kontrolle über die ländliche Bevölkerung zu gewinnen. Die Bauern im ganzen Land wurden in Volkskommunen organisiert und kleine Roheisenschmelzöfen im Hinterhof wurden zum Symbol des Großen Sprungs. Wie sich jedoch herausstellte, wurde es ein großer Sprung ins Desaster. Die Kampagne, die alle grundlegenden Prinzipien der Ökonomie außer Acht ließ, brachte Chinas Wirtschaft keinerlei Fortschritt. Im Gegenteil: Abermillionen von Menschen verhungerten, als die Produktion von Landwirtschaft, Industrie und der Binnenhandel vollständig zusammenbrachen.

Deng gehörte zu jenen, die den Scherbenhaufen beseitigen mussten. Stufenweise Investitionen sollten die Massenmobilisierung ersetzen; Ausbildung und Fachkenntnisse sollten wieder respektiert werden. Es war zu jener Zeit, als Deng, nicht gerade als Aphoristiker bekannt, seinen berühmtesten Ausspruch tat: »Es spielt keine Rolle, ob eine Katze schwarz oder weiß ist, solange sie Mäuse fängt.« Obwohl er selbst später sagte, er sei nicht ganz sicher, was er damit gemeint habe, war dies ganz unzweideutig die Bekräftigung einer pragmatischen Wirtschaftspolitik nach dem Fanatismus des Großen Sprungs. Und dieser Ausspruch fand auf der ganzen Welt Resonanz.

Mitte der 60er Jahre, als Mao die Kulturrevolution ausrief, wurde Deng sein Pragmatismus zum Vorwurf gemacht. Mao war zutiefst unzufrieden mit dem Mangel an ideologischem Eifer im Land und offenbar sehr verärgert, dass er nicht mehr die Verehrung genoss, die ihm als erstem Führer gebührte. Er klagte, Deng und seine Kollegen hätten ihn »behandelt, als ob ich ihr verstorbener Verwandter auf einer Beerdigung wäre«. Aus Rache mobilisierte Mao junge Leute zu einem barbarischen Angriff auf die etablierte Ordnung. Angriffsziel Nummer eins war die Partei. Für Deng war dies Ketzerei. Die Kommunistische Partei war für ihn die Grundlage von Chinas Wiedergeburt. Das Chaos der Kulturrevolution bedrohte sein gesamtes Lebenswerk seit den 20er Jahren. Als man ihm einmal ein Exemplar der Mao-Bibel anbot, lehnte er es brüsk ab. Deng seinerseits wurde als »kapitalismusfreundlicher Funktionär« attackiert und wüst beschimpft. Er verbrachte zwei Jahre in Einzelhaft und musste dann mit seiner Frau in einer Reparaturwerkstatt für Traktoren arbeiten. Sein Sohn blieb nach einem Angriff der Roten Garden gelähmt. Was Deng vor dem Schlimmsten bewahrte, war das Netz von Verbindungen, das er durch die Armee geknüpft hatte, und seine persönliche Beziehung zu seinem »älteren Bruder«, Zhou Enlai.

Anfang der 70er Jahre kehrte Deng nach dem Abklingen der Kulturrevolution in die Führung zurück. Während seiner Haft hatte er viele Stunden damit verbracht, sich zu fragen, warum die Modernisierung gescheitert war und wie sie sich erneut auf den Weg bringen ließ. Nun konnte er seine hart erworbenen Schlussfolgerungen durch seine Mitwirkung an der wirtschaftlichen Erholung in die Tat umsetzen. Er kehrte zu den Prinzipien zurück, die er ursprünglich vertreten hatte: Ausbildung und wirtschaftliche Anreize statt Ideologie und Ermahnungen. Aber die Kritik, Deng verbeuge sich vor dem Kapitalismus, wuchs. Erneut stand Mao gegen ihn und erneut wurde ihm die Macht entzogen. Der Tod von Zhou machte Dengs Position noch prekärer und er war gezwungen, eine weitere Selbstkritik zu unterschreiben. Er wurde als das Böse schlechthin dargestellt, als »giftiges Unkraut« und Konterrevolutionär, der die ruhmreiche Revolution untergraben wolle. Aber auch diesmal beschützten ihn seine alten Kameraden aus der Armee.

Der Tod Maos im Jahre 1976 befreite Deng. Die »Viererbande« (darunter Maos Frau), die die Kulturrevolution gesteuert hatte, wurde inhaftiert. Deng kehrte ins Zentrum der Macht zurück. Er griff sofort in den bitteren Machtkampf ein, der dem Tod Maos folgte. Hua Guofeng war Maos designierter Nachfolger. »Mit dir an der Spitze bin ich beruhigt«, hatte Mao zu Hua gesagt. Deng jedoch forderte Hua heraus, der als oberster »Was-auch-immer-

Mann« Maos bekannt war, weil er unterstützte, *was auch immer* Mao beschloss (»Welche Entscheidungen der Vorsitzende Mao auch immer getroffen hat, wir unterstützen sie entschlossen«, sagte Hua. »Was auch immer die Weisungen des Vorsitzenden Mao sind, wir werden ihnen unbeirrt Folge leisten.«) Wenn er eine Chance hatte, so wurde Deng klar, dann war es diese. Er führte den Kampf gegen Hua mit jedem Mittel, das ihm zur Verfügung stand. Ende 1978 war Hua aus dem Spiel und Deng wurde Chinas oberster Führer. Wieder stand er vor der Situation, die Scherben aufkehren zu müssen. Aus ihnen schuf er die Grundlagen für Chinas wirklichen Großen Sprung nach vorn.

In der Zeitgeschichtsschreibung wurde der Dezember 1978 bald auf eine Stufe mit der chinesischen Revolution von 1911 und dem kommunistischen Sieg von 1949 gestellt, als einer der großen Wendepunkte der chinesischen Geschichte des 20. Jahrhunderts. In diesem Monat kam das 3. Plenum des 11. Kongresses der Kommunistischen Partei Chinas zusammen, und obwohl in den Monaten davor und danach eine Reihe wichtiger Beschlüsse getroffen wurden, brachte das Plenum die fundamentale Entscheidung auf den Punkt: China wieder auf den Markt auszurichten.

Es gab keinen großen Plan, sondern eher eine Reihe bestimmter praktischer Schritte. In ihrer Gesamtheit spiegelten sie einen Bruch mit dem Maoismus. Der Wandel trug die Handschrift Dengs. Was immer wirtschaftlich funktionierte, ließ er mehr oder weniger durchgehen, solange die Partei die Kontrolle behielt. Was zählte, waren Ergebnisse. Deng wollte ein wohlhabendes und mächtiges China schaffen, kein utopisches oder messianisches Paradies. Er war ein Nationalist, und der Kommunismus und die Partei waren die Mittel, um China stark zu machen. Hinter allem stand eine klare Entscheidung. »Ich habe zwei Wahlmöglichkeiten«, so Deng. »Ich kann Armut verteilen oder ich kann Wohlstand verteilen.« Von Ersterem hatte er unter Mao genug gesehen.[2]

Die Reform beginnt

Zu Beginn konzentrierten sich die Reformbemühungen auf die Landwirtschaft. Die Erträge von Maos kollektivierter Landwirtschaft waren jämmerlich. Die Produktion war in vielen Regionen nicht höher als zur Zeit des kommunistischen Sieges drei Jahrzehnte zuvor, in einigen Fällen lag sie sogar darunter. Trotz der Investitionen und der Verwendung neuer Techniken war die Produktivität der kollektivierten Landwirtschaft nicht höher als unter Chinas mittelalterlichem System.

Aber es bedurfte einer lokalen Krise, um den Anstoß für die Ersetzung des alten Systems zu geben. Chinas gesamte Wirtschaftsreform begann mit dem Regen – oder vielmehr mit seinem Ausbleiben. Die Provinz Anhui litt 1978 unter einer extremen Dürre, wie sie nur einmal alle hundert Jahre vorkommt. Der Boden war so trocken, dass ihn weder Traktoren noch Pflüge aufbrechen konnten. Hunger breitete sich aus. Ruhr, Hirnhautentzündung, Hepatitis und andere Krankheiten griffen in der Region um sich, und als Hunderttausende aus ihrer Heimat flüchteten, wurde die Miliz mobilisiert, um zu verhindern, dass sie nach Schanghai strömten. Ein Film wurde über die Leiden in der Region gedreht. Als er den Mitgliedern des Politbüros vorgeführt wurde, »schrien sie auf, warfen die Hände vor ihre Gesichter und weinten«. Nur durch härteste körperliche Arbeit ließ sich der ausgedörrte Boden aufbrechen. Aber die Bauern sträubten sich, solange sie keinen Nutzen davon hatten. Sie riefen nach einer Rückkehr zu den »früheren« Methoden. Damit meinten sie das System der später so genannten »Haushaltsverantwortung«, mit dem man zu verschiedenen Zeiten in der Geschichte der Volksrepublik experimentiert hatte. Es erlaubte den Familien einen Teil des Ertrags ihrer Arbeit für sich zu behalten. Der Wunsch der Bauern wurde erfüllt und das System eingeführt. Hinter dieser Entscheidung stand die schiere Verzweiflung. Dennoch beharrten die ersten Bauern, die sich an dem Programm beteiligten, darauf, einen Schwur zu leisten, dass sie sich gegenseitig um ihre Kinder kümmern würden, falls ihnen ein »Missgeschick« widerfahren sollte und sie für ihre Teilnahme an dem Programm verhaftet würden.

In Anbetracht der Vorkommnisse während der Kulturrevolution war ihre Angst nur zu verständlich. Aber dieses Mal war es anders. Das Experiment hatte Erfolg und stieß auf breite Zustimmung. Das System der Eigenverantwortung wurde daraufhin im ganzen Land übernommen und materielle Anreize ersetzten die maoistischen Maßregelungen. Das System der Volkskommunen und der Kollektivierung wurde beseitigt; jede Familie war für das Land verantwortlich, das sie bestellte. Die Bauern mussten einen bestimmten Anteil an der Produktion an den Staat abführen; was darüber hinausging, konnten sie selbst verbrauchen oder verkaufen. Damit hatte die Privatwirtschaft ihre Geburtsstunde erlebt.

Das Ergebnis war atemberaubend. In 16 Jahren erhöhte sich die Produktion um mehr als 50 Prozent, eine Steigerung, die im maoistischen System völlig undenkbar gewesen war. Die Einführung von Märkten für landwirtschaftliche Erzeugnisse schuf sofort ein umfassendes Handelssystem; Bauern engagierten sich im Transport, Hausbau, Reparaturgeschäft, in privaten Lebensmittelmärkten und stellten Arbeiter ein. Kurz, die Veränderungen lösten einen Wirbelwind unternehmerischer Tätigkeit aus. 1978 wurden nur acht Prozent der landwirtschaftlichen Produktion auf offenen Märkten verkauft; 1990 betrug der Anteil 80 Prozent. Zwischen 1978 und 1984 stieg das Realeinkommen der bäuerlichen Haushalte um 60 Prozent.

Die schnellen Verbesserungen in der Landwirtschaft waren der Beginn von Chinas Wirtschaftsreformen. Die Erfolge auf dem Land brachten dem Reformkurs eine Anhängerschaft nicht nur unter den Bauern, sondern auch den Städtern ein, die auf den Märkten mehr Lebensmittel und größere Vielfalt vorfanden; und er lieferte den Schwung für die nächsten Schritte. In dieser Zeit wurden auch die Preiskontrollen nach und nach gelockert. Obwohl es Deng um praktische Ergebnisse, nicht um Lehren zu tun war, ergab sich daraus eine wichtige Schlussfolgerung. »Die politische Lektion, die künftige Reformer aus Chinas Erfahrungen ziehen können«, so der Ökonom Dwight Perkins, »ist offenkundig, wird aber häufig vergessen: Versuche den Reformprozess mit einem klaren Gewinner zu beginnen.«[3]

»Ein Vogel im Käfig«

Wie sich zeigen sollte, war die Landwirtschaft leichter zu reformieren gewesen als die Industrie und die städtische Wirtschaft. Die Landwirtschaft war im Wesentlichen eine lokale Angelegenheit. Improvisation – »den Fluss zu überqueren, indem man über die Steine hüpft« – konnte toleriert werden. Nicht so im Industriesektor. Die Industrie steckte in einem Beziehungsgeflecht: Sie wurde vom Zentrum aus kontrolliert, war groß dimensioniert und lieferte einen Großteil der Staatseinnahmen. Sie war der Schlüssel zur Zahlungsfähigkeit des Staates. Jede Veränderung im System konnte daher das gesamte Land in ein wirtschaftliches Chaos stürzen. Darüber hinaus war die marxistische Wirtschaft auf die Industrieproduktion ausgerichtet; sowohl in der Sowjetunion wie auch in China wurde der Landwirtschaftssektor ausgebeutet, um die massive Industrialisierung zu unterstützen.

Doch der sehr ineffiziente Industriesektor Chinas musste dringend reformiert werden. Es entspann sich eine ausgedehnte und heftig geführte Debatte über die Beziehung zwischen Staat und Markt. Die Irrationalität des Systems wurde offen diskutiert. Zum Beispiel wurde vorgebracht, dass die Art, wie der Staat Unternehmensgewinne einzog, dazu führte, dass der »schnelle Ochse geschlagen«, das heißt, die effizienteren Unternehmen bestraft wurden. Je höher die Profite eines Unternehmens, desto größer war der Anteil, der an den Staat abzuführen war. Es gab ausgiebige Diskussionen, ob man den Unternehmen mehr Autonomie einräumen und ein sozialistisches Marktsystem errichten sollte. Jugoslawiens selbst verwaltete Unternehmen galten dabei als Modell. Aber der Staat sollte dennoch beherrschend bleiben; regieren sollte der »Plan«. Die Wuxi-Konferenz brachte 1979 Ökonomen und Parteikader zusammen, um über diese Fragen zu diskutieren. China, so resümierten zwei Ökonomen die herrschende Auffassung, »kann der ›unsichtbaren Hand‹ von Adam Smith nicht erlauben unsere wirtschaftliche Entwicklung zu kontrollieren«. Denn die individuellen Entscheidungen, die Konsumenten auf dem Markt entsprechend ihrem eigenen wirtschaftlichen Interesse träfen, »stimmen nicht notwendig mit dem allgemeinen Interesse der Gesellschaft überein«. Die Planung sollte wirkungsvoller werden, aber das war etwas anderes, als sich der »Blindheit« und »Anarchie« des Kapitalismus zu überlassen.[4]

Während einige Schritte unternommen wurden, den Unternehmen größere Unabhängigkeit zu gewähren, wurde die Reform des industriellen Sektors mehrere Jahre lang von Konservativen blockiert – das heißt, von einer bestimmten Art von Konservativen. Angeführt wurden sie von Chen Yun, wie Deng einer der Parteiveteranen. Chen war der Partei 1925 im Alter von 20 Jahren beigetreten. Er hatte Bauern und Arbeiter in Schanghai organisiert und einige Zeit in Moskau als Mitglied der chinesischen Delegation bei der Komintern verbracht. Im Gegensatz zu Deng war Chens Stärke nicht die Wirtschaft, sondern die Politik. Er hatte seit den späten 40er Jahren hohe Posten in den Planungsgremien bekleidet, und obwohl er manchmal zu den wenigen in der Führung gehört hatte, die es wagten, Maos ökonomischen Allheilrezepten zu widersprechen, galt er schließlich als der führende Wirtschaftsexperte der Partei. Er äußerte sich abschätzig sowohl über das stalinistische Wirtschaftsmodell wie über Maos Versuch, den Enthusiasmus der Massen zur Wirtschaftsstrategie zu erheben. Wie Deng fiel er während der Kulturrevolution den Säuberungen zum Opfer. Noch vor Deng rehabilitiert, gehörte er zu jenen, die darauf drängten, Deng wieder in die Führungsspitze aufzunehmen. Die Erfahrungen der Kulturrevolution bestätigten Chen in seiner Überzeugung vom Wert der Beständigkeit und in seiner Ablehnung von »übergroßer Eile«. Er war Technokrat und Sozialist und glaubte leidenschaftlich an Planung. Chen übte heftige Kritik an der »Öl-Gruppe«, den Wirtschaftsmanagern, die einfach mehr und mehr Ressourcen in die Schwerindustrie lenken wollten – die klassische sozialistische Krankheit der »Produktion um der Produktion willen«. Aber er hatte nicht das geringste Verlangen, ein voll entwickeltes Marktsystem einzuführen, noch drängte es ihn danach, ausländische Investitionen anzulocken. Er warnte, dass »ausländische Kapitalisten immer noch Kapitalisten bleiben«, die auf Profit aus seien; und er lamentierte, »einige Kader« seien »in diesem Punkt noch sehr naiv«. Chen fürchtete die ausländische »Verschmutzung« des chinesischen Sozialismus und die Auswirkungen von Versorgungsmängeln, Inflation und Störungen, die – davon war er überzeugt – mit dem Wandel zu einer stärker marktorientierten Wirtschaft und der daraus folgenden »übergroßen Eile« eines hohen Wachstums verbunden sein würden.

Chen Yun war nicht glücklich über die bis dahin geleistete Planung, aber er glaubte nicht, dass ein Land mit beschränkten Ressourcen, das so groß und arm wie China war, die Planung einfach über Bord werfen konnte. Er wollte sie verbessern – sie wissenschaftlicher und ausgewogener machen. Er war weniger an Reformen als an »Anpassung« interessiert. Das »ganze Land«, so sagte er, sei »ein Schachbrett«. Die Aufgabe Chens und der anderen Planer im Zentrum war es, mit den Schachfiguren rationale und methodische Züge auszuführen. Kurz: die Planwirtschaft war »vorrangig« und sollte vorrangig bleiben. Obwohl er einer Marktwirtschaft, die weniger fundamentale Aufgaben erfüllte, eine gewisse Rolle zubilligte, war diese Rolle doch entschieden »nachrangig« und nur eine Ergänzung. Ja, der Markt war nützlich, aber er war eben auch gefährlich.

Chen fasste seine Haltung für Besucher zusammen, die er Ende 1982 in seinem Haus empfing. Die Beziehung zwischen der Verbesserung der Wirtschaft und der Wirtschaftsplanung sei wie das Verhältnis zwischen Vogel und Käfig. »Man darf den Vogel nicht zu fest in der Hand halten, sonst erstickt er«, sagte er. »Man muss ihn loslassen, aber nur innerhalb des Käfigs. Sonst fliegt er weg.«

Dieses Bild wurde als Vogelkäfigthese bekannt, und Chen und seine Verbündeten waren bemüht den Vogel im Käfig zu halten. Die »Anpasser« behielten in den frühen 80er Jahren weitgehend die Oberhand und sahen sich durch andere Faktoren gestärkt, die zur Vorsicht gemahnten. Da war zunächst das plötzliche Auftreten von Solidarnosc in Polen im Jahre 1980, das in der chinesischen Führung die Alarmglocken schrillen ließ. Wenn man nicht Acht gab, so Chen, und »den beiden Themen Propaganda und Wirtschaftspolitik keine Aufmerksamkeit schenkt, könnte es auch in China Ereignisse wie in Polen geben«. Zweitens war die Partei mit einer Debatte beschäftigt, wie man mit dem Erbe Maos umgehen sollte, ein Punkt, über den man sich im Unklaren war. Die Veränderungen, die das System aushalten konnte, mussten an Grenzen stoßen. Deng schloss sich den konservativeren Anpassern an, weil die Bedrohung der Partei, ihrer »Stabilität und Einheit« – und ihrer unangefochtenen Vorherrschaft – den Kern seiner Politik tangierte. Die Partei war entscheidend für das zentrale Ziel der Modernisierung. »Ohne eine solche Partei«, so Deng, »würde unser Land zerbrechen und nichts erreichen.«

Aber Mitte der 80er Jahre verlor das Argument des langsamen Weges seine Glaubwürdigkeit. Die Wirtschaft wuchs viel schneller als erwartet, und das ohne die ernsten Probleme, die Chen Yun an die Wand gemalt hatte. Die Landwirtschaft erzielte beträchtliche Erfolge. Ebenso überraschend wie die Verbesserungen in der Landwirtschaft war der starke Anstoß, den sie der ländlichen Industrie und dem Handel gegeben hatten. Die Reformen besaßen jetzt nicht nur eine Anhängerschaft, sondern auch eine vorgezeichnete Erfolgsbahn. Darüber hinaus blickten die Chinesen nicht länger auf Jugoslawien, das in wirtschaftliche Schwierigkeiten geraten war, oder nach Polen, wo Solidarność inzwischen verboten worden war, sondern eher nach Ungarn, das aktiver mit Marktmechanismen experimentierte. Man las die Bücher des ungarischen Ökonomen János Kornai, der zur damaligen Zeit auch Einfluss auf junge russische Reformer zu gewinnen begann.

Die dramatischste Lektion kam indessen aus Chinas unmittelbarer Nachbarschaft. Die Chinesen wurden sich bewusst, dass Japan eine wirtschaftliche Supermacht geworden war. Bei Besuchen in Japan, konnten die chinesischen Kommunisten die Dynamik des Landes aus erster Hand erleben und waren schockiert. Kein Geringerer als der Chef der Propagandaabteilung der Kommunistischen Partei Chinas merkte in seinem Bericht wahrhaft erstaunliche Dinge an: Einer von zwei Haushalten in Japan besaß ein Automobil; über 95 Prozent der Haushalte hatten Fernseher, Kühlschrank und Waschmaschine. Er war auch davon überwältigt, wie die Menschen angezogen waren, von der Vielfalt ihrer Kleidung und ihrer Sauberkeit. »Eines Sonntags gingen wir in einer belebten Straße spazieren. Von allen Frauen, die uns begegneten, trugen nicht zwei den gleichen Kleidungsstil.« Und er fügte etwas noch Erstaunlicheres hinzu: »Die weiblichen Arbeiterinnen, die uns begleiteten, wechselten ebenfalls jeden Tag ihre Kleidung.«[5]

»Sozialismus chinesischer Prägung«

Mitte der 80er Jahre erlebte die chinesische Wirtschaft einen Wendepunkt, als sie tatsächlich in die Phase schnellen Wachstums eintrat. Die Führungsspitze unter Deng wandte sich Wirtschaftsreformen und einer wirtschaftlichen Liberalisierung zu, während sie gleichzeitig ihre politische Kontrolle zu bewahren versuchte: »Einige unserer Genossen machen sich größte Sorgen, dass wir kapitalistisch werden«, erklärte Deng. »Sie haben Angst, dass der Kapitalismus plötzlich drohend sein Haupt erhebt, nachdem sie ihr ganzes Leben für den Sozialismus und Kommunismus gearbeitet haben, und sie ertragen einen solchen Anblick nicht.« Deng suchte sie zu beruhigen. Er beschrieb das, was geschah, als »Aufbau des Sozialismus chinesischer Prägung«. Dies wurde auch der Titel eines Buches, das er Ende 1984 veröffentlichte.

Ohne Zweifel zielte seine Kritik in erster Linie auf Chen Yun. Beide waren sie Veteranen, die schon in den frühen Tagen zur Partei gestoßen waren. Beide waren sie in hohe Positionen aufgestiegen, um dann während der Kulturrevolution den Säuberungen zum Opfer zu fallen und gedemütigt zu werden. Als Verbündete waren sie zurückgekehrt, mit dem Willen, die tiefen Wunden, die der Maoismus geschlagen hatte, zu heilen. Aber immer stärker war die Rivalität zwischen ihnen geworden. Chen glaubte, dass Deng seine eigene Rolle zu sehr herausstelle und dass sein – Chens – Anteil am ursprünglichen Reformpaket nicht genügend gewürdigt werde. Ihre Meinungsverschiedenheiten entstanden über Fragen wie zum Beispiel, ob es den Bauern erlaubt sein sollte, zusätzliche Arbeitskräfte zu beschäftigen. Für Deng war das schlicht eine pragmatische Frage: Er war dafür. Für Chen stellte es eine Rückkehr zum Kapitalismus auf dem Land dar, und deshalb war er dagegen. Deng trug den Sieg davon, aber der Begriff »Lohnarbeit« mit seiner marxistischen Konnotation von Ausbeutung durfte nicht benutzt werden. Stattdessen wurde daraus »erbetene Arbeitshilfe«. Letzlich drehte sich ihr Streit um nicht weniger als die Frage, wie die Zukunft Chinas aussehen sollte.

Aber was bedeutete »Aufbau des Sozialismus chinesischer Prägung« eigentlich? 1984 ging die Debatte über die Zukunft der chinesischen Wirtschaft erstmals über marxistische Kategorien hinaus und begann sich zu einer Diskussion über die Schaffung einer Marktwirtschaft zu entwickeln. Diese Wende war entscheidend. Der Markt, so argumentierten nun einige Gruppen, würde die Ressourcen besser verteilen, als die Planwirtschaft es vermocht hatte. Zur Untermauerung von Argumenten wurden jetzt zunehmend wirtschaftliche Daten gegen den marxistischen Katechismus ins Feld geführt.

Es kam zu einer anhaltenden, komplexen und scharf geführten Debatte, in der nicht nur überzeugte Anhänger der zentralistischen Planung und sozialistischen Tradition gegen die Reformer standen, sondern auch manche Reformer gegen andere Reformfraktionen. Als die Diskussion an Geschwindigkeit zunahm, fanden einige, die in den späten 70er Jahren Reformer gewesen waren, sich Mitte der 80er Jahre als Konservative wieder. Während Deng an der Spitze der Reformpartei stand, führte Chen die Kritiker an. Die Themen waren über die Maßen kompliziert: Wie sollte die riesige Wirtschaft umgewandelt werden? Wie konnte sich eine Ökonomie, die teils Kommando-, teils Marktwirtschaft war und zwei verschiedene Preissysteme besaß, weiterentwickeln? Würden Reformen und hohes Wachstum unweigerlich zu einer Überhitzung der Wirtschaft und hoher Inflation führen? Im Kern ging es dabei natürlich um das richtige Verhältnis zwischen Staat und Markt.

Die Konservativen befürchteten nicht nur wirtschaftliche Erschütterungen und Inflation, sondern auch Chaos und Verlust der politischen Kontrolle – Befürchtungen, die Deng durchaus teilte. Die Konservativen wollten die Zentralisierung, Stabilisierung und die verbindliche Planung wieder in ihr Recht einsetzen. Die Reformer hingegen wollten die Kontrolle durch das Zentrum und die Parteisekretäre vermindern und stattdessen die Unternehmen für Marktsignale empfänglich machen. Das erreichten sie teilweise mit der Einführung des so genannten »vertraglichen Verantwortungssystems«, das ähnlich wie das System der »Haushaltsverantwortung« den Unternehmen erlaubte, Gewinne oberhalb einer bestimmten Zielmarge einzubehalten. Im Dezember 1987 hatten bereits 80 Prozent von Chinas großen und mittleren Firmen ein solches System übernommen.

Aber das war noch nicht genug. Die Staatsunternehmen blieben ineffizient. Sie zogen im wachsenden Wettbewerb mit neuen Unternehmen, die von Dörfern und Städten gegründet wurden, den Kürzeren. Das zweigleisige Preissystem förderte Inflation und Korruption. Ein namhafter Ökonom, Wu Jinglian, berief sich auf Ludwig Erhard (und die deutsche Währungsreform von 1948) sowie Milton Friedman und forderte eine massive Preisreform. Doch auch Wu vertrat immer noch die weit verbreitete Auffassung, dass die großen und mittelgroßen Unternehmen das »Rückgrat« der Wirtschaft seien, und bestand auf der zentralen Führungsrolle der Regierung in der Wirtschaft. Wenn China »eine Art von ökonomischem Mechanismus« einführen sollte, »der an den Manchester-Kapitalismus des 19. Jahrhunderts erinnert«, so Wu, wäre die Folge eine »historische Rückwärtsbewegung«.⁶

Ein anderer prominenter Ökonom, Li Yining, stellte die gesamte Voraussetzung der staatlichen Kontrolle in Frage. Er war zunächst ein Anhänger Oskar Langes gewesen, des polnischen Ökonomen, der für Marktsozialismus mit einem System von Staatsbetrieben eingetreten war. Aber in den Jahren der Kulturrevolution beschäftigte Li sich mit den Debatten zwischen von Hayek und Lange und kam zu dem Schluss, dass er sich für die falsche Seite entschieden hatte und dass eher von Hayek als Lange Recht hatte. Das sowjetische Wirtschaftsmodell konnte nicht funktionieren. Die wichtigste und notwendigste Reform bestand nach Lis Auffassung in der Schaffung von Eigentumsrechten. Nur durch Eigentum ließ sich Verantwortung in den Entscheidungsprozess einführen und Motivation kanalisieren. Von Marx, Stalin und Mao zu Friedman und von Hayek: die Debatte war in der Tat weit gediehen.

Reformen und Absicherung des Status quo

Was Deng betraf, so war er an Resultaten interessiert: Reichtum und Macht für China. Er wollte die verlorenen Jahre wieder aufholen. Der Generalsekretär der Partei, Hu Yaobang, ein entschiedener Reformer, hatte seine Unterstützung, bis ihn Deng – bedrängt von Chen, der Hu zu liberal fand – kaltstellte. Das Heft der Reformen ging nun auf Zhao Ziyang über, der Premierminister war und jetzt Generalsekretär wurde. Um die Reformen nicht als Ablehnung des Sozialismus und Hinwendung zum Kapitalismus erscheinen zu lassen, betonte Zhao die Erfordernisse der »neuen technologischen Revolution«. Er las Alvin Tofflers Buch *Die dritte Welle*, das von den Auswirkungen der Informationstechnologie handelte, und drängte energisch darauf, dass auch andere es lasen, um zu verstehen, was China fehlte.

Zhao war dank der Erfolge seines Reformprogramms in Szetschuan, Dengs Heimatprovinz, in die Führungsspitze gelangt. Anschließend wurde er auch wichtigster Verfechter des »großen internationalen Entwicklungskreislaufs«. Dessen Idee lautete, rasch neue Exportindustrien aufzubauen, besonders in den Küstenregionen. Das bedeutete, den Ansatz des exportgesteuerten Wachstums zu übernehmen, dessen Erfolg die Chinesen rund um ihr Land beobachten konnten. Dieser Ansatz bot die Lösung für eine Vielzahl von Problemen. Die neuen Industrien würden harte Devisen einnehmen und überschüssige Arbeitskräfte aus den landwirtschaftlichen Regionen im Landesinneren anziehen. »China sollte die aktuelle Chance ergreifen«, so Zhao, »sich am internationalen Wettbewerb beteiligen und die Küstenregionen in den internationalen Markt treiben.«[7]

Im Zentrum der Strategie standen die »wirtschaftlichen Sonderzonen«. Mehr als alles andere begründeten sie Chinas Engagement auf dem Weltmarkt. Die ursprünglichen Sonderzonen wurden 1980 geschaffen: Drei wurden in der Provinz Guangdong eingerichtet, darunter in Shenzhen, gegenüber von Hongkong, und in der Provinz Fujian, gegenüber von Taiwan. Sie waren völlig auf das Ausland orientiert und auf Exportproduktion ausgerichtet, und sie waren der Magnet, der ausländische Investitionen anziehen sollte. Peking räumte der örtlichen Verwaltung in den Sonderzonen eine beispiellose Autonomie bei ihren Investitionsentscheidungen und im Handel ein. Mitte der 80er Jahre wurde das Konzept auf eine Reihe von Städten ausgeweitet. Von diesem Zeitpunkt an trieben die Küstenstädte die chinesische Wirtschaft voran.

Bei allem Erfolg der Wirtschaftssonderzonen nährte eine beschleunigte Inflation eine konservative Gegenreaktion, die bis zum Ende des Jahres 1988 Zhao und seine Mitstreiter in die Defensive drängte. Die Konservativen attackierten die Öffnung zur Außenwelt. »Wir sollten nicht glauben, dass der Mond im Ausland voller ist als in China«, erklärte ein Konservativer. Ein anderer warnte, es gebe »einige, die sich auf eine bürgerliche Demokratie zubewegen wollen, als ob der Mond in der demokratischen Gesellschaft der Bourgeoisie heller scheint als unsere Sonne«. Es gab sogar eine »Mao-Zedong-Mode«, die Angriffe auf die Reformer und die politische Führung mit der Sehnsucht nach der alten Ordnung verband.

Das Gespenst von Verbrechen und Korruption im kapitalistischen Stil – in Verbindung mit Materialismus und dem Aufkommen von Ungleichheit – gab dieser Gegenreaktion zusätzlichen Auftrieb. »Ehrliche Leute können sich kaum den Lebensunterhalt verdienen«, sagte ein Ökonom, »während Opportunisten und Korrupte im Überfluss leben und von anderen beneidet werden. Nichts korrumpiert das moralische Klima in der Gesellschaft mehr als dies.« Und noch andere schwer wiegende wirtschaftliche Probleme gaben den Konservativen zusätzliche Argumente an die Hand. Die großen Staatsunternehmen gerieten ins Hintertreffen. Die Anpassung stellte sie vor gewaltige Schwierigkeiten; ihre Verluste wuchsen rapide – was bedeutete, dass die Einnahmen des Staates stark zurückgingen.

Deng blieb der erste Dirigent der Reformen. Er unterstützte Pläne für eine umfassende neue Preisreform. »Wir haben keine Angst vor stürmischem Wetter, sondern werden Wind und Wellen trotzen und alle Hürden nehmen«, sagte er. Aber im August 1988 änderte sich das grundlegend. Die Furcht vor einer Preisreform löste einen Ansturm auf die Banken und Panikkäufe aus. Tief erschüttert änderte die Regierung – einschließlich Deng – abrupt den Kurs. Nun lag das Gewicht auf wirtschaftlicher Stabilisierung und Absicherung des Status quo, nicht auf neuen Reformen.[8]

Tiananmen: Platz des Himmlischen Friedens

Aber das führte zu unvorhergesehenen politischen Konsequenzen. Die wirtschaftlichen Schwierigkeiten, die konservative Wende und die Enttäuschung der Hoffnungen auf Demokratie stärkten eine »Demokratiebewegung« unter den Studenten. Tausende von ihnen beklagten den Tod des »gesäuberten« Reformers Hu Yaobang und besetzten im April 1989 Pekings Tiananmen-Platz. Für die Konservativen war dies ein Akt der Rebellion, die Folge von zehn Jahren Reformen und zu wenig Kontrolle. Leute wie Deng sahen das heiligste Prinzip herausgefordert: den Vorrang der Partei, des Bollwerks gegen Unordnung und Chaos. Die Proteste erinnerten Deng auch allzu sehr an die Kulturrevolution und ihre militanten Studenten. Er war das Herz der Führungsspitze und er sah das Herz des modernen China in Gefahr. Das bloße Überleben und die Wiederherstellung der Ordnung gewannen Vorrang gegenüber den Reformen. Die Risiken waren offenkundig, denn in Osteuropa stand der Kommunismus vor dem Zusammenbruch. »Konzessionen in Polen führten zu weiteren Konzessionen«, erklärte Deng wütend. »Je mehr Zugeständnisse gemacht wurden, desto größeres Chaos folgte.« Chaos – das war der Feind. Der Protest auf dem Platz des Himmlischen Friedens war eine frontale Herausforderung – nicht nur aufgrund des prominenten Ortes und seiner Sichtbarkeit, sondern auch aufgrund der historischen Bedeutung dieses Platzes für die moderne chinesische Geschichte. Dies war der Ort, an dem 40 Jahre zuvor Mao den Sieg verkündet und die Volksrepublik China ausgerufen hatte. Und weitere 30 Jahre früher hatten hier am 4. Mai 1919 die nationalistischen Studentendemonstrationen stattgefunden, die zur Gründung der Kommunistischen Partei beigetragen hatten. Anfang Juni 1989 erhielt das Militär den Befehl, den Platz zu räumen.

Etwa 1 000 Menschen, so wird vermutet, starben in den darauf folgenden Kämpfen.

Die Absicherung der eigenen Position und die Kontrolle wurden verstärkt. Der Zusammenbruch des Kommunismus in Osteuropa, Michail Gorbatschows Rede von einer Mehrparteiendemokratie in der Sowjetunion, der versuchte Staatsstreich gegen ihn, der Aufstieg Jelzins: All dies verstärkte den Druck von Seiten der Konservativen, die Reformen zu zügeln und die Kontrolle zu behaupten. Das Wirtschaftswachstum verlangsamte sich, die Opposition wurde erstickt. Deng war immer noch der oberste Führer, aber die Reformen befanden sich auf dem Rückzug, ebenso wie sein Einfluss. Sein alter Rivale Chen Yun bekam neuen Aufwind. Seine Warnungen vor dem Markt und sein Eintreten für die zentrale Planung wurden lautstark propagiert. Chen erklärte, das »richtige Verhältnis« von Planwirtschaft und Marktwirtschaft liege bei acht zu zwei. »Chen Yuns Denken« wurde nun auf eine Weise gefeiert, die nur allzu sehr an die Verehrung von »Mao Zedongs Denken« erinnerte. Chen sprach nostalgisch davon, wie Mao »dreimal mit mir über das Studium der Philosophie redete« und ihm empfohlen habe, die Werke von Marx, Engels, Lenin, Stalin und natürlich Mao zu lesen. Und Chen griff Deng direkt an, indem er ihn bezichtigte, seine Politik sei für jene Tendenzen verantwortlich, die zu einer Überhitzung der Wirtschaft und zu den Ereignissen auf dem Tiananmen-Platz geführt hätten. Chen und seine Verbündeten richteten einige ihrer wütendsten Angriffe gegen die wirtschaftlichen Sonderzonen entlang der Küste, da sie ihrem Wesen nach kapitalistisch seien und Kräfte förderten, die den Kommunismus in China zerstören würden.[9]

Nanxun: Dengs letzte Kampagne

Aber Deng gab nicht auf. Alles, was er in den vorangegangenen 14 Jahren zu erreichen versucht hatte, stand nun auf dem Spiel. Dreimal war er im Laufe seiner kommunistischen Karriere in die Defensive gedrängt, gedemütigt und zum Widerruf gezwungen worden. Das sollte ihm nicht noch einmal geschehen. Er zahlte es seinen Gegnern mit gleicher Münze heim und griff sie gerade auf jenem Gebiet an, das sie zum Gegenstand ihrer Kritik gemacht hatten. Im Januar 1992, gerade als die Konservativen ihre Position zu festigen schienen, machte sich der führende Mann Chinas mit seinen 88 Jahren in seinem privaten Eisenbahnwaggon auf den Weg zu einer weiteren Kampagne. Er fuhr nach Süden. Diese Fahrt wurde *nanxun* genannt, seine »Reise nach Süden«, und sie dauerte einen Monat. Es sollte seine letzte Kampagne werden.

Seine Feinde hatten die wirtschaftlichen Sonderzonen angegriffen, die er gefördert hatte. Er würde sie verteidigen, indem er selbst dorthin fuhr. Sein wichtigstes Ziel war das Perlfluss-Delta in der Provinz Guangdong und dort besonders die Sonderzone Shenzhen, die an Hongkong grenzt. Er hielt Reden, traf örtliche Regierungsvertreter und Geschäftsleute, posierte für Fotos und schaufelte sogar auf einer Baustelle ein bisschen Erde. Was er sah, hatte sich gegenüber seinem letzten Besuch im Jahre 1984 gewaltig verändert. Damals war Shenzhen noch eine unwirtliche, erst im Entstehen begriffene Stadt gewesen. Nun war daraus eine moderne urbane Hochhauslandschaft geworden. Deng sagte, er habe nie geglaubt, dass solche Veränderungen möglich seien. »Nachdem ich es gesehen habe, ist meine Zuversicht gewachsen.« Ja, fügte er hinzu, aus der viel kritisierten Wachstumsphase zwischen 1984 und 1989 habe sich eine Reihe von Problemen ergeben. Doch die Resultate seien überwältigend. Es sei ein »fliegender Sprung« gewesen: der wahre Große Sprung nach vorn. Shenzhen sei nicht länger ein Experiment; jetzt sei es ein Modell für die Zukunft.

Der Mann, der nicht zwischen schwarzen und weißen Katzen hatte unterscheiden wollen, verwarf in ähnlicher Weise die bekennerhafte Unterscheidung zwischen Kapitalismus und Kommunismus. »Marktökonomien müssen nicht den Beinamen Kapitalismus tragen«, so Deng. »Der Sozialismus hat auch Märkte. Pläne und Märkte sind schlicht wirtschaftliche Trittsteine (...) zu allgemeinem Wohlstand und Reichtum.« Und Deng hatte noch eine weitere sehr wichtige Botschaft zu verkünden: Nicht die Reformer, sondern Chen Yun und seine Verbündeten könnten die Totengräber des Sozialismus werden. In der später am häufigsten zitierten Bemerkung seiner »Reise nach Süden« drängte er seine Parteigenossen: »Gebt Acht auf die Rechten, aber seid vor allem gegen die Linken gewappnet.« Das Alter, so kommentierte er den Widerstand der älteren Gegner des Wandels, mache die Menschen häufig starrsinnig, und wenn solche Leute nicht mehr Flexibilität und Offenheit an den Tag legen konnten, sollten sie am besten »schlafen gehen«. Gegen Chens kurz zuvor veröffentlichte Leseliste kommunistischer Klassiker setzte Deng auf seiner Reise nach Süden die verblüffende Offenbarung, dass er sich nie die Mühe gemacht habe, *Das Kapital* von Marx zu lesen. Er habe dafür weder die Zeit noch die Geduld gehabt.

Die Reaktionen auf seine Reise bewiesen, wie ernst der Kampf war. Tatsächlich gab es im ersten Monat überhaupt keine Reaktion: keine Zeitungsberichte, keinen Film, keinen Kommentar – nur Schweigen. Dengs Gegner waren mächtig genug, den Eindruck zu erwecken, dass es gar kein Ereignis gegeben hatte. Aber dann drang die Nachricht aus Shenzhen nach Hongkong und von dort zurück in die Volksrepublik. Mit einmonatiger Verzögerung wurde aus der unterdrückten Nachricht schließlich ein entscheidendes Ereignis. Die »Reise nach Süden« wurde zum Thema umfangreicher Presseberichte und Diskussionen. Vor dem Hintergrund der anhaltenden Rezession fand Dengs Botschaft eine breite Resonanz; ja sie änderte die Politik des Landes. Das war Dengs endgültiger Sieg. Die Unterstützung für Chens Position bröckelte ab. In Erwiderung auf Chens Ruf nach strengen Beschränkungen für die Wirtschaftssonderzonen forderte ein stellvertretender Premierminister sarkastisch »Sonderzonen für Linke«, in die man die marxistischen Hardliner schicken könne. »Lasst uns ein Stück Land abtrennen, wo man die von den Linken favorisierte Politik anwendet«, sagte er. »Dort werden zum Beispiel keine ausländischen Investitionen erlaubt sein und alle Ausländer werden von dort fern gehalten. Die Einwohner der Zone können weder ins Ausland reisen noch ihre Kinder nach Übersee schicken. Es wird totale staatliche Planung geben. Die Grundversorgungsgüter werden rationiert und die Bürger der Zone werden für Nahrungsmittel und andere Konsumgüter Schlange stehen müssen.« Er forderte die linken Kritiker auf, sich umgehend für diese Zone anzumelden.

Dengs Kampagne erreichte auf dem 14. Parteikongress im Herbst 1992, wo eine neue Verpflichtung auf Reformen verabschiedet wurde, ihren Höhepunkt. Der Kongress feierte Dengs »brillante These«, dass sich China von einer »sozialistischen Warenplanwirtschaft« in eine »sozialistische Marktwirtschaft« wandeln solle. Die Reformen konnten weitergehen. Damit hatte Deng endgültig triumphiert. Im Alter von 88 Jahren hatte er erneut seine Position als erster Mann im Staate behauptet.[10]

Die beiden Wirtschaften

Mit seiner Reise wollte Deng eine spezifische Botschaft über Chinas Zukunft vermitteln. Guangdong, sagte er, sei der Kopf, der Motor der chinesischen Reformen. Und die Provinz, so fügte er hinzu, sollte ihre Reformen beschleunigen, damit sie innerhalb von 20 Jahren die vier Tiger – Südkorea, Taiwan, Singapur und Hongkong – überholen könne. Tatsächlich nahm Deng damit Chinas künftige wirtschaftliche Entwicklung vorweg. Die wirtschaftliche Gesamtleistung des Landes war bemerkenswert. Zwischen 1978 und 1995 wuchs die Wirtschaft um durchschnittlich 9,3 Prozent im Jahr. Während dieses Zeitraums legte China eine gewaltige Strecke von einer Kommandowirtschaft sowjetischen Stils zu einer von Marktkräften beherrschten Wirtschaft zurück.

Aber hinter diesem Wachstum verbarg sich eine tiefe Kluft zwischen Staat und Markt. Auf der einen Seite dieses Abgrundes standen die großen und mittelgroßen Staatsunternehmen. Sie waren gleichzeitig komplexe soziale Organisationen, die ihren Arbeitern eine lückenlose Wohlfahrtsversorgung boten. Zu den staatlichen Großunternehmen zählten etwa 10 000 Betriebe, deren Beschäftigtenzahlen zwischen 5 000 und – in manchen Fällen – 500 000 schwankten. Einige von ihnen machten Schlagzeilen, weil es ihnen gelang, sich von ihren Fürsorgeverpflichtungen ganz oder teilweise zu befreien. Aber der Löwenanteil der Großunternehmen war verschwenderisch und hochgradig ineffizient; sie fertigten Güter, die nicht der Nachfrage angepasst waren; sie entzogen dem Staatsbudget finanzielle Ressourcen, statt ihm Geld einzubringen. Sie zahlten ihre Schulden nicht. Doch aufgrund ihres politischen Einflusses und ihrer sozialen Rolle waren sie nicht leicht zu reformieren. Nach mehreren Schätzungen machten drei Viertel von ihnen Verluste. Es fehlte ihnen an finanzieller Disziplin und sie reagierten nicht auf Marktsignale. Die Firmenleitungen, so ein chinesischer Stahlmanager, waren »zu müde, um sich um ihr Geschäft zu kümmern. Sie verbringen ihre Zeit, indem sie für die Wohnungen ihrer Angestellten sorgen, für die Schulversorgung der Kinder; sie kümmern sich um die Großmütter ihrer Arbeiter.« Ein gut Teil von Chinas wiederkehrender Inflation wurde der Fähigkeit der Staatsunternehmen zugeschrieben, sich auf der Basis windiger finanzieller Angaben staatliche Kredite zu verschaffen. Mit ihnen verflochten waren die staatlichen Banken mit ihrem gewaltigen Bestand an Not leidenden Krediten.

Auf der anderen Seite stand die neue Wirtschaft, eine Quelle von Wachstum und Dynamik. Nicht alle ihre Betriebe waren in privater Hand. »Kollektive« Unternehmen, die Dörfern, anderen Gebietskörperschaften oder der Armee gehörten, aber von Unternehmern geleitet wurden, wurden zu einer der Hauptantriebskräfte des Wirtschaftswachstums. Sie stellten Bündnisse von Unternehmern, lokalen Behördenvertretern, dem Militär und Managern dar und nahmen jene Arbeitskräfte auf, die durch die steigende Produktivität der Landwirtschaft und engere Beschränkungen für Staatsunternehmen freigesetzt wurden. Sie erhielten nur wenig Subventionen, konkurrierten mit Firmen aus anderen Provinzen und handelten nach den Marktgesetzen. Diese Firmen, nicht die großen staatlichen Industrieunternehmen, haben sich als das wahre Rückgrat des chinesischen Wirtschaftswachstums erwiesen. Sie brachten außerdem eine starke lokale Anhängerschaft für Offenheit und Reformen hervor.

Ausländische Investitionen spielen in China eine bedeutende Rolle. Von 1990 bis 1997 wuchs der jährliche Kapitalzufluss um mehr als das Zehnfache: von 3,7 Milliarden 1990 auf über 40 Milliarden Dollar 1997. Diese Zunahme ist umso bemerkenswerter, als sie sich im Rahmen eines Systems vollzog, das für ausländische Investitionen nicht unbedingt nur einladend wirkt. Tatsächlich existiert in China überhaupt kein fester Rahmen für Auslandsinvestitionen. Im Verlauf der Kulturrevolution wurden die Rechtsanwälte und die meisten Handelsgesetze abgeschafft, und bis heute gibt es nicht die Art von vertraglichem, gesetzlichem Rahmen – oder klare Entscheidungsprozesse –, welche die meisten ausländischen Investoren suchen. Doch trotz dieser Unsicherheit steigen die ausländischen Investitionen weiter. »Die Verlockung von einer Milliarde und mehr Konsumenten kann mancherlei Befürchtungen zerstreuen«, so der Ökonom Dwight Perkins.

Der Großteil der ausländischen Investitionen stammt von den Auslandschinesen. Ein erheblicher Anteil davon ist nicht auf den Binnenmarkt, sondern auf den Export ausgerichtet. Tatsächlich hat die Investitionsunsicherheit die Auslandschinesen begünstigt. Sie neigen zu kleineren Investitionen mit kürzeren Amortisationszeiten. So müssen sie sich keine Sorgen über Verträge mit Laufzeiten von 20 Jahren machen. Die mangelnde Fixierung und das Fehlen eines klar definierten gesetzlichen Rahmens stellen ebenfalls einen Vorteil für die Auslandschinesen dar, die dadurch ihre größte Überlegenheit voll ausspielen können: *guanxi*, das heißt die informellen Verbindungen, die sie zu Freunden und Verwandten auf dem Festland unterhalten und die nicht nur auf höherer Ebene wirksam werden, sondern bis hinunter in die örtliche Nachbarschaft. Westliche und japanische Geschäftsleute mögen in den höchsten Kreisen des chinesischen Establishments empfangen werden, aber gegen die überaus wirkungsvollen Verbindungen der Auslandschinesen haben sie nichts aufzubieten. Nirgendwo hat sich dies deutlicher gezeigt als in der Provinz Guangdong.[11]

»Ein neuer Tiger«

Wie Deng auf seiner »Reise nach Süden« betont hatte, war das phänomenale Wachstum an der Südküste der Provinz Guangdong, vor allem im Perlfluss-Delta, unvergleichlich. Guangdong und das benachbarte Fujian wurden als Provinzen für die ersten Wirtschaftssonderzonen ausgewählt, weil sie bereits gut entwickelt waren. Mao hatte sie vernachlässigt und stattdessen Ressourcen auf den Aufbau der Wirtschaft im Binnenland weit entfernt von der Küste konzentriert, weil er fürchtete, dass die Küste bei einem militärischen Angriff verwundbar wäre. Die beiden Provinzen wurden ausgewählt, weil sie von Schlüsselstädten wie Peking und Schanghai weit entfernt liegen und daher, wie man meinte, die »Vergiftung« durch das Ausland begrenzt bliebe. Außerdem erleichterte natürlich ihre Küstenlage den Export.

Mit der neuen Außenorientierung schloss Guangdong an seine Vergangenheit an. Händler aus Guangdong hatten den südostasiatischen Seehandel lange Zeit dominiert, bis dieser Handel im 16. Jahrhundert von der Ming-Dynastie verboten wurde. Als man die Sperre 1685 aufhob, war es zu spät. Obwohl sich der Handel wieder belebte, beherrschten ihn nun die Europäer, und Guangdong erreichte nie wieder seine historische Vorrangstellung. Aber zwei Faktoren erwiesen sich für die Wiedergeburt Guangdongs in den 90er Jahren als entscheidend. Der erste war *guanxi*, also die Kontakte zu den Auslandschinesen, die Guangdong in besonderer Weise zugute kamen. 80 Prozent der 30 Millionen Auslandschinesen stammen aus Guangdong. Sie investierten Milliarden in die Provinz. Der zweite Faktor war die strategische Lage von Shenzhen, das an Hongkong grenzt. Diese Nähe erwies sich als ausschlaggebend für den dramatischen Aufschwung der Region.

Das Perlfluss-Delta, das etwa ein Viertel des Gebietes von Guangdong ausmacht und sowohl Shenzhen als auch Guangzhou einschließt, wurde als »Kronjuwel der chinesischen Wirtschaft« bezeichnet, als ein neuer Tiger und »fünfter Drache«. Zwischen 1978 und 1993 betrug das jährliche Wachstum der Wirtschaft in Guangdong im Durchschnitt 13,9 Prozent und lag damit erheblich über dem Landesdurchschnitt. Die Wachstumsrate des Deltas ging sogar noch darüber hinaus: 17,3 Prozent. 40 Prozent aller chinesischen Exporte kamen aus Guangdong und davon stammten wiederum 70 Prozent aus dem Perlfluss-Delta. Nur 23 Millionen Menschen bevölkern das Delta, was etwa der Einwohnerzahl Taiwans oder Malaysias entspricht. Das bedeutet, dass eine Region, die (wenn man von Hongkong absieht) nur 1,4 Prozent der chinesischen Gesamtbevölkerung stellt, für die Schaffung von etwa 30 Prozent der gesamten Exporte des Landes verantwortlich ist.

Diese Art von nachhaltigem Hochgeschwindigkeitswachstum übertraf alles, was in anderen Volkswirtschaften des »asiatischen Wunders« erreicht wurde. Dies spiegelt sich in der Veränderung der Landschaft wider. Ackerland verwandelte sich in Baugrund für eine schier endlose Boomtown und schließlich in moderne Hochhausstädte. Als die Électricité de France, der französische Energieriese, 1993 für drei Milliarden Dollar ein Kernkraftwerk baute, um den steigenden Bedarf an Elektrizität zu befriedigen, lag das Grundstück für das Werk auf einem öden Küstenstrich, der Daya-Bucht. Sobald eine Straße zum Kraftwerk gebaut war, schossen auf dem zuvor unbebauten Land unzählige Fabriken in die Höhe. Shenzhen selbst, einst ein Grenzposten mit etwa 30 000 Einwohnern, wuchs in weniger als 20 Jahren zu einer Drei-Millionen-Stadt heran. Aber immer noch trennte eine Grenze Shenzhen von Hongkong, einem der ursprünglichen Tigerstaaten.

»Ein Land, zwei Systeme«

Hongkong war aus den Opiumkriegen hervorgegangen, in denen Mitte des 19. Jahrhunderts britische Händler gegen das chinesische Reich kämpften. Die Insel Hongkongs wurde 1842 an Großbritannien abgetreten, und seit 1898 besaß Hongkongs Territorium mit dem dazugehörigen Stück Festland die Grenzen, die es bis 1997 behalten sollte. Der Revolution von 1911, die der Quing-Dynastie ein Ende setzte, folgten aufgewühlte Jahrzehnte, in denen Südchina zum Schlachtfeld von Nationalisten, Kommunisten und Militärführern wechselnder Allianzen wurde. Hongkong bot einen sicheren Außenposten für den Handel und einen sicheren Hafen für das Vermögen von Geschäftsleuten und Industriellen. Die kommunistische Machtübernahme im Jahre 1949 zementierte Hongkongs Rolle, als viele der Händler und Industriellen der chinesischen Wirtschaftskapitale Schanghai alles daransetzten, in die britische Kolonie zu gelangen. Durch diese Umwälzung erhielt Hongkong eine Gemeinde von Geschäftsleuten mit hoher Bildung, unternehmerischen Fähigkeiten und Verbindungen zum Festland, die sich mit der Zeit als überaus nützlich erweisen sollten.

Über diese menschlichen Ressourcen hinaus hatte Hongkong wenig mehr als seine strategische Lage und seinen Tiefwasserhafen zu bieten. Wie Singapur begann die Stadt vom Handel zu leben. Bis zur kommunistischen Machtübernahme war sie ein wichtiger Umschlagplatz für Chinas Importe und Exporte gewesen. Nach 1949 wandte Hongkong sich Ausfuhren in entferntere Regionen zu; und die Investitionen von entwurzelten Chinesen ließen, in Verbindung mit der Verfügbarkeit von billigen Arbeitskräften, lokale Montagewerke, Textilwerkstätten und Fabriken für Leichtindustriegüter aus dem Boden schießen. Diese blühten nicht nur dank des Unternehmergeistes ihrer Gründer auf, sondern auch aufgrund des ungewöhnlich marktorientierten Geschäftsklimas, das die britische Verwaltung gedeihen ließ. Nach kolonialer Tradition wurde über die Politik Hongkongs innerhalb eines kleinen Clubs entschieden: Opposition war nur in geringem Maße zugelassen, der Gesetzgebungsrat wurde viele Jahrzehnte lang eher ernannt als gewählt, und die obersten Verwaltungsbeamten wurden vom Kolonialamt in London entsandt. Wenn das politische Leben auch streng reguliert war, ließ man der Wirtschaft entschieden freien Lauf. Die Währung wurde an den US-Dollar gebunden und Kapital konnte sich bewegen, wie es wollte. Es gab keine Handels- oder Devisenverkehrsbeschränkungen und keine Zentralbank. Die Arbeitsgesetze waren locker, die Steuern niedrig. All dies unterschied sich von den anderen asiatischen Tigerstaaten, besonders von Singapur, der anderen Zwischenhafen-Wirtschaft. In Hongkong ersetzten offenbar die besonderen Vorteile der Lage und des historischen Zufalls, der nach 1949 Unternehmen und Investitionen ins Land gebracht hatte, die staatliche Organisation des Wirtschaftslebens. Mächtigster Repräsentant des Staates war der Finanzminister; und dieser Posten wurde von einer Reihe von Verwaltungsbeamten besetzt, die sich offen zu einer *Laisser-faire*-Politik bekannten. Der Kontrast zwischen dem klassischen liberalen System in der Kolonie und dem gemischten Wirtschaftssystem, das zu Hause im Vereinigten Königreich vorherrschte, war krass und nicht ohne Ironie.

In den 60er Jahren begann Hongkong sich von der Produktion von Bekleidung und Leichtindustriewaren auf Elektrogeräte und elektronische Güter umzustellen. Die Wirtschaft war, auf der Basis von üppigen Investitionen und billigen Arbeitskräften, ganz auf den Export ausgerichtet. Produkte »Made in Hongkong« wurden auf den amerikanischen und europäischen Märkten allgegenwärtig und bedrohten die traditionellen Textil- und Fertigungssektoren dieser Länder. Aber Hongkongs ganz großer Auftritt in der Weltwirtschaft sollte sich erst in den 80er Jahren ereignen; er war eng mit Deng Xiaopings Reformprogramm auf dem Festland verknüpft, das die Tür zu Reisen, Handel und Investitionen über die Grenze öffnete. Mit der Einrichtung der ersten Wirtschaftssonderzone nahe bei Hongkong lud Deng zu Investitionen im chinesischen Hinterland mit seinem riesigen Reservoir an billigen Arbeitskräften und Ressourcen ein. Das Kapital von Hongkong verlor keine Zeit, diese Chance zu nutzen. Fertigungsunternehmen verlagerten den arbeitsintensivsten Teil ihrer Produktion auf das Festland. Das schnelle Wachstum der Wirtschaftssonderzonen verdichtete noch die schon geballte urbane Landschaft und verwandelte das Perlfluss-Delta in eine wirkliche Megalopolis mit Hongkong und Guangzhou als ihren Zwillingspolen.

Am dramatischsten war jedoch Hongkongs Verwandlung in eines der bedeutendsten Finanzzentren der Welt, und für diesen Wandel wurde die Stadt am berühmtesten. Ausgelöst wurde diese Entwicklung zum Teil durch die Explosion der internationalen Investitionen in den 80er Jahren; stark begünstigt wurde sie durch das Klima eines ungezügelten *Laisser-faire*-Kapitalismus und durch die Präsenz gut etablierter Handelshäuser, der so genannten *hongs*, von denen viele ein Jahrhundert alt waren, und großer lokaler Vermögen, die nach profitablen Anlagemöglichkeiten suchten. Aber auch hieran hatten die Veränderungen in China einen mächtigen Anteil. Die lockeren Beschränkungen in den Wirtschaftssonderzonen erlaubten es den Unternehmen häufig, sich Kapitalgeber an der Börse zu suchen. Obwohl China in den 90er Jahren seine eigenen Börsen zu entwickeln begann – Schanghai und Shenzhen –, war Hongkong die erste Wahl, um ein Unternehmen an die Börse zu bringen. Als Chinas schnelles Wachstum in großen Mengen ausländisches Kapital anzuziehen begann, wurde Hongkong außerdem zum Zentrum von Investmentfachwissen, das bei der Anlage dieses Geldes auf dem Festland half. All dies kam zur halb verborgenen Rolle Hongkongs als Hafen für Kapital aus Taiwan hinzu, der wirtschaftlich so erfolgreichen »abtrünnigen Provinz«, ebenso zu seiner formellen und informellen Funktion als Finanzzentrum der Auslandschinesen.

China selbst begann sich für Hongkongs Zukunft zu interessieren und sich bereits lange vor der politischen Übergabe der Kolonie finanziell zu engagieren. Ende der 80er Jahre hatten Chinas Staatsunternehmen massiv in Hongkongs boomenden Immobilienmarkt investiert und sich an einer Reihe von Firmen der produzierenden Industrie zu beteiligen begonnen. Die staatliche Bank von China errichtete am Hafen einen von Hongkongs spektakulärsten Wolkenkratzern. Zur Zeit der Übergabe der Kolonie hielten chinesische Firmen Anteile an vielen wichtigen Industriekonglomeraten Hongkongs und an den privaten Versorgungsmonopolen, die einen Großteil des Territoriums versorgten. Als Anfang der 90er Jahre die Nervosität angesichts der bevorstehenden Übergabe zunächst wuchs und dann wieder abklang, trat an die Stelle der hektischen Kapitalflucht der Hongkonger in die USA, in die karibischen Steuerparadiese und nach Kanada an der Börse ein Ansturm auf Spitzenwerte chinesischer Staatsunternehmen, die in Hongkong registriert waren, aber enge finanzielle und politische Verbindungen zum Festland unterhielten – die so genannten *red chips* (in Anlehnung an die üblicherweise als *blue chips* bezeichneten Spitzenwerte der kapitalistischen Welt, A. d. Ü.).[12]

Am 30. Juni 1997 fand gemäß dem Abkommen zwischen China und Großbritannien von 1984 die Übergabe Hongkongs statt, die in einer nüchternen mitternächtlichen Zeremonie gipfelte, als unter dem Monsunregen der britische Union Jack eingeholt und die chinesische Fahne gehisst wurde. Von der Promenade des neuen Kongresszentrums, das in den Hafen ragt, bot sich der Anblick eines außergewöhnlichen Feuerwerks. Es war ein bedeutendes Ereignis, das folgenschwere Fragen hinsichtlich der künftigen politischen Entwicklungen und des Lebens in Hongkong sowie seiner Beziehungen zu China und dem Rest der Welt aufwarf. Bereits vor der Übergabe kontrastierte Hongkongs Reichtum – der pro Kopf gerechnet um 20 Prozent höher lag als in Großbritannien – beunruhigend mit dem Lebensstandard auf dem Festland. Trotz des raschen Wachstums und der zunehmenden Integration der Deltaregion verschärfte sich dieser Gegensatz nach der Übernahme durch unterschiedliche Regulierungen, Wirtschaftsideologien und Weltanschauungen noch mehr. Hongkongs Immobilienpreise etwa, die dort als normal galten, waren für den Rest der Welt bemerkenswert: 800 Millionen Dollar für ein Grundstück, auf dem man zwölf Eigentumswohnungen errichten konnte. Und die Bewertungen an der Hongkonger Börse beruhten zum Teil auf solchen Preisen.

Es dauerte jedoch nicht allzu lange, bis Hongkong in wirtschaftliche Schwierigkeiten geriet. Die Quelle dieser Schwierigkeiten war nicht Einmischung aus Peking, sondern der Weltmarkt, von dem Hongkong so lange profitiert hatte.

Die Übergabe vollzog sich kurz vor dem Beginn der asiatischen Wirtschaftskrise. Zunächst glaubte man, dass Hongkong dagegen relativ immun sein würde. Aber anderthalb Jahre später steckte es in einer Rezession. Die einst astronomischen Immobilienpreise rutschten ab, und die dem freien Markt verpflichtete Regierung gab Milliarden von Dollar aus, um an der Börse zu intervenieren und Angriffe von Spekulanten abzuwehren.

China ist noch für mindestens 50 Jahre nach der Übergabe an das Abkommen mit Großbritannien gebunden, Hongkongs Wirtschaftssystem zu erhalten. Um diesem Vertrag Sinn zu verleihen, ja um seine Einhaltung zu fördern, hinterließ Deng Xiaoping seinen Nachfolgern eine Leitidee: »ein Land, zwei Systeme«. Es war nichts falsch daran, so glaubte Deng, wenn zwei Wirtschaftssysteme nebeneinander bestanden, solange sie gut zusammenspielten. Das war eine logische Erweiterung seines pragmatischen Denkens über Katzen und Mäuse. In einem Land, in dem ideologische Erklärungen weiterhin beträchtliches Gewicht hatten, führte er damit außerdem lebhaft vor Augen, wie tief greifend er die Ideologie der Kommunistischen Partei verändert hatte.

Bruch mit den Konventionen

Dengs Reise zum Perlfluss 1992 hatte den Reformkurs bewahrt – und dadurch die Bedingungen für das Konzept »ein Land, zwei Systeme« sichergestellt. Danach, in der verbleibenden Zeit vor der Übergabe, war Deng der unumstrittene Führer geblieben, obwohl er keinen formalen Titel besaß. Seine Gesundheit verschlechterte sich rapide. Doch er hatte die Oberhand behalten. Er hatte die chinesische Revolution von der Ideologie fortgeführt und auf die pragmatischeren Ziele von Reichtum und Macht ausgerichtet. Er hatte einen anderen Langen Marsch angeführt – dieses Mal vom Kommunismus und der zentralen Planwirtschaft zu einer Marktökonomie. An der zentralen Parteischule in Peking haben die vertrauten Lehrgänge über Marxismus, Leninismus und die Geschichte der Kommunistischen Partei der Sowjetunion Kursen über Marketing, Rechnungswesen und internationale Wirtschaft Platz gemacht.

Der Marsch ist noch nicht zu Ende. Der Fortschritt verläuft ungleichmäßig: Das Land machte Perioden des Booms, des Einbruchs und Rückzugs durch. Dennoch sind die Resultate außergewöhnlich zu nennen. 1997 lag Chinas Bruttosozialprodukt auf der Basis der Kaufkraft an zweiter Stelle hinter den USA, und China ist das einzige Land der Welt, das zumindest aus heutiger Perspektive die realistische Chance hat, die amerikanische Wirtschaft an Größe zu übertreffen.

Gleichzeitig haben sich die Warnungen von Chen Yun und anderen konservativen Kritikern zumindest bis zu einem bestimmten Grad bestätigt. Korruption ist ein großes Problem. Abermillionen von unterbeschäftigten oder arbeitslosen Menschen treiben zwischen dem Land und den Städten hin und her. In periodischen Abständen wird die Wirtschaft von inflationären Schüben heimgesucht. Verbrechen sind viel weiter verbreitet als früher. Die neuen Börsen haben ihr Soll an Panik bereits übererfüllt und in manchen Fällen Unruhen verursacht. Die Zentralregierung und die Provinzen liegen in ständigem Clinch miteinander. Gleichzeitig bleiben Menschenrechtsfragen eine Quelle von Spannungen zwischen China und den USA.

Die alles übergreifende Frage ist die Balance zwischen wirtschaftlichem und politischem Wandel. Für Deng war die höchste politische Wahrheit in der Kommunistischen Partei verkörpert. Flexibilität war überall möglich – außer bei der Monopolstellung der Partei. In ihren Dienst hatte er sich gestellt; ohne sie drohte für ihn das Chaos. Es gab keinen erkennbaren Mechanismus für einen politischen Übergang. Aber kann die Kontrolle der Partei in einer Gesellschaft überleben, die einen blühenden Markt geschaffen und sich der Welt geöffnet hat? Harte Bewährungsproben stehen dem politischen System Chinas bevor, während die Nation ihren Marsch in Richtung Markt fortsetzt. Doch zweifellos ist es bemerkenswert, wie weit sich China bereits auf eine in die Weltwirtschaft integrierte Marktökonomie zubewegt hat. Das Land ist der weltgrößte Produzent von Schuhen, Pullovern, Spielzeug und Sportartikeln. Nichts davon war im Denken Mao Zedongs angelegt. Um einen solchen Wandel zu bewältigen, muss eine Gesellschaft ihre Mythen grundlegend umformen. Und genau das hat China in Angriff genommen – angefangen mit seinem höchsten politischen Führer.

Deng Xiaoping starb Anfang 1997 im Alter von 93 Jahren, ein halbes Jahr vor der Rückkehr Hongkongs und der praktischen Anwendung seiner These »ein Land, zwei Systeme«. In seiner Trauerrede beschrieb Präsident Jiang Zemin die Stationen von Dengs Karriere: die Siege und scheinbar tödlichen Rückschläge, von denen er sich dennoch erholen konnte. Was Jiang Dengs »drei Aufstiege und drei Stürze« nannte, umfasste einen Großteil der chinesischen Geschichte des 20. Jahrhunderts. Doch am Ende setzte Deng sich durch und brachte China auf seinen Reformkurs. Deng, so drückte es Jiang aus, »brach mit den Konventionen«. Als er an die Macht kam, steckte China in verzweifelter Armut: 60 Prozent seiner Bevölkerung lebten von weniger als einem Dollar pro Tag. Die Reformen bescherten dem Land ein hohes Wachstum. Zwischen 1978 und 1995 erhöhte sich der chinesische Außenhandel von 36 Milliarden auf 300 Milliarden Dollar. Das Pro-Kopf-Einkommen verdoppelte sich zwischen 1978 und 1987 und noch einmal zwischen 1987 und 1996: eine Steigerung, die in der Geschichte nahezu unerhört ist.

Großbritannien brauchte 60 Jahre, um sein Pro-Kopf-Einkommen zu verdoppeln; die USA benötigten dafür 50 Jahre. Durch die Einführung von Reformen mit einer derartigen Wirkung schaffte Deng etwas, das niemand sonst in der Geschichte erreicht hat: Innerhalb von nur zwei Jahrzehnten führte er 200 Millionen Menschen aus der Armut heraus.

Ein halbes Jahr nach Dengs Tod, im September 1997, bestätigte der 15. Parteikongress in Peking Chinas Marsch in die Marktwirtschaft. 1978 hatte sich der 11. Parteitag unter Dengs Ägide den Fragen der Landwirtschaft gewidmet. Zwei Jahrzehnte später griff der 15. Parteitag in Dengs Schatten die andere Hälfte der Frage auf: den staatlichen Sektor. Dessen finanzielle Lage war zu einem Problem von überwältigender Dringlichkeit geworden. Obwohl einige der Unternehmen gut geführt wurden und profitabel waren, war der Sektor insgesamt ineffizient, Verlust bringend und inflexibel. Not leidende Kredite an diese Unternehmen machten 40 Prozent der Gesamtkredite der staatlichen Banken aus. Aber Lösungen waren hier weit schwieriger als in der Landwirtschaft, sowohl in ideologischer wie in praktischer Hinsicht. Für die ältere Generation innerhalb der Führung war schon allein das Wort »Privatisierung« inakzeptabel. Sie hielt am grundlegenden Konzept der »eisernen Reisschüssel« fest – garantierte Arbeitsplätze und Versorgung für die Arbeiter der Staatsunternehmen. Darüber hinaus würden einschneidende Veränderungen nicht nur tief verwurzelte Interessen verletzen, sondern auch soziale Unruhen bedrohlich näher bringen; denn eine Reform beschwor das Schreckgespenst von Millionen und Abermillionen beschäftigungsloser Arbeiter herauf. Die Überführung von Staatseigentum in private Hände öffnete außerdem der Korruption Tür und Tor. Dennoch: Das System konnte so nicht weitergeführt werden; das Auftürmen von Schulden durch den Staatssektor bedeutete ein ernstes Risiko für die finanzielle Stabilität des ganzen Landes.

Der Parteikongress erklärte, dass die meisten dieser Unternehmen – insgesamt 100 000 an der Zahl – vom Staat losgelöst und auf der Basis eines Prinzips geführt werden sollten, das mitunter *ming ying* genannt wird, »Unternehmen in Volkseigentum«. Dieser zweideutige Ausdruck konnte durchaus auch die Eignerschaft durch Aktionäre einschließen. Wie Chinas Präsident Jiang Zemin es in seinem Bericht an den Kongress ausdrückte, war dieser Mangel an Genauigkeit durchaus gewollt: »Öffentliches Eigentum kann und sollte in vielfältigen Formen Verwirklichung finden.« Zu den Instrumenten der Reform gehörten Firmenzusammenschlüsse, Unternehmensschließungen und, wie Jiang es nannte, »Verschlankung«. Daneben beschloss der Kongress auch die Ausweitung direkter Wahlen von dörflichen bis zu größeren Stadtgemeinden – auch wenn dies weniger Beachtung fand.

Im März 1998 ernannte der 9. Volkskongress Chinas neuen führenden Reformer Zhu Rongji zum Premierminister. Seiner Ausbildung nach Ingenieur und in den Tagen der Revolution ein Studentenführer, war Zhu wie Deng mehrfach mit der maoistischen Orthodoxie aneinander geraten und zweimal in entlegene Gebiete verbannt worden. Er wurde zur gleichen Zeit rehabilitiert wie Deng und stieg die Karriereleiter in den Ministerien nach oben, bis er 1987 abkommandiert wurde, das Amt des Bürgermeisters von Schanghai zu übernehmen. Zhu verließ die Hauptstadt nicht gern und akzeptierte den Posten nur widerwillig. In den vier Jahren, in denen er das Bürgermeisteramt ausübte, bewies er ungewöhnliche Dynamik und großen Elan. Er baute Straßen und Brücken, kämpfte energisch gegen korrupte Beamte und wachte über einen Investitions- und Handelsboom, der Schanghai von Grund auf verwandelte. Zhus Leistungen weckten die Aufmerksamkeit von Deng Xiaoping, der ihn als Vizepremierminister zurück nach Peking holte. 1997 war Zhu der unumstrittene Schlüsseltechnokrat in Chinas Regierung und ausländische Investoren und Märkte begrüßten seine spätere Wahl zum Premierminister mit Enthusiasmus.

Zhu rief zur raschen Umstrukturierung der Staatsunternehmen auf. »Die Rollen von Staat und Wirtschaft«, sagte er, müssten »dringend (...) getrennt« werden. Auf einer beispiellosen Pressekonferenz unmittelbar nach seiner Ernennung verpflichtete er sich auf Reformen, »was immer auf uns wartet«, ob »Landminen oder ein Abgrund«. Er machte sich eilig daran, den Staat zu verkleinern und stärker marktorientierte Systeme – sei es im Wohnungsbau oder im Bankwesen – zu schaffen. Das Wort »Privatisierung« wurde freilich immer noch nicht benutzt. Stattdessen wurde die Umwandlung von staatlichen Unternehmen in Aktiengesellschaften betont, um sie stärker auf die Gebote des Marktes und den Wettbewerbsdruck auszurichten. Um den Wandel in aufgeblähten Sektoren wie der Textilindustrie zu beschleunigen, ging der Staat so weit, den Unternehmen eine Prämie für jede stillgelegte Maschine zu zahlen.

Doch bald schon bedrohten die Auswirkungen der Finanzkrise, die durch das übrige Asien fegte, die Entschlossenheit zur Reform. Der Finanzmarkt und die Devisenkontrollen hatten einen weitgehend ineffizienten Bankensektor geschützt, aber dieselben Kontrollen hatten auch dazu beigetragen, China vor dem Sturm abzuschirmen. Nun schien es gefährlich, sie aufzuheben. Das Scheitern der heimischen Finanzinstitutionen trug ebenfalls zur Besorgnis bei. Die globalen Turbulenzen zogen Chinas Exportmärkte in Mitleidenschaft und behinderten das Wachstum, während billigere Importe aus Chinas Nachbarländern heimischen Produzenten die Märkte wegnahmen. Die Asienkrise rückte zusammen mit der Arbeitslosigkeit die Gefahren ins Licht, die die Schließung staatlicher Firmen und die Entlassung von Arbeitern mit sich bringen würden. Die furchtbare Flutkatastrophe vom Sommer 1998 belastete die nationalen Ressourcen noch weiter. Zhu stand vor einem vertrackten Problem: entweder um jeden Preis auf Wachstum zu setzen – selbst wenn dies bedeutete, den Banken mehr zinsgünstige Kredite an ineffiziente Betriebe aufzubürden – oder auf Kosten eines langsameren Wachstums die Reformen voranzutreiben.

Das China-Restaurant

Doch trotz aller Schwierigkeiten war Deng Xiaopings Leistung unumkehrbar. Sein Erbe war zum neuen Credo der Partei geworden. Nach seinem Tod verlieh die Partei Deng Xiaoping einen neuen Status. »Wir müssen das große Banner Deng Xiaopings hochhalten«, erklärte Präsident Jiang Zemin. Von nun an sollte »Deng Xiaopings Theorie« neben dem Marxismus-Leninismus und dem Denken Mao Zedongs »die Leitideologie« sein, nach der sich das Handeln der Partei richtete. Wie ließen sich Maos Denken und Dengs Theorie miteinander vereinbaren? Durch Pragmatismus. Indem sie das Banner Deng Xiaopings hochhielt, stattete die kommunistische Führung sein heiliges Prinzip des Pragmatismus mit den höchsten Weihen aus.

Schon vorher hatte Deng viele Rollen besetzt: als Revolutionär, Soldat, Kommunist, Staatsmann, Reformer, Patriarch. Aber in den 90er Jahren kam noch eine weitere hinzu: Geschäftsmann. Eine Schanghaier Zeitung berichtete über die allgemein unbekannte Tatsache, dass der junge Deng während der Zeit, als er in Paris zum Kommunisten wurde, auch ein Restaurant eröffnet hatte. Er tat dies auf Geheiß keines Geringeren als Zhou Enlai, seines »älteren Bruders«, der ihn in den revolutionären Untergrund eingeführt hatte. Auch hier kamen Dengs organisatorische Fähigkeiten zum Zuge: Dengs Bohnenmus war gut, das Restaurant hatte Erfolg und so weitete er sein Speisen- und Sitzplatzangebot aus. Die Moral lag auf der Hand: Man konnte ein guter Kommunist und glühender Nationalist sein, der versucht einem geeinten China den Reichtum und die Macht zu sichern, die ihm zukommen; und gleichzeitig konnte man ein guter Geschäftsmann sein, der etwas Qualitätvolles anbietet, das die Leute wirklich kaufen wollen. Diese Mischung war es mehr oder weniger, die Deng in seinen zwei Jahrzehnten als oberste Führungspersönlichkeit Chinas zu erreichen suchte.[13]

Kapitel 8

Nach der Genehmigungswirtschaft
Indiens Erwachen

Am 21. Juni 1991 war Manmohan Singh in Neu-Delhi bei Freunden zum Mittagessen eingeladen. An jenem Morgen jedoch rief seine Frau die Gastgeber an, um ihnen abzusagen. Ihr Mann habe eine »plötzliche Arbeit« zu erledigen. Kurz nach acht Uhr morgens hatte Singh einen unerwarteten Anruf vom neuen Premierminister Narasimha Rao erhalten. Statt zum Mittagessen zu fahren fand sich Singh bei seiner eigenen Ernennung zum Finanzminister wieder – und dies inmitten von Indiens schlimmster Wirtschaftskrise. Allerdings sah es für viele so aus, als ob Singh bald wieder zum Lunch frei sein würde, denn Raos Regierung galt als schwach und man erwartete, dass sie sich nicht lange halten würde. Tatsächlich aber blieb sie die vollen fünf Jahre ihrer Legislaturperiode im Amt, löste in dieser Zeit Indiens Wirtschaft aus der staatlichen Vorherrschaft und brachte sie auf einen grundlegend neuen Kurs. Das Ergebnis könnte aus Indien eine der dynamischsten Kräfte in der Weltwirtschaft des 21. Jahrhunderts machen.[1]

Mit seinem Kurswechsel brach Premierminister Rao entschieden mit den Ideen, die in Indien seit der Unabhängigkeit und in der Kongresspartei bereits seit den 30er Jahren beherrschend gewesen waren. Rao hatte keine so dramatische Biografie oder die Aura seiner höchst berühmten Vorgänger. Er schien eher für die Rolle eines Übergangskandidaten als die eines Revolutionärs geeignet; er wirkte wie das Ende der indischen Nachkriegsdynastie, nicht wie der Mann, der die Ideen über den Haufen werfen würde, die diese Dynastie zusammengehalten hatten.

In den Jahrzehnten zuvor schien Indien wirklich von einer Dynastie beherrscht zu werden. Der Stammvater, Pandit Nehru, hatte die Nation 1947 in die Unabhängigkeit geführt und war bis zu seinem Tod 1963 Premierminister gewesen. Seine Tochter, Indira Gandhi, war Ministerpräsidentin in 15 der 17 Jahre zwischen 1967 und 1984, als sie ermordet wurde. Ihr Sohn

Rajiv wiederum bekleidete dieses Amt von 1984 bis 1989. 1991 versuchte er ein politisches Comeback und wurde im Wahlkampf ermordet.

Doch trotz aller Anfechtungen blieb Indien ein demokratisches Land – und dies bleibt eine der großen Leistungen der zweiten Hälfte des 20. Jahrhunderts. Seine freien Wahlen, seine unabhängige Rechtsprechung, seine freie Presse und Redefreiheit standen in deutlichem Kontrast zur politischen Realität in einem Großteil der anderen Entwicklungsländer, die während langer Phasen von Diktatur, ethnischen Kriegen und politischer Spaltung beherrscht wurden. Umso bemerkenswerter war diese Leistung angesichts der Größe des Landes – in dem beinahe 20 Prozent der Weltbevölkerung leben – und seiner äußerst großen ethnischen Vielfalt. Sein politisches System geriet häufig durch religiöse und ethnische Konflikte, Korruption und politischen Ehrgeiz in Bedrängnis, aber es bewies eine erstaunliche Widerstandskraft.

Im Hinblick auf die Wirtschaft jedoch bot sich ein ganz anderes Bild. Mit Idealismus und Ideologie wandte sich Indien einer Wirtschaftspolitik zu, die seine Entwicklung hemmte und verhinderte, dass die massive Armut im Land gemildert wurde. In der Folge manövrierte sich Indien in einer rasch wachsenden Weltwirtschaft selbst in eine Randposition. Das große idealistische Projekt, dem sich Mahatma Gandhi und Jawaharlal Nehru in den 20er Jahren verschrieben hatten, war der Sieg über die Armut. Das Problem bestand nicht in den Idealen, sondern in den Mitteln, um sie zu erreichen. Die Führer der Kongresspartei, deren Ideen vom Sozialismus der britischen Fabian Society und der kommunistischen Planwirtschaft geprägt waren, misstrauten dem Markt. Sie hielten Wettbewerb für schlecht und hatten nur »Verachtung für den Preismechanismus« übrig. Stattdessen glaubten sie, dass es einer zentralistischen Planung, starker staatlicher Kontrolle und dem überlegenen Wissen des Staates weit besser gelingen würde, Investitionen zu lenken und Produktionsziele festzulegen, als vielen Millionen von individuellen Entscheidungsträgern. Bürokratische Vorschriften waren besser als das Wechselspiel der Marktpreise.

Es gab sehr überzeugende, technisch versierte und zuweilen brillant argumentierende Wirtschaftsanalysten, die diesen Ansatz unterstützten. »Es ist nicht ganz falsch«, so kommentierte ein herausragender indischer Ökonom spöttisch, »der zynischen Auffassung zuzustimmen, dass es Indiens Unglück war, brillante Ökonomen zu haben: eine Plage, die den erfolgreichsten Volkswirtschaften des Fernen Ostens erspart blieb.« Doch hinter alldem stand ein Gefühl großer Dringlichkeit. Sowohl die natürlichen als auch die wirtschaftlichen Ressourcen des Landes waren äußerst knapp. Sie mussten gelenkt werden; andernfalls drohte die Gefahr, dass sie für Unwesentliches wie die Produktion von Lippenstiften vergeudet wurden. Die Probleme, denen sich das Land gegenübersah, waren zu unmittelbar, das menschliche Leid zu katastrophal, um dieses Risiko einzugehen. Der Staat bündelte seine Ressourcen im Geist sowjetischer Planwirtschaft und konzentrierte sich auf die Schwerindustrie. Als entscheidender Gewichtungsfehler erwies sich dabei, dass die Konzentration auf den Investitionen selbst lag, statt auf ihrer Produktivität, der Qualität und dem Wert der Produkte.[2]

»Die Besteigung des marxistischen Bergs«

Die Folge war ein Wirtschaftssystem mit drei kontraproduktiven Merkmalen. Das erste war die »Herrschaft der Genehmigungen« (*Permit Raj*), ein komplexes, irrationales, beinahe unverständliches System von Kontrollen und Lizenzen, das jeden Schritt in der Produktion, bei den Investitionen und im Außenhandel bestimmte. Dieses Kontrollsystem war während des Zweiten Weltkriegs als Notbehelf eingeführt worden, wurde aber nach der Unabhängigkeit mit viel umfassenderer Zielrichtung stark ausgeweitet. Es sollte die Funktion eines allwissenden Verteilers erfüllen und die nationalen Wirtschaftsinteressen ausbalancieren, aber es schlug in eine grenzenlos willkürliche Bürokratie um. Alles und jedes bedurfte einer Genehmigung und eines Stempels. Wenn ein Fabrikant statt Plastikschaufeln lieber Plastikeimer herstellen wollte, musste er sich dies genehmigen lassen. Wollte ein Unternehmen die Produktion erhöhen, musste es eine Genehmigung einholen. Tatsächlich musste jedes Unternehmen, dessen Wert 20 Millionen Dollar überstieg, für jede größere Entscheidung, darunter auch die Besetzung seines Aufsichtsrates und Direktoriums, die Zustimmung der Regierung einholen. Man musste also endlos in Regierungsämtern antichambrieren, um sich die Gunst einer Myriade von Beamten zu sichern. Hatte man aber einmal Lizenz und Stempel, gab es einen Trost: Schutz vor dem Wettbewerb jener, die nicht die notwendigen Genehmigungen besaßen. Folglich entstand eine Unzahl von Interessen, die das Wirtschaftswachstum hemmten: »die Politiker, die von der Korruption profitieren, die Bürokraten, die ihre Macht genießen, die Unternehmer und die Arbeiter, die geschützte Märkte und okkupierte Rechte lieben«.

Das zweite kontraproduktive Merkmal war eine starke Tendenz zum

Staatseigentum. Darin spiegelte sich die von der Fabian Society favorisierte »gemessene und langsame Besteigung des marxistischen Bergs«. Der Anteil des öffentlichen Sektors am Bruttoinlandsprodukt wuchs von acht Prozent im Jahr 1960 auf 26 Prozent 1991. Die Zentralregierung besaß etwa 240 Unternehmen, darunter traditionelle staatliche Industrien wie Eisenbahn und Versorgungsunternehmen. Ihre Bedeutung lässt sich an ihrer Größe ablesen: Ende der 80er Jahre stellten Staatsunternehmen 70 Prozent der Arbeitsplätze in Großbetrieben. Schätzungen zufolge war die Hälfte dieser 240 Firmen rettungslos bankrott. Statt »kranke« Unternehmen in den Bankrott gehen zu lassen, übernahm sie der Staat. Die Arbeiter sahen ihr Einkommen als garantierte »Belohnung« für einen Arbeitsplatz, während Überstunden den eigentlichen Lohn einbrachten. Selbst wenn ihre Unternehmen geschlossen wurden, erwarteten sie immer noch die Überstunden bezahlt zu bekommen. Staatliche Unternehmen operierten im Allgemeinen in völlig geschützten Märkten, die durch keinerlei Wettbewerb diszipliniert wurden. Das Ergebnis war ein staatlicher Sektor, der keinen Anreiz hatte, effizient zu sein, der nicht auf die Konsumenten einging und ständig wachsende Verluste auftürmte.[3]

Die Düngemittelfirma Hindustan Fertilizer Corporation bot dafür ein treffliches Beispiel. 1991, zur Zeit der Wirtschaftskrise, kamen ihre 1200 Beschäftigten jeden Tag zur Arbeit, wie sie es seit Eröffnung der Fabrik 12 Jahre zuvor gewohnt waren. Sie war zwischen 1971 und 1979 mit öffentlichen Mitteln gebaut worden, mit Maschinen aus Deutschland, der Tschechoslowakei, Polen und einem halben Dutzend anderer Länder. Diese Ausrüstung war den Beamten, bei denen die grundlegenden Entscheidungen lagen, wie ein gutes Geschäft erschienen, da sie mit Exportkrediten finanziert werden konnte. Das einzige Problem lag darin, dass die Maschinen nicht zusammenpassten und die Fabrik nicht arbeiten konnte. Es wurde überhaupt kein Dünger produziert. Alle taten nur so, als sei die Fabrik in Betrieb.[4]

Das dritte Merkmal, das den Erfolg der indischen Wirtschaft untergrub, war die Ablehnung des internationalen Handels. Die Entscheidungsträger hatte ein »Exportpessimismus« befallen. Indien übernahm den nach innen blickenden Hang zur Selbstgenügsamkeit, der in den 50er und 60er Jahren so stark in Mode war. Durch die Ablehnung des Außenhandels und ausländischer Investitionen koppelte sich das Land selbst von der Weltwirtschaft ab. Indien brachte sehr viele hoch talentierte Wissenschaftler und Ingenieure hervor, aber wie in der Sowjetunion gab es erhebliche Hindernisse bei der Einführung neuer Technologien auf dem Markt. Feindseligkeit gegenüber ausländischen Investitionen, strenge Restriktionen des internationalen Handels und die Beschränkung des Wettbewerbs verriegelten alle Wege, auf denen Innovationen gewöhnlich in ein Land gelangen. Indien fiel technologisch zurück und verharrte vielfach auf dem Niveau der 50er oder 60er Jahre.

Die Dynastie

Indira Gandhi tat wenig, um die Grundzüge der Wirtschaftspolitik, die ihr Vater begonnen hatte, zu verändern.* Sie hatte den Umgang mit der Macht von früh auf gelernt. Ihre Mutter war gestorben, als sie 18 war, und so wurde Indira für ihren Vater Vertraute, Gastgeberin und Reisebegleiterin bei offiziellen Besuchen. Als Premierministerin erwies sie sich als raffiniert und souverän – und kurzsichtig. Charismatisch, aber arrogant und hochmütig, errang sie durch den militärischen Sieg über Pakistan und die erfolgreiche Zündung einer Atombombe 1974 beträchtliches persönliches Prestige. Innenpolitisch zentralisierte sie jedoch die politische Macht in ihren Händen und belastete die indische Demokratie bis an die Grenzen. Sie beschnitt die Macht der Bundesstaaten zugunsten des Bundes (oder der »Zentralregierung«) und sie marginalisierte Dissidenten innerhalb der Kongresspartei. Viele traten aus und gründeten gegnerische Parteien. 1975 ermittelte die Staatsanwaltschaft gegen sie wegen geringfügiger Unregelmäßigkeiten bei den Wahlen in ihrem Wahlkreis. Wütend erklärte sie den landesweiten Ausnahmezustand, setzte die Freiheitsrechte außer Kraft und führte die Zensur ein – Indiens einziges Experiment mit autoritärer Herrschaft. Aber der öffentliche Aufschrei war zu groß. 1977 sah sie sich gezwungen nachzugeben und Wahlen auszurufen, bei denen sie eine bittere Niederlage erlitt. Aber die heillose Koalition, die ihre Nachfolge antrat, bot fast von Anbeginn an ein Bild der Konfusion. Ihre Wirtschaftspolitik war inkohärent. Viele internationale Firmen, die eine Verstaatlichung fürchteten, entschlossen sich in dieser Zeit Indien den Rücken zu kehren. Die Koalition zerbrach über ihrem endlosen Gezänk. 1980 eroberte »Mrs. G.« mit lädiertem Ruf, aber ungebrochenem Charisma die Macht zurück.

Doch die Politik hatte sich verändert. Die Kongresspartei galt nicht länger

---

* Indira Gandhi, Nehrus einzige Tochter, war kurze Zeit mit Feroze Gandhi verheiratet und stand in keinerlei verwandtschaftlicher Beziehung zu Mahatma Gandhi.

als unbesiegbar und unfehlbar und verlor in den Bundesstaaten Boden an regionalistische Kräfte. Indira Gandhis starrsinnige, kompromisslose Reaktion darauf verschärfte nur die Spannungen und nährte in einigen Regionen separatistische Strömungen, besonders unter den Sikhs im nördlichen Bundesstaat Pandschab. Im Juni 1984 befahl sie der Armee den Goldenen Tempel zu erstürmen, die heiligste Stätte der Sikhs, wo sich Extremisten verschanzt hatten. Das war ein tödlicher Fehler. Im folgenden Oktober nahmen ihre Leibwächter, die Sikhs waren, blutige Rache: Als sie im Garten ihres Amtssitzes spazieren ging, eröffneten sie das Feuer und töteten sie.

Indira Gandhi hatte keinen Zweifel daran gelassen, dass sie ihren jüngeren Sohn – und engsten Berater – Sanjay zu ihrem Nachfolger auserkoren hatte – obwohl sein Ruf während der Zeit des Ausnahmezustands aufgrund seiner Mitwirkung an einem Programm gelitten hatte, das Dorfbewohner drängte sich sterilisieren zu lassen – im Tausch gegen Transistorradios. Aber Sanjay war 1980 bei einem Flugzeugabsturz tödlich verunglückt. Danach hatte sich Indira Gandhi ihrem älteren Sohn Rajiv zugewandt. Er nahm zunächst Sanjays Platz ein und trat nach ihrem Tod als Führer der Kongresspartei an die Stelle seiner Mutter. Von einer großen Welle der Sympathie getragen, wurde er Premierminister. Rajiv war ein stiller, zurückhaltender Sohn. Er war mit einer Italienerin verheiratet und seine Leidenschaft galt viel stärker dem Fliegen als der Politik. Er war Pilot bei Indian Airlines, der staatlichen Fluggesellschaft. Bei der üblichen Begrüßung der Passagiere stellte er sich über die Bordsprechanlage schlicht als »Kapitän Rajiv« vor.

In der Zeit, als er Premierminister wurde, führten wachsende Verluste staatlicher Unternehmen zu immer größeren Haushaltsdefiziten. Der steigenden Staatsverschuldung begegnete die Regierung mit weiterer Kreditaufnahme im In- und Ausland. Rajiv Gandhi versprach, die staatliche Genehmigungswirtschaft zu reformieren. Er und seine relativ jungen Berater, die man die »Computer-Kids« nannte, sprachen von der Bedeutung von Innovation und Marktliberalisierung. Gandhi spürte intuitiv, dass Indien sich verändern musste. Schließlich war er der Enkel der sozialistischen Ideen des Fabianismus, und der Grund für seinen Reformwillen lag – so wurde vermutet – in der Tatsache, dass er »der erste Premierminister [war], der außerhalb der Politik einer ehrlichen Arbeit nachgegangen war. So hatte er selbst und durch seine Freunde das System kennen gelernt, das er beklagte und zu ändern suchte.«

Aber es gab keinen breiten Konsens für Reformen. Die verschiedenen vorgeschlagenen Maßnahmen stießen auf heftige Ablehnung und wurden attackiert, weil sie sich »gegen den kleinen Mann« richteten. Und Gandhi selbst schien nach seinem anfänglichen Enthusiasmus seine Entschlossenheit zu verlieren, besonders als seine Regierung in einen Skandal wegen eines Waffenkaufs bei einer schwedischen Rüstungsfirma verstrickt wurde. Der Reformwille ließ nach und Gandhi wurde 1989 abgewählt. Doch seine Regierungszeit hatte eine positive und eine negative Konsequenz, die beide direkten Einfluss auf spätere Reformen ausüben sollten: Erstens setzte in dieser Zeit eine Diskussion über eine Reihe von Reformideen ein, wie zaghaft diese auch sein mochten. Und zweitens nahm die Rajiv-Regierung angesichts steigender Defizite neue Kredite auf, was schließlich in die Krise führte. Als sich die 80er Jahre ihrem Ende zuneigten, stieg das Haushaltsdefizit und es wurde immer schwerer, die Kredite zu bedienen. Unterdessen mussten aufgrund der wachsenden Schuldenlast die Investitionen gekürzt werden. So wurde durch geringere Ausgaben für die Infrastruktur das Wachstum noch mehr gebremst.[5]

Gandhis Nachfolger, von politischen Konflikten über Religion und Kasten tief zerrissen, waren unfähig sich an der Macht zu halten. Rajiv versuchte ein Comeback, aber im Mai 1991 kam auch er bei einer Wahlkampfveranstaltung in einem Dorf durch ein tamilisches Selbstmordattentat aus Rache für die indische Intervention in den Bürgerkrieg auf Sri Lanka ums Leben.

Manche in der Kongresspartei blickten instinktiv erneut auf die Nehru-Gandhi-Dynastie. Aber Rajiv und Sanjay waren tot, Rajivs Kinder zu klein und seine italienische Frau, obwohl jetzt indische Staatsbürgerin, lehnte sofort ab. So wurde der ältere Pamulaparti Venkata Narasimha Rao zum Führer der geschockten Kongresspartei gewählt. (Inzwischen tritt Sonia Gandhi als Spitzenkandidatin der Kongresspartei auf. Anm. d. Verlags.)

Die Krise

Rao schien sich bestenfalls als Übergangskandidat zu eignen. Viele Jahre lang hatte er der Dynastie treu und ergeben gedient. Er war Parteifunktionär und Redenschreiber gewesen und hatte, vom Außen- bis zum Innenminister, eine Vielzahl hoher Positionen bekleidet. Immer hatte er getan, was von ihm erwartet wurde. Selbst zu einer Zeit, als mehrere seiner Kinder in Amerika lebten, hatte er die rituellen Attacken gegen die USA geführt, die Indira

Gandhi von ihm forderte. Doch er war nicht nur ein kluger Politiker, sondern auch ein Mann von beträchtlicher Bildung. Er sprach ein Dutzend Sprachen und war auch Übersetzer und Dichter. Er entstammte einer kleinen Brahmanen-Unterkaste aus dem Staat Andhra Pradesh, die für ihre Überlebenskunst und intellektuellen Leistungen bekannt ist und viele Angehörige in den USA hat.

Zur Zeit von Rajiv Gandhis Ermordung war Rao 70 Jahre alt und bereitete sich auf seinen Rückzug ins Privatleben vor. Während seiner gesamten politischen Karriere hatte er im Schatten der Dynastie gestanden und schied mit gemischten Gefühlen, vielleicht, weil er nicht die Anerkennung erfahren hatte, die er für angemessen hielt. Wenn er Bitterkeit fühlte, so gegen Indira Gandhi, die ihn wie viele in ihrem Umkreis beleidigt und herabgewürdigt hatte. Rajiv hatte ihn im Gegensatz dazu mit Respekt und Höflichkeit behandelt. Später schmückten viele Fotos von Rajiv die Privaträume Raos, aber kein einziges Bild von Rajivs Mutter.

Wegen der Ermordung von Rajiv verschob Rao seine geplante Pensionierung. Obwohl er nie in ein nationales Amt gewählt worden war, ernannte ihn die Kongresspartei zum Kandidaten für die Wahlen – nicht weil man ihn für einen kühnen und charismatischen Führer hielt, was er gewiss nicht war, sondern weil man in ihm einen Kompromisskandidaten mit einem versöhnenden, ausgleichenden Einfluss sah, der kaum die Macht anderer Parteigrößen schmälern würde. Als er, gerade zum neuen Premierminister designiert, sein Kabinett vorstellte, wurde es als »alter Wein in alten Schläuchen« abgetan. Seine Regierung, so sagte man, würde sich nicht lange halten. Diese Einschätzung schien durchaus begründet, handelte es sich doch um eine Minderheitsregierung. Indessen hielt sie die vollen fünf Jahre ihrer Legislaturperiode. In den ersten 100 Tagen blies Rao zum Generalangriff auf die staatlich kontrollierte Wirtschaft – das erste Gefecht, wie sich bald zeigte, eines langwierigen Krieges.[6]

Die Umstände trieben ihn voran. Rao und seine Kollegen konnten sich nicht den Luxus leisten, lange zu debattieren und Zeit zu vertrödeln, denn Indien steckte in ernsten wirtschaftlichen Schwierigkeiten. Am 2. August 1990 hatte Saddam Hussein Kuwait überfallen. Der steile Anstieg des Ölpreises traf Indiens ohnehin schon anfällige Zahlungsbilanz schwer. Darüber hinaus schickten die indischen Gastarbeiter in den Staaten am Persischen Golf keine Ersparnisse mehr nach Hause und schwächten die Zahlungsbilanz dadurch zusätzlich. Indien stand am Rande einer Finanzkrise und war praktisch bankrott.

Obwohl die Schwierigkeiten durch den Golfkrieg ausgelöst wurden, waren die zugrunde liegenden Probleme hausgemacht. In seiner Genehmigungswirtschaft gefangen, war Indien unfähig, auch nur annähernd sein Potential zu erreichen.

»Kein Kopf für Zahlen«

Innerhalb weniger Wochen im Sommer 1991 reagierte eine kleine Gruppe von Politikern auf die Krise, indem sie Indiens Richtung änderte. Die wichtigsten Entscheidungen, die Premierminister Rao fällte, betrafen die Besetzung von Ministerien mit Leuten, bei denen es sich keineswegs um »alten Wein in alten Schläuchen« handelte. Neben vielen altbekannten Persönlichkeiten wählte er bewusst einige Politiker, die mit der Vergangenheit brechen wollten. Einer der wichtigsten Entscheidungsträger war Rao selbst, der alte Parteisoldat und gewiefte Politiker der Kongresspartei. Er trug sich nicht mit der Absicht, Margaret Thatcher nachzueifern – oder dem Führer Singapurs, Lee Kuan Yew. Er sah sich vor allem als Sozialdemokraten. »Ich glaube nicht an eine Wirtschaftspolitik des Ausblutens«, erklärte er emphatisch. Als Politiker ließ er sich nicht hetzen; er durchdachte alles bewusst, sorgfältig und – für manche frustrierend – erschöpfend. Er erkannte auch, dass die Kongresspartei im Laufe der Jahre schwächer und gespaltener geworden war. Einmal verglich er die Partei mit »einem Bahnsteig, auf dem alle Leute kommen und gehen, wie es ihnen passt«. Und obwohl er schwach und müde aussah, als er die Macht übernahm – er war bereits in Houston, Texas, am offenen Herzen operiert worden –, erwies er sich als kraftvoller und führungsstärker, als man erwartet hatte. Einer seiner Mitarbeiter bemerkte ironisch, das liege daran, dass Rao das wichtigste aller Vitamine eingenommen habe: Vitamin M, für *Macht*.

Der zweite wichtige Mann war der Finanzminister, Manmohan Singh. Singh war Sikh und stammte aus einer armen Familie aus einem von Dürren heimgesuchten Dorf in einer Region des Pandschab, die heute zu Pakistan gehört. Talent und Stipendien hatten ihn weit nach oben gebracht. In der Tradition der brillanten indischen Ökonomen hatte er sein Diplom in Wirtschaftswissenschaften an der Cambridge University erworben und in Oxford promoviert. Danach hatte er als Ökonom im indischen Staatsdienst eine beeindruckende Karriere gemacht und war in einer hohen Position im alles entscheidenden Planungsausschuss aufgestiegen. Obwohl niemand seine öko-

1 Premierminister Winston Churchill kehrte 1945 von der Potsdamer Konferenz nach Großbritannien zurück, zuversichtlich, die britischen Unterhauswahlen zu gewinnen. Anders als seine Frau konnte er seiner bitteren Niederlage nichts Positives abgewinnen. Wenn sie ein „verborgener Segen" sei, so Churchill, verberge sich dieser „ausgesprochen wirkungsvoll".

2 Clement Attlee, ein ehemaliger Sozialarbeiter im Londoner East End, traf – anders als Churchill – bei den Wählern den richtigen Ton. Mit Attlee als Premierminister eroberte die Labour-Regierung nach dem 2. Weltkrieg die Kommandohöhen der Wirtschaft und hob den Wohlfahrtsstaat aus der Taufe.

3/4 Nach dem Ende des 2. Weltkriegs bauen die Trümmerfrauen in Deutschland mit vereinten Kräften die Häuser wieder auf. Mit der Unterstützung des Marshallplans arbeiteten die Staaten Westeuropas beim Wiederaufbau zusammen. Sein Emblem (rechts) erschien auf allen Gütern, die nach Europa geschickt wurden, von Mehl bis Traktoren.

5 Der deutsche Wirtschaftsminister Ludwig Erhard (Mitte) schuf die soziale Marktwirtschaft und verwandelte Deutschland in den Wirtschaftsmotor Europas. Links der französische Präsident Charles de Gaulle, rechts Bundeskanzler Konrad Adenauer.

6 Neujahrstag 1947. Britische Kohlebergwerke, die zuvor in Privateigentum waren, wurden „im Namen des Volkes" verstaatlicht. Staatseigentum galt als Schlüssel zum Wirtschaftswachstum und zur Schaffung sozialer Gerechtigkeit.

7 Der ehemalige Cognac-Vertreter Jean Monnet wurde zum „Vater Europas". Er arbeitete auch den Plan aus, mit dem Frankreich die Modernisierung glückte.

8 Nachdem er zuvor aus den USA geflohen war, wurde der ehemalige Industriemagnat Samuel Insull 1934 nach Chicago zurückgebracht und vor Gericht gestellt. Der Zusammenbruch seines Elektrizitätsimperiums während der Weltwirtschaftskrise wurde zu einem wichtigen Auslöser für die Regulierungsanstrengungen des New Deal.

9 James Landis arbeitete zur Zeit des New Deal Tag und Nacht, um Sicherheitsmechanismen und Regulierungen für Stromversorger zu entwerfen. Sein Mentor warnte den brillanten Rechtsanwalt und „Propheten der Regulierung" davor, seinen Verstand „wie ein Brauereipferd" anzutreiben.

10/11 Präsident Franklin D. Roosevelt gründete die Tennessee Valley Authority (TVA). Sie verkörperte die Verpflichtung des New Deal auf öffentliche Arbeiten und staatliche Anstrengungen zur wirtschaftlichen Entwicklung des Landes. Unten: Der Wheeler-Damm, ein Projekt der TVA, wurde 1936 gebaut.

12 So groß war sein Einfluss, dass es John Maynard Keynes noch 1965 auf das Titelblatt des *Time*-Magazins schaffte, 19 Jahre nach seinem Tod.

13 „Jetzt bin ich Keynesianer", sagte Präsident Richard Nixon 1971, hier zusammen mit Finanzminister John Connally kurz vor der Bekanntgabe von Lohn- und Preiskontrollen.

14 Mahatma Gandhi und Jawaharlal Nehru, die beiden großen Männer der indischen Unabhängigkeit, im Jahre 1946. In ihren politischen Zielen vereint, unterschieden sich ihre wirtschaftspolitischen Anschauungen erheblich. Gandhi trat für Eigenständigkeit und ein „Spinnrad in jeder Hütte" ein; Nehru war ganz für „Traktoren und große Maschinen" – und massive staatliche Kontrolle.

15 Das ländliche Indien wird im Jahre 1962 elektrifiziert.

16 Königin Elisabeth II. besuchte 1961 Ghana und wurde als „größte sozialistische Monarchin der Welt" bejubelt. Präsident Kwame Nkrumah (links), der sich selbst „Erlöser" nannte, erreichte die politische Unabhängigkeit Ghanas, ruinierte aber die Wirtschaft des Landes.

17 Die konservative Parlamentsabgeordnete Margaret Roberts – die spätere Premierministerin Margaret Thatcher – begleitet Wähler zu einem Ständchen auf dem Klavier nach einer kurzen politischen Debatte in einem Pub.

18 „Denkminister" Keith Joseph, der Vordenker der Thatcher-Revolution. „Ohne Keith hätte ich nicht (...) erreicht, was mir als Premierministerin gelang", sagte Thatcher.

19 Im „Winter der Unzufriedenheit" 1978/79 stapelte sich wegen des Streiks der Müllabfuhr der Abfall in den Straßen Londons. Leicester Square im West End wurde zur offiziellen Müllkippe.

20/21 Streikendes Krankenhauspersonal (links) bei der Teepause. Arbeitskämpfe paralysierten Großbritannien und bereiteten den Boden für den Wahlsieg von Margaret Thatcher (rechts) von 1979 und die Thatcher-Revolution in England und auf der ganzen Welt.

22 Deng Xiaoping (rechts) 1962 zusammen mit Mao Zedong (links) nach dem verheerenden „Großen Sprung nach vorn". Nach Maos Tod verwarf Deng dessen Politik und verwandelt China.

23 Deng Xiaoping im Alter von 16 Jahren als Student in Paris, wo er Kommunist wurde – und ein China-Restaurant aufmachte.

24 Der Stahlkomplex in Anshan, China, mit über einer Viertelmillion Beschäftigten. Seine Manager waren verantwortlich für die Wohnungen der Arbeiter, kümmerten sich um die Schulausbildung der Kinder ihrer Beschäftigten und sogar um die Pflege ihrer Großmütter.

25 Die Wirtschaftsreformen in China begannen in der Landwirtschaft. Ein lächelnder Bauer in Szechuan bringt seine Gänse zum Markt (1986), in der Gewissheit, den Gewinn behalten zu dürfen.

26 Deng Xiaoping betrachtet die Baustellen von Shenzhen. Als höchster Führer unterstützte er solche wirtschaftlichen Sonderzonen, die Chinas bemerkenswertes Wachstum antrieben.

27 General Park Chung Hee, eiserner Diktator und „Gründer der Firma Korea", trieb die Industrialisierung voran, die Südkorea in eine Wirtschaftsmacht verwandelte. Er wurde 1979 bei einem Putsch getötet.

28/29 Studenten und Arbeiter protestieren 1989 in Seoul und fordern die Verhaftung der Ex-Präsidenten Roh Tae Woo und Chun Doo Hwan. 1996 wurden die beiden (links) wegen schwerer Korruption verurteilt.

30 Als der Verbund zwischen Singapur und Malaysia 1965 zerbrach, wandte sich Lee Kuan Yew über Rundfunk an das Volk. Im Verlauf des folgenden Vierteljahrhunderts lenkte er Singapurs atemberaubende wirtschaftliche Entwicklung.

31 Lee Teng-hui, der erste demokratisch gewählte Präsident Taiwans, Führer der Nationalen Volkspartei und im Gegensatz zu seinen Vorgängern gebürtiger Taiwaner.

32 Japanische Bauern protestieren gegen Reisimporte und den Druck der USA, die Handelsbarrieren zu senken. Ende der 90er Jahre hatte Japans lange Rezession den Zwang zur Deregulierung verstärkt.

33 Antichinesische Unruhen in Malaysia führten 1969 zu einer neuen Politik, um schnelles Wachstum zu schaffen und der malaysischen Urbevölkerung einen größeren Anteil am Wohlstand zu geben.

34 Das höchste Gebäude der Welt, die Petronas-Türme in der malaysischen Hauptstadt Kuala Lumpur, symbolisiert die Hoffnungen, die Asien in die Weltwirtschaft setzt.

35 Premierminister Mohamad Mahathir mit seinem gewohnten Namensschild macht internationale Spekulanten für Asiens wirtschaftliche Schwierigkeiten verantwortlich.

36 Ein Wahlplakat Indira Gandhis von 1967, die fast zwei Jahrzehnte die indische Politik beherrschte.

37 1991 wurde Narasimha Rao (links) Premierminister Indiens. Obwohl sein Kabinett als „alter Wein in alten Schläuchen" attackiert wurde, brach er mit dem Erbe Nehrus und Gandhis und setzte umfassende Wirtschaftsreformen in Gang.

38 Diktator Juan Perón und seine charismatische Frau Eva im Jahre 1952. Mit einer Mischung aus Populismus und Nationalismus schnitt Perón Argentiniens Verbindungen zur Weltwirtschaft ab und beschleunigte den Niedergang des Landes, das einst eine der reichsten Nationen der Welt war.

39 1989 stand Argentinien am Rande des wirtschaftlichen Zusammenbruchs. Präsident Carlos Menem (rechts) ernannte Domingo Cavallo (links) zum Finanzminister. Der „Besenmachersohn" fegte mit einem der radikalsten Reformprogramme Lateinamerikas jahrzehntelange staatliche Kontrolle beiseite.

40 In den 80er Jahren litt Bolivien unter Hyperinflation. Ein Arbeiter in der bolivianischen Zentralbank zählt Geldnoten. Zu dieser Zeit, mussten die Menschen selbst für kleine Einkäufe riesige Geldbeträge mitbringen.

41 Die Schöpfer der „Schocktherapie": Der Bolivianer Gonzalo Sanchez de Lozada (links) und der Ökonom Jeffrey Sachs (rechts) „schufen über Nacht eine Marktwirtschaft".

42 Alberto Fujimori, der als Außenseiter auf einem Traktor Wahlkampf machte, schlug in den erbitterten Präsidentschaftswahlen von 1990 den Schriftsteller Mario Vargas Llosa. Dramatische Wirtschaftsreformen – der „Fuji-Schock" – folgten.

43 Fernando Henrique Cardoso führte den Real ein, die neue Währung, die Brasiliens chronische Inflation eindämmte. 1998 wurde er mit einem Erdrutschsieg erneut zum Präsidenten Brasiliens gewählt.

44 Der Kampf von Solidarność in Polen in den frühen 80er Jahren markierte den Anfang vom Ende der kommunistischen Herrschaft in Osteuropa.

45 Lech Walesa bei einer Gedenkveranstaltung für niedergeschossene Arbeiter der Danziger Schiffswerft. 1991 wurde er zum Präsidenten Polens gewählt.

46 Unter den Blicken verwirrter ostdeutscher Grenzsoldaten fiel am 11. 11. 1989 die Berliner Mauer – Signal für das Ende des Kalten Krieges und den Untergang der Planwirtschaft.

47 Die Währungen von West- und Ostdeutschland wurden im Juni 1990 vereinigt – zu einem sehr hohen Preis.

48 Fernsehberichterstattung über die entscheidenden russischen Präsidentschaftswahlen von 1996. Boris Jelzin (links) holte einen großen Rückstand auf, besiegte den kommunistischen Kandidaten Gennadij Sjuganow (rechts) und sorgte für die weitere Verpflichtung Russlands auf Reformen.

49 Finanzminister Jegor Gaidar erbte 1991 eine zusammenbrechende russische Wirtschaft: „Es war, wie mit dem Flugzeug zu fliegen, und man geht ins Cockpit und entdeckt, dass niemand am Steuer sitzt."

50 Der ehemalige russische Premierminister Wiktor Tschernomyrdin (Mitte rechts) versuchte die russische Wirtschaft zu stabilisieren. Seine Bemühungen scheiterten, als das Land 1998 wieder in eine Krise stürzte.

51 Friedrich von Hayek, ein Kritiker von Keynes, bewies dessen Überzeugung, dass Ideen „einflussreicher [sind], als gemeinhin angenommen wird". 1974 erhielt er den Nobelpreis für Wirtschaftswissenschaften.

52 Nach einem Besuch bei Margaret Thatcher verlässt Milton Friedman Downing Street Nr. 10 mit dem eigenen Buch unter dem Arm. 1976 wurde ihm der Nobelpreis für Wirtschaftswissenschaften verliehen.

53 George Stigler, Kritiker der staatlichen Regulierung, wurde 1982 der Nobelpreis für Wirtschaftswissenschaften verliehen.

54 Gary Becker entwickelte das Konzept des „Humankapitals". 1992 erhielt er den Nobelpreis für Wirtschaftswissenschaften.

55 Präsident Ronald Reagan mit dem Notenbankpräsidenten Paul Volcker, der sich daranmachte, den „Drachen der Inflation zu erschlagen".

56 1993 brachte Bill Clinton sein glückloses Programm für ein staatliches Gesundheitssystem im Kongress ein. Der „Vertrag mit Amerika" der Republikaner, der 1994 auf den Stufen des Kapitols verkündet wurde, versprach einen drastischen Abbau des Staates. Der Kampf zwischen der Clinton-Regierung und dem Kongress führte im Winter 1995/96 zur Schließung der Bundesbehörden.

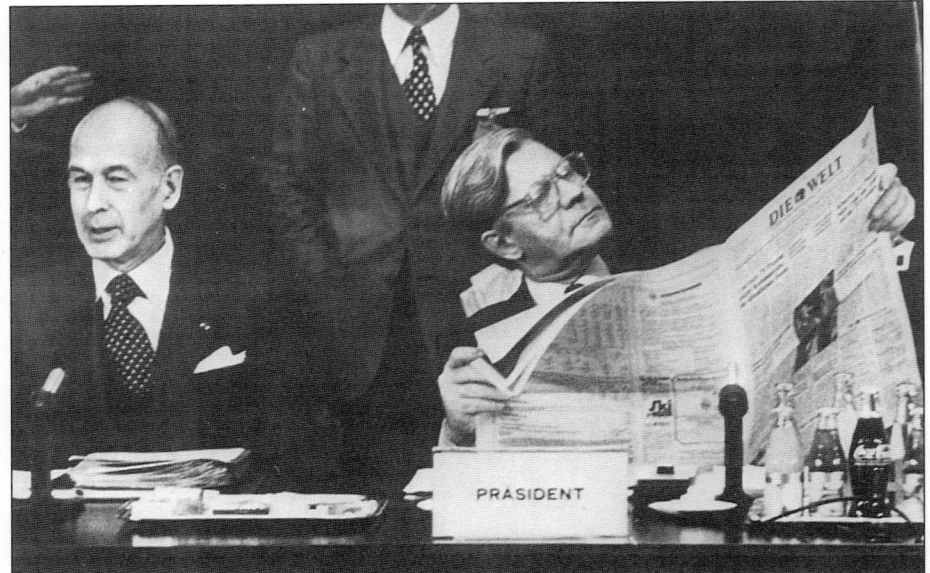

57 Der französische Präsident Valéry Giscard d'Estaing und der deutsche Bundeskanzler Helmut Schmidt 1978 auf dem Gipfel in Brüssel, wo sie das Europäische Währungssystem begründeten – ein bedeutender Schritt auf dem Weg zur wirtschaftlichen Einheit Europas.

58 Altiero Spinelli, dessen Traum in einem Gefängnis Mussolinis während des Zweiten Weltkriegs begann, startete Mitte der 80er Jahre eine neue Initiative zur Schaffung der europäischen Einheit.

59 Präsident François Mitterrand nach seinem Wahlsieg 1981 mit dem Symbol der Sozialistischen Partei in der Hand. Zwei Jahre später war Frankreich zu einer großen Kehrtwendung und marktwirtschaftlichen Reformen gezwungen.

60 Der Präsident der Europäischen Kommission Jacques Delors warb im französischen Referendum von 1992 für die Annahme des Maastrichter Vertrags, der die Einheit Europas anstrebt. Er gewann mit knapper Mehrheit.

61 Der ehemalige Bundeskanzler Helmut Kohl spricht 1996 vor dem Europäischen Parlament in Straßburg. Nach der Wiedervereinigung Deutschlands setzte er sich für die Einführung des Euro ein, wurde jedoch am Vorabend der Einführung der europäischen Währung abgewählt.

62 Protest deutscher Bergleute 1997 gegen die Verschlechterung der wirtschaftlichen Bedingungen.

63 Der britische Premierminister Tony Blair versprach, seine New Labour Party würde nicht die Partei sein, die die Steuern erhöht, während der „Neue Demokrat" Bill Clinton verkündete, die Ära von *big government*, des starken Staates, sei zu Ende.

nomische Kompetenz bezweifelte – schließlich hatte er in Cambridge den Adam-Smith-Preis gewonnen –, war er bescheiden und neigte zur Untertreibung. Wenn er eine Frage umgehen wollte, murmelte er wenig überzeugend, er habe »keinen Kopf für Zahlen«.[7]

Die dritte Schlüsselfigur war Palaniappan Chidambaram, der Handelsminister, Mitglied einer führenden Industriellenfamilie aus Madras mit einem Harvard-Diplom. Singh kümmerte sich um die Makroökonomie, während Chidambaram sich in den Niederungen der Wirtschaftspolitik, der kafkaesken Welt von Lizenzen und Genehmigungen, in die Schlacht warf. Chidambaram, ein reservierter und recht strenger Mann, hatte ein klares Ziel vor Augen: Er wollte die Herrschaft der Genehmigungen beseitigen. Sein Impuls war leidenschaftlicher als Singhs, hatte er sich doch 15 Jahre lang tagtäglich selbst mit der Anwendung der Verwaltungsgesetze herumschlagen müssen: »Mir wurde klar, dass sowohl der öffentliche wie der private Sektor von einer protektionistischen Umgebung verzärtelt wurden. Die schlechte Qualität von Gütern und sozialen Diensten war bei allen offensichtlich. Ich sah, wie zudringlich, erdrückend und ineffizient der Staat geworden war, wie er den Unternehmergeist erstickte, jede Idee abtötete und dafür nichts zurückgab.«

Jeder dieser Männer erkannte angesichts der drohenden wirtschaftlichen Havarie, dass die Politik der vergangenen vier Jahrzehnte das Land in eine völlig falsche Richtung manövriert hatte. Sie befanden sich jedoch in der Minderheit. Innerhalb der dominierenden Kongresspartei gab es immer noch keine breite Unterstützung für eine Wende. Es gab indessen eine ganze Reihe von Ideen, die als Kritik der alten Politik dienten und den neuen Weg wiesen. Wenn sie die Leistung der Wirtschaft analysierten, konnten Rao und die anderen Reformer nur zu dem Schluss kommen, dass sie kein Wachstum erreicht hatte. Die Produktivität war gering, die Staatsausgaben liefen aus dem Ruder und die lobenswerten Absichten der Planung waren zu unsinniger Kontrolle degeneriert. All diese Gebrechen ließen sich auf den allgegenwärtigen Interventionismus des Staates zurückführen. »Die Linke war von der Idee des Scheiterns der Märkte beherrscht gewesen«, so der Ökonom und Beamte Vijay Kelkar. »Doch das Scheitern des Staates hatte sich im Laufe der Zeit immer deutlicher dokumentiert. Wir konnten sehen, wie sich die Belege dafür anhäuften. Wir reagierten auf unsere Erfahrung.«[8]

Das Erwachen

Die Belege kamen auch von außerhalb. Der Zusammenbruch des Sowjetkommunismus hatte entscheidende Auswirkungen auf Indiens Neuorientierung. Die zentralistische Planung mit ihrem Anschein von Rationalität hatte lange Zeit die Vorstellungskraft von Intellektuellen und Vertretern des Staates gefangen genommen. Noch vor der Unabhängigkeit hatte Nehru geschrieben, dass »Kommunisten und Sozialisten zuversichtlich den Weg zum Sozialismus weisen«, weil »sie Wissenschaft und Logik auf ihrer Seite haben«. Die Inder wollten das sowjetische Wirtschaftssystem nachahmen – während die Russen, die nach Indien fuhren, auf die dortigen Einkaufsmöglichkeiten versessen waren. »Wir versuchten einem westlichen parlamentarischen System und einem indischen Sozialsystem ein sowjetisches Wirtschaftsmodell aufzupropfen«, so Jairam Ramesh, ein Mitglied der neuen Verwaltungselite Indiens. »Das war ein hochprozentiger Cocktail.« So hochprozentig, dass daraus ein schwerer Kater resultierte. Das Scheitern des sowjetischen Wirtschaftsmodells zerstörte den Glauben an die Fähigkeit des Staates, die Wirtschaft zu steuern. Mit dem würdelosen Ende der UdSSR verschwand nicht nur Indiens wichtigster Außenhandelspartner von der Bildfläche; auch das Vertrauen in das System der zentralistischen Planung wurde untergraben. Indien, darüber wurde sich die Elite klar, war bei seiner Zukunftsplanung dem falschen Leitstern gefolgt.

Schlimmer noch: Die Inder wurden sich zur gleichen Zeit bewusst, was in Ost- und Südostasien geschah. Jahrzehntelang hatten sie das entstehende »asiatische Wirtschaftswunder« ignoriert, zuerst Japan und dann die Tigerstaaten, die alle kleiner waren als Indien und von denen viele mit den USA verbündet waren. »Wir neigten dazu, diese Länder als Lakaien der USA abzutun, als Laufburschen des amerikanischen Imperialismus«, so ein indischer Ökonom, »und verschlossen unser Denken vor ihrer Leistung und davor, wie erstaunlich es war, was sie in einer einzigen Generation geschafft hatten.«

Ende der 80er Jahre ließ sich die Realität nicht länger leugnen. Diese Länder wuchsen auf kontinuierlicher Basis erheblich schneller als Indien, das, wie entschuldigend vorgebracht wurde, einer »Hindu-Wachstumsrate« folgen müsse. Die Unterschiede im jährlichen Wachstum hatten sich nun zu einem riesigen Abstand summiert, eine Tatsache, die Manmohan Singh lebhaft vor Augen trat, als er eine Reise in den Fernen Osten unternahm. Singh verfügte über hinreichende sozialistische Beglaubigungen, um 1991 für die

Kongresspartei als Finanzminister akzeptabel zu sein. (Er war zuvor Sekretär der Südkommission gewesen, wo man vom Nutzen staatlicher Intervention in der Dritten Welt sehr überzeugt war. Ihr Vorsitzender, Julius Nyerere, hatte mit seinem Glauben an einen altruistischen Sozialismus die Wirtschaft Tansanias, das er in die Unabhängigkeit geführt hatte, an den Rand des Ruins gebracht.) Aber 1987 unternahm Singh seine Reise nach Ostasien. Er war überwältigt; der Vergleich erschreckte ihn. Südkorea und Indien waren 1960 wirtschaftlich auf demselben Niveau gewesen. Nun lag das Pro-Kopf-Einkommen Koreas zehnmal höher als das Indiens und das Land bemühte sich um Aufnahme in die Organisation für wirtschaftliche Zusammenarbeit und Entwicklung (OECD).

Singh mühte sich die Gründe für diesen Unterschied zu verstehen. Gewiss hatte die Herrschaft der Genehmigungen – der Kontrollen und Lizenzen – die Wirtschaft Indiens behindert. Aber zweierlei sprang Singh noch mehr ins Auge: In Ostasien betrieben die Staaten etwas, das er als »Fördermaßnahmen« für die Wirtschaft bezeichnete, während in Indien das Schwergewicht auf der Regulierung lag. Der auffälligste Unterschied aber lag möglicherweise darin, wie sehr sich die ostasiatischen Länder dem internationalen Handel geöffnet hatten und von ihm profitierten, während Indien darauf beharrt hatte, sich nach innen zu kehren. Die Zahlen sprachen für sich. 1990 importierten die OECD-Länder Produkte im Wert von nur 9 Milliarden Dollar aus Indien, aber für 41 Milliarden Dollar aus Korea, dessen Bevölkerungszahl nur ein Zwanzigstel der indischen ausmachte. Ostasien blieb nicht der einzige internationale Einfluss. »Was unter Mrs. Thatcher geschah, öffnete uns die Augen, es war eine Offenbarung«, sagte Handelsminister Chidambaram. »Schließlich kam unser fabianischer Sozialismus aus Großbritannien.«

Und noch ein weiterer Faktor stärkte die Überzeugung, dass Indien auf dem falschen Weg war. Viele Inder waren in den 60er und 70er Jahren nach Nordamerika und Westeuropa ausgewandert. Die erste Welle dieser Emigranten mochte arm angefangen haben, aber in den späten 80er Jahren waren sie und ihre Kinder in ihren neuen Heimatländern zu erfolgreichen Geschäftsleuten und Akademikern aufgestiegen. Indern gehörten 46 Prozent der preisgünstigen Motels in den USA. Sie betrieben ein gut Teil des Einzelhandels in Großbritannien. Sie hatten auch große Industrie- und Handelsfirmen im Ausland gegründet. Diese Auslandsinder kamen nun, um ihre Familien zu besuchen und ihre Wurzeln wieder zu entdecken. Ihr Einfluss war beträchtlich und warf eine überaus faszinierende soziologische Frage auf: Warum hatten Inder außerhalb Indiens so großen Erfolg? Es konnte nicht am Trinkwasser liegen. Es musste das Wirtschaftssystem sein, in dem die Auslandsinder prosperierten. Und so wurden ihre Leistungen außerhalb des Landes zu einer weiteren Anklage gegen die indische Genehmigungswirtschaft.[9]

»Ein funktionsloser Kapitalismus«

Rao wurde am 21. Juni 1991 als Premierminister vereidigt. Am nächsten Tag gab ihm sein neuer Finanzminister Manmohan Singh einen mit allen Zahlen gespickten Bericht über die Wirtschaftslage. Das Defizit der Bundes betrug acht Prozent des Bruttoinlandsprodukts, während sich die Inlandsverschuldung der öffentlichen Hand auf 55 Prozent belief. Für die Zinsen allein auf die Inlandsschulden waren weitere vier Prozent zu veranschlagen, während der Schuldendienst für die Auslandskredite 23 Prozent verschlang. Am Ende dieser niederdrückenden Aufzählung sagte Rao: »Mir war klar, dass die Lage ernst ist, aber ich wusste nicht, dass sie so ernst ist.« Die Nation hatte nur noch einige hundert Millionen Dollar Devisenreserven übrig. Das reichte gerade, um die Importe von zwei Wochen zu bezahlen. Viele Auslandsinder gerieten in Panik und zogen ihr Kapital ab. Es wurde sogar der verzweifelte Vorschlag laut, die Botschaften in Japan und Peking zu verkaufen, um schnell Geld aufzutreiben. Rao und Singh wussten, dass sie sich an den Internationalen Währungsfonds wenden mussten, um Kredite zu bekommen. Doch wie sich zeigen sollte, verliehen die Bedingungen, die der IWF stellte, den Reformplänen zwar Nachdruck, diktierten sie aber nicht: Tatsächlich ging die Rao-Regierung schließlich weit über die Forderungen des IWF hinaus.

Die Krise gab Singh und Chidambaram die Gelegenheit, einen Wandel zu erzwingen, um die grundlegenden Gebrechen der Wirtschaft zu heilen: zu viel Regulierung und Kontrolle und nicht genug Wettbewerb. Indien litt, wie Singh sagte, unter einem »funktionslosen Kapitalismus«, das heißt, »die Leute können viel Geld verdienen, ohne sich um technischen Fortschritt, Qualität und Kostenreduzierung zu kümmern«. Ein Wandel der Ideen war daher mindestens ebenso wichtig wie alles andere. »Indien muss an vielen Fronten neu denken«, sagte Singh unmittelbar nach seiner Ernennung. »Die alten Denkansätze haben uns nirgendwo hingeführt.« Man dürfe, so fügte er hinzu, »die Macht der Ideen nicht unterschätzen«.

Singh und Chidambaram wurde klar, dass ihre Zuhörerschaft aus einer einzigen Person bestand: Sie mussten den vorsichtigen Premierminister überzeugen, so schnell wie möglich so viel Reformen wie möglich durchzusetzen. Rao räumte ein, dass sein Wissen über Wirtschaft nicht enzyklopädisch und seine Weltsicht von der Kongresspartei geprägt worden war, die so lange den Vorrang des öffentlichen Sektors verkündet hatte. Chidambaram verstand das Ausmaß des Problems. »Mehr als 20 oder 30 Jahre«, so sagte er dem Premierminister, »waren Kontrollen und Regulierung Ihr tägliches Brot und Sie hielten sie für richtig. Plötzlich zu sagen, dass wir die Kontrollen und Genehmigungen abbauen wollen, kann sehr traumatisch sein.«

»Ja«, antwortete Rao, »für einige von uns ist es schwierig, denn es ist keine leichte Sache, mit dem zu brechen, was wir für den richtigen Weg hielten.«

Während die Reformen auf den Weg gebracht wurden, wurde Rao immer wieder von Zweifeln befallen. Nachdem Singh die umstrittene Entscheidung getroffen hatte, den Preis für Kerosin, einen für die Landwirte unverzichtbaren Treibstoff, nicht zu senken, schlug Rao die Hände vors Gesicht und seufzte: »Was soll ich nur mit diesen Technokraten machen?« Aber schließlich brach Rao mit der Vergangenheit. Seine Regierung, so sagte er in einer landesweit ausgestrahlten Radiosendung, sei entschlossen, »die Spinnweben zu zerreißen, die einer schnellen Industrialisierung ins Gehege kommen«.[10]

Die Entscheidungen für Reformen traf ein kleiner Kreis von Regierungsvertretern, die anscheinend fast rund um die Uhr arbeiteten. Als er Ende Juli 1991 den Nothaushalt vor dem Parlament erläuterte, konnte Singh nicht umhin anzumerken, wie unglücklich seine Frau über seine langen Arbeitszeiten war. »Das hohe Haus wird mir beipflichten«, sagte er, »dass es für die Gesundheit unserer Wirtschaft nicht gut ist, wenn die Beziehungen des Finanzministers des Landes zu seiner eigenen Finanzministerin zu Hause gespannt sind.« Er ergriff die Gelegenheit, um niedrigere Steuern auf Küchengeräte vorzuschlagen.

Singhs Budgetrede war ein außerordentliches Dokument, nicht nur als Definition einer neuen Politik, sondern auch als klarsichtige und scharfe Diagnose dessen, was falsch gelaufen war. Ihre durchgängige Botschaft lautete, dass Indien in ernsten Schwierigkeiten steckte und die einzige Hoffnung in massiven Reformen bestand. Das Land stehe »am Rande eines Abgrunds«, sagte Singh dem Parlament. »Wir dürfen keine Zeit verlieren. (...) Einen Spielraum, um von geborgtem Geld oder geborgter Zeit zu leben, gibt es nicht mehr.« Immer wieder verwies er in seiner Rede darauf, wie weit die Wirtschaftsleistung hinter dem Ideal und den Erwartungen zurückgeblieben war. Indien verfügte über die drittgrößte Zahl von Wissenschaftlern und Ingenieuren weltweit, aber in der Technologie des Landes spiegelte sich das kaum wider. Singh kam auf das zurück, was ihn 1987 in Ostasien so beeindruckt hatte: Es sei zwingend, dass Indien zu »einer international wettbewerbsfähigen Wirtschaft« werden müsse. Er beschwor das dynastische Pantheon: Nehru, Indira und Rajiv Gandhi. Aber es stand außer Frage, dass er die Krise nutzte, um mit der Vergangenheit zu brechen.

Sowohl Bürokraten als auch Mitglieder der Kongresspartei hörten nicht auf, die Reformer unter Beschuss zu nehmen und zu warnen, diese gingen zu schnell zu weit und verrieten das Erbe und die Überzeugungen, die das Herz der Partei bildeten. »Wir sind damit befasst, Veränderungen vorzunehmen«, sagte Singh einer Gruppe von Beamten. »Jeder, der Vorbehalte hat, sollte sich zu Wort melden.« Als man ihm vorwarf, er trete Nehrus Erbe mit Füßen, berief sich Singh auf Mahatma Gandhis Vision von *swadeshi* – Eigenständigkeit – und gab zurück: »Nein, nein, es folgt aus der Eigenständigkeit. Eigenständigkeit bedeutet Handel, nicht Hilfe.«

Innerhalb weniger Wochen gelang es der Regierung Raos tatsächlich, den Kurs zu ändern: Sie wertete die Rupie ab. Sie kürzte die Subventionen für heimische Produkte und Exporte. Sie reduzierte die Zölle und Handelsbarrieren, beseitigte für 80 Prozent der Industrie die Lizenzpflicht und die Verpflichtung der größeren Firmen, sich Expansionen oder Diversifizierungen im Voraus genehmigen zu lassen. Sie wagte es sogar, die Tür für ausländische Investitionen zu öffnen. Und sie begann den Prozess der »Desinvestition«, das heißt, sie verkaufte einige der Anteile, die der Staat an Unternehmen hielt.

Bei einem derartigen Trommelfeuer von Reformen, das gegen die vorangegangenen vier Jahrzehnte staatlicher Politik gerichtet war, hätte man einen Sturm der Opposition erwarten können. Aber die Umstände der Krise und die klare Linie der Reformer milderten den Widerstand. Die Krise gab ihnen mehr Handlungsfreiheit, als sie erwartet hatten, und das Schlimmste, was ihnen widerfuhr, waren Proteste gegen die Reduzierung von Subventionen für Düngemittel. Währenddessen gewannen ihre Reformanstrengungen immer mehr an Schwung und erwiesen sich als erstaunlich dauerhaft.[11]

»Eine weitgehend andere Rolle«

»Die Wirtschaftsreformen seit Mitte 1991«, so beschrieben es zwei indische Wissenschaftler, »signalisierten eine weitgehend andere Rolle des Staates in der indischen Wirtschaft.« Aber seither gab es viel Verwirrung und Kontroversen. 1996 verlor die Kongresspartei die Wahlen und wurde durch eine Minderheitskoalition unter Führung von Deve Gowda ersetzt, des ehemaligen Ministerpräsidenten des Bundesstaates Karnataka. Die Kongresspartei unterstützte die Koalition. Aber kaum ein Jahr später, im Mai 1997, entzog ihm die Kongresspartei zeitweilig ihre Unterstützung; die dadurch ausgelöste politische Krise mündete in die Ernennung eines neuen Premierministers, des altgedienten Diplomaten Inder Kumar Gujral. Neun Monate später zog die Kongresspartei – innerlich zerrissen und ohne klares Programm – erneut ihre Unterstützung zurück. In den darauf folgenden Wahlen brachten die indischen Wähler ihre Enttäuschung über die Koalition und ihren Unmut über die destruktive Taktik der Kongresspartei zum Ausdruck. Sie verhalfen Indiens wachsender dritter politischer Kraft an die Macht, der Bharatiya-Janata-Partei (BJP), die vor allem für ihren so genannten Hindu-Nationalismus bekannt war, das heißt die Rückkehr zur Dominanz der Hindu-Mehrheit und die Beseitigung von Minderheitenprivilegien. Vielen war das Wirtschaftsprogramm der BJP suspekt: Die Partei war lange für wirtschaftliche Eigenständigkeit im Sinne des *swadeshi* eingetreten und drückte ihr Misstrauen gegenüber ausländischen Investitionen aus.

Doch dann konzentrierten sich die Kontroversen in den ersten Monaten der Herrschaft der BJP weder auf religiöse Fragen noch auf die Wirtschaft. Stattdessen erfüllte die Partei ein Wahlkampfversprechen, das nicht jeder ernst genommen hatte: Die neue Regierung erweckte Indiens Nuklearwaffenprogramm zu neuem Leben und führte im Mai 1998 eine Reihe von unterirdischen Atomtests durch. Das Ereignis provozierte Gegentests in Pakistan und löste weltweit beträchtliche Besorgnis aus, die sich in Wirtschaftssanktionen ausdrückte, welche jedoch nicht auf breiter Front durchgesetzt wurden. Daheim nährten die Atomtests den Nationalstolz und ließen sich zeitweise in politisches Kapital für die Regierung ummünzen.

Trotz erheblicher Turbulenzen gelang es Indien, in dieser Zeit seinen langsamen, aber beständigen Reformkurs beizubehalten. Es gab eine gewisse Kontinuität in Schlüsselpositionen. Der Finanzminister in den Regierungen von Deve Gowda und Gujral war niemand anderes als Palaniappan Chidambaram, der als Handelsminister einer von Raos wichtigsten Reformern der ersten Stunde gewesen war. Und Vijay Kelkar, der im kalifornischen Berkeley ausgebildete Ökonom, der die politisch sensiblen Preise für Ölprodukte freigegeben hatte, wurde von der BJP auf den einflussreichen Posten des höchsten Beamten im Finanzministerium gesetzt. Aber vor allem Indiens Beharrlichkeit bei den Reformen zeigte, wie tief greifend der Wandel im nationalen Denken war.

Zusammengenommen waren die Veränderungen beträchtlich. Die Herrschaft der Lizenzen und Genehmigungen wurde weitgehend eliminiert. Indien öffnete sich dem Außenhandel und ausländischen Investitionen und vollzog sogar den »revolutionären Schritt«, ausländische und heimische Privatinvestitionen in solchen Infrastrukturbereichen wie Elektrizität, Häfen und Telekommunikation zuzulassen. Aus der Perspektive des alten Systems mussten solche Investitionen eigentlich wie ein Angriff auf die zentralen Machtgipfel der Wirtschaft erscheinen. Aber nun war es von höchster Dringlichkeit, eine hinreichende Elektrizitätsversorgung sicherzustellen, um das Wirtschaftswachstum zu unterstützen und die zur Gewohnheit gewordenen Stromrationierungen und Stromausfälle zu vermeiden. Darüber hinaus erkannte man jetzt, dass die für die Infrastruktur erforderlichen Investitionen so groß waren, dass zumindest ein Teil davon aus dem Ausland kommen musste. Andernfalls konnte der Bedarf nicht rechtzeitig gedeckt werden und die Kosten hätten sich in niedrigeren Wachstumsraten niedergeschlagen.[12]

Ausländische Investitionen lösten allerdings offene Kontroversen aus. Ein Restaurant der amerikanischen Schnellimbisskette Kentucky Fried Chicken in Karnataka wurde von Gegnern belagert, darunter eine religiöse Gruppe, die dagegen religiöse Diätvorschriften ins Feld führte. Von größerer Bedeutung war der Versuch der im Bundesstaat Maharashtra (in dem auch Bombay liegt) regierenden Hindu-Nationalisten, einen Vertrag mit einem internationalen Konsortium unter Führung der amerikanischen Gas- und Elektrizitätsgesellschaft Enron zu Fall zu bringen, ein Kraftwerk für zwei Milliarden Dollar zu bauen. In über 25 Klageverfahren bestätigten die unabhängigen indischen Gerichte und das indische Rechtssystem den Vertrag und nach neuen Verhandlungen kam das Projekt zustande. »Diese Erfahrung zeigte, dass Indien ein gutes Rechtssystem besitzt, das bindende Verträge durchsetzt«, sagte Kenneth Lay, Präsident von Enron. »Wir glauben, dass Indien künftig ein beträchtliches Wachstum und eine stärker liberalisierte Wirtschaft haben wird. Wir beabsichtigen langfristig in Indien zu bleiben.« Trotzdem blieb es schwer, einen potentiellen ausländischen Investor im Elektrizitätssektor zu finden, der nicht sein Leid über den immer noch hoch komplexen und etwas mysteriösen Genehmigungsprozess klagte, an dem zahlreiche Behörden des Bundes und der Bundesstaaten beteiligt sind – eine häufige Quelle von Rechtsstreitigkeiten. Trotz ihrer Zunahme sind ausländische Investitionen in Indien angesichts der Größe der Wirtschaft insgesamt immer noch gering: Im Jahr 1996 waren es 5,6 Milliarden Dollar – im Vergleich zu 42 Milliarden, die im selben Jahr nach China gingen.

Sobald sie die Zentralregierung übernommen hatte, signalisierte die BJP, dass sie sich in der Enron-Kontroverse nicht von ihrem extremen Flügel beherrschen lassen würde und stattdessen die Öffnung für ausländisches Kapital fortführen wollte, zumindest in den entscheidenden Energie-, Infrastruktur- und Industriesektoren. Und sie schlug die bis dahin mutigsten Töne beim heiklen Thema der staatlichen Unternehmen und der wirtschaftlichen Öffnung an und brach sogar das Tabu »Privatisierung«. Bis dahin hatten die Regierungen eine Politik der »Desinvestition« bevorzugt. Damit war im Allgemeinen der Teilverkauf von Anteilen gemeint, während man die Mehrheitsanteile behielt. Doch wie mutig die Politik auch sein mag, der Umgang mit den unzähligen ineffizienten und verlustreichen Staatsunternehmen wird ohne Zweifel mehr als einen einzigen Ansatz erfordern.

Obwohl der Großteil der Industrie in staatlichem Eigentum oder staatlich kontrolliert bleibt, gibt es in Indien einen beträchtlichen Privatsektor, besonders die mächtigen privaten Konglomerate, die seit der Kolonialzeit von legendären Unternehmern und ihren Erben aufgebaut wurden. Diese Häuser – wie die Tatas und die Birlas – hatten ihre Vermögen behalten, weil Nehru neue staatliche Firmen gründen und nicht vorhandene Privatindustrien verstaatlichen wollte. Die Herrschaft der Genehmigungen schützte die Industriellen Indiens vor dem Wettbewerb von außen, aber sie sträubten sich bald dagegen, weil sie ihre Dynamik erstickte. Als die Restriktionen aufgehoben wurden, begannen sie sich den Staub abzubürsten. Ihre beeindruckende Größe – die Tata-Gruppe gehört zu den führenden indischen Unternehmen bei Eisen und Stahl, Elektrogeräten, schweren Maschinen, Teeplantagen und sogar im Verlagswesen – bedeutete, dass sie kaum durch Wettbewerb und neue Investitionen hinweggefegt werden würden.

Um die alten Konglomerate herum entsteht zudem ein neuer Privatsektor, besonders für Technologie und Dienstleistungen – Märkte, die Nehrus Planer in den 50er Jahren nicht vorausahnen konnten. All diese Privatfirmen, alte wie neue, handeln mit den Staatsunternehmen und schließen täglich Verträge mit ihnen ab. Obwohl sie ineffizient sind und zu viele Beschäftigte haben, funktionieren einige Unternehmen des öffentlichen Sektors einigermaßen, manche davon sogar bemerkenswert gut. Da sie in eine komplexe industrielle Wirtschaft eingebettet sind und zunehmend mit einheimischer und ausländischer Konkurrenz zu kämpfen haben, lassen sich Indiens Staatsunternehmen nicht gegen Reformen abschotten.

Wandel von unten

Für den Wandel in Indien hat es schon eine ganze Reihe von Anzeichen gegeben. Die Auslandsinder kommen zurück, investieren und treiben Handel, ebenso viele multinationale Firmen. Die südindische Stadt Bangalore ist zu einem zweiten Silicon Valley geworden, einem Weltzentrum für die Entwicklung von Informationstechnologie. »Man kann Programmierdienste im indischen Bangalore zur Hälfte des Preises kaufen, den man in den USA bezahlt«, so Larry Ellinson, Präsident und leitender Direktor des Informationstechnologiegiganten Oracle. »Wir unterhalten ein großes Forschungszentrum in Bangalore und die Qualität ist fantastisch. Nicht um viel Geld zu sparen sind wir in Bangalore und expandieren dort noch, sondern weil die Qualität der Arbeit so hoch ist.« Unterdessen setzt sich bei indischen Politikern und Beamten immer stärker die Erkenntnis durch, dass der Staat sein Geld besser für solche Bedürfnisse wie Gesundheit und Bildung ausgibt, statt die Verluste der Staatsunternehmen zu subventionieren. Wirtschaftswachstum gilt ihnen als Voraussetzung für die Beseitigung der Armut. Während die Armen im Land hunderte von Millionen zählen, wird die indische Mittelklasse häufig auf bis zu 300 Millionen geschätzt – größer als die gesamte Bevölkerung der USA und fast so viel Menschen, wie in Westeuropa leben. Das ist eine große Zahl, sowohl als Konsummarkt wie auch als Quelle wirtschaftlicher Aktivitäten. Allerdings verfügt die indische Mittelklasse, wie westliche Konsumgüterhersteller festgestellt haben, nicht über annähernd so viel Kaufkraft wie die europäische oder amerikanische.

Zum ersten Mal kommt der Wandel von unten, aus den Hauptstädten der Bundesstaaten, und nicht einfach nur aus dem »Zentrum«, Neu-Delhi. Aufgrund der Lockerung der Kontrollen durch die Zentralregierung verlagert sich die wirtschaftliche Macht stärker zu den Bundesstaaten. Gleichzeitig sind die regionalen Parteien, die sich in Gegnerschaft zu Indira Gandhis Zentralisierungstendenzen bildeten, gereift und in vielen Bundesstaaten an die Macht gelangt. Ihnen geht es darum, für ihre Wahlkreise, in denen allein lokale Fragen zählen, das Beste aus den Reformen herauszuholen. Anfangs verließen sich die regionalen Parteiführer auf Charisma und Korruption: Mehrere von ihnen waren ehedem populäre Filmstars, und eine wurde aufgrund des Ausmaßes an Bestechung, zu der sie ermunterte, als »Madame zehn Prozent« bekannt. Angetrieben von ihren Wählern, wurden sie jedoch zunehmend umsichtiger und erkannten, wie sich Investitionen anlocken lassen. Im Staat Orissa, der lange Zeit als hoffnungslose Provinz galt, vollzieht sich heute eine radikale Liberalisierung und Umstrukturierung der Elektrizitätsversorgung. In Westbengalen ermutigt die (marxistische) Kommunistische Partei Indiens, die hier seit 1977 an der Macht ist, offen zu ausländischen Investitionen. Der technologiebegeisterte Ministerpräsident von Andhra Pradesh handelte 1997 den ersten Weltbankkredit aus, den ein indischer Bundesstaat jemals für umfassende Wirtschaftsreformen erhielt. Das sicherste Zeichen für die Vitalität von unten ist vielleicht die neue Rolle der Regionalparteien in der Bundespolitik. Die Koalitionspartner, die 1996 die Macht übernahmen, hatten ihre Machtbasis weitgehend in den Regionen. Der Aufstieg von einflussreichen Politikern, die stark mit der Regionalpolitik verbunden sind und ihr Hauptaugenmerk auf die regionale Entwicklung legen, spiegelt einen bedeutsamen Wandel im indischen Staat wider und verleiht Experimenten und Ergebnissen auf der Ebene der Bundesstaaten größeres Gewicht. Der Nutzen rückt einen Schritt näher zu den Menschen hin.

Eine der größten Merkwürdigkeiten in Indien seit der Unabhängigkeit war der fehlende wirtschaftliche Zusammenhang zwischen den strengen staatlichen Kontrollen und den starken Handelstraditionen des Volkes. »Die Quellen des Unternehmertums reichen in Indien lange zurück«, bemerkte Vijay Kelkar. »Das ist nicht das Problem. Falsche Politik ist das Problem.« Aber diese Politik ist dabei, sich zu verändern. Während die Beschränkungen beseitigt werden und Indien sich in die Weltwirtschaft integriert, zeichnen sich die Umrisse eines Landes mit hohem Wachstum ab. Man erwartet nicht, dass es ein Drachen oder ein Tiger wird. Für manche Inder ist die angemessenere Analogie aus dem Reich der Zoologie der Elefant: Er steht nur langsam auf und kommt schwer in Gang; ist er aber einmal in Bewegung, bricht er schnell und beständig durch ein Dickicht nach dem anderen.

»Unsere Mission ist einfach«, sagt Chidambaram: »Sieben oder acht Prozent Wachstum zu ermöglichen und aufrechtzuerhalten und die Armut, wie wir sie kennen, bis zum Jahr 2020 abzuschaffen. Die Märkte müssen funktionieren. Das heißt nicht, dass der Staat verschwinden wird. Stattdessen wird er entschieden zugunsten der Armen auf solchen Gebieten wie Bildung und Gesundheit handeln und seine Macht einsetzen, um einzugreifen, wo dies von spürbarer Bedeutung ist. Aber der Staat muss sich aus der Produktion von Gütern und Dienstleistungen heraushalten. Was die Veränderung der Rolle des Staates betrifft, haben wir auf einer Skala von eins bis zehn nahe bei null begonnen. Ich würde sagen, wir stehen jetzt bei zwei oder drei. Aber wir werden mit der Zeit zum Ziel gelangen. Das größte Risiko liegt darin, dass wir uns zu sehr in die Wunder des Marktes verlieben und den grundlegenden menschlichen Bedürfnissen der Armen nicht genügend Aufmerksamkeit schenken. Wenn wir ihre Bedürfnisse nicht befriedigen, wird die entsprechende Reaktion nicht ausbleiben.«

Die Komplexität der Politik in der größten Demokratie der Welt könnte die Entwicklung bremsen. Das Erstarken der Regionen steigert das Risiko von Konflikten und Stillstand. Religiöse Sektiererbewegungen haben zugenommen. Und die soziale Struktur, die auf dem Kastensystem aufbaut, produziert Konflikte um den Zugang zu Chancen. Dennoch legen die Veränderungen, die sich bis heute vollzogen haben, die Erwartung nahe, dass Indien in der Weltwirtschaft der Zukunft weit größere Bedeutung erlangen wird: als Markt und – immer stärker – als Wettbewerber. »Der Übergang ist im Denken bereits vollzogen«, so Chidambaram. »Die Leute akzeptieren ihn. Der schwierige Teil besteht immer darin, mit den Lobbys und angestammten Interessen fertig zu werden, die den Wandlungsprozess blockieren. In dieser Zeit dürfen wir nicht die Nerven oder die Richtung verlieren. Der letzte Kilometer der Reformen«, so fügte Chidambaram nach einer kleinen Pause hinzu, »ist tatsächlich der schwierigste.«

Während der Krise im Jahr 1991, mit der die Reformen begannen, zitierte Manmohan Singh den Schriftsteller Victor Hugo: »Keine Macht der Erde kann eine Idee aufhalten, deren Zeit gekommen ist.« Und, so Singh weiter: »Das Auftauchen Indiens als eine bedeutende Wirtschaftsmacht ist eine solche Idee.« Während der trüben Tage im Jahre 1991 mag sich das wie eine rhetorische Floskel oder wie ein Traum angehört haben. Ein Jahrzehnt später, am Beginn des 21. Jahrhunderts, ist es eine realistische Aussicht.[13]

Kapitel 9

Die Regeln einhalten
Die neue Linie in Lateinamerika

Gonzalo Sánchez de Lozada, der unter dem Spitznamen Goni bekannte Präsident von Bolivien (1993 bis 1997), hatte schon immer eine Schwäche für die amerikanischen Bankräuber Butch Cassidy und Sundance Kid, vielleicht, weil er zwar in Bolivien geboren wurde, aber dann in den USA aufwuchs, da sein Vater nach einem Militärputsch fliehen musste. In Bolivien waren solche Umstürze an der Tagesordnung: In den 172 Jahren nach seiner Unabhängigkeit hatte das Land 189 davon erlebt. An jedem Neujahrstag während ihres Exils brachte Gonis Familie einen Toast aus: »Möge sich im neuen Jahr vieles verändern, damit wir wieder nach Hause fahren können.« Dieses Jahr schien nie zu kommen. Aber schließlich, nachdem Goni sein Philosophiestudium an der Universität Chicago abgeschlossen hatte, veränderte sich die politische Situation so weit, dass er 1952 nach Hause zurückkehren konnte.

Es war nicht leicht. Schon die körperliche Umstellung war schwierig. La Paz, der bolivianische Regierungssitz, liegt in den Anden mehr als 3000 Meter über dem Meeresspiegel, und allein schon ein oder zwei Häuserblocks weit die steilen Kopfsteinpflasterstraßen hinaufzugehen raubt einem den Atem. Goni versuchte sich als Filmemacher, eine eigenwillige Wahl in einem so kleinen Land. Um seinen Lebensunterhalt zu verdienen, machte er Luftaufnahmen für Ölerkundungsgesellschaften, die nach viel versprechenden Fördergebieten suchten, und eröffnete dann ein Geschäft zur Ausrüstung von Erkundungscamps im Dschungel.

Aber die dramatische Geschichte von Butch Cassidy und Sundance Kid ließ ihn nicht los. Die berühmten Desperados waren dem Gesetz mit knapper Not entkommen und nach Bolivien geflohen, wo sie, immer noch verfolgt, starben. »Der alte Westen Amerikas«, pflegte Goni zu sagen, »starb in den Bergen von Bolivien.« Er recherchierte ihre Geschichte und schrieb ein

Drehbuch, dessen Rechte sich die große amerikanische Produktionsfirma Metro-Goldwyn-Mayer für ein paar tausend Dollar sicherte. Doch der Stoff blieb liegen. Als viel später eine Version der Story mit Robert Redford und Paul Newman produziert wurde, die auf dem Drehbuch eines anderen beruhte, erwog Goni eine Klage wegen Verletzung der Urheberrechte, aber ein Anwalt überzeugte ihn, dass die Kosten des Verfahrens nicht zu bezahlen wären. Enttäuscht gab er das Drehbuchschreiben auf – es war sowieso nur eine Nebenbeschäftigung –, gründete stattdessen eine erfolgreiche Bergwerksgesellschaft und engagierte sich für die Demokratie. Außerdem heiratete er die Siegerin der bolivianischen Misswahlen von 1959.

Die Schocktherapie: Erlass 21060

Lange Zeit später, Mitte der 80er Jahre, schrieb Goni ein anderes Drehbuch mit dem Titel »Schocktherapie«. Es war kein Film, sondern das Programm für einen schnellen, ja blitzartigen und umfassenden wirtschaftspolitischen Kurswechsel von einer staatlich dominierten Wirtschaft zu einer Marktökonomie. Obwohl dieses Stück inzwischen auf der ganzen Welt Erfolg hatte, wurde es in Lateinamerika uraufgeführt, und Goni verdient als sein ursprünglicher Autor gewürdigt zu werden. Außerdem schrieb er es in Rekordzeit, mit einem Abgabetermin, der nicht von einem Filmstudio, sondern von einer drohenden Katastrophe diktiert wurde.

Mitte der 80er Jahre steckte Bolivien in einer furchtbaren Krise. Die Wirtschaft des Landes befand sich im Würgegriff der Hyperinflation und war in einem desolaten Zustand. Zu jener Zeit war Goni Senator und wurde dann Planungsminister in einer neuen Regierung, die 1985 an die Macht kam. Bolivien hatte ein klassisches lateinamerikanisches Wirtschaftssystem: Im Namen von Entwicklung, Nationalismus und Antiamerikanismus hatten die vorangegangenen Regierungen die direkte Kontrolle über einen Großteil der Wirtschaft übernommen. Was nicht dem Staat gehörte, unterlag strenger Regulierung. Aber wie groß der Ehrgeiz auch gewesen sein mochte, der Staat konnte diese Aufgabe nicht bewältigen. Der Staatsapparat war inkompetent und ineffizient, seine Korruption und Günstlingswirtschaft schrie zum Himmel. Die Geldhähne der Staatskasse waren weit aufgedreht. Die Arbeiter wurden mit üppigen Lohnerhöhungen umworben und verloren anschließend ihr Geld durch die Inflation. Es gab fast keine Steuereinnahmen. Nur drei

Prozent der Staatseinnahmen stammten aus Steuern, der Rest kam von der Zentralbank. Das Land stöhnte unter der Last seiner Auslandsverschuldung. Armut und Ungleichheit nahmen zu. Nach dem zusätzlichen Schlag der Schuldenkrise, die 1982 begann, erreichte die Hyperinflation 24 000 Prozent, und man befürchtete, dass sie bald auf eine Million Prozent ansteigen würde. Es blieb nur noch sehr wenig Zeit zum Handeln.

Doch es gab kaum Übereinstimmung darüber, was zu tun sei. Ein umfassender Wandel in der grundlegenden Organisation der Wirtschaft war für die meisten Menschen undenkbar. Goni freilich sah das anders. »Die Hyperinflation war beängstigend«, erklärte er. »Vieles, was undenkbar schien, wurde durch die Hyperinflation und die Schuldenkrise vorstellbar. Ohne sie hätte auch die größte intellektuelle Überzeugungsarbeit die Regierungen und die Bevölkerung nicht dazu gebracht, die Schritte zu unternehmen, die sie dann taten. Aber was mich vor allem beeinflusste, waren meine Erfahrungen als Geschäftsmann. Ich arbeitete im System und sah, dass es nicht funktionierte. Der Privatsektor versuchte vom öffentlichen Sektor zu profitieren und der öffentliche Sektor untergrub den privaten. Diese Erfahrungen überzeugten mich zusammen mit dem langen Kampf für die Demokratie, dass das alte System einfach nicht mehr funktionieren konnte.« Aber wo lagen die Alternativen? Goni sah sich selbst als »links von der Mitte«. »Ich war mir immer darüber im Klaren«, so erklärte er, »dass ich in einem armen Land lebe und dass man darüber nachdenken muss, was man gegen die Armut tut.« In Ludwig Erhard fand er eine Art geistiges Vorbild. Goni las regelmäßig das renommierte britische Wirtschaftsmagazin *The Economist* und verfolgte, was anderswo auf der Welt geschah, zum Beispiel im Großbritannien von Margaret Thatcher oder in den asiatischen Wirtschaftswunderstaaten. Die Entwicklung in zwei Ländern machte auf ihn einen besonderen Eindruck. »Das erste war Neuseeland, wo eine Labour-Regierung, damit die Wirtschaft wachsen konnte, das dirigistische System beseitigen musste, das eine konservative Regierung viele Jahre zuvor geschaffen hatte. Das zweite war China. Mao galt immer als Speerspitze des Fortschritts. Aber ich war beeindruckt, als Deng an die Macht kam und Veränderungen einleitete. Besonders bemerkenswert fand ich seine Aussage, dass ihm die Farbe der Katze egal sei, solange sie Mäuse fing.«

Goni begann Dengs Ausspruch über Katzen zu zitieren. Und diese Beispiele verstärkten seine Überzeugung, dass der einzige Weg zur wirtschaftlichen Gesundung Boliviens die Beseitigung des Dirigismus war – und zwar durch drastische Maßnahmen. Der erste Entwurf seiner Schocktherapie war der

Erlass 21 060 vom August 1985. Er schaffte die Preiskontrollen ab, brachte drastische Haushaltskürzungen auf den Weg, strich die Zölle zusammen, um wettbewerbsfähige Preise in die Wirtschaft einzuführen, und setzte eine radikale Umstrukturierung des öffentlichen Sektors und eine Verminderung seiner Ausgaben in Gang. Goni und seine Mitarbeiter gingen ein enormes Risiko ein, als sie all dies mit nur 1,5 Millionen Dollar Staatsvermögen in der Zentralbank ins Werk setzten: Das war so gut wie nichts. Der Grund, warum sie es dennoch wagten, war der schlechte Informationsfluss, so Goni: »Wir wussten nicht, dass das alles war, was wir hatten.«

In den folgenden Monaten des Jahres 1985 setzten Goni und sein Team die übrigen Maßnahmen der Schocktherapie in die Tat um. Sie brauchten Rat, aber nicht die Art von Hilfe, welche die Weltbank damals anbot. Einige Monate zuvor hatte der in Harvard lehrende Wirtschaftsprofessor Jeffrey Sachs in Cambridge, Massachusetts, die Ankündigung eines Seminars über Bolivien erhalten. Er war äußerst interessiert an dem bizarren Phänomen der Hyperinflation und Bolivien war der erste Fall dieser Art seit 40 Jahren. Sachs ging zu der Veranstaltung und war wie hypnotisiert. Da er das einzige Mitglied der Wirtschaftsfakultät war, das den Weg in dieses Seminar gefunden hatte, wurde er in die Diskussion gezogen und stand am Ende, wie ein guter Professor, an der Tafel. Nach einer Weile stellte jemand hinten im Raum die Frage: »Wenn Sie so klug sind, warum kommen Sie dann nicht nach Bolivien?« Und das tat er.

Auf einer Cocktailparty in La Paz trafen Sachs und Goni zusammen. Goni erkannte, dass Professor Sachs genau der Mann war, nach dem er gesucht hatte. Sachs leistete einen großen Teil der analytischen Arbeit und lieferte das Expertenwissen, das sie brauchten. Das Ziel war klar: Die Inflation musste schnell beendet werden. Bolivien hatte 450 verschiedene Steuern, von denen die meisten nie eingetrieben wurden. Sachs half Goni und seinem Team, sie auf sieben leicht einzutreibende Steuern zu reduzieren. Er gab Ratschläge, wie die Zentralbank geführt werden sollte und welche Arten von Finanzkontrollen notwendig waren. Und er bestärkte sie, zu ihren Überzeugungen zu stehen.

Was sich zwischen 1985 und 1987 in Bolivien entwickelte, brachte dem Land Stabilität. Die Inflation verminderte sich von 24 000 auf neun Prozent. Die Staatsausgaben wurden reduziert, Subventionen abgebaut, Preise und Handel liberalisiert, Steuern eingetrieben, das Steuersystem reformiert und ein Notprogramm für ein soziales Netz geschaffen. 1987 konnte Bolivien unter der Schirmherrschaft des Internationalen Währungsfonds das erste

Programm zur Schuldenverminderung durchführen. Alles in allem hatten die Bolivianer damit etwas getan, das in Lateinamerika undenkbar gewesen war. »Wir schufen über Nacht eine Marktwirtschaft«, so Goni. »Die Alternative lautete: Schock oder Schritt für Schritt. Aber es gab keine schrittweise Lösung; das System war zusammengebrochen. Wir hatten nur wenig Zeit zum Handeln. Dinge, die unmöglich schienen, wurden möglich.«

Goni half nicht nur, die Krise Boliviens zu bewältigen, sondern er trug auch seinen Teil dazu bei, dass Lateinamerika seinen traditionellen Ansatz gegenüber Staat und Markt aufgab. Jahrzehntelang hatten die Regierungen des Kontinents ihre Volkswirtschaften völlig beherrscht. Trotz der augenfälligen Unterschiede wiesen diese Länder eine Reihe gemeinsamer Merkmale auf: Militarismus, Marxismus, Antikommunismus, Populismus und Antiamerikanismus waren dort alle auf verschiedene Weise miteinander verflochten. Einige Militärdiktatoren stolzierten in quasi-faschistischen Uniformen herum, andere trugen die Slogans des Sozialismus auf den Lippen. Welche Tracht auch bevorzugt wurde, der Staat kontrollierte das Wirtschaftsleben durch direktes Staatseigentum, Klientelwirtschaft und Patronage; der Staat galt als zentraler Motor wirtschaftlichen Wachstums.

In den späten 90er Jahren wird dieses Modell demontiert. Kein einzelnes System ist an seine Stelle getreten, aber die grundsätzliche Richtung ist eindeutig: Die Märkte werden liberalisiert, die Rolle des Staates wird eingeschränkt und neu bestimmt, er zieht sich durch Privatisierungen aus der Produktion zurück und wird von traditionellen Aufgaben befreit, die Inflation wird durch Beschränkung der Staatsausgaben gezähmt und die Zollschranken werden gesenkt. Dieser Prozess ging in den meisten Ländern mit einer bemerkenswerten Wiedergeburt der Demokratie einher – und das in einer Region, wo Militärdiktaturen in der Vergangenheit allzu oft die Regel waren.[1]

Die Dependenztheorie regiert

Der traditionell dirigistische Ansatz Lateinamerikas wurde stark von der Dependenztheorie beeinflusst (*dependencia*). Sie rechtfertigte die Dominanz des Staates: hohe Importbarrieren, eine geschlossene Wirtschaft und die generelle Zurücksetzung des Marktes. Die *dependencia* regierte vom Ende der 40er bis zu den 80er Jahren. Ihre Ursprünge liegen in den 20er und 30er Jahren und in der Weltwirtschaftskrise, als der Zusammenbruch der Rohstoffpreise die exportorientierten Volkswirtschaften Lateinamerikas verheerte. Im Einklang mit der damals herrschenden Auffassung diente die »nationale Sicherheit« Regierungen als Rechtfertigung, um »strategische Sektoren« der Wirtschaft zu übernehmen. Man wollte damit die Bedürfnisse der Nation erfüllen, nicht diejenigen internationaler Investoren. Dies führte in einer Reihe von Ländern besonders zur Gründung staatlicher Ölgesellschaften. Nach dem Zweiten Weltkrieg wurde die stärkere Hinwendung zum Staat auf der einen Seite vom Aufkommen des Wohlfahrtsstaates und der keynesianischen Inverventionspolitik im Westen, auf der anderen Seite vom Ansehen des Marxismus und der Sowjetunion befördert. Und noch etwas motivierte die lateinamerikanischen Ökonomen und ihre Regierungen: Antiamerikanismus – die Angst vor dem Koloss im Norden und die Abneigung gegen die als Ausbeuter betrachteten amerikanischen Gesellschaften, die in Lateinamerika operierten.

Die Theoretiker der *dependencia* bestritten den Nutzen des Welthandels. Ende der 40er Jahre wurden die wesentlichen Elemente ihres Denkens bereits von der UN-Wirtschaftskommission für Lateinamerika (United Nations Economic Commission on Latin America, ECLA) formuliert und vertreten, vor allem durch einen argentinischen Ökonomen namens Raúl Prebisch, der von 1948 bis 1962 den Vorsitz der Kommission innehatte. Er begann seine Karriere, wie er selbst sagte, »als überzeugter Anhänger der neoklassischen Theorien«. Aber »die erste große Krise des Kapitalismus – die Weltwirtschaftskrise – ließ in mir ernsthafte Zweifel an diesen Überzeugungen aufkommen«. Prebisch und jene, die sich ihm in der ECLA anschlossen, vertraten gewissermaßen eine internationale Lesart des Klassenkampfes. Sie argumentierten, dass die Weltwirtschaft in das industrielle »Zentrum« – die USA und Westeuropa – und eine Rohstoff produzierende »Peripherie« geteilt sei. Die Handelskonditionen wirkten sich immer zuungunsten der Peripherie aus, das heißt, das Zentrum beutete die Peripherie ständig aus. Die Reichen wurden reicher und die Armen ärmer. Der internationale Handel war aus dieser Sicht keine Methode, um den Lebensstandard zu erhöhen, sondern eher eine Form der Ausbeutung und des Raubs, welche die Industrienationen und die multinationalen Konzerne ausübten. Die Opfer waren die Völker in den Entwicklungsländern. Dieser Glaube wurde zur allgemein akzeptierten Überzeugung an den lateinamerikanischen Universitäten.

Die Peripherie sollte daher ihren eigenen Weg gehen. Statt Rohstoffe zu exportieren und veredelte Güter wieder einzuführen, sollten diese Länder so rasch wie möglich eine so genannte »importsubstituierende« Industrialisierung (ISI) vorantreiben. Das sollte erreicht werden, indem man die Verbindung zum Welthandel durch hohe Zölle und andere Formen des Protektionismus abbrach. Die Logik der schutzbedürftigen »Baby-Industrien« wurde für die gesamte Industrie übernommen. Währungen wurden überbewertet, wodurch sich die Preise für importierte Ausrüstungsgüter verbilligten, die wurde für die Industrialisierung benötigt wurden; alle anderen Importe wurden durch Genehmigungen und Lizenzen strikt rationiert. Zu hoch bewertete Währungen wirkten darüber hinaus dem Export von landwirtschaftlichen und anderen Erzeugnissen entgegen, denn sie wurden dadurch teurer und waren nicht mehr konkurrenzfähig. Die Preise des Binnenmarktes wurden kontrolliert und manipuliert; Subventionen waren gang und gäbe. Viele Industriebranchen und Unternehmungen wurden verstaatlicht. In der gesamten Wirtschaft spross ein Dschungel von Kontrollen und Regulierungen. Geld verdiente man, indem man sich einen Weg durch das Labyrinth der Verwaltung und Bürokratie bahnte, statt Märkte zu erschließen und diese zu bedienen. Die Wirtschaft wurde durch bürokratische und politische Entscheidungen gelenkt, nicht durch die Signale und Rückmeldungen des Marktes.

Bis in die 70er Jahre hinein schien dieser Ansatz zu funktionieren. Das Realeinkommen pro Kopf der Bevölkerung verdoppelte sich zwischen 1950 und 1970. Im selben Zeitraum weitete sich die Rolle des Staates und der Staatsunternehmen weiter aus. Zölle und andere Handelsbarrieren wurden geschaffen. Die schärfste Kritik während dieser Zeit lautete, der Staat tue noch nicht genug und sollte sich stärker dem Modell der zentralen Planwirtschaft in der Sowjetunion und Osteuropa annähern. Die tief gehenden Schwächen dieses Systems lagen bis zum Beginn der 80er Jahre weitgehend verborgen.[2]

Das verlorene Jahrzehnt

Die Schuldenkrise traf Lateinamerika sehr hart. Der aufgetürmte Schuldenberg war gewaltig. Zwischen 1975 und 1982 vervierfachten sich die langfristigen Schulden Lateinamerikas nahezu, von 45,2 Milliarden auf 176,4 Milliarden Dollar. Zählt man die kurzfristigen Kredite und Darlehen des Internationalen Währungsfonds hinzu, belief sich die Schuldenlast 1982 auf

333 Milliarden Dollar. Doch niemand schenkte diesem bedrohlichen Anwachsen sonderliche Beachtung – bis zum August 1982, als Mexiko am Rande der Zahlungsunfähigkeit stand. Es folgte ein doppelter Bankrott: finanziell und intellektuell. Die Ideen und Konzepte, die Lateinamerikas Wirtschaftssysteme geformt hatten, waren gescheitert; sie ließen sich nicht mehr finanzieren. Die Dependenztheorie hatte dazu geführt, dass sie Bankrott gingen. In den folgenden Jahren versuchte Lateinamerika seine Volkswirtschaften umzuformen; eine Phase, die als »verlorenes Jahrzehnt« bekannt wurde. Und dies mit gutem Grund, denn am Ende des Jahrzehnts, 1990, lag das Pro-Kopf-Einkommen niedriger als zu Beginn der Dekade.

In jenen Jahren wurden die vollen Kosten des alten Systems offenkundig. Sowohl die privaten als auch die staatlichen Industrieunternehmen, die es gefördert hatte, waren aufgrund von Protektionismus, Mangel an Wettbewerb und Isolation von technologischer Innovation ineffizient. Ein Großteil von ihnen legte wenig Wert auf Qualität und Service. Die Landwirtschaft steckte in einer schweren Krise. Die Haushaltsdefizite schwollen an. Die allgegenwärtige und tief eingewurzelte Inflation raubte den Familien ihre Ersparnisse. Die Folge war, dass niemand in Pension gehen konnte. Angetrieben von den Defiziten und der lockeren Geldpolitik erreichte die Inflation erstaunliche Höhen. Der heimischen Wirtschaft wurden die Vorteile des internationalen Handels vorenthalten und es gab keine Fortschritte bei der Behebung der fundamentalen sozialen Ungleichheit.[3]

Der neue Konsens: »Wir haben zu viel verlangt«

In den ersten Jahren der Schuldenkrise war das dringendste Erfordernis, die Länder vor dem Bankrott zu retten und ihre Volkswirtschaften zu stabilisieren. Ihre Zahlungsbilanz musste verbessert werden und dies gelang weitgehend durch strenge Disziplin und den Bedingungskatalog des Internationalen Währungsfonds. Der IWF übernahm die Führung bei der Umsetzung von Anleihe-, Kredit- und Umschuldungsprogrammen, wenn die Länder im Gegenzug Schritte taten, um ihre Schuldenlast und Defizite zu reduzieren, die Inflation zu zügeln und ihre Wechselkurse auf ein realistischeres Niveau brachten.

Aber Ende der 80er und Anfang der 90er Jahre setzte in Lateinamerika eine durchgreifendere Veränderung ein: ein drastischer Wandel der grundlegenden Prinzipien im Hinblick auf die Rolle des Staates in der Wirtschaft. Das Schwergewicht verlagerte sich vom Staat auf den Markt als den grundlegenden Ressourcenverteiler in der Wirtschaft. Einer der führenden Kenner des neuen Denkens beschrieb es als nicht weniger als den Versuch, »den Markt zu entwickeln und zu nutzen, statt Märkte anzuprangern, zu unterdrücken und zu verzerren«. Der Rückzug des Staates brachte umfassende Privatisierungen und in der Regel weniger Kontrolle. Er bedeutete auch, dass die Barrieren für den Handel und für ausländische Investitionen gesenkt wurden, um eine weitere Kreditaufnahme, die wegen der Schuldenkrise unmöglich geworden war, zu ersetzen. Die Regierungen konzentrierten sich darauf, Defizite und Inflation zu reduzieren und ihre Steuersysteme zu reformieren. So weit möglich, wurde die öffentliche Ausgabenpolitik stärker vom wirtschaftlichen Nutzen als von politischen Erfordernissen geleitet. Die Wechselkurse wurden konkurrenzfähig und berechenbarer. Die Eigentumsrechte sollten gestärkt werden. Und in der ganzen Wirtschaft sollte Wettbewerb statt Monopolbildung und Kontrolle ermutigt werden.

Vielleicht konnten nur jene, die im alten System aufgewachsen waren, das ganze Ausmaß des Wandels ermessen. Viele Jahre lang war Enrique Iglesias mit der ECLA verbunden und arbeitete eng mit Raúl Prebisch zusammen. Heute ist er Präsident der Interamerikanischen Entwicklungsbank. »So viel Wandel hätte ich mir nie träumen lassen«, sagte er. »Nach der Weltwirtschaftskrise und dem Zweiten Weltkrieg blickten wir 40 Jahre lang auf den Staat, der die Aufgabe übernehmen sollte, unsere Volkswirtschaften wieder zu beleben. Wir verlangten vom Staat, die Wirtschaftsgüter zu liefern. Wir haben zu lange zu viel vom Staat verlangt. Wir mussten eine Wahl treffen. Jetzt haben wir eine energische Kehrtwende zur Marktwirtschaft vollzogen. Vor vierzig Jahren hätte ich mir das nicht vorstellen können.« Von diesem Bündel neuer Ideen wurden die lateinamerikanischen Volkswirtschaften in den 90er Jahren umgeformt und wie jede zielgerichtete Ansammlung von Ideen erhielt auch diese einen Spitznamen: »Washingtoner Konsens« – ein Ausdruck, den sein Erfinder, der Ökonom John Williamson, von Anfang an bedauerte. Um für eine »Reform der Politik in Lateinamerika« um Unterstützung zu werben, bemerkte Williamson, »lässt sich schwerlich ein weniger diplomatisches Etikett finden.« Es ließ all die alten Emotionen hochkochen und das Gespenst der Yankee-Vorherrschaft wieder aufleben. Wie ein Kritiker des »Washingtoner Konsenses« mit altmodischem Gusto anmerkte, »verhehlte die Bezeichnung nicht, wer im späten 20. Jahrhundert Politik macht: nicht Regierungen, sondern Washington. Zu ›Washington‹ (...)

gehörten nicht nur der IWF [Internationaler Währungsfond] und die Weltbank, sondern auch ihr keineswegs schattenhafter Meister – die US-Regierung – und dahinter deren schattenhafte Meister, die Zunft der Wirtschaftswissenschaftler und die westlichen Geschäftsinteressen.«

Das könnte einen guten Stoff für eine Verschwörungstheorie oder einen Film abgeben. Aber solche Ausfälle verfehlten die eigentliche Ironie: Der Washingtoner Konsens wurde in Lateinamerika von Lateinamerikanern entwickelt und war eine Reaktion auf die Entwicklung sowohl innerhalb als auch außerhalb der Region. Das Scheitern des Staates, nicht des Marktes war es, das nun vor aller Augen stand. Das alte System konnte kein Wirtschaftswachstum schaffen. Die Menschen hatten mit Hyperinflation und einer jämmerlich schlechten Grundversorgung zu kämpfen.

Auch äußeren Faktoren kam erhebliches Gewicht zu. Wie in vielen anderen Teilen der Welt untergrub der Zusammenbruch des Kommunismus auch Lateinamerikas Glauben an den Sozialismus und an zentralistische Planung. Castros Kuba sah nicht mehr wie die Vorhut der Revolution aus oder wie die Vorhut von irgendetwas anderem; jetzt wirkte es vielmehr wie ein archaisches Relikt, das sich nur dank sowjetischer Subventionen über Wasser halten konnte. Als das Scheitern des sowjetischen Modells in Gänze erkennbar geworden war, begannen sich die lateinamerikanischen Ökonomen auf den wirtschaftlichen Erfolg Asiens zu konzentrieren. Das war eine wirkliche Entdeckungsreise, denn sie hatten die Region bis dahin weitgehend ignoriert. Die asiatischen Volkswirtschaften waren weniger reguliert und hatten weit niedrigere Inflationsraten; ihre Wechselkurse waren konkurrenzfähiger und schwankten viel weniger. Anders als die Lateinamerikaner hatten sich die Asiaten schnell von der Schuldenkrise erholt. Und in eklatantem Gegensatz zur strengen Selbstbeschränkung der Dependenztheorie hatten sie ihre Ökonomien fest im Welthandel verankert. In den späten 80er Jahren begann die UN-Wirtschaftskommission für Lateinamerika, die zuvor zu den eifrigsten Verfechtern der Dependenztheorie gehört hatte, von der Notwendigkeit einer »nach außen orientierten« Wirtschaftspolitik zu sprechen und sich von der staatlichen Kontrolle abzuwenden. Das war nicht mehr und nicht weniger als ein vollständiger Gesinnungswandel.[4]

Die »Technopolitiker«

Der Prozess der Neuformulierung wurde durch eine Gruppe von marktorientierten Ökonomen aus der ganzen Region ermöglicht. Viele von ihnen hatten in Nordamerika ein Diplom in Wirtschaftswissenschaften erworben, an Universitäten wie Harvard, dem Massachusetts Institute of Technology (MIT), Yale, Stanford und Chicago. Ihre akademischen Lehrer waren weitgehend vom Scheitern der Märkte in den 30er Jahren geprägt. Aber das aktuelle wirtschaftliche Problem war für sie und die jüngeren Fakultätsmitglieder das Scheitern des Staates. Mitte der 70er Jahre promovierte Pedro Aspe, Mexikos späterer Finanzminister, am MIT, wo der spätere Finanzminister Chiles, Alejandro Foxley, Gastdozent war, während Domingo Cavallo, der spätere Finanzminister Argentiniens, seine Doktorarbeit in Harvard schrieb. Sie sprachen miteinander, gingen gemeinsam joggen und schlossen Freundschaft mit Leuten wie Lawrence Summers, heute Finanzminister der USA, und Jeffrey Sachs, die beide damals in Harvard ihren Doktor machten. Sie trafen die Fakultätsmitglieder des MIT Rüdiger Dornbusch und Stanley Fischer, heute stellvertretender Direktor des Internationalen Währungsfonds, sowie die Harvard-Professoren Benjamin Friedman, einen Experten für Fiskalpolitik, und Martin Feldstein, der den leistungshemmenden Einfluss hoher Steuern nachwies.

Als diese lateinamerikanischen Ökonomen nach Hause zurückkehrten, übernahmen viele von ihnen nicht nur Lehraufträge, sondern gründeten auch ihre eigenen Forschungsinstitute, beteiligten sich an der Regierung und versuchten allgemein den neuen Konsens umzusetzen. Sie wurden als »Technopolitiker« bezeichnet, im Gegensatz zu den »Technokraten« früherer Jahre. Sie bemühten sich nicht nur um ein besseres Funktionieren des Staatsapparates; wenn sie Erfolg haben wollten, mussten sie auch gute Politiker sein. Schließlich versuchten sie ja massive Veränderungen in ihren Volkswirtschaften einzuführen, und dies war bei all den Institutionen und Interessen, für die so viel auf dem Spiel stand, eine entschieden politische Aufgabe.

»Um eine technisch gute Arbeit bei der Steuerung einer Wirtschaft zu leisten, muss man Politiker sein«, so der Chilene Foxley. »Wenn Sie nicht in der Lage sind, Ihre Vision zu artikulieren, Gegner umzustimmen und die Menschen von unpopulären Maßnahmen zu überzeugen, dann werden Sie auf der ganzen Linie scheitern. Ökonomen müssen nicht nur ihre Wirtschaftsmodelle kennen, sondern auch die Politik, Interessen, Konflikte und Leidenschaften verstehen.« Foxley sprach aus Erfahrung. Der hervorragend ausgebildete Ökonom war auch einer der exponiertesten Kritiker des Pinochet-Regimes in den Jahren der Diktatur und erwies sich als höchst erfolgreicher Finanzminister in der ersten demokratischen Regierung, die ihr folgte.[5]

Chile: Das zweideutige Vorbild

Chile wurde zum Laboratorium für einen Ansatz, der den lateinamerikanischen Erfahrungen nach dem Zweiten Weltkrieg völlig zuwiderlief. Er wurde mit gemischten Gefühlen betrachtet, stieß auf Misstrauen und offene Ablehnung, weil seine Umsetzung mit Unterdrückung und Diktatur verbunden war. Doch mit der Zeit wurde er zum Vorbild für den Rest der Region.

1970 kam die sozialistische Regierung von Salvador Allende an die Macht, führte Preiskontrollen ein und machte sich an ein massives Verstaatlichungs- und Enteignungsprogramm, das darauf abzuzielen schien, aus Chile eine Volkswirtschaft im Stil Osteuropas zu machen. Das Ergebnis war ein wirtschaftliches Chaos. Die Allende-Regierung wurde von einem Putsch unter Führung von General Augusto Pinochet gestürzt, der seinerseits eine repressive Diktatur errichtete. Von der Angst vor dem Kommunismus und inneren Feinden aller Art besessen, regierte Pinochet mit harter Hand, unterdrückte Gewerkschaften, Journalisten, Studenten und andere, die das Regime für subversiv hielt.

Pinochet und seine Militärs verstanden wenig von Wirtschaft. Außer der »nationalen Sicherheit« und der Unterdrückung der Linken hatten sie kaum irgendeine Art von Programm. Aber sie mussten etwas tun. Es gab ein Programm, das dem Ansatz Allendes diametral entgegengesetzt war, ein Dokument, das *El Ladrillo* (der »Ziegelstein«) genannt wurde. Es handelte sich um ein umfangreiches Manuskript, das die Wirtschaftsfakultät der Katholischen Universität Chiles für den Kandidaten der Christdemokraten in den Präsidentschaftswahlen von 1970 vorbereitet hatte und das für einen entschieden marktwirtschaftlichen Ansatz eintrat. Sein Hauptautor sagte später, *El Ladrillo* sei als »ein Beruhigungsmittel für unsere Nerven« entstanden, »eine Art Therapie. (...) Wir konnten uns nicht vorstellen, dass es eine Zukunft haben würde.«

Aber die Pinochet-Regierung übernahm das Programm von *El Ladrillo*. Und mit ihm kamen die »Chicago Boys«, marktorientierte Ökonomen, von denen viele dank eines Austauschprogramms mit der Katholischen Universität an der Hochschule in Chicago ausgebildet worden waren. Die intellektuellen Mentoren dieser Gruppe waren zwei Chicagoer Professoren – Milton Friedman und mehr noch Arnold Harberger. Die »Chicago Boys« machten sich daran, das Programm von *El Ladrillo* in die Tat umzusetzen. Doch diese Aufgabe war alles andere als leicht, nicht einmal für ein Regime, das die Macht in seinen Händen zentralisiert hatte. Ein Ökonom sagte, er verbringe 90 Prozent seiner Zeit damit, »den Generälen und dem Land zu erklären, was ein freier Markt ist. Dies war ein völlig neues Experiment und es gab dagegen enorme Widerstände.« Ermüdet und irritiert von einer langen Ökonomielehrstunde, beendete Pinochet einmal die Diskussion, indem er die Ökonomen gereizt daran erinnerte, dass er es schließlich sei, der den chilenischen »Topf am Henkel« hielt. Sollte es der Wirtschaft weiterhin schlecht gehen, so erwiderte einer der führenden »Chicago Boys«, dann würde Pinochet bald »nur noch den Henkel in der Hand halten«. Der General explodierte. Niemand durfte mit ihm in dieser Weise reden. Dennoch gingen die Ökonomielehrstunden weiter.[6]

Die »Chicago Boys« führten rasch eine ganze Reihe grundlegender Reformen durch. Sie gaben die Preise frei und deregulierten den Finanzsektor. Sie nahmen massive Privatisierungen vor und verminderten die Zahl der staatlichen Betriebe von 500 im Jahr 1973 auf nur 25 im Jahre 1980. Sie wollten alles so schnell tun, wie sie konnten. Sie wollten den »Entwicklungsstaat« abschaffen, der die Wirtschaft seit Ende der 20er Jahre gelenkt und zwischen den verschiedenen Interessengruppen vermittelt hatte. Es lag nicht wenig Ironie darin, dass sie sich der Macht einer Militärdiktatur bedienten, um zu erzwingen, was in ökonomischer Begrifflichkeit ein minimalistischer Staat genannt wird.

Die Reformen zeitigten Resultate, und obwohl die Pinochet-Regierung international weiterhin geächtet blieb, zollte man ihr widerwillig Respekt. 1982 geriet die Wirtschaft des Landes aufgrund der allgemeinen Schuldenkrise, von Fehlern in der Devisenpolitik und unzureichender Kontrolle des Finanzsektors, der von Skandalen und Pannen gebeutelt wurde, ernstlich ins Trudeln. Das gesamte Programm der »Chicago Boys« erschien diskreditiert. Die Militärregierung war orientierungslos und ihre Bemühungen, sich der Lage anzupassen, erwiesen sich als wenig erfolgreich. Der Staat musste so viele Banken übernehmen, dass diese Phase scherzhaft als »Chicagoer Weg in den Sozialismus« bekannt wurde. Eine zweite Generation von Reformern übernahm 1985 das Ruder. Sie waren der reinen Lehre nicht so stark verpflichtet wie die »Chicago Boys« – tatsächlich kamen die meisten von ihnen aus Harvard und nur wenige aus Chicago – und weniger streng in ihrer Politik. Es gelang ihnen, viele der Fehler zu korrigieren, und Chile wurde in den folgenden Jahren zu einem herausragenden lateinamerikanischen Beispiel für Marktreformen. Die Wachstumsraten lagen hoch, die Inflation niedrig und die Exporte stiegen und diversifizierten sich. Chilenische Qualitätsweine fanden weltweit ihren Weg in die Regale der Supermärkte.

Ende der 80er Jahre schließlich unterlag die Militärregierung in einem Plebiszit und trat ab. Der ausschlaggebende Faktor in der Präsidentschaftswahl von 1989 war – abgesehen von der Einführung der Demokratie – die Tatsache, dass sich alle drei Kandidaten, von denen zwei offene Gegner der Diktatur waren, hinter die Reformen stellten. Wirtschaftsminister in der neuen Regierung wurde Alejandro Foxley, der an der Katholischen Universität einen Planungszirkel gegründet hatte, der zu einer der wichtigsten Quellen von Kritik an der Militärregierung wurde, wenngleich diese Kritik in die Sprache der Ökonomie gekleidet war. In den frühen 80er Jahren war Foxley noch für eine interventionistische Rolle des Staates eingetreten, unter anderem auch dafür, wie in Korea die »Gewinner« des inländischen Wettbewerbs herauszupicken und besonders zu fördern. »Ehrlich gesagt«, so Foxley später, »hatte ich weniger Vertrauen in den freien Markt und mehr Vertrauen in den Staat.« Ein Jahrzehnt später strebte er als Wirtschaftsminister danach, die vernachlässigten sozialen Probleme von Armut und Ungleichheit anzugehen. Aber seine Hauptziele waren, den Konsens zugunsten der Marktwirtschaft zu stärken, das neue System funktionsfähiger zu machen sowie die Reformen zu konsolidieren und weiterzuführen. Er musste die Marktreformen jetzt gegen die siegreichen Demokraten verteidigen, die am liebsten jedwede Hinterlassenschaft der Diktatur beseitigen wollten. Gleichzeitig versuchte er – in Reaktion auf die Bemühungen der »Chicago Boys«, den interventionistischen Staat zu demontieren – einen »kompetenten Staat« zu formen. Sein Ziel, so erklärte er, war eine Kombination von »progressiver Sozialpolitik und strenger, manche würden sagen, konservativer Fiskalpolitik«.

Dieser Kurs wurde unter der Regierung von Eduardo Frei fortgesetzt. »Um Chile zu verstehen, braucht man eine breite Perspektive«, so Energieminister Alejandro Jadresic. »Es ist nicht einfach. Viele Menschen waren gegen die ursprünglichen Reformen, weil sie von einer illegitimen Militärregierung kamen. Wie also sollte man die Reformen, die vernünftig waren, bewahren und noch weitere Reformen durchsetzen? Das ist einer der Gründe, warum Leute wie ich in die Politik gegangen sind. Wir hatten Angst, dass die Reformen rückgängig gemacht würden. Die demokratischen Regierungen haben an den Reformen wichtige Modifikationen vorgenommen. Heute wird starkes Gewicht auf Gerechtigkeit, auf die sozialen Bedürfnisse, auf den Wohnungsbau, das Gesundheitssystem, auf Erziehung und Umwelt gelegt. Aber überlassen wir es dem Marktsystem, den Wohlstand zu schaffen. Lassen wir den Märkten die Freiheit, sich zu entwickeln.«

Die chilenische Präsidentschaftswahl von 1989 erwies sich als entscheidend. Trotz des bitteren Kampfes und der Qualen der vorangegangenen beiden Jahrzehnte und ungeachtet der aufgewühlten Leidenschaften und der Kosten wollten nur wenige den Markt zurückdrängen. Zusammen mit den wirtschaftlichen Leistungen selbst gab dieses Festhalten an den Reformen der übrigen Region ein deutliches Signal, und das besonders zu einer Zeit, als sie ein Vorbild benötigte. Die Marktwirtschaft ließ sich nicht länger als Machwerk der Diktatur von der Hand weisen. In Chile wurde der neue Liberalismus genährt und von hier aus breitete er sich in ganz Lateinamerika aus – am unmittelbarsten über die Anden nach Argentinien.[7]

Das argentinische Paradox

Argentinien war lange Zeit ein wirtschaftliches Paradox. Wie konnte ein Land, das in den ersten Jahrzehnten des 20. Jahrhunderts zu den reichsten Ländern der Erde gehörte, in ein derartiges ökonomisches Chaos geraten? Ein gut Teil der Antwort hat mit Juan Perón zu tun. Man erinnert sich heute an ihn vor allem als Ehemann von Evita, aber in den Jahren nach dem Zweiten Weltkrieg war er die Verkörperung eines fast faschistisch anmutenden Populismus. Perón baute auf der Popularität faschistischer Ideen in der Vorkriegszeit auf und verwandelte Argentinien in einen korporativen Staat mit mächtigen organisierten Interessengruppen – Großunternehmen, Gewerkschaften, Militär, Bauern –, die mit dem Staat und untereinander die Verteilung von Positionen und Ressourcen aushandelten. Er weckte nationalistische Leidenschaften, schürte Ambitionen auf nationale Größe und verfolgte eine scharf antiamerikanische Politik. Perón verstaatlichte große Teile der Wirtschaft und errichtete Handelsbarrieren, um sie zu schützen. Er schnitt Argentiniens Verbindungen zur Weltwirtschaft ab – eine der wesentlichen Quellen seines Reichtums –, war für die hartnäckige Inflation verantwortlich und zerstörte die Grundlagen für gesundes Wirtschaftswachstum. Bis zum Tod von Evita Perón 1952 war er sehr populär. Danach verwandelte sich die Wirtschaft jedoch in ein solches Chaos, dass er klugerweise ins Exil ging.

In den folgenden Jahren gaben sich gewählte Präsidenten und Militärjunten die Klinke in die Hand. Perón kehrte aus dem Exil zurück, um 1973 erneut Präsident zu werden. Er starb kurz darauf und hinterließ seine neue Frau Isabel als Präsidentin, die jedoch als ehemalige Nachtklubtänzerin in Panama für diese Aufgabe nicht sonderlich gut vorbereitet war. Das Land versank in noch tieferes Chaos. Eine neue Militärjunta übernahm die Macht und zettelte einen niederträchtigen »schmutzigen Krieg« gegen Linke und andere Kritiker an; viele tausende von ihnen »verschwanden« wie in Chile – einige wurden einfach über dem Atlantik aus dem Flugzeug geworfen. Das Militär zeigte bei der Lenkung der Wirtschaft, die im Sumpf von hartnäckiger Inflation und tiefer Rezession steckte, keinerlei Kompetenz. In einem verzweifelten Versuch, seine Autorität und Popularität wiederherzustellen, griff das Militär 1982 die britischen Falklandinseln an (die in Argentinien als Malvinas bezeichnet werden). Eben jener Krieg verschaffte Margaret Thatcher den politischen Rückhalt für eine groß angelegte Privatisierung in Großbritannien. Die Niederlage der argentinischen Militärdiktatoren untergrub ihre Autorität. In dem einzigen Gebiet, auf dem man sie für Experten hielt, in der Kriegführung, hatten sie sich als völlig inkompetent erwiesen. 1983 übergaben sie die Regierung an einen demokratisch gewählten Präsidenten, Raúl Alfonsín.

Alfonsín war mit dem Slogan »Demokratie oder Antidemokratie« in den Wahlkampf gezogen. Argentinien hatte von beidem reichlich gehabt. Zwischen 1930 und 1983 hatte das Land 24 Präsidenten, 26 erfolgreiche und mehrere Hundert erfolglose Militärcoups erlebt. Alfonsíns große Leistung war die Wiederherstellung der Demokratie und der zivilen Institutionen. Aber mit dem Beginn der Schuldenkrise scheiterten seine improvisierten Bemühungen zur Stabilisierung der Wirtschaft. Das Land verharrte in einer tiefen Wirtschaftskrise, seine Verwaltung funktionierte nicht. Einer seiner Wirtschaftsminister, den die Menge im ersten Jahr der Alfonsín-Regierung auf den Schultern getragen hatte, wurde am Ende seiner Amtsperiode von seinen Nachbarn bespuckt, wenn er sich aus dem Haus traute.

Alfonsíns Nachfolger wurde der auffällige, fast unwirklich anmutende Provinzgouverneur Carlos Menem, der sich in einem weißen Anzug präsentierte. Menem, einst als »Alptraum eines Psychoanalytikers« beschrieben, war pragmatisch eingestellt, passte sich rasch neuen Umständen an und war kaum irgendwelchen Ideen verpflichtet. Tatsächlich wurde seine Politik zu

Anfang als »Mischmasch missverstandener Begriffe« beschrieben, von denen »manche von Mussolini, manche von Maynard Keynes« stammten. Er kandidierte als Peronist – »Perón mit Koteletten« – mit einem Wahlprogramm aus einer Mischung von Populismus, milden Gaben und höheren Staatsausgaben. Menem zog seinen Gegner, der für Privatisierung und Liberalisierung der Wirtschaft eintrat, ins Lächerliche. Doch sobald er gewählt war, machte er sich prompt die Ideen seines Opponenten zu Eigen und brachte eines der radikalsten, raschesten und umfassendsten Marktreformprogramme Lateinamerikas auf den Weg.

Tatsächlich gab es gar keine andere Wahl. Argentinien war gegen eine Mauer gefahren. Die Hyperinflation hatte 20 000 Prozent erreicht, die Wirtschaft schrumpfte und auf den Straßen kam es zu Hungeraufständen. Als Menem das Amt übernahm, betrug die Schuldenlast 58 Milliarden Dollar, und es war keine Möglichkeit erkennbar, sie zurückzuzahlen. Das alte peronistische Spiel inflationstreibender Lohnerhöhungen konnte nicht so weitergehen. »Den Film haben wir schon gesehen«, erklärte Menem. Zur gleichen Zeit demonstrierte der Nachbar Chile, dass es sehr wohl eine Alternative gab. Doch selbst in Argentinien ließ sich eine Alternative finden. In den späten 70er Jahren hatten sich ein Süßwarenhersteller und ein Bauunternehmer zusammengetan und in der binnenländischen Stadt Córdoba ein Wirtschaftsforschungsinstitut gegründet, das Instituto de Estudios Económicos sobre la Realidad Argentina y Latinoamericana (IEERAL). Seine Mitglieder hatten die Nase voll vom Korporatismus mit seiner Schacherei zwischen den verschiedenen Interessengruppen. Kleinere Unternehmen, die vom System ignoriert und erstickt wurden, brauchten ihrer Meinung nach Unterstützung. Die Forscher an diesem Institut studierten die Marktreformen im Rest der Welt und bezogen sie dann in ihren eigenen Arbeiten auf Argentinien. Zu der Zeit, als Menem an die Macht kam, hatten sie bereits eine Reihe von Ideen formuliert und begründet, um die Wirtschaft zu reformieren. Menem hatte den Schwung des Wahlerfolgs im Rücken und war bereit, jeden Vorschlag zu akzeptieren, wenn er glaubte, dass er zur Lösung der Probleme Argentiniens beitragen könnte. Aber eins fehlte ihm: eigene Ideen. Er brauchte einen Vordenker und fand den geeigneten Kandidaten am Wirtschaftsinstitut in Córdoba.[8]

Der Sohn des Besenmachers

Der Leiter des Instituts und Schöpfer seines Studienprogramms war der Ökonom Domingo Cavallo, der zu einer der einflussreichsten Persönlichkeiten bei der Neugestaltung der Beziehung von Staat und Markt in Lateinamerika wurde. Er wurde 1946 geboren, in dem Jahr, als Juan Perón die Macht übernahm. Wenn es ein Feindbild in seinem Leben gab, so war es Perón, denn ein großer Teil seiner geistigen und politischen Arbeit zielte auf die Widerlegung und Zurückweisung des Peronismus. Cavallo wuchs in der binnenländischen Provinz Córdoba auf, eine Erfahrung, die ihn, wie er später sagte, gegen den Peronismus abhärtete. »In den Provinzen fernab von Buenos Aires erkennt man die schädlichen Auswirkungen eines aufgeblähten und willkürlichen Wirtschaftssystems am leichtesten.« Seine Herkunft war äußerst bescheiden; sein Vater besaß einen kleinen Besenmacherladen, der mit dem Haus der Familie verbunden war.

Cavallo studierte in Córdoba und arbeitete dann in der Provinzverwaltung, wo seine Unzufriedenheit mit dem, was er auf der Universität gelernt hatte, immer mehr wuchs. »Damals wurden das Scheitern des Marktes und die Rolle der Planung stark betont«, erinnerte er sich. »Ich hatte kein Gespür für Marktwirtschaft.« Cavallo begann sich selbst zu bilden. Die *Principes de politique économique* von Raymond Barre, dem französischen Ökonomieprofessor und späteren Premierminister, übten großen Einfluss auf ihn aus. Barre konzentriert sich ausdrücklich auf die »Spielregeln«: wie eine Wirtschaft organisiert ist, wer die Mitspieler sind, wie sie sich verhalten. Die Spielregeln wurden für Cavallo zu einer dauerhaften Beschäftigung und einem häufig zitierten Wort. Er vertiefte sich außerdem in argentinische Theorien des 19. Jahrhunderts über die konstitutionelle Grundlage einer Marktwirtschaft. »Ich konnte diese Ideen nicht mit dem in Beziehung setzen, was ich auf der Universität gelernt hatte«, sagte Cavallo. »Ich entschloss mich in die USA zu gehen, um die Marktwirtschaft besser verstehen zu lernen.«

So promovierte Cavallo schließlich Ende der 70er Jahre in Harvard. Er konzentrierte sich auf Argentiniens beharrliche Inflation und auf den Monetarismus, der die Ideen für seine spätere Politik lieferte. Argentiniens Inflation war durch die fiskalische Verantwortungslosigkeit politischer Führer verursacht worden, die Geld ausgaben und intervenierten, koste es, was es wolle, und die teilweise pompösen Illusionen aufsaßen. Cavallo glaubte, dass der richtige Weg, die Inflation in den Griff zu bekommen, die Zügelung der Politiker, nicht der Geldmenge war. Er verachtete die Dependenztheoretiker. Argentiniens langer Niedergang, so argumentierte er, war nicht das Ergebnis äußerer Kräfte – der Handelsbedingungen oder *terms of trade* –, sondern seiner inneren politischen Kultur. Statt sich über den internationalen Handel zu beklagen, hätte Argentinien seine Ausfuhren ausweiten und diversifizieren müssen.

Nach seiner Rückkehr nach Córdoba organisierte Cavallo das Instituto de Estudios Económicos. Die Leitung dieses neuen Forschungsinstituts gab ihm eine Plattform, auf der er seine Ideen vertreten und gleich gesinnte Forscher um sich scharen konnte. Sein Ziel war, zu verstehen, warum Argentiniens Wirtschaft so tief gesunken war. »Argentinien war in dem Handelssystem, das die Briten in der zweiten Hälfte des 19. Jahrhunderts geschaffen hatten, die erfolgreichste neue Volkswirtschaft«, so Cavallo. »Was war passiert?« Der Versuch, die Spielregeln zu erkennen, wurde zum bleibenden Ausgangspunkt für jedes Forschungsprojekt am Instituto de Estudios Económicos.

Ende der 80er Jahre veröffentlichte Cavallo ein Buch mit dem Titel *Ökonomie in der Krise* (*Economia en tiempos de crisis*, Buenos Aires 1989). Er schrieb es innerhalb von vier Wochen nieder; freilich beruhte es auf einem Jahrzehnt Gedanken- und Forschungsarbeit. Das Buch wurde ein Bestseller und machte ihn in ganz Argentinien bekannt. Seine Diagnose der argentinischen Krankheit wurde berühmt. Das grundlegende Problem der Nation, so erklärte er, sei die Koexistenz eines »Sozialismus ohne Pläne und eines Kapitalismus ohne Märkte«. Cavallo wurde in den Kongress gewählt. Trotz ihrer Differenzen wurden Carlos Menem und er gute Freunde. Menem erkannte, dass Cavallo für ihn sehr nützlich sein konnte.

Cavallo war der logische Kandidat für den Posten des Finanzministers, als Menem die Wahl gewann, aber seine Ernennung wurde von machtvollen Wirtschaftsinteressen energisch bekämpft, die ihre Positionen erhalten wollten und Wettbewerb und Deregulierung fürchteten. Deshalb machte Menem Cavallo stattdessen zum Außenminister. Schließlich sprach er ja gut Englisch. Unterdessen rutschte die Wirtschaft immer tiefer in die Krise. Nachdem er in den ersten 19 Monaten seiner Regierungszeit drei Wirtschaftsminister verschlissen hatte, wandte sich Menem schließlich der nahe liegenden Wahl zu und übergab Domingo Cavallo die Geschicke der Wirtschaft.

Cavallo war häufig barsch, aggressiv, streitsüchtig und taktlos. Manchmal konnte er der Versuchung nicht widerstehen, in Radio-Talkshows anzurufen, um Sprecher und Hörer aufzuklären. Aber er bewies auch eine bemerkenswerte Fähigkeit, die erforderliche Politik umzusetzen: die Ziele zu erkennen, das Gespräch zu suchen, Gruppen einzubinden, einen breiten Konsens für Reformen zu schaffen und zu gestalten und Beziehungen zu internationalen Institutionen und zur Finanzwelt aufzubauen, deren Vertrauen entscheidend war. Gewiss half ihm bei alledem ein Gefühl der Verzweiflung. Niemand konnte bezweifeln, dass das Land in einer ernsten Krise steckte. Der Preis im Falle eines Scheiterns lag auf der Hand: Hyperinflation.

Entschlossen, eine Schocktherapie durchzuführen, ging Cavallo rasch mehrere große Problemfelder an. Erstens senkte er unverzüglich die Handelsbarrieren und führte Reformen durch, um den Wettbewerb und eine neue Exportorientierung zu ermutigen. Zweitens band er den Peso, die argentinische Währung, an den Dollarkurs. Nach dem Währungskonvertibilitätsgesetz war die Zentralbank verpflichtet, den neuen Austral zu einem festen Kurs in Dollar umzutauschen. Dieser Schritt räumte entschieden mit einer klassischen Form der Souveränitätsausübung auf: Politiker und die Zentralbank konnten nun nicht mehr die Inflation anheizen, indem sie den Wechselkurs manipulierten und willkürlich das inländische Kreditvolumen ausweiteten. Die Bedeutung der Zwangskonvertibilität für die Senkung der Inflation konnte gar nicht überschätzt werden. »Wir mussten das Denken der Argentinier verändern«, erklärte Cavallo. »Das wurde ein sehr wichtiger Beitrag zur Disziplin. Zuvor konnten Politiker und Marktteilnehmer sich eine Haushaltsbeschränkung gar nicht vorstellen.«[9]

Privatisierung

Das dritte Element der Reformen war die Privatisierung. Der Staat besaß eine riesige Anzahl von Unternehmen, von den traditionellen Versorgungsunternehmen über staatliche Ölgesellschaften bis hin zu einem Zirkus. Beladen mit antiquierter Organisation und drückenden Arbeitsbestimmungen rissen die meisten von ihnen Jahr für Jahr riesige Löcher in den Staatshaushalt. Dies machte sie zu einer der Hauptquellen der Inflation. Die Privatisierung sollte mehrere Ziele erreichen. Sie sollte solchen Verlusten ein Ende bereiten und die Wirtschaft vom öffentlichen Tropf abnabeln. Sie sollte helfen Argentiniens Schuldenlast zu vermindern. Sie sollte auch den Umfang des Staates reduzieren, die Entscheidungsfindung dezentralisieren und die unangemessene Rolle des Staates in der Wirtschaft beenden. Sie sollte einen Weg bieten, um die jämmerliche Qualität der Dienstleistungen auf solchen Gebieten wie

Telefondienst oder Transportwesen zu verbessern. Und schließlich bestand keine Hoffnung, ohne Privatisierung langfristig die Inflation zu zähmen.

Tatsächlich führte Argentinien eines der umfangreichsten und radikalsten Privatisierungsprogramme von ganz Lateinamerika durch. Cavallo und seine Mitarbeiter lernten bei der Umsetzung dazu. »Die ersten Privatisierungen brachten viel Geld, aber keinen der Vorteile des Wettbewerbs«, so Cavallo. »Das Wichtigste, was wir aus unseren anfänglichen Erfahrungen lernten, war die Notwendigkeit, die Effizienz und den Nutzen für die Verbraucher zu maximieren. Wir mussten die Qualität und Quantität der Dienstleistungen verbessern und die Kosten senken. All das würde die Produktivität und Wettbewerbsfähigkeit der gesamten Wirtschaft erhöhen.« So konzentrierte sich Cavallo auf die Deregulierung als notwendige Vorbedingung der Privatisierung.

Die größte Privatisierung betraf die staatliche Ölgesellschaft YPF, die Verkörperung des peronistischen Staatsunternehmens. Menem und Cavallo betrauten José Estenssoro, einen weltläufigen Manager mit drei Jahrzehnten Erfahrung in der internationalen Ölservice-Industrie, mit der Privatisierung. Estenssoro schlug zwei Alternativen vor: entweder die Gesellschaft zu zerlegen und ihre einzelnen Teile getrennt zu verkaufen, oder das Unternehmen auf sein strategisches Kerngeschäft »zurechtzuschneiden«. Man entschied sich für den letzteren Ansatz. In einer ersten Phase wurden nichtzentrale Unternehmensteile abgestoßen, darunter Supermärkte, Kinos, Klubs, Flugzeuge und sogar Kirchen. In der zweiten Phase wurde das Unternehmen umstrukturiert, erhielt eine vollständig neue Managementorganisation und wurde von Grund auf neu gegliedert. Die zentrale Frage betraf die Beschäftigten. Ihre Zahl wurde um fast 90 Prozent reduziert, von 52 500 auf 5 800. Das Ausmaß dieses Stellenabbaus zeigte, wie ineffizient die Gesellschaft gearbeitet hatte. Wenn die Beschäftigtenzahl nicht vermindert worden wäre, wäre YPF ein Verlustgeschäft geblieben. »Die Reduktion der Beschäftigten war die schmerzlichste Entscheidung«, sagte Estenssoro, »aber sie vollzog sich ohne Streiks, soziale Unruhen oder Arbeitsniederlegungen.« Tatsächlich wurde sie mit großer Sorgfalt durchgeführt: mit einer Mischung aus Frühpensionierungen, einjährigen Umschulungen, großzügigen Abfindungen und dem Transfer von Beschäftigten zu Unternehmensteilen, die verkauft wurden.

Die Umstrukturierung verwandelte YPF in ein Unternehmen, das wie ein moderner Konzern aussah, nicht wie ein wuchernder Ausläufer der staatlichen Verwaltung. Erst jetzt war das Unternehmen für die Privatisierung bereit. Am Ende stand 1993 eine Emission in Höhe von drei Milliarden Dollar – die größte Erstausgabe in der Geschichte der New Yorker Börse. Ein schwerfälliges, ineffizientes, nach innen gerichtetes Unternehmen, das von staatlichem Schutz abhing, war in einen dynamischen internationalen Wettbewerber verwandelt worden, der in ganz Lateinamerika und später auch in den USA und Asien operierte.

Der Rückzug des Staates aus dem direkten Eigentum bedeutete nicht, dass er sich ganz aus dem Geschäft zurückzog. Stattdessen übernahm er eine neue Rolle, an der Cavallo und seine Mitarbeiter hart arbeiten mussten. Das passte sehr gut zu Cavallos Beschäftigung mit den »Spielregeln«, ging es dabei doch darum, Durchführungsbestimmungen und Verwaltungsorgane zu schaffen, um zu gewährleisten, dass die nunmehr privatisierten Monopole ihre Position nicht ausnutzten. Diese Anstrengung war umstritten. Außerdem verschlechterten sich nach Menems Wiederwahl 1995 die Beziehungen zwischen Menem und Cavallo stark und 1996 trat Cavallo zurück. Es dauerte nicht lange, bis er ein offener Gegner der Menem-Regierung wurde. Er erhob schwere Vorwürfe wegen Korruption, Manipulation der Gerichte und dem beherrschenden Einfluss der Mafia. Doch diese bitteren Auseinandersetzungen haben Cavallos grundsätzliches Urteil nicht geändert: »Menem war der passende Mann für die Situation. Niemand sonst hätte so schnell so viele Veränderungen vornehmen können. Er war der richtige Mann für den Job.«

Menem und Cavallo kamen in einem Land an die Macht, in dem es, wie José Estenssoro bemerkte, sehr schwierig war, »über die Zukunft nachzudenken«. Es gelang ihnen, Argentinien von seiner Vergangenheit zu befreien. Jahrzehntelang war Argentinien, passend zu seiner stark nationalistisch geprägten Mentalität, ein nach innen gekehrtes Land gewesen. Deshalb stellte seine Öffnung zur Welt einen dramatischen Wandel dar. »Jene Jahre waren sehr anstrengend«, so Cavallo. »Wir zogen jede Woche, jeden Tag aufs Neue in die Schlacht. Aber ich bekam eine Menge Unterstützung von jungen Menschen, denen ich auf der Straße und in den Geschäften begegnete und die mir für die Schaffung eines neuen Argentinien Glück wünschten. Wir haben viel mehr erreicht, als wir erwartet hatten.« Argentinien war von der Inflation geschwächt gewesen. Es hatte seine Steuern nicht eintreiben und seinen Haushalt nicht verabschieden können. Leute mit Geld hatten verzweifelt versucht es aus dem Land zu schmuggeln, und die Dienstleistungen hatten sich immer weiter verschlechtert. Das Land war in einer gefährlichen und erstickenden Vergangenheit gefangen. Aber in der kurzen Periode von nur einem halben Jahrzehnt erlangte es seine Zukunft zurück.[10]

Peru: Der Agronom und der Schriftsteller

Während des »verlorenen Jahrzehnts« der 80er Jahre erlebte kaum ein Land in der westlichen Hemisphäre einen derart erschütternden Abstieg in das wirtschaftliche Dunkel wie Peru. Von 1968 bis 1980 wurde es von einer linksgerichteten Militärdiktatur beherrscht. Unter dem Einfluss von Fidel Castro verpflichtete sich die Regierung auf soziale Reformen. Unter den Vorzeichen einer nationalistischen Politik übernahm sie einen Großteil der Wirtschaft, erstickte die Privatwirtschaft, verstaatlichte inländische und ausländische Unternehmen und warf das Land in seiner Entwicklung enorm zurück. Ein einfaches Beispiel belegt dies. Ende der 60er Jahre hatte Peru eine umfangreiche Fischindustrie aufgebaut, die viele Arbeitsplätze bot. Die Fischfangflotte des Landes war sogar größer als die japanische. Die Militärregierung aber verstaatlichte die Fischindustrie, die daraufhin nach einiger Zeit schlicht zusammenbrach. Doch trotz dieses Zusammenbruchs beanspruchte die Fischindustrie weiterhin enorme staatliche Subventionen. Die verrottenden Rümpfe der Fischerboote am Strand sagten alles.

Die erste Regierung nach der Militärdiktatur in den frühen 80er Jahren veränderte das Wirtschaftssystem nicht wesentlich. Die zweite verschlechterte die Lage noch. Es war eine linke Regierung, die von einem jungen Politiker namens Alan García geführt wurde, einem charismatischen und einnehmenden Redner, den es auf die Rednertribüne und mehr noch zur politischen Macht zog. García und seine Spezis nutzten ihre Positionen, um Gefälligkeiten zu verteilen und sich dabei selbst ungeheuer zu bereichern. Ihre Wirtschaftspolitik war ein Rezept für den ökonomischen Zusammenbruch. Sie erweiterten die Preiskontrollen, schnitten Peru von der internationalen Finanzwelt ab, sorgten für großzügige Lohnerhöhungen, kürzten die Steuern und öffneten den Staatsausgaben Tür und Tor. Gegen Ende seiner Präsidentschaft bemühte sich García um diplomatische Beziehungen zu Nordkorea, um günstig an Geld und Waffen zu kommen. Unterdessen war Peru noch tiefer in die Wirtschaftskrise geraten: Die Reallöhne der Armeeangehörigen und der Regierungsbeschäftigten waren um zwei Drittel gesunken, die Wirtschaft schrumpfte zwischen 1988 und 1990 um 25 Prozent und Anfang 1990 erreichte die Inflation 3000 Prozent. Das Land war bankrott.

Es steckte darüber hinaus im Klammergriff einer tiefen politischen Krise, ausgelöst durch einen Bürgerkrieg, den der Sendero Luminoso, der so genannte »Leuchtende Pfad«, führte. Obwohl häufig als maoistisch beschrieben, war die Ideologie des Leuchtenden Pfads nahezu undurchschaubar. Umso offensichtlicher war dafür die Art, wie er sie durchsetzen wollte: durch Gewalt, Grausamkeit, willkürlichem Blutvergießen und Verwüstung. Geführt von Abimael Guzmán, einem Philosophieprofessor aus der Andenstadt Ayacucho, hatte der Leuchtende Pfad seine Kontrolle durch schieren Terror über einen Großteil des Hochlandes ausgedehnt und führte nun mit Stromausfällen, Entführungen, Morden und Bombenattentaten Krieg gegen die Hauptstadt Lima. Einigen Schätzungen zufolge kontrollierte er die Hälfte des Landes.

Doch in den 80er Jahren wurde dem Land noch ein anderer möglicher Pfad aufgezeigt. *El Otro Sendero* – »Der andere Pfad« – lautete der Titel eines Buches, das eine liberale Alternative für Peru vorschlug (*Marktwirtschaft von unten*, Zürich 1992). Das Erscheinen dieses Buches, geschrieben von dem Ökonomen Hernando de Soto, spiegelte das Durchsickern von Reformideen, die bei einigen peruanischen Intellektuellen und Geschäftsleuten auf fruchtbaren Boden gefallen waren. In der Tat gehörten Friedrich von Hayek und Milton Friedman zu den Teilnehmern eines Symposions in Lima, das die Grundlage für das Buch gelegt hatte. Dort war nachzulesen, dass es in Peru über 500 000 Gesetze und Verwaltungsvorschriften gab, die sich allein auf die Wirtschaftstätigkeit bezogen. Mitarbeiter führten ein ungewöhnliches Experiment durch, um zu zeigen, wie schwierig es war, in einem derart hoch reglementierten und komplexen System eine kleine Firma zu gründen. Sie richteten eine kleine Werkstatt mit zwei Nähmaschinen ein und versuchten dann sie als Firma registrieren zu lassen. »Um die Werkstatt registrieren zu lassen«, so berichten sie, »brauchten die vier damit beauftragten Personen 289 volle Arbeitstage sowie 1 231 Dollar. (...) Dieser Betrag entsprach seinerzeit 32 monatlichen Mindestlöhnen. Das bedeutet, dass der Prozess der legalen Registrierung einer kleinen Firma viel zu teuer für eine Person mit bescheidenen Mitteln ist.« Das System vereitelte wirtschaftliche Initiative und zwang Menschen, die als Unternehmer arbeiten wollten, in die Illegalität und die »informelle« Wirtschaft, das heißt auf den Schwarzmarkt.

Aber das Interesse an einem anderen Weg blieb weitgehend auf einen kleinen Kreis beschränkt. Das änderte sich am Mittag des 28. Juli 1987, als Präsident García eine Rede hielt, in der er bekannt gab, dass alle Banken und Finanzinstitute verstaatlicht würden. Der Schriftsteller Mario Vargas Llosa, der sich mit seiner Familie im Urlaub an einem einsamen Strand im hohen Norden Perus befand, hörte die Rede über ein altes Transistorradio. Er kochte vor Wut, denn das Ergebnis würde mehr Korruption, mehr Armut und mehr Diktatur sein. »Peru ist der Barbarei mal wieder ein Stück näher gerückt«, sagte er bitter zu seiner Frau. Dies war auch der Tenor eines Artikels mit dem Titel »Auf dem Weg in ein totalitäres Peru«, den er schrieb. Ein Manifest folgte und dann eine Demonstration, die nicht etwa nur ein paar Tausend Menschen aus gebildeten Berufen, sondern mindestens 100 000 auf die Straße brachte. Alan García, der die Demonstration im Fernsehen verfolgte, zertrümmerte seinen Bildschirm. Mario Vargas Llosa wurde zum Führer der Libertad-Bewegung, die den übermächtigen Staat zurückdrängen wollte.

Vargas Llosa war Perus berühmtester Schriftsteller. Er war ein äußerst sachkundiger Literaturkritiker und hatte an der Universität von Madrid eine Doktorarbeit über den kolumbianischen Romancier Gabriel García Márquez geschrieben. Aber es waren seine eigenen Romane wie *Die Stadt und die Hunde*, *Tante Julia und der Kunstschreiber* oder *Der Krieg am Ende der Welt*, die aus ihm eine Gestalt des internationalen Literaturlebens machten, die gleichermaßen in London, Madrid, Paris und Lima zu Hause war. Wie so viele lateinamerikanische Intellektuelle hatte er seit seiner Studentenzeit beständig mit der Politik geliebäugelt, aber er hatte einen weit gründlicheren Wandel durchgemacht als die meisten. Vargas Llosa hatte als kommunistischer Student begonnen und energisch die kubanische Revolution verteidigt. Aber als er es wagte, Castro zu kritisieren, weil dieser Schriftsteller einsperrte, prasselte ein Hagel von Beschimpfungen von Castro und dessen Verteidigern unter den Intellektuellen auf der ganzen Welt auf Vargas Llosa nieder. Immer deutlicher erkannte dieser, dass Kommunismus gleichbedeutend mit Repression war und gleichzeitig seine hochtönenden Versprechungen nicht einlösen konnte. Er wurde Sozialdemokrat.[11]

Immer noch unzufrieden, wandte sich Vargas Llosa dem Studium der Ökonomie zu und gelangte schließlich zur liberalen Ökonomie als dem besten Weg, um Wirtschaftswachstum und den Schutz der Freiheit sicherzustellen. Linksgerichtete Intellektuelle überzogen ihn mit Verleumdungen und Vargas Llosa wehrte sich entsprechend. Er klagte die »Schmalspurintellektuellen« an, die mit der Mode gingen und nichts von Wirtschaft verstünden. »Man kann kein moderner Mensch sein und gleichzeitig Marxist«, erklärte er. Er sann endlos darüber nach, warum Intellektuelle so fasziniert von staatlicher Kontrolle und vom Marxismus waren. Aus seiner Sicht lag das zum Teil an ihrer »Rentnermentalität«, zum Teil an ihrer »ökonomischen Unwissenheit« und zum Teil war es Mode. Mit größter Verachtung bedachte Vargas Llosa jene lateinamerikanischen Intellektuellen, die seiner Meinung nach ein Gewerbe daraus machten, die »imperialistischen« USA zu denunzieren, während sie gleichzeitig eine Menge Unterstützung durch Professuren an US-amerikanischen Universitäten und Stipendien von US-amerikanischen Stiftungen erhielten. Vielleicht wurde der lange Weg, den Vargas Llosa zurückgelegt hatte, am augenfälligsten, als er seinen alten Freund Gabriel García Márquez eines Abends in Mexiko-Stadt im Theater traf. García Márquez hatte Fidel Castro nie aufgegeben und kritisierte Vargas Llosas Ablehnung der Linken heftig. Sie gerieten in Streit. Schließlich ging Vargas Llosa so weit, García Márquez k. o. zu schlagen – etwas, das man sicherlich nicht alle Tage mit dem Gegenstand der eigenen Doktorarbeit tut.

Nun, im Gefolge der Verstaatlichungsankündigung von Alan García, wurde Vargas Llosa zum Führer der politischen Bewegung »Libertad«. Sie wurde das Vehikel, auf dem Reformideen, die sich in anderen Teilen des Kontinents schon verbreitet hatten, in die peruanische Politik Einzug hielten. Die gelehrteren Mitglieder von Libertad diskutierten, ob sie eine »Marktwirtschaft« oder eine »soziale Marktwirtschaft« anstreben sollten, und fragten sich, welchen Weg Ludwig Erhard wohl eingeschlagen hätte. Konkret entwickelten die Führer von Libertad in dreijähriger Arbeit methodisch ein »Weißbuch« mit Ideen und Plänen für eine radikale Reform der peruanischen Wirtschaft. Es war nahezu unvorstellbar, wie tief greifend sich der politische Diskurs gewandelt hatte. »Ich sehe es und ich glaub es nicht«, sagte Pipo Thorndike, ein namhafter Ingenieur, zu Vargas Llosa. »Du sprichst von Privateigentum und Volkskapitalismus, und anstatt dich zu lynchen, klatschen sie dir Beifall. Was geht in Peru vor?«

1990 wurde Vargas Llosa Präsidentschaftskandidat. Aber er musste seinen Wahlkampf unter enormem Druck führen. Jeden Tag erhielt er telefonische Drohungen, man würde seine Familie umbringen. Er wurde körperlich angegriffen. Außer dem Risiko, von Anhängern Garcías ermordet zu werden, stellte der Leuchtende Pfad eine ständige Bedrohung dar, besonders in den Anden, wo auf seine Wahlkampfhelfer geschossen wurde. In all den Monaten des Wahlkampfes mühte sich Vargas Llosa, seine geistigen Interessen weiterzuverfolgen. An jedem Morgen während des Wahlkampfes zog er sich – sofern er in Lima war – in sein Arbeitszimmer zurück, um sich mit Karl Popper und der offenen Gesellschaft zu befassen. Nachts las er zum Trost den spanischen Dichter Góngora.

Vargas Llosa unternahm eine ausführlich publizierte Reise nach Asien, um den »anderen Weg« zu demonstrieren – das, was er selbst »wirtschaftliche Freiheit, Markt und Internationalisierung« nannte. Linke, so bemerkte er, stellten Taiwan als »halbkoloniale Faktorei« der USA dar. Mitte der 50er

Jahre war Perus Wirtschaft der taiwanischen überlegen gewesen. Beide Länder hatten ein Pro-Kopf-Einkommen von unter 1000 Dollar. Doch zur Zeit seines Besuches war das Pro-Kopf-Einkommen Perus um die Hälfte gesunken, während es in Taiwan auf 7530 Dollar gestiegen war. Er besuchte auch Margaret Thatcher, die ihm Mut zusprach, ihn aber auch warnte, dass sein Weg einen Preis haben würde. »Wenn Sie weitermachen«, sagte sie ihm, »werden Sie ein hohes Maß an Einsamkeit zu ertragen haben.«[12]

All dies schien die Annahme nahezulegen, dass Vargas Llosa die Wahl gewinnen würde. In dieser Rechnung fehlte jedoch Alberto Fujimori, ein Agraringenieur und Universitätsrektor. Es war – jedenfalls zu Beginn – sehr schwer, Fujimori als Präsidentschaftskandidaten ernst zu nehmen. Seine Kandidatur wirkte noch unwahrscheinlicher als die eines Romanciers. Er hatte keine politische Anhängerschaft und gehörte keiner Partei an. Bekannt war er allenfalls als Gastgeber einer Fernsehsendung über Landwirtschaft und sozioökonomische Fragen. Seine Eltern waren Mitte der 30er Jahre aus Japan nach Peru gekommen und so war er als Mitglied der kleinen japanischen Gemeinde auch ethnisch ein Außenseiter. Er identifizierte sich mit den Ausgestoßenen der peruanischen Gesellschaft, mit den Armen und den Indios. Und er war wütend über den Zusammenbruch, die Verzweiflung und die Ausplünderung seines Landes.

Am Anfang nahm kaum jemand Notiz von Fujimori; er wetteiferte mit dem Propheten Ezechiel von der Israelitischen Kirche des Neuen Bundes um den letzten Platz. Selbst seine Familie hielt seine Kandidatur für eine Schnapsidee. Aber Fujimori war entschlossen. Er soll seinen Traktor und seinen Lieferwagen verkauft haben, um seinen Ein-Mann-Wahlkampf zu finanzieren. Er bildete eine Koalition aus Evangelisten und Besitzlosen, die für ihn in den Elendsvierteln von Tür zu Tür gingen. Er fand Unterstützung, indem er Vargas Llosas Programm einer Schocktherapie, der Privatisierung und drastischen Verminderung der Staatsbediensteten kritisierte. Fujimori ging nicht ins Detail; sein Slogan lautete »Ehrlichkeit, Technologie, Arbeit«. Die Fernsehzuschauer sahen ihn auf einem Traktor über das Andenhochland kutschieren.

Fujimori wurde angegriffen, weil er Japaner war, weil seine Mutter kein Spanisch sprach und keiner seiner Verwandten in peruanischer Erde begraben lag. Er wehrte sich mit Bildern von seinem Sohn bei der Erstkommunion und erklärte, wenn Peru in die Fußstapfen der asiatischen Länder treten wolle, sei er dafür besser vorbereitet als jemand mit europäischer Abstammung. Fujimori stellte Vargas Llosa als Kandidaten einer kleinen peruanischen Elite dar: weiß, wohlhabend, privilegiert und von den Massen der Armen und der Realität der Gesellschaft weit entfernt. Die Physiognomie wurde zu einem Faktor im Wahlkampf: auf der einen Seite Vargas Llosas auffallend europäisches Aussehen, das an die spanische Eroberung vor vier Jahrhunderten erinnerte, auf der anderen Seite Fujimori, dessen Gesichtszüge den Indios der Anden näher waren.

Im ersten Wahlgang wurde Vargas Llosa Erster und Fujimori Zweiter. Nach einer harten Gewissensprüfung bot Vargas Llosa seinen Verzicht an, wenn Fujimori sein Reformprogramm übernehmen würde. Das Angebot wurde verschmäht. Im zweiten Wahlgang gewann Fujimori mit knapper Mehrheit und am nächsten Tag flog Vargas Llosa nach Paris ab, verbittert und der Politik überdrüssig, versessen darauf, wieder zu schreiben. Aber er ließ in Peru etwas zurück: ein detailliertes Handbuch für Reformen.

Der Fujischock

Innerhalb von zwei Wochen nach seiner Amtsübernahme entfesselte Fujimori, der als Populist angetreten war und stufenweise Reformen gefordert hatte, das Programm einer Schocktherapie, das so viel weiter ging als die Vorschläge von Vargas Llosa, dass es unter dem Namen »Fujischock« bekannt wurde. Die öffentlichen Ausgaben wurden radikal gekürzt und die Währung wirkungsvoll abgewertet: der Anfang eines zügigen und umfassenden Reformprogramms. Fujimori demonstrierte dabei auch einen Regierungsstil, der wenig Gewicht auf Koalitionsbildung und die Schaffung von Institutionen legte. Er folgte seinem eigenen Rat und behielt sich die Entscheidungen vor.

Fujimori war entschlossen zwei Dinge gleichzeitig zu tun: den Terrorismus zu besiegen und die Art von Reformen durchzuführen, die im Weißbuch der Libertad-Bewegung aufgelistet waren. »Es war ein sehr schwieriges Problem, die Gewalt zu bekämpfen und gleichzeitig Wirtschaftsreformen durchzuführen«, sagte er bei einem Gespräch im barocken Präsidentenpalast in Lima. Sehr gerade am Kopfende eines langen Tisches sitzend, sprach er ruhig und senkte häufig den Blick, sah zuweilen schräg zu seinen Besuchern hinüber, manchmal mit einem Lächeln in den Mundwinkeln. »Es war ein großes Risiko, beides zur gleichen Zeit zu tun, weil Wirtschaftsreformen kurzfristig einige Instabilität mit sich bringen. Aber wir sind dieses Risiko eingegangen. Es war der Wendepunkt für den Erfolg unseres Wirtschaftsprogramms. Sogar über den Leuchtenden Pfad dachte ich wie ein Ingenieur. Die Leute, selbst der Erzbischof von Lima, redeten davon, zuerst die Armut und erst dann die Gewalt zu bekämpfen. Das war ein Trugschluss. Wir mussten die Gewalt bekämpfen und dann die Armut. Ich hatte in diesem Raum ein Gespräch mit Vertretern der Geschäftswelt. Sie hatten keine Hoffnung. Aber ich sah die Dinge völlig anders. Ich war überzeugt, dass unsere Strategie Erfolg haben würde. Ich war nicht einsam, da war ich mir sicher. In diesem Sinne verfüge ich über eine orientalische Geduld. Ich warte auf das Ergebnis. Ich war sehr entschlossen. Sogar stur.«

Der Feldzug gegen den Leuchtenden Pfad wurde organisiert und intensiviert. Fujimori kümmerte sich persönlich darum. Statt sie an der Peripherie zu bekämpfen, wollte man die Bewegung nun im Herzen treffen. Es dauerte zwei Jahre. Der Polizei fiel schließlich ein Haus in Lima auf, das angeblich nur zwei Bewohner hatte, die aber unverhältnismäßig viel Müll vor die Tür stellten. Das Haus wurde im September 1992 gestürmt und stellte sich als konspirative Wohnung von Mitgliedern des Leuchtenden Pfades heraus. Darunter befand sich der Gesuchte Nummer eins, Abimael Guzmán, der Anführer. Gefangen und im Fernsehen zur Schau gestellt, war Guzmán nicht länger der gefürchtete Philosoph und Guerillero; er flehte seine Genossen an, ihre Waffen niederzulegen.

Das Abklingen der Gewalt schuf die Rahmenbedingungen, in denen Fujimori die nächsten Phasen des Fujischocks durchführen konnte. Arbeitsgesetzgebung und Finanzmarkt wurden dereguliert, die Zölle herabgesetzt und vereinfacht, Privatisierungen in Angriff genommen und die Steuerbasis verbreitert, während die Steuern selbst gesenkt wurden. Peru wurde für ausländische Investitionen geöffnet und in vollständiger Umkehrung der Politik von Alan García in die internationale Finanzwelt integriert. In Peru setzte ein substantielles Wirtschaftswachstum ein. Im Gegensatz zu den schnell wachsenden asiatischen Ländern sprach man von Peru nicht als Tiger, sondern als Puma. »Ich versuchte ein sehr schnelles Tempo zu fahren«, erklärte Fujimori. »Meine Wirtschaftsexperten verstanden nicht, wie weit wir in Richtung Marktwirtschaft gehen wollten. Ich wollte eine wirkliche, authentische Marktwirtschaft.« In der Tat trennte er sich von seinen Beratern und saß schließlich einem Kabinett vor, das zur Gänze aus Leuten bestand, die ihn ursprünglich nicht unterstützt hatten.

»Wir hatten hier ein riesiges Durcheinander, mit vielen Formen der Kontrolle, die sich gegen den armen Konsumenten richteten und die politischen Machthaber begünstigten«, so Fujimori. »Die Rolle des Staates liegt in Erziehung, Gesundheit, Sicherheit und Rechtssystem. Ich hatte solche Ideen, weil ich als Ingenieur arbeitete und unabhängig war. Ich bilde mir mein eigenes Urteil. Das ist für mich entscheidend. Ich denke nicht wie ein Politiker. Meine Art zu denken ist logisch und objektiv. Ich betrachte ein Problem als Ingenieur. Wenn ein Ingenieur ein Problem sieht, will er eine Lösung finden, selbst wenn es eine begrenzte Lösung ist.« Die Reformen wurden von vielen Rückschlägen begleitet. Im April 1992 löste Fujimori den Kongress auf und entließ einen Großteil der Justizbeamten. Kritiker nannten das einen Putsch und warfen Fujimori vor in die Rolle des starken Mannes zu schlüpfen. Doch in einer Untersuchung über die Leistungen von 44 lateinamerikanischen Präsidenten erhielt er die höchste Punktzahl, weil er keine Patronage betrieb, sondern Verdienste zur Grundlage von Ernennungen machte. Seine Frau entfesselte eine wütende öffentliche Fehde gegen ihn, die schließlich darin gipfelte, dass sie ein Dutzend andere Präsidentschaftskandidaten unterstützte, darunter den ehemaligen UN-Generalsekretär Javier Pérez de Cuéllar. Trotzdem wurde Fujimori bereits im ersten Wahlgang mit über 60 Prozent der Stimmen für eine zweite Amtszeit bestätigt.

Im Dezember 1996 stürmten Guerilleros der kubatreuen revolutionären Gruppe Tupac Amarú als Kellner verkleidet das große jährliche Fest zur Feier des Kaisergeburtstags in der japanischen Botschaft. Die ursprüngliche Gruppe von über 600 Geiseln (darunter Fujimoris Mutter) wurde auf 71 vermindert (darunter sowohl Fujimoris Bruder wie der Außenminister). Verhandlungen blieben ergebnislos. Die Guerilleros von Tupac Amarú bestanden auf der Freilassung aller gefangenen Genossen. Sie waren nicht kompromissbereit – ebenso wenig wie Fujimori. Die Freilassung der Gefangenen musste alle zur Wiederherstellung von Sicherheit und Ordnung unternommenen Anstrengungen untergraben. Am 125. Tag der Geiselnahme führten peruanische Soldaten eine professionelle Rettungsaktion durch. Nur eine Geisel starb, offenbar an einem Herzinfarkt. Unmittelbar nach der Erstürmung stieg Fujimoris Popularität steil an, fiel dann jedoch wieder aufgrund der Unzufriedenheit mit seinem autoritären Führungsstil und einer Welle politischer Skandale. Zur gleichen Zeit setzte die Wirtschaft ihren Wachstumskurs fort.

Fujimori ist noch immer von der Entrüstung erfüllt, die ihn ursprünglich zu seiner scheinbar absurden Kandidatur bewogen hatte. »Ich war wütend, sowohl über die Wirtschafts- wie über die Sicherheitslage«, sagte er. »Die meisten Mitglieder der Oberschicht, also der Leute, die von der Wirtschaft profitierten, wussten nicht einmal, was in den Elendsvierteln geschah. Sie hatten Angst, dass diese Elendsviertel sich über ganz Lima ausbreiten würden.« Fujimori erinnerte sich an einen Vorfall, der seine Wut noch angefacht hatte. »Eines Tages im Jahre 1988 konnte ich wegen des schlechten Service nicht von Huancayo nach Lima fliegen. Passagiere der Fluggesellschaft Aero Peru mussten 12 Stunden im Flughafen warten. Schließlich nahm ich ein Auto. Ich musste sehr langsam fahren, weil Steine auf der Straße lagen, und es drohte Gefahr vom Leuchtenden Pfad, der Autos anhielt. Es dauerte 14 Stunden. Heute«, so fügte Fujimori mit einem Lächeln hinzu, »schafft man es in fünf.«[13]

Mexiko: Die Streuung der Macht

Mexiko schien immer anders zu sein. Seit der Revolution von 1910 hatte das Land die großen politischen Umwälzungen vermieden, die die anderen lateinamerikanischen Nationen erlebten: den Populismus, die Machtübernahmen durch das Militär und die schlimmste Repression und Gewalt. Dieser relative Friede verdankte sich weitgehend dem einzigartigen politischen System, durch das Mexiko sich während des größten Teils des Jahrhunderts vom Rest der Region abhob. Die Konsolidierung nach der Revolution verankerte die Macht fest in den Händen einer einzigen politischen Partei. Selbst ihr ungewöhnlicher Name – Institutionelle Revolutionspartei (Partido Revolucionario Institucional, PRI) – signalisierte die Mehrdeutigkeit ihrer Mission, Identität und Ziele. Aber den Führern dieser Partei gelang es, die politischen Instrumente zu schaffen und einzusetzen, die Mexiko eine relative politische Ordnung und Stabilität sicherten.

Mexikos Präsidenten hielten die Macht fest in Händen und tolerierten Abweichungen nur bis zu einem bestimmten Punkt. Die PRI war nicht die einzige legale Partei, aber sie sicherte sich ihre Vorherrschaft, indem sie potentielle Gegner kaufte, Führer von Minderheitsfraktionen politisch einband und, wenn sonst nichts mehr half, die Wahlergebnisse manipulierte. Die Partei achtete darauf, sich einen breiten Rückhalt in der Öffentlichkeit zu sichern und den politischen Prozess zu legitimieren. So vermittelte etwa ein einziger Gewerkschaftsbund zwischen Arbeitnehmern, Vertretern der Privatwirtschaft und dem Staat. Die Gewerkschaftsführer, die für ihre Mühen gut belohnt wurden, trugen dazu bei, das Verhältnis zwischen Arbeitnehmern und Arbeitgebern zu entschärfen. Gleichzeitig bildeten sich in der PRI immer wieder Fraktionen, die untereinander die Macht aushandelten und einflussreiche Positionen verteilten. Die PRI schuf »Spielregeln«, die so etwas wie Fairness in die Logik des Einparteiensystems brachten. Die Verfassung legte fest, dass der Präsident nur für eine Legislaturperiode von sechs Jahren im Amt bleiben konnte, und niemand konnte Präsident werden, der in den vorangehenden sechs Monaten einen Kabinettsposten innegehabt hatte. Um diese Erfordernisse zu erfüllen, entwickelte die PRI ein ungeschriebenes, aber unantastbares Gesetz, das *dedazo* (»Fingerzeig«) genannt wurde und es dem scheidenden Präsidenten erlaubte, seinen Nachfolger zu bestimmen, der dann in ziemlich undurchsichtigen landesweiten Wahlen bestätigt wurde.

Nicht alles war Manipulation, Bestechung und Mogelei. Die Präsidenten der PRI unternahmen auch Schritte, um dem Volk das Gefühl von Wohlfahrt zu geben, den Lebensstandard zu heben und die wirtschaftlichen Geschicke das Landes zu lenken. Am bemerkenswertesten war die Verstaatlichung der Ölindustrie im Jahre 1938 durch Lazaro Cardenas, der allgemein als populärster und am höchsten verehrter mexikanischer Präsident des Jahrhunderts gilt. In der Zeit nach dem Zweiten Weltkrieg stachen Mexikos Wirtschaftswachstum und seine soziale Ordnung von der Hyperinflation, den Rezessionen und besonders den Bürgerkriegen und Militärdiktaturen im übrigen Lateinamerika ab.

All dies geriet zu Beginn der 80er Jahre ernsthaft in Gefahr. Trotz seiner Vorteile und politischen Stabilität war auch Mexiko der wirtschaftlichen Logik der Importsubstitution gefolgt und bekam nun ebenfalls die Überdehnung dieses Systems zu spüren. Der Zusammenbruch der Rohstoffmärkte in Verbindung mit den Folgen der hohen Auslandsverschuldung und dem Schwinden der Devisenreserven traf das Land hart. Die altgedienten Mittel, mit denen die PRI ihre Macht gesichert hatte, halfen nicht mehr. Schließlich hing das Einvernehmen mit der organisierten Arbeitnehmerschaft von einem ausgedehnten Patronagesystem ab; und die Übereinkunft mit den reichen nordmexikanischen Industriellen beruhte auf dem Schutz ihrer Märkte vor Konkurrenz. Die uns bereits vertrauten großen Staatsbetriebe verursachten hohe Kosten, und der mexikanische Präsident in den späten 70er Jahren, José López Portillo, verschlimmerte die Lage noch durch seine notorisch verschwenderische Ausgabenpolitik.

Dies war die Situation, als im August 1982 die Schuldenkrise einsetzte. Die Rettungsaktion forderte einen hohen Preis. Mexiko war nicht mehr kreditwürdig und musste seinen Ruf unter strikten Beschränkungen und in einer tiefen wirtschaftlichen Rezession wiederherstellen. Es war unerlässlich, die Defizitfinanzierung und die öffentlichen Schulden zu zügeln. Und da ein großer Teil der Probleme struktureller Natur war und sich aus der Art ergab, wie die PRI das Land regierte, sah sich das politische System selbst in Frage gestellt. Die politischen Konsequenzen waren beängstigend, und so bildete sich innerhalb der alten Garde der PRI eine Fraktion – die später als »Dinosaurier« bezeichnet wurde –, um diese Gefahren abzuwehren. Gegen sie stand eine kleine Gruppe von Reformern, denen der Schock der Schuldenkrise in die Knochen gefahren war. Mit der Zeit verwandelten sie die politische Landschaft und stellten die mexikanische Wirtschaft auf den Kopf, indem sie sie weg von der Importsubstitution und hin zur Teilnahme am kontinentalen Freihandel führten. Aber der Übergang war alles andere als einfach und wurde von mehreren dramatischen Unterbrechungen und Rückschlägen begleitet.

Für diesen Kurswechsel bedurfte es einer Reihe von politischen Führern. Der erste war Miguel de la Madrid, der planmäßig und der Regel des »Fingerzeigs« entsprechend im Dezember 1982 inmitten der Finanzkrise Präsident wurde. Obwohl er einst López Portillos Haushaltsminister gewesen war, suchte er sich rasch von seinem Vorgänger zu distanzieren. Er bekam ausgiebig Gelegenheit, seine Fähigkeiten zu beweisen, da er äußerst vertrackte Schuldenverhandlungen zu führen hatte. Es gelang ihm, die Bankiers davon zu überzeugen, dass sich etwas verändert hatte. Auch politisch wagte er etwas Unerhörtes: In seinem ersten Amtsjahr erlaubte er der Opposition eine Reihe von regionalen Wahlen zu gewinnen. Dies ging vielen jedoch zu weit. Bei den folgenden Regionalwahlen kehrte die PRI zu ihrer alten Praxis zurück.

De la Madrid machte sich mit Hilfe zweier Schlüsselminister ans Werk. Sein Finanzminister war Jesús Silva Herzog, Sprössling einer Politikerfamilie, dessen Vater bei der Verstaatlichung der Ölindustrie 1938 eine zentrale Rolle gespielt hatte. Der Minister für Planung und Haushalt war Carlos Salinas, ein junger, schmächtiger Ökonom, der an der Kennedy School of Government in Harvard studiert hatte. Von den beiden war Silva Herzog zweifellos der Vorsichtigere und Salinas der Beherztere. Aber beide wussten, dass sich etwas ändern musste. »Es war nicht leicht, ein anderes Land mit einem so hohen Defizit wie dem unsrigen zu finden«, erinnerte sich Silva Herzog. »Wir mussten es reduzieren und den Schuldendienst loswerden.« Ihre Aufgabe war, wie Salinas erklärte, »den Budget-Dinosaurier zu zähmen«. Sie kürzten die Staatsausgaben mit großem Eifer und verwandelten ein Haushaltsdefizit von 7,3 Prozent des Bruttoinlandsprodukts in einen Überschuss von 4,2 Prozent. Sie mobilisierten jede verfügbare Ressource für die Rückzahlung der Schulden. Vor allem aber begannen sie das verworrene Netz der Staatsbetriebe zu entflechten. »Ende 1982 gab es über 1100 staatliche Unternehmen«, sagte Silva Herzog. »Einige hatten höchsten Vorrang, wie Elektrizitätsunternehmen oder die Eisenbahnen. Aber uns gehörten auch Hotels, Restaurants, Fahrradfabriken und eine Blue-Jeans-Fabrik. Uns gehörte sogar ein Nachtklub in Mexiko-Stadt. Es war wahrscheinlich der einzige Nachtklub der Welt, der Verlust machte.«

Sich diesem Komplex zuzuwenden war nicht weniger als revolutionär. Wenn es an Mut zu harten Maßnahmen nicht mangelte, so fehlte es doch an Glück. 1985 verwüstete ein schlimmes Erdbeben Mexiko-Stadt. Die Schäden, die es verursachte, wurden auf zwei Prozent des Bruttoinlandsprodukts geschätzt. Bald darauf fiel der Ölpreis, ein Rohstoff, der mehr als die Hälfte von Mexikos gesamten Exporteinnahmen einbrachte. Diese Hindernisse führten, in Verbindung mit Schwierigkeiten, die Opposition im Zaum zu halten, dazu, dass bis 1988, als Präsident de la Madrid zurücktrat, die Inflation hoch blieb (mehr als 100 Prozent im Jahr) und die Realeinkommen der Durchschnittsverdiener stark gesunken waren. Das Haushaltsdefizit war wieder gestiegen. Und die frühere Betonung der Privatisierung hatte ebenfalls ihre Fallstricke. Über Nacht waren Leute zu Milliardären geworden. »Die meisten Menschen waren überzeugt, dass es viele Fälle von Korruption gab«, so Silva Herzog. »Es war eine Frage der moralischen Glaubwürdigkeit.« Gleichzeitig trat Mexiko dem Allgemeinen Zoll- und Handelsabkommen (GATT) bei und war dadurch gezwungen den Schutz für eine Reihe von privilegierten Sektoren abzubauen. All dies wirkte unheilvoll und drohte das Vertrauen der arbeitenden Bevölkerung zu untergraben.

Vielleicht aus diesem Grund erschien die Wahl des Nachfolgers von Präsident de la Madrid im Jahr 1988 umstrittener als die meisten Wahlen zuvor. Der PRI war in Cuauhtémoc Cardenas ein mächtiger Gegenkandidat erwachsen, der ihre Wirtschaftspolitik von links unter Beschuss nahm. Sein Name sagte alles: Er war der Sohn des legendären Präsidenten Lazaro Cardenas und trug den Vornamen eines Aztekenherrschers. Cardenas, ein begabter Redner, fuhr als Kandidat der Partei der Demokratischen Revolution (PRD) durchs Land, prangerte die Korruption an und weckte Hoffnungen auf eine Alternative. De la Madrid kam es zu, einen Kandidaten für die PRI zu designieren. Silva Herzog war der führende Anwärter, aber stattdessen entschied sich de la Madrid für Salinas. Diese Wahl schien ungewöhnlich: Salinas war jung und in der Öffentlichkeit unpopulär, wurde als Technokrat gesehen, der den Ausländern zu nahe stand. Als die Ergebnisse der Wahl vom Juli 1988 nach einer Woche verdächtigen Schweigens bekannt gegeben wurden, vereinte Salinas 50,4 Prozent der Stimmen auf sich und hatte mit der niedrigsten Stimmenmehrheit in der neueren Geschichte Mexikos gewonnen, so knapp, dass Vorwürfe laut wurden, Cardenas sei um den Sieg betrogen worden.

Wie auch immer die Umstände seiner Wahl sein mochten, Salinas überraschte die Mexikaner, indem er sie rasch für sich einnahm. Mit einer blitzartigen Aktion eines Militärbataillons besiegte er den diktatorischen Boss der Ölarbeitergewerkschaft und verschaffte sich Respekt als harter Führer, der mehr war als ein Technokrat. Er trieb die Privatisierung voran, verkaufte die Mehrheitsanteile großer Industrien wie der Telekommunikation. Er verkaufte die Banken, die López Portillo 1982 als Abschiedscoup seiner Präsidentschaft verstaatlicht hatte. Der Erlös floss in die Schuldentilgung. Er glich außerdem den Haushalt aus, brachte auf diese Weise die Inflation auf ein durchaus respektables Niveau und erhöhte dadurch den Wert der Reallöhne beträchtlich. Motor dieser Wirtschaftspolitik war sein Finanzminister Pedro Aspe, der ein Expertenteam leitete, das einmal als »die ökonomisch versierteste Gruppe« bezeichnet wurde, »die jemals ein Land regiert hat«. Aspe gehörte zu den ersten »Technopolitikern«. Er hatte zuerst an der Technischen Universität in Mexiko studiert, einer privat finanzierten Institution, die ein Gegengewicht zur Nationaluniversität bildete. Danach wechselte er zum Massachusetts Institute of Technology in die USA, wo er 1978 promovierte. Nach Mexiko zurückgekehrt, wurde Aspe Mitglied einer *camarilla*, einer Gruppe von Staatsbediensteten, die einer zentralen Persönlichkeit gegenüber loyal waren, was die Voraussetzung für eine Karriere war. Normalerweise dienten *camarillas* der Patronage. Der Unterschied lag darin, dass sich die *camarilla* von Aspe um Salinas scharte und ihre Mitglieder ausschließlich aus jungen, forschen Ökonomen bestanden, die entsetzt waren über die Entwicklung, die die mexikanische Wirtschaft in jüngster Zeit genommen hatte. Mit der Zeit bildete Aspe seinen eigenen Zirkel loyaler Gefolgsleute. Als er Finanzminister geworden war, konnte er sie auf die verschiedenen Ministerien verteilen und so die Koordination erheblich erleichtern. Er bewies zudem politisches Geschick bei der Gestaltung eines »Sozialpaktes« für Löhne und Preise, der dazu beitrug, die Inflation zu senken.

Mitte 1993 schien die Salinas-Regierung das Unmögliche erreicht zu haben: Mexiko schien endgültig auf einem neuen Kurs. Die öffentlichen Finanzen waren zum ersten Mal seit Jahrzehnten grundsolide. Darüber hinaus war in einigen Bundesstaaten des industriellen Kernlandes im Norden die rechts von der Mitte stehende Nationale Aktionspartei (Partido de Acción Nacional, PAN) an die Macht gelangt: Eine wirkliche politische Öffnung schien auf dem Weg zu sein. Mit der Aushandlung des Nordamerikanischen Freihandelsabkommens mit den USA und Kanada (NAFTA: North American Free Trade Agreement) vollbrachte Salinas eine große Leistung. Dass Mexiko den freien Handel akzeptierte, markierte einen Wendepunkt für seine einstmals verzweifelt nach innen schauende Wirtschaft. Außerdem besaß das Abkommen erhebliches psychologisches Gewicht, rückte es Mexiko doch mit seinen nördlichen Nachbarn auf dieselbe Ebene.

Doch außergewöhnliche Ereignisse stellten den gesamten Prozess wieder in Frage. Am Neujahrstag 1994 besetzten maskierte Rebellen das Rathaus von San Cristóbal de las Casas im verarmten, entlegenen und sehr stark von Indios bevölkerten südlichen Bundesstaat Chiapas, in dem vom Reformprozess kaum etwas zu spüren war. Die Rebellen erklärten dem mexikanischen Staat den »Krieg«. Das war eine dramatische Erinnerung daran, welche Wegstrecke die Reform zurückzulegen hatte und welche Bandbreite von Interessen zu berücksichtigen war. Der Aufstand war auch eine Rückkehr der verlustreichen, bitteren Bauernkriege, die in den vorangegangenen Jahrzehnten überall in Zentralamerika ausgebrochen waren. Obwohl örtlich begrenzt, flammte der Konflikt in Chiapas immer wieder auf und wurde von wackeligen Kompromissen über Landrechte, verbesserte Infrastruktur und soziale Dienste nur mühsam befriedet. Dann, im März 1994, wurde der ehemalige Haushaltsminister Luis Donaldo Colosio, Salinas designierter Nachfolger, in Tijuana im Bundestaat Baja California ermordet, als er eine Wahlkampfrede hielt. Es war der für Mexiko schockierendste politische Mord seit 60 Jahren. Obwohl ein Verdächtiger identifiziert und rasch vor Gericht gestellt wurde, waren die meisten Mexikaner überzeugt, dass hinter der Geschichte noch weit mehr steckte. Schließlich kreuzte sich die Untersuchung des Falles mit anderen Nachforschungen über ein verwickeltes Geflecht von Polit- und Finanzskandalen, in die Salinas' Verbündete und Verwandte verstrickt zu sein schienen und Korruption und Drogen eine Rolle spielten. (Später ging Salinas klugerweise nach Irland, das mit Mexiko kein Auslieferungsabkommen hatte.)

Als Ersatzmann für den ermordeten Colosio wählte Salinas einen weiteren Überraschungskandidaten, Ernesto Zedillo Ponce de León, der nach einem offenbar sauberen Wahlsieg die Macht übernahm, auch wenn er im Verlauf seiner Amtszeit als »Zufallspräsident« bekannt wurde. Er stammte aus einer bescheidenen Familie in Mexiko-Stadt, wuchs aber vor allem in Mexicali auf, einer rauen Stadt an der Grenze zu den USA im Schnittpunkt von Industrie, Auswanderung und Schattengeschäften. Er war ein begabter Schüler, studierte Ökonomie und wurde ein weiteres Mitglied von Mexikos neuer Technokratengeneration, wobei er im Ruf eines langweiligen und schwermütigen Mannes stand. Zedillo schrieb seine Dissertation 1981 an der Yale University in den USA, worin er in kluger Voraussicht argumentierte, dass Mexikos Schuldenmisere der Regierung zur Last gelegt werden sollte und nicht den Kredit gebenden Banken. Dies verschaffte ihm eine Stelle in der mexikanischen Zentralbank, deren Präsident seine Meinung teilte. Die Arbeit war Ausdruck wirtschaftspolitischer Überzeugungen, an denen er auf verschiedenen Verwaltungsposten unter den Regierungen von de la Madrid und Salinas unerschütterlich, wenn auch zurückhaltend festhielt.

Doch die erste ökonomische Entscheidung der Präsidentschaft Zedillos erwies sich als kostspielig. Sein Finanzminister wertete den Peso, der seit einiger Zeit aus politischen und Prestigegründen überbewertet war, ab. Unglücklicherweise hatte er die Wirkung auf die ungeduldigen Finanzmärkte, die diese Entscheidung nicht vorausgesehen hatten, falsch eingeschätzt. Die mexikanische Börse erlebte einen dramatischen Einbruch, der in ganz Lateinamerika einen Dominoeffekt auslöste. Dieser als »Tequila-Effekt« bezeichnete Fehltritt befleckte Mexikos finanzielle Reputation noch zusätzlich. Er war jedoch weniger gravierend als die Schuldenkrise und wurde in Investorenkreisen mit der Zeit als Korrektur- oder Warnsignal interpretiert, nicht als Grund für einen vollständigen Rückzug. Positiv wirkte sich außerdem aus, dass die USA ihrem Nachbarstaat innerhalb kurzer Zeit mit einer 20 Milliarden Dollar umfassenden Rettungsaktion zu Hilfe kamen.

Zedillos beachtenswerteste Leistungen lagen auf politischem Feld. Seine Entschlossenheit, ungeachtet aller politischen Verstrickungen die Untersuchung des Todes von Colosio voranzutreiben, trug ihm einigen Respekt als Verteidiger der Rechtsnormen ein. Vor allem aber sorgte er für eine beträchtliche politische Öffnung. Im Januar 1995, inmitten der Wirtschaftskrise, rief er die politischen Parteien zu Verhandlungen über eine Wahlreform zusammen. Seine Bemühungen sahen sich Mitte 1996 belohnt, als die neuen Wahlgesetze ratifiziert wurden. Zedillo betraute eine unabhängige Kommission, aus der er die alte Garde der PRI wirkungsvoll fern hielt, mit der Durchführung der Wahlen. Bei den Zwischenwahlen von 1997 bestätigten die Wahlergebnisse bemerkenswerterweise die Meinungsumfragen. Die PRI verlor die absolute Mehrheit in der Nationalversammlung und in mehreren Bundesstaaten. Cuauhtémoc Cardenas wurde Bürgermeister von Mexiko-Stadt und nahm damit ein neu geschaffenes Wahlamt ein. Vincente Fox, der Gouverneur von Guanjuanto und Führer der stärker marktorientierten Nationalen Aktionspartei (PNA), wurde zu einem der Spitzenkandidaten für die Präsidentschaftswahlen im Jahr 2000. Zum ersten Mal in der modernen Geschichte gibt es damit in Mexiko Koalitionen jenseits der Abmachungen der Parteiflügel und des internen Kuhhandels der PRI. Die kurzfristigen Auswirkungen für die Wirtschaft sind ungewiss. Doch trotz des steinigen Reformweges seit dem Schock der Schuldenkrise von 1982 hat sich die Wirtschaft beträchtlich gewandelt. Der Umgang mit den öffentlichen Finanzen und die makroökonomische Steuerung stehen immer noch auf wackligen Beinen. Aber die Struktur hat sich gewandelt, seit die wirtschaftliche Macht sich aufgrund der Privatisierungen und der Öffnung zum internationalen Handelssystem zur exportorientierten Industrie und immer mehr zum Privatsektor und der Börse hin verschoben hat.

Es gibt gewaltige soziale Hoffnungen, die ihrer Erfüllung harren. »Wir haben ernste Probleme bei der Einkommensverteilung«, warnte Silva Herzog. »Die Reichen wurden reicher und die Armen ärmer.« Die neue Industriestruktur ist ungleichmäßig, macht manche Jobs sicherer und lukrativer als andere. »Unser Exportsektor ist so konkurrenzfähig wie jeder andere auf der Welt«, sagte Silva Herzog. »Aber der nicht exportierende Sektor ist sehr rückständig.« Mexikos Herausforderung besteht darin, den politischen Wandel und die Wirtschaftspolitik nutzbar zu machen, um diese Hoffnungen zu erfüllen, gleichzeitig aber die Fehler der Vergangenheit zu vermeiden. Für Pedro Aspe, der die Reformen unter Präsident Salinas vorantrieb, ist die Offenheit des politischen Systems der Schlüssel zur Zukunft. »Alles begann mit [Präsident] de la Madrid«, sagte er. »Er wusste, dass er mit der Öffnung der Wirtschaft den politischen Wandel schüren würde.« Trotz zahlreicher Pannen ging dieser Wandel Ende der 90er Jahre weiter. »Wenn wir unser Land öffnen, bringt das einen gewaltigen Schub«, so Aspe weiter. »Keine Partei, keine Regierung, keine Bürokraten können das aufhalten. Die Menschen treiben Handel – mit den USA, mit Kanada. Niemand kann das aufhalten.«[14]

Brasilien: Vom Dependenztheoretiker zum Inflationsbekämpfer

In Brasilien wurden die Reformen vom Charakter des Landes selbst behindert: von seiner Größe, seiner Verschiedenartigkeit, dem Ausmaß seiner Probleme, seiner demografischen Entwicklung, der bundesstaatlichen Struktur, der Vielfalt der Interessen und der eingewurzelten Korruption. Die Demokratie kehrte 1985 zurück, nach 21 Jahren Militärherrschaft, aber Brasilien erbte von diesem Regime beträchtliche wirtschaftliche Probleme. Zur Zeit der Schuldenkrise hatte Brasilien Verpflichtungen in Höhe von 87 Milliarden Dollar und war damit der größte Schuldner der Welt. Eine Inflationskultur hatte von der Nation Besitz ergriffen. 1990 erreichte die Inflation 1 500 Prozent. Indexierung wurde zu einer Lebensweise: Der Preis von nahezu allem wurde mit einem der vielen Indizes verknüpft, die in den Tageszeitungen veröffentlicht wurden. Die Preise änderten sich jeden Tag; selbst Bankkonten wurden indexiert. Die Armen litten am meisten. Und die Korruption drohte die Legitimität der Demokratie zu untergraben; der erste direkt gewählte demokratische gewählte Präsident trat 1992 zurück, um einem Amtsenthebungsverfahren wegen Korruptionsvorwürfen zuvorzukommen.

Doch trotz alledem bewegte sich Brasilien auf eine offene Marktwirtschaft zu, wenn auch langsamer als die meisten seiner Nachbarn. Mehr als jeder andere war der derzeitige Präsident Fernando Henrique Cardoso an dieser Entwicklung beteiligt. Darin lag einige Ironie, denn Cardoso sah sich selbst in der »radikalen Tradition« lateinamerikanischen Denkens und gehörte tatsächlich zu den ersten Architekten der Dependenztheorie und ihrer Kritik am Kapitalismus und dem »Zentrum«. Er war der geistige Held der lateinamerikanischen Linken und einer der schärfsten Kritiker des Kapitalismus und »Imperialismus«. Seine eigene Wandlung war tiefgreifender als die seines Landes und zeigte eindringlich, wie stark sich das Gewicht der Ideen verlagert hatte.

Cardoso, als Student an der Universität von São Paulo stark vom Marxismus beeinflusst, war nach dem Militärputsch von 1964 gezwungen ins Exil zu gehen. Er gelangte schließlich nach Chile, wo er unter Raúl Prebisch, dem Vater der Dependenztheorie, arbeitete. Cardoso leitete als Soziologe ein Forschungsinstitut, das mit der UN-Wirtschaftskommission für Lateinamerika verbunden war, und war Koautor eines klassischen Textes der Dependenztheorie. Er lehrte an anderen Universitäten, darunter dem radikalen Nanterre-Campus der Universität Paris, wo 1968 die Studentenproteste begannen. 1969 kehrte Cardoso nach Brasilien zurück. Die Diktatur entzog ihm sofort die Professorenwürde, aber es gelang ihm dennoch, ein Forschungsinstitut aufzubauen, das Kritik am Militärregime und dessen Maßnahmen verbreitete. Cardoso zog es in die Politik, er stieg nach der Rückkehr zur Demokratie zum Führer einer neuen sozialdemokratischen Partei auf und wurde zum Senator gewählt. 1992 wurde er Außenminister, im folgenden Jahr Finanzminister.

In seiner Zeit als Finanzminister unternahm Cardoso die entscheidenden Schritte zur Stabilisierung der brasilianischen Wirtschaft: Er kürzte die Staatsausgaben drastisch und machte die Eintreibung der Steuern effizienter. Er verminderte auch die Transferzahlungen der Bundesregierung an die Bundesstaaten und Kommunen. Und er ging die Inflation, die bei 7000 Prozent lag, entschlossen an. Der Mechanismus dazu war sein »Real-Plan«, der wie in Argentinien die Landeswährung an den Dollar band. Der Plan funktionierte, innerhalb eines Monats sank die Inflation auf unter zehn Prozent. Der Plan verschaffte den Hauptopfern der Inflation eine Atempause: den Armen und den Arbeitern. Er schuf die Basis für einen Rekord an ausländischen Investitionen und fachte ein rasches Wachstum im Handel an. Cardoso wurde der Held der Stabilisierung. Auf Wahlkampftour wurde er bedrängt wie ein Fußballstar. 1994 wurde er zum Präsidenten gewählt.

Die ersten Jahre seiner Präsidentschaft verliefen keineswegs reibungslos. Es gab Bankenkrisen und eine verpfuschte Abwertung. In jedem Fall waren Reformen in einem Land, dessen erst 1988 verabschiedete Verfassung den Staat ausdrücklich zum Eigentum an einem Teil der Industrie verpflichtete und in dem der Kongress weniger von Parteien als von Interessengruppen beherrscht wird, nicht leicht durchzusetzen. Trotzdem gingen die Privatisierungen – von denen einige sehr umfangreich waren und viele auf Ebene der Bundesstaaten vorgenommen wurden – weiter. Ende 1997 hatten Anteilsverkäufe in solchen Schlüsselsektoren wie Stahl, Elektrizität und Telekommunikation 29 Milliarden Dollar eingebracht. Im Staatsdienst, im Steuersystem, in den Sozialversicherungen und im Bildungswesen kamen die Reformen langsamer voran.

Cardoso mag wie ein Vertreter der neuen Generation lateinamerikanischer Neoliberaler gehandelt haben, aber er redete anders als sie. Seine Sprache war immer noch die eines Sozialdemokraten, mit dem Schwerpunkt auf Armut und Gerechtigkeit. Aber jetzt waren ein »regulierter freier Markt« und die gemischte Wirtschaft Westeuropas sein Modell. Die Überzeugungen der Dependenztheorie wurden von den Veränderungen in der Weltwirtschaft, technologischem Fortschritt und Wettbewerb überholt. Der arrogante, ineffiziente, interventionistische Staat war eine der Ursachen wirtschaftlicher Probleme, nicht deren Lösung.

»Auf der ganzen Welt«, sagte Cardoso, »hat die Kraft einer auf Veränderung gerichteten Utopie sozialistischer Prägung ihre Attraktivität verloren.« Die traditionelle Linke wurde von der Entwicklung überrollt. »Was«, so fragte er, »bedeutet es heute, links zu sein? Die Linke ist verwirrt. Wenn sie sich mit dem identifiziert, was historisch links war, ist sie am Ende. Vor allem hier in Lateinamerika beruhte das Denken der Linken allzu stark auf der Idee, dass Entwicklung fundamental und der Staat die zentrale Kraft hinter dieser Entwicklung sei und dass kollektive Handlungsinstrumente Vorrang gegenüber individuellen haben. (...) Die Linke muss vernünftiger werden.« Aber auch die Ansicht »je kleiner der Staat, desto besser« lehnte Cardoso ab: »Um zu einer richtigen Lösung des Problems sozialer Wohlfahrt zu kommen, genügt es nicht, auf Chile zu verweisen und es auf dem Altar der Privatisierung zu preisen. (...) Man kann den Privatsektor nicht zum universellen Heilsbringer machen, denn das ist er nicht. Der Markt löst das Problem des Elends nicht. Das Problem der Armut muss mit koordinierten Aktionen des Staates gelöst werden.«

Doch dieser Vater der Dependenztheorie, der früher einer der führenden Intellektuellen der lateinamerikanischen Linken war, findet nun seine politischen Hauptgegner im Lager der Linken, das er verlassen hat. Er hat keinen Zweifel, dass die Linke dazu beitrug, die »Herrschaft des Gesetzes« in Brasilien wieder durchzusetzen. Aber auch ohne das sozialistische Ziel »ist die Idee eines starken Staates als Hauptinstrument von Entwicklung noch lebendig«, so Cardoso. »Wir brauchen Reformen.«[15]

Im Herbst 1998, als sich Cardoso zur Wiederwahl stellte, drohte sich Brasilien mit der asiatischen Krise anzustecken, die auch Russland erreicht hatte. Tatsächlich wurde das Land zum entscheidenden Schlachtfeld der globalen Krankheit. Sein wachsendes Defizit und seine Währung gerieten unter Beschuss, sein Kapital floh aus dem Land. Cardoso hielt aus und gab bekannt, dass er den Real verteidigen und erhebliche Kürzungen an Brasiliens aufgeblähtem Budget vornehmen werde. Er hatte schon ein Privatisierungsprogramm beaufsichtigt, das ein doppelt so großes Volumen wie die Privatisierungen in Großbritannien unter Margaret Thatcher umfasste. Aber nun sorgten die hohen Zinsen, die die Währung verteidigen sollten, praktisch für einen wirtschaftlichen Abschwung.

All dies hätte Cardoso das Amt kosten können. Aber in einem Land, wo

29 Parteien im Kongress sitzen, gewann er in einem Erdrutschsieg die Wahlen. Für die Brasilianer zählte die Beseitigung der Inflation mehr als alles andere. Jahrelang waren solche Dinge wie Fernsehgeräte für Arme unerreichbar gewesen, weil die Hyperinflation und die mit ihr verbundene Unsicherheit und Instabilität es praktisch unmöglich gemacht hatten, auf Kredit zu kaufen. Die drastische Senkung der Inflation bedeutete, dass die Menschen – zum ersten Mal seit Jahrzehnten; viele zum ersten Mal in ihrem Leben – für die Zukunft planen konnten. Und das war Grund genug, trotz schwieriger Zeiten dem ehemaligen Vertreter der Dependenztheorie weiter Gelegenheit zu geben, mit seinen Reformen fortzufahren.

Die Neuentdeckung des Staates

Der Charakter und die Verantwortung des Staates stehen in Lateinamerika an der Spitze der Tagesordnung. Während sich die wirtschaftlichen Grundsätze auf dem ganzen Kontinent einander annähern und die Geister der Dependenztheorie, der Importsubstitution und der Militärdiktatur gebannt sind, wenden sich die Politiker nun den kommenden Herausforderungen zu. Ihre Länder haben mit gravierenden Mängeln bei Infrastruktur, Wohlfahrt und im Bildungswesen zu kämpfen. Auf all diesen Gebieten geht es ihnen weit schlechter als den asiatischen Tigerstaaten. In kaum einer anderen Region ist die wirtschaftliche Ungleichheit, die Kluft zwischen Armen und Reichen so groß wie in Lateinamerika – und in mancher Hinsicht ist dies schon seit Jahrhunderten so.

Nach Jahrzehnten, in denen die industriellen Kernsektoren, die so lange die Kommandohöhen der Wirtschaft darstellten, in Staatseigentum waren, sind große Veränderungen erfolgt, aber noch nicht vollendet. Durch die Privatisierung von Fluglinien, Telefonsystemen und Energieversorgern haben die Regierungen dem finanziellen Ausbluten Einhalt geboten und ihre Haushalte von einer beträchtlichen Last befreit, mit der sich ein hohes politisches Risiko verband. Die Leistung der privatisierten Unternehmen blieb jedoch ungleichmäßig und in einigen Ländern sehr zweifelhaft. Während sich die Privatisierung auf dem ganzen Kontinent durchsetzt, nimmt sie auch verschiedene Formen an. In allen Fällen sahen sich die Regierungen mit der neuen Herausforderung konfrontiert, neue Privatunternehmen, die politisch sensible Leistungen erbringen und in einigen Fällen Monopolisten sind, zu regulieren. Nachdem sie die alten staatlichen Unternehmen beseitigt haben, fehlen den Staaten nun zuweilen die Fertigkeiten, das Personal, das Wissen und die Erfahrung, um sicherzustellen, dass die Privateigentümer und Auftragnehmer einen hohen Leistungsstandard aufrechterhalten und es nicht zu Preisabsprachen und ungenügenden Leistungen kommt.

Die technische Versiertheit der neuen Generation von »Technopolitikern« – ihre Mischung von Ausbildung und Zertifikaten, Professionalität und Motivation in Verbindung mit einem gewissen Maß an Glück und günstigen Gelegenheiten – reicht nicht tief in die Bürokratien hinein, die weitgehend ihrer Mittel beraubt, unterbezahlt und demoralisiert sind. Die Provinzverwaltungen und die für Gesundheitsversorgung und Bildungswesen zuständigen Behörden verfügen nicht über die Macht und Effizienz des zentralen Finanzministeriums. Steuern werden nur unzureichend eingetrieben und die örtlichen Behörden sind von Korruption und Vereinnahmung von Oppositionellen geprägt.

»Die Entdeckung des Marktes«, sagt Moises Naim, ein venezolanischer Ökonom und ehemaliger Minister, »wird die lateinamerikanischen Länder bald zwingen, den Staat neu zu entdecken«, denn der Markt kann nicht mit einem schlecht arbeitenden Staat funktionieren. Wie man aber den Staat in einer Zeit, in der er selbst diskreditiert ist, wieder auf die Bekämpfung der Armut und die Regulierung der Privatwirtschaft ausrichten kann, ist die besondere Herausforderung, der sich die lateinamerikanischen Volkswirtschaften in ihrem Reformprozess gegenübersehen. Die Pioniere unter ihnen sind in der Öffnung ihrer »strategischen« Sektoren zur Außenwelt weiter gegangen als irgendjemand sonst. Sie experimentieren nun mit den ausgeklügeltsten technischen Instrumenten der Marktwirtschaft. Aber gleichzeitig gibt es keine Garantie, dass Elektrizität oder andere grundlegende Infrastrukturleistungen, ganz zu schweigen von verbesserter Gesundheitsversorgung und Ausbildung, der großen Zahl von Menschen zugute kommen werden, die davon bislang ausgeschlossen sind. Ein Scheitern des Versuchs, ihre Lebensbedingungen zu verbessern, wird den klaffenden Abgrund zwischen Reichen und Armen in Lateinamerika nur noch vergrößern und den Kontinent auf einen radikal anderen Kurs bringen als seine Rivalen in Asien. Und es wird politische Ängste schüren und Erinnerungen an weniger demokratische Zeiten wachrufen.[16]

Bolivien, das Land, in dem die Schocktherapie vor fast anderthalb Jahrzehnten geboren wurde, bot kürzlich einen innovativen Ansatz, um die dauerhafte Unterstützung der Bevölkerung für die Hinwendung zum Markt sicherzustellen. Während seiner Präsidentschaft von 1993 bis 1997 beobachteten Gonzalo »Goni« Sánchez de Lozada und sein Reformteam, wie andere Länder die Privatisierung angingen, und entschlossen sich in Bolivien einen etwas anderen Weg zu gehen. Sie verkauften die bedeutendsten öffentlichen Unternehmen, darunter auch der Energiewirtschaft und der Telekommunikation, aber das auf besondere Weise. Goni dachte an den Brauch der Indios in den Anden, die Ernte zwischen den Landbesitzern und den Feldarbeitern aufzuteilen. Auf diese Praxis griff er bei seinem Reformprogramm zurück. Bei jedem Verkauf eines Staatsunternehmens suchte sich die Regierung in einem Ausschreibungsverfahren einen strategischen Partner aus – in der Regel ein Konsortium ausländischer Firmen, das Erfahrung auf dem jeweiligen Gebiet mitbrachte. Der Partner bekam 50 Prozent der Stammaktien und übte die alleinige Kontrolle über das Management aus.

Boliviens Innovation lag nun darin, wie mit den übrigen 50 Prozent verfahren wurde: Diese gingen an nationale Pensionsfonds, deren Management ebenfalls bald privatisiert wurde. An jedem Jahresende zahlen die Pensionsfonds aus den Einnahmen der privatisierten Firmen jedem Bolivianer über 65 Jahre eine Dividende. Die Dividende war anfangs gering: 250 Dollar pro Person. Aber weil dies mehr als zehn Prozent des jährlichen Pro-Kopf-Einkommens ausmacht, handelt es sich doch um eine recht beträchtliche Summe. Goni weigerte sich den Plan »Privatisierung« zu nennen. Für ihn war dieses Wort zu missverständlich und mit negativen politischen Bedeutungen belastet. Stattdessen fand er eine Bezeichnung, die Margaret Thatcher und so vielen anderen Privatisierern auf der Welt entgangen war: Er nannte es »Kapitalisierung«, ein Begriff, der zum Ausdruck bringen sollte, dass die Öffnung des Marktes mit greifbaren Verbesserungen in der Wohlfahrt Hand in Hand gehen können. Mit den Pensionsfonds werden zwei fundamentale Ziele erreicht: Das erste ist eine Anwendung des Prinzips des »geteilten« Wachstums, das der Bevölkerung einen Anteil an der Wirtschaft gibt und sie von deren Leistung direkt profitieren lässt. Das zweite ist die Legitimität, denn ein gut Teil der Unternehmen bleibt in den Händen des »Volkes«.

Die gegenwärtigen Erfahrungen in Lateinamerika zeigen, dass die Einführung der neuen Spielregeln der Anfang, nicht das Ende ist. In ganz Lateinamerika hat die Öffentlichkeit strenge Disziplin und Belastungen akzeptiert, um den Kreislauf von Inflation und Niedergang zu durchbrechen. Aber wie lange sie dazu im Tausch gegen die versprochenen Belohnungen eines offenen und effizienten Marktes noch bereit sein wird, ist eine Frage, die bei jedem wirtschaftlichen Einbruch und jeder Wahl aufs Neue aufgeworfen wird. Mit dem wiederhergestellten Markt richtet sich nun die Aufmerksamkeit auf die Neuentdeckung des Staates. Es soll nicht mehr der kontrollierende, erstickende Staat oder der Staat als Wirtschaftsmanager sein, sondern der kompetente Staat, der eine angemessene Rolle als fairer Regulierer spielen kann – und der sich der schweren Erblast der noch unerfüllten Bedürfnisse seiner Bevölkerung zuwenden kann. Das ist ein Drehbuch, das noch geschrieben werden muss.

Kapitel 10

Reise zum Markt
Der Weg der nachkommunistischen Welt

Es gibt Menschen in Amerika, denen die Szene noch lebhaft im Gedächtnis ist, entweder aus der Zeit selbst oder aus Filmaufnahmen: Der gut aussehende junge Mann, der über das Feld stiefelt, mit der Hand durch die Luft fährt, sein näselnder Bostoner Akzent – und seine klingende Erklärung: »Wir müssen dieses Land wieder in Gang bringen.«

Weniger gut erinnert man sich daran, *warum* John F. Kennedy in seinem Präsidentschaftswahlkampf von 1960 diesen Satz ständig wiederholte. Nur drei Jahre zuvor, 1957, hatten die Sowjets ihren ersten Sputnik in die Erdumlaufbahn geschossen und damit Amerikas Selbstvertrauen erschüttert. Und dann, 1959, hatte Nikita Chruschtschow beim Lunch in Los Angeles den Fehdehandschuh hingeworfen und geknurrt: »Wir werden euch begraben.« Die sowjetische Ideologie und Macht schien militant vorwärts zu marschieren.

All dies wurde durch die anscheinend hohen sowjetischen Wachstumszahlen ermöglicht, die weit höher lagen als die amerikanischen. Wenn die USA nicht wieder in Gang kamen, würden der Kapitalismus und der Westen das Wettrennen um die Führungsrolle in der Welt verlieren und ihre Verbündeten an den Kommunismus und die Sowjetunion verlieren. Kennedy argumentierte, dass die Zukunft dem Westen gehören konnte, aber die Zuversicht, die er zum Ausdruck brachte, stand auf schwankendem Boden.

Nur drei Jahrzehnte später, zu Beginn der 90er Jahre, war das Rennen vorbei. Das Ergebnis war endgültig. Der Kommunismus mit seiner extremen staatlichen Kontrolle war erloschen, bankrott; die Sowjetunion zersplittert, und Russland, ihr wichtigster Nachfolgestaat, wandte sich einer Form der Marktwirtschaft zu. Der rote Stern, der die Vorstellungskraft und die Unterstützung so vieler Menschen auf sich gezogen hatte, war vom Himmel gefallen. All dies wäre John F. Kennedy im Jahre 1960 höchst unwahrscheinlich vorgekommen.

Der Zusammenbruch des Kommunismus und das Ende des Sowjetimperiums sind die entscheidenden Ereignisse des ausgehenden 20. Jahrhunderts, so wie die Revolution in Russland zusammen mit dem Ersten Weltkrieg seinen Anfang beherrschte. Nirgendwo sonst vollzog sich eine derart extreme Neuformulierung der Beziehung zwischen Staat und Markt wie in der ehemaligen kommunistischen Welt, denn wo Märkte so lange verbannt gewesen waren, setzte jetzt ein stürmischer Kampf für die Errichtung von Marktsystemen ein. Das kommunistische System beanspruchte die Vorhut der Zukunft zu sein, aber es brach unter dem Druck seines inneren Verfalls zusammen. Dem Apparat der zentralistischen Planung und des Staatseigentums gelang es nicht, Innovationen zu fördern und den Ertrag des Wirtschaftswachstums zu verteilen. Am Ende konnte er überhaupt kein Wachstum mehr schaffen.

Das umfassende ökonomische Scheitern des Kommunismus führte zu einer Revolution, die ab 1989 durch ganz Osteuropa und die Sowjetunion fegte. Als der Zusammenbruch kam, geschah er so rasch, dass keine Zeit für wohlerwogene Anpassungen blieb. Die Nachfolgestaaten des Sowjetimperiums hatten kein Rezept zur Hand, um die kommunistische Wirtschaftsmaschine durch den Kapitalismus zu ersetzen, und kämpften in den ersten Jahren mit unvorhersehbaren Geburtswehen, die fast jenseits der Vorstellungskraft lagen. Viele Menschen in jenen Ländern kamen sich vor, als hätte man sie auf die Rückseite des Mondes geschossen. Der alte Apparat der zentralistischen Planung und Kontrolle verschwand, und mit ihm die Regeln, welche die Wirtschaftsorganisation und das tägliche Leben beherrscht hatten, ohne dass etwas zur Hand war, das an ihre Stelle hätte treten können. Stattdessen sahen die Menschen sich nun mit Hyperinflation, massiver Unsicherheit, einem ungezügelten Kampf um staatliches Eigentum und einem scheinbar allumfassenden Chaos konfrontiert. Die Errichtung von Marktsystemen aus den Trümmern des Kommunismus ist noch längst nicht abgeschlossen. Doch bei all dem menschlichen Leid und der Ungleichmäßigkeit dieses etwas abstrakt als »Übergang« bezeichneten Prozesses wurde ein Großteil des alten Sowjetsystems schneller in eine Marktwirtschaft überführt als vorhergesehen. Diese Umwandlung – und der Kampf der Ideen, der sie formte – ist ebenso fesselnd wie der Zusammenbruch der kommunistischen Staaten selbst und das weltweite Ableben ihrer Ideologie.

Polens Krise: Der Anfang vom Ende

Das Ende des Kommunismus begann nicht im Zentrum, in der Sowjetunion, sondern an seiner Außengrenze, an der Ostsee. Die riesige Lenin-Werft in Danzig sollte einer der Vorzeigebetriebe des kommunistischen Polen sein. Tatsächlich wuchs unter ihren Arbeitern jedoch die Unzufriedenheit. An einem Dezembertag des Jahres 1979 versammelten sich viele von ihnen vor den graugrünen Toren der Werft zu einem Gedenken: zur Erinnerung an das Massaker an protestierenden Arbeitern am selben Ort durch Polizei und Militär neun Jahre zuvor. Ein stämmiger, schnurrbärtiger Elektriker bahnte sich seinen Weg durch die Menge nach vorne. »Ich bitte euch, euch zu eurer eigenen Selbstverteidigung in unabhängigen Gruppen zu organisieren«, sagte Lech Wałęsa, der von der Werft wegen politischer Agitation entlassen worden war. Und er fügte hinzu: Wenn die Regierung den erschlagenen Arbeitern kein Denkmal errichten wolle, sollten alle Anwesenden in einem Jahr mit einem Stein wieder kommen, und man würde selbst Stein für Stein ein Monument errichten.[1]

Was sie stattdessen errichteten, war der Anfang einer Bewegung, Solidarność, die das beinahe Unvorstellbare in einem kommunistischen Land tat: den Staat herauszufordern. Im folgenden August ließen die Arbeiter derselben Werft die halb fertigen Schiffe liegen und traten in den Streik. Bald besetzten tausende von Arbeitern das Werftgelände und Abgesandte anderer streikender Unternehmen schlossen sich ihnen an. Nach fast drei Wochen kapitulierte die Regierung vor ihren Forderungen, darunter das Recht auf unabhängige Gewerkschaften und das Streikrecht. Nie war eine kommunistische Regierung so weit gegangen, ihren Bürgern Freiheiten zu gewähren. Solidarność hatte gewonnen – zumindest vorläufig.

Die polnische Opposition wurde teilweise ermöglicht durch etwas, das in anderen kommunistischen Ländern nicht verfügbar war: die machtvolle, offene wie verdeckte Unterstützung der katholischen Kirche. Und doch wäre das volle Gewicht dieser Unterstützung nicht zum Tragen gekommen, wäre nicht zwei Jahre zuvor im Vatikan unerwartet der frisch gewählte Papst Johannes Paul I. gestorben. Sein Nachfolger wurde ein polnischer Kardinal, Karol Wojtyła der Erzbischof von Krakau, der zu Ehren seines Vorgängers den Namen Johannes Paul II. annahm. Im Juli 1979 unternahm Johannes Paul II. eine triumphale Reise durch Polen; bei einer Gelegenheit sprach er vor zwei Millionen Menschen. Der Besuch des polnischen Papstes entfachte ein neues Gefühl des Glaubens, der Zuversicht und nationalen Einheit und ermutigte die Opposition. Während des Zweiten Weltkriegs in einem Untergrundseminar ausgebildet, hatte sich Karol Wojtyła immer gegen die kommunistische Macht gestellt. In seinen Jahren als Kardinal unterstützte er mit großem persönlichem Risiko die demokratische Bewegung. Nun, als Papst, schuf er einen Freiraum für Dissidenten und mobilisierte die katholische Kirche als mächtigen Gegner des Kommunismus. Während des Streiks auf der Lenin-Werft im August 1980 schmückte ein Bild des Papstes die Tore, hinter denen sich die Arbeiter versammelten. Seine Gegenwart schien ihnen Kraft zu geben. Den Mächten der kommunistischen Welt wurde klar, welch gefährlicher Gegner ihnen in dem polnischen Papst erwachsen war.

Solidarność war aus dem Protest gegen sich verschlechternde Lebensbedingungen hervorgegangen: gegen sinkenden Lebensstandard und wachsenden Mangel. Tatsächlich wurde »Mangelwirtschaft« zum Synonym für die kommunistischen Planwirtschaften. Seit den später 60er Jahren litt die polnische Wirtschaft unter wirtschaftlichem Niedergang und ihrer völligen Unfähigkeit, sich im kommunistischen Rahmen zu reformieren. Ungarn hatte versucht Reformen mit einem flexibleren »Marktsozialismus« durchzuführen, auch als »Gulaschsozialismus« bekannt. Das Land führte Elemente eines Marktsystems in die zentralistische Planwirtschaft ein. Aber außer der privaten Landwirtschaft, die in Polen überlebte, wollte die Führung der Kommunistischen Partei Polens davon nichts hören. Sie hielt sich an die orthodoxen Überzeugungen.

Doch Unruhen unter den Arbeitern bedeuteten, dass die Führung etwas unternehmen musste. Statt eine große Reform zu versuchen, wandte sich die polnische Regierung indessen Anfang der 70er Jahre an den Westen, in der Annahme, sie könne sich den Weg aus den Schwierigkeiten durch Kredite erkaufen. Sie nahm enorme Kredite auf und glaubte das Geld benutzen zu können, um die Nahrungsmittelpreise niedrig zu halten, westliche Technologie zu importieren und auf diese Weise die Wirtschaftsleistung zu verbessern, ohne das System anzutasten. Das erwies sich als fatale Fehleinschätzung. Leichtes Geld führte das Land in eine Situation, aus der es sich nicht mehr selbst befreien konnte. Indem Polen vom Westen borgte, türmte es einen gewaltigen Schuldenberg auf, den das Land weder bedienen noch zurückzahlen konnte. Ende der 70er Jahre hatte Polens Schuldenlast 25 Milliarden Dollar erreicht.

Die Polen verschwendeten das geliehene Geld weitgehend. Statt sich zu erholen, war die Wirtschaft dadurch doppelt belastet: durch ihre Strukturprobleme und die Rückzahlungsverpflichtungen, die sie nicht erfüllen konnte. Polen erlebte bald eine massive Zahlungsbilanzkrise. Es hatte sich in einen großen Nahrungsmittelimporteur verwandelt. Überall herrschte Mangel. In dieser angespannten Situation wuchs Solidarność nach der Besetzung der Lenin-Werft rasch an. Innerhalb von Monaten hatte die Mitgliederzahl 10 Millionen erreicht.

Moskau war angesichts der beispiellosen Bedrohung der kommunistischen Macht mehr und mehr alarmiert und der Druck der Sowjetunion auf Polen wuchs gewaltig. Einigen Stimmen zufolge standen die Sowjets hinter dem versuchten Attentat auf Papst Johannes Paul II. im Mai 1981 auf dem Petersplatz. Schließlich, im Dezember 1981, nach anderthalb von Streiks und Agitation erfüllten Jahren, schlug die Regierung zurück. Panzer besetzten das Zentrum von Warschau, Straßensperren riegelten das Land ab, Telefonleitungen wurden unterbrochen. Die Regierung erklärte das Kriegsrecht. Solidarność wurde verboten, ihre Führer inhaftiert. Doch all dies trug nicht dazu bei, Polens Aussichten zu verbessern. In den 80er Jahren verschlechterte sich die wirtschaftliche Situation weiter. Solidarność kämpfte im Untergrund um ihr Überleben und Lech Wałęsa stand unter Hausarrest. 1989 schließlich beriefen die Kommunisten in einem verzweifelten Versuch, die weiterhin im Niedergang befindliche Wirtschaft zu stärken, einen nationalen »runden Tisch« ein, zu dem auch Solidarność und die katholische Kirche eingeladen wurden, um Polens trostlose Zukunft zu diskutieren und einen offeneren Dialog zu beginnen.

Der Telefonanruf

Zu dieser Zeit begann die Sowjetunion, die mit ihren eigenen Problemen beschäftigt war, sich aus Osteuropa zurückzuziehen. Sie fing an ihre Truppen abzuziehen. Kreml-Berater argumentierten nun, dass die Kosten des Imperiums in Osteuropa den Nutzen überwogen, und fanden offene Ohren. In Polen wurde Solidarność aufgrund der Gespräche am runden Tisch wieder legalisiert. Der nächste Schritt waren freie Wahlen. Die Ergebnisse stellten für den Kommunismus eine Katastrophe dar. Im neu gebildeten Oberhaus gewann Solidarność 90 von 100 Sitzen. Für das Unterhaus kandidierten 35 Vertreter der Kommunistischen Partei ohne Gegenkandidaten. Doch um gewählt zu werden, mussten sie mehr als 50 Prozent der Stimmen auf sich vereinen. Die polnischen Wähler – von denen viele ihre Kinder mit zur Wahlurne brachten, damit sie Zeugen dieses Widerstandsaktes wurden – strichen sorgfältig die Namen der kommunistischen Kandidaten durch. Bis auf zwei verloren alle 35 Kommunisten.

Wie so häufig in der Vergangenheit wandte sich das polnische Regime an Moskau um Weisungen. Aber dieses Mal fiel die Antwort anders aus. Michail Gorbatschow sprach am Telefon mit dem Generalsekretär der Kommunistischen Partei Polens. Gorbatschows Botschaft war verblüffend. Die Sowjetunion, sagte er, würde das Ergebnis freier Wahlen akzeptieren: in diesem Fall eine Regierung mit einer kommunistischen Minderheit und einem nichtkommunistischen Premierminister. Dieses Telefongespräch beendete den Kalten Krieg.

Die Solidarność fühlte sich zur Machtübernahme kaum bereit. Die Bewegung war eine breite politische Koalition, eine Protestbewegung, keine Partei. Da Solidarność nur ein Drittel der Sitze im Unterhaus besetzte, sorgten sich ihre Führer, ob sie die Macht übernehmen sollten – oder überhaupt konnten. Ihr neuer Wirtschaftsberater war Jeffrey Sachs, der Harvard-Professor, dessen Rolle in Lateinamerika ihm bereits internationale Anerkennung eingebracht hatte. Ein Solidarność-Führer erzählte Sachs, die Bewegung habe nicht genug Stimmen im Parlament, um irgendetwas auszurichten, und Polen sei ein ökonomischer Krüppel. Das Land sehe zweifellos wie ein Krüppel aus, erwiderte Sachs, aber der äußere Schein könne täuschen. Polen grenzte an Deutschland, es lag im Herzen Europas – und den Polen fehlte es nicht an ökonomischen Fähigkeiten. Kurz, die Ergebnisse könnten alle überraschen. Das hatte Sachs in Lateinamerika gelernt. Nach stundenlanger leidenschaftlicher Diskussion gab er schließlich den schlichten Rat, es zu tun und die Macht zu übernehmen. Der Solidarność-Führer stieß einen tiefen Seufzer aus. »Ich bin sehr unglücklich über dieses Gespräch«, sagte er, »weil ich glaube, dass Sie Recht haben.«

Die Führer von Solidarność baten Sachs und seinen Kollegen David Lipton, die Grundzüge eines Wirtschaftsprogramms für einen raschen und umfassenden Wandel zu entwerfen. »Und bitte«, so sagte man ihnen, »beginnen Sie den Entwurf mit den Worten: ›Mit diesem Programm wird Polen den Sprung in die Marktwirtschaft tun.‹ Wir wollen schnell vorankommen; das ist der einzige Weg, der Sinn macht.« Sachs erwiderte, er und sein Kollege würden in die USA zurückfliegen und dort das Programm niederschreiben. Nein, sagte man ihnen, dafür bliebe keine Zeit. Man brauche es am folgenden Morgen. Die beiden Amerikaner blieben die ganze Nacht auf, schrieben den Plan und fuhren am nächsten Morgen nach Danzig, um ihn den Mitgliedern von Solidarność zu erläutern.[2]

»Mein Ludwig Erhard«

Tadeusz Masowiecki wurde im August 1989 Polens erster nichtkommunistischer Premierminister. Er war sich nicht ganz sicher, welche Art von Wirtschaftsprogramm er favorisieren sollte, aber er wusste, dass alles rasch geehn musste. Dafür suchte er jemanden, der die Art von Programm umsetzen konnte, die Sachs und Lipton skizziert hatten. Er suchte, wie er sagte, »nach meinem Ludwig Erhard«.

Masowiecki fand seinen Ludwig Erhard in einem polnischen Ökonomen namens Leszek Balcerowicz, der schließlich das Wirtschaftsprogramm ausarbeitete, das nicht nur Polen, sondern auch große Teile Osteuropas und selbst die Sowjetunion in die Marktwirtschaft führte. Es war das Jahr, in dem die kommunistischen Regime in ganz Osteuropa wie Dominosteine fielen. Der Witz machte die Runde, dass es in Polen zehn Jahre, in Ungarn zehn Monate, in der Tschechoslowakei zehn Tage und in Rumänien, wo der Diktator Nicolae Ceaușescu exekutiert wurde, nur zehn Stunden gedauert hatte, den Kommunismus zu stürzen. Bei all diesen Umwälzungen kam Polen, was die Wirtschaftsreformen betraf, eine Führungsrolle zu, und das war das Werk von Balcerowicz.

Balcerowicz hatte sich zwei Jahrzehnte lang auf diesen Moment vorbereitet. Er hatte zwei Jahre an der St. John's University in New York Wirtschaftswissenschaften studiert. Danach hatte er die Dynamik des koreanischen und taiwanischen Wachstums untersucht. Er ging auch nach Westdeutschland, um Ludwig Erhards Reformen von 1948 zu studieren, was sich als hervorragende Entscheidung erwies, denn als er zu Masowieckis »Ludwig Erhard« gekürt wurde, wusste er tatsächlich, was Erhard getan hatte. Außerdem hatte er sich eingehend damit beschäftigt, was in den lateinamerikanischen Stabilitätsprogrammen funktioniert hatte und was nicht.

In Warschau hatte er seit 1978 die später so genannte »Balcerowicz-Gruppe« geleitet, eine Langzeitstudiengruppe, die sich der Analyse der »Probleme« des Sozialismus widmete sowie der Frage, wie die polnische Wirtschaft reformiert werden konnte. Die Gruppe konzentrierte sich auf so grundlegende Fragen wie Eigentumsrechte, die angemessene Rolle des Staates in der Wirtschaft, Inflation und etwas, das immer mehr zum Markenzeichen des Sozialismus wurde: Mangel. All dies brachte Balcerowicz zu der Überzeugung, dass langsame Reformen zum Scheitern verurteilt waren. Wenn nicht genügend Veränderungen miteinander kombiniert und rasch umgesetzt wurden, konnte die notwendige »kritische Masse« nicht erreicht werden. Im Gegensatz zu vielen anderen Ökonomen befasste er sich auch ein wenig mit Massenpsychologie. »Die Menschen«, so fasste Balcerowicz ihre Bedeutung für die Wirtschaftsreformen zusammen, »sind eher bereit, ihre Haltungen und ihr Verhalten zu ändern, wenn sie mit radikalen Veränderungen in ihrer Umwelt konfrontiert sind, die sie für unumkehrbar halten, als wenn diese Veränderungen nur gradueller Art sind.«[3]

Die Marktrevolution

Balcerowicz wurde Finanzminister und stellvertretender Regierungschef in der neuen Solidarność-Regierung, nachdem seine Bedingung, dass der Übergang sehr schnell und umfassend sein müsse, akzeptiert worden war. Er wurde unter dem bereits aus Lateinamerika bekannten Terminus »Schocktherapie« bekannt. Aber Balcerowicz zog es vor, von »Marktrevolution« zu sprechen. Welchen Namen diese Politik auch immer trug, er wusste, dass sie ein großes Risiko barg und auf starken Widerstand stoßen würde. Doch in einem Punkt war er sich sicher: Eine schrittweise, langsame Reform würde mit Sicherheit nicht funktionieren. In den folgenden Monaten arbeiteten Balcerowicz und sein Team fieberhaft daran, einen Plan aufzustellen und alle notwendigen Gesetze zu formulieren. Dies geschah in einer sich ständig verschlechternden wirtschaftlichen Lage. Die Inflation belief sich auf 17 000 Prozent im Jahr und machte aus Polen den vierzehnten Fall von Hyperinflation in der Geschichte. Zu dieser Zeit war das Land mit einer Schuldenlast von 41 Milliarden Dollar zahlungsunfähig und viele Unternehmensmanager betätigten sich in »spontaner Privatisierung«, wie es euphemistisch genannt wurde: Sie stahlen, so schnell sie konnten, die Vermögenswerte der von ihnen geführten Unternehmen.

Der 1. Januar 1990 war der Tag des »Big Bang«, der Beginn von Balcerowicz' Schocktherapie, der Startschuss zur Marktrevolution. Und ein Schock war es in der Tat: ein endgültiger Bruch mit der kommunistischen Vergangenheit. Die meisten Preise wurden freigegeben. Die Währung, der Złoty, wurde abgewertet und konvertibel. Kontrollen wurden eingeführt, um einer Explosion bei den Lohnerhöhungen zuvorzukommen. Das Staatsdefizit wurde von sieben auf ein Prozent des Bruttoinlandsprodukts reduziert. Das Steuersystem wurde reformiert und eine restriktive Geldpolitik eingeführt.

Balcerowicz und seine Mitarbeiter warteten nervös darauf, was passieren würde. Sie wussten, dass die Preise steigen würden, aber sie hatten die Erhöhung auf 45 Prozent geschätzt. Stattdessen schnellten sie binnen weniger Tage um 78 Prozent hoch. Die Reserven an Getreide, Fleisch und anderen Nahrungsmitteln waren gering, sodass weiterhin Mangel herrschte. Sie hielten den Atem an. Hungeraufstände, Demonstrationen auf der Straße: dergleichen konnte das gesamte Reformprogramm kippen und Polen in den Autoritarismus zurückkatapultieren. Doch Ende Januar tat sich etwas. Erst tröpfchenweise, dann in wachsender Zahl kamen Bauern in die Städte, um unter Umgehung des staatlichen Verteilungssystems aus Autos und von Lastwagen auf den Bürgersteigen ihre Produkte zu verkaufen. Industriewaren tauchten in ähnlicher Weise auf. An Stelle von Demonstranten und Aufrührern hatte Polen über Nacht Händler bekommen. Als der Mangel verschwand und das Angebot stieg, begannen die Preise zu fallen. Balcerowicz' Mitarbeiter versuchten ihren angespannten Boss zu beruhigen, indem sie ihm rieten ein Auge auf die Eier zu haben. Ja, die Eier würden der kritische Indikator für Erfolg oder Niederlage sein. Ende des Monats kam die Bestätigung: Der Eierpreis hatte sich eingependelt und war in einigen Teilen des Landes sogar gefallen. Balcerowicz seufzte vor Erleichterung. Die Eier standen für einen großen Sieg. Die Märkte funktionierten.[4]

Doch die Therapie blieb ein Schock, und Kritik und Opposition regten sich sehr rasch. Langsame Reformen, so argumentierten viele, wären der bessere Weg. Hinter dieser Debatte verbarg sich eine grundsätzliche Meinungsverschiedenheit: zwischen jenen, die auch nach dem Ende des Kommunismus auf den Staat als Schiedsrichter blickten, und jenen, die auf die Dynamik der Märkte vertrauten. Die Zeitungen füllten sich mit Artikeln über den fallenden Lebensstandard und das sinkende Bruttoinlandsprodukt. Vergessen wurde dabei, dass die offiziellen Zahlen des Bruttoinlandsprodukts nicht erfassten, was sich auf dem neuen, immer noch »informellen« Markt tat. Es gab ständig Aufrufe, die riesigen staatlichen Industriekombinate zu stützen und wieder zu beleben. Für Balcerowicz hätte dies bedeutet, gutes Geld schlechtem hinterherzuwerfen, denn sehr viele dieser Unternehmen erfüllten keinen Zweck mehr, besaßen weder einen Markt noch eine Zukunft und waren extrem ineffizient und verschwenderisch. In allzu vielen Fällen bestanden sie in ihren damaligen Dimensionen nur, weil das stalinistische Wirtschaftsdogma es so verfügt hatte.

»Aufhören nach oben zu blicken«

Balcerowicz musste Angriffe aus vielen Richtungen abwehren. Einer wütenden Versammlung von Solidarność-Mitgliedern in Danzig erklärte er: »Wir müssen die alten Gewohnheiten und die alten Haltungen aufgeben. Besonders müssen wir aufhören nach ›oben‹ zu blicken, zum Staat, weil dies ein Relikt der alten Denkweise ist.« Immer wieder musste er Wałęsa, der im Dezember 1990 zum Präsidenten gewählt worden war, daran erinnern, dass ein wirtschaftliches Scheitern Schimpf und Schande bedeuten würde. Anlässlich eines Besuchs bei Johannes Paul II. im Vatikan musste Balcerowicz die strenge Frage des Papstes beantworten, ob es möglich sei, eine »gerechte Marktwirtschaft in Polen« zu schaffen. Er ertrug alle möglichen Beschimpfungen und musste sich einmal sogar persönlich mit wütenden Leuten auseinander setzen, die es geschafft hatten, ins Finanzministerium vorzudringen, und ihn zu sprechen verlangten. Balcerowicz war dankbar, dass seine staatlichen Sicherheitsoffiziere zufällig auch Abschlüsse als Rechtsberater hatten.

Die Privatisierung der großen Staatskonzerne kam nur langsam voran. Obwohl Balcerowicz die Privatisierung als »Kernstück der institutionellen Umstrukturierung« betrachtete, fand er es nicht sinnvoll, sie vor der wirtschaftlichen Stabilisierung und der Schaffung einer »Marktgesellschaft« in Angriff zu nehmen. Im »Chaos der Hyperinflation« wäre die Privatisierung sinnlos gewesen. Als schließlich ein polnisches System zur Privatisierung großer Unternehmen entwickelt worden war, erwies es sich als mühsam und umständlich.

Wenn dieser Teil des Reformprogramms enttäuschend ausfiel, so übertrafen andere Teile bei weitem die Erwartungen. Nichts veranschaulichte – oder ermöglichte – die Geburt der neuen Wirtschaft so sehr wie die unzähligen kleinen Firmen, die aus dem Boden schossen. Zwischen 1989 und Mitte 1992 wurden über 700 000 Firmen registriert. Mitte 1997 betrug ihre Zahl über zwei Millionen. Die Mangelwirtschaft verschwand und machte einer an den Konsumenten orientierten Wirtschaft Platz. Die Reallöhne stiegen zwischen Ende 1989 und Juni 1992 um das Siebenfache. 1992 brachte der private Sektor mehr als die Hälfte des Bruttoinlandsprodukts hervor. Zur vorhergesagten Massenarbeitslosigkeit kam es nicht, weil die neuen Privatfirmen innerhalb von zwei Jahren zwei Millionen neue Arbeitsplätze schufen. Polen importierte mehr Waren, aber jetzt konnte man dafür bezahlen. Seine Importe und Exporte gegen harte Devisen verdoppelten sich zwischen 1989 und 1993 und viele der Exporte bestanden aus Waren wie Haushaltsgeraten, etwas, das niemand vorausgesehen hatte. Die geografische Lage des Landes – die Nähe zu Deutschland und dem Rest Europas – und der freie Handel erwiesen sich als weit wertvollere Aktiva, als man erwartet hatte. Das bemerkenswerteste Ergebnis war Polens gesamte Wirtschaftsleistung: Das Wirtschaftswachstum betrug seit 1994 im Schnitt sechs Prozent. Man begann von Polen nicht als wirtschaftlichem Krüppel, sondern als Europas »neuem Tiger« zu sprechen.

Zu dieser Zeit hatte die Solidarność aufgrund erbitterter interner Kämpfe und der sozialen Unzufriedenheit, die mit der Schocktherapie einherging, ihren Glanz weitgehend eingebüßt. Doch als der ehemalige Kommunist Aleksander Kwaśniewski im Jahre 1995 Wałęsa bei den Präsidentschaftswahlen schlug, machte er deutlich, dass er nicht beabsichtigte Polen von seinem wirtschaftlichen Kurs abzubringen. Wałęsa schied verbittert über diese Niederlage in einer freien Wahl aus dem Amt. Aber er konnte auch hoch zufrieden mit sich sein, waren es doch sein Mut und seine Überzeugung gewesen, die den Ausschlag gegeben hatten. Und innerhalb so kurzer Zeit war sehr viel erreicht worden. Nach den Parlamentswahlen von 1997 führte die Solidarność eine Koalitionsregierung an. Der neue Finanzminister war Leszek Balcerowicz, derselbe Mann, der das Drehbuch für Polens Marktrevolution geschrieben hatte.[5]

Die beiden Václavs

Die Tschechoslowakei galt als eine der größten Leistungen des Konzeptes nationaler Selbstbestimmung, das der amerikanische Präsident Woodrow Wilson bei der territorialen Neugliederung im Rahmen des Vertrags von Versailles nach dem Ersten Weltkrieg vertrat. In diesem Land verschmolzen zwei sprachlich verwandte, aber kulturell verschiedene slawische Völker des österreichisch-ungarischen Reiches – die Tschechen und Slowaken – zu einem neuen Staat. Trotz hochgespannter Hoffnungen war seine Geschichte kaum vom Glück begünstigt. Durch das Münchner Abkommen von 1938 verstümmelt, war das Land während des Zweiten Weltkriegs von den Nazis brutal okkupiert und konnte nach Kriegsende seine Unabhängigkeit nur drei Jahre lang erhalten, bevor es 1948 unter kommunistische Kontrolle geriet. 1968 zerschlugen sowjetische Panzer die von Alexander Dubček angeführten Bestrebungen, einen »Sozialismus mit menschlichem Antlitz« zu schaffen. Schließlich gelang es Dissidenten im Jahre 1989, vier Jahrzehnte nach der kommunistischen Machtübernahme, einen relativ glatten Übergang zur Demokratie durchzusetzen. Er vollzog sich unter der Schirmherrschaft des Schriftstellers Václav Havel, der unter den Kommunisten im Gefängnis gesessen hatte und die moralische Autorität und Vision für die später so genannte samtene Revolution verkörperte.

Wie sich jedoch herausstellte, war die Neigung der Tschechen und Slowaken, ihre in Versailles geschlossene Ehe aufrechtzuerhalten, nicht sonderlich ausgeprägt. Nach einem Experiment mit einem unpopulären »doppelten Haushalt« folgte der samtenen Revolution 1992 eine freundschaftliche Trennung durch die »samtene Scheidung«. Die Slowakei mit den dort vorherrschenden ineffizienten militärisch ausgerichteten Staatsunternehmen veränderte sich nur langsam. Aber die Tschechische Republik, der geografisch westlichere und technologisch fortschrittlichere Teil der ehemaligen Nation, wandte sich unter der Ägide der beiden Václavs – Präsident Havel und Premierminister Klaus – schnell dem Markt zu. War Havel die Verkörperung von Prinzipien und demokratischen Werten, so zeichnete Klaus für die Wirtschaftspolitik verantwortlich. Er führte die Reformen durch, die der Tschechischen Republik rasch wirtschaftlichen Erfolg brachten. Zuweilen wurde er von Havel kritisiert, weil er die sozialen Kosten der Schocktherapie nicht genügend beachtete.

Mit Václav Klaus hatte man in gewissem Sinne den Bock zum Gärtner gemacht. Als Ökonom in einem der linientreuesten kommunistischen Regime hatten ihn nämlich seine Vorgesetzten mit der Aufgabe betraut, »den Feind zu studieren«, das heißt solche gefährlichen Verfechter des Marktliberalismus wie Friedrich von Hayek und Milton Friedman zu lesen, zu analysieren und zu widerlegen. Das Problem war nur, dass er sie immer überzeugender fand, je länger er ihre Werke studierte. Mitten im Krieg der Ideen wechselte er auf dem Schlachtfeld die Seiten. »Ich bin stolz«, sagte er, »schon in den dunklen Tagen des Kommunismus angeklagt worden zu sein, ein Friedmanier und Anhänger Chicagos (...) zu sein.« Er schrieb sogar einen Aufsatz mit dem Titel »Die Universität Chicago und ich«. Liberale Ideen beherrschten seine Politik, als er im Januar 1991, genau ein Jahr nach dem Beginn der polnischen Reformen, eine tschechische Version der Schocktherapie auf den Weg brachte. Aus der Sicht von Klaus gab es dazu keine Alternative. Die Debatte um Schocktherapie oder schrittweise Reform war für ihn irrelevant und unrealistisch angesichts der Realitäten des Übergangs. »Eine solche Wahl existiert nicht, weil die Staaten nicht so viel Kontrolle über die Geschwindigkeit haben, wie sie glauben«, erklärte Klaus. »Was wir allerdings wissen, ist, dass es umso teurer und schmerzhafter wird, je stärker man den Übergang abbremst.«[6]

Das tschechische Programm orientierte sich am polnischen: sofortige Freigabe der meisten Preise, Konvertibilität und Abwertung der Währung (in diesem Fall verbunden mit Importabgaben, um für etwas Schutz zu sorgen) und eine strenge Geldpolitik. Das Ergebnis war ganz ähnlich wie in Polen: anfänglich eine Explosion der Inflation, dann eine rasche Beruhigung, gefolgt von starkem Wirtschaftswachstum. Es gab jedoch einen markanten Unterschied zwischen beiden Ländern. Die Tschechische Republik setzte auf schnelle und umfassende Privatisierung, weil man meinte, es sei besser, Staatseigentum sofort in private Hände zu legen, als auf die Umstrukturierung oder einen voll entwickelten gesetzlichen und institutionellen Rahmen zu warten. Bereits 1990 wurde Eigentum an Menschen zurückgegeben, von denen es nach der kommunistischen Machtübernahme Ende der 40er Jahre konfisziert worden war. Die Regierung experimentierte mit verschiedenen Privatisierungsmaßnahmen: Die bekannteste ist ein Gutscheinsystem (*voucher*). Hefte mit Gutscheinen wurden an jeden Bürger über 18 Jahren verkauft, der sie wollte. Diese Gutscheine konnten für den direkten Kauf von Unternehmensanteilen oder für indirekte Beteiligungen durch Gutscheinfonds benutzt werden.

Ohne Zweifel verfügte die Tschechische Republik beim Eintritt in ihre »Marktrevolution« über einige klare Stärken. Trotz der kommunistischen Erfahrung besaß das Land eine starke Handelstradition und eine historische Orientierung auf den Westen. Manche meinen, dass es am Vorabend des Zweiten Weltkriegs technologisch weiter fortgeschritten war als Deutschland. Es hatte vergleichsweise wenig Probleme mit der Rückkehr zum Markt.

Die sowjetische Kommandowirtschaft

Im Sowjetsystem gab es keinen erkennbaren Konflikt zwischen Staat und Markt, aus dem sehr einfachen Grund, weil es – zumindest offiziell – gar keinen Markt gab. In den 20er Jahren hatten die Kommunisten versucht eine gemischte Wirtschaft zu schaffen: Privateigentum in Landwirtschaft und kleinen Firmen war erlaubt, solange der Staat die Kommandohöhen der Wirtschaft (gemäß Lenins Diktum) besetzt hielt. Doch das funktionierte nicht. Mangel breitete sich aus, begleitet von den wechselseitigen Beschuldigungen der Anhänger Trotzkis, Stalins und Bucharins. Als Stalin an die Macht kam, legte er sowohl dem wirtschaftlichen als auch dem politischen Leben eine Zwangsjacke an. Er verstaatlichte die Produktion und Ende der 20er Jahre war mit der Einführung des ersten Fünfjahresplans die »Kommandowirtschaft« geboren.

Angebot und Nachfrage spielten in der Kommandowirtschaft keine Rolle; sie wurden schlichtweg verbannt. Die Ressourcen wurden durch bürokratische Entscheidungen verteilt, statt durch die vielen Millionen individuellen Entscheidungen, die ein Angebot-und-Nachfrage-System steuern. Was zählte, waren die Wünsche und Ziele der politischen Führer, die mittels der Mechanismen der zentralistischen Planung umgesetzt wurden. Im Zentrum stand eine Reihe staatlicher Behörden, die das ganze System in Gang hielten. Ihre Namen begannen alle mit *gos*, der Abkürzung des russischen Wortes für Staat. »Gosplan« bestimmte den Plan, während »Gosten« die Preise festsetzte und »Gossnab« die Güter verteilte. Die Arbeits- und Lohnpolitik war Aufgabe von »Gostrud«. Koordiniert von der Kommunistischen Partei, waren die Ministerien in Moskau für alle ausschlaggebenden Entscheidungen verantwortlich: was ein Unternehmen produzierte, woher seine Zulieferungen kamen, was diese kosten sollten, wer seine Kunden waren und welchen Preis sie zu bezahlen hatten. Sie entschieden auch, wie viele Menschen in dem Unternehmen arbeiteten, welchen Lohn sie erhielten und welche Arten von Investitionen vorgenommen wurden. In der Praxis schloss der Planungsprozess viele Verhandlungen mit Unternehmensmanagern und örtlichen Partei- und Regierungsvertretern ein.

Die wirtschaftlichen Bewährungsproben auf Rentabilität und Effizienz kamen im sowjetischen System nicht vor. Was dort zählte, war die »Erfüllung des Plans« oder was man dafür hielt. Bohrtrupps wurden nicht danach beurteilt, ob sie Öl gefunden hatten, das sich zu einem wirtschaftlichen Preis fördern ließ, sondern danach, wie viele Meter sie gebohrt hatten. Von den 30er Jahren bis in die 70er Jahre hinein genoss dieses System auf der ganzen Welt ein gewaltiges Prestige, da man glaubte, dass es die Ziele der raschen Industrialisierung und hoher Wachstumsraten erfüllte. Die drakonische Konzentration der Ressourcen, dank deren die Sowjetunion sich aus einem Agrarstaat in eine industrialisierte Nation verwandelte, schuf tatsächlich hohes Wachstum, besonders im militärisch-industriellen Komplex, dessen Expansion und technologische Überlegenheit John F. Kennedys Generation so beunruhigt hatten. Aber diese Konzentration bedeutete, dass Landwirtschaft, Dienstleistungen und Konsumgüter vernachlässigt wurden. Sie erlegte dem System auch eine extreme Starrheit auf, die zu Ineffizienz aller Art führte. Das System wurde immer komplizierter und irrationaler. Der Schlüssel zu seinem scheinbaren Erfolg in den 50er und 60er Jahren erwies sich langfristig zugleich als Quelle seines Niedergangs.

An den Rändern des Systems, in der Schattenwirtschaft, gab es gewisse Märkte, doch sie spielten eine entscheidende Rolle, um das gesamte System zu schmieren und funktionsfähig zu halten. Ein kleiner Teil des Ackerlandes konnte für privaten Anbau genutzt werden. Der Staat genehmigte, wenn auch widerwillig, diese privaten Anbauflächen – und das war eine gute Idee. Obwohl sie im Vergleich zu den staatlichen und kollektivierten Landwirtschaftsbetrieben nur briefmarkengroß waren, produzierten sie über 25 Prozent des Fleisches und 50 Prozent der Kartoffeln. Für den Schwarzmarkt gab es freilich keine solche offizielle Genehmigung. Seine Betreiber wurden als »Sozialparasiten« beschimpft und zuweilen inhaftiert. Aber auch dieser Markt war für das Leben in den Städten unabdingbar. Beispielsweise gab es in den Läden keine Hähnchen zu kaufen. Wer ein Hähnchen zum Abendessen wollte, konnte es auf dem Schwarzmarkt kaufen, wenn er den »Mann an der Ecke kannte« – und den kannten viele.

Die Kommandowirtschaft, wie sie unter Stalin entwickelt und von seinen Nachfolgern weiterverfolgt wurde, hatte einen bestimmten Zweck. Aller Rhetorik zum Trotz bestand dieser Zweck nicht im Wohlergehen und Lebensstandard der Menschen; es ging vielmehr darum, die Industrialisierung rasch voranzutreiben, die den militärisch-industriellen Komplex speisen sollte. Ein gewaltiger Teil des Bruttosozialprodukts konzentrierte sich auf diesen Sektor und die gesamte Wirtsschaft wurde seinen Bedürfnissen untergeordnet. Während die sowjetischen Satelliten um die Erde kreisten und die Atomunterseeboote durch die Meere streiften, bot das System nur einen Lebensstandard, der weit niedriger war, als die meisten Menschen verstehen konnten: In den 80er Jahren lag er auf einem Niveau, das nur ein Zehntel des westlichen betrug.

Schon in den frühen 70er Jahren begann sich die tödliche Schwäche des Systems abzuzeichnen: Es schuf so gut wie keine Innovation. Es gab keine Belohnungen, keinen Grund, irgendetwas Neues zu tun. Stattdessen herrschte eine starke Neigung vor, überhaupt jeden Wandel zu vermeiden, denn Wandel verursachte gewaltige bürokratische Kopfschmerzen. Das Beste war, weiterhin zu tun, was man bisher getan hatte. In fortschrittlicheren Gesellschaften war Innovation ein wesentliches Moment des Wirtschaftswachstums.

Aber im Sowjetsystem fiel Innovation vor allem durch ihre Abwesenheit auf. Und das galt allerorten – ob es um kleine Verbesserungen des Arbeitsprozesses oder die Einführung neuer Produkte ging. Einzige Ausnahme waren Teile des militärischen Sektors. Starrheit kennzeichnete auch die gesamte Verteilung von Investitionen. Jahr um Jahr flossen riesige Geldsummen in Bewässerungsprojekte, zwanzigmal so viel wie in Kommunikationssysteme. »Zwanzig Jahre lang gab es als Folge dieses gewaltigen Bewässerungsprojektes keine sichtbare Verbesserung bei der Ernte«, so der russische Ökonom Jegor Gaidar, »aber diese Investition auch nur um ein weniges zu vermindern kam überhaupt nicht in Frage – weil man es vor einem Jahr, vor zwei Jahren, vor fünf Jahren und vor zehn Jahren ganz genauso gemacht hatte.«

Die Wachstumsraten fielen stark zurück. Das System war in der Lage gewesen Wachstum durch rohe Gewalt zu schaffen, aber nun verhinderte seine Starrheit weiteres Wachstum. Westliche Technologie wurde importiert, aber wie in Polen konnte sie nicht sehr effektiv eingesetzt werden. Ein erheblicher Teil davon rostete schlicht vor sich hin. Dasselbe System, das das Wirtschaftswachstum angetrieben hatte, war nun dabei, sich selbst zu zerstören. Doch genau in diesem Moment trat wie der *Deus ex machina* in der griechischen Tragödie ein Retter auf den Plan – wenn auch, wie sich herausstellte, mit zeitlich begrenztem Auftrag. Er erschien in Gestalt riesiger Ölreserven in Westsibirien, die in den späten 60er Jahren entdeckt und erschlossen wurden. Dieses Öl wurde 1973/74, als die erste Ölkrise zu einer Vervierfachung des Erdölpreises führte, noch viel wertvoller, und als einer der größten Ölexporteure profitierte die UdSSR enorm davon. Die gewaltige Steigerung der Deviseneinnahmen zunächst durch Öl-, dann auch durch Gasexporte lieferte die entscheidenden finanziellen Ressourcen, um das scheiternde System in Gang zu halten, ohne Reformen durchführen oder Ressourcen vom militärisch-industriellen Komplex abziehen zu müssen. »Die Deviseneinnahmen erlaubten es eineinhalb Jahrzehnte lang, nicht über die Krise nachdenken zu müssen«, so Jegor Gaidar.[7]

Die Hochzeit von Igel und Schlange

Die rasche Abfolge altersschwacher Sowjetführer in den frühen 80er Jahren – Leonid Breschnew, Juri Andropow und Konstantin Tschernenko – war eine passende Verkörperung eines Wirtschaftssystems in fortgeschrittenem

Verfall. Erst 1985, als ein jüngerer, dynamischer Führer, Michail Gorbatschow, die Macht übernahm, war die Führung bereit über die Krise nachzudenken. Gorbatschow brachte den Willen zu Reformen mit. Er war, wie er selbst sagte, von Nikita Chruschtschows Geheimrede auf dem 20. Parteitag 1956 geprägt, in der dieser Stalin und den Stalinismus angeprangert hatte, und wollte umsetzen, was Alexander Dubček beinahe zwei Jahrzehnte zuvor in der Tschechoslowakei versucht hatte: einen Sozialismus mit menschlichem Antlitz. Gorbatschow leitete *Perestroika* (Umstrukturierung) und *Glasnost* (Offenheit) ein. Die Offenheit betraf auch die stalinistische Vergangenheit, und die Enthüllungen, die folgten, untergruben die Legitimität und Glaubwürdigkeit des Systems. Gorbatschow wollte den Sozialismus reformieren, ihn funktionsfähig machen, auch wenn er und seine Mitarbeiter keine klare Vorstellung davon hatten, wie sich zentralistische Planung mit Marktwirtschaft oder ein Mehrparteiensystem mit der Kommunistischen Partei vereinbaren ließen. Sein Widersacher Boris Jelzin beschrieb später Gorbatschows Fehler als Versuch, »Dinge zu verbinden, die sich nicht verbinden lassen: einen Igel mit einer Ringelnatter zu verheiraten«.

Die bereits ernste Wirtschaftskrise verschärfte sich erheblich, kurz nachdem Gorbatschow an die Macht gekommen war. Der Ölpreis fiel 1986, wodurch der größte Teil der lebenswichtigen Deviseneinnahmen wegfiel – und das ausgerechnet zu einer Zeit, als sich das kostspielige militärtechnologische Wettrennen mit den USA intensivierte. Gorbatschow erkannte die Krise und unternahm wichtige Schritte, um Grundlagen für eine Marktwirtschaft zu schaffen. Er gab den Direktoren der Fabriken und anderer Unternehmen, die zuvor in der Zwangsjacke des Plans gesteckt hatten, weit größere Unabhängigkeit. Und er ließ in gewissem Umfang Privatfirmen zu, besonders durch ein Gesetz von 1988, das jedes Unternehmen mit drei oder mehr Eigentümern legalisierte und als »Kooperative« wertete. Durch diese Tür passten viele hindurch und auf der Basis dieses Gesetzes entstanden zahlreiche Arten von Unternehmen – von Herstellern von Flaschenzügen bis zu Restaurants und Banken. Die »Kooperativen« erwiesen sich als Feigenblatt für Betriebe, die in Wirklichkeit Privatunternehmen waren.

Insgesamt jedoch scheiterten Gorbatschows Bemühungen, das alte System zu reformieren. Er demontierte die Maschinerie der zentralen Planung, darunter auch die Kommunistische Partei, die das komplexe System koordiniert hatte. Aber er ersetzte sie nicht durch etwas anderes. Es gab nichts mehr, was die einzelnen Teile zusammenhielt. Er begann eine energische Anti-Alkohol-Kampagne, um den verbreiteten Alkoholismus zu bekämpfen, der die Gesellschaft lähmte. Aber die Steuer auf Wodka und andere alkoholische Getränke war eine der größten Einkommensquellen des Staates und die Kampagne entzog dem Haushalt schließlich große Geldsummen, ohne in nennenswertem Maße zur nationalen Nüchternheit beizutragen. Durch die Reduktion der Importe von Konsumgütern wurden die Leistungsanreize vermindert, die stattdessen verstärkt eingeführten Investitionsgüter wurden aber entweder schlecht oder überhaupt nicht eingesetzt. Inflation und Versorgungsengpässe traten deutlich zutage; jetzt mangelte es selbst an einfachen Dingen wie Waschmittel und Löffeln. Die Regale in den Läden leerten sich mehr und mehr; die Schlangen wurden länger und länger. An warmen Sommertagen gab es keine Eiskrem.

Unterdessen blieb der industrielle Wirtschaftssektor irrational, ineffizient, verschwenderisch und umweltbelastend – in einem nahezu unvorstellbaren Ausmaß. Die sowjetische Papierindustrie benötigte siebenmal mehr Holz für eine Tonne Papier als die finnische. Das Preissystem war geradezu wahnwitzig. Der schwedische Ökonom Anders Åslund listete einige der verblüffendsten Beispiele auf: Aufgrund der Preiskontrollen war eine Tonne Öl, die auf dem Weltmarkt 150 Dollar eingebracht hätte, in Rubel ungefähr so viel wert wie der freie Marktpreis einer Schachtel Marlboro-Zigaretten. Der regulierte Preis eines Flugtickets von Wladiwostok nach Moskau – eine Entfernung von etwa sechseinhalbtausend Kilometern und über sechs Zeitzonen – betrug umgerechnet etwa zehn Mark. Aber man bezahlte 15 Mark, um mit dem Taxi von Moskaus Flughafen zu einem Hotel in der Nähe des Roten Platzes zu fahren.[8]

Märkte schaffen

Die zentrale Frage, die sich jetzt stellte, war: Wie sollte man von einem System, in dem es keinen Markt gab, zu einem Marktsystem kommen? Es gab keine Rezepte, kein Kochbuch für den Übergang, nur Lehren und Erfahrungen, die eben erst – recht hastig – in Ländern wie Polen und der Tschechischen Republik gesammelt wurden. Aber da gab es Unterschiede. Polen hatte 40, die Tschechische Republik 10 Millionen Einwohner. Die Sowjetunion mit ihren beinahe 300 Millionen Menschen war eine nukleare Supermacht. Ausmaß und Dringlichkeit der sowjetischen Situation waren ohne jedes Beispiel.

Das Erbe des Marxismus und Stalinismus bedeutete, dass in der Sowjetunion oder ihrem unmittelbaren Nachfolgestaat, der Russischen Föderation, noch bis zu Beginn der 90er Jahre keine einzige fundamentale Bedingung für ein Marktsystem gegeben war. Es gab keinen Preismechanismus, um Informationen über Angebot und Nachfrage zu übermitteln. Ebenso wenig gab es irgendwelche Spielregeln – Normen, Gesetze –, um das Verhalten auf dem Markt zu leiten. Und es existierten zweifellos weder ein angemessenes Vertragsrecht noch private Eigentumsrechte. All dies musste aus dem Nichts aufgebaut werden – und fast über Nacht. Damals erschien dies fast unmöglich – und es gab kein Labor, in dem man hätte üben können.

An wen konnte man sich wenden? Die Ökonomen der Gorbatschow-Ära saßen gefangen in einem Niemandsland zwischen dem jammervollen Erbe der Kommandowirtschaft auf der einen und einer Art von Marktwirtschaft auf der anderen Seite. Jüngere Ökonomen waren jedoch bereit radikaler zu denken; besonders jene, die sich um das Institut für Systemanalyse und das Zentrale Institut für mathematische Ökonomie – beide mit Sitz in Moskau – scharten oder zu einem kleineren, eher informellen Netzwerk in Leningrad (heute St. Petersburg) gehörten. Sie hatten Reisen in den Westen unternommen und besaßen Zugang zu westlicher Wirtschaftsliteratur in den *spetskhran*, den Giftschränken der Bibliotheken, für die man Sondergenehmigungen benötigte. Sie verfügten über hinreichende Sprachkenntnisse, um die westlichen Autoren zu lesen, und sie standen ihrem eigenen System mittlerweile mit großem Zynismus gegenüber.

Für einen von ihnen, Andrei Konopljanik, kam der Wendepunkt mit seiner Doktorarbeit. Er war ein ausgezeichneter, einsatzfreudiger Jungpionier und Jungkommunist gewesen. Ende der 70er Jahre schrieb er eine Doktorarbeit über die wirtschaftlichen Aspekte des Nordseeöls. Sein Doktorvater bestand darauf, dass er seine Arbeit mit einem gelehrten Zitat und Ausführungen über die Auffassungen von Marx und Engels beginnen sollte, die von Relevanz für das Nordseeöl waren. Doch bedauerlicherweise waren Marx und Engels viele, viele Jahrzehnte vor der Entdeckung des Nordseeöls gestorben. Konopljanik wurde indessen klar, dass er der Notwendigkeit nicht entgehen konnte, und so fand er ein Zitat. Das war aber nicht genug. Sein Doktorvater las den endgültigen Entwurf der Arbeit und erklärte ihm, er habe einen großen, ja unverzeihlichen Fehler begangen, hatte er doch vergessen, den damals noch glorreichen Führer Leonid Breschnew zu zitieren. Aber, so wandte Konopljanik ein, Breschnew habe mit an Sicherheit grenzender Wahrscheinlichkeit nie irgendetwas Einschlägiges oder Sachdienliches über das Nordseeöl gesagt. Statt sich auf eine Diskussion einzulassen, zog der Professor seinen Stift heraus und schrieb in den Dissertationsentwurf ein Zitat aus dem brillanten theoretischen Werk von Leonid Breschnew, das als intellektuelle Untermauerung der gesamten Doktorarbeit dienen konnte. Nach diesem Erlebnis konnte Konopljanik den Marxismus-Leninismus nie wieder ernst nehmen. Er wurde Mitglied einer großen Gruppe, die man »etablierte Dissidenten« nennen könnte.

Zu den prominentesten dieser neuen Generation von Ökonomen gehörte Jegor Gaidar, der viel dazu beitrug, Russland in die Marktwirtschaft zu führen. Aber er war auf besondere Weise auch stark der Vergangenheit verhaftet. »Es ist das Schicksal unserer Familie, ganz und gar in die Tragödie Russlands im 20. Jahrhundert verstrickt zu sein«, sagte uns Gaidar eines Nachmittags im langen, holzverkleideten Arbeitszimmer in seinem Apartment am Stadtrand von Moskau. Gaidar war Nachkomme einer der ersten Familien der Oktoberrevolution, und so war es von besonderer Ironie, dass er am Fall eben jenes Systems mitwirkte, an dessen Schaffung sein Großvater, der deshalb zum Mythos geworden war, besonderen Anteil gehabt hatte. »Mein Großvater Arkadij Gaidar war einer der größten kommunistischen Helden der sozialistischen Ära«, so Gaidar. »Er war einer der berühmtesten Menschen in unserer Geschichte.«

Arkadij Gaidar schloss sich im Alter von 14 Jahren der Revolution an. Als er 17 war, kommandierte er ein Regiment der Roten Armee im Bürgerkrieg. Mit der Zeit wurde er zu einem Vorbild und für seinen Mut und seine Kühnheit gefeiert. In den Zwischenkriegsjahren errang er noch größeren Ruhm als einer der beliebtesten Kinderbuchautoren der Nation, ein Paradebeispiel der kommunistischen Ideologie. Obwohl er 1941 starb, 15 Jahre bevor Jegor Gaidar geboren wurde, wuchs dieser unter dem Einfluss und im Schatten seines Großvaters auf. »Ich arbeitete hart, um in der Schule Goldmedaillen zu gewinnen, damit ich mir nicht anhören musste, dass ich meinem Großvater Arkadij Gaidar keine Ehre machte.«

Mit einem solchen Stammbaum begann Jegor Gaidar seine eigene Laufbahn als hervorragender Kommunist. Sein Vater war Journalist und die Familie lebte in den ersten Jahren nach Castros Revolution in Havanna. »Es war trotz allem eine sehr glückliche Revolution und eine wunderbare Sache für einen Jungen«, sagte er. »Che Guevara kam in unser Haus und ich sah, wie unser Land alle guten Menschen der Welt gegen den amerikanischen Imperialismus verteidigte.« Die ersten Zweifel kamen ihm 1968 mit der sowjetischen Invasion in der Tschechoslowakei. »Ich hatte eine Menge tschechische Freunde und redete mit ihnen. Die offizielle Version der Geschehnisse konnte man unmöglich glauben.« Sein Vater war eine Art Liberaler, zumindest für kommunistische Verhältnisse, und um den Küchentisch der Familie hörte der junge Gaidar seinen Vater und dessen Freunde über die ungarischen Reformen reden, über Gulaschsozialismus und darüber, was Chruschtschow in seiner Geheimrede 1956 über die Verbrechen Stalins enthüllt hatte.

Der entscheidende Wendepunkt für Gaidar aber kam vielleicht, als seine Familie nach Belgrad umzog, in die damalige Hauptstadt des vereinten Jugoslawien. Der dortige kommunistische Führer, Marschall Tito, herrschte über eine Gesellschaft, die im Hinblick auf Diskussionsfreiheit und Kontakte zum Westen offener war. Gaidar interessierte sich ganz besonders für die Debatte über den Marktsozialismus, der zu dieser Zeit auf unterschiedliche Weise sowohl in Jugoslawien als auch in Ungarn praktiziert wurde. Zurück in Moskau, wurde er Mitglied einer Gruppe von Studenten und jungen Professoren. Zumindest in den späten 70er und frühen 80er Jahren glaubten sie, dass Marktsozialismus die Antwort sei; die Sowjetunion sollte sich – davon waren sie überzeugt – wie das ungarische System stärker öffnen und eine Wirtschaft schaffen, die staatliche Kontrolle und Staatseigentum mit privater Entscheidungsfindung und beschränktem Privateigentum mischte. Doch selbst dies galt als höchst radikal. 1986 bat ein sowjetischer Ökonom der älteren Generation einen westlichen Besucher, mit ihm das Büro zu verlassen und die Straße hinunterzugehen, damit er seinem Gesprächspartner ein Geheimnis anvertrauen konnte, ohne von Wanzen abgehört zu werden. Das »Geheimnis« bestand darin, dass die Sowjetunion viel größer war als Ungarn, das ungarische Wirtschaftsmodell nicht auf die Sowjetunion angewandt werden konnte und es anstößig sei, überhaupt einen Vergleich zwischen beiden anzustellen.

Zu jener Zeit gelangte die jüngere Generation unter den Ökonomen zu einer noch erschreckenderen Überzeugung: dass nämlich selbst der Marktsozialismus nicht funktionieren konnte. Ein solches System konnte nicht mit den Überlebensfragen von Löhnen, Arbeitslosigkeit und Kapitalbewegungen fertig werden und erlaubte auch nicht die Schaffung von Privateigentum.

In all diesen Fragen waren sie sehr stark von János Kornai beeinflusst, einem ungarischen Ökonomen, der teils in Budapest und teils in Harvard unterrichtete. Der einzige lebende Ökonom, der für sich in Anspruch nehmen konnte, eine ganze Generation unter kommunistischer Herrschaft beeinflusst zu haben, war Kornai. Er sezierte das zentralistische Planungssystem bis ins kleinste Detail und bewies seine Irrationalität und seinen selbstzerstörerischen Charakter. Er bewies auch die Unzulänglichkeit seiner vermeintlichen Variante, des Marktsozialismus. »Kornai war in den 80er Jahren der einflussreichste von uns allen«, sagte Gaidar. »Er konzentrierte sich auf praktische Mechanismen des Sozialismus. Seine Analyse der Mangelwirtschaft aus den frühen 80er Jahren übte auf uns enormen Einfluss aus. Er sprach unsere Probleme an. Wir kannten alle seine Bücher.«

Unter den westlichen Autoren war Friedrich von Hayek einflussreich. »Er zeichnete ein sehr klares und eindrucksvolles Bild der Welt«, so Gaidar, »auf seine Art so beeindruckend wie Marx.«[9]

Ein geordneter Übergang?

Diese jungen Ökonomen begannen über etwas Kühneres nachzudenken als den Marktsozialismus: einen Wandel, einen geordneten Übergang zu einer Marktwirtschaft. Aber war ein geordneter Übergang überhaupt möglich? Das wird man nie erfahren, denn am Ende der 80er Jahre war das System derart in Bedrängnis geraten, dass an einen geordneten Übergang nicht mehr zu denken war. Die Wirtschaft steuerte auf Chaos und Hyperinflation zu.

Zwischen Ende 1989 und Sommer 1991 wurden etwa 15 größere Wirtschaftsprogramme vorgestellt und die meisten von ihnen angenommen – ohne irgendeinen positiven Effekt. Das berühmteste und radikalste Programm entwickelten Grigorij Jawlinskij und andere Ökonomen. Es versuchte, was kein anderer Plan zu dieser Zeit tat: Es trat nicht für eine Reform des sowjetischen Wirtschaftssystems, sondern für einen beschleunigten Übergang zu einer Marktwirtschaft ein. Der Plan schlug die geistige Brücke zwischen Kommunismus und Kapitalismus in der Sowjetunion und war stark von der Entwicklung in Polen beeinflusst.

Von allen Ländern Osteuropas war Polen – und die Veränderungen, die sich dort vollzogen – für die sowjetische Sphäre am bedeutsamsten. Es war das größte der osteuropäischen Länder und auch das strategisch wichtigste. Stalins Forderung, Polen zu kontrollieren und es in sein Imperium einzugliedern, führte nach dem Zweiten Weltkrieg zum Bruch mit den Westalliierten. Anschließend beschäftigten sich die sowjetischen Militärplaner mit Polen: Durch das Land führte eine potentielle Invasionsroute. Deshalb war das Telefongespräch mit Gorbatschow im August 1990, in dem er eine nichtkommunistische Regierung akzeptierte, so bedeutsam. Und deshalb übten Polens Wirtschaftsreformen so großen Einfluss auf die Nachfolgestaaten der UdSSR aus. Grigorij Jawlinskij war der Mann, der die Botschaft überbrachte und sozusagen ins Russische übersetzte.

Jawlinskij hatte schon Jahre zuvor die zentralistische Planwirtschaft verloren gegeben. Seiner Meinung nach war sie sinnlos und nicht zu retten. Um nicht übermäßig viel Zeit mit der Lektüre von Marx und Lenin zu verbringen, war er Arbeitsökonom geworden. Aber als er einen kritischen Bericht über die Arbeitsbedingungen in Kohlebergwerken schrieb, wurde er vom KGB befragt und unter Druck gesetzt. Ihm wurde der Ausschluss aus der Kommunistischen Partei angedroht – eine recht schwache Drohung, da er gar kein Mitglied war. Dann kam er zwangsweise ins Krankenhaus und wurde zahlreichen Behandlungen unterzogen, obwohl er gar nicht krank war. Die Behandlungen und die Verfolgung hörten erst auf, als Gorbatschow an die Macht kam. Jawlinskij arbeitete wieder als Ökonom, forschte schließlich für den Ministerrat und wurde 1990 nach Polen entsandt, gerade rechtzeitig, um den Beginn der Reformen von Balcerowicz mitzuverfolgen. »Es war so erstaunlich. Ich werde nie vergessen, wie die Preise sanken. Nur selten kann ein Ökonom sehen, wie Preise zum Leben erwachen.« Er schrieb einen sehr positiven Bericht, so positiv, dass sich der sowjetische Botschafter weigerte ihn abzuschicken. Jawlinskij gelang es, ihn einem von Gorbatschows höchsten Beratern zuzustecken. Gorbatschow verteilte den Bericht schließlich im Zentralkomitee.

Nach seiner Rückkehr nach Moskau erklärte Jawlinskij hohen Regierungsvertretern, dass sie mit dem Herumdoktern an der Wirtschaft ihre Zeit verschwendeten. Es sei Zeit, sagte er, »mit dem Lügen aufzuhören«. Also begann er einen Plan für einen radikalen Übergang zu einer Marktwirtschaft zu entwickeln. Dabei war er stark beeinflusst von einer detaillierten Analyse, die er über die Entwicklung der japanischen Wirtschaft in den Jahren 1945 bis 1951 erstellt hatte. Die japanische Erfahrung, so folgerte er, war äußerst sachdienlich. »Auch Japan hatte eine Katastrophe erlebt. Wenn Japan es schaffen konnte, warum nicht wir? Natürlich hatte Japans Wirtschaft vom Koreakrieg profitiert. Das war für uns ein schmerzlicher Gedanke. Ich dachte lange nach und kam zu dem Schluss, dass wir in unserem Erholungsprozess den Koreakrieg durch unsere natürlichen Ressourcen ersetzen konnten.«

Jawlinskij und sein Team entwarfen einen Plan für die Einführung einer Marktwirtschaft innerhalb von 400 Tagen. Später wurde diese Zeitspanne auf 500 Tage verlängert. Der Plan entstand im gemeinsamen Auftrag von Gorbatschow, dem Präsidenten der UdSSR, und Boris Jelzin, dem Präsidenten der Russischen Föderation, die zu dieser Zeit nur sehr wenig Macht hatte. (Während dieser Phase sagte Jawlinskij einmal etwas undiplomatisch zu Jelzin: »Sie sind Präsident eines Landes, dass noch nicht existiert. Sie haben keine Banken, keine Währung, keine Instrumente, um irgendetwas zu tun, nichts, außer einer unabhängigen Waschküche.« Das Verhältnis der beiden blieb danach gespannt.) Jawlinskijs Plan nahm schließlich die Gestalt eines Berichts mit dem passenden Titel »Übergang zum Markt« an. Er trat für schnelle Maßnahmen ein, eine rasche Reform aller Bestandteile der Wirtschaft. Der Report war ein Meilenstein; er verneigte sich nicht vor dem Marxismus. Er lehnte den Sozialismus ab und wandte sich dem Markt zu – einschließlich Freigabe der Preise und Privatisierung. Aber es gab eine machtvolle Opposition gegen solche Ideen. Sie wurden nicht umgesetzt, weil kein hochrangiger Politiker sie wollte. Gorbatschow liebäugelte und jonglierte mit ihnen, bis er sich schließlich von den Reformen abwandte und zu den Rechten zurückkehrte, zu den alten Kommunisten, um sich auf seiner Position zu halten. Das nützte ihm nichts.

Die Krise verschlimmerte sich. Gorbatschow erwog Privatisierungen. Zu jener Zeit lebte der ethnische Nationalismus innerhalb der Sowjetunion auf und Gorbatschow begann mit Verhandlungen über einen Vertrag mit den 15 verbliebenen Sowjetrepubliken über die Schaffung einer freiwilligen Union, mit ihm selbst als Präsidenten – ein weiteres Tabuthema für die traditionelle kommunistische Hierarchie. Die Krise erreichte ihren Höhepunkt im August 1991, als die kommunistischen Falken putschten. Sie stellten Gorbatschow auf der Krim unter Hausarrest. Trotz ihres anfänglichen Erfolgs stießen sie auf entschlossenen Widerstand, verewigt in dem Foto, das Jelzin auf einem Panzer stehend zeigt. Einige der Verschwörer versanken in alkoholischer Umnachtung. Der Putsch bröckelte nach ein paar Tagen ab. Gorbatschow kehrte für weitere vier demütigende Monate ins Amt zurück, in denen seine Macht versiegte und er über eine sich auflösende Sowjetunion präsidierte. In dieser Zeit traf der polnische Reformer Leszek Balcerowicz Gorbatschow in Moskau. »Die Sowjetunion ist daran interessiert, den polnischen Weg zur Wirtschaftsreform ausfindig zu machen«, erklärte ihm Gorbatschow. Aber es war viel zu spät für die Sowjetunion – oder Gorbatschow –, noch irgend etwas ausfindig zu machen. Ende 1991 löste sich die UdSSR auf. Aus den 15 sowjetischen Teilrepubliken wurden 15 unabhängige Staaten, von denen Russland der mit Abstand größte und wichtigste war. Gorbatschow übergab die Macht – und die Geheimkodes für den Einsatz der Atomwaffen – an Boris Jelzin, den Präsidenten der Russischen Föderation, und wurde Teil der Geschichte.

In den vorangegangenen Monaten hatte Jelzin einen souveränen russischen Staat und seine eigene Machtübernahme vorbereitet. Kurz nach dem Putsch vom August 1991 lud er fünf konkurrierende Gruppen von Ökonomen ein, ihre wirtschaftlichen Strategien zu entwickeln, und sie machten sich in Regierungsdatschen rund um Moskau an die Arbeit. Das Spektrum der verschiedenen Programme reichte von Unterstützung für den militärisch-industriellen Komplex bis zu einer Reform der zentralistischen Planung. Jegor Gaidar war Leiter einer Gruppe, die radikale Reformen forderte. Er und sein Team waren überzeugt, dass eine Schocktherapie der einzig gangbare Weg war.

Gaidars Theorien trafen sich mit Jelzins Instinkten. Nachdem er sich für Reformen entschieden hatte, wollte der russische Präsident so schnell wie möglich vorankommen, statt die Dinge in die Länge zu ziehen. »Wenn wir entschlossen waren, mussten wir auch loslegen!«, sagte er später. Doch er schwankte noch, ob er auf den jungen Gaidar setzen und seine eigene Zukunft mit ihm verknüpfen sollte. Aber dann erinnerte man ihn daran, dass Gaidar aus einer besonderen Familie stammte: aus der Familie des Revolutionärs Arkadij Gaidar, der zufällig einer von Jelzins großen Helden war. Das gab den Ausschlag. Er entschied sich für Gaidar und sein Team.[10]

Revolution – oder radikale Reform

»Noch im Sommer 1990«, so Gaidar, »glaubte ich, dass wir einen geordneten, staatlich organisierten Übergang vollziehen würden. Aber im Herbst 1990 war es offenkundig, dass uns eine Explosion bevorstand; das System fiel auseinander und wir erlebten eine ungezügelte Inflation. Eine Revolution kam auf uns zu, wie die bolschewistische oder die Französische. In einer solchen Lage war keine geordnete Reform möglich, nur Krisenmanagement. Dies war allen von uns klar, die etwas von Revolutionen verstanden.« Gaidar hielt einen Moment inne und fügte dann hinzu: »Das Einzige, was ich nicht vorhersehen konnte, war, dass man mich mit dem Krisenmanagement betrauen würde.«

Im November 1991 wurde Gaidar Vizepremier und Minister für Finanzen und Wirtschaft. Noch vor der Amtsübernahme hatte er etwas sehr Wichtiges getan: Er entwarf Jelzins Rede vom Oktober 1991 und legte darin die Grundzüge einer schnellen und massiven Wirtschaftsreform dar. »Die Phase kleiner Schritte ist vorbei«, sagte Jelzin darin. »Notwendig ist ein großer reformerischer Durchbruch.« Mit Blick auf den gescheiterten August-Putsch erklärte er: »Wir haben die politische Freiheit verteidigt. Nun müssen wir die wirtschaftliche [Freiheit] gewähren, alle Beschränkungen der Freiheit der Wirtschaft und des Unternehmertums beseitigen und den Menschen die Möglichkeiten geben, zu arbeiten und so viel zu bekommen, wie sie verdienen, nachdem die bürokratischen Zwänge beseitigt sind.«

So zuversichtlich diese Worte klangen – die Realität war extrem hart. »Die große Mehrheit der Menschen auf der Welt versteht die Gefahren des November 1991 nicht«, so Gaidar. »Eine nukleare Supermacht versank in Anarchie. Die Armee verstand niemandem mehr. Niemand wusste, was geschah. Ich kann die Gefahren nicht genug betonen.« Auch wirtschaftlich war mit 15 Zentralbanken in 15 unabhängigen Republiken das Chaos ausgebrochen. »Alles war in einem schrecklichen, unglaublichen Schlamassel«, so Gaidar. »Wir hatten kein Geld, kein Gold, kein Getreide, das bis zur nächsten Ernte reichte, und es gab keine Möglichkeit, eine Lösung herbeizuführen. Es war, als ob man mit dem Flugzeug fliegt und man geht ins Cockpit und entdeckt, dass niemand am Steuerknüppel sitzt.« Die öffentlichen Finanzen lösten sich auf. Das Staatsdefizit betrug 20 Prozent des Bruttoinlandsprodukts und mehr. Mit einer steil abfallenden Produktion aufgrund fehlender Aufträge für Panzer und andere Militärgüter stürzte die alte Wirtschaftsordnung in eine tiefe Depression. Die Inflation galoppierte und ließ die Kaufkraft der Renten von Tag zu Tag schrumpfen. Die Kohleversorgung war unterbrochen und die Befürchtung verdichtete sich, dass Moskau und St. Petersburg den Winter ohne Heizung verbringen würden.[11]

Alles – und so schnell man kann

»Ohne Zweifel waren alle unsere theoretischen Ideen über die richtige Abfolge der Reformmaßnahmen Unsinn«, sagte Gaidar. »Es war eine Phase, in der man alles tut, was man kann, und zwar so schnell man kann. Es gab keine Zeit zum Nachdenken.« Gaidar und seine Kollegen wussten, was sie zu tun hatten: die Freigabe der Preise einzuleiten (das heißt die Preiskontrollen aufzuheben), mit der Öffnung der Wirtschaft zu beginnen und sich auf die Konvertibilität des Rubels und die Privatisierung vorzubereiten. Die Jelzin-Regierung ging schnell – schneller, als sie wollte – zu freien Preisen über und verminderte so die gewaltigen Verzerrungen, die so kräftig zur Krise beitrugen.

Das unmittelbarste Problem war die Getreideversorgung: Den Städten ging das Brot aus. Gaidar und seine Kollegen wussten genau, welch große Rolle Getreideknappheiten in der russischen Geschichte gespielt hatten: Sie waren ein Grund für die Revolution von 1917 und führten in den späten 20er Jahren zur Schaffung der stalinistischen Wirtschaft. »Ich war mir nicht sicher, ob wir den Frühling 1992 überstehen würden«, sagte Gaidar. Er befürchtete Lebensmittelknappheit, Aufstände, Hyperinflation. Es gab keine staatlichen Beschaffungsämter mehr – die Nachfolgeinstitutionen von Stalins Agenten, die in den frühen 30er Jahren Getreide von den Bauern beschlagnahmt hatten. Wie in Polen konnte die Regierung nichts tun, außer auf die Anreize durch die freigegebenen Preise zu setzen und abzuwarten. Ab Juni 1992 kam die erste Ernte in die Städte.

Andere umstrittene Reformen wurden begonnen und teilweise umgesetzt. Zahlreiche Preise wurden von der Kontrolle befreit und Russland beschritt den harten Weg, die öffentlichen Finanzen in Ordnung zu bringen und die Inflation zu senken. Außenhandel und Wirtschaftstätigkeit wurden liberalisiert. Die Anschaffungen für das Militär wurden um 70 Prozent gekürzt. Subventionen für Unternehmen wurden radikal beschnitten und Versuche unternommen, die billigen Kredite zu vermindern, die es den Fabriken erlaubten, einfach so weiterzumachen wie zuvor.

Aber die Opposition gegen die Reformer verstärkte sich, verzögerte die Umsetzung und bedrohte zuweilen den gesamten Reformprozess. Die Unternehmensmanager und Industriebürokraten hatten gewaltige Angst vor der Bewährungsprobe der Märkte. Das Militär sah seine Ressourcen schwinden. Die Alten machten die Reformer für die hohe Inflation verantwortlich, die ihre Pensionen aufzehrte, und begriffen nicht, dass es die billigen Kredite der Zentralbank waren (deren Präsident gegen die Reformen eintrat), welche die Inflation anfachten. Kommunalpolitiker erlebten, wie Unternehmen, die ganze Städte am Leben erhielten, zusammenbrachen. Das soziale Netz zerriss immer mehr. Die Unternehmen hatten ihre Arbeitnehmer mit einem Großteil der sozialen Leistungen versorgt: Wohnungen, Kinderbetreuung, Gesundheitsversorgung, Erholung. Die Unternehmen mochten ihre Rolle im militärisch-industriellen Komplex eingebüßt haben, aber wenn sie schrumpften oder völlig zusammenbrachen, wer sollte dann diese sozialen Leistungen übernehmen? Wer sein Einkommen vom Staat erhielt – ob Lehrer, Ärzte oder Forscher –, sah seine Bezüge auf den Gegenwert von weniger als 50 Dollar im Monat zusammenschmelzen.

Und es gab einen fundamentalen Gegensatz der Ideen. Für Manager, Arbeiter und Rentner der älteren Generation war der »Markt« eine Quelle großer Strapazen, ja ein fremdes Wesen, das in ihr Leben eindrang, die Gesellschaft angriff, ihre Erfahrungen und alles, was sie wussten, entwertete und die Grundsätze in Frage stellte, die ihr Leben beherrscht und ihr Leiden gerechtfertigt hatten. Das galt auch für die älteren Ökonomen, selbst jene, die unter Breschnew und Gorbatschow als Liberale galten. Kurzum, sie setzten den Markt mit Anarchie gleich. Sie meinten, dass es entweder eine Rückkehr zur zentralistischen Planung geben oder der Staat wenigstens eine dominante Rolle spielen und Preise und Löhne kontrollieren sollte. Dem Markt sei nicht zu trauen. Er passe nicht zur einzigartigen russischen Situation. Vor allem erschien ihnen das, was sich vor ihren Augen abspielte, unmoralisch; es verletzte ihre tiefsten Instinkte. Auf dem Markt verdientes Geld war automatisch suspekt. »Spekulation« wurde zum Allzweckbegriff für Schande und Beleidigung. Alles, was nach Handel roch, wurde als Mafia angesehen. Wie an eine natürliche Ordnung waren sie an die schwarzen Zil- und Tschaika-Limousinen des alten Regimes gewöhnt, die mit zugezogenen Vorhängen die für sie eigens freigehaltenen Fahrspuren der Moskauer Boulevards hinuntersausten. Das konnten sie akzeptieren. Aber angewidert waren sie von der wachsenden Zahl von Mercedesen, in denen arrogante, brutal aussehende junge Männer mit Mobiltelefonen und aufgedonnerten jungen Frauen saßen.

Ein »skrupelloser Populismus« formierte sich gegen die radikalen Reformer, die keinen Respekt für das alte System zeigten, das Hitler widerstanden und den ersten Sputnik in den Weltraum geschossen hatte. Jelzins Vizepräsident und späterer Widersacher Aleksander Ruzkoj griff Gaidar und sein Team als »kleine Jungs in rosa Shorts und gelben Stiefeln« an. In einem Versuch, die politische Situation zu stabilisieren, machte Jelzin im Dezember 1992 Wiktor Tschernomyrdin zum Premierminister. Als Chef von Gazprom, dem staatlichen Gasmonopolisten, der anschließend zum größten Energiekonzern der Welt wurde, war er der erfolgreichste Industrielle des Landes. Er wurde weithin respektiert und genoss unter den Industriemanagern große Autorität. Niemand würde es wagen, ihn einen kleinen Jungen in Shorts zu nennen. Er hatte außerdem den großen Vorteil, nicht aus dem militärisch-industriellen Komplex zu kommen.[12]

Der Reformprozess schritt zwar voran, aber auf wackligen Beinen: Zuweilen wurde er verlangsamt, manchmal umgekehrt. Doch er kam voran. Jelzin selbst hatte keine eingefleischten wirtschaftspolitischen Überzeugungen und stand unter ständigem Druck, von den Reformen Abstand zu nehmen. Aber die Reform und die Notwendigkeit hatten ihre eigene unausweichliche Logik. Wann immer er dem Rat jener folgte, die nach Verlangsamung oder Umkehr riefen, waren die Ergebnisse vernichtend. Die Inflation stieg dramatisch oder der Wert des Rubels brach ein. Solche Entwicklungen drängten Jelzin zurück auf den Reformweg.

Im September 1993 kam es wegen der Reformen zu einer Pattsituation zwischen Jelzin und dem Parlament. Die soziale Unzufriedenheit war groß. Jelzin löste das Parlament auf, aber dieses weigerte sich seine Entscheidung zu akzeptieren. Seine Mitglieder besetzten das »Weiße Haus«, das Parlamentsgebäude. Jelzin reagierte, indem er es von Truppen belagern ließ. Als die bewaffneten Anhänger der Abgeordneten versuchten das Büro des Bürgermeisters und den Fernsehturm zu besetzen, ließ Jelzin Panzer durch Moskaus Straßen rollen und ordnete den Einsatz von Geschützen an. Das Weiße Haus wurde in Brand geschossen und die Besetzer sahen sich zur totalen Kapitulation gezwungen. Da agierte derselbe Jelzin, der 26 Monate zuvor auf einem Panzer stehend Widerstand geleistet hatte.

Im Dezember schlugen Jelzins Gegner bei den Parlamentswahlen aus der sozialen Not Kapital und erreichten starke Gewinne. Einen Monat später, im Januar, nahm ein erschütterter Jelzin Gaidars Rücktritt vom Posten des stellvertretenden Premierministers an. Wiktor Tschernomyrdin übernahm nun die direkte Verantwortung für die Wirtschaft. Um die Opposition zu besänftigen, gab die Regierung die strenge Sparpolitik auf und öffnete wieder die Schleusen für Kredite. Das Ergebnis war ein erstaunlicher Wertverlust des Rubels. Tschernomyrdin hatte keine andere Wahl, als den Reformkurs wieder aufzunehmen. Er war zu einer soliden Geldpolitik und niedriger Inflation bekehrt worden.

Zu dieser Zeit war Russland bereits ein Land mit zwei Wirtschaftssystemen: zum einen dem alten, staatlich kontrollierten militärisch-industriellen System – einer sinnlosen Produktion verpflichtet, hoffnungslos, demoralisiert und in einer Abwärtsspirale gefangen –, zum anderen einer rohen, ehrgeizigen neuen Marktgesellschaft, die auf die Wünsche und Bedürfnisse der Konsumenten einging. Die Führungsrolle in Letzterer übernahmen in bemerkenswertem Maße junge Menschen: die postkommunistische Generation.

Der wesentliche Faktor: Die Schaffung von Privateigentum

Doch es konnte kaum ein Marktsystem ohne Privateigentum geben. Jelzin legte das Prinzip in seiner Reformrede vom Oktober 1991 dar: »Sträflich lange haben wir darüber diskutiert, ob Privateigentum notwendig ist. Unterdessen befasste sich die Partei- und Staatselite aktiv mit ihrer persönlichen Privatisierung. Das Ausmaß, die Dreistigkeit und Heuchelei sind erschütternd. Die Privatisierung Russlands ist weitergegangen, aber sie geschah wild, spontan und häufig auf krimineller Basis. Heute müssen wir die Initiative ergreifen und sind dazu bereit.«

Jelzin betraute eine Gruppe junger Ökonomen mit der Privatisierung, die den Kern des Staatlichen Komitees für das Management von Staatseigentum bildete, das unter seinen russischen Initialen GKI bekannt wurde. Sein Leiter war ein Ökonom namens Anatolij Tschubajs, der 1977 am Leningrader Institut für Ingenieurwirtschaft sein Diplom gemacht hatte und dort später unterrichtete. Obwohl er dem Komitee der Kommunistischen Partei an seinem Institut angehört hatte, wurde er auch zum Führer einer halb im Untergrund arbeitenden Gruppe von jungen Ökonomen, die über Reformen forschten und debattierten. Er wurde zum Chefökonomen der Stadt Leningrad ernannt, die unter ihrem reformorientierten Bürgermeister, der westliches Kapital anziehen und die Stadt zu einem Aushängeschild des Marktes machen wollte, wieder den Namen St. Petersburg annahm. Zu Tschubajs' Aufgaben gehörte es, die Privatisierung von Läden und kleinen Firmen zu beaufsichtigen. Dann wurde er als hochrangiges Mitglied des Gaidar-Teams nach Moskau abgeworben. Er bewies beträchtliches Talent, nicht nur für ökonomische Analyse und Politik, sondern auch bei den innerbürokratischen und politischen Grabenkämpfen. 1996 wurde er Jelzins Wahlkampfleiter und Stabschef des Präsidenten. Doch seine wahre Feuerprobe bestand Tschubajs bei der Umsetzung der Privatisierung, die gegen schier unüberwindliche Widerstände anzukämpfen hatte.

Für Gaidar, Tschubajs und ihr Umfeld hatte die Privatisierung ein zentrales Ziel. Tschubajs beschrieb es als Schaffung »einer breiten Schicht von Privateigentümern«. Dadurch sollten, wie er sagte, die Reform und das Ende des Kommunismus »unumkehrbar« werden. So machten sie sich daran, eine breite Schicht von Eigentümern zu schaffen, die einen Anteil an der Marktwirtschaft besaßen und so ein Gegengewicht zu den Managern, Bürokraten, Parteiapparatschiks, wütenden Nationalisten, Soldaten und Nostalgikern bilden konnten. Dieses Ziel formte den gesamten Prozess und verlieh den Reformern die notwendige Hartnäckigkeit, um die Opposition und die Hindernisse zu überwinden.[13]

Das war das Ziel. Aber wie sollte man es erreichen? Der Privatisierungsprozess wurde – in den Worten von Tschubajs' Chefberatern – gelenkt und ermöglicht »durch die Macht einiger ökonomischer Kernideen«. Die erste war die Überzeugung, dass die Russen wie der Rest der Menschheit zur Spezies *Homo economicus*, zum »ökonomischen Menschen«, gehörten und auf wirtschaftliche Anreize reagieren würden. In den frühen 90er Jahren herrschte eine ganz andere Meinung vor, ob sie nun von russischen Politikern, älteren russischen Ökonomen oder westlichen Sowjetforschern vertreten wurde. Russland war ein Dreivierteljahrhundert lang von den Boschewiken regiert worden, mit verheerenden Folgen für eine marktwirtschaftliche Orientierung der Menschen. Der Boden, den sie zurückließen, so wurde – zweifellos zu Recht – vorgebracht, war nicht gerade das fruchtbare Land, auf dem leicht Unternehmer sprießen würden. Die nationalistischen Privatisierungsgegner behaupteten, Russland sei anders, ein Sonderfall, denn Russen seien nicht wie andere Menschen. Kritiker sagten, die Russen seien faul, neigten zum Alkoholismus und ihre Haltung zur Arbeit lasse sich mit einem Ausspruch aus kommunistischen Zeiten zusammenfassen: »Sie tun so, als ob sie uns bezahlen, und wir tun so, als ob wir arbeiten.« Aber für Tschubajs hatte all dies weniger mit den Erbanlagen als mit der Organisation der Wirtschaft zu tun. Wenn es Anreize und Institutionen gab, so glaubte er, würden die Leute entsprechend handeln. Die These, die Russen seien anders, war für ihn schlicht unsinnig.

Die zweite Idee war, dass Russlands zentrale wirtschaftliche Krankheit in der politischen Kontrolle und Herrschaft bestand und die Heilung darin lag, die Wirtschaftstätigkeit so weit wie irgend möglich den Bürokraten und Ministerien aus der Hand zu nehmen. Dies würde auch die Korruption verringern, indem man die Notwendigkeit einschränkte, Bürokraten um Genehmigungen zu ersuchen. All dies führte zu einer Verpflichtung auf eine durchgreifende Privatisierung. Russland hatte keine Zeit für eine sorgfältige Privatisierung in westlichem Stil, wo man Fall für Fall nach einer sorgfältigen Bewertung und Umstrukturierung vorging. Wenn sie sich hinzog, würde man noch im 22. Jahrhundert privatisieren und die Bürokraten hätten immer noch die Kontrolle, die Wirtschaft würde immer noch stagnieren und es würde eine Fülle von Möglichkeiten für Kehrtwendungen zurück zum Kommunismus geben.

Die dritte Idee ergab sich aus einer bestimmten Sichtweise des Eigentums. Legal anerkanntes Eigentum war nichts Unveränderliches, sondern vielmehr eine Ansammlung von Rechten. Der Staat selbst besaß die Aktiva, die privatisiert werden sollten, nicht im eigentlichen Sinn; sie gehörten in unterschiedlichem Grad nicht nur dem Staat, sondern auch den Managern, Beschäftigten und lokalen Behörden. Jeder von ihnen hatte bestimmte Rechte und die Manager, Beschäftigten und Lokalbehörden stellten »Anteilseigner« dar. Sollte daher die Privatisierung Erfolg haben, so folgerte das Team von Tschubajs, mussten alle Anteilseigner ein Stück vom Kuchen bekommen und in das Geschäft einbezogen werden. Je stärker die Koalition der Beteiligten, desto besser die Erfolgschancen gegen die tief verwurzelte Bürokratie. Das bedeutete, dass noch eine weitere Gruppe entscheidend war, eine Gruppe, die als Anteilseigner noch gar nicht existierte: die Öffentlichkeit.

Doch die Umstände schienen nicht viel versprechend. Das Parlament versuchte die Privatisierung zu blockieren. Die Ministerien versuchten ihre Kontrolle zu behaupten; und viele Manager in den Unternehmen stahlen, was immer sie in die Hände bekamen. In dieser Lage machte sich Tschubajs' GKI an den Entwurf seines Programms. Der erste Schritt bestand darin, die Staatsbetriebe als körperschaftlich organisierte Personengesellschaften neu zu gründen, wobei der Staat zunächst die gesamten Anteile hielt. Die Direktoren kamen von der Regierung – aber vom GKI, nicht aus den traditionellen Ministerien. Das führte zu einem neuen Engpass. Privateigentum kann nur innerhalb eines Rahmens von Verträgen und Gesetzen bestehen, und das GKI stieß auf ein Problem, das Menschen in einem westeuropäischen Land oder gar in den USA sehr verwundern würde: einen akuten Mangel an Rechtsanwälten.[14]

Eine Fahrkarte in die freie Wirtschaft

Die Reformer kamen zu dem Schluss, dass das polnische Privatisierungsmodell mit seinen Einzelfallverkäufen und Investitionsfonds nicht gut funktioniert hatte. Das tschechische Modell, bei dem massenhaft Gutscheine ausgegeben wurden, war vielversprechender. Zudem konnte es die Korruption möglicherweise vermindern, weil es das Schachern im Hinterzimmer vermied und die Privatisierungen so transparent wie möglich machte.

Die russische Regierung gab an jeden Bürger einschließlich der Kinder Gutscheine aus, von denen jeder 10 000 Rubel wert war. Sie konnten in den lokalen Zweigstellen der Staatsbank gegen eine geringfügige Gebühr abgeholt werden. Am Ende hatten 144 von 147 Millionen Russen ihre Gutscheine erhalten. Die Gutscheine sahen aus wie Geld und funktionierten bis zu einem gewissen Grad wie Geld. Sie konnten in Auktionen gegen Anteile an Unternehmen eingetauscht werden. Für Jelzin wurden die Gutscheine zum Symbol der Privatisierung. »Wir brauchen Millionen von Eigentümern statt einer Hand voll Millionäre«, erklärte er. »Die Gutscheine der Privatisierung sind für jeden von uns eine Fahrkarte in die freie Wirtschaft.«

Die Gutscheine wurden zum ersten sofort realisierbaren Wertpapier im modernen Russland. Die Menschen konnten sie behalten und Anteile an bestimmten Unternehmen kaufen (oder an den Firmen, in denen sie arbeiteten), sie konnten sie gegen Aktien in Investitionsfonds eintauschen oder verkaufen. Es entstand ein Markt für den An- und Verkauf von Gutscheinen, die man selbst in örtlichen Basaren kaufen konnte. In Westsibirien verkauften Frauen Gutscheine an Marktständen »genau wie Mohrrüben oder Kohl«. Der Preis schwankte zwischen vier und 20 Dollar. Die Schöpfer des Programms hatten mit der entscheidenden Frage gerungen, welchen Anteil an einem Unternehmen die derzeitigen Manager und Beschäftigten und welchen Anteil die Öffentlichkeit und außenstehende Investoren erhalten sollten.

Die erste große Privatisierung betraf 1992 die Bolschewistische Feingebäckfabrik. (Die Arbeiter erlangten die Kontrolle und verkauften die Mehrheitsbeteiligung dann an die französische Firma Danone.) Danach ging das Programm trotz ständiger Attacken aus dem Parlament, durch die Ministerien und Politiker, die den Prozess stoppen oder selbst kontrollieren wollten, weiter. Die Gegner appellierten an den Nationalismus, die nationale Sicherheit und den einzigartigen russischen Nationalcharakter. Der Minister für Verlagswesen erklärte, alle Verlage sollten in der Hand des Staates verbleiben, weil »Publizieren unsere Ideologie ist«. Der Transportminister argumentierte, dass alle Lastkraftwagen dem Staat gehören sollten, weil sie für die Mobilmachung im Krieg gebraucht würden. Aber die Strategie, eine breite Koalition von Eigentümern zu schaffen, funktionierte und der Schwung des Programms blieb erhalten. Ungefähr 900 000 Arbeiter wechselten pro Monat dank den Gutscheinen vom Staats- in den Privatsektor. Die Gutscheine *(voucher)* waren populär; sie wurden sogar in dem Lied »Wow Wow Voucher« besungen, das es bis auf Platz fünf der Moskauer Hitparade schaffte.

Das Programm der Privatisierung durch Gutscheine dauerte knapp zwei Jahre. Es begann im Oktober 1992 und war im Juli 1994 beendet. Während dieser Zeit wurde der größere Teil der russischen Industrie privatisiert. In der Tat war eine Schicht von Eigentümern entstanden. Viele Geschichten machten die Runde über Arbeiter, die um ihre Gutscheine betrogen worden waren, und über Manager, die die Anteile manipuliert hatten. Doch als Resultat des Programms waren 40 Millionen Menschen zu Anteilseignern geworden, entweder direkt in den Unternehmen oder durch Beteiligungen an Investitionsfonds. Sowohl Insider – Manager und Arbeiter – wie Outsider – die Öffentlichkeit – hielten Anteile an den neuen Privatunternehmen. Die Privatisierung selbst gab allerdings keinerlei Antwort auf das Problem der Umstrukturierung. Sie war vielmehr deren Voraussetzung. Aber sie schuf einen Anreiz für Unternehmen, ihre Leistung zu verbessern, ihre Produkte zu optimieren, Märkte zu suchen, sich ihnen anzupassen und die Kosten zu kontrollieren.[15]

Die Privatisierung mittelgroßer und großer Firmen war nur ein Teil des Prozesses. Der Staat besaß auch Häuser, und das bedeutete für die meisten Menschen Wohnungen. In vielen Fällen waren die Menschen, die in den Wohnungen lebten, quasi deren Eigentümer. Mietwohnungen wurden als Erbe von Generation zu Generation weitergegeben. Die Mieter konnten sie jetzt zu einem sehr niedrigen Preis kaufen und im Oktober 1994 waren etwa 10,5 Millionen Wohnungen in privater Hand.

Geschäfte und kleine Firmen konnten ihre Geschäftsräume behalten. Unter den wachsamen Augen der Fernsehzuschauer im ganzen Land begann dieser Teil des Programms mit der Versteigerung einiger Läden in Nischnij Nowgorod. Sie konnten miterleben, wie eine Gruppe stämmiger Frauen, tief betrübt bei dem Gedanken an den »Verlust« der Bäckerei, in der sie so viele Jahre gearbeitet hatten, in überschwängliche Freudenstimmung ausbrachen, als sie erfuhren, dass ihr Gebot für das Geschäft soeben den Zuschlag erhalten hatte. Es wurde schnell deutlich, dass die Qualität des Service in versteigerten Geschäften höher war als in jenen, die einfach an die Mitglieder des »Kollektivs« verschenkt wurden, das dort arbeitete.

Es gab wichtige Beschränkungen der Privatisierungsbemühungen. »Strategische« und bestimmte für die Verteidigung relevante Unternehmen des militärisch-industriellen Komplexes wurden aufgrund ihrer wichtigen »nationalen Aufgabe« von der Privatisierung ausgenommen. Die Reformer erkannten, dass die Opposition bei diesen politisch sensiblen Unternehmen, die über gute Beziehungen verfügten, größer sein würde als bei anderen, und es war klüger, sich an das Mögliche zu halten, als durch gewagte Aktionen eine Niederlage in der ganzen Schlacht zu riskieren. In einem späteren Stadium der Privatisierung konnten die Banken eine erhebliche Zahl der Anteile, die sich noch im Besitz des Staates befanden, erwerben, indem sie der unter mangelnden Einnahmen leidenden Regierung Geld liehen. Einige Beobachter sahen dies als schlecht verhohlenen Trick, um Insider zu stärken, die eng mit den Banken zusammenarbeiteten, oder Aktien zu einem Spottpreis an Bankengruppen zu verhökern. Andere argumentierten, dass solche starken Aktionäre von außen die Umstrukturierung vorantreiben würden.

Es gab eine große Ausnahme von Tschubajs' Gutschein-Privatisierung. Jurij Lushkow, dem populären Bürgermeister von Moskau und Hauptverbündeten Jelzins, gelang es, einen Großteil des Staatseigentums in Moskau zu bekommen, das vom nationalen Privatisierungsprogramm ausgeschlossen war. Stattdessen verkaufte oder verpachtete die Stadt es zu ihren eigenen Bedingungen – zum großen Vorteil des Stadtsäckels. Unter Lushkow, der 1996 mit 90 Prozent der Stimmen als Bürgermeister wieder gewählt wurde, wurde Moskau umfassend umgestaltet: An die Stelle der Schäbigkeit aus sowjetischen Tagen traten Farbe und ein Bauboom. All dies führte in Verbindung mit der Geschwindigkeit, mit der Moskau den Provinzen vorauseilte, zu einer Neuformulierung von Stalins Diktum aus den 30er Jahren über den »Sozialismus in einem Land«. Moskau wurde zum »Kapitalismus in einer Stadt«, oder, wie es ein russischer Politiker mit Bezug auf einen anderen Theoretiker ausdrückte: »Moskau und der Rest des Landes sind wie Deng Xiaopings Theorie: ein Land, zwei Systeme.«

Seit er 1992 Bürgermeister wurde, ist Lushkow nicht nur der Boss der Stadt, sondern auch einer der wichtigsten Politiker des Landes. Während er enge persönliche Beziehungen zu Jelzin aufrechterhielt, wurde er ein freimütiger Kritiker der Reformer in Jelzins Administration – die er als »Jungriege« abtat – und brandmarkte ihre Reform- und Privatisierungspolitik als etwas, das »nur Theoretikern passieren kann, die dem täglichen Leben weit entrückt sind«. Genussvoll weist er auf die »Bauchschmerzen« hin, die er ihnen verursache. Lushkow setzt auf Intervention, Staatskapitalismus und eine starke Hand. »Die Russen haben immer auf den Staat gesetzt«, erklärte er. »Mit dieser Tradition zu brechen bedeutet, dem Volk nicht Reformen, sondern Verrat aufzuzwingen.« Lushkow macht überall seinen Einfluss geltend, von Entscheidungen über den Bau der neuen unterirdischen Einkaufsgalerie in der Nähe des Kreml bis zur Förderung von Russkoje Bistro, einer von ihm gegründeten Fast-Food-Kette, die McDonald's Konkurrenz machen soll. Er strebt ohne Zweifel danach, Jelzins Nachfolger im Präsidentenamt zu werden. In der Außenpolitik schlägt er aggressivere und nationalistischere Töne an als dieser. Lushkow ist sich der Bedeutung der Medien bewusst und gründete einen eigenen Fernsehsender für Moskau. Die Stadt kontrolliert die Büros und Dienste der landesweiten Zeitungen und deren Berichterstattung über den Bürgermeister ist zurückhaltender als die über andere Politiker. Und mit den gewichtigen Ressourcen der Stadt baut Lushkow Allianzen mit anderen Städten in anderen Regionen auf. Lushkow lässt keinen Zweifel daran, wer in Moskau das Sagen hat. Seine Wahlergebnisse in Moskau zeigen, dass seine Art von Reform ohne Zweifel äußerst populär ist bei jenen, die von den Turbulenzen und dem Durcheinander der neuen russischen Revolution schlimm gebeutelt wurden.

Wie lässt sich die russische Privatisierung insgesamt beurteilen? Diese Frage ist – das dürfte kaum überraschen – nicht einfach zu beantworten. Das Programm ist eindrucksvoll, umso mehr, als es schier unmöglichen Herausforderungen gegenüberstand. Aber eine gewaltige Wegstrecke ist noch zurückzulegen. Die Dimensionen sind Ehrfurcht gebietend. Bis 1996 wurden etwa 18 000 Industrieunternehmen privatisiert, darunter mehr als drei Viertel aller großen und mittelgroßen Industriefirmen und annähernd 90 Prozent der Industrieproduktion, sodass der Anteil der Industriearbeiter im Privatsektor auf 80 Prozent stieg. Über vier Fünftel der kleinen Läden und Geschäfte im Einzelhandel sind heute ebenfalls in privater Hand, darunter 900 000 von russischen Unternehmern neu gegründete Firmen. Der Privatsektor bringt mittlerweile 70 Prozent des Bruttoinlandsprodukts hervor.

Aber die Privatisierung führt die Hitparade nicht mehr an. Sie hat ihre Popularität aus verschiedenen Gründen eingebüßt, nicht zuletzt aufgrund der Stellenkürzungen, die mit der Umstrukturierung einhergehen. Sie wird in der Öffentlichkeit außerdem mit anderen Plagen in Verbindung gebracht: mit der hohen Inflation, dem Verschwinden des sozialen Netzes und der verbreiteten sozialen Not besonders unter den alten Menschen. Die schlichte Wahrheit ist, dass Korruption und Insidergeschäfte charakteristische Merkmale des Privatisierungsprozesses waren und – in Verbindung mit dem Misstrauen gegenüber dem gesamten Prozess – die Öffentlichkeit verbittert haben. Einige Leute wurden durch den Aufkauf von Staatseigentum und Gutscheinen sehr reich. Viele andere betrachten die Privatisierung als Diebstahl an dem, was sich das »Sowjetvolk« mühsam erarbeitet hat, entweder sehen sie die Schuldigen in der Nomenklatura (den alten kommunistischen Bürokraten und Managern), in der Mafia und dunklem Spekulantentum oder in den Banken und Finanzinstituten des neuen Russland. Die Kritik geht durch das ganze Spektrum, von Altkommunisten bis hin zu neuen Demokraten. »Die Privatisierung funktioniert nicht, weil man kein Privateigentum schafft«, so Grigorij Jawlinskij. »Man schafft Kartelle.«

Nach dem National Russian Survey, einer umfassenden russisch-amerikanischen Gemeinschaftsstudie, erfüllte die Privatisierung nie die hohen Erwartungen, die man in sie gesetzt hatte – sie war aber auch nicht annähernd so schlecht, wie die gegenwärtige Kritik an ihr glauben machen will. Grob geschätzt ist in drei Vierteln der privatisierten russischen Unternehmen eine radikale Umstrukturierung erforderlich, und ein erheblicher Teil von diesen ist tatsächlich bankrott. Viele Manager verfügen einfach nicht über die Fähigkeit, Erfahrung, Kompetenz oder den Wunsch, ihre Betriebe umzustrukturieren. Nur wenn die Eigentümer Außenstehende sind, kommt es zu einem Wandel.

Vieles davon könnten die neuen Finanz- und Industriegruppen bewerkstelligen, die zu einer mächtigen politischen und wirtschaftlichen Kraft geworden sind. Große Vermögen wurden in den Jahren des Übergangs angehäuft – durch Sammeln von Privatisierungsgutscheinen, Ausnutzen subventionierter Kredite und den Verkauf billig eingekaufter heimischer Waren zu Weltmarktpreisen. Aber wird sich der wachsende Einfluss der Banken und anderen Finanzinstitute zu Gunsten der Modernisierung auswirken? Oder wird sich damit einfach nur wirtschaftliche und politische Macht in den Händen von Kartellen und »Finanzoligarchien« konzentrieren, wie Kritiker sie nennen? Die endgültigen Konsequenzen der Privatisierung lassen sich erst beurteilen, wenn diese Frage beantwortet ist.

Ohne Zweifel erfordert die Privatisierung noch viel Arbeit. Inzwischen wurde ein erheblicher Anteil des Eigentums entpolitisiert. Doch trotz der neu geschaffenen Vermögen bleibt Russland das Land eines »Kapitalismus ohne Kapital«. Der Erfolg der Umstrukturierung wird von der Entwicklung von Finanzmärkten abhängen, die wirkungsvoll das Kapital bereitstellen können, das die Industrie braucht, und die gleichzeitig die Fertigkeiten und Kompetenzen fördern, die eine Marktwirtschaft benötigt. Dies führt wieder zur grundlegenden Frage zurück: zu den Spielregeln.[16]

»Der massive Rückzug des Staates«

Obwohl die Privatisierung das Ziel der Entpolitisierung des russischen Wirtschaftslebens vorangebracht hat, übt der Staat – auf Bundes-, Provinz- und lokaler Ebene – durch willkürliche Steuern, Regulierung und direkte Intervention immer noch eine starke politische Kontrolle über die Wirtschaft aus. Aber heute steht gegen die Macht des Staates die ausgleichende Kraft des Privateigentums. Dieses ist zur Grundlage der Wirtschaftstätigkeit und der Marktinstitutionen geworden. Tatsächlich hat die Privatisierung zusammen mit der Freigabe der Preise Kräfte freigesetzt, die Russland in die Gemeinschaft der Marktwirtschaften führen und nur sehr schwer aufzuhalten sein werden, wie die politische Lage sich auch immer entwickeln mag. Die Privatisierung blieb nach 1994 stecken. Seit 1995 erzielte die Regierung ihre größten wirtschaftlichen Erfolge an der makroökonomischen Front. Trotz großer Skepsis leistete sie hervorragende Arbeit bei der Senkung der Inflation und der Stabilisierung des Rubels. Sie begann außerdem den Staatshaushalt zu beschränken. All dies geschah unter Führung eines zur ökonomischen Orthodoxie bekehrten Politikers, Wiktor Tschernomyrdin. Diese Bemühungen legten die Grundlage für eine wirtschaftliche Erholung. Aber in anderer Hinsicht geriet die Reform während dieser Phase ins Stocken. Der Staat verschwendete große Mengen Geld für Subventionen und billige Kredite an die Industrie. Der verheerende Krieg in Tschetschenien kostete Zehntausende von Menschenleben und Milliarden von Dollar.

Der Präsidentschaftswahlkampf von 1996 machte die Schwierigkeiten deutlich, die auf das Land zukamen. Jelzin gelang eine außerordentliche politische Wiedergeburt. Zu Beginn des Wahlkampfs sprachen sich ganze fünf Prozent der Öffentlichkeit für ihn aus, doch mehrere Monate später erreichte er im ersten Wahlgang den Sieg über eine Reihe von Kandidaten, darunter den unverblümt kritischen Grigorij Jawlinskij, und schlug schließlich im Entscheidungslauf auch den kommunistischen Kandidaten Gennadij Sjuganow. Jelzins Wahlkampf wurde von den Neureichen großzügig unterstützt, die fürchteten bei einem kommunistischen Wahlsieg viel zu verlieren. Im Getümmel der Schlussrunde vergaßen die Berater Jelzins zu erwähnen, dass dieser am Vorabend der Wahl einen Herzanfall erlitten hatte. Doch sein Sieg bekräftigte den Reformkurs der Nation und bestätigte, was sich in einer Reihe von Wahlen und Referenden seit 1993 immer wieder gezeigt hatte: dass nämlich 60 Prozent der Wähler die Reformen unterstützten. Gleichzeitig machten das Unbehagen vieler Jelzin-Wähler (»das geringere von zwei Übeln«) und das starke Abschneiden der Kommunisten die Entfremdung und offene Feindseligkeit vieler Russen gegenüber der Einführung des Marktsystems deutlich.

Und das aus guten Gründen. Während nämlich die neue Wirtschaft wächst, befindet sich die alte weiter im Niedergang. Die Nation leidet unter gravierenden Umweltproblemen – ein bleibendes Erbe des Kommunismus –, für deren Beseitigung ihr nur geringe Mittel zur Verfügung stehen. Die Kindersterblichkeitsrate liegt in Russland dreimal so hoch wie in den Ländern der Europäischen Union. Die Lebenserwartung männlicher Russen ist auf 57 Jahre gefallen, verglichen mit 72 Jahren bei US-amerikanischen und 67 Jahren bei chinesischen Männern. Rentner erhalten monatelang keine Rentenzahlungen; Arbeiter müssen auf ihren Lohn noch länger verzichten. Die Berechenbarkeit der kommunistischen Ära mit ihrer materiellen Sicherheit (für den Durchschnittsbürger) ist verschwunden; das dürftige, aber umfassende soziale Netz ist zerrissen. Das Nichtzahlen von Rechnungen ist in der Wirtschaft sehr verbreitet – angefangen beim Staat, der seine Steuern nicht eintreiben kann.

Die allgegenwärtigen Probleme Korruption und Verbrechen bedrohen die Legitimität des neuen Systems und untergraben den Konsens, der für sein wirkungsvolles Funktionieren erforderlich ist. Staatseigentum im Wert von Hunderten von Milliarden Dollar wurde offen feilgeboten; das Gezerre um Anteile konnte nicht anders als lautstark und ruppig vonstatten gehen. Durch den Mangel an Klarheit und die ungewisse Geschwindigkeit der Reformen wurde die Korruption zusätzlich gefördert; beides schuf reichlich Möglichkeiten für Begünstigung und private Vorteilsnahme. Ausländische Investoren bewegen sich nicht auf sicherem Grund; bei Gemeinschaftsunternehmen können sich die russischen Partner immer noch davonmachen und die Gerichte bieten kaum eine Zuflucht. Das organisierte Verbrechen – die russische Mafia – konnte mit seinen Krakenarmen tief in die neue Wirtschaft eindringen. Schutzgelderpressungen sind verbreitet und die reichen, gut bewaffneten Kriminellen können es leicht mit einer demoralisierten und unterbezahlten (zuweilen überhaupt nicht bezahlten) Polizeitruppe aufnehmen.

Der Wahl von 1996 folgten acht Monate Mattigkeit. Der wichtigste Punkt auf der Agenda nach Jelzins Sieg war seine Operation am offenen Herzen. Seine Erholung wurde von einer beidseitigen Lungenentzündung behindert, sodass sich seine Verbündeten wie seine Gegner in ungewöhnlichem Maß auf seine körperliche Gebrechlichkeit konzentrieren mussten. Die Duma (das Parlament) wurde weiterhin von Anti-Reformkräften aus dem kommunistischen und nationalistischen Lager dominiert. Das politische System war zu einem »zwitterhaften Regime« geworden, so eine russische Beobachterin, das sich aus »scheinbar unvereinbaren Prinzipien zusammensetzte, die der Demokratie, dem Autoritarismus, dem Populismus, der Oligarchie, der

Vetternwirtschaft und sogar der Anarchie« entstammten. Die verblüffendste Entwicklung nach Jelzins Wiederwahl war die wachsende politische Macht der in den sieben Großbanken konzentrierten neuen Wirtschaftselite, die die Medien beherrschte und die Kontrolle über beträchtliche Teile der Industrie erlangt hatte. Nur wenige Jahre zuvor waren die Präsidenten dieser Banken schlecht bezahlte Akademiker, Ingenieure und Wissenschaftler. Nun waren sie Milliardäre und als »die Oligarchie« bekannt. »Sie sind Oligarchen«, sagte ein prominenter Politiker, »weil sie Geld, Macht und die Medien besitzen.« Und im anhaltenden Kampf um das Staatseigentum setzen sie ihre Macht unverblümt ein.

Erst nach Jelzins Erholung Anfang 1997 wurden die Reformanstrengungen wieder aufgenommen. Das erste Zeichen, dass sich »Boris der Zar« erholte, war eine weitere Säuberungsaktion durch den Präsidenten und die Ernennung von Anatoli Tschubajs zum Ersten Stellvertretenden Ministerpräsidenten im März 1997. Ein Memorandum an Tschubajs warnte ihn vor den Risiken, die damit verbunden wären, wenn er nicht mit den dringlichen Problemen des Haushalts, der Steuern, Pensionen und Korruption fertig würde. Die Besteuerung stellte ein besonders schwieriges Feld dar, da die Quoten absurd hoch und verwirrend waren, das tatsächliche Steueraufkommen aber lächerlich gering. Die Verfasser des Memorandums erklärten, dass die Regierung unter einem »extrem Mangel an Vertrauen« leide und ein Scheitern, Fortschritte bei der Lösung dieser Probleme zu erzielen, »die Glaubwürdigkeit der Reformanstrengungen insgesamt« zerstören würde. Das Memo drängte Tschubajs auch, die Reformgegner in der Regierung zu isolieren.

Kurz darauf ernannte Jelzin einen anderen zum Ersten Vizepremier: Boris Nemtsow, einen zum Politiker gewandelten Physiker. Als populärer Gouverneur der Provinz von Nischnij Nowgorod hatte Nemtsow den Reformprozess dort stärker vorangetrieben als in irgendeiner anderen Region. Er nannte sich stolz einen »Provinzler«, der nach Moskau gekommen war. Als Jelzin ihn umwarb, fragte ihn Nemtsow: »Boris Nikolajewitsch, wie möchtest du in die Geschichte eingehen, als guter und großer Zar ... oder als das Gegenteil?« Jelzin antwortete: »Ich will nicht in einem Banditenstaat leben.« Auf dieser Grundlage übernahm Nemtsow den Posten als Erster Vizepremierminister. Einen erheblichen Teil seiner Aufgabe sah er darin, »verständliche, klare Regeln, die für alle gleich lauten«, durchzusetzen. Denn, so erklärte er, »die Phase der ursprünglichen Kapitalakkumulation – die immer, selbst in Amerika, von Banditentum, Korruption, Lobbyismus usw. begleitet war –, diese Phase geht in Russland zu Ende«.

Jelzins neues Team wollte der Reform neuen Schwung verleihen, angefangen mit einer Weiterführung der Haushalts- und Steuerreform über die Regulierung und Kontrolle von Monopolen bis hin zur Schaffung eines neuen sozialen Netzes. Die Regierung musste außerdem einen Weg finden, um das politisch explosive Problem zu lösen, den Arbeitern und Rentnern ihre ungezahlten Löhne und Pensionen zu verschaffen. Gleichzeitig versuchten Jelzin und sein Team, Abstand zur Oligarchie – den Bankiers – zu gewinnen und diese in die Schranken zu weisen. »Der Staat wird keinen Versuch von Seiten der Vertreter der Wirtschaft und Banken dulden, Druck auszuüben«, erklärte Jelzin im Herbst 1997 resolut vor dem Parlament. Und er erklärte den Rückzug des Staates für beendet: »Von der Politik der Nichteinmischung gehen wir entschlossen zu einer Politik präventiver Regulierung des Wirtschaftsprozesses über. (...) Für sich genommen ist der Markt kein Allheilmittel. In einem zivilisierten Staat befinden sich Marktmechanismus und staatliche Regulierung in Harmonie miteinander.« Der grundlegende Auftrag hat sich nun gewandelt. Er besteht nicht mehr in der Demontage des Sowjetsystems, sondern in der Schaffung eines modernen Staates. »Die Russen haben einen neuen Staat errichtet«, so Thane Gustafson, ein Fachmann für den neuen russischen Kapitalismus, »nicht einen sowjetischen Staat, der Eigentümer und direkter Manager ist, sondern einen regulierenden Staat, der als Schiedsrichter auf dem Spielfeld agiert.«

Erforderlich ist dazu die Aufstellung von Regeln, damit Menschen mit größerer Zuversicht und Vorhersagbarkeit Entscheidungen treffen können. Bei der Regulierung der Banken und des Wertpapierhandels wurden beträchtliche Fortschritte erzielt. 1993 gab es keine Börse in Moskau, die diesen Namen verdiente. 1996 und im größten Teil des Jahres 1997 aber erzielte die russische Börse – angespornt von Jelzins politischer und körperlicher Genesung – das beste Ergebnis eines neu entstehenden Marktes weltweit. Immer mehr Investitionen kommen aus dem Westen: Nach offiziellen Angaben stieg das Volumen von täglich fünf Millionen Dollar 1996 auf über 100 Millionen Dollar 1997 (bis zur Krise). Einer Schätzung zufolge könnten sich mindestens 300 Unternehmen für westliche Kapitalbeteiligungen qualifizieren.

Die größte Unzulänglichkeit – und die schlimmste Bedrohung der Reform – bleibt die juristische Situation, besonders in Bezug auf die Eigentumsrechte, die immer noch das Fundament einer Marktwirtschaft sind. Das Rechtssystem funktioniert schlecht; die Gerichte haben eine zu geringe Finanzausstattung und sind lokalen politischen Kräften verpflichtet. »Das Haupthindernis für private Investitionen liegt darin, dass die Eigentumsdefinition immer noch unklar ist und das Rechtssystem Eigentumsrechte nicht schützt«, bemerkte Sergej Wassiljew, einer von Jelzins wichtigsten Wirtschaftsberatern. Dies stellt besonders für neue Unternehmen eine Bedrohung dar, ob sie nun klein oder groß sind. Mehrere Hunderttausend neue Firmen sind entstanden. Diese Unternehmer sind besonders verwundbar für Korruption und ungewisse Besteuerung, für unerbetene »Managementhilfe« von Seiten örtlicher und staatlicher Politiker, Schutzgelderpressung und die demoralisierende Androhung – oder gar Schlimmeres – von Gewalt. »Gewalt ist viel gefährlicher für den Markt als Korruption«, so Wassiljew. »Man kann Korruption mit Deregulierung bekämpfen, aber nicht Gewalt.« Doch diese neuen Unternehmen bringen Innovation und Dynamik, neue Leute und neue Denkweisen, und sie werden eine bedeutende Rolle – bedeutender, als viele meinen – bei der Formung der neuen Wirtschaft und der Schaffung der dazu erforderlichen Arbeitsplätze spielen. Sie sind die Neuerer, die unterstützt werden müssen. »Der gravierendste Mangel für die Zukunft eines prosperierenden Russland«, bemerkte Thane Gustafson, »ist die Langsamkeit, mit der sich kleine Unternehmen entwickeln.«

Trotz alledem war die Geschwindigkeit des Wandels in Russland enorm. Der »Übergang« gehört bereits der Vergangenheit an. »Russland ist eine Marktwirtschaft«, so Jegor Gaidar in der optimistischen Stimmung nach Jelzins Wiederwahl, »noch jung und unreif, aber eine Marktwirtschaft.« Ihre Zukunftsaussichten könnten sich als besser herausstellen, als gewöhnlich erwartet wird. Vielleicht trägt die Analogie zum japanischen Wirtschaftswunder trotz aller Unterschiede, wenn sich in den kommenden Jahrzehnten erweist, dass ausreichende Grundlagen für Wirtschaftswachstum gelegt wurden. Tatsächlich könnten diese Grundlagen bereits in Arbeit sein – für ein russisches Wirtschaftswunder, das zu Beginn des nächsten Jahrzehnts einsetzen könnte. Das Land verfügt über eine sehr gut ausgebildete Bevölkerung mit beträchtlichen Fertigkeiten. Zum ersten Mal in sieben Jahrzehnten verbinden sich ihre großen wissenschaftlichen und technischen Fähigkeiten mit einem Markt – etwas bis dahin Undenkbares. Es gibt bereits eine erste postkommunistische Generation, die darauf drängt, sich am Aufbau einer modernen Industriegesellschaft zu beteiligen. Eine gewaltige Nachfrage nach Gütern und Dienstleistungen, die sich über Jahrzehnte aufgestaut hat, wartet darauf, befriedigt zu werden. Die Nation hat sich dem internationalen Handel geöffnet und ist jetzt technologisch – über Computer, Internet, Telefon und Fax – in die Weltgemeinschaft eingebunden. Die Auswirkungen dieses

Anschlusses an die Weltwirtschaft nach einem Dreivierteljahrhundert der Isolation könnten in der Tat gewaltig sein. Zudem verfügt das Land über einen riesigen Reichtum an natürlichen Ressourcen. Was ihm noch fehlt, sind die Spielregeln.[17]

Der Mann des Kompromisses

Bis zur zweiten Jahreshälfte 1997 schien das Land endlich auf dem Weg zu neuem Wirtschaftswachstum. Aber dann, 1998, brachen die Spielregeln, die es gab, zusammen und machten die Schwäche des Übergangs deutlich: Das Land wurde in die Wirtschaftskrise zurückgeworfen und stand am Rande einer politischen Konfrontation.

Russland kämpfte mit vielen Problemen, darunter Korruption und die beherrschende Stellung der Finanzoligarchie. Aber mehr als alles andere war die Krise das Ergebnis eines Zusammentreffens von Schwierigkeiten zu Hause und zweier Schocks von außen. Das bereits zitierte Memorandum vom Januar 1997, das für die neue Reformregierung vorbereitet worden war, erwies sich als weitsichtiger, als selbst seine Verfasser befürchtet hatten. Das Dokument warnte, dass ein Scheitern bei der Bewältigung der Fragen des Haushalts, der Steuern, Renten und Korruption »die Glaubwürdigkeit der Reformanstrengungen insgesamt« zerstören würde. Und genau dies ereignete sich 1998.

In mehr als einer Hinsicht stand das Steuersystem im Zentrum des ganzen Durcheinanders. Es war monströs, irrational, bestrafend und bot massive Anreize für Steuerhinterziehung. Den absurd hohen Steuerquoten standen lächerlich geringe Steuereinnahmen gegenüber. Das System ermutigte förmlich dazu, keine Steuern zu zahlen. Die Regierung konnte Bankkonten von jedem Unternehmen mit Steuerrückständen beschlagnahmen, und das betraf das gesamte Land. Daher vermied man Geldgeschäfte. Der Geldstrom in der Wirtschaft trocknete aus. Nach manchen Schätzungen wurden 75 Prozent der Wirtschaft über Tauschhandel und Schuldverschreibungen zwischen Unternehmen abgewickelt. Eines der größten russischen Unternehmen erhielt nur acht Prozent seiner Inlandseinnahmen in Form von Geld. Folglich waren die Steuereinnahmen viel zu gering. »Die Leute könnten ihre Steuern begleichen«, so der Reformer Grigorij Jawlinskij, »wenn sie nur mit Schuhen und Hosen bezahlen könnten.«

Um die sich daraus ergebende Kluft zwischen Einnahmen und Ausgaben zu schließen, nahm die Regierung Zuflucht zu kurzfristigen Krediten. Die Zinslast stieg gefährlich an. Wie das Verhältnis von Schulden und Haushalt bewies, waren die Staatsfinanzen hochgradig verwundbar.

Aber die Steuerausfälle bildeten nicht die einzige Gefahr. Boris Jelzin hatte viel von der Glaubwürdigkeit und Legitimität eingebüßt, die er sich erworben hatte, als er die Verantwortung für das sowjetische System übernahm und sich gegen kommunistische Panzer stellte. Er war ein sprunghafter, unberechenbarer, isolierter Politiker geworden, der unter einer schlechten Gesundheit litt und nur zwei bis vier Stunden am Tag arbeiten konnte. Einige begannen zu fürchten, dass sich Russland bereits im letzten Akt der tragischen Oper »Boris der Zar« befand. Im März 1998 feuerte Jelzin den standhaften Tschernomyrdin unter dem Vorwurf, er sei unfähig die Reformen fortzuführen. Aber Jelzin fürchtete auch, dass Tschernomyrdin zu einem starken politischen Herausforderer werden könnte. Jelzins neuer Premierminister war ein junger Reformer, Sergej Kirijenko, der die bis dahin kompetenteste russische Regierung zusammenstellte.

Aber es war zu spät. Denn Russland wurde von zwei mächtigen Schockwellen getroffen, die beide von außen kamen. Die erste war der Zusammenbruch der Öl- und anderen Rohstoffpreise, der Russland als bedeutenden Rohstoffexporteur schwer schädigte. Ausfuhreinnahmen und Steueraufkommen gingen zurück. Schock Nummer zwei war die Ansteckung mit der asiatischen Wirtschaftskrise, die bei internationalen Investoren zu einer dramatischen Neueinschätzung der Risiken führte. Angesichts der hohen Last an kurzfristigen Schulden, die Moskau aufgetürmt hatte, setzte eine Kapitalflucht aus dem Land ein. 1998 wurde Russlands Aktienmarkt – kurz zuvor noch der vitalste der Welt – der notleidendste der Welt. Eine hart erkämpfte Rettungsaktion des Internationalen Währungsfonds reichte nicht aus das Vertrauen wiederherzustellen und das Ausbluten zu stoppen. Ausländisches Kapital floh weiterhin, ebenso wie russisches. Die Oligarchen sahen ihren Reichtum schwinden. Am denkwürdigen 17. August 1998 ergriff die russische Regierung dramatische Schritte: Sie kam ihren Zahlungsverpflichtungen nicht nach und wertete den Rubel ab. Obendrein entließ Jelzin Kirijenko.

Wieder wurde das Land von Panik ergriffen. Waren verschwanden aus den Regalen. Innerhalb von Tagen stieg der Preis für einen Liter Milch von fünf auf 35 Rubel. Jelzin versuchte Tschernomyrdin wieder zu ernennen, aber die Duma akzeptierte ihn nicht. Die Kommunisten sahen ihre Chance gekommen, gegen Jelzin zurückzuschlagen. Es schien, dass der konstitutionelle Kampf, der 1993 zum Beschuss der Staatsduma geführt hatte, erneut ausbrechen würde. Dieses Mal rochen Jelzins Gegner, geführt von Kommunistenchef Gennadij Sjuganow, Blut.

Aber nur wenige wollten einen völligen Bruch riskieren. Die streitenden Parteien einigten sich auf einen Kompromisskandidaten: Außenminister Jewgenij Primakow. Obwohl er nur über dürftige ökonomische Erfahrung verfügte, wurde Primakow vom gesamten politischen Spektrum respektiert. Er hatte sich vier Jahrzehnte lang mit Außenpolitik beschäftigt; über die Logik von Märkten wusste er freilich nur wenig aus erster Hand.

Primakow hatte sich einen Namen als einer der klassischen sowjetischen »Internationalisten« gemacht. Der ausgebildete Arabist wurde mit 30 Jahren Chefredakteur des sowjetischen Radiodienstes. Dank enger Verbindung zur sowjetischen Intelligenzija wurde er Auslandskorrespondent und Kommentator. Er stieß zum Kreis um Gorbartschow und wurde 1985 Leiter des Instituts für Weltwirtschaft und Außenpolitik. In den letzten Jahren der Sowjetmacht war Primakow Mitglied des Politbüros der Kommunistischen Partei. Am Vorabend des Golfkrieges führte er in letzter Minute eine Mission an, um einen Kompromiss mit Saddam Hussein zu finden. Im selben Jahr, dem letzten der Sowjetunion, ernannte ihn Gorbatschow zum Leiter der Auslandsaufklärung. Jelzin beließ ihn bis 1996 in dieser Position und machte ihn dann zum Außenminister. Als Außenminister bewies Primakow Geschick bei der Verfolgung russischer Interessen, trotz geringer Rückendeckung.[18]

Als Premierminister besaß Primakow drei große Stärken: seine Anpassungsfähigkeit an die meisten wichtigen Gruppen, seine Fähigkeit, zu vermitteln und Abmachungen auszuhandeln, sowie seinen eindeutigen Mangel an Ehrgeiz, bei den Präsidenschaftswahlen im Jahr 2000 anzutreten. Aber die Herausforderungen waren gewaltig. Die Macht verlagerte sich weiterhin von Moskau in die Provinzen. Eine Konsequenz des Kompromisses zwischen Jelzin und der Duma ist, dass Jelzin an den Rand gedrängt wurde. Der Kampf um seine Nachfolge im Jahr 2000 hat eindeutig bereits begonnen. Primakow musste versuchen den Konflikt irgendwie unter Kontrolle und im konstitutionellen Rahmen zu halten (wurde dann aber Mitte Mai 1999 überraschend von Jelzin entlassen, weil er ihm, wie Beobachter vermuteten, zu populär geworden war; A. d. Ü.). Sollte der kranke Jelzin sterben oder regierungsunfähig werden, wird sich der ganze Prozess beschleunigen. In diesem Fall übernimmt der Premierminister für drei Monate die Funktion des Präsidenten, bis Neuwahlen stattfinden. Ganz gleich, wann dies geschieht – die

Spitzenkandidaten stehen bereits fest: der Bürgermeister von Moskau, Jurij Lushkow, und General Alexander Lebed, gegenwärtig Gouverneur der sibirischen Provinz Krasnojarsk.

Primakow stand ein außergewöhnlicher Drahtseilakt bevor: die Verpflichtung auf »Reformen« mit deren Umkehrung zu versöhnen. Als er die Macht übernahm, drängten einige seiner wichtigsten Helfer auf stärkere Intervention und Kontrolle sowie eine kontrollierte »Emission« – eine Vergrößerung der Geldmenge –, um den schlimmen Rückstand an überfälligen Löhnen und Renten zu vermindern. Das hieß, dass seit Beginn der Primakow-Regierung das Gespenst der Hyperinflation über dem Land schwebte und Russlands Weg in den Markt mit einer weiteren Krise bedrohte.

Diese Widersprüche spiegeln die Realität in Russland. Für viele hat sich die Verpflichtung auf Reformen in Enttäuschung über den Markt verwandelt. Aber in Wirklichkeit ist es nicht der »Markt«, der Russland im Stich gelassen hat. Die Ernüchterung beruht vielmehr auf den großen Schwierigkeiten, nach 75 Jahren Kommunismus die Basis für eine Marktwirtschaft zu legen, sowie auf der politischen und konstitutionellen Pattsituation zwischen dem geschwächten Jelzin und der Duma. »Was nach wie vor einer starken und dauerhaften Anstrengung bedarf«, so Thane Gustafson, »ist die Konsolidierung der gesetzlichen Grundlage von Eigentum, Verträgen, Unternehmensführung und all der anderen Spielregeln, die einen Markt funktionsfähig machen.« Dazu zählen ein soziales Netz und Wohlfahrtssysteme, die einem »zivilisierten« Land, wie es die Reformer immer noch nennen, gerecht werden. All dies sind entscheidende Erfordernisse, egal wer Präsident oder Premierminister ist. Die neue russische Revolution bleibt unvollendet.

Die gravierenden Schwierigkeiten des täglichen Lebens wecken Sehnsucht nach der sowjetischen Vergangenheit und Hunger nach existentieller Sicherheit. Doch es gibt keine »Vergangenheit«, zu der man zurückkehren könnte. Die gesamte Struktur des Sowjetsystems – seine Ideologie, seine Institutionen, seine Kommandowirtschaft und sein allgegenwärtiger Parteiapparat – ist zerstört. Die Reise mag erneut aufgehalten werden. Aber so zerknittert die Fahrkarte auch ist, sosehr das Vertrauen auch erschüttert sein mag und so turbulent die Reise werden wird: Russland bleibt auf dem Weg. Gleichzeitig jedoch muss der Staat reformiert und revitalisiert werden. In den kommenden Jahren wird die Demokratie selbst auf dem Prüfstand stehen. Russland befindet sich gegenwärtig in einer Interregnumsphase. Von der Politik des nächsten Präsidenten wird es entscheidend abhängen, wie weit die Reise vorankommt – und wo sie endet.

»Ein besserer Rahmen«

Ein Jahrzehnt nach jenem bemerkenswerten Jahr, in dem die Berliner Mauer fiel und den Zusammenbruch des Kommunismus signalisierte, war bereits so vieles geschehen, was niemand vorhergesehen hatte. Der polnische Ökonom Leszek Balcerowicz hatte das erste Programm für den Übergang verfasst. Zu Anfang mussten er und seine Kollegen noch bang abwarten, ob Eier vom Land auf den Märkten in der Stadt auftauchen würden. Seither zählt Polen zu den Ländern, die den Übergang am erfolgreichsten bewältigt haben. Ende der 90er Jahre war Balcerowicz wieder auf seinem alten Posten als Erster Vizepremier- und Finanzminister. Aber jetzt gehörte der Politiker der Freiheitsunion an, einer jungen Partei, die sich an der Regierungskoalition beteiligte. Die Fragen, um die es ging, hatten jetzt längst nichts mehr mit Eiern zu tun. Polen war nun ein verwandeltes Land, das sich zunehmend in die Weltwirtschaft integrierte und Jahre nachhaltigen Wirtschaftswachstums hinter sich hatte.

Eines Nachmittags fand Balcerowicz Zeit für ein Gespräch mit uns. »Am Ende des 20. Jahrhunderts wissen wir, was gute und was schlechte Wirtschaftspolitik ist«, bemerkte er. »Wir wissen dies nicht nur aus den früheren kommunistischen Ländern, sondern auch aus Lateinamerika und Asien und selbst aus entwickelten Ländern. Bestimmte Richtungen der Wirtschaftspolitik sind zum Scheitern verurteilt. Andere führen zu wirtschaftlicher Entwicklung. Detaillierte und umfassende staatliche Interventionen produzieren ökonomisches Scheitern. Reform heißt einen besseren Rahmen für Entscheidungsprozesse zu schaffen.«

Im Rückblick auf ein Jahrzehnt Erfahrung folgert Balcerowicz: »Wenn man das Haushaltsdefizit kontrolliert, stabilisiert man die Wirtschaft. Wenn man die Preise freigibt, beendet man Knappheit und regt die Produktion an. Wenn man gesetzliche Grundlagen für die Wirtschaft bereitstellt, regt man die Entstehung neuer Unternehmen an, was die Voraussetzung für Wirtschaftswachstum ist. Schnelle Privatisierung ist gut für die Wirtschaft und die Menschen, selbst wenn sie kurzfristig Kosten verursacht. Aber in bestimmten Bereichen, wie im Finanzsektor, gibt es besondere Erfordernisse, in diesem Fall eine starke Aufsicht.«

All dies war im Großen und Ganzen das Rezept, dem Polen folgte. Aber war die Reform in Russland nicht gescheitert? Balcerowicz überlegte. »In Russland wurde der Reform keine Chance gelassen. Aber es gibt nichts, was irgendjemand von außen tun kann. Was in Russland passiert, hängt von den Russen ab.[19]

Kapitel 11

Die verzögerte Revolution
Amerikas neue Balance

Die letzte Supermacht auf der Erde schloss ihre Türen am 16. Dezember 1995. Der Regierung der USA ging das Geld aus. Ein Patt zwischen Präsident Bill Clinton und dem von den Republikanern kontrollierten Kongress unter Newt Gingrich und Bob Dole verhinderte die Freigabe der Mittel, um die Rechnungen der Bundesbehörden zu bezahlen.

Mehrere Hunderttausend Bedienstete der Bundesregierung wurden nach Hause geschickt. Weitere Hunderttausende bekamen nur einen Abschlag auf ihre Bezüge oder wurden überhaupt nicht bezahlt. Das Verteidigungsministerium erhielt Mittel und konnte daher weiterarbeiten, aber für viele andere Regierungsbehörden galt dies nicht. Da es für die Sicherheit relevant war, arbeitete das Wetteramt weiter, aber es gab keine Möglichkeit, seine Beschäftigten zu bezahlen. In einigen Behörden kamen nur »unverzichtbare« Staatsbedienstete ins Büro. Da es aber sehr wenig gab, was sie ohne ihre »verzichtbaren« Kollegen tun konnten, wurde ihnen geraten Kreuzworträtsel mitzubringen. Selbst die Cafeteria des Senats blieb geschlossen. Ohne die Staatsbediensteten waren die Straßen Washingtons so leer wie an einem Feiertag. Das Washington Monument war geschlossen, ebenso wie das Denkmal Abraham Lincolns. Die meisten Museen ließen ebenfalls die Rollläden herunter. Eine einzigartige Ausstellung von 21 der 35 bekannten Gemälde des niederländischen Meisters Vermeer blieb nur deshalb geöffnet, weil die Sicherheitsleute aus zusammengeborgten Privatmitteln bezahlt wurden.

Im ganzen Land waren die Einrichtungen der Bundesregierung geschlossen, darunter 397 Nationalparks. In Florida war der Eingang zum Everglades Nationalpark durch Barrikaden blockiert, an denen ein Schild mit der Aufschrift »Geschlossen wegen Haushaltssackgasse« prangte. Verärgerte Touristen ließen sich durch einen Brief des Parkaufsehers, der ihnen die Budgetprobleme der Nation auseinander setzte, kaum beschwichtigen. »Die Politik von 1996 spielt mit dem Leben der Menschen«, so ein Tourist, der den ganzen Weg von Pennsylvania nach Florida gefahren war, nur um keinen Zugang zum Everglades-Park zu erhalten. Die Bürger erhielten keine Genehmigung für ihre Hypotheken, weil die Federal Housing Administration nur mit einer Kernbelegschaft arbeitete. Auch Reisepässe waren nicht zu haben. Wer die USA besuchen wollte, bekam kein Visum, weil die amerikanischen Botschaften auf der ganzen Welt geschlossen waren. In Clintons Heimatstaat Arkansas schloss das von Bundesmitteln abhängige Amt für die Anerkennung von Schwerbeschädigten, wo 8 500 unerledigte Anträge der Entscheidung harrten. Ein Gästehaus am Meer im Staat Washington, dem ein Reiseführer über die romantischsten Orte zum Küssen (*Best Places to Kiss in the Northwest*) das Prädikat »vier Küsse« verliehen hatte, musste zum Leidwesen der Flitterwöchler schließen, weil es in einem Nationalpark lag.

Die Schließungen verursachten Verwirrung, Durcheinander und Verärgerung. Beschäftigte der Bundesbehörden, die nicht wussten, ob sie ihre Gehälter bekommen würden, zahlten ihre Hypothekenzinsen und Zahnarztrechnungen nicht mehr und machten sich Sorgen um die Sicherheit ihrer Jobs. Alles in allem war es ein höchst merkwürdiges Spektakel für ein Land, das gerade den Kalten Krieg gewonnen hatte.[1]

Bill Clinton war 1993 als »Neuer Demokrat« mit einer zweideutigen »neuen Politik« nach Washington gekommen. Sie betonte einerseits die Zurückhaltung des Staates, im Gegensatz zur traditionellen Politik seiner Demokratischen Partei, die Kritiker mittlerweile die Politik des »Besteuerns und Ausgebens« (*tax-and-spend*) nannten. Der Präsident warf 1993 sein ganzes Prestige in die Waagschale, um gegen große Widerstände ein Programm zur Verminderung des Haushaltsdefizits durchzubringen. Andererseits hatte die Administration einen ehrgeizigen Plan auf den Weg gebracht, um die Verantwortung im größten Sektor der Wirtschaft – der medizinischen Versorgung – zu übernehmen und ein nationales Gesundheitssystem zu schaffen, aber dieses Programm scheiterte an seiner schieren Komplexität.

Die Republikaner nahmen 1994 Rache und errangen in beiden Häusern, im Repräsentantenhaus und im Senat, eine satte Mehrheit. Ihr Wahlprogramm war der so genannte »Vertrag mit Amerika«, eine Liste von Maßnahmen, die darauf zielten, die Ängste der amerikanischen Mittelklasse zu beruhigen, besonders im Hinblick auf Verbrechen, »familiäre Werte« und das Haushaltsdefizit des Bundes. Außerdem enthielt der »Vertrag mit Amerika« das Versprechen, Regulierungen und staatliche Intervention zurückzuschrauben. Insgesamt verpflichteten sich die Republikaner darauf, den Staat zu verkleinern, die Staatsausgaben einzuschränken und das Budget auszugleichen. Sie schlugen nicht nur drastische Kürzungen im jährlichen Haushalt vor, sondern strebten auch nach einem Verfassungszusatz, der in Zukunft einen ausgeglichenen Haushalt vorschreiben sollte – mit anderen Worten, sie wollten Defizite für ungesetzlich erklären. Doch wie die Demokraten in traditionelle *liberals* und strenge Haushaltskonservative gespalten waren, so stritten die Republikaner untereinander über den Vorrang von Steuersenkungen oder Defizitverminderung. In jedem Fall jedoch sahen sie das Budget als Hebel für eine gründliche Umgestaltung des Staates. Mit der Schließung von Bundesbehörden befanden sich beide Seiten nun in einem heftigen und erbitterten politischen Kampf. Auf jedem Schritt ihres Weges konsultierten sie die moderne Version des Orakels: nicht die Innereien von Hühnern oder die Weissagungen von Delphi, sondern die Meinungsumfragen mit ihren täglichen Ausschlägen.

Sicherlich war der Kampf eine Vorbereitung auf die Präsidentschaftswahlen von 1996, aber er war auch ein Ringen um die Rolle des Staates: ob er ausgeweitet, in seiner Form erhalten oder vermindert werden sollte. Obwohl Clinton selbst häufig konservativer wirkte als viele seiner politischen Berater, ließ sich keine Übereinkunft erzielen. Die Republikaner wollten eine Haushaltspolitik, die den Defiziten des Bundes innerhalb von sieben Jahren ein Ende setzen würde. Vor allem wollten sie die steigenden Kosten der Gesundheitsversorgung kürzen: das Medicare-Programm für die Alten, verschiedene Sozialprogramme und Medicaid, die medizinische Nothilfe für die Armen. Außerdem sollten Sozialleistungen und Medicaid in die Regie der Bundesstaaten übergehen. Sie verlangten darüber hinaus starke Steuerkürzungen. Clinton legte gegen ihr Budget sein Veto ein, während sich die Republikaner ihrerseits weigerten, die Zwischenfinanzierung der laufenden Ausgaben für die Verwaltung zu bewilligen. Dies geschah zuerst im November 1995 und führte zu einer einwöchigen Schließung der Bundesbehörden. Der Vorgang wiederholte sich im Dezember noch einmal. Die Schließung ging über Weihnachten und den Neujahrstag weiter und jede Seite machte die andere dafür verantwortlich.

Im Laufe des Jahres 1995 schien der Republikaner Gingrich faktisch Amerikas Premierminister geworden zu sein, während Clinton wie eine »lahme Ente« aussah. Aber nun gewann Clinton in den Meinungsumfragen und Gingrich fiel rasch zurück. Zu ihrer Überraschung entdeckten die republikanischen Abgeordneten, dass sie die Unterstützung der Öffentlichkeit verloren. Sie hatten die Sympathie für die Angestellten der Bundesbehörden unterschätzt. Dennoch glaubten sie, dass sie die Macht hatten, Clinton zum Aufgeben zu zwingen, indem sie die Bundesverwaltung an den Rand der Zahlungsunfähigkeit brachten. Vor dem drohenden Gespenst des Bankrotts, so nahmen sie an, würde die Clinton-Administration kapitulieren. Darin hatten sie sich jedoch gründlich verschätzt. Sie hatten ihre Absichten nämlich monatelang allzu offen zu erkennen gegeben und damit Finanzminister Robert Rubin, einem erfahrenen Pokerspieler aus seiner Zeit an der Wall Street, ausgiebig Zeit verschafft sich vorzubereiten. Das Finanzministerium hatte auf Grund eines Gesetzes von 1990 das Recht, von verschiedenen Pensionsfonds für Staatsbedienstete Geld zu leihen, und war zur Zeit der Schließungen im Dezember bestens gewappnet. Es wandte sich an die Pensionsfonds und schob so eine mögliche Zahlungsunfähigkeit um Monate hinaus. Als sie erkannten, wie Rubin sie ausgetrickst hatte, waren einige Republikaner so wütend, dass sie laut über ein Amtsenthebungsverfahren nachdachten.

Dann machten die Republikaner einen weiteren entscheidenden Fehler. Zwischen Weihnachten und Neujahr nahm Clinton gegen den Rat einiger seiner Berater einen der Vorschläge der Republikaner an. Aber die republikanischen Abgeordneten, die Gingrich nicht disziplinieren konnte, lehnten Clintons Einwilligung ab. »Für die Republikaner war ›Ja‹ keine Antwort«, sagte später ein Berater Clintons. »Es sind kleine Dinge, die Geschichte machen. Wenn die Republikaner das Angebot des Präsidenten akzeptiert hätten, wäre das ein großer Sieg für Gingrich gewesen. Die Republikaner hätten sagen können, dass sie in weniger als einem Jahr erreicht hatten, was sie mit ihrem ›Vertrag mit Amerika‹ wollten; der Bund wäre weiter geschrumpft und Clinton hätte 1996 vielleicht die Wahlen verloren. Aber sie taten es nicht.«

Schließlich, zu Beginn des neuen Jahres, wurde eine Art Kompromiss erreicht. Die Haushaltskürzungen wurden vermindert, desgleichen die Steuersenkungen. Doch im Prinzip akzeptierte die Clinton-Administration mehr oder weniger, den Haushalt – wie vom Haushaltsausschuss des Kongresses gefordert – innerhalb von sieben Jahren auszugleichen. Und das war das wichtigste Ziel der Republikaner. Ende der ersten Januarwoche 1996 hüllte ein außergewöhnlich heftiger Schneesturm Washington in Weiß, und aufgrund des Verkehrschaos konnten sich die Vertreter beider Seiten nicht einmal treffen, um die Verhandlungen weiterzuführen. Aber trotz des Schnees waren die Schließungen vorüber.

Im Rückblick wurden die Schließungen und das Debakel um den Haushalt als Sieg der Demokraten verbucht. Doch sie markierten auch einen Wendepunkt für das Land und die Demokratische Partei gleichermaßen. Dies wurde deutlich, als Clinton einige Wochen später in seiner Rede zur Lage der Nation gleich zweimal sagte: »Die Ära des starken Staates [*big government*] ist vorüber.« Wie in so vielen anderen Ländern wurde die Wirtschaftspolitik in Amerika jetzt nicht mehr allein von der öffentlichen Meinung bestimmt, sondern auch von dem Urteil, das die Finanzmärkte, unter anderem die Billionen von Dollar in den Rentenfonds, über die Redlichkeit dieser Politik fällten. Und die Auffassung des Marktes hätte nicht deutlicher sein können: Große Haushaltsdefizite waren inakzeptabel. Die Hauptströmung der amerikanischen Politik hatte eine andere Richtung eingeschlagen und Bill Clinton erwies sich als Erbe eines Wandels, der tatsächlich schon zwei Jahrzehnte zuvor begonnen hatte.[2]

Die Neudefinition der Beziehung zwischen Staat und Markt war in den USA weniger dramatisch als anderswo, weil der Staat nach dem Zweiten Weltkrieg zwar expandierte, dies aber nicht in Form von Staatseigentum tat. Wenn die starke Ausweitung der Staatstätigkeit in den USA ursprünglich auf der Idee des Scheiterns des Marktes beruhte, spiegelte die Neubestimmung der Beziehung zwischen Staat und Markt einen Meinungswandel: schwindendes Vertrauen in die Fähigkeit des Staates, die Fehlleistungen des Marktes zu korrigieren, und steigendes Vertrauen in die Fähigkeit der Märkte, die Probleme selbst zu lösen. Doch spiegelte sich in diesem Wandel wirklich mehr als eine Veränderung der Sprache und der Meinungen? Stellte er eine wirkliche Neufestlegung der Grenze zwischen Staat und Markt dar?

Die USA galten im manichäischen Wettstreit zwischen Kommunismus und Kapitalismus immer als das eigentliche Heimatland des Kapitalismus. Sie wurden als Land des Unternehmertums, der Innovation, der Risikobereitschaft, der unbegrenzten Möglichkeiten und des »kreativen Zerstörungswerks« des Marktes wahrgenommen. Doch der Staat war in den USA durchaus nicht abwesend. Während staatliche Interventionen in anderen Ländern häufig in der Schaffung von Staatseigentum bestanden, war ihre charakteristische Form in den USA die Regulierung. Und auch die Vereinigten Staaten entwickelten einen großen und wachsenden Wohlfahrtsstaat und ein System von Leistungsansprüchen. Daher wurde und wird die Schlacht in den USA auf den Feldern der Regulierung, der Besteuerung, der Ausgabenpolitik, des Wohlfahrtsstaates und (wenn auch weniger sichtbar) der Privatisierung geschlagen. Die Regulierung entwickelte sich dabei in zwei Richtungen: einerseits weniger Intervention in den Markt, andererseits stärkere Intervention, um soziale Werte aufrechtzuerhalten. Insgesamt jedoch hat die Nation Kämpfe um fiskalpolitische Disziplin ausgefochten, die mit jenen in den meisten Ländern am Vorabend des 21. Jahrhunderts vergleichbar sind. Diese Kämpfe nahmen ihren Anfang vor zwei Jahrzehnten.

Der Außenseiter

Als Ronald Reagan 1980 die Nominierung zum Präsidentschaftskandidaten der Republikanischen Partei gewann, wirkte er so sehr wie eine politische Randfigur, dass es während des Parteitages intensive Verhandlungen hinter den Kulissen gab, mit dem Ziel, ihm den ehemaligen Präsidenten Gerald Ford als Kandidaten für die Vizepräsidentschaft zur Seite zu stellen. Ford sollte als eine Art »Mitpräsident« für die Außenpolitik und den Haushalt weit reichende Verantwortung übernehmen. Er sollte außerdem so etwas wie ein »Superdirektor des Präsidentenbüros« werden. Wie ernst die Initiative gemeint war, belegt die Tatsache, dass in der Diskussion niemand Geringeres als der Meisterunterhändler Henry Kissinger zusammen mit dem Meister des Geldes, Alan Greenspan, die Seite Fords und im weiteren Sinne des republikanischen Establishments vertrat.

Nach einigen Tagen jedoch scheiterte der gesamte Plan, nicht nur aufgrund seiner mangelnden Plausibilität und der offenkundigen Verletzung der Verfassung, die damit verbunden war. Denn schon machten Witze die Runde: Ford würde vor neun, nach fünf und am Wochenende Präsident sein. Und Reagan war nicht gerade begeistert von der Aussicht, dass er im Wahlkampf gegen Jimmy Carter als Gouverneur Reagan antreten würde, Ford dagegen als Mr. President.[3]

Doch schon allein die Tatsache, dass man eine so bizarre Idee überhaupt in Erwägung zog, machte deutlich, für wie unzuverlässig und unerfahren man Reagan hielt, obwohl er acht Jahre lang Gouverneur von Kalifornien gewesen war, dem bevölkerungsreichsten Staat der Nation (mit damals 20 Millionen Einwohnern), verglichen mit Carters vier Jahren als Gouverneur von Georgia (das eine Bevölkerung von 4,5 Millionen Menschen hatte). Doch man meinte, Reagan stünde außerhalb des Mainstreams der amerikanischen Politik, eine liebenswürdige Gestalt zwar, aber eben von rechts außen. Er war ein Ideologe mit einem Vokabular, das seit Franklin Roosevelts New Deal veraltet war. Er sprach davon, den Staat zurückzudrängen und staatliche Programme zu kürzen; er förderte das freie Unternehmertum und feierte die Magie der Märkte. Das war verständlich, wenn man – wie

Reagan in seinen letzten Jahren als Schauspieler, bevor er in die Politik ging – Sprecher von General Electric oder Gastgeber der Fernsehserie »Death Valley Days« war. Aber sicher war es nicht die Art von Rhetorik, die man von einem Präsidenten der USA erwartete.

Reagan sagte gerne, dass es ihm nichts ausmache, unterschätzt zu werden. Es verschaffe ihm einen Vorteil. Wie sich später herausstellte, sollten Reagan und seine Regierung die Sprache der amerikanischen Politik verwandeln und dazu beitragen, die Beziehung zwischen Staat und Markt in den USA neu zu bestimmen.

»Von der Realität düpiert«

Ideen schufen die Voraussetzungen für die »Reaganomics«. Dabei spielte die Chicagoer Schule eine sehr wesentliche Rolle. Der Skeptizismus, der von den wirtschaftlichen Schwierigkeiten der 70er Jahre hervorgerufen worden war, verschaffte den Chicagoer Ökonomen, für die der Staat das Problem und nicht die Lösung war, noch größeren Einfluss. Aber die Chicagoer Schule stand damit durchaus nicht allein. Ökonomen wie Martin Feldstein von der Harvard Universität, eine Zeit lang Chef von Reagans Wirtschaftsrat, und andere leisteten einen großen Beitrag bei der Einschätzung der Kosten hoher Steuern, indem sie belegten, dass sie zu sinkenden Investitionen führten und die wirtschaftlichen Leistungsanreize verminderten. Und die Theorien »nichtmarktmäßiger Entscheidungen« (*public choice theories*), die an der Universität von Virginia entwickelt worden waren, boten eine einflussreiche Erklärung für die Probleme des Staates: Demnach gelang es Sonderinteressen, die Staatstätigkeit ihrem eigenen Nutzen dienstbar zu machen. Außerdem trat zunehmend eine Gruppe von Autoren und Ökonomen in den Vordergrund, die als *supply-siders* bekannt wurden, weil sie die Angebotsseite der Wirtschaft betonten. Diese Gruppe war zutiefst überzeugt, dass die Inflation das größte Übel der Gesellschaft war. Das internationale Währungssystem sollte ihnen zufolge auf festen Wechselkursen beruhen, im Idealfall auf dem Goldstandard. Aber das bekannteste Konzept der Verfechter einer angebotsorientierten Wirtschaftspolitik war die Idee, dass die Staatseinnahmen, die durch Steuersenkungen verloren gingen, durch die zusätzlichen Steuereinnahmen aufgrund eines höheren Wirtschaftswachstums mehr als wettgemacht würden.

Während verschiedene Gruppen von Ökonomen alte Überzeugungen darüber, wie die amerikanische Wirtschaft funktionierte, beiseite schoben, lieferte eine parallele Strömung eine politische, soziale und sogar kulturelle Kritik, die einem Kurswechsel Vorschub leistete: der Neokonservatismus. Diese Bewegung tauchte in den USA in den späten 60er und frühen 70er Jahren auf. Ihr Kern, der zunächst nur ein paar Dutzend Leute umfasste, bestand aus desillusionierten Linken, die – in den Worten eines der Führer der Bewegung, Irving Kristol – »von der Realität düpiert« worden waren. Viele kamen von ganz links außen und waren in ihrer Jugend in der einen oder anderen Form Marxisten gewesen. Kristol selbst bemerkte einmal, dass es ihm nichts ausmache, noch 50 Jahre danach als Ex-Trotzkist bezeichnet zu werden, schließlich habe er seine Frau bei einem Treffen junger Trotzkisten in Brooklyn kennen gelernt.

Der Neokonservatismus bezog seinen Antrieb aus der Reaktion auf die »gegenkulturelle« Jugendrevolte der späten 60er Jahre, die so genannte Neue Linke, die Angriffe von Studenten auf Universitäten und den Kult um Militanz und Radikalismus. Die Neokonservativen bekämpften nicht nur Sozialismus, Marxismus, Kommunismus und Etatismus. Auch das linke Ethos in Amerika, das ihrer Meinung nach in der Politik und den Medien derart beherrschend war, dass es nahezu unangreifbar schien, machten sie als Feind aus. Die Neokonservativen waren überzeugt, dass dieses linke Ethos allenthalben Nachlässigkeit, Verfall und moralischen Niedergang mit sich brächte und schließlich zum Abstieg der USA führen müsste. Sie kritisierten ehrgeizige staatliche Programme, weil sie nicht zu den versprochenen Ergebnissen führten, eine Abhängigkeitskultur schafften und die Dinge verschlechterten, statt sie zu verbessern. Viele ihrer stärksten Argumente gründeten sich auf das Gesetz der unbeabsichtigten Folgen. Öffentlicher Wohnungsbau zum Beispiel – davon waren sie überzeugt – schaffte Elendsviertel, statt sie zu beseitigen, und vernichtete bezahlbaren Wohnraum für Arbeiterhaushalte mit niedrigen Einkommen. Die Neokonservativen wandten sich auch gegen die »Dritte-Welt-Ideologie«, wonach die USA die Quelle aller Übel in den Entwicklungsländern waren, weil sie die Dritte Welt ausbeuteten, unterdrückten und ihre Hoffnungen zerstörten – im Gegensatz zur Wohltätigkeit des Sozialismus und der Sowjetunion. Kern all dieser Einstellungen war für die Neokonservativen die linke Vorliebe für Schuld und Selbstkasteiung, die linke Kultur der Abbitte und der Suche nach Absolution, die zu einer verheerenden Politik im Inland und zur Kapitulation vor dem Ausland führe.

Die Neokonservativen waren Intellektuelle und glaubten ebenso wie die

Friedrich von Hayeks und Milton Friedmans daran, dass ihre Schlacht mit Ideen ausgefochten wurde. Sie führten einen ideologischen Kampf gegen die herrschenden Ideen, die die Kommandohöhen des amerikanischen Denkens mehrere Jahrzehnte lang besetzt gehalten hatten. »Die Wahrheit ist, dass Ideen von entscheidender Bedeutung sind«, schrieb Kristol Mitte der 70er Jahre. »Die massiven und scheinbar soliden Institutionen jedweder Gesellschaft – die wirtschaftlichen, politischen, religiösen Institutionen – befinden sich immer in der Gewalt der Ideen jener Menschen, die diese Institutionen bevölkern. Die Macht der Ideen ist ungeheuer.« So führten die Neokonservativen ihre Kampagne nicht in Wahlkreisen, sondern mit Druckerschwärze. Sie entwickelten und verbreiteten ihre Ideen in Journalen wie *The Public Interest*, *Commentary* und – von entscheidender Bedeutung – im *Wall Street Journal*, dem einzigen Mainstream-Medium, das ihre Überzeugungen vertrat. Zu dieser Gruppe gehörten zumindest zeitweise einige der bekanntesten Intellektuellen Amerikas – Nathan Glazer, James Q. Wilson, Norman Podhoretz, Jeane Kirkpatrick, Michael Novak, Ben Wattenberg, Peter Berger und vielleicht auch der Politiker und Intellektuelle Daniel Patrick Moynihan. (Daniel Bell, der ebenfalls zuweilen als Neokonservativer bezeichnet wurde, distanzierte sich allerdings von der Bewegung.) Obwohl nicht leicht einzuschätzen, war der Einfluss des Neokonservatismus dennoch beträchtlich. Er legte die Grenzen der politischen Debatte neu fest und gab den Konservativen neue Ideen. »Die Schwäche der linken Sozialpolitik wurde offenkundig«, erinnerte sich Kristol. »Wir wiesen den Konservativen einen Weg, die Sozial- und Wirtschaftspolitik zu kritisieren. Zum Teil beruhte unser Einfluss darauf, dass wir nicht aus den schöngeistigen Fächern kamen, sondern eine Gruppe von Sozialwissenschaftlern waren, deren Studien man im Kongress verstehen und in den Medien nicht einfach als das Werk von New Yorker Intellektuellen abtun konnte.«

Zumindest damals standen die Neokonservativen aus ihrer eigenen Sicht der Demokratischen Partei nahe. Viele von ihnen waren Kinder des New Deal. Die Republikaner galten als eine Partei für Leute, die Mitglieder in Country Clubs waren, nicht für Leute, die großstädtische Colleges besucht hatten. Tatsächlich hatte Irving Kristol als junger Mann einen Artikel über Diskriminierung in Country Clubs geschrieben, in dem seine Verwunderung zum Ausdruck kam, dass überhaupt jemand Lust verspüren sollte, Mitglied eines solchen Klubs zu werden. Aber die Nominierung von George McGovern zum Präsidentschaftskandidaten der Demokraten 1972 überzeugte die meisten Neokonservativen, dass sie in der Partei keine Heimat mehr hatten, weil sie von der Linken erobert worden war, die in ihren Augen gegenüber

Kommunismus und Sowjetmacht naiv und in Fragen der Verteidigung zu weich agierte.* »Obwohl keiner von uns ein Republikaner war und nur wenige von uns überhaupt Republikaner kannten«, so erinnert sich Kristol, »war unser politisches Koordinatensystem dabei, sich zu verändern.«

Die Neokonservativen riefen nach einer Verkleinerung des Staates und seiner Aufgaben. Mit wachsendem Nachdruck boten sie auch eine optimistische, zuversichtliche Sicht auf den Kapitalismus und den Markt. Norman Podhoretz, Herausgeber von *Commentary*, riet Kristol einmal, lieber über »freies Unternehmertum« und »freie Märkte« zu schreiben, da das Wort »Kapitalismus« ein wenig »besudelt« sei. Doch Kristol blieb unnachgiebig. Seiner Meinung nach musste »der Kampf zur Rehabilitierung der Reputation des Systems unvollständig bleiben, wenn nicht auch sein Name von seinem schlechten Ruf befreit« würde. »Das ist das Wort«, sagte Kristol später. »Benutzen Sie es.«

»Wir hatten keine Ökonomen in der ursprünglichen Gruppe um *The Public Interest*«, so Kristol. »Ich war damals kein großer Bewunderer von Chicago. Ich war immer noch ein Linker, ein skeptischer Linker. Doch um 1980 kam es zu einer Verschmelzung der Denkschule, die für freie Märkte eintrat, und des Neokonservatismus. Vielleicht hatte Reagan das bewirkt.«[4]

Ironischerweise schien das Marktsystem in seiner damaligen Form immer schlechter zu funktionieren. Aber unter dem Einfluss der konservativen Ökonomielehre und der neokonservativen Gesellschaftskritik begann sich ein grundlegender Wandel der Ansichten über die Rolle des amerikanischen Staates zu vollziehen. Der Prozess dauerte lange. Sein eigentlicher Ursprung lag in der Krise, die der Reagan-Administration voranging: der Inflation der späten 70er Jahre. Wie in anderen Industrieländern signalisierte diese Krise die Schwäche des vorherrschenden Wirtschaftssystems und bewirkte schließlich seine Veränderung.

Der Zentralbankier

Die Vereidigungszeremonie im Weißen Haus am 6. August 1979 war ungewöhnlich nüchtern. Zu dieser Zeit stieg die Inflation in erschreckendem, für das moderne Amerika beispiellosem Maße. Sie schien sich fest in den Cha-

---

* Einige Jahre später machte McGovern, längst geschlagen und eine Zeit lang Gastwirt, übertriebene staatliche Regulierung für das Scheitern seines Unternehmens verantwortlich.

rakter des Landes eingegraben zu haben. Die Zuversicht schwand. Drei Wochen zuvor hatte Präsident Jimmy Carter eine nationale »Vertrauenskrise« konstatiert und Mitglieder seines Kabinetts entlassen. Dieser Schritt sollte Entschlossenheit demonstrieren und die Nation beruhigen, aber stattdessen brachte er das Land nur noch mehr durcheinander. Carter ernannte einen neuen Finanzminister, den Geschäftsmann William Miller. Das wiederum bedeutete, dass der Präsident den Posten des Notenbankpräsidenten neu besetzen musste, den Miller zuvor innegehabt hatte. Dieser Wahl kam ganz erhebliche Bedeutung zu, denn die Notenbank, die nach ihrem Statut die unabhängige Zentralbank der Nation ist, spielte im Krieg gegen die Inflation eine ausschlaggebende Rolle. Aber wen sollte Carter ernennen? Vorgeschlagen wurde ihm Paul Volcker, ein erfahrener Geldexperte und seinerzeit Präsident der New Yorker Zentralbank*, der die notwendigen Fähigkeiten und die Reputation mitbrachte, um Vertrauen in die Geldpolitik zu gewährleisten. Zwar hatte Carter nie von Volcker gehört, aber er war verzweifelt bestrebt, wieder ein gewisses Maß an Vertrauen und Autorität im Hinblick auf die Steuerung der Wirtschaft zu schaffen. So gelangte Volcker in den so genannten East Room des Weißen Hauses, wo er als Präsident der Notenbank vereidigt wurde. Betrachtet man die Auswirkungen seiner Politik auf die Wirtschaft und ihren Beitrag zum Ergebnis der Präsidentschaftswahlen von 1980, so mag sich Carter später gewünscht haben, er hätte niemals von Volcker gehört.

An jenem Augusttag wusste Volcker genau, was er zu tun hatte, auch wenn er sich noch nicht darüber im Klaren war, wie er es erreichen sollte. »Wir stehen wirtschaftlichen Schwierigkeiten gegenüber, die für uns wirklich völlig neu sind«, sagte er mit angemessen finsterer Miene bei seiner Vereidigung. »Und wir haben die Euphorie verloren, die wir vor 15 Jahren hatten: genau zu wissen, wie man die Wirtschaft steuert.« Seine Mission lautete, wie er später sagte, »den Drachen der Inflation zu erschlagen«. Wenn er scheiterte, würde die Folge entweder eine dauerhafte Inflation im Stile Lateinamerikas sein oder eine neue Weltwirtschaftskrise. Die politischen Konsequenzen wären noch schlimmer gewesen und hätten die Grundlagen der amerikanischen Demokratie bedroht. Von einer Sache war Volcker absolut überzeugt: Eine Politik der kleinen Schritte oder halben Maßnahmen würde nicht funktionieren.

---

* Eine der zwölf regionalen Banken des Zentralbankensystems der USA (Federal Reserve System); die anderen sind: Boston, Philadelphia, Cleveland, Richmond, Atlanta, Chicago, St. Louis, Minneapolis, Kansas City, Dallas und San Francisco. (A. d. Ü.)

Beim Empfang im Weißen Haus nach der Vereidigung vertraute Volcker einer Journalistin an: »Ich bin langweilig. Es ist die Aufgabe von Zentralbankern, so langweilig wie möglich zu sein.« Das war eine außerordentlich strenge Selbsteinschätzung eines Mannes, der gegen enorme Widerstände der Inflation den Krieg erklärte und siegte – und der die USA schließlich auf einen neuen wirtschaftspolitischen Kurs brachte.

Volcker war für diese Rolle wie geschaffen. Mit seiner hünenhaften Größe und der Zigarre, die häufig in seinem Mundwinkel qualmte, war er schon seit Jahren eine unverwechselbare Gestalt in der internationalen Finanzwelt. Man sagte von ihm, er sei der einzige Mann, der gleichzeitig zu einem hinunter und über einen hinweg sprechen konnte. Wenn auch ein wenig schüchtern, war er doch selbstbewusst und dominierend, verfügte über eine beträchtliche technische und politische Begabung, hatte ein gutes Gespür für Märkte und galt allgemein als durch und durch integer. Während eines Großteils seiner Karriere stand er in Staatsdiensten und führte ein rechtschaffenes Leben. Er bezog in Washington ein kleines Apartment, das mit alten Zeitungen und Angelzubehör voll gestopft war, und fuhr nur an den Wochenenden zu seiner Familie, die in New York geblieben war. Einmal in der Woche packte er seine Wäsche in einen Koffer und brachte sie zum Waschen ins Haus seiner Tochter in Nordvirginia. Sein persönlicher Stil war geheimnisvoll. Auf Grund seiner jahrelangen Erfahrung mit den Werkzeugen des Zentralbankgeschäfts wusste Volcker um die Bedeutung von Überraschung und Geheimhaltung. Er hatte die Fähigkeit zur Verdunkelung und das Raunen des Zentralbankiers, in dem sich tiefe Wahrheiten und Banalitäten mit logischen Brüchen mischen, derartig perfektioniert, dass seine Aussagen unentschlüsselbar wurden.

Volcker hatte früh gelernt, sich über die Inflation Sorgen zu machen. Einige seiner Professoren in Princeton entstammten der Österreichischen Schule, aus der auch Friedrich von Hayek kam. Für sie war das prägende Ereignis die Inflation nach dem Ersten Weltkrieg gewesen. Obwohl Volcker die keynesianischen Analysemethoden übernahm, war er immer skeptisch im Hinblick auf die Möglichkeit, etwas so Komplexes wie die Wirtschaft zu steuern. »Die Kennedy- und die frühe Johnson-Administration waren der absolute Höhepunkt der Selbstüberschätzung der Ökonomen«, sagte Volcker. »Sie dachten, sie hätten die Antworten und wüssten, wo sie anzusetzen hätten. Dagegen hatte ich eine instinktive Abneigung. Ich war immer der Meinung, das ist überzogen.« Volcker war auch von seiner Erfahrung im Zentralbankensystem geprägt. »Ich war Zentralbanker. Ich machte mir ständig Sorgen um die Inflation, bereits in den 50er Jahren, als schon zweieinhalb Prozent als sehr bedrohlich galten.« Als Staatssekretär im Finanzministerium der Nixon-Administration hatte er eine Schlüsselrolle beim Übergang von den in Bretton Woods vereinbarten festen Wechselkursen zu freien Wechselkursen gespielt.[5]

Als Präsident der Notenbank war Volcker entschlossen die Inflationserwartung auszumerzen, die Amerika im Griff hielt – die »Wette auf die Inflation«, wie er es nannte. Seine Waffe war ein modifizierter Monetarismus. Statt sich direkt den Zinsen (dem Preis des Geldes) zuzuwenden, kontrollierte die Notenbank die tatsächliche Nachfrage nach Geld oder die Geldmenge durch die Steuerung der Bankreserven. Das war eine großkalibrige Waffe, aber Volcker sah keine Alternative. Die Auswirkungen waren dramatisch. Als die Zentralbank die Geldzufuhr drosselte, schossen die Zinsen in die Höhe: auf 20 Prozent und darüber. Die Wirtschaft verlangsamte sich, schrumpfte und fiel in die tiefste Rezession seit der Weltwirtschaftskrise. Die Arbeitslosigkeit stieg auf bis zu zehn Prozent, Häuser ließen sich nicht mehr verkaufen, Firmen kämpften mit Liquiditätsproblemen, Autohändler saßen auf ihren Wagen fest. Die Rezession war 1980, zusammen mit der Geiselkrise im Iran, ein wesentlicher Faktor für die Niederlage Jimmy Carters gegen Ronald Reagan. Nach Reagans Wahl blieben die Notenbank und besonders Volcker ein Hauptangriffsziel wütender Politiker, die einen politischen Rückschlag fürchteten. Doch Reagan selbst griff Volcker nie richtig an. »Leute im Weißen Haus und im Finanzministerium setzten Reagan unter Druck, aber sie brachten ihn nie dazu, mich zu kritisieren«, sagte Volcker. »Eine gewisse Nachdenklichkeit, ja. Aber Reagan hatte das instinktive Gefühl, dass die Bekämpfung der Inflation eine gute Sache war.« Über das Thema Inflation sagte Reagan zu seinem Außenminister George Shultz: »Wenn nicht wir, wer dann? Wenn nicht jetzt, wann sonst?«

Unterdessen wuchs die öffentliche Verärgerung über Volcker und die Notenbank. Farmer belagerten das Gebäude der Notenbank, um gegen die hohen Zinsen zu protestieren. Autohändler schickten Särge mit Autoschlüsseln, um die Autos zu symbolisieren, die aufgrund der hohen Zinsen nicht verkauft werden konnten. Volcker selbst las herzzerreißende Briefe von Leuten, die ihm beschrieben, wie sie jahrelang gespart hatten, um ihren Eltern ein Haus zu kaufen, und dies nun wegen der hohen Zinsen nicht mehr konnten. Diese Briefe gingen ihm sehr nahe, aber er sah immer noch keine Alternative. Volcker fühlte sich jedoch persönlich getroffen, als der deutsche

Kanzler Helmut Schmidt, der Volcker und andere amerikanische Offizielle sehr ermutigt hatte, den Kampf gegen die Inflation aufzunehmen, später bittere Kritik übte und über die »höchsten Realzinsen seit Christi Geburt« höhnte. Wenn die Inflation nicht besiegt würde, so glaubte Volcker, würde es einen weit größeren Zusammenbruch geben. Und er war überzeugt, dass er schließlich Unterstützung für den direkten Kampf gegen die Inflation bekommen würde. »Man hatte das Gefühl, dass man dafür zwar nicht die Mehrheit der Wähler gewonnen hätte, aber doch eine Menge Stimmen«, sagte er. »Die Menschen waren verängstigt. Etwas musste geschehen. Aber niemandem von uns war so richtig klar, wie hart es werden würde. Einiges hätten wir nie erwartet. 20 Prozent Zinsen! Wer hätte das je für möglich gehalten? Aber man wird mitgerissen und kann nicht aufgeben. Man will nicht aufgeben. Nachzugeben, aufzugeben, das entsprach nicht meinem Charakter.«

Es dauerte drei Jahre. Im Sommer 1982 war der Sieg über die Inflation in Sicht. Tatsächlich fiel sie in jenem Jahr unter vier Prozent. Volckers einzigartige Leistung war die Bezwingung der Inflation zu einer Zeit, als die Mutlosigkeit überhand nahm. Er brachte die USA auf einen neuen wirtschaftlichen Kurs. Die Risiken eines Scheiterns kamen ihm oft in den Sinn. Als er einmal mit der Anschuldigung konfrontiert wurde, sich wie ein deutscher Zentralbanker zu benehmen, erwiderte er: »Ich sehe das nicht als Kritik. Das ist ein Kompliment. Ich bin da in sehr guter Gesellschaft.«[6]

Jenseits der »Besteuerungs- und Ausgabenpolitik«

Dank Volckers Anstrengungen wurden sehr früh in der Regierungszeit Reagans geldpolitisch die Zügel angezogen. Reagans unerschütterliche Haltung im Fluglotsenstreik von 1981 trug dazu bei, den Ton der Arbeitskämpfe zu verändern, und half die psychologische Inflationserwartung zu dämpfen. Aber nun stand noch die Fiskalpolitik auf der Tagesordnung: die Art, wie der Staat seine Einnahmen erhob und wie er sie ausgab. Das Anwachsen des Wohlfahrtsstaates, der Leistungsansprüche und staatlichen Verpflichtungen gegenüber der Mittelklasse, den Armen und besonders den Alten machte staatliche Ausgaben zu einem politischen Erfordernis, zur Quelle von Wählerstimmen. Das Problem lag selbstredend darin, wie diese Ausgaben finanziert werden sollten.

Ronald Reagans Berater kamen mit der Absicht ins Amt, sowohl die Steuern als auch die Ausgaben zu senken. Aber sie stellten bald fest, dass das erste Ziel leichter zu erreichen war als das zweite, und das aus einem einfachen politischen Grund: Steuersenkungen waren populär. Und die Steuern wurden in der Tat erheblich reduziert. Der Spitzensteuersatz wurde von 70 auf 28 Prozent gesenkt, die Steuerbasis verbreitert, viele steuerlich abzugsfähige Posten wurden gestrichen und Schlupflöcher gestopft. Aber es war unpopulär, die Ausgaben zu kürzen, und der von den Demokraten beherrschte Kongress ereiferte sich über das Ausmaß der Kürzungen, die der Präsident vorschlug. Dabei rührte Reagan die Leistungsansprüche der Mittelschicht nicht an. Außerdem sparte er das Verteidigungsministerium nicht nur aus, sondern erhöhte im Verlauf seiner beiden Amtszeiten den Verteidigungsetat sogar noch erheblich, darunter durch seine so genannte »strategische Verteidigungsinitiative« (SDI) für den »Krieg der Sterne«.

Einige im Lager Reagans waren optimistisch, obwohl es nicht gelang, die Staatsausgaben insgesamt zu kürzen. Das waren – in den Worten des republikanischen Ökonomen Herbert Stein – die »wilden« Angebotsökonomen mit ihrem felsenfesten Glauben, dass fallende Steuereinnahmen aufgrund von Steuersenkungen durch höheres Wirtschaftswachstum mehr als ausgeglichen würden. Aber genau das geschah nicht. Weil die Ausgaben nicht gleichzeitig mit den Steuern gesenkt wurden – und die Verteidigungsausgaben sogar steil anstiegen – und weil die Steuersenkungen nicht im erhofften Umfang der Wirtschaft zugute kamen, schwollen die Schulden des Bundes und das jährliche Defizit an und 1981/82 geriet die Wirtschaft in eine tiefe Rezession. Im September 1982 ließ die Reagan-Regierung in ihrem ersten Versuch, den Schaden zu beheben, der »größten Steuersenkung der Geschichte« die »größte Steuererhöhung der Geschichte« folgen. Aber das Ziel wurde verfehlte. Am Ende von Reagans erster Amtszeit war in den Augen vieler die angebotsorientierte Politik diskreditiert und die Unfähigkeit der Regierung, die Steuern und Ausgaben zu senken, stand in deutlichem Kontrast zu Volckers Sieg über die Inflation. David Stockman, Reagans erster Direktor des Office of Management and Budget, verließ die Regierung niedergeschlagen, enttäuscht über die angebotsorientierte Politik und die Realitäten des politischen Prozesses. Die Unfähigkeit, die Fiskalpolitik zu ändern, so meinte er, sei ein klarer Beweis für den »Triumph der Politik«, den Sieg der Ansprüche über strenge Disziplin und die anhaltende Logik der Wahlgeschenktradition des amerikanischen Gesetzgebers gegenüber kühler wirtschaftlicher Logik. »›Ich beteiligte mich als radikaler Ideologe an der

Reagan-Revolution«, schrieb er, »und ich machte die traumatische Erfahrung, dass eine solche Revolution nicht möglich ist.«

Der Triumph der Politik und des »fiskalischen Irrtums« (Stockman) gebar ein neues Monstrum, das ins Zentrum der politischen Debatte rückte: das Defizit und die Schulden des Bundes. Zwischen dem Beginn und dem Ende der Präsidentschaft Reagans verdreifachte sich das jährliche Haushaltsdefizit nahezu. Gleiches galt für die Gesamtverschuldung der öffentlichen Hand, die von 995 Milliarden auf 2,9 Billionen Dollar stieg. Richard Darman, Mitglied der Reagan- und der Bush-Administration, drückte es so aus: »In den Reagan-Jahren kamen mehr Bundesschulden hinzu als in der gesamten vorherigen Geschichte der USA.«

Gegen das Ausmaß der Ausgaben war schlicht kein schnell wirkendes Kraut gewachsen. Manche sahen in den Steuersenkungen jedoch eine andere Logik am Werk: Verminderte man die Steuern und die Staatseinnahmen, so würden Last und Ausmaß der Defizite – und der drohende nationale Bankrott – schließlich den Rückzug von den hohen Staatsausgaben erzwingen. Dieser Gedanke war nicht auf glühende Vertreter einer angebotsorientierten Politik beschränkt und erwies sich letztlich als richtig. Aber dazu kam es in den Reagan-Jahren noch nicht, sondern erst einige Jahre später.

Als George Bush 1989 ins Amt kam, betrug das jährliche Defizit 152 Milliarden Dollar. Die Steuern konnten aus übermächtigen politischen Gründen nicht nennenswert erhöht werden – wie Bush feststellen musste, als sein Rückzug von seinem feierlichen Wahlkampfversprechen (»*read my lips*«), keine neuen Steuern zu erheben, zu seiner schwersten politischen Hypothek wurde. Es gab keine andere Wahl, als die Ausgaben zu beschränken. Und glücklicherweise boten internationale Ereignisse eine gute Gelegenheit, das Problem anzupacken. Der Fall der Berliner Mauer und der Zusammenbruch des Sowjetreiches ermöglichten eine Verminderung der Verteidigungsausgaben. Doch dies war nicht genug. Aufgrund der Rezession der frühen 90er Jahre sanken die Steuereinnahmen und 1992, als die Präsidentschaft von Bush sich ihrem Ende zuneigte, kletterte das Defizit auf 290 Milliarden Dollar.

Doch zu dieser Zeit hatten knallharte Fiskalkonservative, die sich stolz selbst so bezeichneten, in beiden großen Parteien an Boden gewonnen. Die Ideen hinter der »Reagan-Revolution« hatten nun eine weit größere Resonanz gefunden. »Besteuerungs-und-Ausgaben-Politik« wurde zu einem negativen Begriff, den man vermeiden wollte – obwohl es sich dabei schließlich um die beiden grundlegenden Funktionen jeder Fiskalpolitik handelt. Auf

Seiten der Demokraten kritisierte eine Gruppe, die sich »Neue Demokraten« nannte, den traditionellen Ansatz der Demokratischen Partei und nahm immer stärker Einfluss auf das Parteiprogramm.

Einer ihrer bekanntesten Vertreter war der Gouverneur von Arkansas, Bill Clinton, der den Sprung zur Präsidentschaft schaffte. Die Spaltung innerhalb der Demokraten verlief mitten durch seine Regierung. Finanzminister Lloyd Bentsen und Robert Rubin, Chef des neu gegründeten Nationalen Wirtschaftsrats (National Economic Council), waren überzeugt, dass der beste Weg zur Förderung des Wirtschaftswachstums in der Verminderung des Defizits bestand. Das würde die langfristigen Zinsen nicht nur unmittelbar verringern, sondern auch indirekt, weil so auf dem Rentenmarkt das Vertrauen geschaffen wurde, dass man es mit dem Abbau der Verschuldung ernst meinte. Dadurch würde der Inflationszuschlag auf die Zinsen sinken. Und niedrigere Zinsen waren der beste Anreiz für investitionsgelenktes Wachstum, viel besser als der traditionelle Stimulus keynesianischer Ausgabenpolitik. In der Tat wären alle Effekte eines staatlichen Programms zur Ankurbelung der Wirtschaft von den höheren Zinsen mehr als aufgezehrt worden, mit denen der Markt reagiert hätte. Darin stimmten Clintons Neue Demokraten ganz mit Alan Greenspan überein, der 1987 die Nachfolge Volckers als Notenbankpräsident angetreten hatte und das Anwachsen des Defizits mit wachsendem Unbehagen sah. Greenspan war überzeugt, dass ein weiter steigendes Defizit nicht nur höhere Steuern und langsameres Wachstum bedeutet hätte, sondern sogar in eine Katastrophe führen konnte. Die traditionellen Linken unter Clintons Regierungsmitgliedern und Beratern dagegen waren entsetzt. Clinton hatte nicht den Wahlkampf durchgefochten, brachten sie vor, um dann eine »republikanische Ökonomielehre« zu vertreten. Die Demokraten würden damit ihre traditionellen Wähler betrügen, um die Reichen zu verhätscheln. Sie forderten stattdessen staatliche Programme zur Stimulierung der Wirtschaft, höhere Staatsausgaben und höhere Steuern, besonders auf höhere Einkommen. Aber Clinton hatte seine Wahl bereits getroffen. »Während des Übergangs«, erinnerte sich Rubin, der bis Mitte 1999 Finanzminister war, »gab der Präsident seine unzweideutige Verpflichtung zu erkennen, das Defizit zu seiner Priorität zu machen.« Das Defizit war der Feind Nummer eins. Das hieß, dass die Ausgaben beschränkt werden mussten.

Der Präsident setzte 1993 alles daran, ein Programm zur Verminderung des Defizits durchzubringen, das sowohl Ausgabenkürzungen wie auch einige Steuererhöhungen vorsah. Die politische Auseinandersetzung um dieses

Programm war, wie ein Teilnehmer es ausdrückte, »mörderisch«. Es ging mit denkbar knapper Mehrheit durch den Kongress; Vizepräsident Al Gore musste im Senat ein Patt abwenden. »Ich sagte damals, dass wir nur dann niedrigere Zinsen bekommen würden, wenn die Märkte an die Senkung des Defizits glaubten«, so Rubin später. »Aber wie lange würde das dauern? Die Märkte glaubten schneller daran, als ich gedacht hatte.« Die Verabschiedung des Programms im August 1993 erwies sich tatsächlich als Wendepunkt. Der Rentenmarkt gelangte zu der Überzeugung, dass das Defizit gesenkt werden würde. Die langfristigen Zinsraten begannen zu fallen, das Wirtschaftswachstum wurde wieder ansehnlich und die Inflation blieb niedrig.

Doch diese Neuorientierung vollzog sich nicht in einem politischen Vakuum. Das wurde 1992 deutlich erkennbar, als bei den Präsidentschaftswahlen eine dritte Partei mit dem Kandidaten Ross Perot antrat. Der Antrieb, die Ausgaben zu kürzen, gewann in den frühen 90er Jahren enorm an Popularität und kulminierte im republikanischen »Vertrag mit Amerika«, dem Sieg der Republikaner in beiden Häusern des Kongresses und dem Aufstieg von Newt Gingrich. Die Konfrontation zwischen Clintons demokratischer Administration und den angriffslustigen republikanischen Kreuzzüglern des 104. Kongresses, die zum Patt und zur Schließung der Bundesbehörden führte, verschob das Zentrum der amerikanischen Wirtschaftspolitik. Die Republikaner nutzten die Furcht vor einem anhaltenden Kampf um einen Verfassungszusatz, der einen ausgeglichenen Haushalt vorschrieb, um die Debatte über die laufenden Ausgaben anzuheizen. Sie attackierten beinahe jedes Gebiet traditionell »unantastbarer« staatlicher Ausgaben. Sie schlugen sogar die Schließung oder Fusion ganzer Regierungsministerien und der entsprechenden Kabinettsposten vor. All dies machte den Haushalt zum Hauptgegenstand der Beziehungen zwischen dem Weißen Haus und dem Kongress. Clinton überging seine stärker links orientierten Berater und übernahm die Prinzipien der vorgeschlagenen Veränderungen, darunter auch den Grundsatz des ausgeglichenen Haushalts. Aber er ging nicht ganz so weit, wie die Republikaner wollten. Seine Taktik – die als »Dreieckszielen« bezeichnet wurde – entwand ihnen viel von ihrem Programm.

Die Schlacht um das Budget verlagerte das Zentrum der amerikanischen Wirtschaftspolitik, ja der amerikanischen Politik insgesamt. Die relative Leichtigkeit, mit der die Haushaltsverhandlungen seither geführt wurden, zeigt, wie fest dieses neue Zentrum mittlerweile verankert ist.

Obwohl es seinerzeit kaum registriert wurde, begann die wirtschaftliche Erholung und Expansion bereits unter der Bush-Administration, und die folgende Reduzierung des Defizits war von zentraler Bedeutung für ihre Fortsetzung. Darin kam unter anderem auch das Eingeständnis zum Ausdruck, dass sich die USA nicht weniger als etwa die Nationen der neu entstehenden Märkte jeden Tag aufs Neue dem Urteil der Kapitalmärkte stellen müssen. »Die ausschlaggebenden Themen mussten das Defizit sein und die Frage, wie schnell man das Vertrauen der Märkte gewann«, erklärte Rubin, »denn letztlich sind es ihre Zinsraten, die die Wirtschaft steuern.«

Die Geschwindigkeit, mit der das Defizit vermindert wurde – von beinahe fünf Prozent des Bruttoinlandsprodukts 1992 auf weniger als ein Prozent 1997 –, überraschte fast alle Beobachter. Während der Haushaltsschlacht von 1993 sagten sowohl die Regierung als auch das Budgetbüro des Kongresses voraus, dass das Defizit 1997 über 200 Milliarden Dollar betragen würde. Tatsächlich betrug es dann nur ein Zehntel dieses Betrages, nämlich 22,6 Milliarden, was dem niedrigsten Stand seit den frühen 70er Jahren entspricht. Wie kam es zu dieser dramatischen Wende? Zum Teil durch Ausgabenkürzungen (vor allem bei der Verteidigung), zum Teil durch höhere Steuern und natürlich durch zusätzliche Steuereinnahmen aus einer starken Wirtschaft. Worin auch immer die Gründe liegen, das Ergebnis ist in den Worten des Ökonomen Benjamin Friedman »eine große Leistung, für die es viel Lob zu verteilen gilt«. Die nächste Stufe könnte durchaus ein Streit über die Frage sein, was mit einem erwarteten Überschuss geschehen sollte: ob er durch Steuersenkungen der Öffentlichkeit zugute kommen, zur Verminderung der Staatsschulden in Höhe von 5,7 Billionen Dollar verwendet oder ausgegeben werden sollte. All das setzt natürlich voraus, dass es künftig keine Rezession gibt, die zu Steuereinbußen führt und eine Erhöhung der Transferleistungen erforderlich macht. Unterdessen wurde zumindest eine Schattenseite des fallenden Defizits ausfindig gemacht: »Das Defizit verschwindet so schnell«, bemängelte ein Senator 1997, »dass wir dafür vielleicht gar nicht die ganze Anerkennung einheimsen können.« 1998 hatte sich das Defizit tatsächlich in einen Überschuss von 70 Milliarden Dollar verwandelt (aus denen 1999 über 100 Milliarden wurden, mit denen Präsident Clinton die Rüstungsausgaben erhöhen will, A. d. Ü.).

Die Verminderung des Defizits wurde jedoch nicht von einer vergleichbaren Senkung des Wachstums der Ausgaben für Leistungsansprüche begleitet. Kürzungen in diesem Bereich bleiben eine Herausforderung für die Zukunft. »Demografische Entwicklungen werden schon ab der ersten Dekade des nächsten Jahrhunderts Anpassungen erforderlich machen«, so Roger Porter vom Center for Business and Government in Harvard. »Wir können mit diesen Veränderungen schon heute beginnen und sie Schritt für Schritt vornehmen – oder wir können abwarten, um dann weit schmerzlichere Anpassungen durchführen zu müssen.«

1990, als die USA in Houston Gastgeber des Wirtschaftsgipfels der G-7-Nationen waren, behinderten Defizite, Rezession und ein allgegenwärtiger Vertrauensverlust ihre Wirtschaft. Die Amerikaner quälte die Sorge um ihre Wettbewerbsfähigkeit, ihre Arbeitsplätze und ihre Fähigkeit zur Innovation. Sie sorgten sich über Japans Aufstieg zur Vormacht in der Weltwirtschaft und suchten obsessiv nach den Geheimnissen seines Erfolgs. Amerikas »Niedergang« war das Thema des Tages. Die so genannte »Niedergangstheorie« (*declinism*) konzentrierte sich ausschließlich auf Amerikas offenkundigen Fall in die Ungnade der Wirtschaftsgötter. Bis zum Gipfel in Denver 1997 hatte sich all dies grundlegend gewandelt. Die USA konnten mit der besten ökonomischen Leistung aller großen Wirtschaftsnationen aufwarten. Sie hatten zwölf Millionen Arbeitsplätze geschaffen – während im selben Zeitraum in Europa und Japan zusammengenommen eine Million Arbeitsplätze verloren gegangen waren –, hatten die Arbeitslosigkeit auf unter fünf Prozent gedrückt, ihre Inflation um die Hälfte gesenkt und ihr Haushaltsdefizit drastisch vermindert. Sie befanden sich im siebten Jahr einer Expansionsphase, der beinahe sieben Jahre Rezession in Japan gegenüberstanden. Die amerikanische Wirtschaft hatte einen schmerzlichen Umwandlungsprozess durchgemacht, und das »Silicon Valley« (der Hochtechnologiesektor, der nicht nur das gleichnamige Tal in Kalifornien bezeichnet, sondern sich von Seattle nach Houston bis zu Bostons Route 128 erstreckt) trieb den Wandel in der Weltwirtschaft an. All dies summierte sich zu einer Bestätigung von Amerikas Marktsystem und einem neuerlich erstarkten Selbstvertrauen.

»Es ist unglaublich, was seit 1990 passierte«, so der Finanzminister Lawrence Summers. »Wirtschaftlich gesehen ist es beinahe eine neue Welt. 1990 wurde eine Volkswirtschaft sehr stark durch ihre Automobilindustrie definiert, heute dagegen durch ihre Service- und Software-Industrien sowie durch Industrien, die etwas mit ›Inhalten‹ zu tun haben. Der Wandel in den USA wurde zuerst und vor allem von der Umstrukturierung der amerikanischen Industrie selbst angetrieben. Als eine der vergleichsweisen Stärken des Landes hat sich erwiesen, dass – anders als in den meisten Ländern – Bankiers in Amerika auch Leuten ohne Schlips Geld leihen.«[7]

Die verzögerte Revolution

Mehr als anderthalb Jahrzehnte nach Ronald Reagans Wahl war die keynesianische Ausprägung der staatlichen Politik in den USA verwässert. Nun war die Geldpolitik stabil und Ausgaben und Besteuerung wurden in bedeutsamem Umfang beschränkt – auf eine Weise, die zwischen beiden großen Parteien konsensfähig war. Der Kern der Reagan-Revolution kam erst lange nach Reagans Ausscheiden aus dem politischen Leben und der Diskreditierung einer angebotsorientierten Politik zum Tragen. Es war daher auch nicht die Revolution, die Reagans Anhänger im Sinn gehabt hatten. Aber in ihren langfristigen Auswirkungen war sie deshalb nicht weniger eine Revolution, denn sie führte zu einer schmerzlichen, aber bedeutsamen Verminderung der staatlichen Intervention in die Wirtschaft.

Das galt auch für die Regulierung. Seit dem New Deal hatte Amerika, neben der mächtigen Anti-Trust-Tradition in seiner Rechtsprechung, im Hinblick auf die Beaufsichtigung der Wirtschaft und die Vermeidung von Missbräuchen hohes Vertrauen in sein Netz von Regulierungsbehörden gesetzt. Von Mitte der 30er Jahre bis Mitte der 70er Jahre veränderte sich das System nicht wesentlich. Die Regulierungsbehörden und Gerichte spielten die ihnen zugewiesenen Rollen. Sie ähnelten sich in ihren Verfahren und ihrem Stil. Aber ab 1975 wandelte sich die Regulierung, und zwar drastisch. In vielen Bereichen erlebte Amerika eine so genannte Deregulierung, das heißt die Aufhebung vieler Beschränkungen der Wirtschaftstätigkeit, wenn auch häufig unter der Bedingung, neue Regulierungen schaffen zu müssen. Doch in einigen anderen Bereichen – vor allem Gesundheit, Sicherheit, Umweltschutz, Arbeitnehmer- und Verbraucherrechte – gab es eine große Menge an neuen Regulierungen. In einigen Fällen ist die Balance zwischen Deregulierung und erneuter staatlicher Regulierung zwiespältig oder noch im Wandel begriffen. Insgesamt jedoch bleibt die Regulierung für den Staat in den USA ein zentrales Mittel, um nachhaltige Veränderungen im Verhalten von Märkten und Marktteilnehmern zu bewirken.

Von der Vereinnahmung zum Wettbewerb

Die Regulierung der Wirtschaft begann in den USA 1887 mit der Einrichtung der Bundesverkehrsbehörde (Interstate Commerce Commision, ICC).

In den folgenden Jahrzehnten wurden nach und nach Begründungen für diese Form staatlicher Regulierung ausgearbeitet. Dazu gehörten die Förderung der wirtschaftlichen Entwicklung, die Sicherung von Gerechtigkeit und Fairness, die Schaffung des erforderlichen Gegengewichts zu den Monopolen und die Bereitstellung wirtschaftlich tragbarer und allgemein zugänglicher Dienstleistungen. Seit dem New Deal wurden die Unvollkommenheiten und das Scheitern des Marktes zur beherrschenden Begründung für die wirtschaftliche Regulierung. Und in den Nachkriegsjahren wurde die Präsenz des Staates in nahezu jedem Wirtschaftsunternehmen spürbar.

Wenngleich die Reagan-Administration mit dem Versprechen an die Macht kam, die Regulierung der Wirtschaft zurückzuschrauben, hatte dieser Prozess bereits in den Amtszeiten der Präsidenten Ford und Carter in der Mitte und Ende der 70er Jahre begonnen. Zu dieser Zeit wurde bereits eine klar umrissene Kritik an der Wirtschaftsregulierung laut – ein Ergebnis der Beachtung, die Ökonomen und andere Sozialwissenschaftler dem Thema seit anderthalb Jahrzehnten geschenkt hatten. Die Chicagoer Schule stand dabei in vorderster Linie, dank der Kritik an der Regulierung amerikanischen Stils, die George Stigler geleistet hatte. Stigler hatte einen Großteil der 60er Jahre damit verbracht, sich durch Berge von Daten über die Regulierung der Elektrizität, der Börsenbestimmungen und durch Prozessakten von Anti-Trust-Klagen zu ackern. »Was ich herausfand, war häufig überraschend«, so Stigler. »Die Regulierung der Elektrizitätsversorger nützte den Privathaushalten nichts; die Regulierung der Aktienemissionen half den Witwen und Waisen nicht, die Aktien kauften.«

Aus diesen Befunden erwuchs Stiglers berühmte Theorie der »regulatorischen Vereinnahmung«. Er kam zu dem Schluss, dass die regulierte Firma immer mehr über ihre eigenen Aktivitäten wusste, als die Regulierungsinstanz herausfinden konnte. Die Firma konnte diesen Informationsvorsprung nutzen, um die Regulierung zu ihrem Vorteil zu beeinflussen. Fest verankerte Regulierung diente deswegen den Firmen, die sie doch ursprünglich beschränken sollte. Später weiteten Stiglers Studenten diese Theorie aus und ergründeten, wie Gruppen mit speziellen Interessen und Lobbys den Regulierungsprozess für sich vereinnahmen konnten. Da sie die Überzeugung herausforderte, dass die Regulierung ein abstraktes, neutrales öffentliches Interesse schütze, stellte Stiglers Theorie einen frontalen Angriff auf James Landis' Ideal einer unparteiischen Regulierung dar.

Die Chicagoer Schule schätzte die Risiken von Monopolen und Marktmacht, die fast hundert Jahre lang im Zentrum des politischen Denkens in

Amerika gestanden und unter anderem die Motivationsgrundlage für Theodore Roosevelt und Louis Brandeis geliefert hatten, gering ein. Sie betonte stattdessen die negativen Kosten staatlicher Kontrolle. Mitte der 70er Jahre fanden solche Argumente zunehmend Gehör. Die unglücklichen Erfahrungen mit der Inflation und den Lohn- und Preiskontrollen, die rasche Zunahme der Regulierung in der Johnson- und Nixon-Administration, das hartnäckige Andauern der Inflation und dann der Ölpreisschock 1973 und die sich anschließende tiefe Rezession: all dies führte dazu, dass die gesamte Struktur der Regulierungen in Frage gestellt wurde. Sie waren zu starr, zu langsam, zu verzerrend und wurden immer schwerfälliger. Sie hemmten Innovation in Technologie und Handel. Die Notwendigkeit, etwas gegen die Inflation zu tun, machte eine Deregulierung besonders dringlich. Regulierung, so wurde gesagt, fixiere die Preise nicht nur, sondern treibe sie nach oben; Deregulierung würde dagegen den Wettbewerb ermutigen und damit auch zu niedrigeren Preisen führen. Und den Regulierungsbehörden gelang es immer weniger, mit dem technologischen Wandel Schritt zu halten. Unterdessen nahm die Ausdehnung des internationalen Handels und des weltweiten Wettbewerbs den traditionellen Anti-Trust-Regulierungen zunehmend ihre Bedeutung.

Mit der Zeit setzte sich immer stärker die Überzeugung durch, dass Wettbewerb besser war als Regulierung. Selbst das Konzept des natürlichen Monopols – die ökonomische Bezeichnung für eine Situation, in der viele Anbieter zu höheren, nicht niedrigeren Preisen führen würden – wurde in Frage gestellt. Denn wenn die Möglichkeit bestand, dass Leute, denen der Zugang zu einem bis dahin monopolistisch beherrschten Geschäft verwehrt wurde, dort tatsächlich unter vernünftigen Bedingungen konkurrieren konnten – in wie kleinem Maßstab auch immer –, dann war der Markt in Wirklichkeit kein natürliches Monopol. Vielmehr war er »anfechtbar«, das heißt potentieller Gegenstand von Wettbewerb. Und vielleicht konnte Wettbewerb den Zielen, die eigentlich mit der Regulierung erreicht werden sollten, besser dienen. In diesem Fall wären niedrigere Kosten für die Verbraucher die Folge.

Stigler und die Chicagoer Ökonomen standen mit ihrer Kritik durchaus nicht allein. 1969 zum Beispiel hatte die politisch in der Mitte angesiedelte Brookings Institution mit der Herausgabe kritischer Studien zum Regulierungssystem begonnen, die schließlich zu einer ganzen Reihe von Bänden anschwollen. Diese Arbeit hatte weit reichenden Einfluss. Die Kritik nahm zu. Einige Ökonomen und Politikwissenschaftler entwarfen eine Theorie der Regulierung, die auf der Idee beruhte, dass die Teilnehmer am Regulierungsprozess rationale Akteure waren, die Partikularinteressen verfolgten und das politische und regulatorische System als Spielarten des Marktes behandelten, in dem Ergebnisse »gekauft« und »verkauft« wurden. Andere untersuchten die organisatorischen Mängel des Systems und die Unfähigkeit der Regulierung, mit dem technologischen Wandel Schritt zu halten. Wenn das Scheitern des Marktes der Antrieb für die Regulierung gewesen war, so rückte nun das »Scheitern der Regulierung« in den Brennpunkt der Kritik. Die Regulierungen verfehlten ihre Zielsetzungen, weil sie falsch entworfen wurden, ihre Zeit überlebt hatten, die Technologie sie obsolet gemacht hatte oder weil sie an Unbeweglichkeit und Starrheit krankten. Zwischen den verschiedenen Analysen bestanden viele Unterschiede und Meinungsverschiedenheiten. Doch insgesamt führte die Kritik zu einer gemeinsamen Schlussfolgerung: Der regulierende Arm der Regierung war im Kern verfehlt und nur zu häufig waren es »Privatinteressen«, nicht das öffentliche Interesse, die das Ergebnis bestimmten.

Aber es war kein konservativer Republikaner, der den ersten Schritt unternahm. 1974 wurde Senator Edward Kennedy Vorsitzender eines neuen Ausschusses über »administrative Praxis und Verfahren«. Als obersten Rechtsbeirat bestellte er Stephen Breyer, Professor an der Harvard Law School, der in der Watergate-Untersuchung mitgearbeitet hatte. Auf Kennedys Bitte erstellte Breyer eine Liste möglicher Untersuchungsgegenstände für den Unterausschuss. Einer der Punkte, die Regulierung der Luftfahrt, interessierte Breyer am meisten. Kennedy erteilte seinen Segen, und so begann die Deregulierung in den USA.[8]

»Pflaumen« und »Hunde«

Breyer lehrte Anti-Trust-Gesetzgebung und Verwaltungsrecht an der juristischen Fakultät der Harvard University. Er glaubte an freie Märkte und an die Notwendigkeit, sicherzustellen, dass in ihnen ein wirklicher Wettbewerb herrschte. Den Grund für die Regulierung von Märkten, die strukturell wettbewerbsfähig waren, konnte er nicht einsehen. »Warum etwas regulieren«, fragte er, »wenn dies besser vom Markt erledigt wird?« Gleichzeitig stand er der »Wissenschaft der Verwaltung«, die das Ziel von James Landis gewesen war, zunehmend skeptisch gegenüber. »Während des New Deal«, so Breyer, »waren die Leute aufgrund der Weltwirtschaftskrise dem Markt gegenüber zutiefst misstrauisch. Dagegen setzten sie gewaltiges Vertrauen in die Verwaltungs- und Rechtswissenschaft. Die Regulierung galt als wissenschaftliche Methode, die korrekte Ergebnisse erbringen und die Industrie durch bewusste Disziplinierung unter Kontrolle halten würde. Wie sich jedoch herausstellte, existierte eine solche Wissenschaft gar nicht.« Daneben war Breyer von den zahlreichen Studien über die Regulierung, die von der Brookings Institution herausgegeben wurden, beeinflusst. »Die Wirtschaftswissenschaften bestätigten den Verdacht, dass die Regulierung ihren Zweck nicht erfüllte. Man begann freie Märkte nicht mehr für gar so schrecklich zu halten.«

Die Regulierung der Luftfahrt bot ein besonders verführerisches Ziel. Die Zivile Luftfahrtbehörde (Civil Aeronautics Board, CAB) war 1938 gegründet worden, um das zu beseitigen, was man damals als »annäherndes Chaos« und »unwirtschaftlichen, destruktiven Wettbewerb und verschwenderische Doppelung von Diensten« in der Luftfahrt der USA bezeichnete. Man war über die große Instabilität der eben flügge gewordenen Fluglinien besorgt, besonders über die Luftpost. Die Verträge der Post mit freien Anbietern von Luftpostdiensten lockten mit Subventionen für neue Firmen, was dazu führte, dass die Unternehmen verzweifelt gegenseitig ihre Angebote unterboten. Die Verlierer beschuldigten die Post der Günstlingswirtschaft. Die Regulierung wurde eingeführt, um etwas Ordnung in diesen Sektor zu bringen, der als öffentlicher Dienst angesehen wurde. So sollten die Bedürfnisse der Nation erfüllt werden und zu einer Zeit, als ein Krieg näher zu rücken schien, gleichzeitig die Stabilität der zivilen Luftfahrtindustrie gesichert werden, die eine wichtige Grundlage für militärische Macht sein würde.

Im Laufe der Jahre wurde daraus ein vom Staat geführtes Kartell, das auf der symbiotischen Beziehung von Regulierungskommission und regulierten Fluggesellschaften beruhte, ein System, das durch die Verteilung von »Pflaumen« und »Hunden« gekennzeichnet war. Die CAB entschied, wie viel die Tickets auf jeder Route kosten sollten, sodass alle Fluglinien denselben Preis auf derselben Strecke forderten. Die CAB entschied auch, wer die verschiedenen Routen zwischen den Bundesstaaten bedienen sollte. Die Fluglinien, so die Abmachung, akzeptierten auf manchen Routen unprofitable Dienste (die »Hunde«), zum Beispiel die Landung in kleineren Städten. Im Gegenzug wurden sie mit sehr profitablen Routen mit hohem Passagieraufkommen belohnt (den so genannten »Pflaumen«). Die CAB führte lange und ermüdende öffentliche Anhörungen durch, die stark in der Tradition von Brandeis standen und kaum etwas mit der tatsächlichen Ökonomie des Geschäfts zu tun hatten. Dann zogen sich die Kommissionsmitglieder zurück, trafen ihre Entscheidungen und verteilten die »Pflaumen« und »Hunde«.

»Die CAB sollte die Öffentlichkeit schützen«, sagte Breyer. »Aber die Regulierung hatte höhere Preise zur Folge. Die CAB verbrachte 95 Prozent ihrer Zeit damit, die Preise davor zu bewahren, zu tief zu fallen, statt darauf zu drängen, dass sie gesenkt würden.« Breyer verglich die Kennedy-Anhörungen mit einer Sinfonie: »Alles wurde detailliert ausgebreitet, genau wie die Partitur es vorsah.« Die Anhörungen belegten, wie das System Wettbewerb verhinderte und so der Öffentlichkeit die Preisvorteile vorenthielt, in deren Genuss sie andernfalls gekommen wäre.

Doch es war eine Sache, die Fehler des Systems zu demonstrieren, und eine ganz andere, es angesichts der erbitterten Opposition eines Großteils der Luftfahrtindustrie zu ändern. Im Gefolge der Hearings machte sich die CAB unter Präsident Ford daran, Möglichkeiten einer Deregulierung zu prüfen, aber die Ford-Administration währte nur zweieinhalb Jahre. Die Carter-Regierung griff das Thema auf. Der Angriff auf die Regulierungen wurde von diesem Zeitpunkt an von einem Ökonomen geführt, der überhaupt nicht zur Chicagoer Schule gehörte. Eigentlich war er in allem ein linker Demokrat – außer, wie sich zeigte, in Fragen der Wirtschaftstheorie.

»Grenzkosten mit Flügeln«

Mit 18 Jahren machte Alfred Kahn, eine Art Wunderkind, sein Diplom an der Universität New York mit höchster Auszeichnung, ging dann an die Yale Universität, um in Wirtschaftswissenschaften zu promovieren, und erhielt mit 24 Jahren seinen Doktor. Er hatte eine schnelle Auffassungsgabe, eine Leidenschaft für Operetten von Gilbert und Sullivan und einen Sinn für zuweilen hinterhältige Wortspiele. Als Professor für Wirtschaftswissenschaften an der Cornell University veröffentlichte er 1970 sein Hauptwerk, *The Economics of Regulation* – genau zur richtigen Zeit. Es wurde als das »einflussreichste Werk« bezeichnet, das »je über das Thema geschrieben wurde«.

Das Problem eines Großteils der Regulierung lag Kahn zufolge darin, dass sie nicht die Wirklichkeit des Marktes spiegelte und verhinderte, dass der Preismechanismus seine grundlegende Aufgabe erfüllte. »Die einzige wirtschaftliche Funktion des Preises ist, das Verhalten zu beeinflussen: Angebot zu schaffen und Nachfrage zu regulieren«, so Kahn. Aber die Regulierung schien das genaue Gegenteil zu bewirken: Sie sandte Signale aus, die in völligem Widerspruch zu den Realitäten von Angebot und Nachfrage standen.

Regulierungskommissionen schienen häufig die wirtschaftlichen Grundlagen der Industrien, die sie regulierten, nicht zu verstehen – oder die wirtschaftlichen Folgen ihrer eigenen Entscheidungen. Leitstern der Regulierung, so Kahn, sollte die Grenzkostenpreisregel sein, das heißt, die Preise sollten von den Kosten einer zusätzlichen Einheit der jeweilgen Ware oder Dienstleistung bestimmt werden.

Kahns Buch erschien eben zu jener Zeit, als das traditionelle Regulierungssystem Anzeichen gravierender Fehlfunktionen zeigte, vor allem im Energie- und Elektrizitätssektor. Die erste Gelegenheit, mit einer Reform der Regulierung zu beginnen, bot sich Kahn, als er zum Leiter der New York State Public Service Commission ernannt wurde, wo er eine komplette, an den Grenzkosten ausgerichtete Neugestaltung der Stromgebühren durchsetzte. Kahn erwarb sich einen Ruf als Regulierungsreformer. 1977 machte ihn Präsident Carter zum Direktor der Zivilen Luftfahrtbehörde. Als er das Amt antrat, warteten nicht weniger als 600 Anträge auf Genehmigung neuer Routen auf ihre Anerkennung. Kahn wusste, was er tun wollte: Wettbewerb einführen und dem Markt die Entscheidungen überlassen, die zu dieser Zeit noch von den fünf CAB-Kommissaren getroffen wurden. Die Unternehmen, die am schnellsten oder zumindest schnell genug waren, sollten den Gewinn, die anderen Verluste machen oder – als letzte Sanktion – Bankrott gehen. Die langen und mühseligen Anhörungen wollte Kahn beseitigen, denn sie erinnerten ihn eher an fiktive Gerichtsdramen als an solide Wirtschaftsanalyse.

Kahn hatte wenig Geduld mit den Anhörungen. »Bei der Gestaltung der Wirtschaftspolitik«, so wandte er ein, »hat die verfassungsmäßige Zusicherung eines fairen Verfahrens nicht den gleichen Stellenwert wie bei einem Strafverfahren.« Wenn man sich das Verfahren der CAB ansah, wäre einem dieser Unterschied freilich nicht aufgefallen. Kahn war erstaunt über die Art von Fragen, mit denen die CAB sich auseinander setzen musste: »Darf eine Lufttaxilinie eine 50-sitzige Maschine erwerben? Darf ein zusätzliches Transportflugzeug Pferde von Florida an irgendeinen Ort im Nordosten fliegen? Darf eine Fluglinie einen Sondertarif für Skifahrer einführen, der die Kosten des Tickets erstattet, wenn kein Schnee liegt?« Und schließlich eine der weltbewegendsten Fragen: »Dürfen Angestellte zweier finanziell verbundener Fluglinien ähnlich aussehende Uniformen tragen?« All dies und noch viel mehr wurde von den staatlichen Regulierern entschieden. »Ist es da ein Wunder«, so Kahn, »dass ich mich jeden Tag frage: Ist diese Handlung notwendig? Hat mich meine Mutter dafür großgezogen?«

Sein Hauptangriff auf das System zielte darauf, Flexibilität bei der Preisgebung zu erlauben, das hieß Discountpreise. Im Sommer 1978 wurde über die Hälfte der Flugmeilen in der Touristenklasse zu Spartarifen angeboten. Kahn kümmerte sich persönlich um viele erzürnte Klagen. Als ihm Senator Barry Goldwater, der republikanische Präsidentschaftskandidat von 1964 und Autor des Bestsellers *Das Gewissen eines Konservativen*, schrieb, um sich über die unangenehmen Bedingungen auf den nun überfüllten Flügen zu beklagen, erwiderte Kahn, dies sei die unweigerliche Konsequenz, wenn man ein »kartellartiges Regime« breche. Und er fügte hinzu: »Wenn Sie weitere Zweifel hinsichtlich der Effizienz der freien Marktwirtschaft haben, zögern Sie bitte nicht, sie mir mitzuteilen. Ich empfehle außerdem wärmstens einige frühere Reden und Schriften eines gewissen Senators Barry Goldwater.« Als ein Freund ihm schrieb, wie unangenehm es gewesen sei, bei einem Flug neben einem Hippie zu sitzen, antwortete Kahn: »Da ich keine Klagen von dem Hippie erhalten habe, nehme ich an, dass die Abneigung nicht erwidert wurde.«

Seine härtesten Kämpfe hatte Kahn gegen jene Fluglinien und Gruppen zu bestehen, die mit der Regulierung aufgewachsen waren und keine Veränderungen wollten. Bei einer Anhörung versuchte der ehemalige Astronaut Frank Borman, Präsident der Eastern Airlines, die Vorteile von verschiedenen Flugzeugtypen zu erläutern. »Ich kann wirklich kein Flugzeug von einem anderen unterscheiden«, schoss Kahn zurück. »Für mich sind sie alle Grenzkosten mit Flügeln.« Im Oktober 1978 wurde die Deregulierung des Flugverkehrs Gesetz: Die »Pflaumen« und »Hunde« waren verschwunden. Die Fluglinien konnten jetzt im freien Wettbewerb ihre Tarife festsetzen. Sie konnten entscheiden, welche Märkte und Routen sie bedienen wollten und welche nicht. Die CAB wurde 1985 aufgelöst. Die Sicherheit blieb in den Händen der Bundesluftfahrtbehörde (Federal Aviation Administration).

Das war Deregulierung – die erste bedeutende Rücknahme der Regulierungen des New Deal. Aber funktionierte sie? Schätzungen zufolge hätten Flugreisende 1996 durchschnittlich 26 Prozent mehr für ihre Tickets bezahlen müssen, wenn die Regulierung fortbestanden hätte, obwohl Geschäftsreisende gegenüber Touristen eindeutig im Nachteil sind. Einige der etabliertesten Linien meldeten Bankrott an, auch wenn sie in manchen Fällen dennoch den Betrieb aufrechterhielten und schließlich überlebten. Statt zehn großer Fluglinien in den USA gibt es heute nur noch sechs. In den ersten Jahren der Deregulierung wurden kleinere Städte nicht mehr angeflogen (besonders nicht von Jets) oder ihnen drohte die Einstellung des Flugbetriebs. Pendellinien sprangen in die Bresche und ersetzten eine oder zwei Jetlandungen am Tag durch weit häufigere Flüge mit kleineren Maschinen. Eine der unbeantworteten Fragen ist, welche Auswirkungen der Verlust der Jetflüge für die Wirtschaftsentwicklung in kleineren Städten hatte. Aber im größeren Rahmen markierte die Deregulierung des Flugverkehrs einen Wendepunkt, eine Umkehrung des Regulierungsdrangs der vorangegangenen vierzig Jahre und eine Rückkehr zum Markt.[9]

Fluglinien waren nur das sichtbarste Beispiel für die Deregulierung der Wirtschaft, die auch andere Bereiche des täglichen Lebens berührte. Eisenbahnen und Fernlastverkehr waren ebenfalls Ziele der Deregulierung. Die Regulierung der Eisenbahnen hatte sich auf das Argument natürlicher Monopolbildung gestützt. Schon Mitte der 30er Jahre hatten einige Vertreter des New Deal darauf hingewiesen, dass es Wettbewerb gab: durch Fernlaster, die ebenfalls Frachtgut transportieren konnten. Aber dies wurde bis in die 70er Jahre hinein außer Acht gelassen, als sich nicht mehr verbergen ließ, dass das hochgradig irrationale Regulierungssystem durch die Festsetzung der Tarife nicht nur die Wirtschaftlichkeit der Eisenbahnen zerstörte, sondern auch ihre Fähigkeit, die Kunden zu bedienen.

Einer der Vorreiter der Deregulierungsbewegung in den 70er Jahren war Edward Jordan, Vorsitzender der Conrail, einer staatlich geförderten Auffanggesellschaft für die bankrotte Penn Central und mehrere andere Eisenbahnen. »Die Regulierung ließ die Manager in einer Geisteshaltung erstarren, die ihnen nicht erlaubte ihre Unternehmen zu führen«, erklärte er. »Ihre Kontrolle über die Schaffung von Einnahmen war nicht sehr groß; die lag bei den Regulierern in Washington. So konnten sie ihre Unternehmen nicht auf die Bedürfnisse ihrer Kunden zuschneiden. Der typische Eisenbahnmanager war entweder ein Eisenbahner oder ein Rechtsanwalt, der wusste, wie man mit der Regulierungskommission verhandelt, aber kein Geschäftsmann. Die Leute, die den Wandel brachten, kamen von außen. Sie wurden nicht vom Geist der Regulierung behindert.« Diese Bemühungen gipfelten zu Beginn der 80er Jahre in einer nahezu vollständigen Deregulierung und hier waren die Folgen unzweideutig: Die Kosteneinsparungen werden auf 50 bis 70 Milliarden Dollar geschätzt. Die Eisenbahnen begannen wieder Gewinne einzufahren, Innovation wurde ermutigt und Fracht wird nun über kosteneffiziente Routen befördert und nicht mehr wie früher über die absurden Kreisstrecken, die von der Regulierungsbehörde vorgeschrieben wurden.

Wem die Stunde schlägt

Die größte regulierte Firma war AT&T, das größte Unternehmen der USA mit über einer Million Beschäftigten, das den Großteil der Orts- und Fernverbindungen im Telefondienst anbot. Andere Unternehmen wie General Telephone und General Electric konkurrierten mit ihm in Randbereichen. AT&T gründete auf der Idee des natürlichen Monopols und seine Regulierung auf der Wahrung des Gemeinwohls.

AT&T war im späten 19. Jahrhundert auf der Grundlage von Alexander Graham Bells Erfindung des Telefons (1876), seiner Kontrolle über zahlreiche Patente und seiner Strategie horizontaler und vertikaler Integration schnell zur Vorherrschaft aufgestiegen. Im Zentrum stand die Vision eines preisgünstigen universellen Service, der – mit den Worten des Jahresberichtes von 1910 – »Zeit und Entfernung durch die Benutzung der elektrischen Übertragung auslöschen« sollte. Zustatten kam AT&T dabei, dass die Firma Western Union sich früh entschloss – ein Fehler, wie sich herausstellen sollte – aus dem Telefongeschäft auszusteigen, um sich auf das vermeintlich weit lukrativere Geschäft mit der Telegrafie zu konzentrieren. Finanziert von dem berühmten Bankier John Pierpont Morgan dem Älteren, wuchs AT&T durch Zukäufe. Zur weiteren Entwicklung des Unternehmens trug auch die in Washington, bei den Bundesstaaten und in der Öffentlichkeit weit verbreitete Überzeugung bei, dass Wettbewerb das Angebot nur unnötig verdoppelte, ineffizient und verschwenderisch war und zu schlechterem Service führte. Das Telefongeschäft sollte ein Monopol sein, aber ein reguliertes Monopol. Auf der Ebene des Bundes wurde die Bundesverkehrsbehörde für die Regulierung zuständig, bis diese 1934 während des New Deal an die neu gegründete Bundesfernmeldebehörde (Federal Communications Commission) übertragen wurde. Der Telefonservice, so drückte es Franklin Roosevelts Handelsminister aus, würde »aufgrund seines ureigenen Charakters höchst effizient und befriedigend von einem Monopol gelenkt« werden.

AT&T bot alles, von einem Ferngesprächsservice bis zur entsprechenden technischen Ausrüstung im Haushalt. Und die Qualität seines Service war sehr hoch. Wenn ein Kunde ein Problem hatte, kam der Kundendienstwagen schnell, das Problem wurde ohne langes Zuständigkeitsgerangel geortet und behoben. »Es besteht kein Zweifel«, bemerkt der Regulierungshistoriker Richard Vietor, »dass dieses System im Vergleich zu jedem anderen nationalen Netzwerk am besten arbeitete, wenn man die Flächenabdeckung, technische Qualität oder den Preis betrachtet.« AT&T verteidigte sein Monopol eifersüchtig. Ausländische Geräte waren nirgendwo erlaubt. So wehrte die Telefongesellschaft erfolgreich die Herausforderung des Konkurrenzproduktes »Hush-a-Phone« ab, eines kleinen tassenförmigen Schutzes der Sprechmuschel, der die Privatheit des Gesprächs gewährleisten sollte. Benutzte man einen ausländischen Apparat, lief man Gefahr, vom Telefondienst ausgeschlossen zu werden.

Das System war etabliert und wurde akzeptiert. Nur die Abenteuerlustigsten oder vielleicht auch Tollkühnsten wagten die Position von AT&T herauszufordern und ihre Zeit und Mühe dafür zu opfern. Eine solche Persönlichkeit fand sich in William McGowan, einem Unternehmensberater, der sich zum Unternehmer mauserte. McGowan startete in den späten 60er Jahren einen Angriff auf AT&T und blieb entschlossen am Ball. Er hatte eine goldene Gelegenheit beim Schopf ergriffen, als ihn die Gründer einer Firma namens Microwave Communications, Inc. (später MCI) über Finanzierungsmöglichkeiten ihrer Idee um Rat fragten, eine Funkverbindung für die Fernfahrer auf der Strecke St. Louis – Chicago zu schaffen. Statt sie zu beraten, kaufte er die Mehrheitsanteile der Firma.

McGowan begann einen Kreuzzug, um das Monopol von AT&T zu untergraben. Sein erster Schritt war, die Zustimmung der Bundesfernmeldebehörde für einen privaten Ferngesprächsdienst zu erlangen. Nach sechs Jahren endloser Anhörungen, Anträge, Berufungen und erneuten Anhörungen, in denen MCI kurz vor der Pleite stand, erreichte er die Genehmigung der Fernmeldebehörde, einen Dienst einzurichten. Das Abstimmungsergebnis der Kommission war ein knappes vier zu drei. Einer von denen, die mit Ja stimmten, erklärte, er suche nach Wegen, um »den recht geschmacklosen Eintopf des regulatorischen Schutzes, den die Kommission und Bell zusammengebraut haben, mit ein bisschen Salz und Pfeffer zu würzen«. McGowan führte seine Kampagne gegen AT&T vor den Gerichten weiter. Zeitweise schien es so, als sei die Ausarbeitung und Einreichung von Klagen der einzige Zweck seines Unternehmens, in dem der Witz kursierte, die Firma sei »eine Anwaltsfirma mit einer Antenne auf dem Dach«. Aber McGowans Hartnäckigkeit zahlte sich aus.

Vielleicht tat er mehr als irgendjemand sonst, um das altgediente Regulierungssystem auszuhebeln. Aber es war der technologische Wandel, der dem Monopol von AT&T und dem mit ihm verbundenen Regulierungssystem den eigentlichen Schlag versetzte. Das Problem hatte nicht mehr die Form einer kleinen Schale wie beim »Hush-a-Phone«. Das Computerzeitalter war angebrochen. Die Entwicklung der Computertechnologie und die enormen

Fortschritte bei der Datenübertragung höhlten das traditionelle Konzept der Fernverbindungen aus und schufen eine neue Nachfrage durch Verbraucher und Anreize für den Wettbewerb. Rasch entwickelten sich private Netzwerke, um die Nachfrage großer Kunden nach Datenübertragung zu befriedigen. Eine klare Trennung zwischen Vermittlungstechnik und Datenverarbeitung gab es nicht mehr. Der technologische Fortschritt setzte das Monopol von AT&T immer stärker unter Druck. Immer mehr Menschen zweifelten am Wert des existierenden Systems, das ohnehin langsam aufweichte. Darüber hinaus war bekannt geworden, dass mit den Ferntarifen die Ortsgespräche subventioniert wurden. Dies schuf einen Anreiz für Großkunden, nach Wegen zu suchen, das Monopol zu umgehen, um billigere Tarife für ihre Ferngespräche und Datenübertragung zu erhalten.

AT&T versuchte sich gegen den Wandel zu stemmen. »Woran glauben wir?«, fragte der Vorsitzende von AT&T rhetorisch auf einem Treffen von Regulierungsbeamten aus dem Versorgungssektor. »Wir glauben (...), dass das öffentliche Interesse (...) unweigerlich verletzt wird durch die Verdoppelung des Angebots (...) das notwendig aus einem weiteren Übergreifen des Wettbewerbs entstehen muss. (...) Es ist etwas dran am Prinzip des gemeinsamen Trägers. Die Regulierung hat ihre Berechtigung. Und angesichts der Art unserer Dienstleistung hat auch das Monopol seine Berechtigung – das regulierte Monopol.« Diese Botschaft mochte seit der Jahrhundertwende laut getönt haben, aber sie hatte ihren überzeugenden Klang verloren. Das Justizministerium strengte 1974 eine Anti-Trust-Klage gegen AT&T an. Bundesrichter Harold Green übernahm die Bearbeitung des Falles, dessen Verhandlung 1981 begann. Richter Green lehnte den Antrag von AT&T ab, die Klage abzuweisen. Die Regierung, so der Richter, habe Beweise vorgelegt, dass »das Bell-System die Anti-Trust-Gesetze in einer Reihe von Fällen über einen längeren Zeitraum verletzt« habe. Das Management rang sich zu der Einsicht durch, dass die Firma mit dem Rücken zur Wand stand, und traf die Entscheidung, einer Teilung zuzustimmen. Die Folge – Ergebnis von beinahe zweijährigen Verhandlungen zwischen dem Unternehmen und dem Justizministerium – war die »größte, komplexeste Umstrukturierung in der Wirtschaftsgeschichte«. Das Unternehmen wurde in getrennte »lokale« (das heißt regionale) Firmen – die so genannten »Baby-Bells« – und eine Gesellschaft nur für Ferngespräche aufgeteilt. Letztere wurde direkte Nachfolgerin von AT&T und konkurriert heute mit MCI (die mit World Com, einem noch jüngeren Neuling, fusionierte), Sprint und einer Vielzahl anderer Firmen in den USA und auf den Märkten rund um die Welt.

Für die USA war das Ergebnis ein Telekommunikationssystem, das teilweise reguliert und teilweise dereguliert ist und als »regulierter Wettbewerb« bezeichnet wird. Das Geschäft mit den Ferngesprächen ist weitgehend dereguliert; Ortsgespräche, die reguliert waren, werden erst jetzt dem Wettbewerb geöffnet. Telefongesellschaften für Orts- und Ferngespräche kämpfen nun mit Regulierern und Verbrauchergruppen um das Ausmaß, in welchem Ferngespräche weiterhin die Ortstarife subventionieren sollen, oder um eine andere Möglichkeit, sicherzustellen, dass Familien mit niedrigem Einkommen sich auch in Zukunft grundlegende Telefondienste leisten können. Mit anderen Worten: Es geht darum, wie eine umfassende, flächendeckende Versorgung aufrechterhalten werden kann. Für die Verbraucher brachte die Deregulierung sinkende Kosten für Ferngespräche, eine Explosion an Innovationen, viel mehr Optionen und weit größere Flexibilität. Außerdem führte sie zu Verwirrung bei der Frage, wen man bei Reparaturen anrufen soll, zu Frustration über die Dienste von Billiganbietern und zu Verärgerung über unzählige Anrufe zur Abendbrotzeit, bei denen Ferngesprächsdienste angeboten wurden.

Wo das Geld steckt

Das Erbe der Regulierungen des New Deal wird auch im Finanzsektor einer Neubewertung unterzogen. »Unser Ansatz ist nicht Deregulierung, sondern eine vernünftige Reform der Regulierung«, sagt Eugene Ludwig, der Chef der Bankenaufsichtsbehörde (Office of the Comptroller), der zwischen 1993 und 1998 einen Großteil des nationalen Bankensystems der USA überwachte. Eine der ersten Maßnahmen, die Franklin D. Roosevelt ergriff, als er 1933 Präsident wurde, war die Verkündung eines »Bankfeiertags« – die zeitweise Schließung von Banken, um einem Ansturm verängstigter Kunden vorzubeugen –, und seit der Zeit des New Deal wurde der Finanzsektor sehr stark reguliert. Die Bandbreite der Kontrollen ist außerordentlich groß und reicht vom Glass-Steagal-Gesetz, das bis vor kurzem eine Überschneidung von Geschäfts- und Investmentbanken verbot, bis hin zur Pflicht, jede neue Geldzählmaschine von der Bundesregierung genehmigen zu lassen – ein Prozess, der normalerweise 35 Schritte erfordert und 37 Tage dauert. Die Bankenaufsichtsbehörde hat jede einzelne ihrer 72 Regulierungsbestimmungen einer Prüfung unterzogen. »Wir wollen alles genau unter die Lupe nehmen«, so Ludwig, »und uns fragen: Macht das Sinn? Lohnt sich das? Welchen Unterschied macht das? Rechtfertigt das Ergebnis den Aufwand? Einige der Regulierungen waren schon unvernünftig, als sie eingeführt wurden.«

Dass manches schief laufen kann, unterstrich die ernste Krise der Spar- und Kreditinstitute in den späten 80er und frühen 90er Jahren. Diese Krise war das Ergebnis von partieller Deregulierung einerseits und »einem Versagen der Regulierung und Aufsicht« andererseits, wie es Paul Volcker bezeichnete. Beschränkungen im Hinblick auf die Höhe der Zinsen, die diese Institute zahlen durften, und die Arten der Investitionen, die sie mit den Einlagen tätigen konnten, wurden aufgehoben. Dies führte sie in den Worten Volckers in »Versuchung – sie konnten größere Fehler machen als zuvor«. Die Einlagen wurden nämlich von der Bundesregierung garantiert, was bedeutete, dass die Institute ungestraft immer größere Risiken eingehen konnten. Die staatlichen Prüfer hätten durchaus Alarm schlagen können, aber die politisch einflussreichen Manager der Spar- und Kreditbanken übten massiven politischen Druck aus, um für die Risiken nicht einstehen zu müssen. Erst als Bankrotte und Zahlungsunfähigkeit drohten, wurde der ganze Umfang des Skandals offenkundig. Die Steuerzahler mussten schließlich eine Rechnung über 300 Milliarden Dollar für eine Stützungsaktion bezahlen. Die Krise führte zu einer nüchternen Einschätzung der Komplexität der Regulierung im Finanzsektor.

»Der Trick bei der Regulierung ist«, so Ludwig, »die richtige Balance zu schaffen. Es gibt ziemlich deutliche Belege, dass ein Teil der Verwerfungen im Finanzsektor in den 80er Jahren aufgrund von Fehlern bei der Regulierung entstanden ist. Auf der anderen Seite gibt es immer Schurken und Narren und man kann sich nicht allein auf den Markt verlassen. Das Finanzsystem profitiert von einem bestimmten Maß an Aufsicht und Kontrolle. Einige Marktteilnehmer suchen das extreme Risiko, um eine hohe Belohnung zu erhalten. Regulierung hilft sie zu mäßigen und stellt sicher, dass ein hohes Risiko-Belohnungs-Verhältnis für Einzelne nicht zu einem Ansteckungsphänomen oder einer Systemkrise führt. Das Finanzsystem ist anders als andere Sektoren, weil es in der Wirtschaft eine zentrale Stelle einnimmt. Es kann manipuliert werden. Es setzt kein Ansturm auf Spielzeugläden ein, weil bestimmte Gerüchte über Barbie-Puppen im Umlauf sind. Aber ein Run auf eine Bank ist möglich. Illegale Aktivitäten können zur Zahlungsunfähigkeit führen. Es ist wichtiger, den Finanzsektor in Ordnung zu halten, als zum Beispiel die Kosmetikindustrie.«

Aber die größte Deregulierung ist immer noch im Gang. Sie betrifft die kapitalintensivste Industrie der Welt, die größer ist als Fluglinien und Telekommunikation zusammengenommen: Elektrizität. Nichts verkörpert die Deregulierung mehr als sie. Sie betrifft alle, und jeder spürt die Auswirkungen unmittelbar in seinem Portmonnaie.[10]

Elektrizität: Der Zusammenbruch des »Abkommens«

1993 flogen Elizabeth Moler und William Massey nach London, um die Ergebnisse der Deregulierung der US-amerikanischen Erdgasindustrie zu präsentieren. Zu dieser Zeit war Moler Vorsitzende und Massey Kommissar der Federal Energy Regulatory Commission (FERC), die den Handel mit Elektrizität und Erdgas zwischen den Bundesstaaten reguliert. Sie ist eine moderne Version der 1920 eingerichteten und vom New Deal ausgebauten Bundesenergiebehörde (Federal Power Commission). In den frühen 90er Jahren hatte die FERC gerade die Deregulierung eines erheblichen Teils der Erdgasindustrie abgeschlossen. Moler und ihre Kollegen lenkten ihre Aufmerksamkeit nun auf die Elektrizität. In Großbritannien untersuchten sie den Wandel der britischen Energiewirtschaft, den die Thatcher-Regierung veranlasst hatte. Sie waren beeindruckt, wie aus dem einst monolithischen Staatsunternehmen ein wettbewerbsfähiges Geschäft geworden war, mit Preisen, die sich in Reaktion auf Angebot und Nachfrage ständig veränderten. Die britische Erfahrung ermutigte sie den Wandel in der Stromwirtschaft der USA zu beschleunigen. Nach Washington zurückgekehrt, vereinbarten Moler und Massey mit ihren Kollegen einen äußerst kühnen Schritt der FERC: die Öffnung der Stromwirtschaft, und dies so schnell wie möglich.

Die Herausforderung war enorm. Die Stromwirtschaft der USA war konservativ, langsam und vorsichtig und wurde von sehr klaren, wenn auch starren Spielregeln beherrscht. Das System, wie es vom New Deal nach dem Zusammenbruch von Samuel Insulls Imperium geschaffen wurde, arbeitete unter dem so genannten Regulierungsabkommen. Versorgsunternehmen waren natürliche Monopole. Es machte keinen Sinn, zwei Stromleitungen entlang derselben Straße zu verlegen. Die Stromversorger erhielten ihre Monopollizenz im Tausch gegen einen bestimmten Teil der Einnahmen und einen hohen Grad an staatlicher Aufsicht und Regulierung. Transaktionen zwischen den Bundesstaaten wurden von der Bundesenergiebehörde und später von der FERC beaufsichtigt. Die Aktivitäten innerhalb der Bundesstaaten, der größte Teil des Geschäfts, wurden von der Kommission für öffentliche Versorgungsunternehmen des jeweiligen Bundesstaates reguliert, die die Tarife für die Verbraucher festlegte. Dies geschah durch einen aufwendigen, legalistischen, hochgradig ritualisierten Prozess, der »Tarifanhörung« genannt wurde. Wie im japanischen Kabuki-Theater spielten hier Rechtsanwälte, Lobbyisten, Unternehmensmanager, Experten, Vermittler, Umwelt- und Verbraucherschützer und Regulierer ihre stilisierten Rollen. Die Tarife erlaubten dem Versorgungsunternehmen einen regulierten Gewinn, der als Kapitalrendite bestimmt wurde. Die Gewinne waren nicht üppig, aber berechenbar, fixiert und im Wesentlichen garantiert. Damit einher ging eine extreme Betonung der Verlässlichkeit des Service: keine Stromausfälle, keine Rationierungen. Das Gesetz über Holdinggesellschaften öffentlicher Versorgungsunternehmen von 1935 beschränkte mögliche Zusammenschlüsse von Stromversorgern streng, besonders über die Grenzen von Bundesstaaten hinweg. Der Gedanke an ein nationales Versorgungsunternehmen war undenkbar. Das Versorgungsunternehmen war das Zentrum der lokalen Wirtschaft und Gemeinschaft. Sein leitender Direktor stand sehr häufig auch der örtlichen Wohltätigkeitsorganisation vor.

Bis in die 70er Jahre hinein arbeitete das System hervorragend und bot den Verbrauchern immer günstigere Strompreise. Inflationsbereinigt waren die Elektrizitätspreise von 37 Cent pro Kilowattstunde 1934 auf etwa fünf Cent 1970 gefallen, ein erstaunlicher Segen für die Verbraucher – und die Wirtschaft. Größe zahlte sich aus: Größere, neuere Kraftwerke senkten die Kosten. Aber dann, in den 70er Jahren, begann das System unter der Inflation, hohen Investitionen und hohen Kosten zusammenzubrechen. Neue Kraftwerke waren nun viel teurer, nicht billiger als alte. Dies galt besonders für neue Kernkraftwerke, deren Kosten aufgrund der ständigen Konstruktionsänderungen, die durch veränderte Sicherheitsvorschriften notwendig wurden, nach oben schossen. Auch höhere Öl- und Gaspreise trafen das System. Die Konsumenten erlebten nun, dass die Preise nicht mehr fielen, sondern mitunter steil anstiegen. Der »Tarifschock« entsetzte sie. Das betriebswirtschaftliche Gleichgewicht der Stromindustrie war durcheinander geraten. Zum Beispiel bezahlten Verbraucher im Norden von Illinois doppelt so viel für Elektrizität wie ihre Nachbarn in Südwisconsin. Viele Versorgungsunternehmen gerieten durch enorme Schulden, deren Last sich durch die hohen Zinsen noch erhöhte, aus dem Gleichgewicht. Eine Reihe von ihnen stand kurz vor dem Bankrott.

In den frühen 80er Jahren war das Regulierungsabkommen aus den Fugen. Eine Antwort, die zu hören war, hieß »mehr Staat« – mehr Regulierung, mehr Direktiven, mehr Intervention. In den Bundesstaaten begannen die zuständigen Kommissionen, die Kontrolle über die meisten grundlegenden wirtschaftlichen Entscheidungen an sich zu ziehen. Aber es gab noch eine andere, radikalere Reaktion, die auf dem ketzerischen Gedanken beruhte, dass Versorgungsunternehmen, zumindest in vielen ihrer Funktionen, keine natürlichen Monopole waren. Vielleicht war zumindest in Teilen der Energiewirtschaft ein Wettbewerb möglich. Die ersten Anzeichen dafür gab es in der Folge des Gesetzes zur Regulierung öffentlicher Versorgungsunternehmen von 1978, das es Unternehmern erlaubte, Kraftwerke zu bauen und die Energie an die lokalen Stromversorger zu verkaufen. Der ursprüngliche Zweck war die Förderung des Umweltschutzes und die Schaffung von kleinen Ergänzungseinheiten an Stelle des Neubaus riesiger Kernkraftwerke. Aber wie so oft bei neuen Initiativen hatte die Entwicklung von »unabhängigem Strom« eine unbeabsichtigte Konsequenz. Sie bewies, dass Versorgungsunternehmen kein angeborenes Monopol über die wirtschaftliche Erzeugung von Elektrizität besaßen. Andere Leute konnten Kraftwerke genauso günstig, wenn nicht billiger entwerfen, finanzieren, bauen und betreiben und die Elektrizität in das Netz des Versorgungsunternehmens einspeisen.

In den späten 80er Jahren waren die Voraussetzungen für Wettbewerb geschaffen. Große technologische Innovationen, vor allem neue Turbinen, die auf der Technologie von Düsenjets beruhten, machten weit effizientere Erdgaskraftwerke und kleinere, umweltschonendere Werke möglich. Eine Vielzahl aggressiver Unternehmer brannte darauf, im großen Stil in das traditionelle Geschäft der Stromerzeuger einzusteigen. Und der Markt war da. Große industrielle Stromabnehmer wollten ihre Energiekosten reduzieren. Das ging am besten, wenn man sich nach den günstigsten Kilowattstunden umsah. Doch dazu war Wettbewerb erforderlich. Die Stromunternehmen selbst waren tief gespalten in jene, die für mehr Wettbewerb eintraten, und jene, die der Auffassung waren, das traditionelle System diene dem Verbraucher am besten, und warnten, dass Wettbewerb die Verlässlichkeit gefährden könnte.

Die Bush-Administration schlug vor, die Regulierungsbestimmungen für Investoren, die Geld in Kraftwerke steckten, zu vermindern. Aber bald musste sie sich mit einem zweiten Thema auseinander setzen, das sich als entscheidend erwies: der Zugang zum Netz. Würde der lokale Stromversorger sein Netz für konkurrierende Stromproduzenten öffnen müssen? Würde das Netz sozusagen eine Autobahn werden oder, genauer gesagt, eine gebührenpflichtige Autobahn werden, die jedem offen stand, der zur Zahlung der Gebühr bereit war? Für den Kongressabgeordneten Ed Markey, einen der Anführer der Bewegung für einen Wandel, lief der Konflikt auf ein einziges Thema hinaus: den Verbrauchern eine Wahlmöglichkeit zu geben. Der Einsatz war sehr hoch und die Auseinandersetzung erbittert. »Wenn jemandem von uns das Ausmaß der Frage klar gewesen wäre, der wir uns zugewandt hatten«, sagte Philip Sharp, der damalige Vorsitzende des entscheidenden parlamentarischen Unterausschusses, »wären wir vorsichtiger gewesen, weil es in politischer Hinsicht so schwierig war.« Aber die Frage wurde mit der Verabschiedung des Energiegesetzes von 1992 gelöst, das im Prinzip den Zugang zum Netz freigab, aber auf Großkäufer und Großverkäufer beschränkte, also individuelle Verbraucher ausschloss. Dieses Gesetz überzeugte alle Beteiligten in der Industrie und jene, die in das Geschäft einsteigen wollten, davon, dass eine neue Ära des Wettbewerbs bevorstand. Aber wie weit würde er gehen und wie schnell würde er sich entwickeln? Das lag an der FERC und besonders an ihrer neuen Vorsitzenden Elisabeth Moler.

»Wir sind lernfähig«

Einige Jahre zuvor hatte Moler als junges Mitglied im Stab des Energieausschusses des Senats gearbeitet. Wie viele andere hatte sie die traumatische Schlacht um das Erdgasgesetz in den späten 70er Jahren erlebt. Dieses Gesetz war unter großen Mühen ausgearbeitet worden, um den Übergang von Preiskontrollen zu freieren Preisen bei Erdgas zu steuern. »Wir versuchten Übergangsmechanismen zu schaffen, die in kleinen Schritten von einem regulierten zu einem deregulierten Markt führen sollten«, so Moler. »Demokraten sind für Fairness. Wir wollten keinen Preisschwindel erleben. Aber sobald wir den Rohstoffmarkt dereguliert hatten, entdeckten wir, dass es genügend Mitspieler gab und dass die Preise schließlich sanken und nicht stiegen. Ich glaube, die Demokraten respektieren den Markt immer mehr. Wir erkennen an, was Wettbewerb leisten kann. Wir sind lernfähig.«

Mit der Vollmacht, die das Energiegesetz von 1992 ihnen gab, begannen Moler und ihre Kollegen im FERC mit Modellversuchen und öffneten die Energiewirtschaft für den Wettbewerb. Drei Jahre Arbeit gipfelten in der Mammutverfügung 888, einem bedeutenden Schritt zur Beseitigung des vom New Deal geschaffenen Systems und zur Einführung von Wettbewerb. Die

Verfügung 888 erlaubte einem lokalen Elektrizitätsunternehmen aus einem Teil des Landes, mit einem preisgünstigen Energieproduzenten aus einem anderen Teil des Landes einen Vertrag über die Lieferung von Elektrizität abzuschließen. Diese Energie wird durch ein Netz geleitet, das einer Reihe von Unternehmen gehört, und schließlich über den lokalen Stromversorger an den Endabnehmer verkauft. Produzenten von teurer Energie können so preisgünstige Anbieter nicht länger vom Markt fern halten. Verschiedene Bundesstaaten arbeiten nun an Plänen für einen Einzelhandelswettbewerb. Das heißt, dass Endabnehmer – ob Industriebetriebe oder private Haushalte – direkt von den Produzenten kaufen könnten, die über den Preis konkurrieren. Der einzige Teil der Stromversorgung, der heute eindeutig als natürliches Monopol betrachtet wird, ist das Leitungsnetz: die Übertragung und Verteilung. Es macht immer noch keinen Sinn, zwei Leitungssysteme entlang derselben Straße zu verlegen.

Die wirtschaftlichen Auswirkungen des Wettbewerbs sind enorm. Die Energiewirtschaft den freien Marktkräften auszusetzen verändert den Wert jedes Kraftwerks, jedes Leitungssystems und aller Aktivposten der Industrie. Zusammengenommen machen sie zehn Prozent der Anlageinvestitionen in den USA aus – und ihr Wert liegt heute weit höher als vor der Deregulierung. Der Rückzug des Staates zwingt den Elektrizitätsversorgern auch gewaltige organisatorische Veränderungen und einen Wandel in der Unternehmenskultur auf. Unternehmen, die sich zuvor auf das Rechts- und Regulierungssystem konzentrierten, müssen nun gegen Konkurrenten antreten und über Vermarktung nachdenken. Sie müssen sich entscheiden, ob sie weiterhin Produzenten, Netzbetreiber, Verteiler und Dienstleister in einem sein oder aber sich aus einem oder mehreren dieser Bereiche zurückziehen wollen. Viele Unternehmen werden fusionieren, um ihre Kosten zu senken. Andere werden versuchen den Vorteil ihrer Netze zu nutzen und Dienstleistungen anzubieten, nicht nur für Elektrizität, sondern auch für Telefon, Video, Internet und Sicherheitssysteme. Eine Reihe von Firmen wird neue Wachstumschancen in Märkten außerhalb der USA suchen. Firmen, die noch nicht im Stromgeschäft sind, werden sich Zugang zu ihm verschaffen. Und gleichzeitig werden im ganzen Land Unternehmen entstehen, die Energie vermarkten.

Mit dem Wandel der Elektrizitätswirtschaft vom traditionellen regulierten Monopol zu einem stärker auf dem Markt gründenden System verändert sich die Aufgabe der Regulierer. Ihre neue Aufgabe wird die Sicherung des Wettbewerbs sein und bleiben. »Regulierer sind heute Schiedsrichter«, so Moler. »Sie setzen nicht die Preise fest. Sie pfeifen das Spiel.«[11]

Die Ausweitung der »sozialen Regulierung«

Wenn der allgemeine Trend in der Wirtschaftsregulierung dahin geht, sich stärker auf den Markt zu verlassen, so geschieht bei der Regulierung, die man in den USA *»social-value regulation«* nennt, das heißt Regulierung zur Sicherung sozialer Werte, das genaue Gegenteil. In diesen Bereichen – zum Beispiel Umwelt, Diskriminierung, Arbeitsschutz – übt der »vierte Arm des Staates« immer größeren Einfluss aus. Erklärtes Ziel jeder Regierung seit Richard Nixon, ob demokratisch oder republikanisch, war das Zurückstutzen übermäßiger Regulierung. Doch die Tendenz verlief hier genau entgegengesetzt: Der »vierte Arm« wurde stark ausgeweitet, mit der Folge, wie Kritiker meinen, dass »nahezu alles und jedes kriminalisiert wurde«. Es ist sehr schwierig, eine Übersicht über das stetig wachsende Gebäude der wertbezogenen Regulierung zu gewinnen; nur jene, die von diesem oder jenem Teil des Regulierungssystems betroffen sind, wissen, was es alles gibt. Noch verwirrender wird es angesichts der leidenschaftlichen Debatten, die sich an dieser Form von Regulierung entzünden – ein emotionaler Meinungsstreit, der auf unterschiedlichen Begriffen von Gerechtigkeit und Fairness, Sicherheit und Risiko gründet, fundamental konträre Auffassungen über Fakten und Theorien erkennen lässt und auch ideologisch eingefärbt ist.

Welchen Standpunkt man auch vertreten mag, die Regulierung von Risiken – von Gesundheits-, Sicherheits- und Umweltrisiken – steckt in einer »regulatorischen Sackgasse«, wie es Stephen Breyer, heute Richter am Obersten Bundesgericht, ausdrückt. Die Risikoregulierung geht auf das dringende Erfordernis im Amerika des 19. Jahrhunderts zurück, die unmittelbarste und gravierendste Gefahr zu bannen: Feuer. In dicht besiedelten Gebieten wie New York und Philadelphia verboten städtische Verordnungen Schornsteine aus Holz oder Gips, mit Stroh oder Ried gedeckte Dächer und Heuschober. Feuerwarte patrouillierten in Wohngebieten und inspizierten, ob die Schornsteine gekehrt waren; staatliche Behörden regulierten Schießpulvergeschäfte. Die unerträglichen sanitären Bedingungen, die von investigativen Journalisten – den Skandaljägern oder *muckrakers* – um die Jahrhundertwende angeprangert wurden, führten zur Regulierung von Nahrungsmitteln und Arzneien. Aber erst in den späten 60er und frühen 70er Jahren des 20. Jahrhunderts bewirkte die Umweltbewegung ein Anwachsen der Regulierungstätigkeit von Bund, Bundesstaaten und Kommunen. Sowohl die Umweltschutzbehörde (Environmental Protection Agency, EPA) als auch das Arbeitsschutz- und Arbeitsgesundheitsamt (Occupational Safety and Health Administration) wurden von der Nixon-Administration geschaffen. Umweltverschmutzung – Luftverschmutzung in den Städten, Verschmutzung der Seen und Flüsse des Landes – führte zu einer Unzahl neuer Bestimmungen. Es wurden enorme Fortschritte erzielt. Es ist heute wieder möglich, im Hudson River zu schwimmen und zu fischen. Ein neues Auto, das 1997 in Detroit vom Band rollte, verursacht nur fünf Prozent der Luftverschmutzung eines Autos, das in den frühen 70ern gebaut wurde. Los Angeles ist die Stadt, die den Smog berühmt machte. Doch trotz einer um 30 Prozent gewachsenen Bevölkerung ist die Luft von Los Angeles seither um 36 Prozent sauberer geworden.[12]

Insgesamt ist die Umwelt in den USA und anderen Industrienationen heute viel sauberer als noch vor zwei Jahrzehnten. Dies wurde durch eine Kombination von Regulierung, Umweltbewegung, technologischer Innovation und einer geistigen Neuorientierung erreicht. Doch gleichzeitig werden die Umweltregulierungen in den USA zunehmend als schwerfällig, inflexibel und zu einengend empfunden. Einer der Gründe dafür ist, dass der Kongress extrem detaillierte Bestimmungen in seine Gesetze schreibt. Statt allgemeine Richtlinien und Ziele vorzugeben, neigt diese »Kommando-und-Kontroll-Regulierung« zur Überreglementierung und Mikrosteuerung und schwächt so Innovation, Effizienz und Kreativität. Darüber hinaus haben Regulierungen die Tendenz, sich zu einem Durcheinander auszuweiten. Häufig steht im Zentrum des Disputs die Wissenschaft, und die Prioritäten sind oft das Ergebnis eines Zusammenspiels von Presse, Öffentlichkeit, Partikularinteressen, Politikern und »Pseudowissenschaft«, wie Breyer es nennt, statt sich aus einer Rangfolge von Risiken und Dringlichkeit zu ergeben. »Wir haben die Angst vor dem Markt durch die Angst vor dem ersetzt, was durch den Schornstein geht«, so Breyer.

Kritiker des gegenwärtigen Systems sorgen sich um seine Rationalität und fragen sich, ob wirklich noch das »letzte Fünf- oder Zehn-Prozent-Problem« gelöst werden muss. Abhilfe bei 90 oder 95 Prozent der Verschmutzung lässt sich effizient und kosteneffektiv bewerkstelligen. Die letzten fünf oder zehn Prozent – die »Reinheit« – sind ein beinahe nicht zu erreichendes Ziel, das zudem Ressourcen für die Lösung dringlicherer Probleme bindet. »Der Hang zum Perfektionismus hat einen beträchtlichen Schlamassel angerichtet«, meint Richter Breyer. In seinem kürzlich erschienenen Buch *Breaking the Vicious Circle: Toward Effective Risk Regulation* zitiert er einen Fall aus seiner Praxis als Bundesdistriktsrichter. Dabei ging es um einen zehnjährigen Streit über die Beseitigung einer Giftmülldeponie in New Hampshire: »Die Deponie war weitgehend gesäubert. Bis auf einen waren alle privaten Kläger zufrieden gestellt. Die verbleibende Partei klagte auf 9,3 Millionen Dollar, um den letzten kleinen Rest zu beseitigen, eine kleine Menge von hochverdünnten PCBs und ›flüchtigen organischen Verbindungen‹ (Benzol und Benzinverbindungen) durch Verbrennung des Bodens. Wie viel zusätzliche Sicherheit ließ sich mit diesen 9,3 Millionen Dollar kaufen? Die 40 000 Seiten umfassenden Prozessakten dieser zehnjährigen Anstrengung deuteten darauf hin (worin alle Parteien übereinzustimmen schienen), dass die Deponie sicher genug war, dass Kinder ohne nennenswerten Schaden darauf spielen und 70 Tage pro Jahr kleine Mengen Erde essen konnten. Aber es gab gar keine Erde essenden Kinder auf dem Areal, denn das Gelände lag in einem Sumpf. Auch waren keine Erde essenden Kinder zu erwarten, denn eine künftige Bebauung erschien unwahrscheinlich. Die Parteien stimmten auch darin überein, dass mindestens die Hälfte der flüchtigen organischen Chemikalien wahrscheinlich bis zum Jahr 2000 verdampft seien. 9,3 Millionen Dollar auszugeben, um nicht vorhandene Erde essende Kinder zu schützen: das meine ich mit dem Problem der ›letzten zehn Prozent‹«.

Das gesamte System ringt mit der fundamentalen Frage, wie Risiken beurteilt und gemessen werden können. Ein Weg liegt darin, die Kosten einer Regulierung und die erreichten Verbesserungen gegeneinander abzuwägen, aber die Ergebnisse einer solchen Kosten-Nutzen-Analyse sind gemischt. Die quälende Frage nach den Kosten eines geretteten Menschenlebens macht die Schwierigkeiten deutlich. Das Spektrum ist so breit, dass es an Sinnlosigkeit grenzt. Man schätzt, dass das Verbot von brennbaren Schlafanzügen für Kinder pro gerettetes Leben weniger als eine Million Dollar kostete. Im Vergleich dazu betragen die Kosten eines geretteten Lebens durch die kürzlich erfolgte Begrenzung der Verwendung von Formaldehyd schätzungsweise 93 Milliarden Dollar.

Ein neuer Ansatz, um den Umweltschutz flexibler und effizienter zu machen, besteht in der Schaffung von wirtschaftlichen Anreizen und Marktmechanismen, die traditionelle bürokratische Methoden ersetzen – ein in den USA zweifellos zukunftsträchtiger Ansatz. »Nach 25 Jahren bewegen wir uns auf eine neue Form des Umweltschutzes zu«, erklärt Daniel Esty, Direktor des Umweltrechtsprogramms der Yale Universität und ehedem stellvertretender Leiter der Umweltschutzbehörde. »Statt der Kommando- und-Kontroll-Methode wird sie marktorientiert sein.« Der Grund dafür liegt in der Unzufriedenheit mit der Starrheit des traditionellen Regulierungsansatzes und dem Streben nach größerer Effizienz, in Verbindung mit einer gewachsenen Offenheit gegenüber Marktlösungen in den USA.

Dieser neue Ansatz zeigt sich am deutlichsten am Konzept des »Emissionenhandels« zur Verbesserung der Luftqualität. Im Rahmen eines Systems »handelbarer Rechte« erwirbt ein Unternehmen vom Staat durch Kauf oder Überlassung die Erlaubnis zum Ausstoß einer bestimmten Schadstoffmenge. Es kann diese Schadstoffmenge entweder selbst emittieren oder einen Teil der Rechte an andere Unternehmen verkaufen, indem es den eigenen Ausstoß vermindert. Eine Konsequenz besteht darin, dass der Staat die Gesamtverschmutzung in einer bestimmten Region kontrolliert, der Markt jedoch die Zuteilung übernimmt. Statt dieses Ziel bei jedem einzelnen Unternehmen gesondert anzustreben, wird so die Qualität der Umwelt der gesamten Region verbessert. Obwohl Experimente mit solchen Marktansätzen schon in den späten 70er Jahren begannen, wurden sie erst mit dem Gesetz zur Reinhaltung der Luft (Clean Air Act Amendment) von 1990 institutionalisiert.

Die Ergebnisse sind bisher ermutigend und sogar »spektakulär«, wie Daniel Dudek vom Environmental Defense Fund findet, da sie die »Macht der Marktkräfte« bewiesen hätten, »Verbesserungen der Umwelt zu erreichen«, die an »der überlegenen Umweltbilanz, niedrigeren Kosten und der Zurückdrängung des interventionistischen Verhältnisses zwischen Regulierern und Wirtschaft« abzulesen seien. Die Gesamtemissionen wurden viel schneller und zu weit niedrigeren Kosten vermindert als erwartet. »Welches andere Umweltprogramm kann eine solch dramatische Leistung in so kurzer Zeit vorweisen?«, fragt Dudek. Dieser Ansatz – Anreize und Wahlmöglichkeiten zu schaffen – ermutigt außerdem Innovationen, was übermäßig detaillierte, hochgradig dirigistische Regulierungen in diesem Maße nicht vermögen. Marktorientierte Systeme haben ein weiteres viel versprechendes Merkmal: Sie haben das Potential, die konfliktträchtige Gegnerschaft zwischen Umweltschützern und Industrie zu mildern und stattdessen einen Rahmen für Lösungen auf der Basis von Zusammenarbeit zu bieten. Können marktorientierte Systeme auch grenzüberschreitend funktionieren? Dies wird der Versuch erweisen, ein internationales System zu schaffen, um auf die Sorge um eine globale Klimaänderung zu reagieren.[13]

Die »Explosion der Rechte«

Die wertbezogene soziale Regulierung nahm in den USA seit den 60er Jahren auch aufgrund einer »Explosion der Rechte« zu. Dies zeigt sich besonders deutlich an der Ausweitung des Diskriminierungsbegriffs. Durch Auflagen, Tests und Strafen, die alle entsprechend zugenommen haben, sollten Formen von Diskriminierung behoben werden. Die bekannteste Initiative ist die so genannte positive Diskriminierung (*affirmative action*), ein Erbe der Bürgerrechtsbewegung, das heute erbittert diskutiert wird. Für ihre Verfechter ist positive Diskriminierung eine Methode, um vergangenes Unrecht wieder gutzumachen, Chancen zu schaffen, wo diese verweigert wurden, und der anhaltenden rassistischen und sexistischen Diskriminierung zu begegnen. Ihre Gegner bringen vor, dass sich solche Programme gegen die Chancengleichheit richten, weil sie Menschen zu Gruppen mit Sonderinteressen subsumieren, die Nutznießer dieser Programme als minderwertig brandmarken, die Beurteilung von Menschen nach persönlichem Verdienst verhindern und auf umstrittenen Definitionen von Rassismus und Sexismus beruhen. In dem Maße, wie Quoten und andere Methoden zur Bewältigung eines fundamentalen Problems, nämlich der rassistisch begründeten Ungleichheit, auf eine Unzahl von anderen Problemen ausgeweitet werden und neue Werte an die Stelle der traditionellen Meritokratie treten, hat sich der Streit zugespitzt. Die »Explosion der Rechte« hat zu einer Vervielfältigung der Reglementierungen und der Behörden geführt, die sie durchsetzen sollen.

Es gibt viele andere Beispiele dafür, wie der Staat seine Regulierung des Marktes und seine Kontrolle ausweitet. Die Beschränkungen bei der Einstellung und Entlassung von Arbeitnehmern sind ein bekanntes Beispiel. Einem Arbeitgeber in den USA ist es verboten, bei einer Einstellung nach dem Alter des Bewerbers, nach seinem oder ihrem Familienstand oder sogar der Gesundheit zu fragen, da jede Auskunft zur Grundlage von Diskriminierung werden könnte. Doch Kritiker meinen, dass dies alles sinnvolle Fragen sind, um die Bewerber kennen zu lernen und ein Urteil zu fällen, ob sie eingestellt werden sollten oder nicht. Es ist ebenfalls sehr riskant für einen Arbeitgeber, ehemaligen Beschäftigten mehr als rudimentäre Empfehlungsschreiben mitzugeben. Den Unternehmen wird heute geraten sich auf »die Stellenbezeichnung des ehemaligen Beschäftigten sowie Beginn und Ende des Beschäftigungsverhältnisses zu beschränken«. Andernfalls riskieren sie verklagt zu werden.

Die direkten Auswirkungen der sozialen Regulierung und Gesetzgebung werden von einer Eigentümlichkeit des amerikanischen Rechtssystems verstärkt: den *lawsuits*, den umfangreichen Möglichkeiten, Zivilklagen anzustrengen. Diese Form des Rechtsstreits ist, so Pietro Nivola, Mitglied der Brookings Institution, nicht nur ein »Mittel, um persönliche Meinungsverschiedenheiten zu lösen«; vielmehr handle es sich hier auch um »Institutionen der Herrschaftsausübung und sozialen Regulierung. Eine Ziviljury, die ein ungeschicktes Unternehmen zu Kompensationszahlungen in Millionenhöhe verurteilt, befasst sich mit mehr als einem privaten Fall. Ähnlich wie die Anordnung der Kommission für Produktsicherheit [Consumer Product Safety Commission] oder der Kommission für gleiche Beschäftigungschancen [Equal Employment Opportunity Commission] dient ihr Urteil vermutlich zur öffentlichen Abschreckung einer erkannten gesellschaftlichen Bedrohung.« Eine 82-jährige Frau verklagte McDonald's, nachdem sie heißen Kaffee verschüttet und sich verbrüht hatte, der ihr durch den Autoschalter gereicht worden war. Die Jury kam zu dem Urteil, dass McDonald's fahrlässig Kaffee serviert hatte, der zu heiß war, und sprach ihr 2,9 Millionen Dollar zu, um ein Zeichen zu setzen (die Strafe wurde später vermindert). Universitäten sind mittlerweile daran gewöhnt, Diskriminierungsklagen von Professoren zu erwarten, die keinen Lehrstuhl erhalten. Selbst Geschäftsergebnisse von Aktiengesellschaften können zum Gegenstand von Klagen werden. Ein Unternehmen, das vielleicht hunderte von Arbeitsplätzen geschaffen hat, wird angreifbar, wenn es an die Börse geht. Fallen seine Aktien aufgrund einer schlechten Vierteljahresbilanz, könnte es sich sehr bald auf der Anklagebank wieder finden.

Die Ermutigung von Zivilklagen war beabsichtigt. 1991 verschärfte das Civil Rights Act die Strafen erheblich, weitete Ansprüche auf bestrafende Schadenersatzleistungen aus, ließ Klagen wegen emotionaler Kränkung zu und erhöhte die Anwaltshonorare. All dies entsprach dem ausdrücklichen Zweck des Gesetzes, so Philip Howard, »Bürger zur Klage zu ermutigen«, weil »das Prinzip des Schutzes vor Diskriminierung so wichtig ist wie das Prinzip, das Tätlichkeiten und andere vorsätzliche Verletzungen von Menschen verbietet«. So sieht der Kongress der USA jeden Arbeitnehmer in der Rolle eines »privaten Justizministers, um diese kostbaren Rechte zu verteidigen«.

Zumindest ein Hauptziel des neuen Gesetzes wurde erreicht: Die arbeitsrechtlichen Diskriminierungsklagen vermehren sich pilzartig. Die sozialen Regulierungen und Klagen nehmen so rasch zu, dass Bundesdistriktsrichter Stanley Sporkin warnte, die Bundesgerichte würden mit arbeitsrechtlichen Klagen überschwemmt. Und er fügte hinzu: »Wir [die Richter] werden zu Oberpersonalchefs von praktisch jedem öffentlichen und privaten Unternehmen der Nation.«[14]

Privatisierung nach amerikanischer Art

Am 26. März 1987 unterzeichnete John Weinberg, geschäftsführender Gesellschafter der Investmentbank Goldman Sachs, einen Scheck über 1,65 Milliarden Dollar für die US-Regierung. Das war keine Steuernachzahlung, sondern der Erlös der bis dahin größten Erstausgabe an der New Yorker Börse. Die Regierung der USA hatte ihre Anteile an Conrail verkauft, die Eisenbahngesellschaft, die ein Jahrzehnt zuvor als staatliche Auffanggesellschaft zur Aufrechterhaltung des Frachtdienstes geschaffen worden war, nachdem zwei große Eisenbahnunternehmen Bankrott gemacht hatten. Die Umstände des Verkaufs waren ungewöhnlich. Traditionell gab es weit weniger Staatseigentum in den USA als in anderen Ländern, sodass keine lange Liste von großen Unternehmen existierte, die zum Verkauf anstanden. Doch der Wert von Conrail war so hoch, dass mit ihrem Verkauf das Wort Privatisierung Eingang ins politische Vokabular Amerikas fand.

Lange vor der Privatisierung von Conrail übernahm die Reagan-Regierung den frisch geprägten Begriff aus Großbritannien von Margaret Thatcher. Im Laufe der Zeit fand »Privatisierung« Eingang in den Wortschatz von Demokraten und Republikanern. Für Vizepräsident Al Gore war sie eine der wichtigsten Maßnahmen zur Umgestaltung des Staates, die er in seinem gleichnamigen Programm (»Reinventing Government Initiative«) vorschlug: die »Übertragung von Funktionen an den Privatsektor, die durch diesen besser erfüllt werden«. Privatisierung bedeutet also nicht nur den Verkauf von Staatseigentum; immer stärker versteht man darunter auch die externe Vergabe von bis dahin in staatlicher Regie liegenden Aufgaben, Fremdbeschaffung und Auslagerung von Dienstleistungen. Dadurch sollen Marktkräfte für öffentliche Aufgaben nutzbar gemacht, die Effizienz erhöht, die Kosten und die Belastung der öffentlichen Haushalte gemindert und die Qualität und Effizienz der Dienstleistungen verbessert werden.

Nach dem Ende des Kalten Krieges werden im Rahmen der Bestrebungen für größere Haushaltsdisziplin auch Bereiche des Militärsystems einer neuen wirtschaftlichen Prüfung unterzogen. Die Schließung und Umwandlung von Stützpunkten, der Verkauf unnötiger Einrichtungen und die Verkleinerung von Forschungs- und Entwicklungsabteilungen erscheinen als sinnvolle Schritte in diese Richtung. Die Marineakademie in Annapolis beispielsweise benötigte ihre 346 Hektar große eigene Milchfarm nicht mehr, die auf Grund einer Typhusepidemie vor einem Jahrhundert aufgebaut worden war. Die Elk-Hills-Ölförderreserven der Marine in Kalifornien wurden am Vorabend der modernen Ölära vor dem Ersten Weltkrieg aus Furcht vor einer Ölknappheit geschaffen, zu einer Zeit, als die USA ihre Marine von Kohle auf Öl umstellten. Heute dienen sie kaum noch dem nationalen Sicherheitsinteresse. Ihre Förderkapazität beträgt lediglich 0,36 Prozent des Gesamtverbrauchs der Nation. 1997 kamen die Anlagen unter den Hammer. Auch das Verteidigungsministerium wendet sich heute an Privatfirmen, wenn es um das Betreiben von Einrichtungen und unterstützende Logistik geht. Ähnliche Initiativen zur Kostensenkung gibt es auch in anderen Ministerien. Diskutiert wird sogar die Privatisierung von Behörden wie der Bundesluftfahrtbehörde. Aber je stärker ein staatlicher Dienst die öffentliche Sicherheit berührt, desto widerwilliger treten Politiker für seinen Verkauf ein.

Sehr viel bewegt sich in den Hauptstädten der Bundesstaaten, der Countys und in den Rathäusern in ganz Amerika. Hier findet sich der größte Teil der Produktionsanlagen in Staatseigentum und der öffentlichen Dienste, die vom Staat überwacht, garantiert oder selbst betrieben werden. Gemäß der amerikanischen Tradition sind die kommunalen Behörden dafür zuständig, öffentliche Dienste in ausreichender Quantität und Qualität und nach den Wünschen der Wähler bereitzustellen. Dies gilt für den öffentlichen Nahverkehr und Infrastruktur wie Häfen und Flughäfen; dies gilt auch für bestimmte Gesundheitseinrichtungen und vor allem für die öffentlichen Schulen.

Auf allen diesen Gebieten wird der Rückzug des Staates für die Bevölkerung am unmittelbarsten spürbar. Er zwingt in den Gemeinden zum Überdenken alter Überzeugungen, wonach der Staat bestimmte Dienstleistungen kontrollieren muss, wenn sie funktionieren sollen. Schließlich wurden in einem früheren Zeitalter viele öffentliche Dienstleistungen wegen der Unzulänglichkeit privater Anbieter ausgeweitet. New York gründete 1881 eine städtische Straßenreinigung, nachdem es privaten Firmen jahrzehntelang nicht gelungen war, die Straßen von Pferdedung zu reinigen, dem größten Verschmutzungsproblem der sich entwickelnden Städte im Amerika des 19. Jahrhunderts. Dienstleistungen und Verwaltung wurden ausgeweitet, um Korruption und Vetternwirtschaft zu begegnen. Doch heute lässt sich argumentieren, dass die Isolierung des öffentlichen Dienstes in den Kommunen, die einst die Qualität verbessern sollte, den gegenteiligen Effekt hat. So sagt etwa der demokratische Bürgermeister von Philadelphia, Ed Rendell: »Mir wurde klar, dass wir zu viele Beschäftigte hatten. Durch die Arbeitsrichtlinien, die Praxis in der Vergangenheit, die kollektiven Übereinkünfte und die Bedingungen des öffentlichen Dienstes hatten wir ein Managementsystem geschaffen, aus dem alle Leistungsanreize verschwunden waren. (...) Die schwierigste Aufgabe in Philadelphia war es (...) im mittleren Management zu arbeiten und die eigenen Untergebenen zu motivieren.«[15]

Die Privatisierung fordert Ansichten heraus, die noch aus der Ära der so genannten Progressisten vor dem New Deal stammen. Aber die kommunale Kontrolle verschafft Amerika auch große Vorteile im Privatisierungsprozess. Der Riss zwischen Verfechtern und Gegnern einzelner Privatisierungen ist selten ideologischer oder radikaler Natur. Natürlich treffen hier immer noch fundamental verschiedene Auffassungen über die Frage aufeinander, ob grundlegende Dienste und die Menschen, dies sie erbringen, am erfolgreichsten durch Gewinnstreben oder durch die Ideale von Staatsdienst und Gemeinwohl motiviert werden. Ein privatisiertes Busunternehmen wird eher auf den Gewinn achten und unwirtschaftliche Angebote streichen. Doch sollten dem Gewinnstreben auch Nachtbuslinien zum Opfer fallen? Bestraft man damit nicht die Krankenschwestern, die im Krankenhaus die Spätschicht übernehmen? Und wenn weniger Busse fahren, bringt dies nicht mehr Autos auf die Straßen und vermehrt Luftverschmutzung, Staus und Verzögerungen? Der Antrieb zur Privatisierung kann auch das Engagement jener entwerten, die ihre Karriere dem öffentlichen Dienst gewidmet haben. Häufig stehen sich in den Kämpfen um Privatisierung die direkt Betroffenen und Interessierten gegenüber; sie streiten darüber, wer die Kosten des Wandels tragen muss und wer von den neuen Chancen profitieren wird. Gewöhnlich wehren sich die Gewerkschaften des öffentlichen Dienstes am engagiertesten gegen Privatisierungen. Sie sehen darin – zu Recht – den Verlust von Arbeitsplätzen für ihre Mitglieder, weniger Sicherheit und eine kritischere Überprüfung der Arbeitspraxis.

Einige Privatisierungen sind unproblematisch. Dass die Müllabfuhr von privaten Firmen erledigt wird, stößt in ganz Amerika auf Akzeptanz. In San Francisco wurde damit schon 1932 begonnen. Die Wasserversorgung ist ein weiteres Privatisierungsziel. Gegenwärtig werden über 20 Prozent des Trinkwassers im Land von Wasserwerken geliefert, die im Staatseigentum stehen. jedoch privat geführt werden. Der Grund für künftige Privatisierungen sind niedrigere Kosten, ergänzt durch den komparativen Vorteil, den große Unternehmen gegenüber Stadtwerken im Hinblick auf Technologie und Know-how haben. Private Firmen betreiben heute eine Reihe von großen Flughäfen, darunter den Flughafen von Pittsburgh. Häfen sind ebenfalls Kandidaten für die Privatisierung. Die Stadt Indianapolis zwingt ihren öffentlichen Dienst, mit großen Firmen aus dem Privatsektor um Aufträge zu konkurrieren. Um den Vertrag zur Wartung des städtischen Fahrzeugparks zu gewinnen, mussten die Stadtbediensteten die Gebote von drei nationalen Firmen schlagen. Sie gewannen, indem sie – im Tausch für einen Anteil an den Einsparungen – ihre Kosten erheblich senkten, die Produktivität erhöhten und Kürzungen bei Löhnen und Vergütungen hinnahmen. Enttäuscht über den verfallenen Zustand des Empfangsgebäudes für internationale Flüge auf dem Kennedy-Flughafen, übertrug die zuständige Hafenbehörde von New York und New Jersey es an ein Konsortium unter Führung eines Betreibers, der auch den Amsterdamer Flughafen leitet.

Einige Funktionen werden zunehmend privatisiert, ohne dass es auffällt. Man könnte meinen, dass Polizei und Gefängnisse »Kernfunktionen« des Staates sind. Aber tatsächlich wurden Polizeiaufgaben in den USA kontinuierlich privatisiert. Heute liegt die Zahl der privaten Sicherheitsleute dreimal so hoch wie die der Polizeitruppe. Auf Grund des ständig wachsenden Bedarfs, der durch die steigenden Zahlen von Schwerverbrechern in den USA entsteht, wird das Betreiben von Gefängnissen zu einem Geschäft. Ende 1996 gab es 132 private Gefängnisse, 39 weitere waren im Bau. Die Gewinne dieser Branche überstiegen 1997 eine Milliarde Dollar. Bundesstaaten und Städte erkunden auch verschiedene Methoden, um Wohlfahrtsdienste an Privatfirmen zu vergeben; aber während dieses so genannte »*outsourcing*«, die externe Auftragsvergabe, immer mehr Verbreitung findet, wächst auch die Notwendigkeit der Aufsicht, um sicherzustellen, dass dem öffentlichen Interesse Rechnung getragen wird. Solche Privatisierungen öffnen damit auch neuen Formen staatlichen Scheiterns die Tür: Sie können endlos lange bürokratische und politische Rangeleien zur Folge haben, die vom ewigen Beharren auf dem verfassungsmäßigen Recht auf ein faires Verfahren beherrscht werden – eine der Geißeln des politischen Systems in den USA.[16]

Bildung und Wohlfahrt

Einige der am schwersten zu bewältigenden Veränderungen in den USA betreffen das Bildungswesen – ironischerweise eines der Gebiete, auf denen die Krise des gegenwärtigen Systems am deutlichsten hervortritt. Das staatliche Bildungssystem war bis in die 70er Jahre das Fundament Amerikas, die Flamme unter dem Schmelztiegel. Seither wurde es von der »Explosion der Rechte«, dem Zusammenbruch der Disziplin, der Ausbreitung von Gewalt und der Nivellierung der Standards verheert. Die Reaktionen auf diesen Zusammenbruch waren so unterschiedlich wie gegensätzlich. Eine Reihe von Staaten erlauben nun die Einrichtung von so genannten »*charter schools*«. Das sind öffentliche Schulen, die sich von der örtlichen Schulaufsicht abkoppeln und ihre eigenen Lehrpläne und Standards festsetzen, ob sie nun einer bestimmten Erziehungsphilosophie folgen oder auf die Bedürfnisse einer bestimmten ethnischen oder Einwanderergruppe zugeschnitten sind – mit zweifelhaften Ergebnissen. Noch umstrittener sind Vorschläge, Gutscheine an Eltern zu verteilen, die sie bei einer Bildungseinrichtung ihrer Wahl einlösen können. Die weit gestreute Einführung von Gutscheinen würde einen großen Schritt hin zur faktischen Privatisierung des Bildungssystems bedeuten. Was diese Reformen zu den schwierigsten von allen macht, ist die Tatsache, dass staatliche Bildung nicht einfach eine Dienstleistung ist, die man nur effizient gestalten muss. Ihr kommt zentrale Bedeutung für die Zukunft der Nation zu; zugleich ist sie auch in den erbitterten Kampf verstrickt, der sich in Amerika an ethnischer Zugehörigkeit und Armut entzündet – am lebhaftesten verkörpert in den wütenden Schlachten um den Schulbuszwang.

Die Neubestimmung der Rolle des Staates auf all diesen Gebieten bedeutet, sich mit den häufig zwiespältigen Ergebnissen vergangener Programme und den widerstreitenden Interpretationen auseinander zu setzen, die ihnen verschiedene Beteiligte in gutem Glauben angedeihen lassen. Die zentrale Frage lautet heute, was mit dem Wohlfahrtssystem geschehen soll, womit im politischen Vokabular Amerikas die Hilfsprogramme für die Armen gemeint sind: medizinische Hilfe für die Armen (Medicaid), monatliche Zahlungen an Familien im Rahmen des Programms zur Hilfe für bedürftige Kinder (Aid for Dependent Children) und sozialer Wohnungsbau. Vielfach wurde kritisiert, dass die Hilfe nicht immer das Ausmaß der Probleme verringert, ja diese zuweilen noch verschärft hat. Einig sind sich die Kritiker häufig nur in der Auffassung, dass das gegenwärtige System seine Versprechungen nicht erfüllt hat. Die Kritik erstreckt sich dabei vom politischen Zentrum – dem gemäßigten Lager innerhalb der großen Parteien, das für stufenweise Reformen unter der Losung »Wohlfahrt gegen Arbeit« eintritt – bis hin zu härteren Positionen gegen die Abhängigkeit, die das System nährt, und radikaleren Lösungsvorschlägen, die stark auf Eigenverantwortung setzen.

Die Debatte konzentrierte sich auf das Gesetz zur Wohlfahrtsreform auf Bundesebene. Kernstück des Gesetzes, das schließlich im August 1996 verabschiedet wurde, ist die Streichung der Hilfe für bedürftige Kinder, eine zentrale Komponente des klassischen Wohlfahrtspakets. An ihre Stelle trat eine befristete Beihilfe für bedürftige Familien (Temporary Assistance to Needy Families), die mehr als nur einen kosmetischen Wandel bedeutet. Sie begrenzt die Dauer der Unterstützung und macht sie von Arbeitssuche und der Annahme jedweder Beschäftigung abhängig. Dieser Ansatz wird nun im Hinblick auf so kritische Fragen wie das Angebot an zumutbaren Arbeitsplätzen überprüft. Aber als dauerhafteste Veränderung im Rahmen der Wohlfahrtsreform des Bundes könnte sich etwas anderes erweisen: die komplette Verschiebung der Zuständigkeit vom Bund zu den Bundesstaaten. Die Bundesstaaten sollen Pauschalbeträge erhalten, die sie nach ihrem Gutdünken für die Reform der Wohlfahrtsprogamme einsetzen können. Das Wettrennen unter den Gouverneuren und der Legislative in den Bundesstaaten um Reformen, die zum Modell für andere Bundesstaaten werden könnten, ist in vollem Gange.

Auf der Ebene des Bundes könnte die dringlichste Frage im Hinblick auf die Rolle des Staates in der Wohlfahrt seine Verantwortung für die Alten sein. Vielleicht schon ab dem Jahr 2005 wird die Finanzierungsgrundlage der sozialen Absicherung alter Menschen voraussichtlich unter enormen Druck geraten, sodass möglicherweise ihr Zusammenbruch droht. Daher wird darüber diskutiert, einen Teil des Sozialleistungsfonds an der Börse zu investieren oder ihn ganz zu privatisieren und in individuell verwaltete Pensionskonten umzuwandeln. Aber das Problem könnte noch tiefer liegen, denn Besorgnis verursacht nicht einfach nur die Finanzierung, sondern die zugrunde liegende demografische Entwicklung. Die rasche Zunahme des Anteils der Alten an der Bevölkerung bedeutet beim gegenwärtigen System der Umlagefinanzierung, dass immer weniger Arbeitnehmer immer mehr alte Menschen unterstützen müssen.

»So alt wie das Land«

Die Neubestimmung der Beziehungen zwischen Staat und Markt in den USA wird von einem grundlegenden Trend vorangetrieben: der immer skeptischeren und kritischeren Sicht auf den Staat. »Misstrauen gegenüber dem Staat ist und war immer Teil der politischen Kultur Amerikas«, bemerkt der Politikexperte William Schneider. »Dieses Misstrauen ist so alt wie das Land. Warum wurde der Staat dann aber so groß? Die Antwort liegt im Pragmatismus. Wann immer es eine Krise gab, blickten die Menschen auf den Staat, um sie zu lösen.« Der New Deal und der Zweite Weltkrieg schufen Vertrauen in den Staat. Nur mühsam lässt sich heute nachvollziehen, dass John F. Kennedy in einer ganzen Generation Idealismus für den öffentlichen Dienst weckte. Mitte der 60er Jahre setzte eine schneidende Kritik am Staat ein. Sie wurde durch den Vietnamkrieg und innenpolitische Krisen angefacht und entwickelte sich zu einer mächtigen Tendenz. Watergate und die Wirtschaftskrisen der 70er Jahre verstärkten diesen Trend noch zusätzlich. Während Ronald Reagans Amtszeit gab es eine Erholungspause, aber seither nahm die harsche Kritik weiter zu. Die Folge sind gesunkene Erwartungen an den Staat und seine Möglichkeiten.

Die Entwicklung der Clinton-Regierung verdeutlicht das Ausmaß des Wandels. Bill Clinton kam 1993 als »Neuer Demokrat« ins Amt, auch wenn seine Regierung mit einem 1300-seitigen Plan für eine nationale Gesundheitsversorgung begann, eine Industriepolitik einführte und »strategische Handelsziele« verfolgte. Nach wenigen Jahren erklärte Clinton jedoch die Ära des *big government*, des starken Staates, für beendet, unterschrieb ein umfassendes Gesetz zur Reform des Wohlfahrtssystems und förderte freie Märkte als fundamentales Ziel der amerikanischen Außenpolitik nach dem Ende des Kalten Krieges. Aber solche Veränderungen sind relativ. Als der republikanisch beherrschte Kongress mit großem Eifer durchgreifende Kürzungen der Sozialprogramme durchsetzen wollte, musste er erkennen, dass die Öffentlichkeit nicht bereit war das soziale Netz oder die Verpflichtung auf Bildung und Umweltschutz aufzugeben. Zwischen dem Scheitern von Clintons Plan für ein Gesundheitssystem und der Zurückweisung der so genannten Gingrich-Revolution trat in der amerikanischen Politik eine neue Mitte auf den Plan. Sie ist gekennzeichnet durch das Ende staatlicher Expansion in vielen Bereichen, das Zurückstutzen des Staates in anderen, durch Verlagerung staatlicher Aufgaben sowie einen anhaltenden Kampf um die Ausweitung des Staates in der Sphäre »sozialer Werte« und das Bemühen, Marktmechanismen für die Tätigkeit des Staates zu übernehmen. Dazu zählt auch ein Konsens über die Notwendigkeit einer Tugend, die noch vor nicht allzu langer Zeit altmodisch, ja sogar sonderbar erschien: fiskalpolitische Disziplin.[17]

Kapitel 12

Die Zwickmühle
Europas Suche nach einem neuen Sozialpakt

1941 machten sich auf der Insel Ventotene vor der italienischen Küste bei Neapel Altiero Spinelli und zwei Mitgefangene daran, ein Manifest für ein neues, vereintes Europa zu schreiben. Wären die Zeiten nicht so verzweifelt gewesen, hätte dieses Unternehmen wie Don Quichottes Kampf gegen die Windmühlenflügel wirken können. Hitler hatte Westeuropa erobert, seine Truppen überrollten die Sowjetunion, deren Führung und Bevölkerung gleichermaßen von Panik ergriffen wurden. Die USA waren noch nicht in den Krieg eingetreten und Großbritannien bildete praktisch den letzten Widerstandsposten gegen ein Europa unter totaler nationalsozialistischer und faschistischer Kontrolle. Europa schien tatsächlich kurz vor der Vereinigung zu stehen – aber vor einer Vereinigung durch die Gewalt des Hitler-Reiches, nicht durch demokratische Selbstbestimmung. Unter solchen Umständen mutete das Manifest, das Spinelli im Gefängnis verfasste, weniger wie eine Vision als wie eine Halluzination an: als Fiebertraum eines sterbenden Mannes von einer besseren Welt.

Zu jener Zeit war Spinelli jedoch bereits ein abgehärteter Überlebender. Er befand sich in seinem vierzehnten Haftjahr. 1924 war er der jungen Kommunistischen Partei Italiens beigetreten, um gegen den Diktator Benito Mussolini und dessen Faschisten zu kämpfen, die gerade die Macht an sich gerissen hatten. 1927, im Alter von 20 Jahren, wurde Spinelli wegen subversiver Tätigkeit zu Kerkerhaft verurteilt. Wäre er vor Gericht diplomatisch aufgetreten, wäre ihm das Gefängnis wahrscheinlich erspart geblieben, aber er weigerte sich. 1937 schwor er dem Kommunismus ab, angewidert von dem, was er im Gefängnis über Stalin hatte hören müssen. Spinelli wurde demokratischer Sozialist.

Wenig später wurde er nach Ventotene verlegt, die Insel, auf die Kaiser Nero fast 2 000 Jahre zuvor verbannt worden war – nun eine Gefängnisinsel, wo die Faschisten viele ihrer politischen Gefangenen internierten. Dort begann er eingeschmuggelte Bücher zu lesen, Pamphlete und Artikel – viele von britischen Denkern, die argumentierten, Europa solle dem Beispiel der USA folgen und eine föderalistische Union schaffen. Spinelli war sehr beeindruckt vom Denken der amerikanischen Gründerväter und von dem, was er in den so genannten »Federalist Papers« las (jenen von John Jay und Alexander Hamilton in den Jahren 1787 und 1788 verfassten politischen Aufsätzen zur Auslegung und Verteidigung der amerikanischen Verfassung für eine bundesstaatliche Republik, die zu Klassikern der modernen politischen Literatur wurden, A. d. Ü.).

Hier, in diesen angelsächsischen und amerikanischen Traktaten, fand er die Antwort auf die Katastrophen, die über die Welt hereingebrochen waren. Zusammen mit zwei anderen Gefangenen, Eugenio Colorni und Ernesto Rossi, entwarf er die Lösung, die als Manifest von Ventotene bekannt wurde. Demnach wären Nationalstaaten ihrem Wesen nach selbstzerstörerisch, da sie den feindseligen Nationalismus schürten, der zu Diktatur, Wirtschaftskrise und Krieg führt. Der einzige Weg, solche Katastrophen zu vermeiden, wäre die Schaffung eines föderalen Europa, in dem die einzelnen Länder eine ähnliche Rolle spielen würden wie die amerikanischen Bundesstaaten. Auf wirtschaftlichem Gebiet sah der Plan eine sozialistische Variante der gemischten Wirtschaft vor. Das Manifest wurde von Colornis Frau aus Ventotene herausgeschmuggelt. Ihr gelang es sogar, die erste Ausgabe einer Untergrundzeitung mit dem Namen »Europäische Einheit« drucken zu lassen. Aber es fällt schwer zu glauben, dass dies damals viel Beachtung fand. Es gab Dringlicheres, um das man sich sorgte – zum Beispiel das eigene Überleben.

Zwei Jahre später, 1943, schlug das Kriegsglück um. Die Sowjets hatten die Ostfront gehalten und begannen die deutsche Armee zurückzuschlagen. Die Alliierten waren an der italienischen Küste gelandet und Mussolini wurde gestürzt. Wieder auf freiem Fuß, setzte Spinelli auf das italienische Festland über, mit dem Manifest in der Tasche, ein paar Ideen im Kopf und einer Hand voll Leuten, die in ihm einen politischen Führer sahen. Sein ehemaliger Mithäftling und Mitverfasser des Manifests, Eugenio Colorni, wurde in Rom von faschistischen Gewalttätern zu Tode geknüppelt. Spinelli heiratete später Colornis Witwe, die sein Werk aus dem Gefängnis geschmuggelt hatte. Er gelangte in die Schweiz, wo er Kontakt zu einigen gleich gesinnten Europäern aufnahm und mithalf die Europäische Bewegung aus der Taufe zu heben. Das Manifest von Ventotene war ihr Sammelruf. Doch in den letzten Kriegsmonaten und den unmittelbaren Nachkriegsjahren bestand kein großes Interesse an europäischer Einigung. Die immensen Probleme des Wiederaufbaus und der Beginn des Kalten Krieges beherrschten das Denken. Aber aus den anderthalb Jahrzehnten als politischer Gefangener brachte Spinelli zwei Stärken mit: Entschlossenheit und Geduld. Und 1947 wurden mit dem Marshallplan die ersten Grundlagen für ein geeintes Europa gelegt.

Vier Jahrzehnte später, in den 80er Jahren, war die Europäische Wirtschaftsgemeinschaft eine Realität. Europa hatte ein Einkommens- und Wohlstandsniveau erreicht, das nach dem Ende des Zweiten Weltkriegs unvorstellbar gewesen war, und trotz des Kalten Krieges hatte der Frieden auf dem Kontinent gehalten. Doch die Nationalstaaten kontrollierten weiterhin ihre eigenen Volkswirtschaften. Jean Monnet, der »Vater Europas«, war tot. Nun war Altiero Spinelli der große alte Mann Europas, und seine Enttäuschung und Desillusionierung wuchsen. Trotz allem, was er erreicht hatte, stagnierte das europäische Projekt seit Jahren; es war wenig mehr als eine hochgejubelte Zollunion. Häufig kam ihm *Der alte Mann und das Meer* von Ernest Hemingway in den Sinn. »Sie alle kennen die Kurzgeschichte von Hemingway«, sagte er 1983 vor dem Europäischen Parlament, »über den alten Fischer, der den größten Fisch seines Lebens fängt und dann versucht ihn zur Küste zu bringen. Aber Stück für Stück fressen ihn die Haie, sodass dem Alten nur ein Skelett geblieben ist, als er schließlich das Land erreicht.« Das, so fürchtete er, würde das Schicksal des föderalen Europa sein. Doch für eine letzte Schlacht war er noch bereit. Spinelli, bereits Ende Siebzig, übernahm die Führung im Kampf um einen Vertrag für eine europäische Union. Seine Kampagne war der Katalysator einer neuen Phase der europäischen Integration, die seinem Traum von Ventotene viel näher kam: dem Traum von einem föderalen Europa.[1]

Der doppelte Rückzug

Am Ende des 20. Jahrhunderts wird in Europa, der Wiege der gemischten Wirtschaft und des Wohlfahrtsstaates, die Rolle des Staates in der Wirtschaft erheblich reduziert, und zwar aus zwei Richtungen. Zum einen wird die Fähigkeit der Nationalstaaten, ihre Volkswirtschaften zu steuern, erheblich von der Ausweitung der Macht der Europäischen Union, der Einführung des Binnenmarktes und dem Beginn einer gemeinsamen europäischen Währung beschränkt. Zum anderen zieht sich der Staat in den einzelnen europäischen Ländern durch Privatisierung, Deregulierung und Verzicht auf Interventionen zurück. Der Spielraum für Wettbewerb wird größer. Gleichzeitig nimmt der Druck zu, den expansiven Wohlfahrtsstaat zu zügeln und zurückzufahren. Durch die Vereinigung Europas werden Unternehmen und Arbeitnehmer Teil eines politischen Systems, das seine internen Grenzen abbaut und überwindet. Statt auf eine nationale Regulierungsinstanz zu blicken, müssen sich die Unternehmen neu orientieren, um im Wettbewerb mit anderen zu bestehen, die auf dem ganzen Kontinent Ressourcen mobilisieren können. Tun sie dies nicht, droht ihnen der Untergang, denn das traditionelle Netz der nationalen Stützungs- und Rettungsaktionen für bedrängte Unternehmen besteht nicht mehr.

Während sich die Unternehmen in den Mitgliedsstaaten eilig auf einen sehr viel intensiveren Wettbewerb vorbereiten, vollzieht sich mit der Einführung des Euro seit Januar 1999 der entscheidende Schritt. Banknoten mit ihren Bildern von Monarchen, Präsidenten, Premierministern, Finanzministern, Generälen, Helden und Heldinnen verkörpern nationale Identität. Die Kontrolle der Währung ist ein wesentlicher Bestandteil der staatlichen Souveränität. Diese Kontrolle an supranationale Institutionen abzugeben stellt tatsächlich eine Verminderung der nationalen Souveränität dar.

Diese Entwicklung begann Mitte der 80er Jahre mit der von Spinelli und anderen geführten Kampagne, das europäische Projekt neu zu beleben. Aber ihr gingen eine dramatische Neuformulierung der Rolle des Staates im Markt und das überall zu bemerkende Auftauchen eines neuen Typus von Sozialisten voraus: von Sozialisten ohne Sozialismus. Nirgendwo auf dem Kontinent wurde dies deutlicher als in Frankreich, dem Land des Colbertismus (Colbert war der mächtige Finanzminister Ludwigs XIV.) und des *dirigisme* (wie die Franzosen ihr traditionelles System von Zentralisierung und staatlicher Wirtschaftskontrolle nennen). Die Veränderungen in Frankreich bereiteten den Boden für den Wandel in Europa.

Frankreich: »Der Bruch mit dem Kapitalismus«

Paris ist eine Stadt, deren Straßen in entscheidenden Momenten zum Schauplatz der nationalen Politik werden. Der 10. Mai 1981 war ein solcher Moment. An jenem Abend war die Stadt von altmodischem Pathos und ausgelassenen Straßenpartys erfüllt. Gefeiert wurde die Wahl von François Mitterrand zum ersten sozialistischen Präsidenten der Fünften Republik. Es war ein sehr knappes Rennen gewesen, aber Mitterrand hatte es geschafft. Einige Tage nach der Wahl besuchte er das Panthéon im Quartier Latin, um den Toten seinen Respekt zu zollen. Vor dem Mausoleum von Jean Jaurès, dem großen französischen Sozialistenführer der Jahrhundertwende und Schutzheiligen der nichtkommunistischen Linken, verweilte er besonders lange. Mitterrand betonte damit deutlich seinen Anspruch, Erbe Jaurès' zu sein, und dies zu Recht. Er kam mit dem Ziel ins Amt, ein sozialistisches Frankreich zu schaffen, der »Mauer des Geldes« den Krieg zu erklären und den entscheidenden und lange versprochenen »Bruch mit dem Kapitalismus« zu vollziehen.

Mitterrand und seine sozialistischen Genossen in der neuen Regierung wollten im Namen des Volkes auf dem traditionellen Etatismus Frankreichs aufbauen, die Rolle des Staates ausweiten und durch Verstaatlichung und andere Arten von Kontrolle weit stärkeren Einfluss auf die Wirtschaft nehmen. Das war es, was all die feiernden Anhänger auf den Straßen von Paris erwarteten und was Mitterrand tat – zumindest eine Zeit lang. Die französischen Sozialisten begannen das weitestgehende Projekt, das in den letzten Jahrzehnten in einem Industrieland unternommen wurde, um »mehr Staat« zu verwirklichen – und das war umso bemerkenswerter, als es in eben jener Zeit in Angriff genommen wurde, da Margaret Thatcher und Ronald Reagan in die entgegengesetzte Richtung gingen. Mitterrands Programm war eine Mischung aus keynesianischer Wirtschaftssteuerung, Verstaatlichung und staatlicher Kontrolle. Aber die Ideologie sollte sich als zu schwach erweisen, um der harten wirtschaftlichen Realität Paroli zu bieten.

Mitterrand war ein Überlebenskünstler der französischen Politik. Der Mann, der bis 1995 Frankreichs Präsident blieb, war bereits nach dem Ende des Zweiten Weltkriegs 1946 im Alter von 30 Jahren Minister in der Regierung Ramadier geworden. In den Tagen der Vierten Republik war er ein Radikaler der linken Mitte. Wie Charles de Gaulle wusste er um die Bedeutung geschickter Selbstdarstellung und Selbstinszenierung und arbeitete über Jahre hinweg erfolgreich an seinem Image als Denker und Schriftsteller – in Anbetracht seiner literarischen Gaben durchaus nicht ganz zu Unrecht. Mitterrand, der zuerst 1965 gegen de Gaulle und dann 1974 mit denkbar knappem Abstand gegen Valéry Giscard d'Estaing den Kampf um die Präsidentschaft verlor, schien die Rolle des ewigen Herausforderers gepachtet zu haben. 1981 ging er gegen Giscard in die Revanche-Runde, und diesmal gewann er.

Der Sieg von 1981 war das Ergebnis einer zehnjährigen Anstrengung von Mitterrand und seinen Verbündeten, die Linke in Frankreich zu verändern, ja dramatisch umzuformen. In den Jahren von 1971 bis 1981 bauten sie eine organisatorisch starke Sozialistische Partei auf, um die schwache und kompromittierte Linke der Vierten Republik zu ersetzen. Darüber hinaus schmiedeten sie einen Pakt mit der Kommunistischen Partei. Darin kündigte sich ein Klassenkampf und eine starke Ausweitung der staatlichen Kontrolle über die Wirtschaft an, einschließlich umfassender Verstaatlichungen.

Tatsächlich konnten die Sozialisten ohne die Kommunisten nicht zum Ziel gelangen. Noch Ende der 70er Jahre war die Kommunistische Partei Frankreichs eine starke politische Kraft, die in Wahlen häufig 20 Prozent der Stimmen erhielt. Immer noch von einer sektiererischen stalinistischen Schwermut geprägt, hatte die starre französische Partei die inneren Reformen und Debatten umgangen, durch die sich die italienischen und spanischen Kommunisten zu gemäßigten »Eurokommunisten« gewandelt hatten. In der neuen Regierung gab Mitterrand den Kommunisten nur vier Posten in den Ministerien – von insgesamt 44. Alle vier waren zweitrangig. Gleichzeitig beruhigte er den Rest der Welt. Am selben Tag, als die Kommunisten in die Regierung eintraten, empfing er demonstrativ den amerikanischen Vizepräsidenten George Bush als seinen Ehrengast.

Mitterrand und seine Mitstreiter waren entschlossen die Macht des Staates über die Wirtschaft zu stärken. Sie brachten ein breites Spektrum von Maßnahmen auf den Weg, um die Wirtschaft aus ihrer Trägheit zu reißen. In klassischer keynesianischer Tradition erhöhte der Staat seine Ausgaben massiv, um die Wirtschaft anzukurbeln. Gleichzeitig verstärkte der Staat die Kontrolle und Koordination der wichtigsten Industrien, um sicherzustellen, dass sie sich »richtig« verhielten. Die Regierung verstaatlichte Banken, die insgesamt 96 Prozent der Einlagen verwalteten, und viele große Industrieunternehmen, darunter 13 der 20 größten Industriekonzerne, und übernahm die Aktienmehrheit vieler anderer Unternehmen. Sie erhöhte die Sozialausgaben drastisch, verkürzte die Arbeitswoche um eine Stunde bei vollem Lohnausgleich, verlängerte den bezahlten Jahresurlaub von vier auf fünf Wochen und stellte 100 000 neue Staatsbedienstete ein. Dieses Programm von Staatsausgaben und Verstaatlichung in Verbindung mit stärkerer Besteuerung von hohen Einkommen wurde als *la relance* bekannt, als »Wiederbelebung«.

Aber die »Wiederbelebung« löste sofort eine Panik auf dem Kapitalmarkt aus und führte zu ständigen Attacken auf die französische Währung. Statt

Wachstum anzuregen, fachte *la relance* die Inflation an, führte zu Kapitalflucht und legte die Staatskasse trocken. Die Arbeitslosigkeit stieg dramatisch an. Die frisch verstaatlichten Industrien machten gewaltige Verluste und trugen erheblich zum Anwachsen des Haushaltsdefizits bei. Frankreich steuerte auf den Bankrott zu und die Sozialisten auf ein Desaster. Mitterrand und seine Kollegen mussten vor sich selbst gerettet werden.[2]

Monsieur Delors und die Zweite Linke

Diese Aufgabe fiel Jacques Delors zu, der einmal als der »erfolgreichste europäische Sozialist seiner Generation« bezeichnet wurde. Als Sohn eines Büroboten bei der Bank von Frankreich verfügte Delors fraglos über eine lupenreinere proletarische Herkunft als die Absolventen der französischen Eliteschulen. Als die Deutschen 1940 in Paris einmarschierten, floh seine Mutter mit ihm per Zug, auf dem Lastwagen und zu Fuß, bis sie bei den Großeltern auf dem Land Zuflucht fanden. Der Krieg und seine Folgen verwehrten Delors die Möglichkeit, eine Universität zu besuchen. Stattdessen nahm er einen niedrigen Posten bei der Bank von Frankreich an, belegte Abendkurse und bahnte sich mit Klugheit und harter Arbeit seinen Weg nach oben. Er war Autodidakt und lernte von früh bis spät. Einer seiner frühen Mentoren, der Politiker Pierre Mendès-France, sagte einmal über ihn: »Delors ist ein gutes Arbeitspferd: Seine große Begabung liegt darin, Autodidakt und daher konkret zu sein.« Er war besessen von amerikanischem Jazz und Kino und gründete sogar seinen eigenen Filmklub.

Außerdem wurde er Sozialist, jedoch kein Marxist. Er selbst beschrieb sich einmal als den »einzigen Mann der französischen Linken«, der »nie vom Kommunismus oder Marxismus fasziniert« war. Stattdessen zog es ihn zur katholischen Linken und besonders zur Philosophie von Emmanuel Mounier, der 1950 im Alter von 45 Jahren starb. Mounier war ein Vertreter des so genannten Personalismus, der für Solidarität, Gemeinschaft und eine innere geistige ebenso wie eine politische Erneuerung stand. Er grenzte sich dabei gleichermaßen vom Individualismus des liberalen Kapitalismus wie vom Marxismus und Totalitarismus ab. Im Laufe der Jahre las Delors Mounier immer wieder. Mouniers Ideen stützten seine Politik und seine Verpflichtung auf das europäische Modell des sozialen Wohlfahrtsstaates.

Während er noch bei der Bank von Frankreich arbeitete, wurde Delors in der katholischen Gewerkschaft aktiv und wurde bald zum Leiter der Forschungsstelle der Gewerkschaft ernannt. Zugute kam ihm dabei seine Gabe, komplexe Sachverhalte einfach und verständlich zu erklären. Viele Jahre später fragte ihn Mitterrand, wie er es anstelle, sich so klar auszudrücken.

»Wenn ich mich klar ausdrücke, dann deshalb, weil ich nur eine geringe Bildung genossen habe«, erwiderte Delors. »Da ich nicht klug bin, kostet es mich eine gewaltige Anstrengung, bevor ich etwas verstehe.«[3]

In den frühen 60er Jahren arbeitete Delors für das Commissariat Général du Plan, das Jean Monnet nach dem Zweiten Weltkrieg aus der Taufe gehoben hatte, um den Wiederaufbau Frankreichs zu steuern. Seine Arbeit fiel höherenorts auf, unter anderem auch Charles de Gaulle, und Delors begann seinen Aufstieg in der Verwaltung. Gleichzeitig engagierte er sich politisch in der »Zweiten Linken«, die die marxistischen Dogmen der traditionellen so genannten jakobinischen Linken ablehnte und eine kritische Haltung gegenüber Etatismus und Bürokratie einnahm. Ende der 60er Jahre wurde Delors Wirtschaftsberater eines reformorientierten gaullistischen Premierministers, was ihn unter den Sozialisten starken Verdächtigungen aussetzte. Er habe, so meinte man, die Seiten gewechselt. Doch als sich die Sozialisten in den 70er Jahren neu formierten, erkannte François Mitterrand, den Politik weit mehr interessierte als Wirtschaft, dass er Hilfe brauchte, holte Delors aus dem politischen Fegefeuer und machte ihn zum Leiter der Abteilung für internationale Wirtschaft der Sozialistischen Partei. Nach dem sozialistischen Wahlsieg 1981 wurde Delors Mitterrands Finanzminister.

»Gewinnverbrennungsöfen«

Delors ließ sich von der Euphorie nicht mitreißen, die seine sozialistischen Mitstreiter ergriff. Schließlich war er der Einzige unter ihnen, der über praktische Erfahrung im Regieren verfügte. Sofort nach seiner Amtsübernahme versuchte er die vom sozialistischen Programm ausgelöste Panik auf dem Kapitalmarkt zu beruhigen und bemühte sich erfolglos die Verstaatlichungskampagne klein zu halten. Aber sein Bewegungsspielraum war sehr eng. Vielen galt seine sozialistische Einstellung als fragwürdig; obwohl Finanzminister, war er nur die Nummer 16 im Protokoll. Zudem wurde der Staatshaushalt aus dem Finanzministerium ausgegliedert und einem jungen Protégé Mitterrands anvertraut, Laurent Fabius, der enthusiastisch hinter dem sozialistischen Programm stand. Delors gelang es nicht, Fabius davon abzuhalten, die Sozialausgaben drastisch zu erhöhen. Er musste diese Ausgaben absegnen, ebenso wie die Milliarden von Francs, die an enteignete Aktienbesitzer der verstaatlichten Unternehmen zu zahlen waren. Wenig später musste er weitere Milliarden auftreiben, um die Verluste dieser Unternehmen zu decken. Die verstaatlichten Unternehmen erwiesen sich in den Worten eines Geschäftsmanns als »Gewinnverbrennungsöfen« und die Verluste des Staates wuchsen weiter. Die wirtschaftliche Gesamtlage verschlechterte sich rapide und während der Jahre 1981 und 1982 stand der Franc unter ständigem Druck.

Nun begann in der Mitterrand-Regierung eine Schlacht um eine radikale Kursänderung. Sie wurde von Delors angeführt. »Auf dieser Lokomotive war ich derjenige, der verlangte, weniger Kohle in den Kessel zu schaufeln«, erklärte er einmal. Schließlich fand er einen Verbündeten in Premierminister Pierre Mauroy, der erkannt hatte, dass die Ausgabenorgie nicht die gewünschten Ergebnisse brachte. Er und Delors konspirierten, um Haushaltsdisziplin und strenge Beschränkungen durchzusetzen und die linken »Jakobiner« zu bekämpfen, die die Regierung beherrschten. Mitunter erhielten sie tagsüber Mitterrands Zustimmung, bis abends einflussreiche »Abendgäste« in den Élysée-Palast huschten, um den Präsidenten umzustimmen. Die Abendgäste drängten bei Mitterrand auf Protektionismus und die Abkopplung des Franc von den anderen europäischen Währungen, besonders von der D-Mark. Mitterrand, der überzeugt war, dass wirtschaftliche Probleme durch starken politischen Willen besiegt werden konnten, machte einen Rückzieher und erteilte den Wünschen seiner Abendgäste den Segen.

Die Kämpfe wurden auch im Kabinett ausgetragen. »Es gibt keine andere Wahl als Wachstum«, erklärte einer von Delors' Gegnern bei einer Kabinettssitzung. »Wir müssen die Ersparnisse mobilisieren und umfangreiche Kredite aufnehmen.«

»Alles, worüber du sprichst, ist das Borgen von Geld«, erwiderte Delors. »Und wenn wir unter die Konkursverwaltung des Internationalen Währungsfonds geraten, wirst du mich verantwortlich machen. Es ist kein Geld mehr übrig. Wir können nichts borgen!«

»Wir müssen den Verbrauch einschränken und die Kaufkraft drosseln«, fügte Delors' Verbündeter, Premierminister Pierre Mauroy, hinzu.

An dieser Stelle warf Mitterrand, der bis dahin ruhig zugehört hatte, abrupt ein: »Ich habe euch nicht ernannt, damit ihr die Politik von Frau Thatcher betreibt.«[4]

Doch die Kraft des Politischen war angesichts der wirtschaftlichen Realitäten sehr begrenzt. Die Zahlungsbilanz befand sich in einem schlimmen Zustand und verschlechterte sich weiter. Die spekulativen Angriffe auf den Franc waren unerbittlich. Frankreich musste sogar, so demütigend das auch sein mochte, zu einem Notkredit bei Saudi-Arabien Zuflucht nehmen, um die Spekulationen gegen den Franc abzuwehren.

Die große Kehrtwende

Der März 1983 erwies sich als entscheidender Monat für Frankreich und in gewisser Weise für Europa. Die Sozialisten schnitten bei den Kommunalwahlen äußerst schlecht ab. Die Spannungen nahmen zu. Wie ließ sich die Inflationsspirale bremsen? Wie konnte man den Franc schützen? Kurz: Was sollte man tun? Für Delors und Mauroy war der Moment gekommen, ins Werk zu setzen, was später als große Kehrtwende bezeichnet wurde.

Das kritische Problem war das Geld. 1978 hatten Valéry Giscard d'Estaing und Kanzler Helmut Schmidt das Europäische Währungssystem (EWS) ausgehandelt, das den Franc und mehrere andere Währungen an die D-Mark band und Kursschwankungen nur innerhalb einer bestimmten Bandbreite erlaubte. Nun tendierte der Franc beständig zum unteren Ende der Schwankungsmarge und manche, darunter auch die »Abendgäste« Mitterrands, argumentierten, dass die französische Währung schlicht aus dem System herausgenommen werden sollte. Delors hingegen war überzeugt, dass ein Zusammenbruch des Währungssystems vernichtende Auswirkungen auf den europäischen Einigungsprozess haben würde. Er überzeugte den skeptischen Mitterrand, dass ein Ausstieg aus dem EWS zu einer Abwertung des Franc um 20 Prozent und einem enormen Anstieg der Zinsen führen würde. Dies hätte zur Folge, dass die Wirtschaft noch stärker geschädigt würde und die Zahlungsbilanz sich weiter verschlechtern würde. An einem Verhandlungswochenende in Brüssel presste Delors dann den Deutschen unter Drohungen einen Kompromiss ab: Wenn die Abwertung des Franc von einer Aufwertung der D-Mark begleitet würde, dann würde Frankreich im Währungssystem bleiben. Mitterrand belohnte Delors, indem er ihn zum Chef eines Superministeriums für Wirtschaft, Finanzen und Haushalt machte, wodurch er von der sechzehnten auf die zweite Position im Protokoll aufstieg.

Delors' Erfolg machte den Abwertungen ein Ende. Von da an band Frankreich seine Währung eng an die D-Mark. Weil die D-Mark stark war, würde auch der Franc stark sein. Das war die Geburtsstunde der Idee, die mit dem Wortspiel *franc fort* (starker Franc) bezeichnet wurde. Ein starker Franc bedeutete, dass Wachstum nicht auf künstlich hochgetriebenen Exporten, Protektionismus oder unkontrollierten Staatsausgaben beruhen, sondern nur durch höhere Produktivität geschaffen werden konnte. Indem sie sich wieder auf das EWS verpflichteten, verschoben die Sozialisten den Schwerpunkt ihrer Wirtschaftspolitik von der Nachfrageseite zur Angebotsseite. Frankreich war jetzt außerdem viel fester in den Markt und die Institutionen der Europäischen Wirtschaftsgemeinschaft eingebunden. Es konnte nicht länger in traditionellen nationalen Kategorien denken.

Die Stabilisierung des Franc durch das EWS war der Anfang der großen Kehrtwende. Die Rückkehr zum EWS bedeutete, dass das sozialistische Programm über Bord geworfen wurde. Da es sich nicht mit dem Währungsimperativ vertrug, konnte es nicht weiterverfolgt werden. Die internationalen Finanzmärkte hatten ein gewichtiges Vetorecht über die nationale Wirtschaftspolitik errungen. Eine erneute Verpflichtung auf die europäische Währungskooperation hieß auch, dass die Wirtschaft modernisiert und effizienter gemacht werden musste. Eine Reihe von antiquierten und zutiefst archaischen Strukturen war der Produktivität der französischen Wirtschaft im Weg, darunter erstickende Beschränkungen des Bankenwesens und der Börse. In 15 arbeitsintensiven Monaten machte sich Delors an die große Aufgabe der Modernisierung, die dann von seinen Nachfolgern weitergeführt wurde. Delors verfolgte auch eine sehr harte Linie gegen die traditionelle Stützung von Unternehmen, die in Schwierigkeiten geraten waren. 1984 stand die Stahl- und Maschinenbaugruppe Creusot-Loire, einst ein Flaggschiff der französischen Industrie, am Rande des Bankrotts, in die Knie gezwungen vom Wandel der internationalen Wirtschaft und dem Aufstieg neuer Konkurrenten. Das Management brachte vor, dass 25 000 Arbeitsplätze auf dem Spiel stünden, und forderte ein staatliches Rettungsprogramm. Delors sagte Nein. »Dies war das dritte Mal, dass wir Creusot-Loire helfen sollten«, sagte er. »Ich war gegen den Plan, weil das wieder einmal bedeutet hätte die Gewinne zu privatisieren und die Verluste zu sozialisieren. Deshalb widerstand ich ihrer Erpressung mit dem Bankrott und dem Verlust der Arbeitsplätze.«[5]

Sozialisten wollen »zurückhaltenden Staat«

Nach der großen Kehrtwende verfolgten die Sozialisten weiter ihren neuen Kurs der Marktreformen. Sie kontrollierten die Ausgaben und fuhren mit der Modernisierung des Finanzsektors fort, damit sich verstaatlichte Unternehmen Kapital von den Kapitalmärkten und nicht nur vom Staat holen konnten. In Verbindung mit dem Verkauf von Tochtergesellschaften der Staatsunternehmen stellte dies den ersten Schritt zu einer Art »Privatisierung durch die Hintertür« dar. Statt des »Bruchs mit dem Kapitalismus« war die Rhetorik der Sozialisten nun mit Wörtern wie »Modernisierung«, »industrielle Dynamik«, »Produktivität« und »konkurrenzfähige Technologie« gespickt. Der Wandel zeigte sich selbst in Mitterrands Diktion. »Der Staat«, so erklärte er, »muss fähig sein sich zurückzuhalten.«

Doch ab 1983 verschlechterte sich Delors' Position als französischer Finanzminister. Da half es wenig, dass ihm die Entwicklung Recht gegeben hatte und seine Popularität im Vergleich zu der der anderen Sozialisten relativ groß geblieben war. Mitterrand war ein gewiefter und gerissener Politiker. Er mochte Intrigen und Winkelzüge. Bei Delors, dem katholischen Sozialisten und Anhänger des Personalismus mit seinem gewaltigen Arbeitshunger, war ihm überhaupt nicht wohl. Tatsächlich beklagte sich Mitterrand einmal: »Delors riecht nach Sakristei.« Er fürchtete von ihm in den Schatten gestellt zu werden. 1983 erklärte er Delors in Anspielung auf eine Dynastie des 10. Jahrhunderts, warum er ihn nicht zum Premierminister gemacht hatte: »Du wärst der Großwesir gewesen und ich der *roi fainéant* [der »faule König«].«

Als Mauroy im Juli 1984 als Premierminister zurücktrat, erklärte Mitterrand Delors erneut, dass er nicht Premierminister werden könne. Schlimmer noch, Mitterrand schritt dann zur Ernennung von Delors' Rivalen, dem 39-jährigen Laurent Fabius, zum nächsten Premierminister. Aber es gab noch eine andere Position, an der Delors äußerst interessiert war: Die Präsidentschaft der Europäischen Kommission, des Exekutiv- und Verwaltungsorgans der Europäischen Gemeinschaft, wurde frei. Delors war zu der Überzeugung gelangt, dass das wirkliche Spielfeld nicht von den Landesgrenzen beschränkt wurde. Es hieß Europa.

Die Wahl des neuen Präsidenten der Kommission hing sehr stark von den beiden Ländern ab, die den inneren Kern der Europäischen Gemeinschaft bildeten: Frankreich und Deutschland. Die Deutschen hatten keinen Kandidaten. Kanzler Helmut Kohl, beeindruckt von Delors' Leistung, übermittelte

Mitterrand seine Ansicht, dass als französischer Kommissionspräsident nur Delors in Frage komme und kein anderer. Und diese Ernennung kam Mitterrand gelegen: Sie würde Delors aus der Stadt schaffen. Am 18. Juli 1984 wählten die Regierungen der Europäischen Gemeinschaft Delors zum nächsten Präsidenten der Kommission. Als er unter dem Applaus der Mitarbeiter zum letzten Mal aus der reich verzierten Eingangshalle des Finanzministeriums trat, hinterließ er Mitterrand ein bedeutendes Vermächtnis: Er hatte Frankreich auf den Weg zu wirtschaftlicher Modernisierung geführt und das Vertrauen in die Märkte gestärkt, das auch nach seinem Weggang erhalten blieb. Delors, so sagte einer seiner Rivalen in der Sozialistischen Partei, »spielte eine fundamentale Rolle, indem er der französischen Sozialdemokratie wieder zu einer Vision der Marktwirtschaft verhalf«. Seine Politik hatte zur endgültigen Trennung der Sozialisten von den Kommunisten beigetragen. Mitterrand brauchte sie nicht mehr. 1984 verließ die Kommunistische Partei die Regierung; sie wolle, erklärte sie hochtönend, »nicht länger Teil der Präsidentenmehrheit« sein. Das bekam der Partei nicht gut. Aus einer wichtigen politischen Kraft verwandelte sie sich in eine Randgruppe.[6]

Stagnation und Europessimismus

Delors kam in Brüssel an, um seine Position bei einer Europäischen Gemeinschaft anzutreten, die seit beinahe zwei Jahrzehnten weitgehend stagnierte. Die Ursprünge der Gemeinschaft gingen bis auf den Marshallplan zurück, als die USA Europa angesichts seines drohenden wirtschaftlichen Zusammenbruchs Hilfen in Milliardenhöhe gewährten, um den Wiederaufbau nach dem Zweiten Weltkrieg zu fördern. Als Bedingung für ihre Kredite bestand die US-Regierung darauf, dass die Europäer beim wirtschaftlichen Wiederaufbau kooperierten, ihre Probleme im europäischen Rahmen sahen und gemeinsame Pläne erarbeiteten. Sie gab auch der europäischen Einigungsbewegung Rückenwind. »Die Diskussionen über den Marshallplan«, so drückte es Altiero Spinelli aus, »machten der europäischen Einigungsidee wieder den Weg frei.« Der Marshallplan trug dazu bei, die Vorgängerorganisation der Europäischen Wirtschaftsgemeinschaft zu schaffen: die Europäische Gemeinschaft für Kohle und Stahl, auch Montanunion genannt, mit der die Ressourcenverteilung von Stahl und Kohle zwischen Frankreich, Italien, den Beneluxländern und Deutschland geregelt wurde. Jean Monnet hatte diese

Union ersonnen, und zusammen mit dem französischen Außenminister Robert Schuman und dem deutschen Kanzler Konrad Adenauer stampfte er sie aus dem Boden.

1957 unterzeichneten dann sechs europäische Länder – Deutschland, Frankreich, Italien, Belgien, die Niederlande und Luxemburg – die Römischen Verträge, mit denen die Europäische Wirtschaftsgemeinschaft (EWG) aus der Taufe gehoben wurde, in die die Montanunion nahtlos aufging. Dies war die erste »Wiederbelebung Europas«. Tatsächlich wurden die verschiedenen Institutionen der Montanunion zu den Kerninstitutionen der neuen EWG. Aber was für eine Art von Gemeinschaft sollte es sein? Darüber entbrannte ein heftiger Streit, der genau um die Kernfrage kreiste. Charles de Gaulle trat für ein Europa der Nationen ein, die wohl zusammenarbeiten, ihre Souveränität aber behalten sollten. Er wollte, dass die Europäische Kommission als Exekutive der Gemeinschaft den nationalen Regierungen untergeordnet würde, nicht umgekehrt. Mehrheitsentscheidungen hielt er für ungenügend; es musste absolute Einstimmigkeit herrschen. Andernfalls wäre die nationale Souveränität beeinträchtigt – besonders die französische.

Monnet und Spinelli dagegen wollten viel mehr: ein föderales Europa. Der Nationalstaat, der in Europa geboren wurde, sollte einem supranationalen Staat als letzter Entscheidungsinstanz untergeordnet werden. Die altehrwürdigen Länder Europas sollten weniger souveräne Nationen sein und stärker den einzelnen Bundesstaaten der USA ähneln. Eine solche Umwandlung sollte nicht sofort stattfinden, sondern durch den Aufbau von Institutionen mit spezifischen Kompetenzen erreicht werden. Die Wirklichkeit würde sich wandeln, aber Schritt für Schritt. Doch de Gaulle legte sein Veto ein, sagte »*Non*« und gewann. Infolgedessen kam die Entwicklung hin zu einem föderalen Europa seit den späten 60er Jahren zum Stillstand. Obgleich die Gemeinschaft neue Mitglieder gewann – Großbritannien, Dänemark und Irland traten 1973 bei –, verstärkten die Energie- und die Wirtschaftskrise noch die Stagnation. Die wichtigste neue Entwicklung war die Schaffung des Europäischen Währungssystems – an dem sich jedoch nicht alle Mitgliedsstaaten beteiligten – in den späten 70er Jahren. Davon abgesehen wurde die EWG von Streitigkeiten über ihre Machtbefugnisse, ihre Budgets und – da sie keine direkten Steuern erhob – über die Beitragszahlungen der Mitglieder gelähmt. Bei einer denkwürdigen Gelegenheit erklärte die britische Premierministerin Margaret Thatcher, verärgert über die gewaltigen Summen, die die Gemeinschaft für die Subventionierung der unwirtschaftlichen Betriebe der politisch einflussreichen Bauernklientel aufwandte: »Ich will mein Geld zurück.« Mit Europa, das unfähig war, den USA als ebenbürtiger Partner gegenüberzutreten, und das von Konkurrenz aus Japan und anderen asiatischen Ländern bedroht wurde, schien es unaufhaltsam bergab zu gehen – ein Fall von »Eurosklerose«. Jean Monnets Optimismus, so pragmatisch er gewesen sein mochte, hatte einem zügellosen und alles durchdringenden Europessimismus Platz gemacht, der zum Merkmal der 70er und frühen 80er Jahre wurde.[7]

Der Europäische Binnenmarkt: Europas Wiedergeburt

Unter diesen Vorzeichen kam Jacques Delors nach Brüssel, um Präsident der Europäischen Kommission zu werden. Während seiner Amtszeit zierte nur ein Porträt die Wände seines Büros: das des zum Staatsmann gewordenen Cognac-Vertreters und geschickten »Netzwerkers« Jean Monnet. Die Imperative, von denen sich Monnet leiten ließ – dem Krieg zwischen europäischen Staaten ein Ende zu setzen, die deutsche Frage im europäischen Rahmen zu lösen –, hatten auch Delors geprägt. Sein Vater war in der Schlacht von Verdun im Ersten Weltkrieg schwer verwundet worden und hatte seine Abneigung gegen die Deutschen nie überwunden. Als Delors während der deutschen Besetzung von Paris mit seiner Mutter aufs Land floh, schloss er enge Freundschaft mit einem Kurier der Resistance. Dieser Freund wurde später von den Nazis gefangen genommen und starb in Auschwitz. Das war die Vergangenheit, deren Wiederkehr Delors unbedingt ausschließen wollte.

Im Laufe der Zeit wurde Delors zur Inkarnation des »neuen« Europa – des Europa des Binnenmarktes. Er wurde als visionärer Architekt gefeiert, der unermüdlich Lösungen für verzwickte Probleme fand und Europa in einen vereinigten, wirklich offenen Markt führte. Auf der anderen Seite wurde Delors jedoch auch wegen seiner Vermessenheit, Arroganz und für seinen Prunk kritisiert. Man warf ihm vor sich selbst zunehmend mit Europa zu verwechseln. Er wurde als der französische Bürokrat *par excellence* angegriffen, der unermüdlich den französischen Hang zu Etatismus, Regulierung, Starrheit und bürokratischen Papierfluten auf den gesamten Kontinent übertrug, der stattdessen mehr wirtschaftliche Freiheit und nicht mehr Kontrolle brauche.

Delors war entschlossen, während seiner Präsidentschaft Europa wieder zu beleben. Um dies zu bewerkstelligen, brauchte er eine Idee von großer

Ausstrahlungskraft. Warum sollte man sich andernfalls überhaupt ans Werk machen? Den vorangegangenen Herbst hatte Delors damit verbracht, nach einer derartigen europäischen Idee zu suchen, und er hatte sie im Konzept des »gemeinsamen Binnenmarktes« gefunden. Damit einhergehend würde er auch eine gemeinsame Währung vorschlagen. Beides zusammen sollte sein Beitrag zur europäischen Einigung sein. Würden beide Projekte erfolgreich umgesetzt, so wäre ein föderales Europa so gut wie unumgänglich und eine integrierte kontinentale Wirtschaft geschaffen.

Delors verlor keine Zeit. Am 14. Januar 1985, nur zwei Wochen nachdem er das Amt des Kommissionspräsidenten übernommen hatte, trat er vor das Europäische Parlament, um zur Beseitigung aller »inneren Grenzen« des gemeinsamen Binnenmarktes bis Ende 1992 aufzurufen. Die Römischen Verträge von 1957 hatten die traditionellen Zölle beseitigt. Jetzt war Delors entschlossen, viel weiter zu gehen und alle Barrieren aus dem Weg zu räumen, die einen einzigen, offenen Binnenmarkt behinderten. Bis zum Juni hatte die Kommission 297 Vorschläge vorgelegt, um die Handelsbarrieren abzubauen. Die Schlagbäume an den Grenzen sollten weichen. Zwischen den Mitgliedsländern sollte es keine Zölle mehr geben. Auch technische Barrieren sollten verschwinden. Jedes Land sollte die von den anderen Ländern festgelegten Güter- und Dienstleistungsstandards anerkennen. Dies war das Schlüsselprinzip der »wechselseitigen Anerkennung«, das auch auf das Bankwesen, den Börsenhandel, Investmentfonds und Versicherungen angewandt wurde. Wenn eine Firma in einem Land irgendeinem dieser Gewerbe nachgehen durfte, sollte sie dies auch in allen anderen Mitgliedsländern tun können. Die Mitgliedsstaaten sollten nicht länger nationale Vorreitergesellschaften begünstigen können; das Spielfeld sollte für alle gleich sein. Eine weitere Beschneidung der Hoheitsrechte der Nationalstaaten sah vor, dass die Regierungen jeder europäischen Firma erlauben sollten, sich an Ausschreibungen für Großaufträge zu beteiligen, statt diese auf begünstigte nationale Firmen zu beschränken.

Delors hatte die Unterstützung der drei jüngsten Mitglieder der Gemeinschaft – Griechenland, Spanien und Portugal, die offiziell am 1. Januar 1986 beitraten. Für alle drei markierte die Vollmitgliedschaft eine historische Wasserscheide in ihrem Modernisierungsprozess: Von den armen europäischen Vettern, die von Diktaturen regiert wurden und lange Zeit nur Landwirtschaftsprodukte und billige Arbeitskräfte exportierten, entwickelten sie sich zu Demokratien und vollgültigen Teilnehmern an der wirtschaftlichen Integration. Außerdem wurden alle drei Länder zur damaligen Zeit von »neuen« Sozialisten regiert, die von der französischen Erfahrung stark beeinflusst waren, am beeindruckendsten verkörpert von Spaniens jungem und charismatischem Premierminister Felipe González.

Die Mechanismen, die erforderlich waren, um einen integrierten Binnenmarkt zu schaffen, wurden in der »Einheitlichen Europäischen Akte« festgelegt, die am 1. Juli 1987 von den zwölf Mitgliedsländern der Europäischen Gemeinschaft verabschiedet wurde. Bis Ende 1992 sollten ihr zufolge alle Barrieren für den Binnenmarkt beseitigt sein. Um die Durchführung des Gesetzes zu erleichtern, wurde das Einstimmigkeitsprinzip – das de Gaulle so heilig gewesen war – fallen gelassen. Mehrheitsentscheidungen der Regierungen reichten nun aus, um die Annahme neuer Initiativen zu gewährleisten. Dies war eine entscheidende Veränderung. Die zwölf Mitgliedsländer verpflichteten sich zudem eine gemeinsame europäische Außenpolitik zu entwickeln.

Doch die Einheitliche Europäische Akte erregte nirgendwo auch nur annähernd die Aufmerksamkeit, die man hätte erwarten können. Sie wurde lediglich wie eine weitere belanglose europäische Maßnahme behandelt und selbst von den Lesern seriöser Zeitungen kaum beachtet. Altiero Spinelli lebte noch lange genug, um zu erleben, wie sie Gestalt annahm. Doch obwohl er beinahe sein ganzes Leben mit dem Kampf für die europäische Einigung verbracht hatte, gab er sich keine Mühe seine Enttäuschung über dieses Ergebnis der Kampagne zur Wiederbelebung Europas zu verbergen, die er in den 80er Jahren mitinitiiert hatte. Kurz vor seinem Tod 1986 tat er den Plan als unbedeutend ab: Er sei nicht mehr als eine »lächerliche Maus«. Es dauerte eine Weile, bis man begriff, wie sehr die Einheitliche Europäische Akte die Macht von den nationalen Hauptstädten nach Brüssel und zur Gemeinschaft verlagerte, besonders zur Kommission, die das alleinige Recht zur Einbringung von Gesetzen hatte.

Die Akte in die Wirklichkeit umzusetzen erforderte eine gewaltige Menge weiterer Gesetze auf europäischer Ebene. Allein in der ersten Jahreshälfte 1988 traf die Europäische Gemeinschaft mehr Entscheidungen als in den zehn Jahren zwischen 1974 und 1984. Alle Arten von Waren und Dienstleistungen mussten »europäisiert« werden und einheitliche Regeln im Hinblick auf Inhalt, Sicherheit und Etikettierung erhalten. Manchmal erwiesen sich die Hindernisse als zu groß, wie im Falle von Bier. In einigen Ländern wurde alkoholfreies Bier verkauft, das keinen Alkohol enthielt, in anderen alkoholfreies Bier, das ein Prozent Alkohol enthielt. Deutschland hatte sein über vierhundertjähriges Reinheitsgebot, dem das Bier anderer Länder nicht gerecht wurde. Wenn Bier ein frei gehandeltes Gut sein sollte, musste eine Annäherung erreicht werden. In diesem Fall schloss man einen Kompromiss. Das Äußerste, was sich erreichen ließ, war, jedes Land zu verpflichten, die Bierdefinitionen der anderen Mitgliedsstaaten zu respektieren.

Nicht weniger erbittert war der Kampf zwischen den Süßwarenherstellern und der Europäischen Union über die Schaffung eines gemeinsamen Marktes für Schokolade. Britische und irische Fabrikanten, die weit mehr Milch als Kakao in ihre Schokolade mischen, müssen ihre Schokoriegel wohl in »Milchschokolade mit hohem Milchanteil« oder »Haushaltsmilchschokolade« umbenennen. Die Reaktion der britischen Süßwarenhersteller, die darauf bestehen, dass die Frage den Kern des Nationalcharakters berührt, war alles andere als freundlich. »Die Briten haben immer mehr Milch in ihrer Schokolade bevorzugt«, insistierte ein Experte, »so wie wir Milch in unserem Tee mögen.« Der üble Nachgeschmack, den dieser Streit hinterließ, macht deutlich, dass die Harmonisierung kein reibungsloser Prozess ist.[8]

Im Widerspruch zur Geschichte?

Der Marsch in den Binnenmarkt löste eine heftige Debatte aus. Leuten wie Margaret Thatcher war der gemeinsame Markt mehr als willkommen, solange er nicht mehr als eine Art Superfreihandelszone darstellte; wie die anderen europäischen Staatschefs unterschrieb sie den Vertrag 1987. Aber Kritiker wiesen nun zunehmend auf die Übertragung von Souveränitätsrechten von den nationalen Hauptstädten, den Sitzen gewählter Parlamente, auf Brüssel und die große, mit sich selbst beschäftigte Bürokratie der Europäischen Kommission hin, die unermüdlich ihre Autorität bekräftigt und sowohl von den nationalen Regierungen wie von direkter demokratischer Kontrolle losgelöst ist. Da war es wenig hilfreich, dass Delors als »Zar von Brüssel« betitelt wurde.

Tatsächlich bedrohte nach Thatchers Überzeugung die Ausweitung der Machtbefugnisse der Kommission das Ziel, das sie für Großbritannien verkündet hatte. »Die Europäische Union widerspricht der Geschichte«, sagte sie später. »Sie wird nicht funktionieren.« In ihren Augen bedeutete ein vereinigtes Europa, einer bürokratischen, dirigistischen Kommission in Brüssel, die sich mit ihren Fangarmen wie ein Krake in alle Arten von Aktivitäten einmischte, die sie nichts angingen, zu viel Macht zu übertragen. Es widersprach außerdem der Thatcher-Revolution. »Wir haben die Grenzen des Staates in Großbritannien nicht erfolgreich zurückgedrängt«, so erklärte sie damals, »nur um sie auf europäischer Ebene mit einem europäischen Superstaat, der von Brüssel aus eine neue Dominanz ausübt, wieder in Kraft zu setzen.« Was sie betraf, war Delors die Verkörperung einer »neuen Sorte von unverantwortlichen Politikern«, die die Gemeinschaft führten und »ihren Turm zu Babel auf dem unebenen Fundament alter Nationen, verschiedener Sprachen und unterschiedlicher Wirtschaftssysteme« errichteten.[9]

Aber Thatcher sollte bald darauf die Macht verlieren, und die Umsetzung des Programms für den Binnenmarkt – die etwa 300 verschiedene Gesetze und Regulierungen erforderte – war Ende 1992 im vorgesehenen Zeitrahmen praktisch abgeschlossen. Die Einheitliche Europäische Akte hatte die Macht der Staaten über große Teile der Kommandohöhen der Wirtschaft beseitigt. Ein Gebiet blieb jedoch eine Bastion nationaler Souveränität: das Geld.

Weiß es die Buba am besten?

Mit dem Binnenmarkt war Europa bereit für größere Einheit. Tatsächlich übernahm Delors bereits 1988 den Vorsitz eines Komitees, das Pläne für eine einheitliche Währung ausarbeiten sollte. Für einen integrierten Binnenmarkt war dies nur ein logisches Erfordernis. Die Stimmung war optimistisch und ein vereinigtes Europa schien auf dem Weg.

Dann kam das Wunderjahr 1989 und mit ihm kam eine andere Vereinigung der europäischen ins Gehege. Im Gegensatz zu den europäischen Zeitplänen war diese jedoch ungeplant und unerwartet. 1988 hatte Helmut Kohl prophezeit, dass die deutsche Wiedervereinigung nicht zu seinen Lebzeiten stattfinden würde. Im Januar 1989 weitete der kommunistische Apparatschik Erich Honecker den Zeithorizont noch weiter aus und sagte voraus, dass die Berliner Mauer noch 50 oder gar 100 Jahre stehen würde. Aber zu dieser Zeit waren bereits Ereignisse im Gang, die alle derartigen Voraussagen auf dramatische und überraschende Weise Lügen strafen sollten. Jenes Jahr brachte den Zusammenbruch der kommunistischen Regierungen in Polen, Ungarn, der Tschechoslowakei, in Ostdeutschland, Bulgarien und Rumänien – und den Fall der Berliner Mauer.[10]

Die Ära des Kalten Krieges war vorüber und damit wurden unweigerlich fundamentale politische Berechnungen hinfällig. Eine der wichtigsten Antriebskräfte der europäischen Integration hatte darin bestanden, ein Gegengewicht zur kommunistischen Macht im Osten zu bilden. Aber nun fürchteten die Westeuropäer statt des Schreckgespenstes nach Westen rollender Panzer des Warschauer Paktes eine Flut von Wirtschaftsflüchtlingen. Statt sich zum Widerstand gegen den Kommunismus zu verbünden, mussten die Westeuropäer eine gemeinsame Wirtschaftspolitik schaffen, um sich der Herausforderung aus dem Osten zu stellen. Noch größere Eile war dabei geboten, weil die ehemaligen kommunistischen Länder bald an die Tür der Gemeinschaft klopfen würden, um ihre Assoziierung und Mitgliedschaft zu beantragen. Aber wie konnten sie in den gemeinsamen Binnenmarkt einbezogen werden? Sie hatten ja noch nicht einmal ein Marktsystem. All dies verlieh der Notwendigkeit einer gemeinsamen Außenpolitik eine neue Dringlichkeit.

Eine zweite fundamentale Berechnung betraf die Rolle Deutschlands, die allgegenwärtige deutsche Frage. Der Zusammenbruch des Kommunismus warf diese Frage in drastischer Weise neu auf. Die grundlegende Formel der Nachkriegsära ging auf Jean Monnet und die Europäische Montanunion zurück: Deutschland würde in seinem eigenen Interesse und im Interesse seiner Nachbarn am besten gedeihen, wenn es in ein demokratisches Europa integriert würde. Deutschlands Macht sollte daher von der französischen und, nach dem Beitritt Großbritanniens, der britischen ausbalanciert werden. Aber der Zusammenbruch des Kommunismus rückte in greifbare Nähe, was zum rhetorischen heiligen Gral der Bundesrepublik in der Nachkriegszeit geworden war: die Wiedervereinigung. Sie würde Deutschland zur Vormacht Europas machen und den gesamten Kontinent vor eine große Herausforderung stellen.

Auch Deutschland selbst sah sich einer gewaltigen Herausforderung gegenüber. Die Wirtschaft der DDR hatte sich einst, pro Kopf gerechnet, als zehntgrößte Industriemacht der Welt gebrüstet. Wenn jemand einen funktionsfähigen Kommunismus schaffen konnte, so sagte man, dann waren das die Deutschen. Aber der Zusammenbruch Ostdeutschlands offenbarte seine verrosteten Eingeweide. Es stellte sich heraus, dass die ostdeutsche Wirtschaft ein altersschwaches, verfallenes, hochgradig ineffizientes und verschwenderisches System war, das sich nur mit der Hilfe und den Krediten Westdeutschlands hatte über Wasser halten können. Wie sollten ihre beiden Volkswirtschaften integriert werden? Wie sollte man den »Ossis« helfen ihr großes Ziel zu erreichen und sie auf den Lebensstandard der »Wessis« hieven? Die Antwort würde sich auf die eine oder andere Weise in Form von Geld ausdrücken. Ludwig Erhards Währungsreform von 1948 hatte die Grundlagen für das deutsche Wirtschaftswunder und vier Jahrzehnte Wachstum gelegt. Wie die Beziehung zwischen der westdeutschen und der ostdeutschen Währung geregelt wurde, würde über die zukünftige wirtschaftliche Entwicklung entscheiden.

Der Mann, der für die D-Mark verantwortlich zeichnete, Bundesbankpräsident Karl-Otto Pöhl, war überzeugt, dass diese Frage nur mit großer Vorsicht gelöst werden konnte. Die Bundesbank war in der Tat die Hüterin der geldpolitischen Orthodoxie in Europa. Als deutsche Zentralbank und aufgrund ihrer Satzung war die Buba – wie sie unter Devisenhändlern bezeichnet wird – die beherrschende Zentralbank Europas. Mit ihrer Macht konnte es nur das amerikanische Zentralbankensystem aufnehmen. Die Buba setzte die Zinsen nicht nur für Deutschland, sondern für ganz Europa fest, weil die anderen Zentralbanken ihre Zinsraten an den deutschen ausrichten mussten, um die Stabilität der Wechselkurse aufrechtzuerhalten. Die Bundesbank war mit einer beträchtlichen Autonomie versehen worden, um sie vor kurzfristiger politischer Einflussnahme zu schützen. Ihr Auftrag kam in ihrem Gründungsgesetz von 1957 zum Ausdruck: die Bekämpfung der Inflation. Weil sie so große Macht hatte, wurde die Buba, die in einer modernistischen Burg am Rande von Frankfurt am Main residiert, häufig als Staat im Staate kritisiert. Allzu besessen, so warf man ihr vor, bekämpfe sie die Inflation auf Kosten der Beschäftigung und des sozialen Friedens. Ihre Erwiderung lautete stets, die Inflation sei die größte Plage und destabilisierende Kraft; wenn man sie nicht im Zaum hielte, würde sie letztendlich die produzierende Wirtschaft zerstören und sowohl Arbeitsplätze wie den sozialen Frieden vernichten.

Die orthodoxe Linie der Bundesbank war aufgrund von zwei historischen Erfahrungen mit Inflation tief in der deutschen Vergangenheit verwurzelt. Die erste war die Hyperinflation in den frühen 20er Jahren, festgehalten in den Fotos von Schubkarren voller beinahe wertloser Geldnoten. Sie hatte die Ersparnisse und die Stabilität der Mittelschicht ausgelöscht und den Boden für den Zusammenbruch der Weimarer Republik und den Aufstieg Hitlers bereitet. Die zweite Erfahrung war die massive Inflation nach dem Zweiten Weltkrieg, die Ludwig Erhard über Nacht mit der Währungsreform von 1948 beseitigt hatte, mit der die Vorbedingungen für das deutsche Wirtschaftswunder geschaffen wurden. Die Moral der Geschichte lag auf der Hand: Inflation zerstört die Grundlagen der Gesellschaft.

Auch Karl-Otto Pöhl vertrat diese orthodoxe Linie, wenn er auch auf ungewöhnlichem Weg in die Bundesbank gelangt war. 1945 war er 15 Jahre alt und erwartete zum »Volkssturm« eingezogen zu werden, der letzten Welle Kanonenfutter, kurz bevor der Zweite Weltkrieg endete. Nach dem Krieg trieb er wie so viele durch eine Ruinenlandschaft. Seine Erinnerungen an die Jahre bis zu Erhards Währungsreform prägten ihn nachhaltig. »Unsere Probleme waren ganz unmittelbar«, so Pöhl. »Wir hatten nichts zu essen.« Im Alter von 18 Jahren nahm er eine Stelle bei einer sozialistischen Zeitung an, und obwohl sich seine Überzeugungen wandelten, verlor er nie die emotionale Bindung an die Sozialisten. »Ich bewunderte diese Leute«, erinnert er sich. »Sie kamen aus den Konzentrationslagern und aus der Emigration zurück. Sie waren die einzigen Menschen, die sich gegen die Nazis zur Wehr gesetzt hatten, außer den Kommunisten – und nach allem, was wir über die Geschehnisse in Ostdeutschland wussten, wollte niemand Kommunist sein. Ich war 18 Jahre alt, als ich mich 1948 den Sozialdemokraten anschloss. Sie taten viel für mich. Sie halfen mir auf die Universität zu gehen. Ich habe ihnen gegenüber eine gewisse moralische Verpflichtung.«

Auf der Universität konzentrierte sich Pöhl auf Wirtschaftswissenschaften. Er studierte bei Karl Schiller, einem herausragenden Ökonomen. (Später, als er der erste sozialdemokratische Finanzminister der Bundesrepublik wurde, erklärte Schiller, sein Ehrgeiz sei es, den Keynesianismus mit der wirtschaftlichen Philosophie des Ordoliberalismus zu verbinden, der in den Jahren des Wiederaufbaus die soziale Marktwirtschaft in Deutschland geprägt hatte.) Pöhl gelangte in den frühen 70er Jahren in die Regierung, als Berater von Helmut Schmidt, dem damaligen Finanzminister. 1974 folgte Schmidt, der vom rechten Flügel der SPD kam, Willy Brandt als Kanzler nach. 1977 ernannte Schmidt Pöhl zum Vizepräsidenten der Bundesbank; 1980 wurde er ihr Präsident.

1982 übernahm eine Koalition unter Führung der Christdemokraten die Macht in der Bundesrepublik. Helmut Kohl, der CDU-Vorsitzende, wurde der neue Bundeskanzler. In den nächsten anderthalb Jahrzehnten entwickelte er sich zu Europas dominierendem Politiker, der nicht nur wegen seiner beträchtlichen Körpergröße, sondern auch aufgrund der wirtschaftlichen Vormachtstellung Deutschlands als »großer Mann von Europa« bekannt wurde. Kohl, Sohn eines Finanzbeamten aus Rheinland-Pfalz, hatte einen unmäßigen Appetit auf Politik. 1946 trat er mit 16 Jahren in die CDU ein. Niemand konnte Zweifel an seinem großen Ehrgeiz hegen, doch es war durchaus noch nicht erkennbar, dass er einmal Kanzler werden würde. 1979, als in seiner Partei die Opposition gegen ihn wuchs, durchschritt er, wie er selbst sagte, sein »Tal der Demütigung«. Aber er ließ sich nicht ausmanövrieren und war vier Jahre später Kanzler. Er identifizierte sich stark mit dem ersten Kanzler der Republik, Konrad Adenauer, ebenfalls ein Katholik aus dem Rheinland, und sah sich als »Adenauers Enkel«. Kohls Gegner hielten ihn für langsam und schwerfällig und unterschätzten ihn ständig, was sich für ihn als großer Vorteil erwies – wie auch seine Rivalen feststellten, nachdem er sie aus dem Weg geräumt hatte. Er verfügte außerdem über einen stark entwickelten Sinn für den richtigen politischen Moment. Aber die Wiedervereinigung von West- und Ostdeutschland erschien als fernes Ziel und beschäftigte ihn als pragmatischen Politiker nicht sehr – bis zu den Ereignissen von 1989, die im Fall der Berliner Mauer gipfelten.

Plötzlich lautete die zentrale Frage nicht mehr, *wann* die Wiedervereinigung stattfinden würde, sondern – weit praktischer und unmittelbarer –, *wie* sie sich vollziehen sollte. Das rückte das Thema des Umtauschkurses in den Vordergrund. Karl-Otto Pöhl erkannte, dass der Umtauschkurs zwischen Ost- und Westdeutschland entscheidend für die künftige wirtschaftliche Entwicklung sein würde. Einige sprachen davon, die Ostmark gegen die D-Mark im Verhältnis eins zu eins umzutauschen. Für Pöhl war dieser Gedanke absurd. Die Bundesbank schätzte das Verhältnis auf vier zu eins, das heißt vier Ostmark gegen eine D-Mark. Die Produktivität der ostdeutschen Arbeitnehmer betrug bestenfalls 40 Prozent ihrer Kollegen in Westdeutschland. Bei einem Umtauschkurs von eins zu eins in Verbindung mit der Übernahme des westdeutschen Sozial- und Arbeitssystems wäre Ostdeutschland nicht mehr konkurrenzfähig gewesen, seine Industrie bankrott. Ostdeutschland wäre zu einem gigantischen Wohlfahrtsempfänger geworden. Den richtigen Ansatz sah Pöhl im polnischen Beispiel. Dort lagen die Löhne viel niedriger als in Deutschland und spiegelten die niedrigere Produktivität. Und das war gut und nicht etwa schlecht, weil es polnische Waren auf dem Weltmarkt konkurrenzfähig machte. Dies wiederum bedeutete Arbeitsplätze, mehr Investitionen, Modernisierung und größere Chancen.

Pöhl stand all dies klar vor Augen. Er war nicht einmal sicher, dass die rasche politische Vereinigung eine gute Idee war. Seiner Meinung nach wurde sie als nationales Ideal überschätzt und war in gewisser Weise unhistorisch. Vielleicht wäre es besser, so dachte er, Ostdeutschland zu erlauben eine Zeit lang ein separater demokratischer deutscher Staat zu bleiben. So konnte es seine wirtschaftlichen, sozialen und politischen Probleme selbst lösen, darunter das Erbe der Staatssicherheit, die Ostdeutschland in einen außergewöhnlichen Informantenstaat verwandelt hatte. Ostdeutschland und Westdeutschland konnten sich dann im größeren Rahmen der Europäischen Union wieder vereinigen.

»Die D-Mark kommt«

Die Politiker dachten anders. Die Gefühlswelle – der Überschwang nach vierzig Jahren Trennung – war überwältigend. Gleichzeitig fürchtete Kanzler Kohl zunehmend eine andere Welle: die Flutwelle von ostdeutschen Arbeitern, die auf der Suche nach goldgepflasterten Straßen nach Westdeutschland hereinströmen könnten. »Nach einer bestimmten Zeit«, meinte Pöhl, »wären die Leute zurückgegangen, sobald sie gemerkt hätten, dass sie nicht überleben konnten.« Aber Kohl sah die Zahlen bereits anschwellen, und die Ostdeutschen demonstrierten nun auf den Straßen nicht mehr gegen das kommunistische Regime, sondern für die Deutsche Mark. »Kommt die D-Mark, bleiben wir«, skandierten sie, »kommt sie nicht, gehn wir zu ihr.« Kohl, der überzeugt war, dass Ostdeutschland kurz vor dem Zusammenbruch stand, war alarmiert. Er erwartete, dass 1990 eine halbe Million Menschen in den Westen flüchten und große soziale Unruhen auslösen würden. Niemand konnte ihm garantieren, dass diese Flut durch etwas anderes als die Währungsvereinigung aufgehalten werden konnte. Und noch ein weiterer Faktor spielte eine Rolle: Kohl stellte sich vor, dass die Währungsunion das Werk der Wiedervereinigung vollenden würde, so wie die Währungsreform von 1948/49 zur Verschmelzung der drei westlichen Besatzungszonen geführt und Westdeutschland geschaffen hatte. Kohl konnte sich ohne Zweifel einen einzigartigen Platz in der Geschichte sichern, indem er etwas Großes vollbrachte und diese nationale Mission erfüllte. Wenn er erfolgreich wäre, würde man ihn fraglos auf eine Ebene mit Adenauer, ja mit Bismarck stellen.

Am Abend des 5. Februar 1990 machte Pöhl auf dem Weg zu einem Treffen mit dem Chef der ostdeutschen Zentralbank in Bonn Station, um mit Finanzminister Theo Waigel zu sprechen. Pöhl rekapitulierte die Argumente gegen ein übereiltes Handeln in der Währungsfrage. Waigel deutete ausweichend an, dass die Bundesbank sich sehr bald gezwungen sehen könnte, die geldpolitische Verantwortung für Ostdeutschland zu übernehmen. Er tat dies, indem er eine populäre Fernsehserie zitierte: »Cobra, übernehmen Sie.«

Pöhl, so wollte er sagen, solle sich bereithalten. Aber Pöhl begriff die Anspielung nicht. Schließlich war Waigel für seine Späße bekannt.

Pöhl flog sofort nach Berlin, um sein ostdeutsches Pendant zu treffen. In Ostberlin erklärte er am 6. Februar 1990 öffentlich, dass eine Währungsunion keineswegs auf der Tagesordnung stehe. Das sei pure Fantasie. Aber am selben Tag hatte sich einige Stunden zuvor eine kleine Gruppe, darunter Waigel und Wirtschaftsminister Otto Graf Lambsdorff, mit Kohl in dessen Büro getroffen. Dort beschlossen sie die D-Mark nach Ostdeutschland zu bringen. Diese ungeheuer wichtige Entscheidung fiel, wie Entscheidungen häufig fallen – aus dem Augenblick heraus. Unter dem enormen Druck der Ereignisse sah keiner der Entscheidungsträger die gewaltigen wirtschaftlichen Kosten voraus, die auf sie zukamen. Die Entscheidung wurde am selben Nachmittag in Bonn bekannt gegeben, noch bevor Pöhl informiert werden konnte.

Die unmittelbare Reaktion war überwiegend euphorisch. Kohl und seine Kollegen waren zu der Überzeugung gelangt, dass die Währungsunion genau das Richtige war und Ostdeutschland bald einen wirtschaftlichen Aufschwung erleben würde. Sie konnten sich schlicht nicht vorstellen, welche Konsequenzen ihr Schritt haben würde. Zu dieser Zeit war Pöhl vielleicht der einzige hochrangige Offizielle, der bereit war seine Befürchtung offen auszusprechen, dass diese Entscheidung für Ostdeutschland ein wirtschaftliches Desaster sein, seine Industrie vernichten und sich als extrem kostspielig für ganz Deutschland erweisen würde. Auf einer Kabinettssitzung machte Pöhl kurze Zeit später seine Position deutlich. »Die Bundesbank war nicht konsultiert worden«, sagte er. »Es war eine politische Entscheidung.« Pöhl war sich der Kritik an der Macht der Bundesbank durchaus bewusst. Die Bank war keine Nebenregierung. Sie war ein Organ, das sich um die Geldpolitik kümmerte, und sie würde ihre Aufgabe als Teil der Regierung erfüllen. »Wir werden mit der Währung fertig«, sagte er schließlich, wenn auch ohne großen Enthusiasmus.[11]

Die Währungsvereinigung diente jedoch einem übergeordneten nationalen Ziel, wie Kohl es erhofft hatte: Sie trieb die politische Vereinigung voran. Im Oktober 1990, weniger als ein Jahr nach dem Fall der Mauer und drei Monate nach der Währungsunion, war aus den beiden Deutschlands ein Land geworden. Deutschland wurde zur wichtigsten Macht in Europa und die beherrschende Rolle der Bundesbank auf dem ganzen Kontinent nahm noch zu. Aber die Vereinigung erwies sich als weit schwieriger, schmerzlicher und teurer für Westdeutschland, als fast alle vorausgesehen hatten.

Kurz darauf trat Pöhl, müde und frustriert, von seinem Amt zurück. Die

Vereinigung hatte die wirtschaftlichen Konsequenzen, die er vorhergesagt hatte. Die ostdeutsche Wirtschaft zerfiel. »Wir wissen, wie man Herztransplantationen, Nierentransplantationen oder Lebertransplantationen durchführt«, erklärte damals ein bekannter westdeutscher Ökonom. »Aber hier ersetzen wir alle Organe auf einmal.« Die ostdeutschen Löhne näherten sich dem Niveau Westdeutschlands an. Ein Großteil der ostdeutschen Industrie war bankrott und nicht konkurrenzfähig. Die deutsche Regierung musste den Osten subventionieren – in den ersten sechs Jahren nach der Vereinigung in einer Größenordnung von einer Billion Mark, wovon ein großer Teil für Arbeitslosenunterstützung und andere Sozialleistungen aufgewendet wurde. Westdeutsche Firmen profitierten allerdings vom Aufbau der verfallenen Infrastruktur und der Kauflust der Ostdeutschen. Aber der ungewöhnliche Überschwang auf beiden Seiten der ehemaligen Mauer machte bald einer weit verbreiteten Bitterkeit Platz.[12]

Ab 1990 bemühte sich die Bundesbank den inflationären Risiken der Währungsvereinigung durch hohe Zinsen zuvorzukommen. Dies hatte Konsequenzen weit über Deutschland hinaus. Als Folge ihrer strikten Geldpolitik kam das Wachstum in ganz Westeuropa zum Stillstand und die Arbeitslosigkeit stieg auf ein in den Nachkriegsjahren nie gekanntes Niveau. Was in Deutschland geschah, sollte entscheidenden Einfluss auf den Verlauf der europäischen Einigung haben.

Euro-Land

Im Dezember 1991 trafen sich die europäischen Staatschefs in der niederländischen Marktstadt Maastricht, um einen Vertrag über eine einheitliche Währung und eine gemeinsame Außen-, Sicherheits- und Innenpolitik abzuschließen. Nicht alle wirtschaftlichen Konsequenzen des Zusammenbruchs des Kommunismus und der deutschen Wiedervereinigung waren bereits absehbar, aber es war genug erkennbar, um die Verhandlungen zu beeinflussen. Die Regierungschefs erkannten, dass sich die Welt grundlegend geändert hatte. Die Maßnahmen, denen sie in Maastricht zustimmten, sollten die Entwicklung des europäischen Einigungsprozesses bis weit ins 21. Jahrhundert hinein bestimmen. Politisch einigten sie sich auf eine viel engere Kooperation in der Außen- und Sicherheitspolitik. Aber ihre wichtigste Entscheidung war die Schaffung einer gemeinsamen Währung – des Euro – und einer europäischen Zentralbank zu deren Steuerung. Der Euro wurde am 1. Januar 1999 als offizielle Währung eingeführt. Die gewohnten nationalen Münzen und Banknoten werden im alltäglichen Leben noch verwendet, aber auf Grund der fixierten Wechselkurse nur noch als ein »Ausdruck« des Euro. So werden Rechnungen und Bankkonten bereits in Euro ausgewiesen, während die Menschen in den Geschäften für ihre Croissants und Würstchen noch mit den vertrauten Münzen und Geldscheinen zahlen. Der Austausch des umlaufenden Bargeldes ist für den Zeitraum von Januar bis Juli 2002 vorgesehen. Dann wird es den Euro in Form von Münzen und Banknoten in den Taschen der Menschen geben und die nationalen Währungen werden aus dem Verkehr gezogen.

Mit dem Euro kommt die Europäische Zentralbank (EZB), die nach dem Modell der Bundesbank und ihrer starken anti-inflationären Tradition geschaffen wurde. Angesichts der dominanten Rolle der Bundesbank in Europa und der Tatsache, dass es Karl-Otto Pöhl war, der bei der Ausarbeitung der EZB-Satzung den Vorsitz führte, überrascht dies nicht gerade. Tatsächlich ist sie noch stärker auf die Bekämpfung der Inflation verpflichtet als die Bundesbank. Mit der EZB verringert sich die geldpolitische Macht der nationalen Regierungen drastisch, denn grundlegende Entscheidungen über Zinsen und die Währung werden auf dem supranationalen Niveau der Bank getroffen und umgesetzt. Dies ist etwas völlig Neues, »die Entnationalisierung des Geldes«, wie Pöhl es nennt.

Eine gemeinsame Währung erfordert wirtschaftliche Konvergenz. Das bedeutet, dass die Volkswirtschaften im Hinblick auf solche Faktoren wie Schulden, Defizite und Inflation dem gleichen Takt folgen müssen. Um dies zu erreichen, enthält der Vertrag von Maastricht eine Reihe von äußerst strengen Konvergenzkriterien, die ein Land erfüllen muss, wenn es auf den Euro-Zug aufspringen möchte. Zu den Schlüsselkriterien gehören: eine Inflation, die nicht mehr als 1,5 Prozent über der Durchschnittsrate der drei Mitgliedsländer mit der niedrigsten Inflation liegt; ein Haushaltsdefizit, das weniger als drei Prozent des Bruttoinlandsprodukts ausmacht; eine Staatsverschuldung, die sich auf weniger als 60 Prozent des Bruttosozialprodukts beläuft (oder demnächst belaufen wird); und eine nationale Währung, die in den vorangehenden zwei Jahren nicht abgewertet wurde. Elf von 15 Ländern erfüllten die Kriterien und entschieden sich für eine Mitgliedschaft von Anfang an. Unter den abwartenden Ländern ist Großbritannien das bedeutendste.

Obwohl die Kriterien als unrealistisch und willkürlich kritisiert wurden, erlaubt der Vertrag einige Flexibilität bei der Interpretation dieser Kriterien und ihrer Anwendung. Im Vorlauf zum Euro bestand Deutschland auf einer sehr wörtlichen und inflexiblen Interpretation. In der Strenge der Maastricht-Kriterien kommt die deutsche Sorge zum Ausdruck, die »harte« D-Mark könnte durch eine weichere europäische Währung ersetzt werden, die den inflationstreibenden Versuchungen von Politikern ausgeliefert ist. Deutschland drängte stark auf eine Vereinbarung, die vorsieht, jedes Land, das nach der Entscheidung für den Euro von den Kriterien abweicht, zu bestrafen. Auf dem europäischen Gipfel in Amsterdam im Juni 1997 wurde ein solcher »Stabilitäts- und Wachstumspakt« formell verabschiedet. Die Strafen können bis zu einem halben Prozent des Bruttoinlandsprodukts betragen – was einen sehr hohen Betrag ausmachen kann. Man male sich etwa das Schauspiel aus, wenn die Europäische Zentralbank in Frankfurt Frankreich eine Strafe von 13 Milliarden Mark auferlegen würde – ohne Zweifel zu einer Zeit, wenn französische Arbeitslose auf den Straßen demonstrieren. Tatsächlich beschrieb Yves-Thibault de Silguy, der für Währungsfragen zuständige europäische Kommissar, den Wachstums- und Stabilitätspakt als »geldpolitische Nuklearwaffe« – zu mächtig, um sie einzusetzen.[13]

Zweifellos wird die öffentliche Kritik an den strengen Maastricht-Kriterien angesichts weiterhin hoher Arbeitslosenzahlen und niedriger Wachstumsraten stärker werden. Es gibt bereits eine wachsende Feindschaft gegen ein vereinigtes Europa, denn viele Menschen verbinden damit Stagnation, nicht neues Wachstum und Wohlstand. Ihnen entgeht auch nicht, dass die Aufhebung von Beschränkungen dem Kapital viel rascher nützt als der Beschäftigung. In Reaktion auf solche Befürchtungen, die in den französischen Wahlen 1997 zum Ausdruck kamen, räumte der Gipfel von Amsterdam dem Kampf gegen die Arbeitslosigkeit höchste Priorität ein. Die Politik und die Forderungen der Wähler machen eine solche Neubewertung unumgänglich, denn wenn der Euro scheitert, steht das »vereinte Europa« überhaupt in Frage.

Während die Deutschen befürchten, dass sie die Kontrolle über ihr wirtschaftliches Schicksal durch die »Sozialisierung« der Deutschen Mark, das heißt durch deren Aufgehen im Euro verlieren, treibt andere Länder ironischerweise die Furcht um, dass der Euro und die EZB die Vorherrschaft der Bundesbank und ihrer Regeln in ganz Europa festschreiben könnten. So sehen es jedoch nicht alle. Aus französischer Sicht etwa war die Bundesbank *de facto* bereits die europäische Zentralbank und weder Frankreich noch irgendeine andere Nation konnten in ihr mitbestimmen. In ihrer Mitgliedschaft im europäischen Zentralbankensystem, das die Europäische Zentralbank kontrollieren wird, sehen die Franzosen daher für sich einen Machtzuwachs. Sie treibt auch das große französische Ziel an, eine glaubwürdige Alternative zum Dollar als Reservewährung zu schaffen. Wenn sie schon nicht die Sozialisierung der D-Mark bedeutet, wird die Europäische Zentralbank doch zumindest einen Machtschwund der Bundesbank mit sich bringen. So oder so wird es Frankfurt sein – ob als Heimat der Buba oder nun auch als Sitz der Europäischen Zentralbank –, wo die Geschicke des europäischen Geldes bestimmt werden. Ein deutlicher Unterschied ist jedoch, dass die Europäische Zentralbank ihr Metier auf Englisch ausüben wird, ihrer offiziellen Sprache.

Privatisierung

Der Zwang, in Übereinstimmung mit Maastricht die Haushaltsdefizite zu vermindern, beschleunigt den Privatisierungsprozess in Europa. Zu erleben ist ein vollständiger Rückzug des Staates von den klassischen Kommandohöhen der gemischten Wirtschaft. Dabei liegen die Zahlen sehr hoch. Seit 1985 wurde Staatseigentum für weit über 150 Milliarden Mark verkauft. Altehrwürdige nationale Vorreiterunternehmen – von Volkswagen über die Lufthansa und Renault bis hin zu Ölgesellschaften wie Elf-Aquitaine in Frankreich und ENI in Italien – wurden neu gegliedert und teilweise oder ganz verkauft. Der Verkauf von staatlichen Telefongesellschaften hat begonnen; den Rekord hält die Deutsche Telekom, von der 26 Prozent der Anteile für über 20 Milliarden Mark angeboten wurden – Europas bisher größte Privatisierung. Vor dem Jahr 2000 könnte weiteres Staatseigentum im Wert von rund 500 Milliarden Mark abgestoßen werden. Finanzminister setzen aus verschiedenen Gründen auf Privatisierung. Sie bringt große Summen ein, die zur Verminderung der Defizite beitragen (obwohl die Erlöse selbst nach den Defizitkriterien von Maastricht nicht zählen). Sie reduziert Subventionen und schafft das Potential für größere Steuereinnahmen. Schließlich entlastet sie den Staat von ungedeckten Pensionsansprüchen – ein Faktor, dem angesichts des steigenden Anteils der Alten an der Bevölkerung wachsende Bedeutung zukommt. Aber das sind noch nicht sämtliche Gründe.

Gleichzeitig vollzieht sich nämlich ein fundamentaler Einstellungswandel. Die gemeinsame Währung bedeutet zunehmenden Wettbewerbsdruck. Nationale Grenzen garantieren nicht länger gesicherte Schongebiete. Die Unternehmen reagieren darauf durch Umstrukturierung und Konsolidierung, um zu expandieren. Großunternehmen werden »europäisch«, statt »französisch«, »deutsch« oder »britisch«. Dies erfordert eine Internationalisierung des Topmanagements, die noch nicht sehr weit vorangekommen ist. In vielen, wenn auch nicht allen Fällen hat sich außerdem die Verklärung des Staatsunternehmens verflüchtigt. Einst galt es als Modernisierungsinstanz, Vorreiter, Fortschrittsmotor, als Weg zu technologischer Innovation und als Verkörperung nationaler Ziele. Lange Jahre erfüllten viele staatliche Unternehmen auch tatsächlich solche Funktionen. Aber mehr und mehr wurde das Staatseigentum als reale oder potentielle Belastung wahrgenommen, die die Ineffizienz fördert, die Flexibilität des Unternehmens behindert und seine Fähigkeit mindert, mit internationaler Konkurrenz fertig zu werden und technologisch innovativ zu sein. Weil sie im Eigentum des Staates stehen, werden die Entscheidungen dieser Unternehmen schließlich von politischem Druck bestimmt und Politiker widerstehen nur schwer der Versuchung, Einfluss auf sie zu nehmen. »Es gibt ein rätselhaftes Phänomen in staatlichen Unternehmen«, gibt Valéry Giscard d'Estaing, der ehemalige französische Präsident, zu bedenken. »Sie werden von guten Leuten geführt – den Besten der Elite. Und doch sind sie unfähig, effizient zu arbeiten. Stattdessen widerstehen sie dem Wandel und stehen über den Dingen. Das ist sonderbar.«

Auch die Dynamik des Binnenmarktes erzwingt einen Wandel. Die Europäische Kommission kümmert sich nicht um die Frage, ob Unternehmen sich in privatem oder öffentlichem Eigentum befinden, aber sie besteht auf der Aufhebung von Wettbewerbshindernissen und Beschränkungen des Zugangs zu den Märkten. Diese Doktrin fordert die öffentlichen Monopole ausdrücklich heraus; und Sektoren, die früher als natürliche Monopole angesehen wurden, wie die Elektrizitätsversorgung, werden heute durch den Wettbewerb aufgeweicht. Wenn es keinen geschützten »nationalen Markt« mehr gibt, wird staatliches Eigentum zu einem entschiedenen Hindernis. Staatliche Monopole könnten unter solchen Bedingungen von Chancen abgeschnitten werden, die sich auf entfernteren Märkten bieten. »Wenn unsere Unternehmen für die Zukunft fit sein sollen, müssen sie dem Wettbewerb und wirklichen Wachstumsmärkten ausgesetzt werden«, sagt Alberto Clô, der ehemalige italienische Industrieminister. »Und Leute aus solchen Märkten sollten sich am Wettbewerb in Italien beteiligen. ENEL, Italiens wichtigste Elektrizitätsgesellschaft, ist eines der größten öffentlichen Versorgungsunternehmen der Welt, aber es operiert in einem Land, in dem der Elektrizitätsverbrauch jährlich nur um ein Prozent zunimmt. Die Zukunft liegt in Asien, Zentraleuropa und Lateinamerika. ENEL muss in diesen Märkten konkurrenzfähig sein. Um dies zu erreichen, müssen wir den italienischen Markt für ausländische Investitionen öffnen.«

Die Privatisierung wird noch von einem weiteren Faktor angetrieben: der technologischen Entwicklung. »Als ich 1973 in der Arbeiterpartei begann, verbrachte ich eine Woche mit dem Studium des Marxismus und lernte, wie der Wandel der Produktivkräfte die Gesellschaftsstruktur verändert«, erinnert sich der norwegische Finanzminister Jens Stoltenberg. »Die Kraft war die Technologie. Es sei nur eine Frage der Zeit, so lehrte man uns, bis die Technologie den Sozialismus schaffen würde. Heute bewirkt die Technologie zwar einen Wandel, aber sie schafft nicht den Sozialismus. Sie fördert den Kapitalismus. Sie schafft mehr Wettbewerb. Bis zum Ende der 80er Jahre hatten wir nur einen einzigen Fernsehkanal. Es war verboten, einen anderen zu gründen. In den Wahlen von 1985 wurde darüber heftig gestritten. Unsere Partei war dagegen; wir sagten, ein weiterer Kanal wäre schlecht für Norwegens Bevölkerung, er wäre zu kommerziell. Aber dann kamen die Satellitenschüsseln und die Politik machte sich lächerlich. Wir mussten dem Wandel nachgeben – wegen der Technologie.«

Trotz aller Konvergenz zwischen den europäischen Ländern, die diese »Privatisierungswelle« bewirkt, gibt es wesentliche Unterschiede in der Art, wie die einzelnen Länder sie angehen. In Frankreich gingen bei den meisten Großverkäufen kontrollierende Aktienmehrheiten an so genannte *noyaux durs* (»harte Kerne«) strategischer Investoren, denen die Regierung zutraute das Unternehmen langfristig zu sichern. In Italien bedeutete Privatisierung die Entflechtung der zentralen staatlichen Holdinggesellschaft Istituto per la Ricostruzione Industriale (IRI). In ihrem Verlauf kamen viele der verwickelten legalen und finanziellen Geschäfte zwischen der italienischen Wirtschaft und dem Staat ans Tageslicht. In Deutschland, wo sich zwar auf Länderebene gelegentlich Widerstand gegen Privatisierungen regt, die zur Schließung von Fabriken und dem Verlust von Arbeitsplätzen in der Region führen, ist der Antrieb zu Privatisierungen auf Bundesebene sehr stark und profitiert von den einzigartigen Erfahrungen, die das Land bei der Privatisierung von Industrie und Handel der ehemaligen DDR machen konnte. In nur viereinhalb Jahren verkaufte die eigens dafür geschaffene Treuhandanstalt 13 700 der 13 815 ostdeutschen Firmen für etwa 74 Milliarden Mark. Nachdem sie fast ihr gesamtes Inventar verkauft hatte, privatisierte sie sich schließlich selbst.

Privatisierung schafft eine große neue Wachstumsindustrie in Europa: die Regulierung. Wo der Staat die Unternehmen besaß, gab es keinen Bedarf für unabhängige Regulierung. Das Ministerium legte die Preise für Telefon, Wasser, Gas und Elektrizität fest. Diese Aufgabe ist nun den frisch privatisierten Unternehmen zugefallen. Die Rolle das Staates hat sich daher gewandelt. Seine Aufgabe ist es, die Verbraucher zu schützen, indem er konkurrenzfähige Preise, Sicherheits- und Qualitätsstandards sicherstellt. Dazu müssen neue Institutionen geschaffen werden. Als erstes Land, das mit der Privatisierung begann, richtete Großbritannien auch zuerst ein Regulierungssystem ein, das bis heute im Aufbau begriffen und wesentlich größer ausgefallen ist als geplant. In der Folge schossen überall in Europa unabhängige Regulierungsbehörden aus dem Boden.

Die Privatisierung erfordert harte Verhandlungen mit den Gewerkschaften ebenso wie komplizierte Kompromisse zwischen den Mitgliedern der Europäischen Union über die Regeln für den künftigen Wettbewerb in jedem Industriezweig. Doch was einst undenkbar war, ist zum Standard und in ganz Europa zum akzeptierten Instrument der Regierungspolitik geworden. Was noch bevorsteht, ist eine weit komplexere und schwierigere Schlacht, die das Herzstück des europäischen Sozialpaktes betrifft: die Zukunft des Wohlfahrtsstaates.[14]

Die Kosten des Wohlfahrtsstaates

Neben der industriellen Umstrukturierung zwingt der Vertrag von Maastricht zur Zügelung der Sozialausgaben, die im Laufe der Jahre auf bis zu 42 Prozent des Bruttoinlandsprodukts von Westeuropa hochgeschnellt sind. Die erste grundlegende Übereinstimmung zwischen den westeuropäischen Ländern nach dem Zweiten Weltkrieg war – lange vor Maastricht – die Kombination der gemischten Wirtschaft mit dem Wohlfahrtsstaat. Die Mischwirtschaft würde, so meinte man, Wachstum und Vollbeschäftigung schaffen. Ein bedeutsamer Teil dieses Wachstums sollte durch Sozialausgaben umverteilt werden, um soziale Sicherheit und sozialen Frieden zu gewährleisten. Der Wohlfahrtsstaat erwies sich ebenfalls als eine von Europas führenden Wachstumsindustrien – zumindest bis vor kurzem.

Das Warnsignal für die Fehlentwicklung von Europas Sozialsystemen ist die Arbeitslosigkeit. Mitte der 90er Jahre hatte sie die Inflation als wichtigstes Thema verdrängt, ließ die Alarmglocke schrillen und avancierte in Wahlkämpfen zur beherrschenden Frage. Alte Arbeitsplätze werden durch Werksschließungen, Stellenabbau, Umstrukturierung und Konkurrenz aus dem Ausland vernichtet. Die Regierungen sind heute weit weniger geneigt, verlustreiche Firmen zu subventionieren, um Beschäftigung zu sichern. Während der 70er Jahre stieg die Arbeitslosigkeit in Frankreich von 262 000 Arbeitslosen auf über eine Million. 1982 befürchteten die französischen Sozialisten, dass die Schwelle von zwei Millionen überschritten würde. 1997 lag die Zahl bei über drei Millionen; unter Jugendlichen ohne abgeschlossene Schulausbildung betrug die Arbeitslosenrate 29 Prozent. Im Durchschnitt liegt die Arbeitslosigkeit im industrialisierten Westeuropa zwischen 10 und 15 Prozent. In Südeuropa ist die Lage noch schlimmer. Vollbeschäftigung sollte eine der zentralen Garantien der gemischten Wirtschaft sein. Aber tatsächlich wachsen die Beschäftigtenzahlen nur in jenen staatlichen Behörden, die die Arbeitslosenunterstützung auszahlen.

Steigende Arbeitslosenzahlen signalisieren eine umfassendere Herausforderung, der sich das gesamte Gebäude aus Wohlfahrtsversorgung, Leistungsansprüchen, Sozialausgaben und dem Schutz des Arbeitsmarktes gegenübersieht. Sie besteht in der Krise der Rentensysteme und Ausgleichsansprüche, die von der demografischen Entwicklung überrollt wurden und sich nicht länger selbst tragen. »Als die europäischen Wohlfahrtssysteme geschaffen wurden, waren sie sehr gut und fair«, erinnert sich Valéry Giscard d'Estaing. »Aber die gegenwärtige Lebensspanne übersteigt bei weitem die Lebenserwartung, die den Systemen ursprünglich zugrunde lag.« Dieser demografische Trend wird sich noch verstärken. Im Jahr 2030 wird der Anteil von Menschen über 64 im Vergleich zu den 15–64-jährigen in Frankreich und Großbritannien 40 Prozent, in Deutschland nahezu 50 Prozent betragen.

Unter den Ländern auf dem Kontinent haben die Niederlande mehr als ihre Nachbarn getan, um das Problem des Wohlfahrtsstaates in den Griff zu bekommen. In den 80er Jahren litten sie unter einer schlechten Wirtschaftsleistung. Die »niederländische Krankheit« hatte ihren Ursprung in den besonderen Bedingungen des Landes: im raschen Wachstum der Gasförderung und dem großen Wohlstand, der daraus hervorging. »Der Wohlfahrtsstaat war aufgrund einer Kombination aus politischer Blindheit und der Versuchung eines schnell wachsenden Staatseinkommens durch die natürlichen Gasreserven ›überreif‹ geworden«, so der ehemalige Premierminister Ruud Lubbers. Immer höhere Leistungen wurden mit lockerer Hand ausgeschüttet. Die Arbeitslosenunterstützung kam dem Lohnniveau so nahe, dass der

Anreiz, arbeiten zu gehen, abnahm. Bald bezog beinahe ein Drittel der Arbeitnehmerschaft Arbeitslosenunterstützung, Erwerbsunfähigkeitsrente oder andere Sozialleistungen.

Unter dem Zwang, der Krankheit zu begegnen, wandte sich die Regierung von den orthodoxen keynesianischen Rezepten ab und begann der Wirtschaft eine neue Richtung zu weisen, indem sie das Haushaltsdefizit abbaute, die Steuern verminderte, eine »moderate Lohnpolitik« förderte und Einstellungen, Entlassungen sowie Teilzeitarbeit erleichterte. Die Arbeitslosenunterstützung wurde gekürzt. Seit diesen Reformen haben sich die Niederlande mit niedrigeren Arbeitslosenzahlen als ihre Nachbarn gut erholt und gelten vielen als Modell für eine gemäßigte Umgestaltung des Wohlfahrtsstaates. Kritiker argumentieren jedoch, dass die reale Arbeitslosenrate weit über den offiziellen Zahlen liege. Und zweifellos bleibt der Wohlfahrtsstaat in den Niederlanden alles andere als knauserig.

»Morgens Fango«

Der Kontrast zwischen den Einstellungen in den USA und in Europa ist auffallend. In Amerika ist der Begriff »Wohlfahrt« fast ein schmutziges Wort. Von den Europäern wird der Wohlfahrtsstaat dagegen als die größte Errungenschaft des Kontinents angesehen, als wesentliches Element einer zivilisierten Gesellschaft und Grundlage des sozialen Konsenses. Wenn er kritisiert wird, dann wegen seiner Exzesse, nicht als grundsätzliches Konzept. Sowohl rechte wie linke Regierungen sind auf ihn verpflichtet. Die Deutschen erinnern sich etwa daran, dass es keineswegs ein Sozialist war, sondern der »eiserne Kanzler« Bismarck, der ab den 80er Jahren des 19. Jahrhunderts das erste moderne Rentensystem schuf. »In Europa«, sagt ein namhafter spanischer Industrieller, »genießt der Wohlfahrtsstaat großen Respekt. Im europäischen Sozialpakt garantiert der Staat das soziale Netz, und es ist ein sehr eng geknüpftes Netz.« Der moderne Wohlfahrtsstaat ist Teil der nationalen Identität, und wenn Europäer von »Solidarität« sprechen, meinen sie nicht nur die Überwindung von Klassen und ideologischen Kämpfen, sondern auch die Gesamtheit des Wohlfahrtsstaates.

Aber das Wohlfahrtssystem ist von seiner eigenen Großzügigkeit überrollt worden. In Deutschland haben Arbeitnehmer in der Regel sechs Wochen bezahlten Urlaub im Jahr. Die Arbeitslosenunterstützung macht einen hohen

Prozentsatz des Lohns aus. Die Großzügigkeit erstreckt sich auch auf die Leistungen des Gesundheitssystems. Viele Deutsche folgen Goethes Rat und fahren, ermuntert von ihren Ärzten, zur Kur. Eine beliebte Therapie ist die Schlammpackung, auch als Fango bekannt, die zu einem kleinen Spruch über die Freuden solcher mit Sozialbeiträgen bezahlter Kuren Anlass gab: »Morgens Fango, abends Tango.«

Wuchernde Ausgaben für die Verpflichtungen eines überzogenen Wohlfahrtssystems treiben die Sozialbeiträge in die Höhe: das Geld, das Steuerzahler und Arbeitgeber aufbringen müssen, um das System in Gang zu halten. Für die Arbeitgeber haben diese Abgaben solche Höhen erreicht, dass sie vor der Neueinstellung von Beschäftigten zurückschrecken. Unzählige Arbeitsgesetze, die dem Schutz der Arbeitnehmer dienen sollen, lähmen das System, zwingen den Arbeitgebern Kosten für Probleme auf, die außerhalb ihres Zugriffs liegen, und verhindern die Schaffung neuer Arbeitsplätze. Gleichzeitig ist das Niveau der Arbeitslosenunterstützung so hoch, dass es den Anreiz, eine Arbeit aufzunehmen, vermindern kann. Die Unbeweglichkeit des Systems beruht auch auf der rechtlichen und institutionellen Macht der Gewerkschaften, die Wandel und Innovation verhindern. Das Management einer großen deutschen Firma brauchte drei Jahre, um eine Gewerkschaft dazu zu bewegen, der Einführung von *Voice Mail* zuzustimmen. Diese Kosten und Regulierungen treffen neue und risikoreiche Unternehmen besonders hart. Doch solche Unternehmen gehören in den USA zu den wichtigsten Motoren für die Schaffung von Arbeitsplätzen. Das lässt sich an den Beschäftigungszahlen ablesen. Zwischen 1993 und 1997 stieg die Zahl der Beschäftigten in den USA um acht Prozent, während sie in Europa stagnierte.

Doch heute sind auch viele Europäer der Auffassung, dass ihr Sozialmodell eine tief greifende Umwandlung erfahren muss. Das Gefühl wächst, dass der Wohlfahrtsstaat sich zu stark ausgedehnt hat und zurückgefahren oder umgestaltet werden muss, sowohl im Hinblick auf Leistungen wie auf die Regulierung. »Was uns in Westeuropa bevorsteht, ist das Ende des Wohlfahrtsstaates in seiner klassischen Form«, bemerkte Karl-Otto Pöhl. »Er kann nicht völlig umgestülpt werden. Man kann die Entwicklungen der letzten hundert Jahre nicht ungeschehen machen. Aber es muss eine Umstrukturierung geben.«

Die Herausforderung besteht darin, strukturelle Veränderungen im sozialen Sektor zu konzipieren und durchzuführen und den Wohlfahrtsstaat so umzugestalten, dass er seine Leistungen zu niedrigeren Kosten und mit höherer Effizienz erbringen kann – und dies mit breiter Zustimmung und ohne die grundlegenden Werte der Solidarität aus den Augen zu verlieren. Dieser Aufgabe müssen sich die Politiker in Europa – ob von links, rechts oder aus der Mitte – stellen, während sie sich auf den »neuen Konsens von niedriger Inflation und gesunden öffentlichen Finanzen« verpflichten, wie es Peter Sutherland, der ehemalige europäische Kommissar und erste Chef der Welthandelsorganisation, ausdrückt. Diese Anpassung fällt Sozialdemokraten besonders schwer. Nachdem sie sich von der massiven staatlichen Kontrolle verabschiedet haben, sehen sie ihre wichtigste Mission heute im Schutz, in der Reform und der Wiederbelebung des Wohlfahrtsstaates. Die Entwicklung der Beschäftigung wird dabei die Nagelprobe sein. »Das Scheitern der sozialdemokratischen Parteien in den 70er Jahren bestand darin, dass sie keine Arbeitsplatzsicherheit schaffen konnten«, meint der Norweger Jens Stoltenberg. »Wenn auch die marktorientierte Politik keine Jobs schafft, werden sich die Menschen nach etwas anderem umsehen.«[15]

»Eine Zwickmühle«

»Ich glaube, dass es in Europa genug Vitalität gibt«, so Helmut Schmidt, deutscher Bundeskanzler in den Jahren 1974 bis 1982 und zuvor Verteidigungs- und Finanzminister. Sein Urteil über die gegenwärtigen Schwierigkeiten besitzt eine ungewöhnliche Autorität und historische Perspektive. Nach dem Krieg in britischer Gefangenschaft, engagierte er sich anschließend in der sozialdemokratischen Politik und stieg in der Regierung des Stadtstaates Hamburg auf. Er stand am rechten Flügel der SPD, ein Mann des Westens und Kämpfer für die NATO. Vielen galt er als der fähigste Staatsmann seiner Zeit, mit einem ungewöhnlichen Verständnis sowohl für die Politik wie für die Wirtschaft. Eine Qualität, für deren Mangel er berühmt war, war Geduld mit jenen, deren Auffassungsgabe seiner Meinung nach nicht Schritt hielt.

In seinem Büro bei der angesehenen Wochenzeitung *Die Zeit*, deren Mitherausgeber er ist, äußerte sich Schmidt zur gegenwärtigen Lage Europas. An diesem Tag herrschten in Hamburg sehr kalte Temperaturen, aber das Licht, das durch das Fenster fiel, war hell und stechend. Gelegentlich zog Schmidt seine Schnupftabaksdose aus der Tasche und inhalierte in tiefen Zügen. »Ja«, sagte er, »die europäischen Nationen sind dazu fähig, aus ihren derzeitigen strukturellen Schwierigkeiten herauszukommen. Aber die Öffentlichkeit versteht nicht immer, dass es ein Problem, eine Zwickmühle gibt. Wenn die europäische Öffentlichkeit dies einmal verstanden hat, wird es notwendig sein, die Last der Sozialleistungen zu reduzieren, die Steuern zu senken und neue Wege für die Produktion neuer Waren zu finden, um in der globalen Wirtschaft konkurrenzfähig zu sein. In den 70er Jahren war ich äußerst zuversichtlich, dass die Liberalisierung in der Europäischen Gemeinschaft funktionieren würde. Ich sah nicht die großen Veränderungen, die seit 1978 in China stattfanden und welch enormen Erfolg sie haben würden. Ich glaubte nicht so recht an den Erfolg Japans oder der Tigerstaaten. Nun sind die Asiaten die Spitzenspieler. Europa hat große Vorteile eingebüßt.«

»Ein kritischer Faktor beim Niedergang Europas«, so führte der ehemalige Kanzler aus, »ist die übermäßige Ausbeutung des Wohlfahrtsstaates. Der Wohlfahrtsstaat ist eine so gute Idee, aber er wurde in Schweden, Frankreich, Deutschland, in allen europäischen Ländern auf die Spitze getrieben. Die Gesellschaften werden immer älter, die Menschen sterben später. Die Notwendigkeit, die Renten viel längere Zeit zu zahlen, wird die finanzielle Lage immer schwieriger machen. Dies führt in jedem europäischen Staat zu überhöhter Besteuerung und zu großen Haushaltsdefiziten. Viel zu lange glaubten alle, die Staaten seien finanziell abgesichert. Nun wissen wir, dass sie es nicht sind. – Jedenfalls manche von uns wissen das.«

Tatsächlich ergeben sich die gegenwärtigen Schwierigkeiten Europas nach Auffassung Schmidts gerade aus dem Erfolg Europas bei den Bemühungen, seine Vergangenheit hinter sich zu lassen. »Einer der Gründe für die Verlangsamung des Wachstums in Europa«, so Schmidt, »ist die Tatsache, dass in Großbritannien, Frankreich, Italien, Deutschland oder sonst wo in Europa die Generationen, die jetzt in der Politik, in der Wirtschaft, in den Gewerkschaften und in der Verwaltung an der Macht sind, aus Leuten bestehen, die kaum unter Hitler, dem Zweiten Weltkrieg und der Besatzung gelitten haben. Ihre Vorgänger wurden von dem Willen angetrieben, die Gesellschaft neu aufzubauen, damit sich die Katastrophen der vorangegangenen hundert Jahre nicht wiederholten. Die jetzigen Führungspersönlichkeiten wuchsen unter anderen Umständen auf, in denen es ihren Eltern alle drei oder fünf Jahre besser ging. Sie hielten die Verbesserung des Lebensstandards für selbstverständlich. Das ist ein geistiges, ein soziales, ein politisches Gefühl. Es gibt keine Motivation, zu bauen und umzubauen. Heute bewegt sich der Markt schneller, als die politischen Führungsfiguren Schritt halten können. Die politische Führung in Europa hinkt hinter dem Denken auf dem Markt hinterher. Die Politiker leiden immer noch unter einer verfehlten Wahrnehmung der Wirtschaft; sie haben sich zu lange an die Vergangenheit geklammert, die sie kennen.«[16]

Aber die Vergangenheit ist vorbei. Die Reform des Wohlfahrtsstaates und die Neudefinierung der Verantwortung von Staat und Bürgern schälen sich nun als Europas zentrale Mission heraus. Statt sich aus dem Wohlfahrtsstaat zurückzuziehen wird Europa versuchen den Sozialpakt zu erneuern und »Solidarität« neu zu definieren, indem es das alles beherrschende Prinzip von Rechten und Ansprüchen um einen Begriff von persönlicher Verantwortung ergänzt. Das heißt, die Bürger müssten einen Teil der Kosten für Sozialleistungen tragen und größere Verantwortung für die Finanzierung ihrer Renten und Pensionen übernehmen. Die Debatte wird dabei alte und neue Konzepte des »öffentlichen Interesses« aufgreifen und sich unweigerlich auch mit der Zukunft der Arbeit – ihrer Dauer, ihrer Flexibilität, ihren Regeln – und der Balance zwischen den Generationen befassen müssen.

All dies schafft viel Verwirrung und Angst. Der hohe Lebensstandard und das hohe Maß an sozialer Sicherheit sind großartige Errungenschaften der europäischen Mischwirtschaft. Doch die Europäer sind nicht mehr der Meinung, dass es ihnen »noch nie so gut ging«. Der aufgeblähte Wohlfahrtsstaat untergräbt die Fähigkeit, den Wohlstand zu schaffen, um ihn zu bezahlen. Das gegenwärtige System spiegelt die tief verwurzelte Verpflichtung des Staates gegenüber seinen Bürgern. Verstärkt werden die Befürchtungen heute noch durch das Gefühl, dass sich der Staat selbst durch die Schaffung eines geeinten, föderalen Europa auflösen wird, durch die Verwirklichung jener Vision also, von der Altiero Spinelli in seinen trostlosen Tagen auf der Insel Ventotene im Zweiten Weltkrieg träumte. Der Beginn der Währungsunion brachte Europa einen neuen Geist des Wachstums und der Hoffnung – bis Ende 1998 deutlich wurde, dass die asiatische Wirtschaftskrise das europäische Wachstum treffen und die Geburt des Euro und seine Auswirkungen stark beeinträchtigen würde. Niemand kann daran zweifeln, dass sich das bestehende Gefüge durch den Wettbewerbsdruck eines gemeinsamen europäischen Binnenmarktes und die Integration globaler Wirtschaftssysteme sowie die noch unklaren neuen Regeln der politischen Führung verändern wird. Eines der beiden großen Währungssysteme der Welt ohne einen klar definierten politischen Rahmen zu steuern ist, gelinde gesagt, ein großes Experiment. Wenn es funktioniert, wird der Ertrag in einer Erneuerung bestehen, die den Wert der Solidarität im Europa des 21. Jahrhunderts festigt.

Kapitel 13

Die Balance des Vertrauens
Die Welt nach der Reform

Selbst für einen Erdrutschsieg war das Ergebnis überwältigend: eine Mehrheit von 179 Sitzen im Parlament. Der Sieg von Tony Blairs Labour Party am 1. Mai 1997 übertraf sogar den Wahlerfolg, mit dem Clement Attlee 1945 Winston Churchill im Moment des Triumphes über den Ausgang des Zweiten Weltkriegs aus dem Amt gefegt hatte. Es war nicht nur der größte Sieg in der Geschichte der Labour Party; man musste bis zum Jahr 1832 zurückgehen, um eine Wahl zu finden, in der die Konservative Partei derart vernichtend geschlagen worden war.

Die Attlee-Regierung hatte die gemischte Wirtschaft und den Wohlfahrtsstaat ins Leben gerufen. Das war die Antwort der Labour Party auf die Weltwirtschaftskrise, den Zweiten Weltkrieg und die Erfordernisse des Wiederaufbaus. Die britische »Nachkriegsübereinkunft« wurde zum Modell für die Beziehungen zwischen Staat und Markt auf der ganzen Welt. Dem Staat kam die Führungsrolle zu und darin lag der entscheidende Bruch mit der alten Ordnung.

Tony Blairs Sieg bedeutete ebenfalls einen Bruch mit der Vergangenheit, aber nicht mit der Thatcher-Revolution. Natürlich waren die Konservativen geschlagen worden, und zwar entschieden, aber darin kam eine Ablehnung ihrer Leistungen zum Ausdruck, nicht ihrer grundlegenden Ideen. Ihre Partei hatte sich im Laufe von 18 Jahren an der Macht verschlissen und gespalten, ihre Glaubwürdigkeit und Integrität war durch ständige Skandale zersetzt. Doch in dem langen Wahlkampf waren Blair und New Labour ebenso heftig gegen ihre eigene Vergangenheit ins Feld gezogen wie gegen die Konservativen. New Labour lehnte die Politik von Old Labour mit ihrer Verpflichtung auf staatliche Intervention und einen expansiven Staat ab. Und als ihr Sieg gekommen war, hatte die Partei den Thatcherismus übernommen, wenn auch erheblich gemildert durch »Mitgefühl« und »Beteiligung aller« (»*in-*

clusiveness«). Die Rückkehr der Labour Party an die Macht nach beinahe zwei trostlosen Jahrzehnten in der Ödnis der Opposition war keine Niederlage Margaret Thatchers, sondern eine Konsolidierung ihrer Revolution.

Der Bogen des halben Jahrhunderts, der sich zwischen Attlee und Blair spannt, beschreibt die Entwicklung von einer Ära, in welcher der Staat versuchte die Kontrolle über die Kommandohöhen der Wirtschaft zu erlangen, hin zu einer Ära, in der die Ideen des freien Marktes, des Wettbewerbs, der Privatisierung und Deregulierung die Machtgipfel des Wirtschaftsdenkens auf der ganzen Welt erstürmen. In den Nachkriegsjahrzehnten wurden die Ideen der Attlee-Regierung zum Leitfaden für Regierungen auf der ganzen Welt. In ähnlicher Weise beeinflussten die Ideen, von denen Margaret Thatchers Politik geprägt war, auf der ganzen Welt eine neue Orientierung auf den Markt. Wird Tony Blairs Politik auf eine dritte Revolution hinauslaufen: die Versöhnung linker Parteien mit dem Markt und einer offeneren Weltwirtschaft?

Die Veränderungen in der Labour Party, die Blair den Sieg brachten, wurden aus dem Scheitern geboren, aus einer Reihe bitterer Wahlniederlagen. Noch 1983 hatte die Labour Party ein Wahlprogramm vorgelegt, das nach wie vor das ganzen Arsenal staatlicher Intervention einforderte: massive Verstaatlichung und Rückverstaatlichung, zentralistische staatliche Planung, Devisenkontrollen, Handelsbarrieren. (Dieses Programm wurde einmal als der längste Abschiedsbrief in der Geschichte des Selbstmords bezeichnet.) In dem Jahrzehnt nach der Niederlage von 1983 kämpfte die Parteiführung von Labour unter Neil Kinnock und seinem Nachfolger John Smith um die Modernisierung der Partei. Aber sie wollten vorsichtig zu Werke gehen, um eine Spaltung zu verhindern. Sie verfolgten eine »Strategie des ›langen Atems‹«. Smith erklärte sie so: »Ich glaube nicht, dass man vorpreschen und schon heute alles für nächsten Mittwoch ins Schaufenster packen sollte.« Aber dann, 1994, brach Smith mit einem Herzinfarkt zusammen und starb in einer Londoner Notfallaufnahme. Ironie der Geschichte: Nur wenige Wochen zuvor hatte er sich dafür eingesetzt, dass eben diese Notfallaufnahme von Budgetkürzungen verschont bliebe.

Sein Nachfolger war Anthony Blair, wie er in seiner Zeit als aufstrebender Rechtsanwalt noch hieß. Besser bekannt wurde er als Tony Blair, nachdem er 1983 trotz des allgemeinen Debakels seiner Partei einen Parlamentssitz errungen hatte. In den ersten Jahren im Parlament wich Blair nicht sehr von der orthodoxen Linie der Labour Party ab; er trat für »umfassende Wirtschaftslenkung und Intervention des Staates« ein. Aber dann kam er zu dem

Schluss, dass die traditionellen Rezepte der Partei mit der Realität nicht Schritt gehalten hatten, und begann die politischen Herausforderungen aus einer marktorientierten Perspektive neu zu definieren. In weniger als drei Jahren setzte er eine bemerkenswerte und durchgreifende Umgestaltung einer der altehrwürdigsten Parteien der Linken durch.

Blair stand einem Wandel offener gegenüber als viele andere, weil er nicht so stark mit der Vergangenheit verbunden war. Sein Vater war Ortsvorsitzender der Konservativen Partei in Durham gewesen und als Parlamentskandidat der Torys vorgesehen, als er einen schweren Schlaganfall erlitt. Tony Blair war damals zehn. Drei Jahre lang konnte sein Vater, der als Anwalt und Redner arbeitete, nicht sprechen. Blair erinnerte sich einmal, dass er »jede Minute meiner Freizeit« im Durham Hospital verbrachte, um entweder seinen Vater oder seine Schwester zu besuchen, die an einer ernsten Krankheit litt.

In Oxford konzentrierte sich Blair im Gegensatz zu anderen ehrgeizigen Studenten auf Rockmusik, nicht auf Politik. Während andere im Debattierklub deklamierten, trat er als Lead-Sänger einer Gruppe mit dem Namen »Häßliche Gerüchte« (»Ugly Rumours«) auf. Er wurde außerdem zu einem überzeugten Christen, und dieser Glaube machte ihn zu einem Anhänger des »ethischen Sozialismus«, wie er es später nannte, eines Sozialismus, der weit stärker im Christentum, in Gemeinschafts- und Verantwortungsgefühl wurzelte als in Marxismus, Klassenkampf und Abhängigkeit vom Staat. Als seine Mutter plötzlich starb, kurz nachdem er Oxford verlassen hatte, beobachtete ein Kommilitone Blair dabei, wie er nachts in seinem Bett saß und die Bibel las. Die Romantik des traditionellen Sozialismus sprach ihn nicht besonders an. Andererseits war Thatcher kein gar so großes Feindbild für ihn wie für andere Labour-Politiker. Schließlich war da sein Vater. Er verstand, woher sein Vater kam, weil er »alles aus eigener Kraft geschafft hatte«, sagte Blair einmal. »Er war begierig auf die Thatcher-Revolution.«[1]

»Das ist einfach«

Blair fand keinen Gefallen daran, ständig in der Opposition zu sitzen. Ende der 80er Jahre trat er zusammen mit Gordon Brown – später Schatzkanzler – als aggressivster Modernisierer der Partei hervor. Gefragt, warum Labour seit einer Generation nicht mehr an der Macht sei, erwiderte er immer: »Das ist einfach. Die Welt hat sich verändert, die Labour Party nicht.« Er war entschlossen sie zu verändern. Er versuchte die Labour Party von den Gewerkschaften abzurücken und bot diesen »Fairness, nicht Begünstigung« an. Er unterstützte die Beschneidung der Gewerkschaftsmacht (ein Tabuthema der Linken, aber unerlässlich, um das Vertrauen des Landes zu gewinnen) und umwarb die neuen Aktionäre, die Margaret Thatchers Revolution geschaffen hatte. Seine Kritik an Old Labour klang mehr und mehr nach Margaret Thatcher. »Wir leben nicht mehr in den 70er Jahren«, sagte er vor der Wahl. Labour sollte nicht als Partei bekannt sein, die »Ihre Steuern hochtreibt, eine Wirtschaft mit hoher Inflation lenkt und hoffnungslos ineffizient ist (...) und ganz nebenbei (...) den Gewerkschaften das Ruder überlässt«. Die Tories hätten 1979 Recht mit ihrer Ansicht gehabt, dass es »zu viel kollektive Macht, zu viel Bürokratie, zu viel staatliche Intervention und zu viele Interessen gab, die darauf ausgerichtet waren. (...) Die Ära korporatistischer staatlicher Intervention ist vorbei.« Privat ging Blair noch weiter und sagte, er sei einverstanden mit dem, was Thatcher getan hatte. Blairs Marsch in den Markt erregte den Zorn der traditionellen Linken, die ihn bald Tony Blur nannte, »Tony Unscharf«.

In unmissverständlicher Ablehnung der orthodoxen Linie von Old Labour zwang er die Partei zur Aufgabe ihres ideologischen Rückgrats: des Absatzes IV ihres Grundsatzprogramms, das 1918 von Sidney Webb entworfen wurde und die Verstaatlichung in Form einer Überführung der »Produktions-, Verteilungs- und Tauschmittel« in »Gemeineigentum« forderte. Es war eine wilde Schlacht, an der die Partei zu zerbrechen drohte. Aber Blair tolerierte keinen Rückfall. Als ein Labour-Politiker für die Wiederverstaatlichung der Elektrizitätsunternehmen eintrat, riet ihm Blair barsch, er solle »erwachsen werden«.

In der Zeit vor der Wahl von 1997 bahnte sich Blair seinen Weg in die heiligen Bezirke des Kapitalismus, besuchte als erster Führer der Labour Party überhaupt die Wall Street und hielt eine Rede vor der Finanzwelt der Londoner City, worin er die gemischte Wirtschaft beerdigte. Er sagte, Ziel einer jeden Regierung müssten Steuersenkungen, nicht Steuererhöhungen sein. »Die zugrunde liegende Linie sollte lauten«, so Blair, »dass die Wirtschaftstätigkeit am besten dem Privatsektor überlassen bleibt.« Zum ersten Mal in der Geschichte gab die Partei ein Wahlprogramm für die Wirtschaft heraus.

Nachdem er sich als Premierminister eingerichtet hatte, ging Blair noch weiter. Großbritannien, sagte er, sollte eine »Nation von Unternehmern« werden. Aber die »Modernisierung der Nation« erweist sich als weit weniger klar umrissenes Projekt als die Modernisierung der Labour Party. Die Grundkonzepte dessen, was Blair abwechselnd die »radikale Mitte« oder den »dritten Weg« nennt, stehen indessen fest: Die traditionelle keynesianische Intervention und Wirtschaftssteuerung können nicht funktionieren. Auch kann die Wirtschaft nicht vor dem globalen Wettbewerb geschützt werden. Stattdessen ist es Aufgabe der Regierung, ein besseres Funktionieren der Wirtschaft zu gewährleisten und mit »Beteiligung aller« (»*inclusiveness*«) Chancen und größere Gleichheit zu fördern. Dies soll durch langfristige Maßnahmen geschehen: Investitionen in Bildung und andere Möglichkeiten zur Förderung des Humankapitals. Der Wohlfahrtsstaat soll erhalten, aber abgespeckt und reformiert werden. Der Einzelne soll mehr Rechte, aber auch mehr Verantwortung haben.

Kurz nach der Wahl machte Blair deutlich, in welchem Maße er zu einer politischen Neubestimmung bereit war. Er lud niemand anderes als Margaret Thatcher nach Downing Street Nr. 10 zur Plauderei beim Tee ein, was die alte Linke entrüsten musste. Schließlich war sie der Leibhaftige selbst. Doch das kümmerte Blair nicht weiter. Er beabsichtigte, seine Botschaft weiter zu verkünden.[2]

Ein neuer Konsens?

Die Orientierung auf den Markt, die zu der Zeit, als Margaret Thatcher ihre Revolution begann, als radikale Außenseiterposition erschien, ist in weniger als zwei Jahrzehnten zum neuen Konsens geworden. Der Staat wird weiterhin mit der fundamentalen Verantwortung für die Wohlfahrt betraut; aber in der industrialisierten Welt geht die Debatte heute darum, wie diese Verantwortung zu definieren ist, wie breit oder begrenzt sie sein sollte und in welcher Weise die Aufgaben erledigt werden sollen, kurz, wie das System reformiert werden kann.

Aber wie viel hat sich wirklich verändert? Wie tief verwurzelt ist dieser neue Konsens? Weniger als einen Monat nach Blairs Wahl kamen die französischen Sozialisten unter Lionel Jospin zurück an die Macht und fügten der französischen Rechten eine vernichtende Niederlage zu. Aber was sie sagten, klang nicht nach »Neuen Sozialisten«. Sie präsentierten Pläne, die an die unglückliche Politik der »Wiederbelebung« (*relance*) aus den frühen 80er Jahren erinnerten. Ihr Programm war weitgehend von der Realität der Arbeitslosigkeit bestimmt, die doppelt so hoch wie in Großbritannien lag. So versprachen sie mehr Beschäftigung im öffentlichen Sektor, eine höhere Belastung der Arbeit und eine Verlangsamung der Privatisierung. Einmal an der Macht, nahm die Regierung in ihrer Wirtschaftspolitik bald eine weit pragmatischere Haltung ein. Aber die Episode zeigte, wie groß die Herausforderung einer europäischen Einigung ist, die allein auf wirtschaftspolitische Übereinstimmung gegründet zu sein scheint. Der Unterschied wurde klar, als Blair und Jospin kurz nach ihren Siegen auf einem sozialistischen Kongress in Schweden zusammentrafen. Die Aufgabe der Linken, so sagte Blair den Delegierten, sei, »eine offene, wettbewerbsfähige und erfolgreiche Wirtschaft mit einer gerechten, anständigen und menschlichen Gesellschaft zu verbinden«. Er warnte, die Alternative laute »modernisieren oder untergehen«. Jospin machte kein Geheimnis daraus, dass er anderer Meinung war: »Wenn es keinen Versuch gibt, sie zu kontrollieren«, so sagte er, »werden die Marktkräfte unsere Idee von Zivilisation bedrohen.« Danach attackierte er den »Ultrakapitalismus«.

Die historische Anpassung der Linken an den Markt ging im September 1998 weiter, als Gehard Schröder, Kandidat der SPD, den »großen alten Mann von Europa« stürzte und die 16 Jahre Kanzlerschaft von Helmut Kohl beendete. Schröder wird der Nutznießer von Kohls großen Initiativen sein. Denn Schröder ist es, nicht Kohl, der Kanzler des Euro wird, ebenso wie der erste Kanzler mit Amtssitz in Berlin, wenn im Jahr 2000 die Bundesregierung umzieht. Schröder selbst hatte seine politische Karriere als Marxist in der SPD begonnen. Geboren 1944, lernte er seinen Vater nie kennen, der an der rumänischen Front fiel. Er wuchs in einer armen Familie auf – seine Mutter war Putzfrau – und verließ die Schule mit 14, um arbeiten zu gehen. Er besuchte das Abendgymnasium und machte Abitur.

Als Ministerpräsident von Niedersachsen mischte er altmodische linke Politik mit dem charismatischen Stil des »Modernisierers«. Die Themen einer marktfreundlichen Politik und der Förderung von Investitionen beherrschten seinen Wahlkampf. Er wappnete sich nicht nur mit einer Rhetorik im Stile Blairs, sondern nahm sich den zehn Jahre Jüngeren auch bewusst zum Vorbild. Schröder ging eine Koalition mit Bündnis 90/Die Grünen ein, einer Umweltschutzpartei, deren Mitglieder sich schon mal gegen die NATO und Flugreisen aussprechen und insgesamt nicht als sonderlich marktfreundlich gelten. Oskar Lafontaine, der neue Finanzminister, verlor keine Zeit, die Bundesbank zu kritisieren und für größere staatliche Kontrolle und keynesianische Wirtschaftssteuerung einzutreten. Anders als Blair ist Schröder jedoch Kanzler einer gespaltenen SPD, die keine innere Reform durchgemacht hat. Ein erheblicher Teil der Partei wird sich wahrscheinlich gegen Versuche wenden, den Wohlfahrtsstaat zu modernisieren und den Arbeitsmarkt zu flexibilisieren. Dieser Teil der Partei wird aus ideologischen Gründen weiterhin den Kapitalismus ablehnen.

Tatsächlich bleibt, welche Wandlungsprozesse die Weltwirtschaft auch durchmacht, ein untergründiges Misstrauen gegenüber dem Markt bestehen. George Shultz wies auf einen der Gründe dafür hin: »Märkte«, so sagte er, »sind unerbittlich.« Mit der Verschärfung des Konkurrenzkampfes gibt es vor ihrem Druck keinen ruhigen Rückzugsort mehr. Die Menschen wenden sich an den Staat, damit er sie vor den ständigen Forderungen des Marktes beschützt. Die Hinwendung zum Markt mag einen höheren Lebensstandard bringen, besseren Service und mehr Wahlmöglichkeiten. Aber sie bringt auch neue Unsicherheit: im Hinblick auf Arbeitslosigkeit, die Dauer von Arbeitsverhältnissen und Stress am Arbeitsplatz, den Verlust des Schutzes vor den Wechselfällen des Lebens, die Umwelt, das Ausfransen des sozialen Netzes, Gesundheitsversorgung und Alterssicherung. Arbeitnehmer – Angestellte wie Arbeiter – befürchten und erleben auch zuweilen, dass Arbeitgeber den Sozialpakt brechen, indem sie Löhne, Gehälter und Zusatzleistungen kürzen und Beschäftigte entlassen, die ihrem Betrieb fünfzehn oder zwanzig unwiederbringliche Jahre geopfert haben – alles nur, um die Finanzanalysten zufrieden zu stellen. Außerdem zerstört die globale Dimension des Marktes traditionelle und vertraute Formen der Organisation, verstärkt das Gefühl eines Kontrollverlustes und löst Sehnsucht nach der Vergangenheit und ihrer festen Ordnung aus. Es gibt Zugewinne, aber auch Verluste, die durch die Ängste vor dem Jahrtausendwechsel noch stärker empfunden werden. Es gibt widerstreitende Gefühle, eine unsichere Balance. Das kommt zum Ausdruck, wenn etwa ein Vertreter der Clinton-Regierung über die Schlacht zwischen »dem freien Marktmenschen und dem Linken in mir« spricht. Sie wird in manchen Ländern in der Überzeugung spürbar, dass die Privatisierung staatliches Eigentum in die Hände jener gespielt hat, die Freunde der Regierung sind und sich dadurch massiv bereichern konnten. Selbst bei einem sachkundig durchgeführten Privatisierungsprogramm kann das Ergebnis eine sehr beunruhigende Umverteilung von Reichtum und sozialem Status sein.

Doch trotz der Zweifel und des Unbehagens wurde die Hinwendung zum Markt durch einen Wandel in der Balance des Vertrauens angetrieben: durch den schwindenden Glauben an die Kompetenz des Staates und eine wieder belebte Hochschätzung der Marktmechanismen. Die eigenen Eltern und

Großeltern, die von der Weltwirtschaftskrise so traumatisiert waren, mochten noch mit der ständigen Angst vor einer erneuten Depression gelebt haben. In den USA konzentrierten sich das Misstrauen und die Kritik am Markt aus historischen Gründen auf die Tendenz zu geheimen Absprachen – die Kritik der Progressisten – und das Risiko eines Scheiterns der Märkte – die Furcht des New Deal. Doch in dem halben Jahrhundert, das seit dem Zweiten Weltkrieg vergangen ist, haben die Marktsysteme eine außerordentliche Vitalität bewiesen und enorm an Glaubwürdigkeit gewonnen. Es ist schon erstaunlich, wie gewaltig sich das Bild geändert hat. 1975 sagte der Ökonom Arthur Okun, einst Vorsitzender des Wirtschaftsrates des Präsidenten und ein Kind der Weltwirtschaftskrise: »Der Markt braucht einen Ort und auf diesen muss er beschränkt bleiben. (...) Gibt man ihm die Chance, würde er alle anderen Werte hinwegfegen und aus der Gesellschaft einen Warenautomaten machen. Meine Begeisterung darüber würde sich in Grenzen halten.« In den zweieinhalb Jahrzehnten seither hat sich das reale Bruttoinlandsprodukt der USA beinahe verdoppelt. Der Ton Okuns und das Misstrauen, das in ihm zum Ausdruck kommt, klingen heute archaisch. Der Kontrast wird noch augenfälliger, wenn man den Bericht des Wirtschaftsrates von 1997 betrachtet, dessen Hauptthema die »Überlegenheit der Märkte« ist. Tatsächlich geht diese Konzentration des Rates auf die »ungenügend gewürdigten Eigenschaften des Marktes«, auf »ihre Fähigkeit, Informationen zu sammeln und zu verteilen«, bis auf Friedrich von Hayek zurück. Und der Bericht von 1997 kritisierte den New Deal, weil er den Glauben an »die Allwissenheit und Allmacht« des Staates zu »einer neuen Art von linker Weltanschauung« verfestigt habe. All dies ist Ausdruck einer völlig anderen Weltsicht.[3]

Die verflochtene Welt

Nach den Unterbrechungen durch Weltkriege, Revolutionen und Wirtschaftskrisen gibt es heute eine Wiederbelebung und erneute Verknüpfung der Weltwirtschaft. So wie die Dampfmaschine und der Telegraf die räumlichen Dimensionen im 19. Jahrhundert schrumpfen ließen, so löst die Technologie heute erneut Entfernungen und Grenzen auf. Aber diesmal sind die Auswirkungen weit umfassender, denn sie lassen praktisch kein Land und keine Gemeinschaft unberührt. Eine Unmenge von Zahlen belegt dies. Die Passagierzahlen internationaler Flüge stiegen von 75 Millionen 1970 auf

409 Millionen 1996. Zwischen 1976 und 1996 fielen die Kosten eines dreiminütigen Telefongesprächs von den USA nach England real von etwa acht Dollar auf ganze 36 Cent und die Zahl der Auslandsgespräche stieg von 3,2 Milliarden im Jahr 1985 auf 20,2 Milliarden 1996. Heute hat die ganze Welt an denselben Filmen und derselben Unterhaltung Anteil; dieselben Nachrichten und Informationen jagen von Satelliten auf uns herab und prägen ohne Verzögerung ein allen gemeinsames Vokabular.

Unter all diesen Entwicklungen ist der Computer die entscheidende neue Kraft: Die Informationstechnologie schafft eine verknüpfte Welt entfernter Begegnungen und sofortiger Verbindungen. Wissen und Information müssen nicht warten. Innerhalb, außerhalb und durch Organisationen und nationale Grenzen hindurch sind Menschen miteinander verbunden, teilen Informationen und Ansichten, arbeiten in »virtuellen« Teams zusammen, tauschen Waren und Dienstleistungen, Anleihen und Devisen, plaudern miteinander, tauschen Banalitäten aus und vertreiben sich die Zeit. Information jedweder Art ist verfügbar. Die Einrichtung der Daten-Website der US-Regierung im Jahr 1997 ermöglicht es einem Zehnjährigen, Zugang zu mehr und besseren Daten zu erhalten, als es nur fünf Jahre zuvor einem hochrangigen Regierungsvertreter möglich gewesen wäre. Buchhandlungen sind im Internet rund um die Uhr geöffnet. Forscher teilen ihre Ergebnisse in Echtzeit mit. Aktivisten schließen sich zusammen, um ihre gemeinsame Sache voranzubringen. Möchtegern-Terroristen surfen nach Bauanleitungen für Waffen. All dies wird immer unabhängiger vom Nationalstaat und vollzieht sich außerhalb traditioneller Organisationsstrukturen. Wenn das Internet die neue Kommandohöhe der Wirtschaft ist, dann liegt sie auch jenseits der Zugriffsmöglichkeit des Staates. Staaten können das Internet wohl fördern, kontrollieren können sie es nicht.

Kennzeichen dieser neuen Globalität ist die mobile Wirtschaft. Kapital fegt mit Elektronengeschwindigkeit über Grenzen; Fabrikation und Dienstleistungen bewegen sich flexibel zwischen Ländern und sind zu grenzüberschreitenden Netzwerken verbunden; Märkte werden aus Quellen gespeist, die sich ständig verschieben. Ideen, Erkenntnisse, Techniken breiten sich mit immer größerer Leichtigkeit unter den Ländern aus. Der Zugang zu Technologie über nationale Grenzen hinweg wächst. Grenzen – die grundlegend für die Ausübung nationaler Macht sind – lösen sich in dem Maße auf, wie sich die Märkte integrieren. Der internationale Handel wuchs zwischen 1989 und 1997 jährlich um 5,3 Prozent – fast viermal schneller als die weltweite Produktion (1,4 Prozent). Im selben Zeitraum stiegen die direkten Auslandsinvestitionen noch schneller: mit einer Rate von 11,5 Prozent im Jahr. Ein

Indikator der Geschwindigkeit des Wandels ist die Umformung von immer mehr Firmen zu multinationalen Unternehmen, die den Weltmarkt mit Waren und Dienstleistungen beliefern, die in verschiedenen Ländern entworfen, produziert und zusammengesetzt werden. Das Kriterium des »nationalen Ursprungs« hat dem des »lokalen Inhalts« Platz gemacht, das seinerseits immer schwerer festzumachen ist. Die Ausbreitung schneller, verlässlicher Informationen und der Kommunikationstechnologie drängt Unternehmen, auf Menschen und Ressourcen auf der ganzen Welt zurückzugreifen.

Mit dem Fall der Barrieren erschließt sich das Privatkapital neue Märkte in den einstigen Domänen staatlicher Investitionen: Energie, Kommunikation und Infrastruktur. In ihrem Bestreben, Haushaltsdefizite zu reduzieren und Ausgaben auf soziale Bedürfnisse zu konzentrieren, begrüßen die Regierungen diese Investitionen zunehmend. Eine weitere viel sagende Erinnerung an die Zeit vor 100 Jahren ist, dass Privatfirmen weltweit immer größere Anteile bei neuen Investitionen und Verantwortung für das Management in der Telekommunikation, bei Wasserwerken, Kraftwerken und im Straßenbau übernehmen. In den meisten Ländern gibt es heute einen oder mehrere Anbieter von Mobiltelefondiensten, in immer mehr Ländern auch private Elektrizitätsversorger. Sogar die verbleibenden großen Monopole verhalten sich wie Privatunternehmen – und ihre Manager wie Geschäftsleute –, wenn sie jenseits der nationalen Grenzen sowohl in Industrie- als auch in Entwicklungsländern um Großaufträge konkurrieren.

Die Integration der Finanzmärkte ist besonders bedeutsam. Informations- und Kommunikationstechnologie haben natürlich für die Architektur der global verbundenen Kapitalmärkte gesorgt, aber das ist nur ein Teil der Erklärung. Die großen Privatisierungen in Großbritannien Mitte der 80er Jahre waren die ersten wirklich globalen Aktienemissionen und veränderten die Orientierung und den Gesichtskreis von Investmentmanagern auf der ganzen Welt. Nicht lange danach begannen europäische Unternehmen vom Festland ihre Aktien anzubieten. Zunehmend benutzen Investoren auf der ganzen Welt dieselben Kriterien, um ihre Entscheidungen zu treffen, und blicken dabei auf denselben Pool von Unternehmen. Die Unterschiede zwischen nationalen Märkten sind verloren gegangen. In wenigen Jahren könnten einige nationale Börsen sehr wohl zu globalen Börsen werden, die kurz nach Sonnenaufgang öffnen und erst lange nach Einbruch der Dunkelheit schließen, um mit den Aktien von weltweit erstklassigen Unternehmen zu handeln, ganz gleich, wo diese ihren Sitz haben. Die Aktien führender Firmen ihrerseits werden dann 24 Stunden am Tag gehandelt.

Als Harold Wilson in den 60er Jahren britischer Premierminister war, machte er die »Gnome von Zürich« für die wiederholte Schwäche des Pfundes verantwortlich und legte damit nahe, dass es eine Verschwörung finsterer Schweizer Bankiers gebe, die zynisch das Pfund weich spekulierten. Verschwörungstheorien sind schwer auszurotten: Nicht weniger lebhafte Anschuldigungen – gegen die »Schurken« und »Straßenräuber« der internationalen Wirtschaft – verschafften sich 1997 im Zuge der Devisenkrise in Südostasien Gehör. Aber tatsächlich treiben heute Tausende und Abertausende von Händlern einen Devisenmarkt an, der von einem täglichen Umsatz von 190 Milliarden Dollar 1986 auf einen geschätzten Umsatz von 1,3 Billionen Dollar im Jahr 1997 angewachsen ist. Analysten, Börsenmakler und Strategieplaner erhalten dieselbe Information im selben Moment und konkurrieren um die schnellste Reaktion. Leistungs- und andere Daten – ob es sich um den vierteljährlichen Umsatz eines Unternehmens, die Inflation eines Landes, die Handelsbilanz oder das Ergebnis einer nationalen Wahl handelt – lösen eine sofortige Kettenreaktion aus. Während die Öffentlichkeit der verschiedenen Länder nur alle paar Jahre wählt, treffen die Märkte in jeder Minute ihre Entscheidung. Und das Privatkapital – die Pensionen und angehäuften Ersparnisse für den Ruhestand der Ersten Welt – wird von der früher so genannten Dritten Welt umworben und angelockt. Aber diese finanzielle Integration hat ihren Preis. Nationale Regierungen, ob in Industrie- oder Entwicklungsländern, müssen zunehmend auf das Votum des Marktes Rücksicht nehmen, so hart es zuweilen ausfallen mag.

»Offene Kapitalmärkte schaffen enorme Chancen und Vorteile«, so der ehemalige amerikanische Finanzminister Robert Rubin. »Aber sie schaffen auch Risiken. Der Welthandel wächst, aber der Devisenhandel wächst mit weit größerer Geschwindigkeit. Es gibt ein größeres Risiko, dass diese Märkte Instabilität verursachen, weil sie so groß sind und sich in ihnen so viel Geld bewegt. Wenn alles in eine Richtung fließt, kann das Ausmaß des Kapitalstroms destabilisierend wirken und beträchtliche Auswirkungen haben.«[4]

Das Unternehmen in der mobilen Wirtschaft

Die neue Marktorientierung auf der ganzen Welt verändert auch die Position der Unternehmen. Die Aussichten sind zugleich attraktiv und bedrohlich: größere Chancen und härtere Konkurrenz. Grenzen jeder Art fallen. Politische, wirtschaftliche und ideologische Grenzen zwischen Nationen weichen weiter auf und dies fördert den Investitionsfluss und den Handel. Die Regulierungssysteme und nationalen Monopole, die einen Schutz vor dem Wettbewerb boten, werden verändert. Restriktionen des Informations- und Wissensflusses verschwinden angesichts der Fortschritte der Kommunikationstechnologie, der (zunehmend billigeren) Computer und des freieren Austauschs der Ideen. Sogar die Mauern der Unternehmen selbst werden durch Computer, Geschäftsallianzen und Auslagerung von Firmenbereichen durchlässiger. Deshalb wird es immer schwieriger zu erkennen, wo ein Unternehmen aufhört und ein anderes beginnt. Da seine Operationen immer transparenter werden und Gegenstand von aggressiven Untersuchungen und Forderungen außenstehender Investoren sind, fallen auch seine »finanziellen Mauern«. All dies summiert sich zu einem weit breiteren und vielfältigeren Spektrum von Möglichkeiten. Es bedeutet auch mehr intensiven Wettbewerb und höhere Risiken sowie den unerbittlichen Druck der Kapitalmärkte und Verbraucher, die sehr viel mehr Wahlmöglichkeiten haben.

So sind die Unternehmen gezwungen umzudenken. Sie müssen sich auf eine Welt vorbereiten, in der diese Zwänge immer intensiver werden. Sie müssen eine Unternehmenskultur fördern, die Aufmerksamkeit, Reaktionsfähigkeit, Flexibilität und eine Beschleunigung des Arbeits- und Entscheidungszyklus ermutigt. Nach der Umgestaltung und Umstrukturierung der Unternehmen verlangen die Kräfte des Wettbewerbs nun nach einer Wiederentdeckung der Beschäftigten und des Wissens, über das sie verfügen. Die Bedeutung von Wissen zu betonen, es nutzbar zu machen und rasch in der ganzen Organisation zu verbreiten: dies ist ein Weg, um ein Unternehmen auf dem Markt zu stärken. Die Informationstechnologie treibt diesen Prozess an und führt zu einer massiven Veränderung der Unternehmensorganisation. Die hoch getürmten Pyramiden hierarchischer Unternehmensstrukturen verwandeln sich in flachere Organisationsmuster: weniger Bürokratie, mehr Teamwork und breitere Verteilung von Verantwortung, Information und Entscheidungsfindung.

Wie stark werden sich die Unternehmen noch verändern? British Petroleum ist im Hinblick auf die Anpassung seiner Organisation an das Computerzeitalter eines der fortschrittlichsten Großunternehmen. Doch sein leitender Direktor, John Browne, meint, dass die Auswirkungen der Informationstechnologie auf die Wirtschaft noch in ihren Anfängen stecken: »Der technologische Fortschritt ist unumkehrbar. Politische Trends können kommen und gehen, aber wir werfen keine neue Technologie weg. Sie ist eine Triebfeder des Fortschritts. Heute haben wir eine Welle neuer Technologien von großen Ausmaßen, die wahrscheinlich tiefer greift und weiter reicht als die Entwicklung der Elektrizität oder des Verbrennungsmotors. Daher ist es durchaus möglich, dass der Wandlungsprozess erst noch richtig in Schwung kommt.«

Ein gesonderter Aspekt des kulturellen Wandels betrifft das Konzept des »Unternehmers«. In der Vergangenheit hatte das Wort häufig einen negativen Beiklang; es wirkte abstoßend und deutete die Unzuverlässigkeit des Betreffenden an. Innerhalb einer Organisation als Unternehmerpersönlichkeit erkannt zu werden bedeutete, als Bedrohung der etablierten Hierarchie gesehen zu werden. In der sich schnell verändernden und offeneren Wirtschaft erkennen Unternehmen heute, dass sie unternehmerische Werte und Haltungen, unter denen Initiative und Reaktionsschnelligkeit herausragen, ermutigen und fördern müssen. Andernfalls können sie nicht mithalten. Niemand will großspurige Egomanen, aber alle brauchen Schöpfer und Macher.

Zu einer Zeit, in der die Staaten ihren Verantwortungsbereich zurückschneiden, müssen Unternehmen und Individuen gleichermaßen erkennen, dass ihre Verantwortung gegenüber der Gemeinschaft größer geworden ist. Ob diese Gemeinschaft nun in einer Stadt, einer Region oder einem größeren Gebiet besteht – das Unternehmen gehört dazu und profitiert davon. Wie groß die Ehrerbietung vor dem Altar viertel- oder halbjährlicher Geschäftsberichte auch ausfallen mag, die Unternehmen werden erkennen müssen, dass sie sich mit den Interessen, den Umweltsorgen und sozialen Fragen der Gemeinschaft befassen müssen. Andernfalls werden sie schließlich von der Politik bestraft werden.

Was der Staat tut

Eines der Merkmale des neuen globalen Marktes ist der offenkundige Vorrang der Wirtschaft vor der Politik. Aber dies bedeutet lediglich: Vorrang gegenüber der traditionellen ideologischen Politik. Ein Unternehmen würde einen schrecklichen Fehler begehen, wenn es von der Annahme ausginge, dass aufgrund der aufweichenden Grenzen das Ende nationaler Politik, nationaler Identität und des wirtschaftlichen Nationalismus gekommen wäre. Diese Kräfte werden weiterhin den Hoffnungen und dem Ehrgeiz der Völker Ausdruck verleihen. Die Politik innerhalb eines jeden Landes wird auch weiterhin von seiner Geschichte, seiner Kultur und seiner Definition nationaler Ziele geprägt werden – wenn die Unternehmen diese Realität ignorieren, bringen sie sich selbst in Gefahr. Uns steht nicht das Ende des Nationalstaates und noch viel weniger das Ende des Staates bevor. Wenn der Geld- und Warenfluss heute auch freier läuft als zu irgendeiner Zeit in der Geschichte, wird doch das Leben des Einzelnen weiterhin von grundlegend nationalen Regeln, Bräuchen, Anreizen und Beschränkungen geprägt: dem Herrschaftsbereich des Staates. Der persönliche Zugang zur vernetzten Welt bleibt noch auf eine Minderheit der Weltbevölkerung beschränkt. Die große Mehrheit erhält ihre Signale nicht von den globalen Finanzmärkten oder gar aus dem Cyberspace, sondern aus der Landeshauptstadt.

Daraus folgt für den Staat eine gewaltige Herausforderung: nach Wegen zu suchen, um seine Intervention in einigen Bereichen zu vermindern und sie in anderen neu zu definieren und zu konzentrieren, sich dabei aber gleichzeitig das Vertrauen der Öffentlichkeit zu erhalten. Es ist eine Herausforderung, die Fantasie erfordert: die Idee eines fundamentalen globalen Wandels anzunehmen und die Aufgabe zu übernehmen, diesen Wandel in eine Politik umzusetzen, die mit der nationalen Kultur, Geschichte und Mentalität zusammenpasst.

Wie wird die neue Rolle des Staates aussehen? Ohne einen Staat, der seine Regeln und seinen Kontext definiert, gibt es schließlich keinen Markt. Der Staat schafft und bewahrt die Parameter, innerhalb deren der Markt operiert. Und genau das ist die neue Richtung. Der Staat akzeptiert die Disziplin des Marktes; er löst sich von seiner Rolle als Produzent und Kontrolleur und von seiner Interventionspolitik, ob nun in Form von Staatseigentum oder massiver Regulierung. Der Staat als Manager hinkt immer weiter dem Wettbewerb und der Mobilität der Wirtschaft hinterher. Stattdessen wandelt er sich zu einem Schiedsrichter und legt die Spielregeln fest, unter anderem, um Wettbewerb sicherzustellen.

Ökonomische Imperative und politische Interessen werden auch dazu zwingen, die Rolle des Staates bei den vielfältigen Aufgaben des Wohlfahrtssystems zu überdenken. Diese Systeme sind sehr kostspielig. In den Industrieländern sind die öffentlichen Ausgaben von 28 Prozent des Bruttoinlandsprodukts 1960 auf 46 Prozent im Jahr 1996 gestiegen – ein Wachstum, das vor allem durch den raschen Anstieg von Subventionen, Transferleistungen und Sozialausgaben angetrieben wurde. Aber während der Staat den Rückzug von den Kommandohöhen der Industrie und der Planung antritt, wird seine Leistung in diesen Bereichen stärker in den Vordergrund rücken. Denn der

Wandel seiner Rolle führt auch zu einer Neuverteilung der Ressourcen und der Art, wie sie verwandt werden. Die öffentlichen Mittel, die Privatisierungen und Deregulierung freisetzen, werden in vielen Ländern zum Teil in die »humane Infrastruktur« investiert werden: Gesundheit, Bildung, Umwelt. Dabei steht die Hoffnung Pate, dass eine klarere und konzentriertere Rolle des Staates auch mehr Kreativität und Erfolg zulässt. Bei aller Erosion der Grenzen und trotz des grundlegenden technologischen Wandels verliert der Staat, vor allem seine politische Führung, seine Bedeutung nicht. Trotz der Globalität des weltweiten Wandels zu »mehr Markt« und »weniger Staat« gilt darüber hinaus, dass dieser Prozess nicht zu einem homogenen, gemeinsamen Resultat führen wird.[5]

Die Welt nach der Reform

Die Hinwendung zum Markt ist ohne jeden Zweifel ein wahrhaft globales Phänomen. Sie stützt sich auf einen Bestand von Ideen und Erfahrungen, die auf der ganzen Welt geteilt werden. Die Wandlungsprozesse – vor allem Privatisierung, Deregulierung und Liberalisierung des Handels – sind weitgehend die gleichen und wurden durch die politischen Vorreiter und Experten mit der Zeit immer stärker ausdifferenziert. Während die Staaten sich in eine Welt offener und verbundener Märkte integrieren, übertragen sie auch in erheblichem Maße die Kontrolle über die Kommandohöhen der Wirtschaft vom traditionellen Staatsapparat auf die verstreuten Entscheidungsträger des Marktes und deren Wissen. Und der außerordentlich schnelle Informationsfluss, der durch die rasche Verbreitung von Technologien ermöglicht wird, verstärkt das Gefühl eines gemeinsamen Impulses. Doch dieses Gefühl sollte nicht überbewertet werden. Denn trotz der gemeinsamen Merkmale vollzieht jedes Land und jede Region die Hinwendung zum Markt gemäß seiner und ihrer eigenen politischen und ökonomischen Geschichte und der Wahrnehmung nationaler Interessen. In der Welt nach der Reform, die sich nun herausschält, steht jede große Region spezifischen Herausforderungen gegenüber: Sie muss die immer komplexeren Anforderungen der Beteiligung am Weltmarkt mit den Realitäten ihrer eigenen Geschichte, Politik, Wirtschaft und Kultur versöhnen – mit allem, was die Erfahrung und das Gedächtnis der Einzelnen und der Nationen ausmacht.

Jede Region wird also in der Welt nach der Reform mit ihrer eigenen

Agenda für das neue Jahrhundert ringen. Der Rückzug des Staates von den Kommandohöhen eröffnet neue Perspektiven und Chancen und bestimmt auch, wie erfolgreich die regionale Dynamik verstanden wird. Tatsächlich bedeutet die wachsende Verknüpfung der Märkte, dass diese regionalen Agenden immer unmittelbarer auf die Weltwirtschaft zurückwirken. Die globale Zukunft nach der Reform und damit gewiss auch die künftige Gesundheit und Glaubwürdigkeit der Märkte werden so nicht nur von der Technologie und den Globalisierungskräften geformt, sondern auch davon, wie verschiedene Regionen mit ihren besonderen Herausforderungen fertig werden.

Asien: Alte Formeln, neue Spannungen

Die wirtschaftliche Krise rückt zwei Wandlungsprozesse in den Vordergrund, die sich in weiten Teilen Asiens vollziehen. Einer betrifft das politische System: die zunehmende Abkehr von autoritären Regimes. Mehr politische Beteiligung wird durch das Anwachsen der Mittelschicht und die Erfordernisse einer Service- und Software-Ökonomie angetrieben. Der Kommunismus stellt keine Gefahr mehr dar, die das Überleben bedroht und den nationalen Zusammenhalt zum höchsten Wert erhebt.

Der zweite Wandel folgt aus der Anstrengung, »es zu schaffen«. Wie die asiatische Wirtschaftskrise gezeigt hat, funktioniert das alte Erfolgsrezept in vielen Ländern nicht mehr. Die unmittelbaren Ursachen der gegenwärtigen Krise in Südostasien waren eine Überhitzung der Wirtschaft, Immobilienspekulation und die Schwäche des Bankensystems. Aber hinter alldem stand die noch tiefer gehende Befürchtung, dass die Wettbewerbsposition dieser Länder auf ihrem Weg von Niedriglohn- zu Hochlohnwirtschaften abbröckelt. Bedeutet die Krise, dass die Ära eines anhaltenden hohen Wachstums vorbei ist, oder lassen sich die Flexibilität und Anpassungsfähigkeit dieser Länder, die ihnen in der Vergangenheit so große Dienste erwiesen haben, erneut als Trümpfe ausspielen?

Die beherrschende Volkswirtschaft der ganzen Region ist immer noch Japan, das in seinen Kampf verstrickt ist, sein eigenes Wirtschaftsleben neu zu definieren. Das System, das so viele Jahre hervorragend funktionierte, geriet in den 90er Jahren aus dem Tritt. Die Schwächen wurden offenkundig, als der aufgeblähte Aktienmarkt, der durch die Spekulationssucht der 80er Jahre entstanden war, wie eine Seifenblase platzte. Um die Kosten zu senken und die Wettbewerbsposition seiner Industrie wiederherzustellen, versucht Japan seinen schwerfälligen Überbau von Regulierung und Schutz einzureißen. Gleichzeitig sieht sich das Land mit der demografischen Realität einer rasch alternden Gesellschaft konfrontiert. Japans Industrie macht eine schmerzliche Umstrukturierung durch. Der Not leidende Finanzsektor stellt weiterhin ein großes Hindernis auf dem Weg zur Erholung dar und soll durch Deregulierung wieder gesunden. Diese zielt aber gleichzeitig auch auf die Schaffung einer neuen Finanzdisziplin, um japanische Unternehmen dazu anzutreiben, effizienter und wettbewerbsfähiger zu werden.

Japans Erholung wird ein wesentlicher Faktor für die Rückkehr der wirtschaftlichen Stabilität in Asien sein, so wie Japan in der Vergangenheit die Investitionen leistete, mit denen die regionale Wirtschaft aufgebaut wurde, und das Vorbild für die regionale Tradition enger Bindungen und Koordination zwischen Wirtschaft und Staat abgab. Doch nun wurden diese engen Bande in »Vetternkapitalismus« umgetauft und man traut ihnen nicht mehr zu, in einer Welt offener Märkte und schneller, kurzfristiger Kapitalflüsse für anhaltendes Wachstum zu sorgen. Das Überdenken der Beziehungen zwischen Staat und Wirtschaft wird sowohl auf diese Neueinschätzung zurückgreifen müssen als auch auf die Werte und die Hartnäckigkeit, denen Asien in erster Linie seinen phänomenalen Erfolg verdankt.

China: Der Markt und die Partei

Die beiden großen Laboratorien des Wandels sind China und Russland. Sie erproben, ob die Wirtschaftsreform wie im Falle Chinas besser der politischen Reform vorangeht oder umgekehrt. Zuerst die Märkte, dann die Wahlen, oder zuerst Wahlen und dann die Märkte? In beiden Fällen ist das Ausmaß des Experiments gewaltig. Die Ironie besteht darin, dass beide Experimente unabhängig von ihrem Ausgang wahrscheinlich nie wiederholt werden müssen.

Über 200 Millionen Menschen wurden in den letzten beiden Jahrzehnten in China aus der Armut gehoben. Die Welt hat niemals einen Wandel in dieser Geschwindigkeit und von solchen Ausmaßen erlebt. Manchen Schätzungen zufolge ist China bereits jetzt die zweitgrößte Wirtschaftsnation der Welt; und wenn der gegenwärtige Trend anhält, wird seine Wirtschaft es vor Ablauf der nächsten beiden Jahrzehnte an Größe mit den USA aufnehmen können. Doch China muss noch klare Regeln für ein Marktsystem finden;

seine Wirtschaft funktioniert immer noch weit mehr über *guanxi* – Beziehungen – als durch Gesetze und Verträge. Mit dem 15. Parteikongress und der Erhebung von »Deng Xiaopings Theorie« zum Kanon der Kommunistischen Partei hat China viel vom traditionellen Sozialismus über Bord geworfen. Mit wachsenden Defiziten konfrontiert, plant das Land die meisten seiner Staatsbetriebe der Feuerprobe der Marktwirtschaft auszusetzen und ihre Anteile zwischen der Öffentlichkeit und ausländischen Investoren aufzuteilen. Dies wird einen hohen Preis kosten: Arbeitslosigkeit in großem Umfang wird unweigerlich die Folge sein, wenn diese Firmen sich umstrukturieren und um mehr Effizienz bemühen. Die Führung hofft, dass die freigesetzte Vitalität der Wirtschaft schnell genug neue Arbeitsplätze schaffen wird und so eine politische Reaktion verhindert. Aber die Aufgabe ist so gewaltig, dass sich der Prozess weit langsamer und komplexer gestalten wird als erwartet.

Bis heute lag das Schwergewicht auf wirtschaftlichem Wandel. Aber eine andere Frage ist unausweichlich: Wie kann ein dynamisches, schnell wachsendes Marktsystem mit einer zentralistisch ausgerichteten Einparteienherrschaft koexistieren? Was wird »Sozialismus chinesischer Prägung« im nächsten Jahrhundert bedeuten? Zweifellos wird der Generationswechsel in der Führung, der glatter und selbstbewusster verläuft, als viele erwartet hatten, dem Wandel des politischen Systems Aufwind geben; jüngere Führer werden mit größerem Zutrauen Veränderungen ins Auge fassen, die ihre Vorgänger alarmiert hätten.

Wie wird sich der politische Wandel in einem so großen und immer noch so armen Land wie China vollziehen und wie lassen sich in dieser Phase Autorität und Zusammenhalt gewährleisten? Die Zeit liefert eine mögliche Antwort: ein hinreichend langer Zeitraum, damit die Demokratie von der kommunalen Ebene aufwärts weiter aufgebaut werden kann und damit die Einkommen ein Niveau erreichen können, das in anderen, wenn auch viel kleineren asiatischen Ländern zu mehr politischer Partizipation geführt hat. Wie das Ergebnis auch immer aussehen wird, China ist dazu bestimmt, im nächsten Jahrhundert die beherrschende wirtschaftliche und politische Kraft der Region zu werden und natürlich eines der wichtigsten Länder der Weltwirtschaft.

Chinas wachsende Integration in die Weltwirtschaft wird den Wandel ebenfalls vorantreiben. Die weitere Entwicklung Hongkongs könnte dabei ein entscheidender Faktor sein. Fünfzig Jahre sind eine lange Zeit, um die Losung »ein Land, zwei Systeme« aufrechtzuerhalten, besonders wenn eines der Systeme einer der ungezügeltsten Tigerstaaten und das andere nicht nur unermesslich größer, sondern auch viel ärmer ist. Die neuen Beziehungen zwischen Hongkong und dem chinesischen Festland könnten den Wandlungsprozess in ganz China sehr wohl beschleunigen. Das ist der Kern der reizvollen Frage, ob China Hongkong oder Hongkong China verändern wird.

Russland: Hat die Reform eine Zukunft?

Gegen Ende der 90er Jahre schien Russland in eine neue Phase seiner postkommunistischen Geschichte einzutreten. Unter den Vorzeichen kommunistischer Wahlerfolge kämpfte die Nation weiter, um ein Marktsystem aufzubauen und zu konsolidieren, während sie sich gleichzeitig selbst neu formierte und modernisierte. Einige Teile der Marktwirtschaft entwickelten sich schneller, als viele erwartet hatten, aber sie bestanden weiterhin neben einer alten Sowjetökonomie, die steuerlos und verwaist zwischen zentraler Planung und Wettbewerb trieb, ohne Lebenskraft und für den Übergang denkbar schlecht ausgestattet. Ein gut Teil der Wirtschaft blieb in der Hand des Staates, der zu schwach und zu unbeständig war, um die grundlegendsten Funktionen eines modernen Staates zu erfüllen. Steuern wurden nicht eingetrieben, Löhne und Pensionen nicht ausgezahlt. Die Autorität verfiel weiter, wodurch Verbrechen und Korruption begünstigt und die soziale Verzweiflung genährt wurden. Der ehemalige Vizepremier Boris Nemtsow erklärte, das Land schwebe zwischen »Banditenkapitalismus und demokratischem Volkskapitalismus«. Viel müsste geschehen, um mit dem Aufbau von Marktinstitutionen fortzufahren, darunter die Schaffung von Eigentumsrechten, eines Vertragsrechts, wirksamer Regulierung und eines funktionierenden Bankensystems. Dennoch: Russland schien kurz davor, nach einer langen Rezession wieder auf Wachstumskurs zu kommen.

Aber durch den Schock der asiatischen Finanzkrise und die niedrigen Rohstoffpreise (Russland ist ein bedeutender Rohstoffexporteur) in Verbindung mit der internen Zahlungsunfähigkeit und einer Pattsituation zwischen Präsident Boris Jelzin und der Staatsduma geriet das Land ins Trudeln. Die wirtschaftlichen Folgen waren verheerend. Die Reformer wurden aus der Regierung entfernt und die Macht ging in die Hände von Leuten aus der Gorbatschow-Ära über, die die Uhr zurückdrehen und Kontrolle und staatliche Steuerung wiederherstellen wollten. Das Ergebnis wird wahrscheinlich in hoher Inflation, anhaltender wirtschaftlicher Schwäche und Demoralisierung bestehen. Gleichzeitig ist die Macht der Zentralregierung geschwunden und die Provinzen und ihre Gouverneure haben an Stärke gewonnen. Bislang wurde der Kampf aber innerhalb des konstitutionellen Rahmens geführt.

Die politischen Aussichten sind daher unsicher. Die Duma scheint die Oberhand gewonnen zu haben, zumindest bis die Bedingungen weiter außer Kontrolle geraten. Die Kommunisten hoffen erneut auf einen Machtzuwachs bei den Wahlen. Alle Erwartungen richten sich nun auf die Parlamentswahlen Ende 1999 und mehr noch auf die Präsidentschaftswahlen im Jahr 2000. Bis die russische Politik ein Regierungssystem schafft, das über Legitimität verfügt und politische Führungspersönlichkeiten hervorbringt, die das Vertrauen der Öffentlichkeit erringen, ist zu befürchten, dass die Wirtschaftsreformen ausgehebelt und untergraben werden. Die kommenden Wahlen werden die Verpflichtung der russischen Öffentlichkeit auf Reformen und ihre Haltung gegenüber dem stürmischen Wandel auf die Probe stellen, der ihr Leben so unerwartet und tief greifend verändert hat.[6]

Indien: Eine Hindu-Wandlungsrate?

Trotz seiner demokratischen Tradition stand in Indien das Vertrauen in das Regierungswissen im Rang eines unanfechtbaren Glaubens. Das Land wurde von der *Permit Raj*, der »Genehmigungsherrschaft«, regiert, unter der jede Art von wirtschaftlicher Initiative einen Stempel erforderte; es gehörte zum alltäglichen Geschäft, endlos in Amtsstuben zu warten, bis man eine staatliche Erlaubnis erhielt. 1991 leitete Indien einen historischen Wandel ein und begann staatliche Kontrolle und Staatseigentum zurückzudrängen und das Land der Weltwirtschaft zu öffnen. Ende der 90er Jahre wird das Zurückstutzen der Genehmigungswirtschaft von einem Großteil des politischen Spektrums akzeptiert. Aber wie man ein neues System schaffen soll, diese Frage birgt eine gewaltige Herausforderung für eine Gesellschaft, deren Pluralismus die Erwartungen der Menschen an den Staat schärft, aber zugleich auch ständige Bemühungen um die Integration von Opposition, Überzeugungsarbeit und Koalitionsbildung erfordert. In Indien war man bislang der Auffassung, dass es schon aus moralischen Gründen lohnt, diesen Preis in Kauf zu nehmen, und wahrscheinlich wird dies so bleiben. Aber der Nutzen muss sich enorm erhöhen, um die Erwartungen zu erfüllen, und er muss über die Mittelschicht hinausgehen und der Armut wirklich abhelfen.

Nachdem sich die Abhängigkeit vom zentralen Regierungswissen vermindert hat, kommen die vitalen Zeichen des Wandels von unten. Indien mag ein Land sein, das von Politik besessen ist; aber heute ist die Politik immer stärker lokal und regional und wird nicht länger von den kolossartigen Politikmaschinen der nationalen Parteien angetrieben. Diese sind bereit Koalitionen einzugehen und Übereinkünfte zu treffen, wenn diese die regionalen Interessen begünstigen, und sie zu brechen, wenn sie es nicht tun. Das Land hat ein gewaltiges wirtschaftliches Potential und könnte sehr wohl eine der zentralen Kräfte der Weltwirtschaft im 21. Jahrhundert werden. Aber es herrscht Frustration darüber, dass die Reformen zu langsam vorankommen, und die Befürchtung wächst, dass die Komplexität der Koalitionspolitik sie noch weiter verzögern wird. Die Herausforderung besteht darin, sicherzustellen, dass die von indischen Ökonomen so genannte »Hindu-Wachstumsrate« nicht von einer ebenso langsamen »Hindu-Wandlungsrate« gefolgt wird.

Afrika: Ein frischer Start

Sollte Indien erfolgreich sein, wird dies für keine Region eine größere Vorbildfunktion haben als für die afrikanischen Länder südlich der Sahara, wo die Probleme der Armut und wirtschaftlichen Marginalisierung noch durch zusätzliche Faktoren bedingt werden: die Ungleichgewichte des kolonialen Erbes, denen Jahrzehnte der Vernachlässigung, in einigen Fällen der Ausplünderung durch nationale Führer folgten – all dies auf einem Kontinent von überwiegend kleinen Ländern, der durch künstliche politische Grenzen aus der Kolonialzeit unterteilt wird. Diese Kräfte haben in verschiedener Weise dazu beigetragen, dass Fragen der Souveränität und nationalen Identität, die anderswo als gelöst gelten, offen blieben, und dies führte zu weit mehr Bürgerkriegen und bewaffneten ethnischen Konflikten als in irgendeiner anderen Region. In den letzten Jahren nahm eine Reihe von traumatischen und zwiespältigen Veränderungen in ganz Afrika die Aufmerksamkeit der Welt gefangen, vom Völkermord und der Revolution in Ruanda bis zum Fall des Diktators Mobuto Sese Seko und der Rückbenennung des Landes, das er Zaire getauft hatte, in Kongo. In einer Reihe kleinerer und auch in einigen größeren Ländern wie dem Sudan wüten weiterhin Bürgerkriege. In Nigeria, das aufgrund seiner Größe und seiner menschlichen und natürlichen Ressourcen für die Führungsrolle in der Region prädestiniert ist, wurden mehrere Demokratisierungsversuche erstickt; das Land bleibt vorerst vom Militär kontrolliert.

Doch gleichzeitig vollzogen sich in den letzten Jahren vielerorts wirtschaftliche Veränderungen. Eine wachsende Zahl der kleinen und mittelgroßen afrikanischen Volkswirtschaften erleben einen beträchtlichen Rückzug des Staates von den Kommandohöhen. Einige taten sich durch den großen Umfang der Privatisierung hervor, wenn auch nur in relativen Zahlen. Dies geschieht nicht so sehr aufgrund internationalen Drucks, sondern dank eines neuen politischen Willens, der sich auf ein äußerst verbreitetes Gefühl der Frustration stützen kann. Uganda war einst unrühmlich bekannt für die extreme Brutalität und das irrationale Verhalten von General Idi Amin. Heute genießt es politische Stabilität und ein anhaltendes Produktionswachstum von etwa acht Prozent. Ghana erlebte in den frühen 80er Jahren durch den Zusammenbruch von Kwame Nkrumahs System einen gravierenden wirtschaftlichen Verfall. Im letzten Jahrzehnt hat es seine Wirtschaft umstrukturiert, anhaltendes Wachstum wiederhergestellt und das politische System liberalisiert. Guinea litt unter der tyrannischen Willkürherrschaft von Sékou Touré; inzwischen wächst die Wirtschaft des Landes wieder und es versucht seine beträchtlichen natürlichen Ressourcen zu entwickeln. Alle drei Länder mussten erst einen Tiefpunkt erreichen, bevor sie die alte politische und wirtschaftliche Ordnung überwinden und einen frischen Start wagen konnten.

Der wichtigste Wandel vollzog sich in Südafrika. Die Mehrheitsregierung erbte vom Apartheidsystem eine Wirtschaft mit relativ entwickelter Industrie und Handel, bei weitem die entwickeltste in Afrika; und sie hat ihrem früheren Radikalismus (der ANC – African National Congress – war eine marxistische Partei) zugunsten eines maßvollen, pragmatischen Tons und der Akzeptanz einer marktorientierten Wirtschaftsorganisation abgeschworen. Südafrika verwandelt sich in einen regionalen Wachstumsmotor. Seine Unternehmen übernehmen die Federführung bei der Integration von Eisenbahn- und Straßenbau bis weit hinauf in den Norden. Die Dynamik Südafrikas und einiger kleinerer Staaten in West- und Ostafrika wird erforderlich sein, damit nicht nur einige wenige Länder – Uganda, Elfenbeinküste und andere –, sondern auch die anderen Nationen Afrikas die Früchte des Wachstums ernten können. In vielen Ländern gibt es Anzeichen dafür, dass die Regierungen begreifen, dass sich der Staat zu stark ausgedehnt hat; ihre Bereitschaft wächst, wieder mehr Vertrauen in die privatwirtschaftlichen Handelstraditionen zu setzen, die lange vor der Kolonialzeit bestanden und trotz aller Widrigkeiten und starker Opposition überlebt haben.

Lateinamerika: Wer macht das Spiel?

Die Reformen in Lateinamerika werden noch vom »verlorenen Jahrzehnt« der 80er Jahre überschattet, als die Schuldenkrise das Wirtschaftswachstum zum Stillstand brachte und der Lebensstandard sank. Damals wurde klar, dass massive staatliche Kontrolle und Staatseigentum die Länder des Kontinents ihrer wirtschaftliche Vitalität beraubten. Die Folge war ein umfassender Rückzug des Staates, denn man hatte keine andere Wahl mehr. Aber nun müssen die Länder in der Region den Staat modernisieren und dafür sorgen, dass er sowohl anders wie auch effizienter als in der Vergangenheit arbeitet und die richtige Mischung von Dienstleistungen bereitstellt. Hinter allem steht die Suche nach Spielregeln, die den Marktteilnehmern klare Signale geben und die Richtung weisen. Gleichzeitig müssen die Staaten – durch bessere Gesundheitsversorgung, bessere Bildung und bessere Aufstiegsmöglichkeiten – sicherstellen, dass der Nutzen des Marktes den Entrechteten zugute kommt, und zwar rechtzeitig genug, um glaubwürdig zu sein. Die breite Bevölkerung muss sich in ihrer alltäglichen Erfahrung davon überzeugen können, dass die Öffnung gegenüber der Weltwirtschaft und ausländischen Investitionen, die Ausweitung des Handels und die Privatisierungen sich zu einer Formel summieren, die ihre Hoffnungen erfüllt. Wenn die Menschen diese Entwicklungen stattdessen hauptsächlich als Mittel zur Bereicherung einer Minderheit sehen, wird es starken politischen Druck geben, die Reformen zu überprüfen und rückgängig zu machen.

Politische Reformen gingen mit den Wirtschaftsreformen Hand in Hand; fast alle Regierungen in der Region sind heute demokratisch gewählt. Doch die Ergebnisse der jüngsten Wahlen in einer Reihe von Ländern deuten an, dass die Unzufriedenheit über die Verteilung des Nutzens der Reformen wächst – eine Reaktion gegen den Verlust von Arbeitsplätzen, den Privatisierung und Umstrukturierung mit sich bringen. Obwohl der Wandel in relativ kleinen Ländern wie Chile, Bolivien und Argentinien begann, richtet sich das Augenmerk heute auf die beiden größten Staaten Lateinamerikas. Mexiko muss einen radikalen Wandel seines politischen Systems bewältigen – die Schwächung der PRI und den Aufstieg der Oppositionsparteien –, während sich die Wirtschaft in einem Umstrukturierungsprozess befindet. Die Feuerprobe werden die Präsidentschaftswahlen im Jahr 2000 sein. Schließlich wird ganz Südamerika davon betroffen sein, ob Brasilien Fortschritte macht. Es hat nicht nur eine der größten Wirtschaften der Welt mit einem doppelt so hohen Bruttoinlandsprodukt wie Russland oder Indien, sondern auch ein gewaltiges Potential. Mit dem »Real-Plan« gelang es, die Inflation von 5 000 Prozent im Jahr 1994 auf unter 10 Prozent drei Jahre später zu drücken und so ein weit stabileres Wirtschaftsklima zu schaffen. Fernando Henrique Cardosos Wiederwahl zum Präsidenten 1998 trägt dazu bei, die Kontinuität zu sichern, auch wenn er sich aufgrund der globalen Finanzturbulenzen sofort harten Entscheidungen gegenübersah. Das Land hat große Privatisierungen vorangebracht, die eine Zunahme ausländischer Investitionen begünstigen. Entscheidend ist nun, mit dem unmittelbaren Druck fertig zu werden und gleichzeitig Reformen durchzuführen, die ein stärkeres Wachstum erlauben. Aber Reformen stoßen auf Hindernisse, die sich aus der Teilung der politischen Machtbefugnisse zwischen Bund und Bundesstaaten sowie aus der Opposition tief verwurzelter Interessen ergeben.

Die USA: Der Markt und seine Grenzen

In den USA hat sich ein neuer Konsens etabliert. Statt auf der Expansion des Staates liegt das Schwergewicht nun auf seiner Effizienz und fiskalpolitischer Disziplin. Wirtschaftsregulierungen werden ebenfalls einer Neubewertung unterzogen. Heute glaubt man, dass die Öffentlichkeit durch Wettbewerb geschützt wird und die Rolle des Staates nicht mehr darin besteht, Mechanismen des Marktes durch administrative Prozesse zu ersetzen, sondern vielmehr einen Rahmen sicherzustellen, der Wettbewerb garantiert. Doch paradoxerweise geht das Zurückfahren der Wirtschaftsregulierung mit einer gegenläufigen Entwicklung einher: der zunehmenden staatlichen Intervention in den Markt durch eine wertorientierte »soziale Regulierung«, die starke Vermehrung und Einforderung von Rechten und Ansprüchen und die Maschinerie der Zivilklagen. Eine bedeutende Neuerung ist allerdings der Einsatz von Marktmechanismen für Umweltschutzziele.

In den USA wird das Marktsystem ebenso wie anderswo nach seinen Leistungen beurteilt, nach Fairnesskriterien sowie nach der Qualität und den Kosten der Dienstleistungen, die es bietet. Die Amerikaner sind bereit, mehr Unsicherheit in Kauf zu nehmen als Menschen in anderen Industrieländern, aber es gibt doch Grenzen der Toleranz. Wahlen und Meinungsumfragen zeigen, dass die Öffentlichkeit keine Ausweitung des staatlichen Machtbereiches wünscht, aber auch nicht möchte, dass dieses reiche Land sein amerikanisch geprägtes soziales Netz aufgibt.

Auch die Akzeptanz des Gewinnstrebens stößt an Grenzen. Wenn zum

Beispiel der Eindruck entsteht, dass gesichtslose Manager in einer Gesundheitsorganisation im Namen des Profits den Ärzten in die Behandlung hineinreden, dann wird die Öffentlichkeit ohne Zweifel erfolgreich fordern, dass solche Einrichtungen verstärkt kontrolliert, reguliert und Beschränkungen unterworfen werden. Wenn Unternehmen ungeachtet der Zwänge vierteljährlicher Geschäftsbilanzen an der Wall Street nicht an den breiteren Bedürfnissen ihrer Gemeinschaften und der Gesellschaft Anteil nehmen, werden sie entweder in die Defensive geraten oder der Staat wird seine Kontrolle über sie wieder ausweiten. Ein entscheidender Punkt bei der Beurteilung des amerikanischen Marktsystems ist darüber hinaus, ob es ihm gelingt, jenen Teil der Bevölkerung einzubeziehen, der gegenwärtig ausgeschlossen ist.

Europa: Der Euro und das Unbehagen

Die großen Privatisierungen und Deregulierungen, die mit der Öffnung der Märkte einhergehen, erzwingen dramatische Veränderungen in Europas traditionell gemischter Wirtschaft. Die Einführung des Euro und der Druck des Binnenmarktes beschleunigen diesen Wandel. Doch Westeuropa versucht das große historische Projekt der Europäischen Union zu sichern, während es mit hoher Arbeitslosigkeit und der schmerzlichen Notwendigkeit konfrontiert ist, den Wohlfahrtsstaat zu überdenken. Je mehr sich Europa auf einen grenzenlosen Binnenmarkt in all seinen Dimensionen und auf die gemeinsame Währung zubewegt, werden sich die Debatten über kulturelle Identität, nationale Differenzen und die Rolle des Nationalstaates intensivieren. Tatsächlich wird mit dem Euro als neuer Währung des Kontinents eine neue Gefahr auftauchen: Könnten sich einige Länder bei einem wirtschaftlichen Abschwung gezwungen sehen, sich vom Euro wieder zu lösen? Ohne Zweifel hat Europa ein großes Experiment begonnen: eine Währungsvereinigung ohne ein gemeinsames politisches System. Diese Diskrepanz könnte eine neue Bedeutung gewinnen. 1991 wurde der Vertrag von Maastricht überwiegend von konservativen Politikern ausgehandelt. Aber Ende der 90er Jahre stellen in 13 der 15 EU-Länder Mitte-Links-Parteien entweder die Mehrheit oder sind an der Regierung beteiligt. Viele von ihnen kritisieren, dass in Maastricht das Schwergewicht auf fiskalpolitischer Disziplin und ausgeglichenen Haushalten lag. Um Arbeitsplätze zu schaffen, wollen sie zu stärkerer Intervention zurückkehren und die Fiskalpolitik lockern. Wenn es

Europa nicht gelingt, mehr Arbeitsplätze zu schaffen, könnte es durchaus zu einer Konfrontation zwischen den sozialdemokratischen Regierungen und der Europäischen Zentralbank kommen – mit ungewissen Konsequenzen.

Ein Anhalten der hohen Arbeitslosigkeit droht die Glaubwürdigkeit des gesamten europäischen Wagnisses zu untergraben. Der Vertrag von Maastricht und strenge Sparmaßnahmen werden dafür verantwortlich gemacht; aber eine wesentliche Erklärung für die hohe Arbeitslosigkeit ist die mangelnde Flexibilität des Arbeitsmarktes. Teilweise erklärt sich diese Starrheit aus der Geschichte, wie Felix Rohatyn, der amerikanische Botschafter in Frankreich, bemerkt: »Es ist relativ leicht für einen Arbeiter aus Michigan, der von Pontiac entlassen wird, nach Dallas zu ziehen und für Texas Instruments zu arbeiten. Ein italienischer Arbeiter, der von Mailand nach Frankfurt geht, muss mehrere Grenzen überqueren, in einer neuen Sprache arbeiten und seine Kinder auf eine fremde Schule schicken, wo die Bräuche und die Sprache deutsch sind, nicht italienisch. Deshalb sind Arbeitskräfte in Europa weniger mobil.«

Aber die Starrheit verdankt sich mehr noch einer der stolzesten europäischen Errungenschaften: dem Wohlfahrtsstaat. Er bietet ein sehr hohes Maß an Sicherheit – viel höher als in den USA –, was den Schutz der Arbeit und die Unterstützung für Nichterwerbstätige anbelangt. Aber seine hohen Kosten schrecken nicht nur große Unternehmen von Investitionen ab, sondern behindern auch die Neugründung kleiner Firmen. Die politische Verpflichtung auf den Wohlfahrtsstaat ist grundlegend für den sozialen Konsens in Europa. Doch solange seine Starrheit nicht vermindert wird, muss es in Europa schwierig bleiben, die hohe Arbeitslosigkeit zu senken. Und solange dies nicht geschieht, werden die Europäer die Frage stellen, ob die Orientierung auf den Markt – ob durch Privatisierung, Deregulierung oder wirtschaftliche Integration – ihren Zweck erfüllt. Gleichzeitig wird der Euro den Wettbewerb in Europa verstärken und dabei selbst zu einer großen Modernisierungskraft werden, die den Arbeitsmarkt und den Wohlfahrtsstaat verändert.[7]

Kritische Tests

Wie groß die Unterschiede zwischen verschiedenen Teilen der Welt auch sein mögen, eine gemeinsame Frage steht hinter der Abwendung vom Staat und der Hinwendung zum Markt: Handelt es sich um einen dauerhaften Wandel oder wird es eine Rückkehr zu einer größeren Rolle und mehr Verantwortung für den Staat geben, mit einer neu zugeschnittenen und angepassten Grenze zwischen Staat und Markt? Diese Frage drängt sich am Ende dieses Buches natürlich auf. Die Antwort wird in den kommenden Jahren stark davon abhängen, was die Menschen glauben und wie sie die Welt interpretieren – welche Ideen sie akzeptieren und welche sie ablehnen. So erhält man einen Rahmen, der die Antwort klarer ins Blickfeld rückt.

Für einige ist die Hinwendung zum Markt eine Frage der Überzeugung. Für viele andere handelt es sich um die pragmatische Frage, etwas zu finden, das besser ist als seine Alternativen. Lee Kuan Yew, der Schöpfer des modernen Singapur, brachte die schlichten Tatsachen knapp und schlagend auf den Punkt. Nach dem Grund für die Hinwendung zum Markt gefragt, antwortete er: »Der Kommunismus ist zusammengebrochen und die gemischte Wirtschaft ist gescheitert. Was gibt es sonst noch?« Was zählt, sind die Ergebnisse. Der neue Marktkonsens wird an seinen Konsequenzen gemessen werden.

Fünf kritische Tests werden wohl entscheidenden Einfluss auf das Denken und das Urteil der Menschen im Hinblick auf den Markt haben. Das Ergebnis dieser Tests wird im Laufe der Zeit die Wegweiser zur künftigen Grenze zwischen Staat und Markt setzen.[8]

Güter und Leistungen

Das Hauptziel des Sozialismus und der gemischten Wirtschaft, dessen Verfehlung sie schließlich diskreditierte, wird auch das Schicksal der neuen Verpflichtung auf den Markt bestimmen. Werden die Marktwirtschaften ihr Versprechen einlösen, messbare Wirtschaftsgüter und Leistungen zu schaffen: Wachstum, Arbeitsplätze, einen höheren Lebensstandard und eine bessere Qualität der Dienstleistungen? Schließlich waren in der Vergangenheit das Scheitern der Märkte und der damit verbundene Vertrauensverlust die Ursache für eine weit stärkere Rolle des Staates bei der Steuerung der Wirtschaft.

Wenn in den industrialisierten Ländern der Eindruck entsteht, dass durch Privatisierung, Deregulierung und die Öffnung der Volkswirtschaften für den Wettbewerb Arbeitsplätze zerstört statt neue geschaffen werden dann wird die Politik freier Märkte Gegenstand anhaltender Angriffe und ständiger Revisionen sein. In den Entwicklungsländern wird die Beschäftigung ebenfalls – zusammen mit dem wirtschaftlichen Gesamtwachstum – der entscheidende Faktor sein. Viele dieser Nationen stehen explosiven sozialen Problemen gegenüber: einem schnellen Anstieg der Zahlen junger Menschen im arbeitsfähigen Alter, aber kaum Arbeitsplätzen, die sie besetzen könnten. Gelingt es nicht, sie in das Produktionssystem und das politische System einzubinden, werden große Belastungen und Risiken die Folge sein. Aber für die Entwicklungsländer ist das wirkungsvollste Kriterium für Erfolg ganz klar umrissen: das Maß, in dem die Hinwendung zum Markt solche grundlegenden Dinge wie Elektrizität, sauberes Wasser und verlässliche Verkehrsmittel bereitstellt.

Fairness

Wirtschaftliche Kriterien sind in hohem Grade messbar und lassen sich in Tabellen über das Volkseinkommen darstellen. Eine zweite Reihe von Kriterien lässt sich nicht in Zahlen ausdrücken, aber sie ist darum nicht weniger machtvoll. Sie betrifft die grundlegenden Werte, mit denen die Menschen die Welt beurteilen, das System, in dem sie leben, und ihr eigenes Schicksal. Viele urteilen über das Marktsystem nicht nur nach seinem wirtschaftlichen Erfolg, sondern auch danach, wie dieser Erfolg verteilt wird. Wie breit ist die Beteiligung am Nutzen? Ist das System fair und gerecht? Oder begünstigt es die Reichen und Gierigen unverhältnismäßig auf Kosten der hart arbeitenden Menschen, die in bescheideneren Umständen leben? Behandelt es die Menschen mit Anstand und bezieht es die Minderbemittelten und Benachteiligten ein? Gibt es Gerechtigkeit, Fairplay und Chancen für alle?

Es liegt in der Natur der Marktsysteme, die Frage der Fairness aufzuwerfen. Aufgrund ihrer Dynamik und der Anreize, von denen die Motivation der in ihnen lebenden Menschen abhängt, ist das Spektrum an Einkommensungleichheit, das sie schaffen, viel weiter gestreckt als in kontrollierteren Gesellschaften mit starken egalitären Werten. Aber die Begriffe der Fairness und Gerechtigkeit sind sehr tief gehend und schon für sich genommen machtvolle Motivationskräfte. In Großbritannien bestand die große Leistung von Tony Blair darin, die sozialdemokratischen Werte der Fairness und Beteiligung mit dem Wirtschaftsprogramm von Margaret Thatcher zu verbinden.

Wenn die Schaffung von Reichtum auf exzessive Weise ins Zentrum gerückt wird, untergräbt das die Legitimität, ohne die ein Marktsystem nicht existieren kann. Natürlich liegt die Betonung hier auf dem durch und durch subjektiven Wort »exzessiv«. Was ein Verfechter des Marktsystems als »Anreize« beschreibt, wird im Vokabular des Marktkritikers mit »Gier« übersetzt. Wo Reichtum offen und prahlerisch zur Schau gestellt wird, neigt sich die Waage hin zur Kritik an Gier und Ungleichheit. In der US-amerikanischen Gesellschaft wird weit größere Ungleichheit toleriert als in anderen Gesellschaften. Dafür gibt es viele Erklärungen, vom Mangel an sozialdemokratischen Traditionen in den USA und der Zuversicht, dass beim Steigen der Flut alle Boote gehoben werden, bis hin zum Lobgesang auf Mut und Initiative in der Tradition von Horatio Alger (jenem amerikanischen Schriftsteller der zweiten Hälfte des 19. Jahrhunderts, der in weit über hundert Romanen das Thema der Tellerwäscherkarriere variierte, A. d. Ü.). Doch auch in den USA gibt es Grenzen des Erträglichen. So sieht etwa Peter Drucker, einer der einflussreichsten modernen Theoretiker des Kapitalismus, dem der Begriff »Privatisierung« zugeschrieben wird, heute ein erneutes Aufleben von »Bitterkeit und Verachtung« gegenüber den Reichen in den USA voraus. »Ich weiß nicht, welche Formen es annehmen wird«, so Drucker, »aber der Neid [der sich in Reaktion] auf enormen Reichtum [entwickelt,] wird Probleme bereiten«, wenn ein neuer Abschwung kommt.

Extreme Ungleichheit ruft bei vielen Menschen, egal in welchem Land, nicht nur Unzufriedenheit hervor, sondern nährt auch den Verdacht versteckter Ränke und geheimer Drahtzieher hinter den Kulissen, kurz: den Verdacht des Machtmissbrauchs durch die Reichen. In dieser Hinsicht ist die Privatisierung ein besonders heikles Thema: Wer profitiert, wenn Staatseigentum in private Hände übergeht? Doch durch einen anderen mächtigen Trend erhält die Privatisierung Rückenwind: Aufgrund eines fundamentalen Wandels der Kapitalmärkte, auf denen sich die Tendenz zur Streuung des Eigentums durchsetzt, werden Privatisierungen auf der ganzen Welt immer stärker akzeptiert werden. Die Hinwendung zu Pensionsfonds auf der Basis von Ersparnissen – im Gegensatz zu staatlichen Beitragsversicherungen nach dem Umlageverfahren – bedeutet, dass privatisierte Unternehmen nicht mehr überwiegend im Eigentum einiger weniger sehr reicher Familien oder Großkapitalisten stehen, sondern heutigen und künftigen Pensionären und Rentnern gehören werden, deren Ersparnisse durch die Börsen und Direktinvestitionen mobilisiert werden. Dies verschafft Privatisierungen einen Zugewinn an Legitimität, den es vor einem Vierteljahrhundert nicht gab.

Das Vertrauen in die Fairness des Systems hängt von der Effektivität des Rechtswesens und der Transparenz der Regeln ab, die der Wirtschaft zugrunde liegen. Korruption ist ein tödlicher Feind dieses Vertrauens. Sie zerfrisst die moralische Vertrauensgrundlage, von der die Märkte abhängen. Natürlich bot der institutionelle Rahmen der traditionell staatlich kontrollierten Wirtschaft der Korruption einen fruchtbaren Nährboden. Schließlich hatten hier Vertreter von Regierung und Verwaltung – nicht nur an der Spitze, sondern auch in den schlecht bezahlten unteren Rängen des Beamtentums – das Sagen. Aber auch in Volkswirtschaften, die sich von staatlicher Kontrolle weg und zur Marktliberalisierung hinwenden, Staatseigentum privatisieren und neue Chancen schaffen, gibt es ausgiebig Gelegenheit zur Korruption.[9]

Die Bewahrung nationaler Identität

Für viele Länder ist die Beteiligung an der neuen Weltwirtschaft ein sehr gemischter Segen. Sie fördert Wirtschaftswachstum und bringt neue Technologien und Chancen. Aber sie fordert auch die Werte und die Identität von nationalen und regionalen Kulturen heraus. Sie kann zudem das traditionelle, beruhigende Gefühl der Sicherheit untergraben – ob es sich dem hohen Maß an Arbeitsplatzsicherheit in Europa, den sozialen Regeln in Asien oder den Werten verdankt, die das Familienleben und gemeinsames Handeln betreffen oder festlegen, was für junge Menschen zuträglich ist. In einer ganzen Reihe von Ländern glauben die Menschen nicht, dass ihr kulturelles Leben von den westlichen Medien bestimmt werden sollte, die via Satellit die Werte Hollywoods und New Yorks globalisieren. Auch sind sie nicht der Meinung, dass ihre Unternehmen dem »angelsächsischen Kult des *shareholder value*« unterworfen werden sollten, also der eisernen Verpflichtung auf die Dividenden der Aktionäre, der alles geopfert wird, was in anderen Gesellschaften als soziale Verpflichtung und Verantwortung gilt. Wenn solche Angriffe auf das kulturelle Selbstverständnis zu heftig ausfallen, könnte die Reaktion entsprechend drastisch sein und manche Länder, die ihre Zölle abgebaut haben, dazu bewegen, neue Importbarrieren zu errichten und mit einem neuen Nationalismus, neuen Regulierungen und Beschränkungen zu reagieren. Sie müssen dabei gar nicht zum Mittel neuer Verstaatlichungen greifen, um ihre Souveränität und Kontrolle zu bekräftigen.

Die Verflechtung der Finanzmärkte fördert nicht nur die Investitionsströme, sie macht die Volkswirtschaften auch verwundbar gegenüber großen Erschütterungen und Turbulenzen, die das in Frage stellen, was die Beteiligung an der Weltwirtschaft eigentlich bezweckt. Bestürzung ergreift Politiker und die Öffentlichkeit, wenn 20 oder 30 Prozent der wirtschaftlichen Werte eines Landes, die über Jahrzehnte hinweg hart erarbeitet wurden und der Nation große Opfer abverlangten, innerhalb von Wochen zerstört werden.

Doch in dieser neuen Aufmerksamkeit für die Verwundbarkeit der Volkswirtschaften offenbart sich ein Wandel: Nicht die multinationalen Konzerne, die noch vor nicht allzu langer Zeit als größte Bedrohung angesehen wurden, sondern die Kapitalmärkte stellen die Gefahr dar. Tatsächlich hat sich die Beurteilung der multinationalen Konzerne völlig verändert. Statt sie als Räuber zu betrachten, umwirbt man sie nun als Investoren, die Kapital, Technologie, Fertigkeiten und Zugang zum Weltmarkt mitbringen. Und noch aus anderen Gründen werden sie nicht mehr als bedrohlich wahrgenommen, denn nicht nur gibt es heute so viele von ihnen – einer Zählung der Vereinten Nationen zufolge über 40 000 –, sondern sie kommen mittlerweile auch aus den unterschiedlichsten Heimatländern.

Dies bedeutet jedoch nicht, dass es keine neue Feindschaft gegen ausländische Kontrolle und ausländische Übernahme heimischer Industrien geben wird, besonders von Industrien, deren Verbindung mit der nationalen Identität als sehr eng angesehen wird. Lokale Beteiligung und Partnerschaften können dabei helfen, solche Konflikte zum Nutzen aller zu entschärfen. Aber Interessengegensätze und Spannungen zwischen multinationalen Konzernen und nationalen Werten werden auch in Zukunft auftreten. Diese Konflikte erwachsen aus fundamentalen Unterschieden der Perspektiven und Interessen. Schließlich ist es Aufgabe des Staates, auf nationale Interessen und Besorgnisse zu reagieren, während die Multis von den Imperativen einer internationalen Perspektive angetrieben werden.

Bewahrung der Umwelt

Nach mehr als einem Vierteljahrhundert Umweltbewegung ist der Umweltschutz heute in der nationalen wie internationalen Politik als Priorität fest etabliert. Wirtschaftssysteme werden danach beurteilt, wie sie auf das große Spektrum von Umweltproblemen reagieren, und sind gezwungen weitere Verbesserungen und neue Lösungen zu finden.

Für die Industrieländer bedeutet dies, einen Weg weiterzugehen, auf dem sie schon ein beträchtliches Stück vorangekommen sind. Verglichen mit der Situation der 70er Jahre erlebten die 850 Millionen Menschen in den Industrieländern dramatische Verbesserungen ihrer Umwelt. Dies wurde durch

Gesetze und Regulierungen, Innovation und Technologie, Veränderungen der Methoden und des Verhaltens erreicht – und durch viel Geld. Aber wie soll es weitergehen? Mit staatlich diktierten und vertrauten Formen der Regulierung oder mit innovativen, marktorientierten Lösungen?

Die dringlichsten Umweltfragen betreffen die 4,75 Milliarden Menschen in der übrigen Welt. Eine große Zahl von Ländern setzt bei niedrigen Umweltstandards an. Ihre Umwelt wird beispielsweise durch die Armut belastet. In vielen Staaten hat die arme Landbevölkerung die Wälder für die Brennholzgewinnung abgeholzt, mit einer Unzahl von Folgeschäden wie etwa Bodenerosion, die der Landwirtschaft schweren Schaden zufügt. Auch das Wirtschaftswachstum erzeugt in solchen Ländern Umweltprobleme: verpestete Luft in den Städten durch ungefilterten Schadstoffausstoß von Fabriken und Kraftwerken, eine rapide Zunahme der Autos und Brennstoffe von schlechter Qualität. Diese Probleme lassen sich lindern, aber die Kosten dafür liegen hoch, besonders für Länder, die darum ringen, das Volkseinkommen zu erhöhen, und viele Bedürfnisse, aber nur geringe Ressourcen haben. Wie lassen sich Investitionen mobilisieren? Wer wird die Kosten tragen? Solche Fragen beschränken sich nicht auf die Entwicklungsländer. Ein bleibendes Erbe des Kommunismus sind die ausgedehnten Umweltschäden in der früheren Sowjetunion und Osteuropa. Aber weder die wirtschaftlichen Ressourcen noch die Mittel sind leicht zu beschaffen, um die Gebrechen der früheren kommunistischen Welt zu heilen.

Die Umweltprobleme werden zunehmend international. Einige betreffen ganze Weltregionen. Waldbrände in Indonesien verursachen viele hunderte von Kilometern entfernt, in Malaysia, Singapur und Thailand, eine schreckliche Luftverschmutzung. Einige Probleme sind globaler Natur, wie die Klimaveränderung. Wie die Debatte um die Klimaveränderung zeigt, besteht die erste Herausforderung darin, eine grobe Übereinstimmung über die Dimensionen des Problems zu erzielen. Aber das ist erst der Anfang. Denn eine Vielzahl von Nationen muss sich dann über Lösungen verständigen und sieht sich der schwierigen Aufgabe gegenüber, über Fragen der Verantwortung und Kostenverteilung einig zu werden.

In solchen Fragen liegt ein beträchtliches Konfliktpotential zwischen Industrie- und Entwicklungsländern. Der Ruf der Industrieländer nach konzertierten Aktionen kann den Entwicklungsländern als Versuch erscheinen, ihre Wachstumschancen zu beschneiden. Die Industrieländer zeigen sich zum Beispiel besorgt über die Mengen der Kohlenstoffemissionen durch die Kohlekraftwerke in China. Die Chinesen antworten, dass sie pro Kopf der

Bevölkerung mit nur fünf Prozent des durchschnittlichen Elektrizitätsverbrauchs der Amerikaner auskommen. Wie kann man es ihnen verwehren, so fragen sie, nach einem höheren Lebensstandard zu streben, wenn dieser nur einen Bruchteil des Standards in den Industrieländern ausmachen würde?

Bei all diesen Problemen wird der Privatsektor eine größere Rolle spielen. Die Unternehmen werden nicht nur aus einer Vielzahl von Richtungen und von zahlreichen Instanzen reguliert werden; sie werden auch danach beurteilt werden, wie stark sie sich auf den Schutz der Umwelt verpflichten und ihren Beitrag dazu leisten. Das Topmanagement von Unternehmen wird sich zunehmend um Umweltfragen kümmern müssen.

Demografische Trends

Die Bevölkerungsentwicklung wird die Leistungsfähigkeit von Marktwirtschaften auf die Probe stellen. Die demografischen Trends in den Entwicklungsländern sind bekannt. Diese sehen sich mit einem gewaltigen Anwachsen der jüngeren Altersgruppen konfrontiert und müssen die enorme Aufgabe bewältigen, für sie Arbeitsplätze zu schaffen und das Pro-Kopf-Einkommen zu steigern. Das Bevölkerungswachstum führt zu einer explosiven Mischung aus Müßiggang, Armut, Enttäuschung und Verbitterung, die zu einer mächtigen Quelle politischer und wirtschaftlicher Instabilität werden kann. Mit der Zeit werden steigende Einkommen zu einem Absinken der Geburtenzahlen führen. Gleichzeitig werden liberalisierte Volkswirtschaften darum ringen, für ihre Bevölkerungen mehr Chancen zu schaffen. Die Auswirkungen bleiben nicht auf die einzelnen Länder beschränkt, denn das Bevölkerungswachstum treibt die Migration zwischen diesen Ländern und in die Industrieländer an und bereitet so neuen politischen und sozialen Konflikten den Boden.

Für die Industrieländer ist der entscheidende Trend bei der Bevölkerungsentwicklung dagegen der wachsende Anteil der Alten. Er verstärkt die Notwendigkeit einer Reform des Wohlfahrtsstaates. Die entscheidende Phase wird gegen Ende des ersten Jahrzehnts des 21. Jahrhunderts einsetzen, wenn die geburtenstarken Jahrgänge in Rente gehen und das Gesundheits- und Rentensystem enorm belasten werden. In den Jahren danach wird der Druck noch weit größer werden. »Es kann kaum ein Zweifel bestehen«, bemerkt der Ökonom David Hale, »dass die große wirtschaftspolitische Herausforderung des 21. Jahrhunderts darin bestehen wird, wie der Ruhestand jedes Einzelnen zu finanzieren ist. Vergleichen lässt sich diese Entwicklung nur mit (...) den Auswirkungen eines Krieges.«

Von welchen Altersgruppen werden die Kosten von Renten, Pensionen und Gesundheitsversorgung getragen werden? Wie viel Verantwortung wird der Staat – und damit die Steuerzahler – übernehmen und wie viel wird in der Verantwortung des Einzelnen und des Privatsektors liegen? Es sind durchaus politische Konflikte zwischen den Generationen um Gesundheitsversorgung und Renten denkbar. Es wird genügend Wählerstimmen geben, um eine Ausweitung der Rolle des Staates und des Anteils am Volkseinkommen durchzusetzen, der aufgewendet wird, um die Bedürfnisse der Alten zu befriedigen, und die arbeitende Bevölkerung wird sich immer höheren Steuern zu ihrer Unterstützung gegenübersehen. Die Herausforderung für jede Gesellschaft besteht in der Entscheidung, was sie als Leistungsansprüche betrachtet, die aus öffentlichen Mitteln zu bestreiten sind, und was sie dem Markt und der Verantwortung des Einzelnen überlässt. Im nächsten Jahrhundert wird das gewaltige Problem der Überalterung nicht nur die Industrie-, sondern in steigendem Maße auch die Entwicklungsländer betreffen. Im Jahr 2030 wird es in China 400 Millionen Menschen über 65 Jahre geben, verglichen mit 100 Millionen heute.

Kapitalmärkte und »Ansteckung«

Wie erfolgreich diese Problemfelder bewältigt werden, wird stark davon abhängen, wie die Öffentlichkeit in den verschiedenen Ländern auf die Wachablösung reagieren wird, die derzeit auf den Kommandohöhen der Wirtschaft stattfindet. Wird das Vertrauen in das Marktsystem bekräftigt werden oder ins Schwanken geraten? Denn im Kern geht es vor allem um Vertrauen. Heute setzt sich die Hinwendung zum Markt auf der ganzen Welt fort. Eines der dramatischsten Anzeichen dafür ist das Ausmaß, in dem viele Menschen weltweit ihre Ersparnisse und Pensionen den Börsen anvertrauen. In den USA, die dabei eindeutig die Führungsrolle einnehmen, überstiegen die Einlagen in Rentenfonds Mitte 1997 die Bankguthaben um 25 Prozent. In ähnlicher Weise geht heute vieles durch Privatisierung und Deregulierung auf den Markt über, was früher in die Zuständigkeit des Staates fiel. Doch angesichts der wetterwendischen Märkte und der allenthalben lauernden Risiken sind die Ergebnisse keineswegs garantiert. Wenn das Vertrauen auf einer soliden Grundlage ruhen soll, ist auch eine realistische Einschätzung dessen erforderlich, was schief gehen kann.[10]

Unter allen Gefahren für den neuen Konsens und das ihm zugrunde liegende Vertrauen ist eine massive Störung des internationalen Finanzsystems vielleicht die größte. Die Kapitalmärkte wachsen weit schneller als die Fähigkeit, sie zu regulieren – ja selbst als die Fähigkeit, sie zu verstehen. Das schiere Ausmaß und die Reichweite der integrierten globalen Märkte produzieren beispiellose finanzielle Risiken. Diese Gefahren resultieren aus der Verflechtung der Devisenmärkte, Zinsraten, Börsen und dem außergewöhnlichen Wachstum anderer Märkte, die von ihnen abhängen. In der Vergangenheit brauchten Finanzpaniken Wochen oder Monate, um sich auszubreiten. Heute kann die Ansteckung innerhalb von Stunden durch die Weltmärkte fegen und das gesamte Gebäude in Gefahr bringen. Es ist richtig, dass die Finanzmärkte verschieden und in vielen Fällen breit verankert und äußerst liquide sind. Die Gefahr rührt daher nicht aus der Möglichkeit eines einzigen Schocks, sondern vielmehr aus dem Zusammentreffen mehrerer Schocks zur gleichen Zeit, die gemeinsam das gesamte System erschüttern.

Die Wahrscheinlichkeit eines solchen Zusammentreffens mag gering sein, aber wir sollten uns Margaret Thatchers Gesetz ins Gedächtnis rufen: Das Unerwartete passiert. Im vergangenen Jahrzehnt gab es keinen Mangel an ernsten Schocks. 1995 erlitt Lateinamerika den »Tequila-Effekt« aufgrund der Abwertung des mexikanischen Peso; zwei Jahre später, 1997, machte Südostasien eine massive Währungskrise durch, die in einem schwachen und mit zu hoher Kreditaufnahme überlasteten Bankensektor ihren Anfang nahm. Beide Krisen führten zu Panikverkäufen und dem Zusammenbruch von Börsen. Eine politische Krise – die Aussicht, dass Boris Jelzin die Präsidentschaftswahlen von 1996 gegen einen kommunistischen Rivalen verlieren könnte – sandte Schockwellen durch die russische Wirtschaft. Die militärische Krise am Golf, die 1990 mit der Invasion des Irak in Kuwait begann, erschütterte die Börsen der Welt. Und in Japan waren der wirtschaftliche Einbruch und der Vertrauensverlust, nachdem in den frühen 90er Jahren der Aktienmarkt wie eine Seifenblase geplatzt war, die Hauptgründe für die lange Rezession, die sich über das Land legte. Aber jede dieser Krisen war mehr oder weniger isoliert und wurde durch Stärken in anderen Weltteilen ausgeglichen. Die Bedrohung besteht in einem unglücklichen Zusammentreffen solcher Schockwellen.

Ende der 90er Jahre kam es zu einem solchen unglücklichen Zusammentreffen. Befördert wurde es durch eine zu enge Verflechtung von Kapitalmärkten. Die Folge war eine Finanzkrise, die 1997 in Asien begann und sich dann um die Welt ausbreitete. Bei jedem neuen Schub waren die Turbulenzen gravierender als erwartet. Die Krise ließ entwertete Währungen, zusammengebrochene Börsen, erschüttertes Vertrauen, Unternehmensbankrotte, vernichtete Ersparnisse und viele arbeitslose und verzweifelte Menschen zurück. In Ländern, die im Weltmarkt zuvor eine Quelle von Kapital und künftigem Wachstum gesehen hatten, galt er nun als Gefahrenherd. In vielen Teilen der Welt schien eine Deflation ins Haus zu stehen.

Wie kam es zu dieser Krise? Im Kern rührte sie von einem Missverhältnis zwischen globalen Kapitalmärkten und nationalen Finanzsystemen. Es stellte sich nämlich heraus, dass viele Länder keine adäquate Regulierung und Aufsicht über ihre Finanzsysteme ausübten und in manchen Fällen nicht einmal die elementarsten Regeln besaßen, um mit den rasch wachsenden Kapitalflüssen fertig zu werden. Es war auch nicht genügend Wissen vorhanden und allzu häufig mangelte es daneben an Unabhängigkeit gegenüber bestimmten Interessengruppen. Die asiatischen Länder erfassten das Ausmaß der Verschuldung nicht, vor allem nicht, in welchem Maße kurzfristige Kredite überhand genommen hatten, die nicht ausreichend gedeckt waren. Nach Jahren hohen Wirtschaftswachstums wähnte man sich in Sicherheit und weder Kreditnehmer noch Kreditgeber schätzten die Risiken angemessen ein. Im Fall Russlands verhinderte ein politisches Patt die Steuerreform und -eintreibung. Der resultierende Einnahmenausfall veranlasste die Regierung zu kurzfristiger Kreditaufnahme im Stile einer Kreditkartenüberziehung.

Aber warum breiteten sich die Schockwellen rund um die ganze Welt aus und trafen so unterschiedliche Länder? Schließlich waren lateinamerikanische Länder wie Brasilien, Argentinien oder auch Polen, die erfolgreichste der östlichen Übergangswirtschaften, kaum in der gleichen Situation wie Russland. Doch alle schienen in gleicher Weise betroffen zu sein.

Die Erklärung liegt in der »Ansteckung«, zusammen mit »*crony capitalism*« – (»Vettern-« oder »Kumpanen-Kapitalismus«) eine der verbalen Neuschöpfungen der Währungskrise. Doch die Ansteckung war keine Krankheit von Ländern, sondern grassierte unter den Investoren. Gemeint ist damit die Neubewertung von Risiken durch Investoren und Geldgeber, die mit dem unsinnigen Begriff des »Risikozuschlags« belegt wurde. Kreditgeber und Investoren, die ursprünglich von der Aussicht auf Wachstum in die neu entstehenden Märkte gelockt wurden, beurteilten diese Länder nun mit ganz anderen Augen: Sie sahen nun nur noch die Nachteile und Risiken und brachten sich in Sicherheit. Dieser plötzliche Pessimismus wirkte nicht nur ansteckend, sondern hatte einen sich selbst verstärkenden Effekt. Kein Investor wollte der Letzte sein, der das Licht löscht. Das liquide Kapital in den betroffenen Volkswirtschaften versiegte.

Natürlich verharrten nationale und internationale Institutionen und Entscheidungsträger nicht als untätige Zuschauer, als die Krise ihren Lauf nahm. Sie setzten die formellen und informellen Instrumente des Krisenmanagements ein, die ihnen zur Verfügung standen. Aber die Stützungskäufe erfüllten das gewünschte Ziel nicht. Die Komplexität und die Bandbreite der Probleme überstiegen die früher gemachten Erfahrungen. Eine Folge war ein heftiger Meinungsstreit darüber, ob der Internationale Währungsfonds, der bei den Stützungsaktionen die Federführung innehatte, tatsächlich eine Verschlimmerung der Lage verhindert hatte. Der IWF machte Überstunden, um Rettungsaktionen unter angespannten und komplizierten politischen Bedingungen zu organisieren. Manche argumentierten, dass er – zumindest zu Beginn – nach dem Modell der Maßnahmen für Lateinamerika in den 80er Jahren zu starkes Gewicht auf die Beseitigung der Verschwendung im öffentlichen Sektor legte, während das Problem tatsächlich den Privatsektor betraf. Die enormen Zinssätze, die auf die harten Maßnahmen des IWF folgten, hätten, so meinten die Kritiker, die Währungen nicht stabilisiert, sondern wie ein Warnsignal gewirkt, das »hohes Risiko« verkündete; sie hätten die lokalen Unternehmen von der Kapitalzufuhr abgeschnitten und zu Betriebsschließungen und Arbeitslosigkeit geführt, sodass sich ein »Ansturm auf die Banken« in eine tiefe Rezession verwandelte.

Einige nahmen die Krise zum Anlass, den Weltmarkt, der sich in den 90er Jahren gebildet hatte, abzulehnen. Aber bei genauerem Hinsehen wird erkennbar, dass es sich um eine Schwäche der Funktionsweise des Marktes handelte. Die Verheerungen waren so enorm, dass – wie bei der Schuldenkrise in den 80er Jahren – viele Anstrengungen nötig sind, um in Zukunft eine »Ansteckung« zu verhindern. Die Aufgabenliste ist lang: Reparatur und Reform des Finanzsystems; bessere Aufsicht und klarere Regeln, um eine angemessene Transparenz zu sichern und hinreichenden Aufschluss über die finanziellen Bedingungen zu erhalten; ein besseres Verständnis der Auswirkungen und relativen Risiken von kurz- bzw. langfristigen Kapitalflüssen; Kreditvergabe auf der Basis von wirtschaftlichen Kriterien statt durch Begünstigung; ein besseres staatliches Management der Finanzen, Schulden, Handelsbilanzen und des Steuersystems (dies natürlich auch als Lehre aus der Schuldenkrise der 80er Jahre) sowie eine effiziente Regulierung, die an die Stelle von willkürlicher Intervention und Manipulation treten muss.

Welchen Einfluss groß angelegte Spekulationen auf die Krise hatten, bleibt unklar. Eine wahrscheinliche Konsequenz wird jedoch sein, Transparenz nicht nur von Seiten der neu entstehenden Märkte, sondern auch von den Investoren zu fordern. Diese Forderung wird wohl vor allem an die noch spekulativen Investmentfonds zu richten sein, die so genannten *hedge funds*, die bislang weitgehend unreguliert und frei von jenen Offenlegungspflichten waren, die für Banken und Investmentgesellschaften gelten. Zusätzliche Nahrung erhielt der Ruf nach einer neuen Aufsicht durch den außergewöhnlichen Zusammenbruch eines amerikanischen *hedge fund* – Long Term Capital Management – im September 1998, dem es gelungen war, mit einer relativ begrenzten Kapitalbasis eine große Menge von Rentenfondsanteilen und anderen Vermögenswerten zu kontrollieren. Aufgrund des Ruins dieses Spekulationsfonds wurde es für die Industrieländer schwieriger, zu behaupten, unangemessene Regulierung sei allein ein Problem neu entstehender Märkte.

Eine vollständige Bilanz der Finanzkrise ist noch nicht in Sicht. Wenn alles vorüber ist, werden Billionen von Dollar verpufft sein. Liquiditätsprobleme bleiben weit verbreitet und noch viele weitere Finanzinstitute stehen vor dem Bankrott. Wenn die Ansteckung weitergeht, könnte die Folge eine langwierige Phase sein, die durch schwache Wirtschaftsdaten und sogar Deflation gekennzeichnet ist und damit zur Rückkehr zum Protektionismus einlädt. Schon heute sind die menschlichen Kosten verheerend; sie bemessen sich nach Abermillionen verlorener Arbeitsplätze, vernichteten Lebensersparnissen und verschobenen Hoffnungen auf Fortschritt. Verschlimmert sich die Krise, werden die Anklagen und die Verbitterung noch erheblich zunehmen. Die Folge wäre ein vollständiger Vertrauensverlust in die Märkte selbst.

Aber wird ein gestärktes und neu belebtes internationales Regulierungssystem entstehen und dazu beitragen, verlorenes Vertrauen – und die Finanzordnung – wiederherzustellen und künftige Krisen zu verhindern? Die Finanzmärkte haben nationale Grenzen, Kontrolle und traditionelle Regulierung überwunden. Werden Koordinierung, Kommunikation und gemeinsame Regeln zwischen Regierungen und bestehenden Institutionen ausreichen oder wird eine neue institutionelle Architektur erforderlich sein? Die alte Ordnung mag als ungenügend angesehen werden, aber eine neue könnte sich als zu komplex im Hinblick auf Souveränitätsrechte und Politik erweisen. Kurz: die Finanzkrise hat die kritische Frage in den Vordergrund gerückt, wie man ein wirklich globales Finanzsystem steuert. Eine unzweideutige Schlussfolgerung lautet, dass der Finanzsektor der neu entstehenden Märkte nicht robust genug war, um mit der ganzen Wucht der internationalen Kapitalmärkte fertig zu werden. Ihre Systeme öffneten sich zu schnell – oder wurden dahin gedrängt. Es wird zunehmend über Puffer nachgedacht, wie etwa »zeitweilige« Kontrollen des Kapitalzuflusses, um die Umlaufgeschwindigkeit spekulativen Geldes zu vermindern.

Die Balance des Vertrauens

Möglicherweise macht die Ansteckungskrise ein neues internationales System erforderlich. Sie erinnert aber auch an ältere Weisheiten, die während der heute als Spekulationsboom erkennbaren Phase in Vergessenheit gerieten. Investoren und Kreditgeber müssen eine klarsichtige Einschätzung der Gefahren vornehmen und auch im Hinblick auf den Weltmarkt die Realitäten und Beschränkungen nationaler und regionaler Politik, Kultur und Geschichte im Bewusstsein behalten. Kurz, der Marktkonsens wird nicht durch Enthusiasmus und Nachlässigkeit gefördert, sondern durch kluge Vorsicht.

Daneben braucht der Markt noch etwas anderes: Legitimität. Aber hier gerät er in ein vertracktes ethisches Problem. Er beruht auf Verträgen, Regeln und Entscheidungen – kurz, auf Selbstbeschränkung – und dies kontrastiert erheblich mit anderen Formen der Organisation von Wirtschaftstätigkeit. Doch ein System, das Profit und das Streben nach dem eigenen Nutzen zu seinem Leitstern macht, befriedigt nicht notwendig die Sehnsucht der menschlichen Seele nach Glauben und höheren Werten jenseits des bloß Materiellen. Im Spanischen Bürgerkrieg in den späten 30er Jahren starben manche Soldaten mit dem Namen Stalins auf den Lippen. Ihre idealisierte Sicht des Sowjetkommunismus, wie fehlgeleitet sie immer gewesen sein mag, rechtfertigte ihr höchstes Opfer. Nur wenige Menschen würden dagegen mit dem Wort »freie Märkte« auf den Lippen in den Tod gehen.

Selbst ohne einen so extremen Kontrast zu beschwören ist die moralische Anziehungskraft des Sozialismus und der staatlichen Intervention klar und deutlich: Selbstlosigkeit; Mitgefühl, Sympathie und Solidarität unter den Menschen; Würde und soziale Verbesserungen; Gerechtigkeit und Fairness; Hoffnung. Das Marktsystem hat solche unmittelbaren Reize nicht zu bieten. Seine moralische Basis ist subtiler und indirekter und besteht eher in dem, was es ermöglicht, als in dem, was es tut.

Die Moral des Marktes stützt sich im Wesentlichen auf zwei Fundamente. Erstens besteht sie in den Resultaten, die er schafft, und darin, was er den Menschen ermöglicht. Resultate und Möglichkeiten gründen dabei auf der Annahme, dass das Streben nach dem eigenen Nutzen in seiner Gesamtheit zu einer besseren Gesellschaft führt. Auf dieser Annahme beruhte schließlich im Kern die Rechtfertigung des Eigennutzes bei Adam Smith. Das zweite moralische Fundament bildet die Überzeugung, dass ein System, das auf Eigentum, Verträgen und Initiative basiert, fair ist und Schutz gegen die willkürliche und unkontrollierte Macht des Staates bietet. Diese beiden Voraussetzungen sind die Grundlage des Marktes und bilden die Kriterien, nach denen er im Laufe der Zeit beurteilt wird. Keine dieser Voraussetzungen impliziert, dass alle Werte Marktwerte sind und alles menschliche Verhalten nur danach beurteilt werden kann, was es in der Welt der Geschäfte einbringt. Große Bereiche menschlicher Aktivität müssen nach Maßstäben beurteilt werden und von Motivationen abhängen, die sich nicht in Dollar, D-Mark oder Euro ausdrücken lassen. Das heißt, dass es bessere und schlechtere Arten gibt, Volkswirtschaften zu organisieren, um die gewünschten Ziele zu erreichen. Marktwirtschaftliche Orientierung bedeutet nicht, einer Geldkultur das Wort zu reden.

Doch wenn der Markt in dieser Hinsicht scheitert – also bei den Ergebnissen, der Qualität seiner Regeln und der Selbstbeschränkung – und sein Nutzen exklusiv beschränkt statt möglichst breit verteilt zu sein scheint, wenn er den Missbrauch privater Macht und das Gespenst roher Gier heraufbeschwört, dann wird er mit Sicherheit einen Rückschlag erleiden – eine Rückkehr zu stärkerer staatlicher Intervention, staatlicher Steuerung und Kontrolle. Der Staat würde wieder hervortreten und verstärkt die Aufgabe übernehmen, die Bürger vor der Macht privater Interessen zu schützen, ob diese durch Monopole, rücksichtsloses Verhalten, Betrug und Täuschung oder direkte Ausbeutung ausgeübt wird.

Gegenwärtig geht das gewaltige Schauspiel weiter: Der Staat zieht von den Kommandohöhen der Wirtschaft ab und überlässt seine Stellungen mehr und mehr dem Markt. In umfassender Weise knüpft das Ende des 20. Jahrhundert damit wieder an seinen Beginn an, fügt Ausgang und Ende zusammen. Das Jahrhundert begann, gestützt auf einen optimistischen Geist, mit aufstrebenden Märkten und einer expandierenden Weltwirtschaft. Diese Wirtschaft wurde durch Krieg, Weltwirtschaftskrise, Nationalismus und Ideologie zerschlagen. Krisen und Katastrophen, menschliche Not und menschliches Leid, ein tiefes Verlangen nach Gerechtigkeit und Würde: dies waren die Motive, die zur Ausweitung der Verantwortung des Staates führten. Die Jahrzehnte nach dem Zweiten Weltkrieg waren Jahre der Erholung und starken Wachstums. Aber heute wird aufgrund der seither gemachten Erfahrungen und neuer Bewertungen – und auch aufgrund neuer Technologien – die Rolle des Staates neu definiert. So ist es heute die Sphäre des Marktes, die expandiert. Daraus ergeben sich schwierige Fragen: Welche Dienste sollte der Staat bieten? Welche Aufgaben in der Wohlfahrt hat er? Und um wie vieles weniger »gemischt« wird seine Wirtschaft sein?

Dieser Wandel hat zur Schaffung der ersten wirklich globalen, integrierten und verflochtenen Wirtschaft geführt, in der sich Arbeit und Produktion rund um die ganze Welt vernetzen und alles, vom Wissen bis zum Handel, eine elektronische Form annimmt. Bei allem Nutzen und all den Hoffnungen, die er auslöst, wird der gestärkte Markt im 21. Jahrhundert dennoch eine Vielzahl von Herausforderungen und Bewährungsproben zu bestehen haben. Die Chancen, die er für die Menschen bereithält, sind gewaltig; doch es zeigt sich ein deutliches Unbehagen in Bezug auf seine Forderungen, Auswirkungen und die Neuordnung, die er bewirken kann. Dem Risiko wird und sollte in dieser neuen Welt ein hoher Stellenwert zukommen. Denn letztlich ist es die Risikobereitschaft, aus der Innovationen, Anreize, ja die notwendige Vorstellungskraft ihren Antrieb ziehen, um die Welt voranzubringen.

Viele Kräfte treiben den Übergang von staatlicher Kontrolle zum Marktkonsens an. Doch im tiefsten Grunde beruht dieser Wandel auf der Umformung von Überzeugungen und Ideen, auf der Schwächung des traditionellen Glaubens an den Staat und einer größeren Glaubwürdigkeit des Marktes. Ob dieser Wandel von Dauer ist oder ob ihm eine Rückkehr zum Staat folgt, hängt daher wohl wesentlich von der Qualität und dem Charakter des Vertrauens ab, auf dem der Markt aufbaut. Dieses Vertrauen in den Markt wird sich dann als dauerhaft erweisen, wenn es von einer realistischen Einschätzung der Risiken und Ungewissheiten begleitet wird und man sich über den Nutzen und die Grenzen des Marktes und seiner Werte im Klaren ist. Wo also wird künftig die Grenze zwischen Staat und Markt verlaufen? Die Antwort darauf wird sich aus der Masse der Urteile und Erfahrungen ergeben, die für die Überzeugungen der Menschen richtungweisend sind und die Balance des Vertrauens formen.

Chronologie

1776	Adam Smith veröffentlicht *Der Wohlstand der Nationen*. Die amerikanische Revolution beginnt.
1789	Beginn der Französischen Revolution.
1867	Marx beginnt mit der Veröffentlichung von *Das Kapital*.
1882	Bismarck führt in Deutschland ein Rentensystem ein.
1887	In den USA wird die Bundesverkehrsbehörde (Interstate Commerce Commission) gegründet.
1890	In den USA wird das Sherman-Anti-Trust-Gesetz verabschiedet.
1901	Theodore Roosevelt wird US-Präsident und beginnt seinen Kampf gegen die Trusts.
1906	Eine liberale Reformregierung in Großbritannien legt die Grundlage für den »Sanitätsstaat«.
1911	Chinesische Revolution.
1914	Der Ausbruch des Ersten Weltkriegs beendet das »goldene Zeitalter« des internationalen Handels.
1917	Beginn der Russischen Revolution.
1918	Ende des Ersten Weltkriegs.
1919	Vertrag von Versailles. Die britische Labour Party verabschiedet Absatz IV ihres Grundsatzprogramms, der Verstaatlichungen fordert. Massaker von Amritsar in Indien. Mit der Demonstration auf dem Platz des Himmlischen Friedens in Peking beginnt die 4.-Mai-Bewegung in China.
1921–22	Lenins »Neue Ökonomische Politik« erlaubt private Wirtschaftstätigkeit in geringem Umfang. Seinen linken Kritikern antwortet Lenin, es komme darauf an, die »Kommandohöhen« der Wirtschaft zu besetzen.

	In Wien erscheint *Die Gemeinwirtschaft* von Ludwig von Mises.
1927	Stalin festigt seine Macht in der Sowjetunion.
1929	Der New Yorker Börsenkrach markiert den Beginn der Weltwirtschaftskrise.
	Erster Fünfjahresplan in der Sowjetunion.
1932	Samuel Insulls Elektrizitätsimperium in den USA bricht zusammen.
1933	Franklin D. Roosevelt wird US-Präsident und initiiert den New Deal.
	In Italien gründet Mussolinis faschistisches Regime das Istituto per la Ricostruzione Industriale.
1933–35	Gründung der Börsenaufsichtsbehörde (Securities and Exchange Commission) und der Tennessee Valley Authority sowie Verabschiedung des Gesetzes über Holdinggesellschaften öffentlicher Versorgungsunternehmen in den USA.
1934–35	Mao Zedong führt Chinas Kommunisten auf den Langen Marsch.
1936	John Maynard Keynes veröffentlicht *Die allgemeine Theorie*.
1937	Der Krieg zwischen Japan und China beginnt.
1938	Mexiko verstaatlicht seine Ölindustrie.
	In den USA wird die Zivile Luftfahrtbehörde gegründet, um den »extremen Konkurrenzkampf« in der Luftschifffahrt zu beenden.
1939	In Europa beginnt mit der deutschen Invasion in Polen der Zweite Weltkrieg.
1941	Die USA treten am Tag nach dem Angriff auf Pearl Harbor in den Krieg ein.
	Altiero Spinelli, der von den Faschisten auf der Insel Ventotene gefangen gehalten wird, schreibt sein Manifest für ein vereintes Europa.
1942	Der Beveridge-Report schlägt Wohlfahrtsprogramme für Großbritannien vor.
1944	Friedrich von Hayek veröffentlicht *Der Weg zur Knechtschaft*.
	Auf der Konferenz von Bretton Woods wird die Weltbank geschaffen.
1945	Der Zweite Weltkrieg endet mit dem Sieg der Alliierten.
	Die Labour Party gewinnt die Wahlen in Großbritannien. Clement Attlee wird Premierminister. Der Wohlfahrtsstaat wird begründet.

1946	Frankreich führt unter Jean Monnet eine nationale Planung ein. Nehru veröffentlicht die *Entdeckung Indiens*. Keynes stirbt nach Verhandlungen über US-Kredit an Großbritannien. Milton Friedman wird Mitglied der Wirtschaftsfakultät der Universität Chicago.
1946–47	Wirtschaftskrise in Europa.
1947	Die USA initiieren den Marshallplan zur Unterstützung des Wiederaufbaus in Europa. Indien erringt die Unabhängigkeit von Großbritannien. Nehru wird Premierminister. Großbritannien verstaatlicht seine Kohleindustrie.
1948	Die Alliierten führen eine Währungsreform in Deutschland durch; die sowjetische Blockade Berlins läutet die Teilung Europas ein. Der deutsche Wirtschaftsminister Ludwig Erhard beseitigt Preiskontrollen und schafft die Grundlagen für die soziale Marktwirtschaft und das deutsche Wirtschaftswunder.
1949	Mao Zedongs kommunistische Kräfte sind siegreich. Die Volksrepublik China wird gegründet. Chian Kai-shek flieht nach Taiwan. Der von Jean Monnet entworfene Schumanplan ruft die Montanunion ins Leben.
1950	Nordkorea fällt in Südkorea ein und beginnt den Koreakrieg.
1951	Indiens erster Fünfjahresplan beginnt.
1952	In Argentinien stirbt Evita Perón. Ihr Mann Juan geht ins Exil.
1955	In Indonesien findet der Bandung-Gipfel blockfreier Staaten statt. Das »System von 1955« schafft in Japan die Basis für schnelles Wachstum.
1956	Sowjetische Truppen unterdrücken gewaltsam eine antikommunistische Revolution in Ungarn. Die Suez-Krise führt zu Gegensätzen im westlichen Bündnis. Sony erwirbt die Rechte für das Transistorradio von der US-Firma Westinghouse. In London wird das Institute of Economic Affairs gegründet.
1957	Die Deutsche Bundesbank wird mit dem Ziel geschaffen, die Inflation zu bekämpfen. Ghana und Malaysia werden von Großbritannien unabhängig; Kwame Nkrumah – »der Erlöser« – wird Premierminister von Ghana und später Präsident.

	Mit den Römischen Verträgen wird die Europäische Wirtschaftsgemeinschaft ins Leben gerufen.
	Der britische Premierminister Harold Macmillan sagt seinem Volk: »Es ging Ihnen noch nie so gut.«
1958–60	In China wird der »Große Sprung nach vorn« unternommen.
1960	Friedrich von Hayek veröffentlicht *Die Verfassung der Freiheit*.
1961	General Park Chung Hee ergreift in Südkorea die Macht und beginnt mit gezielter Industrialisierung.
1962	Milton Friedman veröffentlicht *Kapitalismus und Freiheit*.
	US-Präsident John F. Kennedy hält an der Yale University eine Rede mit dem Titel »Old Myths, New Realities«.
1964	Die Olympischen Spiele werden in Tokio abgehalten, während Japan nach »Einkommensverdoppelung« strebt.
	Präsident Lyndon Johnson beginnt den »Krieg gegen die Armut«.
	In den USA wird ein Gesetz zur Gesundheitsversorgung alter Menschen (Medicare) verabschiedet.
	Die Golf-von-Tonkin-Entschließung autorisiert das Eingreifen des amerikanischen Präsidenten in Vietnam.
	Die »Mao-Bibel« erscheint.
1965	Nach zwei Jahren bricht die Union zwischen Malaysia und Singapur wieder auseinander. Lee Kuan Yew übernimmt im unabhängigen Singapur die Führung.
	Keynes schafft es posthum auf die Titelseite des Magazins *Time*.
	In den USA wird das Journal *Public Interest* gegründet.
1966	Mao entfesselt die Kulturrevolution in China.
	Deng Xiaoping kommt in Isolationshaft.
	Kwame Nkrumah weiht den Volta-Stausee in Ghana ein; kurz darauf wird er gestürzt.
1968	Richard M. Nixon wird zum Präsidenten der USA gewählt.
	Sowjetische Panzer zerschlagen den »Prager Frühling« und den »Sozialismus mit menschlichem Antlitz«.
	Texas Instruments investiert in Singapur.
1969	In Malaysia brechen antichinesische Krawalle aus, was zu einem politischen Kurswechsel führt.
1970	Alfred Kahn veröffentlicht *The Economics of Regulation*.
	Die sozialistische Regierung von Salvador Allende gelangt in Chile an die Macht und beginnt ein massives Verstaatlichungsprogramm.

1971	Präsident Nixon leitet eine neue Wirtschaftspolitik mit Lohn- und Preiskontrollen ein, schließt den Goldschalter der USA und beendet das Währungssystem von Bretton Woods.
1973	Großbritannien tritt der Europäischen Wirtschaftsgemeinschaft bei. Der Ölschock trifft die Wirtschaft weltweit. In Korea wird die Initiative für die Schwer- und Chemieindustrie auf den Weg gebracht. General Pinochet stürzt die Regierung Allende in einem blutigen Putsch. Später führt er Marktreformen durch.
1974	Indien wird Nuklearmacht. Der Streik der Bergleute in Großbritannien lässt im Land die Lichter ausgehen und erzwingt Neuwahlen. Friedrich von Hayek teilt sich den Nobelpreis für Wirtschaftswissenschaften mit dem schwedischen Keynesianer Gunnar Myrdal. Keith Joseph gründet das Centre for Policy Studies in London. Senator Edward Kennedy beruft Anhörungen zur Deregulierung von Fluglinien ein und zieht Stephen Breyer als Rechtsberater hinzu.
1975	Margaret Thatcher besiegt Edward Heath und wird Führerin der Konservativen Partei Großbritanniens.
1975–76	In Saudi-Arabien, Kuwait und Venezuela werden die Ölgesellschaften verstaatlicht.
1976	Mao Zedong stirbt. Milton Friedman erhält den Nobelpreis für Wirtschaftswissenschaften.
1977	Alfred Kahn wird Vorsitzender der Zivilen Luftfahrtbehörde der USA und beginnt mit der Deregulierung des Luftverkehrs.
1978	Der polnische Kardinal Karol Wojtyła wird Papst Johannes Paul II. Der 11. Parteikongress in China führt Wirtschaftsreformen ein. Deng Xiaoping wird oberster Führer. Das Europäische Währungssystem bindet Franc und D-Mark aneinander.
1978–79	Beschäftigte des öffentlichen Sektors streiken im britischen »Winter der Unzufriedenheit«.
1979	Margaret Thatcher wird britische Premierministerin. In Korea wird General Park bei einem Putsch nach dem Massaker von Kwangju ermordet.

	Mit der iranischen Revolution beginnt die zweite Ölkrise.
	Präsident Jimmy Carter diagnostiziert eine Krise des amerikanischen Selbstvertrauens.
	Carter ernennt Paul Volcker zum Chef der Notenbank, um die Inflation zu bekämpfen.
1980	Auf der Danziger Schiffswerft beginnt die Bewegung Solidarnosc.
	Ronald Reagan wird zum Präsidenten der USA gewählt.
1981	In Frankreich wird François Mitterrand der erste sozialistische Präsident der Fünften Republik.
	Die amerikanischen Fluglotsen streiken.
	Mahathir Mohamad wird Premierminister von Malaysia.
	Kriegsrecht in Polen; Solidarnosc wird verboten und geht in den Untergrund.
1981–82	Das System der so genannten »Haushaltsverantwortung« wird eingeführt und beendet die Vorherrschaft der Kollektivierung in der chinesischen Landwirtschaft.
1982	George Stigler erhält den Nobelpreis für Wirtschaftswissenschaften.
	Helmut Kohl wird Kanzler der Bundesrepublik Deutschland.
	Der Falklandkrieg beginnt, nachdem Argentinien die Insel besetzt hat; Großbritannien ist siegreich.
	Mexikos Zahlungsunfähigkeit löst die Schuldenkrise aus und leitet das »verlorene Jahrzehnt« in Lateinamerika ein.
1982–85	Drei betagte Sowjetführer – Breschnew, Andropow und Tschernenko – sterben in rascher Folge.
1983	Thatcher wird mit einem Erdrutschsieg wieder gewählt.
1984	Jacques Delors wird Präsident der Europäischen Kommission.
	Ermordung Indira Gandhis.
	Deng Xiaoping veröffentlicht sein Buch *Der Aufbau des Sozialismus chinesischer Prägung*.
	Die Privatisierung der British Telecom beginnt.
	Neuseeland beginnt als Reaktion auf die Währungskrise mit einem radikalen Reformprogramm.
1985	Der Erlass 21 060 in Bolivien markiert den Start der Schocktherapie.
	In der UdSSR kommt der Reformer Michail Gorbatschow an die Macht.
	Der britische Bergarbeiterstreik endet mit einem Sieg Thatchers.

Chronologie

1986	Die Internationale Finanzierungsgesellschaft überzeugt US-Investoren 50 Millionen Dollar in den ersten Fonds für neu entstehende Märkte zu investieren.
1987	Die Einheitliche Europäische Akte zur Schaffung eines Binnenmarktes wird von der Europäischen Gemeinschaft ratifiziert.
	Der Romancier Mario Vargas Llosa wird Führer der Reformbewegung in Peru.
1988	Die Kapitalisierung der Tokioter Börse erreicht das gleiche Niveau wie die Börse von New York.
1989	Gespräche am runden Tisch zwischen Solidarnosc, katholischer Kirche und den Kommunisten in Polen.
	Chinesische Studenten protestieren auf dem Platz des Himmlischen Friedens.
	Die Berliner Mauer fällt. Die Teilung Europas ist beendet.
	Carlos Menem gewinnt die Präsidentschaftswahlen in Argentinien.
	Die kommunistischen Regierungen in Polen, der Tschechoslowakei, Ungarn, Rumänien und Bulgarien fallen.
1990	Die Währungen von West- und Ostdeutschland werden vereinigt.
	Die beiden Deutschlands verschmelzen wieder zu einem.
	Balcerowicz' Schocktherapie beginnt in Polen. Lech Wałesa wird Präsident.
	Wahlen in Chile; die neue demokratische Regierung hält an den Marktreformen fest.
	Der Irak besetzt Kuwait.
1991	Die Sowjetunion löst sich auf und die 15 sowjetischen Teilrepubliken werden unabhängige Nationen.
	Boris Jelzin wird Präsident der Russischen Föderation.
	Narasimha Rao wird Indiens Premierminister und beginnt mit Reformen.
	Der Vertrag von Maastricht über eine einheitliche europäische Währung wird unterzeichnet.
	Alberto Fujimori gewinnt die Stichwahlen in Peru gegen Mario Vargas Llosa und wird Präsident.
1992	Deng Xiaoping unternimmt seine »Reise nach Süden«, um die Wirtschaftsreformen in China zu schützen.
	Japan gerät in eine tiefe Rezession, als die »Spekulationsblase« platzt.

Russlands umfassendes Privatisierungsprogramm beginnt.
Gary Becker wird der Nobelpreis für Wirtschaftswissenschaften verliehen.
Das US-Defizit erreicht 290 Milliarden Dollar.
Das Nordamerikanische Freihandelsabkommen (NAFTA) zwischen den USA, Kanada und Mexiko wird unterzeichnet.

1993 Der »Neue Demokrat« Bill Clinton wird Präsident der USA.
Der südkoreanische Präsident Kim Young-Sam startet eine Anti-Korruptions-Kampagne.
Erste Mission der argentinischen Ölgesellschaft YPF an der New Yorker Börse. Aktien für drei Milliarden Dollar werden gezeichnet.

1994 Fernando Henrique Cardoso führt den Real ein, um die brasilianische Wirtschaft zu stabilisieren.
Die Republikanische Partei verkündet ihren »Vertrag mit Amerika« und gewinnt die Mehrheit in beiden Häusern des Kongresses.
Die Welthandelsorganisation wird gegründet.

1995 Der ehemalige Kommunist Aleksander Kwaśniewski schlägt Lech Wałesa bei den polnischen Präsidentschaftswahlen, verspricht aber die Fortführung der Wirtschaftsreformen.
Newt Gingrich, der republikanische Sprecher des Repräsentantenhauses, wird vom *Time*-Magazin zum Mann des Jahres gewählt.
Nach der Abwertung der mexikanischen Währung trifft der »Tequila-Effekt« die Börsen in Lateinamerika.

1995–96 Die Bundesregierung der USA schließt ihre Behörden aufgrund eines Haushaltspatts.

1996 Bill Clinton erklärt das Ende des starken Staates *(big government)*.
Die russische Börse erzielt das beste Ergebnis weltweit.
Der gebürtige Taiwaner Lee Teng-hui wird der erste demokratisch gewählte Präsident von Taiwan.
Die ehemaligen koreanischen Präsidenten Roh Tae-Woo und Chun Doo Hwan werden wegen Korruption verurteilt.

1997 Deng Xiaoping stirbt.
Hongkong kehrt auf der Basis »ein Land, zwei Systeme« zu China zurück.
Tony Blairs »New Labour« gewinnt die Wahlen in Großbritan-

nien mit einem Programm, das Thatchers Wirtschaftspolitik durch »Mitgefühl« mildert.

Lionel Jospin wird Premierminister Frankreichs und präsentiert Pläne, die an die sozialistische Politik der frühen 80er Jahre erinnern.

Eine Währungskrise trifft die »Wunderwirtschaften« Südostasiens.

Der 15. Parteikongress in China beschließt die Auflösung des riesigen Staatssektors und übernimmt »Deng Xiaopings Theorie«.

Das US-Defizit fällt auf 22 Milliarden Dollar.

1998 Die asiatische Krise breitet sich auf den Rest der Welt aus.

Russland kommt seinen Zahlungsverpflichtungen nicht nach und wertet seine Währung ab.

Aufgrund der Krise wird eine »neue Architektur« des internationalen Finanzsystems vorgeschlagen.

Gerhard Schröder führt die deutschen Sozialdemokraten zum Wahlsieg.

1999 Der erste Schritt zur Einführung des Euro wird planmäßig durchgeführt.

Anmerkungen

Einleitung
An der Grenze zwischen Staat und Markt

1 Interview mit Brian Fall. Wladimir Iljitsch Lenin, »Fünf Jahre russische Revolution und die Perspektive der Weltrevolution«, Referat auf dem IV. Kongress der Komintern, 13. November 1922, in: *Werke*, Bd. 33, *August 1921–März 1923*, Berlin 1962, S. 404-418, S. 413; Edward Hallett Carr, *The Bolshevik Revolution*, Bd. 3, London 1953, S. 441-451.

2 Interview mit Paul Volcker. John Maynard Keynes, *Die allgemeine Theorie der Beschäftigung, des Zinses und des Geldes*, Berlin 1936, S. 323 f. (»Wahnsinnige«). Über das Scheitern der Märkte versus Scheitern des Staates vgl. Nicholas Stern, »The Economics of Development: A Survey«, in: *Economic Journal*, Nr. 99, September 1989, S. 597-685, besonders Abschnitt III; Nicholas Stern, »Public Policy and the Economics of Development«, in: *European Economic Review*, Nr. 35, 1991, S. 241-271. Über die Staatsausgaben vgl. Weltbank, *World Development Report 1997*, New York 1997; Clive Crook (Hg.), »The Future of the State: A Survey of the World Economy«, in: *The Economist*, 20.–26. September 1997.

3 Ronald D. Rotunda, »The ›Liberal‹ Label: Roosevelt's Capture of a Symbol«, in: *Public Policy*, Nr. 17, 1968, S. 377-408, S. 389 (»radikal rote«); S. 408; Alan Brinkley, *The End of Reform: New Deal Liberalism in Recession and War*, New York 1996, S. 10 (»gutes Englisch«); Charles Singer, E. J. Holmyard, A. R. Hall u. Trevor I. Williams (Hg.), *A History of Technology*, Oxford 1980, Bd. 5, S. 144 (»Savannah«), Bd. 4, S. 660 f. (Telegrafenkabel).

Kapitel 1
Dreißig glanzvolle Jahre: Europas gemischtes Wirtschaftssystem

1 Martin Gilbert, *Winston S. Churchill*, Bd. 8, »*Never Despair*«, *1945–1965*, Boston 1988, S. 108 (»niederträchtig« und »ausgesprochen wirkungsvoll«); Peter Hennessy, *Never Again: Britain 1945–1951*, London 1993, S. 6 (»der größte Abenteurer«); Kenneth Harris, *Attlee*, London 1995, S. 564 (»christliche Ethik«); vgl. David Holloway,

Stalin and the Bomb: The Soviet Union and Atomic Energy, New Haven 1994, S. 116 ff.

2 Harris, *Attlee*, S. 262 (»beherrscht und kurz angebunden«), 564 (»Agnostiker«), 266 (»frisieren«), 268 (»selbst bellen«); Hennessy, *Never Again*, S. 199 (»kompletter Unsinn«).

3 Daniel Yergin, *Shattered Peace*, S. 304 (dt.: *Der zerbrochene Frieden*, Frankfurt am Main 1979 (»schlimmer als irgendetwas«), 304-306; Dennis L. Bark, David R. Gress, *A History of West Germany: From Shadow to Substance*, Bd. 1: *1945–1963*, Oxford 1989, S. 193 (»Jakobiten«); vgl. Charles Maier, »The Two Post War Eras«, in: *American Historical Review* 1981, S. 327; Mario Einaudi, Maurice Byé, Ernesto Rossi, *Nationalization in France and Italy*, Ithaca (New York) 1955, S. 14 (»wir sind heute alle Planer«).

4 Hennessy, *Never Again*, S. 70 (»Belastung des totalen Krieges«), 75 (»fünf Riesen«); Nicholas Timmins, *The Five Giants: A Biography of the Welfare State*, London 1995, S. 34, 25, 12-14; Harris, *Attlee*, S. 257 (»lächerlicher Glaube«); Richard Cockett, *Thinking the Unthinkable: Think-tanks and the Economic Counter-Revolution, 1931–1983*, London 1995, S. 14 f. (»kollektive Wohlfahrt« und »Einführung des Sozialismus«); vgl. Jim Fyrth (Hg.), *Labour's High Noon: The Government and the Economy 1945-1951*, London 1993; sowie Sidney u. Beatrice Webb, *Soviet Communism: A New Civilization?*, 2 Bde., London 1935.

5 Hennessy, *Never Again*, S. 79 (»Gemeineigentum«), 183 (»öffentliche Gesellschaften«), 198 (»sozialistisches Prinzip«), 202; vgl. Jim Tomlinson, *Government and the Enterprise Since 1900: The Changing Problem of Efficiency*, New York 1994, S. 192-203, 162; und Richard Saville, »Commanding Heights: The Nationalization Programme«, in: Fyrth, *Labour's High Noon*, S. 37-60.

6 Hennessy, *Never Again*, S. 434 (»praktisch«), 195 (»Gottes Gnaden«), 450 ff.; Tomlinson, *Government and the Enterprise*, S. 114; Robert Skidelsky, *Interest and Obsessions*, London 1993, S. 133 (»Vollbeschäftigungsstandard«); Harris, *Attlee*, S. 254 (»gemischte Wirtschaft«).

7 Interview mit Christian Stoffaës. Stanley Hoffmann, *In Search of France: The Economy, Society, and Political System in the Twentieth Century*, Cambridge (Mass.) 1963, S. 6 (»verdorben« und »Einfrieren«); Einaudi, Byé, Rossi, *Nationalization in France and Italy*, S. 136, 33 f., 73-79 (»Hebel« und »kapitalistische Waffe«); François Duchêne, *Jean Monnet: The First Statesman of Independence*, New York 1994, S. 157 (»privilegierte Klassen«); vgl. Daniel Yergin, *Der Preis: Die Jagd nach Öl, Geld und Macht*, Frankfurt am Main 1991, S. 238 f.

8 Richard Barnet, *The Alliance: America, Europe, Japan: Makers of the Postwar World*, New York 1983, S. 96 ff. (»ohne Rechtsanwälte«); Richard Mayne, *The Recovery of Europe, 1945–1973*, New York 1973, S. 210 (»mein Pferd«); Duchêne, *Jean Monnet*, S. 55, 89 (»Munitionsfabrik«).

9 Duchêne, *Jean Monnet*, S. 145 (de Gaulle und Monnet), 157 (»kristallisierte«), 145 (»Dirigisten«), 171, 153; Einaudi, Byé, Rossi, *Nationalization in France and Italy*, S. 80.

10 Duchêne, *Jean Monnet*, S. 177, 166 (»Bilanzierungsplan«), 148 (»Das Seltsame«), 178 f. (»relativer Konsens«); vgl. François Caron, *An Economic History of Modern France*, London 1979, S. 274.

11 Georg Müller, *Die Grundlegung der westdeutschen Wirtschaftsordnung im Frankfurter Wirtschaftrat 1947–1949*, Frankfurt am Main 1982, S. 29 f. (»privater Kapitalismus«); Barnet, *The Alliance*, S. 19; Yergin, *Shatteered Peace*, S. 310 (»kurz vor dem

Verhungern«), 306; Jean Edward Smith, *Lucius D. Clay: An American Life*, New York 1990, S. 453 f.
12 Bark, Gress, *From Shadow to Substance*, Bd. 1, S. 207 f. (»Hierarchie«; Heinz Lampert, *Die Wirtschafts- und Sozialordnung der Bundesrepublik Deutschland*, München 1985, S. 90 (»keinen Abstrich«).
13 Bark, Gress, *From Shadow to Substance*, Bd. 1, S. 202 (»Herr General« und »schicksalhafteste«); vgl. Wolfgang Benz, *Von der Besatzungsherrschaft zur Bundesrepublik*, Frankfurt am Main 1984, S. 122 (»Wohl und Segen«) Smith, *Lucius D. Clay*, S. 484 f.; und Mayne, *The Recovery*, S. 197-200.
14 Bark, Gress, *From Shadow to Substance*, S. 251 (»Plan-« und »Marktwirtschaft«), 244 (Arzt) Konrad Adenauer, *Briefe über Deutschland*, Berlin 1983, S. 13; vgl. Karl Hardach, *Wirtschaftsgeschichte Deutschlands im 20. Jahrhundert*, Göttingen 1993, S. 155-177.
15 Einaudi, Byé, Rossi, *Nationalization in France and Italy*, S. 199 (»ungeplantesten«).
16 Robert Skidelsky, *Keynes*, Oxford 1996, S. 46 (»gebildeten Bourgeoisie«), 10 (»herumhantierte« und »immer eine Wette«).
17 Skidelsky, *Keynes*, S. 119, 81 (»gewissermaßen umfassenden«), 2 (»Was Keynes ... bot«), 117 (»der Markt ist dumm«); Keynes, *Allgemeine Theorie*, S. 323) (»allmähliche Durchdringen«); William J. Barber, *A History of Economic Thought*, London 1967, S. 257 (»geistigen Grundlagen«).
18 Raymond Vernon, Deborah Spar, *Beyond Globalism*, New York 1989, S. 45 (»Außenministerium«); Duchêne, *Jean Monnet*, S. 126; Mayne, *The Recovery*, S. 146 ff. (»Kodex«); vgl. Raymond Vernon, »America's Foreign Trade Policy and the GATT«, in: *Essays in International Finance*, Nr. 21, Oktober 1954.
19 Vgl. Giersch, Paqué, Schmieding, *The Fading Miracle*, S. 4; Mayne, *The Recovery*, S. 217-277; Hardach, *Wirtschaftsgeschichte Deutschlands*; Peter Pulzer, *German Politics: 1945-1995*, Oxford 1995, S. 63 (»Wohlstand«); Caron, *An Economic History of Modern France*, S. 190; Alistair Horne, *Harold Macmillan*, Bd. 2, *1957–1986*, New York 1989, S. 64 (»Es ging Ihnen«), 149.

Kapitel 2
Der Fluch der Größe: Amerikas regulierter Kapitalismus

1 *New York Times*, 17. Juli 1938 (»Jedes Heim«); Arthur M. Schlesinger, jr., *Crisis of the Old Order, 1919-1933*, Boston 1988, S. 255 (»Warum bin ich ... nicht«); Forrest McDonald, *Insull*, Chicago 1962, S. 314 (»die Insulls«).
2 Vgl. Thomas McCraw, *Prophets of Regulation*, Cambridge (Mass.) 1984, S. 67, 62; Ida Tarbell, *All in the Day's Work: An Autobiography*, New York 1939, S. 241 f. (»Schändliche«); Adam Smith, *Der Wohlstand der Nationen. Eine Untersuchung seiner Natur und seiner Ursachen*, München 1974, S. 112 (»des gleichen Gewerbes«); Kathleen Brady, *Ida Tarbell: Portrait of a Muckraker*, New York 1984, S. 120 ff. (»brandheißeste«); George E. Mowry, *Era of Theodore Roosevelt, 1900–1912*, New York 1958, S. 131 f. (»Dämme«).
3 McCraw, *Prophets*, S. 82 (»Anwalt des Volkes«), 83 (»abrufbereit« und »die Professoren«), 110 (»reguliertes Monopol« und »regulierte Wettbewerb«), 95 (»Kapitäne«), 112 (»Meiner Meinung nach«).
4 William Leuchtenburg, *The Perils of Prosperity*, Chicago 1993, S. 89 (»kein Helden-

tum«), 190 (»Propaganda«), 201 (»Großunternehmen« und Calvin Coolidge); Justin Kaplan, *Lincoln Steffens: A Biography*, New York 1974, S. 250 (»Ich habe die Zukunft gesehen«).
5 Vgl. Schlesinger, *Crisis*, S. 2 (»sehr feierlich«), 116, 152 ff.; Arthur M. Schlesinger, jr., *The Coming of the New Deal*, Boston 1988, S. 468, 98 (»*Laisser-faire*« und »Herbert Hoover«); McCraw, *Prophets*, S. 173 (»Nicht Dick Whitney« und »Treuhänder«).
6 McCraw, *Prophets*, S. 178 (»Brauereipferd« und »welchen Ehemann«); James M. Landis, *The Administrative Process*, New Haven 1938, S. 1 (»einfache dreigeteilte«), 23 (»52 Wochen«), 24 (»wachsenden Beteiligung«); Arthur M. Schlesinger, jr., *The Politics of Upheaval*, Boston 1988, S. 312 (»konzentrierten Wirtschaftsmacht« und »privaten Sozialismus«).
7 Robert Skidelsky, *John Maynard Keynes*, Bd. 2, *The Economist as Saviour, 1920–1937*, London 1992, S. 506 (»großartige Unterredung« und »ohne Gewandtheit«), 89; Schlesinger, *Crisis*, S. 136 (»Zu schön«); Paul Samuelson, »In the Beginning«, S. 33, und James Tobin, »A Revolution Remembered«, S. 38 f., beide in: *Challenge*, Juli/August 1988: »Keynesian Economics and Harvard« (»dirigistischen Merkmale« und »Einfluß Hansens«).
8 Alan Brinkley, *The End of Reform: New Deal Liberalism in Recession and War*, New York 1996, S. 147 (»schrille Umkehrung«), 176 (»1945«).
9 Brinkley, *The End of Reform*, S. 261 (»einträgliche Arbeit«), 263 (»amerikanischer Beveridge-Plan« und »fördern«); Otis Graham, jr., *Toward a Planned Society*, New York 1976, S. 94 (»heiliger Petrus«).
10 McCraw, *Prophets of Regulation*, S. 217 ff. (»schneidig«, »Markenzeichen« und »Zusammenbruch«).
11 Herbert Stein, *Presidential Economics: The Making of Economic Policy from Roosevelt to Reagan and Beyond*, New York 1985, S. 393, 135 f. (»Finanztypen« und »ich bin Keynesianer«), 162, 146 (»Macht-, Status-, ...«), 162 (Connally); Richard Nixon, *Memoiren*, Köln 1978, S. 341; John F. Kennedy, »The Myth and Reality in our National Economy«, *Vital Speeches*, 15. Juli 1962, S. 378-381 (»Harvard-Ausbildung«).
12 Stein, *Presidential Economics*, S. 157, 186, 190 (»mehr neue Regulierungen«); Harry R. Haldeman, *The Haldeman Diaries: Inside the Nixon White House*, New York 1994, S. 346 (»mystische Stimmungen«), 308 (»Moralpredigten«); Nixon, *Memoiren*, S. 343 (»*Prawda*«); vgl. George P. Shultz, Kenneth W. Dam, *Economic Policy Behind the Headlines*, New York 1977.
13 Daniel Yergin, *Der Preis: Die Jagd nach Öl, Geld und Macht*, Frankfurt am Main 1991, S. 857 (»Tiefpunkt«); Stein, *Presidential Economics*, S. 221 (»zwei Jahrzehnten«), 224 (»ideologische Fantasterei«). Über Wirtschaftspolitik in der Krise vgl. Shultz, Dam, *Economic Policy Behind the Headlines*.

Kapitel 3
Verabredung mit dem Schicksal: Der Aufstieg der Dritten Welt

1 Mobashar Jawed Akbar, *Nehru: The Making of India*, New York 1988, S. 426 (»Verabredung«). Eine kürzlich erschienene Biografie über Nehru ist Stanley Wolpert, *Nehru: A Tryst with Destiny*, New York 1996.
2 Akbar, *Nehru*, S. 73 (»Spieler«), 129 (»indischer Sahib«), 130 (»Scham und Trauer«), 122 (»Größe«).

3 Akbar, *Nehru*, S. 132 (»das russische System«), 468 (»Wahrheit verkörpern«), 465 (»Ketten des Imperialismus«); Jawaharlal Nehru, The Discovery of Indien, Neu Delhi 1989, S. 3297 (dt.: *Entdeckung Indiens*, Berlin 1959; zuerst erschienen Kalkutta 1946), S. 397 (»erschreckende Armut«), 406 (»Traktoren«), 410 (»plus Elektrifizierung« und »Anlagenbau«), 29 (»Sowjetrevolution«).
4 Nehru, *Discovery*, S. 501 (»Planung«); Sukhamoy Chakravarty, »P. C. Mahalanobis: A Personal Tribute«, in: ders., *Selected Economic Writings*, New Delhi 1993, S. 523 (»qualitatives Denken«). Zur Planung in Indien vgl. A. H. Hanson, *The Process of Planning: A Study of India's Five-Year Plans*, London 1966; Sukhamoy Chakravarty, *Development Planning: The Indian Experience*, Oxford 1987.
5 Gerald M. Meier, »The Formative Period«, in: ders., Dudley Seers (Hg.), *Pioneers in Development*, New York 1984, S. 3 (»Überfluss«); Albert O. Hirschman, »A Dissenter's Confession: ›The Strategy of Economic Development‹ Revisited«, in: ebd., S. 111 (»Agenda für eine bessere Welt«); Walt Whitman Rostow, »Development: The Political Economy of the Marshallian Long Period«, in: ebd., S. 240-245, 277 (»P. C. Mahalanobis«). Zu Keynes vgl. Edward Sagendorph Mason, Robert Asher, *The World Bank Since Bretton Woods*, Washington, D. C., 1973, S. 2; Albert O. Hirschman (Hg.), *Essays in Trespassing*, New York 1981, S. 20-23 (»nicht als engstirnige« und »Rückständigkeit«).
6 Paul N. Rosenstein-Rodan, »*Natura Facit Saltum*: Analysis of the Disequilibrium«, in: Meier, Seers, *Pioneers*, S. 207, 221 (»Status quo« und »wahre moralische Krise«); Jan Tinbergen, »Development Cooperation as a Learning Process«, in: ebd., S. 317 f. (»herrschende Armut«); Sir W. Arthur Lewis, »Development Economics in the 1950s«, in: ebd., S. 130 (»Meine Mutter«); Jagdish N. Bhagwati, »Comments«, in: ebd., S. 201 (»segeln zusammen«); Peter T. Bauer, »Remembrance of Studies Past: Retracing First Steps«, in: ebd. S. 27-43; Hirschman, *Essays*, S. 10 (»Überzeugung«).
7 Mason, Asher, *World Bank*, S. 698 (Struktur und Fluss«), 201 (»wesentliche Vorbedingung« und »Notfallsituationen«), 692 (TVA als Modell).
8 Vgl. Mason, Asher, *World Bank*, S. 473; Tinbergen, »Development Cooperation«, in: Meier, Seers, *Pioneers*, S. 326 (»Qualität ihres Managements« und »Stolperstein«).
9 Alistair Horne, *Harold Macmillan*, Bd. 2, *1957–1986*, New York 1989, S. 195 (»Wind des Wandels«); Tony Killick, *Development Economics in Action: A Study of Economic Policies in Ghana*, London 1978, S. 34 (»Wenn wir die Selbstregierung erlangen«); Kwame Nkrumah, *Schwarze Fanfare. Meine Lebensgeschichte*, München 1958, Einleitung(»Kapitalismus ist zu kompliziert«); Crawford Young, *Ideology and Development in Africa*, New Haven 1982, S. 1 (Nkrumahs »politisches Königreich«).
10 James Moxon, *Volta: Man's Greatest Lake*, London 1984, S. 115 (»rumänische Pfandbriefe«); *New York Times*, 25. Februar 1966, S. 1 (»Mythos«); Horne, *Macmillan*, Bd. 2, S. 397 ff. (»größte sozialistische Monarchin« und »meine Königin«); Killick, *Developmental Economics in Action*, S. 45 (»Fabriken in großer Zahl«).
11 Arthur Lewis, »Development Economics in the 1950s«, in: Meier, Seers, *Pioneers*, S. 128 (»Ministerreden«).

Kapitel 4
Der verrückte Mönch: Großbritanniens Marktrevolution

1 Interview mit David Young. Morrison Halcrow, *Keith Joseph: A Single Mind*, London 1989, S. 149 (»Verrückter«), 152 (»glauben«).
2 Margaret Thatcher, *The Path to Power* (dt.: *Die Erinnerung 1925–1979*, Düsseldorf 1995), S. 251 (»ohne Keith«), 405 (»erstarrter Sozialismus«); Margaret Thatcher, *The Doconing Street Years)*, New York 1993 (dt.: *Downing Street No. 10: Die Erinnerungen*, Düsseldorf 1993), S. 26 (»politischer Freund«); Lord Blake, zitiert in: Richard Cockett, *Thinking the Unthinkable: Think-tanks and the Economic Counter-Revolution, 1931–1983*, London 1995, S. 217.
3 Halcrow, *Keith Joseph*, S. 14 (»Erhöhung des Angebots«), 132 (»unbegründete Angst«), 22, 26 (»noch schlimmer«), 23 (»Live-Interview« und »Denkminister«).
4 Nicholas Timmins, *The Five Giants: A Biography of the Welfare State*, London 1995, S. 264 (»klimpern«); vgl. Peter Hennessy, *Whitehall*, London 1990, S. 324 (Vikar von Trumpington).
5 Halcrow, *Keith Joseph*, S. 56 (»Ich war überzeugt«), 67 (»unsere vitalen Nachbarn«); Cockett, *Thinking the Unthinkable*, S. 236 (Heath), 142, 133 ff. (»anti-fabianisch«), 161 (»radikale Reaktion«), 160, 139 (»Grabenkrieg«), 146, 154 f. (Alan Walters), 173 (»Ziegelwand«), 145, 158 (Milton Friedman), 236 f. (»Mein Ziel« und »Chemiebaukasten«).
6 Cockett, *Thinking the Unthinkable*, S. 241, 237 f. (Alfred Sherman, Marktwirtschaft und »mitfühlend«); Thatcher, *The Path to Power*, S. 253 (»Widersprüche« und »30 Jahre«).
7 Thatcher, *The Downing Street Years*, S. 266 f. (»Es tut mir Leid« und »was Sie tun müssen«); Hugo Young, *One of Us: A Biography of Margaret Thatcher*, London 1993, S. 94 (»inakzeptables Gesicht«), 97 (»Fohlen«), 269 (»Keith kaputtgemacht«); Halcrow, *Keith Joseph*, S. 93 (»Instinkt«), 82 (»Schlacht der Ideen«).
8 Cockett, *Thinking the Unthinkable*, S. 241 ff. (»Geziertheiten« und »den Trend umkehren«, 248 (»zu viel Regierung«); Thatcher, *The Path to Power*, S. 255 (»Generation«); vgl. Young, *One of Us*, S. 103; Robert Skidelsky, *Thatcherism*, London 1988, S. 14.
9 Halcrow, *Keith Joseph*, S. 104 (»Es war wunderbar«), 72 (»Uns verfolgte«), 100 (»unabdingbare Basis«), 104 (»moralische Verteidigung«), 112 (»mehr Millionäre«), 105 (»völlige Freiheit«); Cockett, *Thinking the Unthinkable*, S. 278 (»ehrgeiziger Tutor«).
10 Halcrow, *Keith Joseph*, S. 87 (»oder was immer«), 127 (»Er steht gebeugt«); Cockett, *Thinking the Unthinkable*, S. 245 (»Leute der Praxis«); Bernard Donoghue, *Prime Minister: The Conduct of Policy Under Harold Wilson and James Callaghan*, London 1987, S. 190 (»Umschwung«); Richard Coopley, Nicholas Woodward, *Britain in the 1970s: The Troubled Economy*, London 1996, S. 74-77 (»Allzu lange«); vgl. James Callaghan, *Time and Chance*, London 1987; Denis Healey, *The Time of My Life*, London 1989, Kapitel 20; sowie Tony Benn, *Against the Tide: Diaries, 1973–1976*, London 1989, Kapitel 5.
11 Interview mit John Wakeham. Cockett, *Thinking the Unthinkable*, S. 265 (»die erste Hürde«); Young, *One of Us*, S. IX (»Synonym«), 4 (»Ich schulde« und »Integrität«), 5 (»Moralpredigten«), 21 (»von 19 Jahren«), 30 (»politische Karriere«); Thatcher, *The Path to Power*, S. 37 (*a starter*).

12 Thatcher, *The Path to Power*, S. 66 (»Plastik«), 116 (»herrschende Orthodoxie«), 163 (»seine Tochter«); Young, *One of Us*, S. 37 (»Sollte eine Frau«), 19 (»Der natürliche Weg« und »New-Deal-Konservativer«); Cockett, *Thinking the Unthinkable*, S. 174 (»Dies ist es, woran wir glauben«), 176 (»Sie ist so schön«), 173 (»Grundlagenarbeit«); Alistair Horne, *Harold Macmillan*, Bd. 1, *1894-1956*, New York 1989, S. 106-109; ebd., Bd. 2, *1957-1986*, S. 70 (»Keynes hatte mir immer gesagt«); von Hayek, *Die Verfassung der Freiheit*, Tübingen 1991.
13 Young, *One of Us*, S. 147 (»vom Staat nicht erwarten«), 207 (»Die beiden großen Probleme«); Thatcher, *The Downing Street Years*, S. 26 (»Kindermädchenstaat« und »angewandte Philosophie«), 149 (»sechs starke Mann«); Halcrow, *Keith Joseph*, S. 136 ff. (»Mit Ihnen zu reden«); Christopher Beauman, »The Turnaround: The British Steel Corporation from the Mid-1970s to the Mid-1980s – And Beyond«, Centre for Economic Performance, London School of Economics, 23. April 1996.
14 Halcrow, *Keith Joseph*, S. 136 f.; Young, *One of Us*, S. 157 (»Wir sind hier alle Keynesianer«), 200 ff. (»à la Professor Hayek«), 217 (»365 Wirtschaftsprofessoren«), 240 ff. (»rebellische Kopf«), 221 (»Diese Frau«); Thatcher, *The Downing Street Years*, S. 122 (»Die Dame ist nicht fürs Umkehren«), 151 (»seinem Dienstmädchen«), 130.
15 Interview mit Margaret Thatcher, *The Downing Street Years*, S. 234 (»eine Nation auf dem Rückzug«); Thatcher, *The Path to Power*, S. 304 (»Neue Jerusalem«).
16 Interviews mit Margaret Thatcher, John Wakeham, David Young und Christopher Beauman. Brief von David Howell vom 22. Oktober 1996 zur Geburtsstunde des Begriffs Privatisierung. Young, *One of Us*, S. 358 f.; Nigel Lawson, *The View from No. 11: Memoirs of a Tory Radical*, London 1993, S. 203 (»Zebra«), 202 (»einzigartige Hotline«, »bodenlose Staatskassen« und »Staatseigentum«), 213 (»Ladenkette« und »welcher Sturm«), 198; John Vickers, George Yarrow, *Privatization: An Economic Analysis*, Cambridge 1993, S. 127 (»Ein und Alles«). Über den Bergarbeiterstreik vgl. Jonathan Winterton, *Coal, Crisis and Conflict: The 1984–85 Miners' Strike in Yorkshire*, New York 1989.
17 Interview mit David Young. Lawson, *The View from No. 11*, S. 198 (»Dossier«), 217 (»zu billig«), 226, 222 (»osteuropäischer Manier«), 219 (»goldener Anteil«); Beauman, »The Turnaround«, London School of Economics, 23. April 1996.
18 Interviews mit David Young und Christopher Beauman. Über die Regulierung von privatisierten Versorgungsunternehmen vgl. E. M. Beesley et al. (Hg.), *Utility Regulation: Challenge and Response*, London 1995, und Matthew Bishop, John Kay, Colin Mayer (Hg.), *The Regulatory Challenge*, Oxford 1995.
19 Interviews mit Margaret Thatcher und David Young. Young, *One of Us*, S. 518 (»ein Stück weit eine Institution«), 427, 574 (»Denk daran, George«), 587 (»es ist alles vorbei«), 605; Geoffrey Howe, *Conflict of Loyalty*, London 1995, S. 637-652 (Rücktritt), S. 691 (»große Premierministerin«).
20 Interview mit Margaret Thatcher.

Kapitel 5
Die Vertrauenskrise: Die globale Kritik am Staat

1 Elizabeth Pond, *Beyond the Wall: Germany's Road to Unification*, Washington, D. C., 1993, S. 132 f. (»einschlagen« und »kleiner Fehler«); Charles Maier, *Dissolution: The*

Crisis of Communism and the End of East Germany, Princeton 1997 (dt.: *Das Verschwinden der DDR und der Untergang des Kommunismus,* Frankfurt am Main 1999), S. 163 (»kaputt«).
2 Interviews mit Valéry Giscard d'Estaing, Jesús Silva Herzog und Paul Volcker. Paul Volcker, Toyoo Gyohten, *Changing Fortunes: The World's Money and the Threat to American Leadership,* New York 1992, S. 194-202 (»Dritte Welt«); *World Debt Tables, 1992–1993,* S. 46 (»umfassendsten Schuldenproblem der Geschichte«); Daniel Yergin, *Der Preis: Die Jagd nach Öl, Geld und Macht,* Frankfurt am Main 1991, S. 821 (»Kreditnehmer des Jahres«).
3 Interviews mit Franco Bernabè und Vijay Kelkar.
4 Interviews mit G. V. Ramakrishna und Gary Becker. Richard Howard Stafford Crossman, Arthur Koestler et al. (Hg.), *Der Gott, der keiner war,* Köln 1952.
5 Interviews mit Gary Becker und Dani Kauffmann. Zu Neuseeland vgl. M. A. Smith, »Deregulation, Privatization, and Economic Reform in New Zealand«, in: *Fletcher Challenge Energy,* 25. September 1997; Graham C. Scott, *Government Reform in New Zealand,* Washington, D. C., 1996.
6 Stephen Kresge, Leif Wenar (Hg.), *Hayek on Hayek: An Autobiographical Dialogue,* Chicago 1994, S. 48 (»elf verschiedene Sprachen«); Jeremy Shearmur, *Hayek and After: Hayekian Liberalism as a Research Program,* London 1996, S. 26-34; Peter Klein (Hg.), *The Fortunes of Liberalism: The Collected Works of F. A. Hayek,* London 1992, Bd. 4, S. 136-139 (»Kultur«, »*Gemeinwirtschaft* erschütterte« und »falsche Richtung«), 170; vgl. F. A. Hayek, *Die Verfassung der Freiheit,* Tübingen 1991; Robert Skidelsky, *John Maynard Keynes: The Economist as Saviour,* Bd. 2, *1920–1937,* London 1992, S. 457 ff. (»Fehler« und »was für ein Unsinn«); William Warren Bartley, Stephen Kresge, *F. A. Hayek: The Trend of Economic Thinking,* London 1991, S. 40 (»überglücklich«).
7 Interview mit Gary Becker. Vgl. F. A. Hayek, »Die Verwertung des Wissens in der Gesellschaft«, in: ders., *Individualismus und wirtschaftliche Ordnung,* Erlenbach-Zürich 1952, S. 87 (»Wunder«); Richard Cockett, *Thinking the Unthinkable: Think-tanks and the Economic Counter-Revolution,* London 1995, S. 89 f. (»ein großartiges Buch« und »Don Quichotte«), 96 (»zehn oder zwanzig Jahre«), 105 (»zeitgenössischer Beobachter«); Hayek, *Die Verfassung der Freiheit;* vgl. Robert Skidelsky, *The World After Communism: A Polemic for Our Times,* S. 78-83; sowie Stephen Kresge, Leif Wenar (Hg.), *Hayek on Hayek,* S. 103 (Popularität von *Der Weg in die Knechtschaft*).
8 Interviews mit Milton Friedman, Gary Becker und George Shultz. Melvin Reder, »Chicago Economics: Permanence and Change«, in: *Journal of Economic Literature,* März 1982, S. 1-38; Milton Friedman, unbetitelter Aufsatz, in: William Briet, Roger W. Spencer (Hg.), *Lives of the Laureates: Thirteeen Nobel Economists,* Cambridge 1995, S. 84 f. (»1932« und »Versicherungsmathematiker«); Milton Friedman, George Stigler, »Roofs or Ceilings? The Current Housing Problem«, in: *Popular Essays on Current Problems,* Bd. 1, Nr. 2, September 1946; vgl. auch George J. Stigler, *Memoirs of an Unregulated Economist,* New York 1988, besonders Kap. 10. Ein gründliches Kompendium der Auffassungen der Chicagoer Schule bietet Warren J. Samuels (Hg.), *The Chicago School of Political Economy,* New Brunswick (New Jersey) 1993 (zuerst veröffentlicht 1973).
9 Interviews mit Milton Friedman, Gary Becker und Rudolph Penner. Vgl. Milton Friedman, »Receiving the Nobel Prize for Economics, 1976« (Rede gehalten am 29. Januar 1977, Income Distribution Conference, Hoover Institution), S. 5 (»John F. Kennedy«); ders., *Capitalism and Freedon,* Chicago 1982, Stuttgart 1971 (zuerst veröffentlicht

1962), S. VI f. 128 (dt.: Kapitalismus und Freiheit, Stuttgart 1972); vgl. ders., *Chancen, die ich meine*, Frankfurt am Main 1983; Gary Becker, *Human Capital and the Personal Distribution of Income*, Ann Arbor (Michigan), S. 81; Paul Krugman, *Peddling Prosperity: Economic Sense and Nonsense in the Age of Diminished Expectations*, New York 1994, S. 34 (»bekanntesten Ökonomen der Welt«).

10 Interviews mit Jeffrey Sachs und Lawrence Summers. Weltbank, *World Development Report, 1991*, New York 1991.

11 Interviews mit Thomas Hansberger, Antoine M. van Agtmael, Vijay Kelkar und Valéry Giscard d'Estaing. Antoine M. van Agtmael, *Emerging Securities Markets: Investment Banking Opportunities in the Developing World*, London 1984; vgl. Internationale Finanzierungsgesellschaft, *Emerging Stock Markets Factbook, 1997*, Washington, D. C., 1997.

Kapitel 6
Über das Wunder hinaus: Das Auftauchen Asiens

1 Interviews mit Mahathir Mohamad und Anwar Ibrahim. Vgl. Weltbank, *The East Asian Miracle*, New York 1994; José Campos, Hilton L. Root, *The Key to the Asian Miracle: Making Shared Growth Credible*, Washington, D. C., 1996.

2 Yutaka Kosai, *The Era of High-Speed Growth: Notes on the Postwar Japanese Economy*, Tokio 1986, S. 27, 17 (»Come, Come«), 130 (»Ist nicht alles«), 153 (»19 Nachkriegsjahren«), 76 (Auto, Farbfernseher, Klimaanlage).

3 Kosai, *The Era of High-Speed Growth*, S. 80; Yukio Noguchi, »The 1940s System«, 7. Juli 1996, Manuskript; Ezra F. Vogel, *The Four Little Dragons: The Spread of Industrialization in East Asia*, Cambridge (Mass.) 1991, S. 51 f. (»natürliche Komponente« und »Förderung der Industrie«), 52; Hugh Patrick, »Crumbling or Transforming? Japan's Economic Success and its Postwar Economic Institutions«, Working Paper 98, Columbia Business School, September 1995; Steven Vogel, *Freer Markets, More Rules: Regulatory Reform in Advanced Industrial Countries*, Ithaca (New York) 1996, S. 52 (»Angebot-und-Nachfrage-Anpassung«); vgl. Weltbank, *The East Asian Miracle*, S. 101. Für unterschiedliche Ansichten der Rolle des MITI vgl. Chalmers Johnson, *Japan: Who Governs? The Rise of the Developmental State*, New York 1995; Raymond Vernon, *Two Hungry Giants: The United States and Japan in the Quest for Oil and Ores*, Cambridge (Mass.) 1983.

4 Interview mit Masahisa Naitoh. Zur japanischen »Spekulationsblase« vgl. Christopher Wood, *The Bubble Economy: The Japanese Economic Collapse*, Tokio 1992; eine Beschreibung des japanischen Wirtschaftsmodells aus der Feder des einflussreichen Regierungsbeamten Eisuke Sakakibara bietet *Beyond Capitalism: The Japanese Model of Market Economics*, Lanham (Md.) 1993.

5 Interview mit Dwight Perkins. Vgl. *Far Eastern Economic Review*, 20. Oktober 1983, S. 16-19; ebd., 2. November 1995, S. 48; Vogel, *Four Little Dragons*, S. 44, 47 ff., 61, 53; Weltbank, *East Asian Miracle*, S. 309, 129; Joseph J. Stern, Ji-hong Kim, Dwight Perkins, Jung-ho Yoo, *Industrialization and the State: The Korean Heavy and Chemical Industry Drive*, Cambridge (Mass.) 1995, S. 24, 20.

6 Vgl. Weltbank, *East Asian Miracle*, S. 97, 131; *Far Eastern Economic Review*, 30. November 1995, S. 66; Vogel, *Four Little Dragons*, S. 9, 65 (»unerreicht« und »Keine Na-

tion«); Stern et al., *Industrialization and the State*, S. 33; *Financial Times*, 17. Oktober 1983 (»der mürrische Soldat« und »erklärte die Wirtschaft«); ebd., 12. Juli 1984 (»größte Verlust« und »legendären«); *Economist*, 14. September 1996, S. 63; Alice Amsden, *Asia's Next Giant: South Korea and Late Industrialization*, New York 1989.

7 Vgl. Hollington K. Tong, *Chiang Kai-shek*, Taipeh 1953; S. 477; Robert Wade, *Governing the Market: Economic Theory and the Role of Government in East Asian Industrialization*, Princeton 1990, S. 246 (»grimmig« und »Mythos«); vgl. K. T. Li, *Economic Transformation of Taiwan, ROC*, London 1988, S. 109, 227; Alan P. L. Liu, *The Phoenix and the Lame Lion: Modernization in Taiwan and Mainland China 1950-1980*, Stanford 1987, S. 24 f. (»konfuzianischer Kapitalismus«), 30, 48; Vogel, *Four Little Dragons*, S. 21-31; K. T. Li, *The Evolution of Policy Behind Taiwan's Development Success*, Singapur 1995, S. 7 (»Entpolitisierung«), 215, 240; Weltbank, *East Asian Miracle*, S. 131 (»graduell«).

8 Vgl. Wade, *Governing the Market*, S. 207 f., 217; Vogel, *Four Little Dragons*, S. 27 (»konfuzianische Ratgeber«), 38 (»geistigen Aderlass«); Liu, *The Phoenix and the Lame Lion*, S. 52 (»Vater«), 60 (»Ein Ingenieur«), 52-56 (»Made in Taiwan«), 61 (»Modernisierung«), 58 (»Lehrbuch«); Li, *The Evolution of Policy*, S. 95 f., 227, 102 (»willkürlich« und »offene Orientierung«), 217 (»Glorifizierung«), 259 (»chinesische Kulturtradition«); vgl. Weltbank, *The East Asian Miracle*, S. 133; Glen Rifkind, »Nation of Notebooks«, in: *Fast Company*, Juli 1997, S. 153 f.

9 Interviews mit Goh Keng Swee und Yeo Chow Tong. Lee Kuan Yew, Rede zum Nationalfeiertag, 20. August 1989 (»Leidenschaft«); Linda Low, »Privatization Options and Issues in Singapore«, in: Dennis J. Gayle, Jonathan N. Goodrich (Hg.), *Privatization and Deregulation in Global Perspective*, New York 1990, S. 291 (»ausgebrütet«); Vogel, *Four Little Dragons*, S. 77 (»administrativer Staat«), 79 (»sozialistische Merkmale«).

10 Interviews mit Mahathir Mohamad und Anwar Ibrahim. Mahathir Mohamad, »Toward an Asian Renaissance«, Rede vom 11. Januar 1996 (»Nicht schlecht«); James M. Fallows, *Looking at the Sun: The Rise of the New East Asian Economic and Political System*, New York 1994, S. 304, 250 (»Geist«), 310 (»arrogant«); *Far Eastern Economic Review*, 21. Dezember 1995, S. 27 (»malaysischen Erziehung«); Mahathir Mohamad, Rede vor der Asia Society, 25. September 1996 (»Reisbauern« und »Der Privatsektor«); vgl. auch Mahathir Mohamad, *The Malay Dilemma*, Singapur 1970; Mahathir Mohamad, Rede auf dem Weltbanktreffen, Hongkong, 20. September 1997.

11 Interview mit Anand Panyarachun. Ali Wardhana, »Structural Adjustment in Indonesia: Export and the ›High-Cost‹ Economy«, Rede vom 25. Januar 1995 (»Bürokraten«).

12 Interview mit Anand Panyarachun. Vgl. James Rohwer, *Asia Rising: Why America Will Prosper as Asia's Economies Boom*, New York 1995, Kap. 11; Vereinte Nationen, *World Economic and Social Survey 1995*, S. 171 f.; *New York Times*, 29. Juli 1997; Wirtschaft in Asien, *The Economist*, 9. März 1996; *The Economist*, 18. Juli 1992; Sterling Seagrave, *Die Herren des Pazifik. Das unsichtbare Wirtschaftsimperium der Auslands-Chinesen*, München 1996; Internationaler Währungsfonds, *Annual Report: 1998*, Washington, D. C., September 1998, S. 1-50.

Kapitel 7
Die Farbe der Katze: Chinas Wandlung

1 David S. G. Goodman, *Deng Xiaoping and the Chinese Revolution: A Political Biography*, London 1994, S. 18 (»älteren Bruder«), 27 f. 46, 43 (»Einige Genossen meinen«). Weitere Biografien über Deng bieten Richard Evans, *Deng Xiaoping and the Making of Modern China*, London 1993, und Deng Maomao, *Deng Xiaoping: My Father*, New York 1995.

2 Goodman, *Deng Xiaping*, S. 3 (»Katze«), 76 (»verstorbener Verwandter«), 4; Nikita Chruschtschow, Khrushchov Remembers, Bd. 1, Harmondsworth 1977, S. 301 (dt.: *Chruschtschow erinnert sich*, Frankfurt am Main 1977), (»kleiner Mann«); vgl. David S. G. Goodman, Gerald Segal, *China Without Deng*, Sydney 1995, S. 28; Richard Baum, *Burying Mao: Chinese Politics in the Age of Deng Xiaoping*, Princeton 1994, S. 51-55 (»bin ich beruhigt«); Joseph Fewsmith, *Dilemmas of Reform in China: Political Conflict and Economic Debate*, Armonk (New York) 1994, S. 11 (»Was-auch-immer-Mann«).

3 Fewsmith, *Dilemmas of Reform in China*, S. 23 (»schrien auf«), 28 (»Missgeschick«); Dwight Perkins, »Completing China's Move to the Market«, in: *Journal of Economic Perspectives*, Bd. 8, Nr. 2, Frühjahr 1994, S. 26, 27 (»klaren Gewinner«).

4 Fewsmith, *Dilemmas of Reform in China*, S. 78 f. (»den Fluss überqueren« und »schnellen Ochse«), 56, 76, 67 (»›unsichtbare Hand‹« und »allgemeinen Interesse«).

5 Fewsmith, *Dilemmas of Reform in China*, S. 89 (»übergroße Eile«), 92, 108 (»ausländische Kapitalisten«), 89 (»Verschmutzung« und »vorrangig«), 63, 114 (Chen über Vogelkäfig), 104 (»keine Aufmerksamkeit schenkt«), 108 (»Stabilität und Einheit«), 102 (»Ohne eine solche Partei«), 37 (Bericht über japanischen Lebensstandard), 110 (»Schachbrett«).

6 Fewsmith, *Dilemmas of Reform in China*, S. 135 (»unserer Genossen«), 124 (»erbetene Arbeitshilfe«), 211 (»Verantwortungssystem«), 164, 188 (Wu Jinglian), 194 (»Aufbau«); Deng Xiaoping, *Der Aufbau des Sozialismus chinesischer Prägung*, Peking 1985.

7 Kenneth Lieberthal, *Governing China: From Revolution Through Reform*, New York 1995, S. 244 (»technologische Revolution«); Goodman, Segal, *China Without Deng*, S. 25 (»Entwicklungskreislauf«); Fewsmith, *Dilemmas of Reform in China*, S. 123, 214 f. (»China sollte die Chance ergreifen«); Alvin Toffler, *Die Dritte Welt* München 1987.

8 Fewsmith, *Dilemmas of Reform in China*, S. 196 (»der Mond ... voller«), 204 (»heller ... Sonne«), 231 (»Mao-Zedong-Mode«), 220 (»Ehrliche Leute«), 225 (»stürmischem Wetter«).

9 Goodman, *Deng Xiaoping*, S. 109 (»Konzessionen in Polen«), 110; Baum, *Burying Mao*, S. 337 (»richtige Verhältnis«), 340; *Beijing Review*, 11.-17. Juni 1990, S. 19 (»Studium der Philosophie«); *Far Eastern Economic Review*, 10. Mai 1990, S. 8 f.

10 Roderick MacFarquhar, »Deng's Last Campaign«, in: *The New York Review of Books*, 17. Dezember 1992, S. 22 (»Zuversicht«); Baum, *Burying Mao*, S. 342 (»Beinamen Kapitalismus« und »Trittsteine«), 344 (»gebt Acht«), 353 (»Sonderzonen für Linke«).

11 Interview mit Dwight Perkins. Vgl. Yun-Wing Sung, Pak-Wai Liu, Yue-Chim Richard Wong, Pui-King Lau, *The Fifth Dragon: The Emergence of the Pearl River Delta*, Singapur 1995, S. 23, 136; *Financial Times*, 11. Juni 1997, S. 4 (Arbeitskräfte und »zu

müde«); vgl. Perkins, »Completing China's Move«, S. 24, 41, 43, 37; James Rohwer, *Asia Rising: Why America Will Prosper as Asia's Economies Boom*, New York 1995, S. 103, 135.
12 Sung et. al., *Fifth Dragon*, S. 6 (»Kronjuwel«), 8, 13.
13 Vgl. Susan L. Shirk, *How China Opened its Door: The Political Success of the Prc's Foreign Trade and Investment Reform*, Washington, D. C., 1994; Baum, *Burying Mao*, S. 390; Jiang Zemin, Rede zum Gedenktreffen an den Genossen Deng Xiaoping, 25. Februar 1997. Über das chinesische Restaurant Dengs vgl. *The Shanghai Ximin Evening News*, zitiert in der *Los Angeles Times* vom 19. Oktober 1992; vgl. Weltbank, *China 2020: Development Challenges in the New Century*, Washington, D. C., 1997, S. 1-4, 84 f.; Jiang Zemin, »Report to the 15th Party Congress«, Peking, 12. September 1997; *Financial Times*, 22. September 1997 (Zhu Rongji); *Wall Street Journal*, 18. September 1997, S. 10.

Kapitel 8
Nach der Genehmigungswirtschaft: Indiens Erwachen

1 Interviews mit Palaniappan Chidambaram und Jairam Ramesh. *India Today*, 31. Juli 1991, S. 10 (»plötzliche Arbeit«).
2 Jagdish Bhagwati, *India in Transition: Freeing the Economy*, New York 1995, S. 54 (»nicht ganz falsch«), 51, 11, 14; Vijay Joshi, I. M. D. Little, *India's Economic Reform, 1991-2001*, New York 1996.
3 Vijay L. Kelkar, V. V. Bhanoji Rao, *India: Development Policy Imperative*, Neu Delhi 1996, S. 165, 200, 193 (»»Belohnung‹«); Bhagwati, *India in Transition*, S. 18, 53 (»Korruption«), 63 (»Besteigung des marxistischen Bergs«); vgl. Steven R. Weisman, »India Budget Recalls Reagan Plan for Stimulus«, in: *New York Times*, 25. März 1985.
4 Vgl. *Far Eastern Economic Review*, 8. August 1991, S. 48.
5 Bhagwati, *India in Transition*, S. 79 (»ehrliche Arbeit«); Weisman, »India Budget«, in: *New York Times*, 25. März 1985 (»kleinen Mann«).
6 *India Today*, 15. Juli 1991, S. 10 (»alter Wein«).
7 James Manor, »The Political Sustainability of Economic Liberalization in India«, in: Robert Cassen, Vijay Joshi (Hg.), *India: The Future of Economic Reform*, New Delhi 1995, S. 346 (»Wirtschaftspolitik des Ausblutens«), 351 (»Bahnsteig«); *Financial Times*, 2. September 1991, S. 30 (»keinen Kopf«).
8 Interviews mit Palaniappan Chidambaram und Vijay Kelkar.
9 Interviews mit Jairam Ramesh und G. V. Ramakrishna. Kelkar, Rao, *India*, S. 40 (»den Weg zum Sozialismus«); vgl. *Business India*, 8.–12. Juli 1992, S. 49; Bhagwati, *India in Transition*, S. 58 f.
10 Manmohan Singh, Budgetrede, 24. Juli 1991, Absatz 4, 5; *Business World*, 6.-9. März 1996, S. 32 (»dass die Lage ernst ist«), 33 (»20 oder 30 Jahre«), 40 (»Technokraten«), 33 (»Spinnweben«); *Business India*, 8.–12. Juli 1991, S. 49 (»funktionsloser Kapitalismus«); *India Today*, 31. Juli 1991, S. 12, 13 (»alte Denkansätze«).
11 Singh, Budgetrede, 24. Juli 1991, Absatz 2, 7, 50, 126; *Business World*, 6.–9. März 1996, S. 38 f. (»Wir sind damit befasst« und »Handel, nicht Hilfe«).
12 Kelkar, Rao, *India*, S. 19 (»eine weitgehend andere Rolle«); vgl. James Manor, »How Steady? India's New Course: Economic Liberalization and Energy Investment«, CERA Private Report, Cambridge (Mass.) 1995.

13 Interviews mit P. Chidambaram, Vijay Kelkar und Kenneth Lay. Larry Ellison, Rede auf der CERA Executive Conference, Houston (Texas), 10.–13. Februar 1997; Manor, »Political Sustainability«, in: Cassen, Joshi, *India*; Singh, Budgetrede (»Keine Macht« und »Das Auftauchen«).

Kapitel 9
Die Regeln einhalten: Die neue Linie in Lateinamerika

1 Interviews mit Gonzalo Sánchez de Lozada und Jeffrey Sachs. Vgl. Robert Skidelsky, *The World After Communism*, New York 1996, S. 139 f.
2 Raúl Prebisch, »Five Stages of My Thinking«, in: Gerald M. Meier, Dudley Seers (Hg.), *Pioneers in Development*, New York 1984, S. 175 (»neoklassische Theorien« und »große Krise«), 179; vgl. Gert Rosenthal, »Development Thinking and Policies in Latin America and the Caribbean: The Way Ahead«, Vortrag für die Development Thinking and Practice Conference, 3.–5. September 1996, Washington, D. C., S. 5. Über die Begründung der nationalen Sicherheit vgl. John Wirth (Hg.), *Latin American Oil Companies and the Politics of Energy*, Lincoln 1985.
3 Sebastian Edwards, *Crisis and Reform in Latin America: From Despair to Hope*, New York 1995, S. 17.
4 Interview mit Enrique Iglesias. Edwards, *Crisis and Reform in Latin America*, S. 70, 49, 48 (»nach außen orientierte«); John Williamson, »The Washington Consensus Revisited«, Referat für die Development Thinking and Practice Conference, 3.–5. September 1996, Washington, D. C., S. 2 (Washingtoner Konsens und »weniger diplomatisch«), 3 (»Märkte ... zu verzerren«); Frances Stewart, »John Williamson and the Washington Consensus«, Referat für die Development Thinking and Practice Conference, 3.–5. September 1996, Washington, D. C., S. 1 (»schattenhafter Meister«); vgl. David Hojman, »The Political Economy of Recent Conversions to Market Economics in Latin America«, in: *Journal of Latin American Studies*, Bd. 26, Februar 1994, S. 191-219.
5 Interviews mit Domingo Cavallo und Benjamin Friedman. Matt Moffett, »Key Finance Ministers in Latin America Are Old Havard and MIT Pals«, in: *Wall Street Journal*, 1. August 1994; »Latin America Within the World Economy«, (Foxley-Interview), in: *Challenge*, Januar/Februar 1993, S. 18-23 (»Gegner umzustimmen«).
6 Vgl. Arnold C. Harberger, »Secrets of Success: A Handful of Heroes (Political Economy of Policy Reform: Is There a Second Best?«), in: *American Economic Review*, Mai 1993, S. 343-351; Pamela Constable, Arturo Valenzuela, *A Nation of Enemies: Chile Under Pinochet*, New York 1991, S. 167 (»eine Art Therapie«), 169 (»was ein freier Markt ist«); Juan Gabriel Valdez, *Pinochet's Economists: The Chicago School in Chile*, New York 1995.
7 Interviews mit Alejandro Jadresic und Dani Kauffmann. Juan Gabriel Valdez, *Pinochet's Economists*, S. 263 (»Weg in den Sozialismus«); Jorge I. Dominguez, *Technopols: Freeing Politics and Markets in Latin America in the 1990s*, University Park (Pennsylvania) 1997, S. 232 (»kompetenten Staat«), 258 (»progressiver«); *Wall Street Journal*, 1. August 1994 (»Gewinner«).

8 Vgl. William C. Smith, *Authoritarianism and the Crisis of Argentine Political Economy*, Palo Alto (Kalifornien) 1991, S. 257 f., 267; Dominguez, *Technopols*, S. 255; *The Economist*, 26. November 1994 (»Alptraum« und »Film«).
9 Interviews mit Domingo Cavallo und Carlos Bastos. Dominguez, *Technopols*, S. 54 ff. (»In den Provinzen« und »Sozialismus ohne Pläne«), 67.
10 Interviews mit Domingo Cavallo und Carlos Bastos. Vgl. Edwards, *Crisis and Reform in Latin America*, S. 196; José Estenssoro, »The New Competitive Frontiers: Argentina«, in: William Durbin, Penny Janeway (Hg.), *Transforming Latin America's Energy Future: Cambridge Energy Forum*, Cambridge (Mass.) 1995, S. 7-24.
11 Mario Vargas Llosa, *Ein Fisch im Wasser*, Frankfurt am Main 1996, S. 44 (»Barbarei«), 47 (»totalitäres Peru«), 275, 285; vgl. Edwards, *Crisis and Reform in Latin America*, S. 33; Kenneth M. Roberts, »Neoliberalism and the Transformation of Populism in Latin America: The Peruvian Case«, in: *World Politics*, Bd. 48, Oktober 1995, S. 93; Mario Vargas Llosa, »In Defense of the Black Market«, in: *New York Times Sunday Magazine*, 22. Februar 1987, S. 46 (»Werkstatt registrieren«); Gustavo Gorriti, »The Fox and the Hedgehog«, in: *New Republic*, 12. Februar 1990, S. 20-25.
12 Gorriti, »Fox«, in: *New Republic*, 12. Februar 1990, S. 25 (»Schmalspurintellektuelle« und »moderner Mensch«); Vargas Llosa, *Ein Fisch im Wasser*, S. 277 (»ökonomische Unwissenheit«), 56 (»Ich seh es«), 336 (»wirtschaftliche Freiheit«), 339 (»eine halbkoloniale Faktorei«); Alvaro Vargas Llosa, »The Press Officer«, in: *Granta*, Bd. 36, Sommer 1991, S. 80 (»Einsamkeit«).
13 Interview mit Alberto Fujimori. Vgl. Roberts, »Neoliberalism«, S. 107, 82-116 (Tiger und Puma).
14 Interviews mit Carlos Salinas, Jesús Silva Herzog und Pedro Aspe. Vgl. William Orme, »Fire in the Pan«, in: *New Republic*, 6. Mai 1985, S. 20 f.; Banco de México, *The Mexican Economy*, S. 6 f.; *The Economist*, 14. Dezember 1991, S. 19, zitiert in: Dominguez, *Technopols*, S. 98 (»ökonomisch versierteste«).
15 Dominguez, *Technopols*, S. 145 (»radikale Tradition«), 171 (»regulierter freier Markt«), 166 f. (»Auf der ganzen Welt«), 175 (»je kleiner der Staat«); *Wall Street Journal*, 1. August 1994; James P. Hoge, jr., »Fulfilling Brazil's Promise: A Conversation with President Cardoso«, in: *Foreign Affairs*, August 1995, S. 64 (»Herrschaft des Gesetzes« und »Wir brauchen Reformen«).
16 Moises Naim, *Latin America's Journey to the Market: From Macroeconomic Shocks to Institutional Therapy*, San Francisco 1995, S. 17-26, 2 (»Die Endeckung«); vgl. ders., »Latin America: The Morning After«, in: *Foreign Affairs*, Juli/August 1995, S. 45-62; Shahid Javed Burki, Sebastian Edwards, *Dismantling the Populist State: The Unfinished Revolution in Latin America and the Caribbean*, Washington, D. C., 1997.

Kapitel 10
Reise zum Markt: Der Weg der nachkommunistischen Welt

1 Timothy Garton Ash, *The Polish Revolution: Solidarity*, London 1991, S. 34 (»Selbstverteidigung«).
2 Interview mit Jeffrey Sachs. Jeffrey Sachs, *Poland's Jump to the Market Economy*, Cambridge (Mass.), 1993, S. 44.
3 Sachs, *Poland's Jump*, S. 44 (»mein Ludwig Erhard«); Leszek Balcerowicz, *Socialism, Capitalism, Transformation*, Budapest 1995, S. 341 f. (»ihre Haltungen ... ändern«).

4 Balcerowicz, *Socialism*, S. 366 (»Schocktherapie« und »Marktrevolution«), 344, 354; vgl. Sachs, *Poland's Jump*, S. 64 f.
5 Balcerowicz, *Socialism*, S. 356 (»alte Gewohnheiten«), 362 (»gerechte Marktwirtschaft«), 349, 343 (»Chaos«), 182 (»Kernstück«); vgl. Sachs, *Poland's Jump*, S. 63 ff.; Europäische Bank für Wiederaufbau und Entwicklung, *Transition Report 1996*, London 1996, S. 17, 112, 165 f.
6 Otto Ulč, »Czechoslovakia's Velvet Divorce«, in: *East European Quarterly*, Bd. 30, Herbst 1996, S. 331-352; *Wall Street Journal*, 30. Mai 1996 (»Wahl«); Europäische Bank, *Transition Report*, S. 146 ff.; Václav Klaus, *Renaissance: The Rebirth of Liberty in the Heart of Europe*, Washington, D. C., 1997, S. 28, 151 ff.
7 Interview mit Jegor Gaidar. Daniel Yergin, Thane Gustafson, *Russia 2010 – And What It Means for the World*, New York 1995, Kap. 4; Jegor Gaidar, Karl-Otto Pöhl, *Russian Reform: International Money*, Cambridge (Mass.) 1995, S. 48, 7 (»Zwanzig Jahre«); Maxim Boycko, Andrei Shleifer, Robert Vishny, *Privatizing Russia*, Cambridge (Mass.) 1995, S. 119. Eine klassische Untersuchung über die Unfähigkeit zur Innovation ist Joseph Berliner, *The Innovation Decision in Soviet Industry*, Cambridge (Mass.) 1976; die klassische Arbeit über die Entwicklung der sowjetischen Erdöl- und Gasindustrie ist Thane Gustafson, *Crisis amid Plenty: The Politics of Soviet Energy under Brezhnev and Gorbachev*, Princeton 1989.
8 Vgl. Anders Åslund, *How Russia Became a Market Economy*, Washington, D. C., 1995, S. 28 ff., 42-46; Boris Jelzin, »We Are Taking Over«, Interview in: *Newsweek*, 6. Januar 1992, S. 11 f. (»Igel«). Angela Stent, *Russia and Germany Reborn: Unification, the Collapse of the Soviet Union, and the Future of Europe*, Princeton 1998 (Gorbatschow und die Geheimrede Chrutschtschows); zur vernichtenden Wirkung der Enthüllungen über die sowjetische Vergangenheit vgl. David Remnick, *Lenin's Tomb: The Last Days of the Soviet Union*, New York 1993.
9 Interviews mit Jegor Gaidar und Andrei Konopljanik. Vgl. Boris Pankin, *The Last Hundred Days of the Soviet Union*, London 1996, S. 25; eine Zusammenfassung von drei Jahrzehnten seiner Arbeit über kommunistische Ökonomie bietet János Kornai mit *The Socialist System: The Political Economy of Communism*, Princeton 1992.
10 Interview mit Grigorij Jawlinskij. Balcerowicz, *Socialism*, S. 365 (»polnische Weg«); vgl. Åslund, *How Russia Became a Market Economy*, S. 71 (militärisch-industrieller Komplex); Boris Jelzin, *The Struggle for Russia*, New York 1994, S. 125 f. (»loslegen«).
11 Interview mit Jegor Gaidar. Åslund, *How Russia Became a Market Economy*, S. 64-69 (»kleine Schritte« und »politische Freiheit«).
12 Interview mit Jegor Gaidar. Åslund, *How Russia Became a Market Economy*, S. 85, 94 (»rosa Shorts«).
13 Interviews mit Sergei Wassiljew. Åslund, *How Russia Became a Market Economy*, S. 69, 228 (»Sträflich lange«), 240 (»breite Schicht«); vgl. Thane Gustafson, *Capitalism Russian Style*, Cambridge (Mass.) 1999.
14 Boycko, *Privatizing Russia*, S. 8-14 (»durch die Macht«), 71; vgl. Åslund, *How Russia Became a Market Economy*, S. 247.
15 Åslund, *How Russia Became a Market Economy*, S. 235 (»Millionäre«); Gustafson, *Capitalism Russian Style* (»Mohrrüben oder Kohl«); Boycko, *Privatizing Russia*, S. 63 (»unsere Ideologie«), 108.
16 Vgl. Joseph A. Blasi, Maya Kroumova, Douglas Kruse, *Kremlin Capitalism: The Privatization of the Russian Economy*, Ithaca (New York) 1997, S. 2, 26, 167, 178; Fi-

nancial Times, 17. September 1997; Alessandra Stanley, »The Power Broker«, in: *New York Times Sunday Magazine*, 31. August 1997.
17 Interviews mit Jegor Gaidar und Sergei Wassiljew. Vgl. Peter Boone, Boris Federow, »The Ups and Downs of Russian Economic Reforms«, in: Wing Thye Woo, Stephen Parker, Jeffrey Sachs (Hg.), *Economies in Transition: Comparing Asia and East Europe*, Cambridge (Mass.) 1997, S. 186 ff.; vgl. Nemtsow, in: *Financial Times*, 18. März 1997. Über Verbrechen vgl. Stephen Handelman, *Comrade Criminal: The Theft of the Second Russian Revolution*, London 1994. Über ein mögliches russisches Wirtschaftswunder vgl. Yergin, Gustafson, *Russia 2010*, Kap. 12; Cambridge Energy Research Associates, *Former Soviet Union Watch*, Cambridge (Mass.) 1996, 1997; *Financial Times*, 20. September 1997; *Washington Post*, 25. September 1997; Lilia Shevtsova, *Yeltsin's Russia: Challenges and Constraints*, Moskau 1997; *Financial Times*, 29. Mai 1997, S. 21 (Nemtsow und Jelzin).
18 Interviews mit Grigorij Jawlinskij und Leszek Balcerowicz. Alexander Golts, »Primakov's Style«, in: *Intellectual Capital*, 17. September 1998; Gustafson, *Capitalism Russian Style*.
19 Interview mit Leszek Balcerowicz. Gustavson, *Capitalism Russian Style*.

Kapitel 11
Die verzögerte Revolution: Amerikas neue Balance

1 Vgl. *Dayton Daily News*, 18. Dezember 1995, S. 7; *Arkansas Democrat-Gazette*, 17. November 1995, S. 1; *Sun-Sentinel*, 29. Dezember 1995, S. 1 (»Haushaltssackgasse« und »Politik ... mit dem Leben«); *Seattle Times*, 29. Dezember 1995, S. 1; *New York Times*, 29. Dezember 1995, S. 1; *Bergen Record* (New Jersey), 29. Dezember 1995, S. 1.
2 Vgl. Elizabeth Drew, *Showdown: The Struggle Between the Gingrich Congress and the Clinton White House*, New York 1997, S. 305-381; Dick Morris, *Behind the Oval Office: Winning the Presidency in the 1990s*, New York 1997, S. 183 f.; George Hagar, »Reconciliation: A Battered GOP Calls Workers Back to Work«, in: *Congressional Quarterly Weekly Review*, 6. Januar 1996, S. 53-56.
3 Lou Cannon, *Reagan*, New York 1982, S. 262-268 (»Superdirektor«).
4 Interviews mit Irving Kristol, William Kristol und George Shultz (unterschätzt); Christopher DeMuth, William Kristol (Hg.), *The Neo-Conservative Imagination: Essays in Honor of Irving Kristol*, Washington, D. C., 1995, S. 166 (»von der Realität düpiert«), 180 (»Die Wahrheit« und »Macht der Ideen«), 60 (»besudelt« und »Rehabilitierung«); vgl. *Bangor Daily News* (Maine), 28. März 1996 (McGovern als Gastwirt); Irving Kristol, *Neo-Conservativism: The Autobiography of an Idea*, New York 1995, S. 12 f., 379, 18, 32 (»Obwohl keiner von uns« und »politisches Koordinatensystem«).
5 Interview mit Paul Volcker. Paul Volcker, Toyoo Gyohten, *Changing Fortunes: The World's Money and the Threat to American Leadership*, New York 1992, S. 170 (»Euphorie« und »Drachen der Inflation«); Elisabeth Bumiller, »Two for the Money«, in: *Washington Post*, 7. August 1979, S. B3 (»Ich bin langweilig«); William R. Neikirk, *Volcker: Portrait of the Money Man*, New York 1987, S. XX, 28, 78 f.
6 Interviews mit George Shultz und Paul Volcker. Paul Volcker, Toyoo Gyohten, *Changing Fortunes*, S. 166 (»Wette auf die Inflation«); Neikirk, *Volcker*, S. 137 f. 219

(»Kompliment«); vgl. William Greider, *Secrets of the Temple: How the Federal Reserve Runs the Country*, New York 1987.
7 Interviews mit Robert Rubin, Lawrence Summers, Benjamin Friedman, Michael Levy, Roger Porter und anderen. Herbert Stein, *Presidential Economics: The Making of Economic Policy from Roosevelt to Reagan and Beyond*, New York 1985, S. 263-307 (»wilde« Angebotsökonomen); vgl. Congressional Budget Office, »The Economic and Budget Outlook: Fiscal Years 1998–2005«, Januar 1997, S. 105; David A. Stockman, *The Triumph of Politics: How the Reagan Revolution Failed*, New York 1986, S. 14 (»radikaler Ideologe«); vgl. Elizabeth Drew, *On the Edge: The Clinton Presidency*, New York 1995; *Newsweek*, 23. Juni 1997, S. 16 (Robert Rubin); Martin Feldstein (Hg.) *American Economic Policy in the 1980s*, Chicago 1994; William A. Niskanen, *Reaganomics: An Insider's Account of the Policies and the People*, New York 1988; Council of Economic Advisers, *Economic Report of the President*, Washington, D. C., 1997; Richard Darman, *Who's in Control? Polar Politics and the Sensible Center*, New York 1996, S. 113 (»Steuererhöhung«), 73 (»vorherigen Geschichte«). Über den so genannten *declinism* vgl. Joseph Nye, jr., *Bound to Lead: The Changing Nature of American Power*, New York 1990.
8 Interviews mit Stephen Breyer, Dick Cheney und Rudolph Penner. William Breit, Roger W. Spencer (Hg.), *Lives of the Laureates: Seven Nobel Economists*, Cambridge (Mass.) 1986, S. 107 (»Was ich herausfand« und »Witwen und Waisen«); vgl. George J. Stigler, *Memoirs of an Unregulated Economist*, New York 1988; Harry M. Trebing, »The Chicago School Versus Public Utility Regulation«, in: Warren J. Samuels (Hg.), *The Chicago School of Political Economy*, New Brunswick (New Jersey) 1993, S. 311-340; vgl. auch die einflussreiche Buchreihe der Brookings Institution über Regulierung. Über die Theorien »nichtmarktmäßiger Entscheidungen« (*public choice theories*) vgl. James Buchanan, Gordon Tullock, *The Calculus of Consent*, Ann Arbor 1962; Richard H. K. Vietor, *Contrived Competition: Regulation and Deregulation in America*, Cambridge (Mass.) 1996.
9 Interview mit Stephen Breyer. Robert Burkhardt, *CAB: The Civil Aeronautics Board*, Dulles International Airport (Virginia) 1974, S. 12 (»annäherndes Chaos«). Zu Kahn vgl. Thomas McCraw, *Prophets of Regulation*, Cambridge (Mass.) 1984, Kap. 7.
10 Interviews mit Edward Jordan und Eugene Ludwig. *Business Week*, 22. Juni 1992, S. 146; *New York Times*, 9. Juni 1992, S. 1 (»Antenne«); vgl. Alfred Kahn, *Economics of Regulation*, New York 1970; Vietor, *Contrived Competition*, S. 168-172 (»Zeit und Entfernung«), 176 (»Monopol«), 197 (»geschmacklosen Eintopf«), 206 f. (»gemeinsamen Trägers«), 211 (»Wirtschaftsgeschichte«), 231 ff. (»technische Qualität«); Steven A. Morrison, Clifford Winston, »The Fare Skies: Air Transportation and Middle America«, in: *Brookings Review*, Herbst 1997, S. 42-45.
11 Interviews mit Elizabeth Moler und Philip Sharp. Vgl. Cambridge Energy Research Associates, *Electric Power Trends 1996–97*, S. 8; Bruce Humphrey, *Notes on Deregulation*, Cambridge (Mass.) 1997; Larry Makovich, *Cost Versus Value: Private Report*, Cambridge (Mass.) 1997; Gary Simon et al., *North American Power Watch*, Cambridge (Mass.), verschiedene Ausgaben.
12 Pietro Nivola, *Comparative Disadvantages? Social Regulations and the Global Economy*, Washington, D. C., 1997, S. 10 (»kriminalisiert«); Stephen Breyer, *Breaking the Vicious Circle: Toward Effective Risk Regulation*, Cambridge (Mass.) 1993, S. 51 (»regulatorischen Sackgasse«); vgl. William J. Novak, *The People's Welfare: Law and Regulation in Nineteenth-Century America*, Chapel Hill 1996, S. 56 f.

13 Interviews mit Stephen Breyer und Daniel Esty. Breyer, *Breaking the Vicious Circle*, S. 39 f., 12 (Sondermülldeponie); vgl. Nivola, *Comparative Disadvantages?*, S. 20; Daniel J. Dudek, »Emissions Trading: Practical Lessons from Experience«, Bericht für das Joint Economic Committee, U. S. Congress, 9. Juli 1997, S. 3 f. (Erfolg des Emissionenhandels); American Enterprise Institute, »How Economics Can Inform the Global-Climate Change Debate«, Konferenzbericht, März 1997; Congressional Research Service, »Market-based Environmental Management: Issues and Implementation«, März 1994, Washington, D. C.

14 Lincoln Caplan, *Up Against the Law: Affirmative Action and the Supreme Court*, New York 1997; Littler, Mendelson, Fastiff, Tichy, Mathiason, *The 1996 National Employer*, 1996, S. 153 (»ehemaligen Beschäftigten«); Nivola, *Comparative Disadvantages?*, S. 11 (»persönliche Meinungsverschiedenheiten« und »Millionenhöhe«); Philip Howard, *The Death of Common Sense: How Law Is Suffocating America*, New York 1996, S. 142 (»zur Klage ... ermutigen« und »kostbare Rechte«); *Washington Post*, 12. Mai 1997, S. A1, A10 (Stanley Sporkin).

15 Al Gore, *Common Sense Government: Works Better and Costs Less*, New York 1995, S. 117 (»Übertragung«); Moshe Adler, »In City Services, Privatize and Beware«, in: *New York Times*, 7. April 1996; Reason Foundation, *Privatization 1996*, S. 15 (Ed Rendell); *New York Times*, 12. Februar 1989 (Conrail).

16 *Wall Street Journal*, 13. Mai 1997; Reason Foundation, *Privatization 1996*, S. 7 f.; *Atlanta Journal and Constitution*, 2. August 1996, S. 14A; *Economist*, 19. April 1997 (private Polizei); *Security Management*, November 1994; *General Accounting Office Report*, Januar 1994; Informationen über private Gefängnisse von Douglas MacDonald.

17 Interviews mit William Schneider und Rudolph Penner. Vgl. Thomas J. Duesterberg, »Reforming the Welfare State«, in: *Society*, September/Oktober 1998, S. 44-53.

Kapitel 12
Die Zwickmühle: Europas Suche nach einem neuen Sozialpakt

1 Vgl. Altiero Spinelli, Ernesto Rossi, *Manifest der europäischen Föderalisten*, Frankfurt am Main 1958; Juliet Lodge (Hg.), *European Union: The European Community in Search of a Future*, London 1986, S. 174-185; Europäische Gemeinschaft, *Battling for the Union* (dt.: *Der Kampf für die Union. Altiero Spinelli 1979–1986*, Luxemburg 1988), S. 47-58 (»Hemingway«).

2 Vgl. Vivien A. Schmidt, *From State to Market? The Transformation of French Business and Government*, New York 1996, Kap. 4; *Le Monde*, 25. Juni 1981; Andrea Boltho, »Has France Converged on Germany? Policies and Institutions Since 1958«, in: Suzanne Berger, Ronald Dore (Hg.), *National Diversity and Global Capitalism*, Ithaca (New York) 1991; Marië-Paule Virard, *Comment Mitterrand a découvert l'économie*, Paris 1993, S. 24.

3 Charles Grant, *Delors: Inside the House that Jacques Built*, London 1994, S. 12 (»erfolgreichste«), 8, 11 (»gutes Arbeitspferd«), 13 (»nie ... fasziniert«), 15 (»Wenn ich mich klar ausdrücke«).

4 Gabriel Milesi, *Delors: L'homme qui dit non*, Paris 1995, S. 214 (»Jakobiner«), 219 (»Es gibt keine andere Wahl« und »Politik von Frau Thatcher«); Grant, *Delors*, S. 47 (»Lokomotive«); Schmidt, *From State to Market?*, S. 122 (»Gewinnverbrennungsöfen«).

5 Milesi, *Delors*, S. 248 (»Creusot-Loire helfen«).
6 Schmidt, *From State to Market?*, S. 111 (»sich zurückzuhalten«); Grant, *Delors*, S. 56 (»riecht«), 54 (»Großwesir«), 59 (»französischen Sozialdemokratie« und »Präsidentenmehrheit«).
7 Spinelli, Rossi, *Manifest der europäischen Föderalisten*, S. 188 (»europäischen Einigungsidee«); Grant, *Delors*, S. 66 (»Geld zurück«).
8 Europäische Gemeinschaft, *Battling for the Union*, S. 47-58 (»lächerliche Maus«); vgl. Grant, *Delors*, S. 74 f., 88; Berger, Dore, *National Diversity*, S. 231; *Financial Times*, 24. Oktober 1997 (»Milchschokolade«).
9 Interview mit Margaret Thatcher. Geoffrey Howe, *Conflict of Loyalty*, London 1994, S. 537 (»europäischen Superstaat«); Thatcher, *The Path to Power*, S. 558 (»neuen Sorte«).
10 David Marsh, *Der zaudernde Riese: Deutschland und Europa*, London 1994, S. 22, 38.
11 Interview mit Karl-Otto Pöhl. Marsh, *Der zaudernde Riese*, S. 85 (»Kommt die D-Mark«); Horst Teltschik, *329 Tage: Innenansichten der Einigung*, Berlin 1991, S. 129-133; vgl. Angela Stent, *Germany and Russia Reborn*; Maier, *Verschwinden*; Helmut Kohl, *Ich wollte Deutschlands Einheit*, Berlin 1996, S. 259–265.
12 Marsh, *Der zaudernde Riese*, S. 75(»Herztransplantationen«).
13 Interview mit Karl-Otto Pöhl. Rüdiger Dornbusch, »Euro Fortress«, in: *Foreign Affairs*, September/Oktober 1996, S. 116-124.
14 Interviews mit Valéry Giscard d'Estaing, Jens Stoltenberg, Christian Stoffaës und Alberto Clô.
15 Interviews mit Valéry Giscard d'Estaing, Oscar Fanjul, Helmut Schmidt, Herbert Detharding, Jens Stoltenberg, Karl-Otto Pöhl und Peter Sutherland. Vgl. Peter Sutherland, Rede auf der Konferenz der Confederation of British Industry, 12. November 1996; Internationaler Währungsfonds, *World Economic Outlook: EMU and the World Economy*, Teil 1, Washington, D. C., Oktober 1997, S. 60 f.; *International Herald Tribune*, 16. September 1997; Barry Bosworth, Gary Burtless, »Budget Crunch Population Aging in Rich Countries«, in: *The Brookings Review*, Sommer 1997, S. 10-15.
16 Interview mit Helmut Schmidt.

Kapitel 13
Die Balance des Vertrauens: Die Welt nach der Reform

1 Jon Sopel, *Tony Blair: Der Herausforderer*, Stuttgart 1996, S. 54, 150 (»langen Atems«), 92 (»umfassende Wirtschaftslenkung«), 29 (»jede Minute«), 55 (»ethischen Sozialismus«), 58, 23 (»alles aus eigener Kraft«).
2 *New Statesman*, Sonderausgabe, Mai 1997, S. 42 (»Das ist einfach« und »Steuern hochtreibt«), 64 (»zugrunde liegende Linie«); Sopel, *Tony Blair*, S. 243 (»zu viel Bürokratie«), 325 (»Gemeineigentum« und »erwachsen werden«), 288.
3 *New York Times*, 7. Juni 1997 (Blair und Jospin); Arthur M. Okun, *Equality and Efficiency: The Big Tradeoff*, Washington, D. C., 1975, S. 119 (»in Grenzen halten«); vgl. Council of Economic Advisers, *Economic Report of the President*, Washington, D. C., 1997.
4 Interviews mit Robert Rubin und Eric Dobkin. Zum Devisenhandel vgl. McCarthy, Crisanti und Maffei (MCM).

Staat oder Markt

5 Interview mit John Browne. Zur Umwandlung von British Petroleum vgl. Steven E. Prokesch, »Unleashing the Power of Learning«, in: *Harvard Business Review*, September/Oktober 1997; vgl. Vito Tanzi, Ludger Schuknecht, »The Growth of Government and the Reform of the State in Industrial Countries«, IWF Arbeitspapier W/95/130, Dezember 1995; Clive Crook (Hg.), »The Future of the State: A Survey of the World Economy«, in: *The Economist*, 20.-26. September 1997.

6 Vgl. *Financial Times*, 26. September 1997, S. 13 (Nemtsow).

7 Interview mit Felix Rohatyn.

8 Lee Kuan Yew in einer Diskussion auf einer Konferenz des International Institute for Strategic Studies, Singapur, 12. September 1997.

9 Vgl. *Forbes*, 10. März 1997, S. 124 (Drucker).

10 Vgl. David Hale, »How the Rise of Pension Funds Will Change the Global Economy in the 21st Century«, Manuskript; Eugene Ludwig, Rede vor der American Bankers Association, 5. Oktober 1997 (Investitionsfonds); Internationaler Währungsfonds, *Annual Report: 1998*, Washington, D. C., 1998, S. 1-50; Jeffrey Sachs, »Making it Work«, in: *The Economist*, 12. September 1998, S. 23 ff.; Stanley Fischer, »Reforming World Finance: Lessons from a Crisis«, in: *The Economist*, 3. Oktober 1998, S. 23 ff.

Interviewpartner

Viele Menschen habe sich großzügig für Interviews zur Verfügung gestellt, die unverzichtbar waren, um dieses Buch zu schreiben. Wir möchten unseren großen Dank für ihr Wohlwollen und ihre Zuvorkommenheit zum Ausdruck bringen. Keiner von ihnen ist für die Interpretationen und Bewertungen in diesem Buch verantwortlich.

ANAND PANYARACHUN
ANWAR IBRAHIM
PEDRO ASPE
LESZEK BALCEROWICZ
CARLOS BASTOS
GARY BECKER
FRANCO BERNABÈ
CARLOS BERNARDEZ
ALBERT BRESSAND
STEPHEN BREYER
JOHN BROWNE
DOMINGO CAVALLO
RICHARD CHENEY
PALANIAPPAN CHIDAMBARAM
ALBERTO CLÔ
HERBERT DETHARDING
ERIC DOBKIN
WLADIMIR DOWGAN
CASPAR EINEM
DANIEL ESTY
SIR BRIAN FALL
OSCAR FANJUL
BENJAMIN FRIEDMAN
MILTON FRIEDMAN
ALBERTO FUJIMORI
JEGOR GAIDAR
VALÉRY GISCARD D'ESTAING
LUIS GIUSTI
GOH KENG SWEE

GONG WEE LIK
THANE GUSTAFSON
THOMAS HANSBERGER
YUKON HUANG
ENRIQUE IGLESIAS
ALEJANDRO JADRESIC
EDWARD JORDAN
DANI KAUFFMANN
VIJAY KELKAR
CHRISTINE KEUNG
KIM IL SUP
IRVING KRISTOL
WILLIAM KRISTOL
KENNETH LAY
HOESUNG LEE
MICHAEL LEVY
LINDA LOW
EUGENE LUDWIG
CLAUDE MANDIL
EDWARD MCCRACKEN
MAHATHIR MOHAMAD
DOMINIQUE MOISI
ELIZABETH MOLER
MASAHISA NAITOH
PIETRO NIVOLA
R. K. PACHAURI
RUDOLPH PENNER
DWIGHT PERKINS
KARL-OTTO PÖHL

Roger Porter
G. V. Ramakrishna
Jairam Ramesh
Bhanoji Rao
Felix Rohatyn
Robert Rubin
Jeffrey Sachs
Gonzalo Sánchez de Losada
James Schlesinger
Helmut Schmidt
William Schneider
Philip Sharp
George Shultz
Jesús Silva Herzog
Helga Steeg
Joseph Stiglitz

Christian Stoffaës
Jens Stoltenberg
Lawrence Summers
Peter Sutherland
Margaret Thatcher
Felipe Thorndike
Antoine van Agtmael
Sergei Vasiliew
Paul Volcker
John Wakeham
Sergei Wassiljew
John Wing
Wong Wee Kim
Grigorij Jawlinskij
Yeo Cheow Tong
David Young

Ausgewählte Literatur

Adenauer, Konrad, *Briefe über Deutschland,* hrsg. und bearb. von Hans Peter Mensing, Berlin 1986.
Agtmael, Antoine M. van, *Emerging Securities Markets: Investment Banking Opportunities in the Developing World,* London 1984.
Aharoni, Yari, *The Evolution and Management of State Owned Enterprises,* Cambridge (Mass.) 1986.
Akbar, Mobashar Jawed, *Nehru: The Making of India,* New York 1988.
Allen, Frederick Lewis, *Only Yesterday: An Informal History of the Nineteen-Twenties,* New York 1931.
Ambrose, Stephen E., *Nixon,* 3 Bde., New York 1987–91.
Amsden, Alice H., *Asia's Next Giant: South Korea and Late Industrialization,* New York 1989.
Anderson, Martin, *Welfare: The Political Economy of Welfare Reform in the United States,* Stanford 1979.
Ash, Timothy Garton, *The Polish Revolution,* London 1991.
Åslund, Anders, *Gorbachev's Struggle for Economic Reform,* Ithaca (New York) 1991.
Ders., *How Russia Became a Market Economy,* Washington, D. C., 1995.
Balcerowicz, Leszek, *Socialism, Capitalism, Transformation,* London 1995.
Balze, Felipe A. M. de la, *Remaking the Argentine Economy,* New York 1995.
Barber, William J., *A History of Economic Thought,* London 1967.
Bark, Dennis L., David R. Gress, *A History of West Germany,* Bd. 1, *From Shadow to Substance, 1945–1963,* Oxford 1989.
Barnet, Richard, *The Alliance: America, Europe, Japan: Makers of the Postwar World,* New York 1983.
Barro, Robert J., *Getting It Right: Markets and Choices in a Free Society,* Cambridge (Mass.) 1996.
Bartley, William Warren, III. (Hg.), *The Collected Works of Friedrich August Hayek,* Bd. 1, *The Fatal Conceit: The Errors of Socialism,* London 1988.
Ders., Stephen Kresge, *F. A. Hayek: The Trend of Economic Thinking,* London 1991.
Bastos, Carlos Manuel, Manuel Angel Abdala, *Reform of the Electric Power Sector in Argentina,* Buenos Aires 1996.
Bauer, Peter T., *Dissent on Development. Studies and Debates on Development Economies,* Cambridge (Mass.) 1979.
Ders., *West African Trade: A Study of Competition, Oligopoly and Monopoly in a Changing Economy,* Cambridge 1954.

Baum, Richard, *Burying Mao: Chinese Politics in the Age of Deng Xiaoping*, Princeton 1994.
Beauman, Christopher, »The Turnaround: The British Steel Corporation from the Mid-1970s to the Mid-1980s – And Beyond«, Centre for Economic Performance, London School of Economics, 23. April 1996.
Becker, Gary Stanley, *Human Capital and the Personal Distribution of Income*, Ann Arbor (Michigan) 1967.
Ders., Guity Nashat Becker, *Die Ökonomie des Alltags. Von Baseball über Gleichstellung zur Einwanderung: Was unser Leben wirklich bestimmt*, Tübingen 1998.
Beckner, Stephen K., *Back from the Brink: The Greenspan Years*, New York 1996.
Beesley, E. M. et al. (Hg.), *Utility Regulation: Challenge and Response*, London 1995.
Bell, Daniel, *Die kulturellen Widersprüche des Kapitalismus*, Frankfurt am Main 1991.
Benn, Tony, *Against the Tide: Diaries, 1973-1976*, London 1989.
Benz, Wolfgang, *Von der Besatzungsherrschaft zur Bundesrepublik*, Frankfurt am Main 1984.
Berger, Suzanne, Ronald Dore (Hg.), *National Diversity and Global Capitalism*, Ithaca (New York) 1991.
Berliner, Joseph S., *The Innovation Decision in Soviet Industry*, Cambridge (Mass.) 1976.
Bernstein, Richard, Ross H. Munro, *Der kommende Konflikt mit China. Das Reich der Mitte auf dem Weg zur neuen Weltmacht*, München 1997.
Bhagwati, Jagdish N., *India in Transition: Freeing the Economy*, Oxford 1995.
Bishop, Matthew, John Kay, Colin Mayer (Hg.), *The Regulatory Challenge*, Oxford 1995.
Blasi, Joseph A., Maya Kroumova, Douglas Kruse, *Kremlin Capitalism: Privatizing the Russian Economy*, Ithaca (New York) 1997.
Booth, Anne (Hg.), *The Oil Boom and After: Indonesian Economic Policy and Performance in the Soeharto Era*, Shah Alam (Malaysia) 1995.
Bosworth, Barry P., Rüdiger Dornbusch, Raúl Labán (Hg.), *The Chilean Economy: Policy Lessons and Challenges*, Washington, D. C., 1994.
Boycko, Maxim, Andrei Shleifer, Robert Vishny, *Privatizing Russia*, Cambridge (Mass.) 1995.
Brady, Kathleen, *Ida Tarbell: Portrait of a Muckraker*, New York 1984.
Breit, William, Roger W. Spencer (Hg.), *Lives of the Laureates: Seven Nobel Economists*, Cambridge (Mass.) 1986.
Bresnan, John, *Managing Indonesia: The Modern Political Economy*, New York 1993.
Breyer, Stephen, *Regulation and Its Reform*, Cambridge (Mass.) 1982.
Ders., *Breaking the Vicious Circle: Toward Effective Risk Regulation*, Cambridge (Mass.) 1994.
Brinkley, Alan, *The End of Reform: New Deal Liberalism in Recession and War*, New York 1995.
Brittan, Samuel, *Capitalism with a Human Face*, London 1995.
Bryan, Lowell, Diana Farrell, *Der entfesselte Markt: Die Befreiung des globalen Kapitalismus*, Wien 1997.
Burkhardt, Robert, *CAB: The Civil Aeronautics Board*, Dulles International Airport 1974.
Burki, Shahid Javed, Sebastian Edwards, *Dismantling the Populist State: The Unfinished Revolution in Latin America and the Caribbean*, Washington, D. C., 1996.
Cairncross, Alec, *Years of Recovery: British Economic Policy, 1945–1951*, London 1985.
Caldwell, Bruce (Hg.), *The Collected Works of F. A. Hayek*, Bd. 9, *Contra Keynes and Cambridge, Essays, Correspondence*, London 1995.

Cambridge Energy Research Associates, *Former Soviet Union Watch*, Cambridge (Mass.) 1996, 1997.
Campos, José Edgardo, Hilton L. Root, *The Key to the Asian Miracle: Making Shared Growth Credible*, Wasthington, D. C., 1996.
Cannon, Lou, *Reagan*, New York 1982.
Ders., *President Reagan: The Role of a Lifetime*, New York 1991.
Caplan, Lincoln, *Up Against the Law: Affirmative Action and the Supreme Court*, New York 1997.
Cardoso, Fernando Henrique, Enzo Faletto, *Abhängigkeit und Entwicklung in Lateinamerika*, Frankfurt am Main 1976.
Caron, François, *An Economic History of Modern France*, London 1979.
Carr, Edward Hallett, *The Bolshevik Revolution, 1917-1923*, 3 Bde., London 1950–53.
Ders., *Die Russische Revolution: Lenin und Stalin*, Stuttgart 1980.
Cassen, Robert, Vijay Joshi (Hg.), *India: The Future of Economic Reform*, New Delhi 1995.
Chakravarty, Sukhamoy, *Development Planning: The Indian Experience*, Oxford 1987.
Ders., *Selected Economic Writings*, Neu Delhi 1993.
Chertow, Martin R., Daniel Esty, *Thinking Ecologically: The Next Generation on Environmental Policy*, New Haven 1997.
Chruschtschow, Nikita, *Chruschtschow erinnert sich*, hg. von Strobe Talbott, eingeleitet und kommentiert von Edward Crankshaw, Frankfurt am Main 1971.
Clawson, Marion, *New Deal Planning: The National Resources Planning Board*, Baltimore 1981.
Cockett, Richard, *Thinking the Unthinkable: Think-tanks and the Economic Counter-Revolution, 1931–1983*, London 1995.
Colclough, Christopher, James Manor (Hg.), *States or Markets? Neo-liberalism and the Development Policy Debate*, Oxford 1995.
Conaghan, Catherine M., James M. Malloy, Luis A. Abugattas, »Business and the ›Boys‹: The Politics of Neoliberalism in the Central Andes«, in: *Latin American Research Review*, Nr. 32 (Frühjahr 1990), S. 3-30.
Congressional Budget Office, *The Economic and Budget Outlook: Fiscal Years 1998–2005*, Washington, D. C., 1997.
Congressional Research Service, »Market-based Environmental Management: Issues and Implementation«, Washington, D. C., 1994.
Constable, Pamela, Arturo Valenzuela, *A Nation of Enemies: Chile Under Pinochet*, New York 1991.
Coopley, Richard, Nicholas Woodward (Hg.), *Britain in the 1970s: The Troubled Economy*, London 1996.
Council of Economic Advisers, *Economic Report of the President*, Washington, D. C., 1997.
Crook, Clive (Hg.), »The Future of the State: A Survey of the World Economy«, in: *The Economist*, 20.–26. September 1997.
Crossman, Richard Howard Stafford, Arthur Koestler, André Gide u. a., *Der Gott, der keiner war*, Köln 1952.
Dahrendorf, Ralf, *A History of the London School of Economics and Political Science: 1895–1995*, Oxford 1995.
Dam, Kenneth W., *The GATT: Law and International Economic Organization*, Chicago 1970.

Ders., *The Rules of the Game: Reform and Evolution in the International Monetary System*, Chicago 1982.
Darman, Richard, *Who's in Control? Polar Politics and the Sensible Center*, New York 1996.
Delors, Jacques, *Das neue Europa*, München 1993.
Ders., *L'Unité d'un homme: Entretiens avec Dominique Wolton*, Paris 1994.
DeMuth, Christopher, William Kristol (Hg.), *The Neo-Conservative Imagination: Essays in Honor of Irving Kristol*, Washington, D. C., 1995.
Deng Mao-mao, *Deng Xiaoping: My Father*, New York 1995.
Deng Xiaoping, *Der Aufbau des Sozialismus chinesischer Prägung*, Peking 1985.
Dominguez, Jorge I., *Technopols: Freeing Politics and Markets in Latin America in the 1990s*, University Park (Pennsylvania) 1997.
Donaldson, David J., Dileep M. Wagle, *Privatization: Principles and Practice* (Reihe »Lessons of Experience« der Internationalen Finanzierungsgesellschaft), Washington, D. C., 1995.
Donoghue, Bernard, *Prime Minister: The Conduct of Policy Under Harold Wilson and James Callaghan*, London 1987.
Dornbusch, Rüdiger, F. Leslie, C. H. Helmers (Hg.), *The Open Economy: Tools for Policymakers in Developing Countries*, New York 1988.
Drew, Elizabeth, *On the Edge: The Clinton Presidency*, New York 1994.
Dies., *Showdown: The Struggle Between the Gingrich Congress and the Clinton White House*, New York 1997.
Duchêne, François, *Jean Monnet: The First Statesman of Interdependence*, New York 1994.
Durbin, Elizabeth, *New Jerusalems: The Labour Party and the Economics of Democratic Socialism*, London 1985.
Edward, Sebastian, *Crisis and Reform in Latin America: From Despair to Hope*, Oxford 1995.
Einaudi, Mario, Maurice Byé, Ernesto Rossi, *Nationalization in France and Italy*, Ithaca (New York) 1955.
Ekiert, Grzegorz, *The State Against Society: Political Crises and Their Aftermath in East Central Europe*, Princeton 1996.
Enright, Michael J., Edith E. Scott, David Dodwell, *The Hong Kong Advantage*, Hongkong 1997.
Europäische Bank für Wiederaufbau und Entwicklung, *Transition Report 1996*, London 1996.
Europäische Gemeinschaft, *Der Kampf für die Union. Altiero Spinelli 1979–1986*, Luxemburg 1988.
Evans, Richard, *Deng Xiaoping and the Making of Modern China*, London 1993.
Fairbank, John King, *Geschichte des modernen China, 1800–1985*, München 1989.
Fallows, James M., *Looking at the Sun: The Rise of the New East Asian Economic and Political System*, New York 1994.
Febrero, Ramon, Pedro S. Schwartz (Hg.), *The Essence of Becker*, Stanford 1995.
Feldstein, Martin (Hg.), *American Economic Policy in the 1980s*, Chicago 1994.
Ferdinand, Peter (Hg.), *Take-off for Taiwan?*, London 1996.
Fewsmith, Joseph, *Dilemmas of Reform in China: Political Conflict and Economic Debate*, Armonk (New York) 1994.
Foss, Nicolai Juul, *The Austrian School and Modern Economics: Essays in Reassessment*, Kopenhagen 1994.

Foster, Christopher D., *Privatization, Public Ownership, and the Regulation of Natural Monopoly*, Oxford 1992.
Foxley, Alejandro, *Latin American Experiments in Neo-Conservative Economics*, Berkeley 1983.
Francis, John G. *The Politics of Regulation: A Comparative Perspective*, Oxford 1993.
Friedman, Benjamin M., *Day of Reckoning: The Consequences of American Economic Policy under Reagan and After*, New York 1989.
Friedman, Milton, *Capitalism and Freedom*, Chicago 1982 (dt.: *Kapitalismus und Freiheit*, Frankfurt am Main 1971).
Ders., »The Nobel Prize in Economics, 1976: A Talk by Milton Friedman«, Rede vom 29. Januar 1977, Income Distribution Conference, Hoover Institution.
Ders., *Chancen, die ich meine*, Frankfurt am Main 1983.
Ders., George Stigler, »Roofs or Ceilings? The Current Housing Problem«, in: *Popular Essays on Current Problems*, Bd. 1, Nr. 2, September 1946.
Frydman, Roman, Andrzej Rapaczynski, John S. Earle (Hg.), *The Privatization Process in Central Europe*, Budapest 1993.
Fukuyama, Francis, *Das Ende der Geschichte: Wo stehen wir?*, München 1992.
Fyrth, Jim (Hg.), *Labour's High Noon: The Government and the Economy 1945–1951*, London 1993.
Gaidar, Jegor, Karl-Otto Pöhl, *Russian Reform – International Money*, Cambridge (Mass.) 1995.
Galbraith, John Kenneth, *Gesellschaft im Überfluss*, München 1972.
Ders., *Der große Crash 1929*, München 1989.
Ders., *Die Geschichte der Wirtschaft im 20. Jahrhundert*, Hamburg 1995.
Gerschenkron, Alexander, *Economic Backwardness in Historical Perspective*, Cambridge (Mass.) 1966.
Giddens, Anthony, *Jenseits von links und rechts: Die Zukunft radikaler Demokratie*, Frankfurt am Main 1997.
Giersch, Herbert, Karl-Heinz Paqué, Holger Schmieding, *The Fading Miracle: Four Decades of Market Economy in Germany*, Cambridge 1992.
Gilbert, Martin, *Winston S. Churchill*, Bd. 8, *Never Despair 1945–1965*, London 1988.
Goodman, David S. G., *Deng Xiaoping and the Chinese Revolution: A Political Biography*, London 1994.
Ders., *China Without Deng*, Sydney 1995.
Ders., Gerald Segal (Hg.), *China Deconstructs*, London 1994.
Gorbatschow, Michail, *Erinnerungen*, Berlin 1995.
Gore, Al, *Wege zum Gleichgewicht: Ein Marshallplan für die Erde*, Frankfurt am Main 1992.
Ders., *Common Sense Government: Works Better and Costs Less*, New York 1995.
Graham, Otis L. jr., *Toward a Planned Society*, New York 1976.
Grant, Charles, *Delors: Inside the House that Jacques Built*, London 1994.
Gray, John, *The Moral Foundations of Market Institutions*, London 1992.
Greenleaf, W. H., *The British Political Tradition*, 2 Bde., London 1983.
Greider, William, *Secrets of the Temple: How the Federal Reserve Runs the Country*, New York 1987.
Ders., *Endstation Globalisierung: Der Kapitalismus frisst seine Kinder*, München 1998.
Gustafson, Thane, *Crisis amid Plenty: The Politics of Soviet Energy under Brezhnev and Gorbachev*, Princeton 1989.

Ders., *Capitalism Russian Style*, Cambridge (Mass.) 1999.
Haggard, Stephan, *Pathways from the Periphery: The Politics of Growth in the Newly Industrializing Countries*, Ithaca (New York) 1990.
Ders., *Developing Nations and the Politics of Global Integration*, Washington, D. C., 1995.
Halberstam, David, *Die Abrechnung: Die faszinierende Geschichte vom Aufstieg des japanischen und vom Niedergang des amerikanischen Industrieimperiums*, Frankfurt am Main 1988.
Halcrow, Morrison, *Keith Joseph: A Single Mind*, London 1989.
Haldeman, Harry R., *The Haldeman Diaries: Inside the Nixon White House*, New York 1994.
Hale, David, »How the Rise of Pension Funds Will Change the Global Economy in the 21st Century«, Manuskript.
Hall, Peter, *Governing the Economy: The Politics of State Intervention in Britain and France*, New York 1986.
Handelman, Stephen, *Comrade Criminal: The Theft of the Second Russian Revolution*, London 1994.
Hanson, Albert H., *The Process of Planning: A Study of India's Five-Year Plans*, London 1966.
Harberger, Arnold C., »Secrets of Success: A Handful of Heroes (Political Economy of Policy Reform: Is There a Second Best?«), in: *American Economic Review*, Mai 1993, S. 343-351.
Hardach, Karl, *Wirtschaftsgeschichte Deutschlands im 20. Jahrhundert*, Göttingen 1993.
Harris, Kenneth, *Attlee*, London 1982.
Hayek, Friedrich August von, *Individualismus und wirtschaftliche Ordnung*, Erlenbach-Zürich 1952.
Ders., *Die Verfassung der Feiheit*, Tübingen 1991.
Ders., *Der Weg zur Knechtschaft*, München 1994.
Healey, Denis, *The Time of My Life*, London 1990.
Heilbroner, Robert Louis, *Wirtschaft und Wissen. Zwei Jahrhunderte Nationalökonomie*, Köln 1960.
Ders., *Kapitalismus im 21. Jahrhundert*, München 1994.
Hennessy, Peter, *Whitehall*, London 1990.
Ders., *Never Again: Britain 1945-1951*, London 1993.
Herring, Richard J., Robert E. Litan, *Financial Regulation in the Global Economy*, Washington, D. C., 1995.
Hirschman, Albert O. (Hg.), *Essays in Trespassing: Economics to Politics and Beyond*, Cambridge 1981.
Hoffmann, Stanley (Hg.), *In Search of France: The Economy, Society, and Political System in the Twentieth Century*, Cambridge (Mass.) 1963.
Hoge, James F., jr., »Fulfilling Brazil's Promise: A Conversation with President Cardoso«, in: *Foreign Affairs*, Juli/August 1995, S. 62-75.
Hojman, David, »The Political Economy of Recent Conversions to Market Economies in Latin America«, in: *Journal of Latin American Studies*, Bd. 26, Februar 1994, S. 191-219.
Holden, Paul, Sarath Rajapatirana, *Unshackling the Private Sector: A Latin American Story*, Washington, D. C., 1995.
Holloway, David, *Stalin and the Bomb: The Soviet Union and Atomic Energy*, New Haven 1994.

Horne, Alistair, *Harold Macmillan*, 2 Bde., New York 1989.
Hough, Jerry F., Evelyn Davidheiser, Susan Goodrich Lehmann, *The 1996 Russian Presidential Election*, Washington, D. C., 1996.
Howard, Philip K., *The Death of Common Sense: How Law Is Suffocating America*, New York 1994.
Howe, Geoffrey, *Conflict of Loyalty*, London 1995.
Huff, W. G., *The Economic Growth of Singapore: Trade and Development in the Twentieth Century*, Cambridge 1997.
Humphrey, Bruce, *Notes on Deregulation*, Cambridge (Mass.) 1997.
Huntington, Samuel P., *Der Kampf der Kulturen: Die Neugestaltung der Weltpolitik im 21. Jahrhundert*, München 1997.
Interamerikanische Entwicklungsbank, Vorträge auf der »Development Thinking and Practice Conference«, Washington, D. C., 3.–5. September 1996.
Internationale Finanzierungsgesellschaft, *Emerging Stock Markets Factbook, 1997*, Washington, D. C., 1997.
Internationaler Währungsfonds, *World Economic Outlook: EMU and the World Economy*, Teil 1, Washington, D. C., Oktober 1997.
Ders., *Annual Report: 1998*, Washington, D. C., 1998.
Irwin, Douglas A., *Against the Tide: An Intellectual History of Free Trade*, Princeton 1996.
Jadresic, Alejandro, »Reforms in Latin American Energy Markets«, Vortrag auf der 15. Jahrestagung der Cambridge Energy Research Associates (CERA) über »Global Energy Strategies: Looking over the Horizon«, 13.–14. Februar 1996, Houston, Texas.
Jayarajah, Carl, William Branson, *Structural and Sectoral Adjustment: World Bank Experience, 1980–1992*, Washington, D. C., 1995.
Jelzin, Boris, *Auf des Messers Schneide. Tagebuch des Präsidenten*, Berlin 1994.
Jenkins, Simon, *Accountable to None: The Tory Nationalization of Britain*, London 1996.
Johnson, Chalmers, *Japan: Who Governs? The Rise of the Developmental State*, New York 1995.
Johnson, Christopher, *The Economy Under Mrs. Thatcher, 1979–1990*, London 1991.
Joshi, Vijay, I. M. D. Little, *India's Economic Reform, 1991–2001*, New York 1996.
Kahn, Alfred Edward, *Economics of Regulation: Principles and Institutions*, New York 1970.
Kanter, Rosabeth Moss, *When Giants Learn to Dance: Mastering the Challenge of Strategy, Management, and Careers in the 1990s*, New York 1989.
Dies., *Weltklasse: Im globalen Wettbewerb lokal triumphieren*, Wien 1996.
Kaplan, Justin, *Lincoln Steffens: A Biography*, New York 1974.
Kapstein, Ethan B., *Governing the Global Economy: International Finance and the State*, Cambridge (Mass.) 1996.
Kelkar, Vijay L., V. V. Bhanoji Rao, *India: Development Policy Imperatives*, New Delhi 1996.
Kenwood, A. G., A. L. Lougheed, *The Growth of the International Economy, 1820–1960. An Introductory Text*, London 1975.
Keynes, John Maynard, *Die allgemeine Theorie der Beschäftigung, des Zinses und des Geldes*, Berlin 1936.
Khatkhate, Deena, »Intellectual Origins of Indian Economic Reform«, in: *World Development* 22 (7), 1994, S. 1097-1102.

Kikeri, Sunita, John Nellis, Mary Shirley, *Privatization: The Lessons of Experience*, Washington, D. C., 1993.
Killick, Tony, *Development Economics in Action: A Study of Economic Policies in Ghana*, London 1978.
Kindleberger, Charles Poor, *Europe's Postwar Growth: The Role of Labor Supply*, Cambridge (Mass.) 1967.
Ders., *Die Weltwirtschaftskrise 1929–39*, München 1984.
Ders., *World Economic Primacy: 1500–1990*, New York 1996.
Klaus, Václav, *Renaissance: The Rebirth of Liberty in the Heart of Europe*, Washington, D. C., 1997.
Ders., Albert Zlabinger (Hg.), *Tschechische Transformation und europäische Integration*, Passau 1995.
Klein, Peter (Hg.), *The Fortunes of Liberalism: The Collected Works of F. A. Hayek*, London 1992.
Kohnstamm, Max, *The European Community and Its Role in the World*, Columbia 1964.
Kornai, János, *Das sozialistische System. Die politische Ökonomie des Kommunismus*, Baden-Baden 1995.
Kosai, Yutaka, *The Era of High-Speed Growth: Notes on the Postwar Japanese Economy*, Tokio 1986.
Kotlikoff, Laurence J., Jeffrey Sachs, »Privatizing Social Security«, in: *The Brookings Review*, 15 (3), Sommer 1997, S. 16-24.
Krauze, Enrique, *Mexico: Biography of Power. A History of Modern Mexico, 1810–1996*, New York 1997.
Kresge, Stephen, Leif Wenar (Hg.), *Hayek on Hayek: An Autobiographical Dialogue*, London 1994.
Kristol, Irving, *Neo-Conservativism: The Autobiography of an Idea*, New York 1995.
Krugman, Paul R., *Geography and Trade*, Cambridge (Mass.) 1993.
Ders., *Peddling Prosperity: Economic Sense and Nonsense in the Age of Diminished Expectations*, New York 1994.
Ders., *The Age of Diminished Expectations: U.S. Economic Policy in the 1990s*, Cambridge (Mass.) 1995.
Ders., *Der Mythos vom globalen Wirtschaftskrieg. Eine Abrechnung mit den Pop-Ökonomen*, Frankfurt und New York 1999.
Kurtzman, Joel, *The Death of Money: How the Electronic Economy Has Destabilized the World's Markets and Created Financial Chaos*, New York 1993.
Kuttner, Robert, *Everything for Sale: The Virtues and Limits of Markets*, New York 1997.
Lam, Willy Wo-Lap, *China After Deng Xiaoping: The Power Struggle in Beijing Since Tiananmen*, Singapur 1995.
Lampert, Heinz, *Die Wirtschafts- und Sozialordung der Bundesrepublik Deutschland*, München 1985.
Landis, James M., *The Administrative Process*, New Haven 1938.
Lawrence, Robert Z., *Single World, Divided Nations: International Trade and OECD Labor Markets*, Washington 1996.
Lawson, Nigel, *The View from No. 11: Memoirs of a Tory Radical*, London 1993.
Lazear, Edward P. (Hg.), *Economic Transition in Eastern Europe and Russia: Realities of Reform*, Stanford 1995.
Lear, John, Joseph Collins, »Working in Chile's Free Market«, *Latin American Perspectives* 84 (Winter 1995), S. 10-29.

Lee, Chae-jin, *Zhou Enlai: The Early Years*, Stanford 1994.
Lee, Susan, *Hands Off: Why the Government Is a Menace to Economic Health*, New York 1995.
Leibfried, Stephan, Paul Pierson (Hg.), *Die soziale Dimension der europäischen Integration*, Bremen 1995.
Lenin, Wladimir Iljitsch, »Fünf Jahre russische Revolution und die Perspektive der Weltrevolution«, Referat auf dem IV. Kongress der Komintern, 13. November 1922, in: Ders., *Werke*, Bd. 33, *August 1921–März 1923*, Berlin 1962, S. 404–418.
Leuchtenburg, William E., *The Perils of Prosperity: 1914–32*, Chicago 1993.
Ders., *The FDR Years: On Roosevelt and His Legacy*, New York 1995.
Li, Kwoh-ting, *Economic Transformation of Taiwan, ROC*, London 1988.
Ders., *The Evolution of Policy Behind Taiwan's Development Success*, New Haven 1988.
Lieberthal, Kenneth, *Governing China: From Revolution Through Reform*, New York 1995.
Liu, Alan P. L., *The Phoenix and the Lame Lion: Modernization in Taiwan and Mainland China 1950–1980*, Stanford 1987.
Lodge, Juliet (Hg.), *European Union: The European Community in Search of a Future*, London 1986.
MacFarquhar, Roderick, »Deng's Last Campaign«, in: *The New York Review of Books*, 17. Dezember 1992.
Macintyre, Andrew, *Business and Politics in Indonesia*, Kensington (Australien) 1991.
Macmillan, Harold, *Tides of Fortune: 1945–1955*, New York 1969.
Maier, Charles S., *Dissolution: The Crisis of Communism and the End of East Germany*, Princeton 1997 (dt.: *Das Verschwinden der DDR und der Untergang des Kommunismus*, Frankfurt am Main 1999).
Marsh, David, *Der zaudernde Rise: Deutschland und Europa*, München 1994.
Mason, Edward Sagendorph, Robert Asher, *The World Bank Since Bretton Woods*, Washington, D. C., 1973.
Mayer, Martin, *The Bankers: The Next Generation*, New York 1997.
Mayne, Richard, *The Recovery of Europe, 1945–1973*, Garden City (New York) 1973.
McCraw, Thomas K., *Prophets of Regulation*, Cambridge (Mass.) 1984.
McDonald, Forrest, *Insull*, Chicago 1962.
Meier, Gerald M., Dudley Seers (Hg.), *Pioneers in Development*, New York 1984.
Menem, Carlos, Roberto Dromi, *Reforma del Estado y Transformación Nacional*, Buenos Aires 1990.
Milesi, Gabriel, *Delors: L'homme qui dit non*, Paris 1995.
Milward, Alan Steele, *Die deutsche Kriegswirtschaft, 1933–45*, Stuttgart 1966.
Ders., *The Reconstruction of Western Europe 1945–51*, London 1984.
Mises, Ludwig von, *Die Gemeinwirtschaft*, Jena 1922.
Mohamad, Mahathir, *The Malay Dilemma*, Singapur 1970.
Ders., »Malaysia: The Way Forward: Vision 2020«, Arbeitspapier für das Eröffnungstreffen des Malaysian Business Council, 28. Februar 1991.
Morishima, Michio, *Warum Japan so erfolgreich ist. Westliche Technologie und japanisches Ethos*, München 1985.
Morris, Dick, *Behind the Oval Office: Winning the Presidency in the 1990s*, New York 1997.
Morrison, Steven A., Clifford Winston, *The Evolution of the Airline Industry*, Washington, D. C., 1995.

Mosley, Paul, Jane Harrigan, John Toye, *Aid and Power: The World Bank & Policy-Based Lending*, Bd. 1 und 2, London 1991.
Mowry, George Edwin, *The Era of Theodore Roosevelt, 1900–1912*, New York 1958.
Moxon, James, *Volta: Man's Greatest Lake*, London 1984.
Moynihan, Daniel Patrick, *Miles to Go: A Personal History of Social Policy*, Cambridge (Mass.) 1996.
Muller, Jerry Z., *Adam Smith in His Time and Ours*, Princeton 1993.
Müller, Georg, *Die Grundlegung der westdeutschen Wirtschaftsordnung im Frankfurter Wirtschaftsrat 1947–1949*, Frankfurt am Main 1982.
Naim, Moises, »Latin America: Post-Adjustment Blues«, in: *Foreign Policy* 92, Herbst 1993, S. 133-150.
Ders., »Latin America: The Morning After«, in: *Foreign Affairs*, Juli/August 1995, S. 45-62.
Ders., *Latin America's Journey to the Market: From Macroeconomic Shocks to Institutional Therapy*, San Francisco 1995.
Nehru, Jawaharlal, *The Discovery of India*, Neu Delhi 1989 (zuerst veröffentlicht Kalkutta 1946; dt.: *Entdeckung Indiens*, Berlin 1959).
Neikirk, William R., *Volcker: Portrait of the Money Man*, New York 1987.
Niskanen, William A., *Reaganomics: An Insider's Account of the Policies and the People*, New York 1988.
Nivola, Pietro S. (Hg.), *Comparative Disadvantages? Social Regulations and the Global Economy*, Washington, D. C., 1997.
Nixon, Richard, *Memoiren*, Köln 1978.
Nkrumah, Kwame, *Schwarze Fanfare. Meine Lebensgeschichte*, München 1958.
Noguchi, Yukio, »The 1940s System«, 7. Juli 1996, Manuskript.
Novak, William J., *The People's Welfare: Law and Regulation in Nineteenth-Century America*, Chapel Hill 1997.
Nove, Alec, *An Economic History of the U.S.S.R.*, London 1969.
Nye, Joseph jr., *Bound to Lead: The Changing Nature of American Power*, New York 1990.
Ohmae, Kenichi, *Die neue Logik der Weltwirtschaft: Zukunftschancen der internationalen Konzerne*, Hamburg 1992.
Ders., *Der neue Weltmarkt: Das Ende des Nationalstaates und der Aufstieg der regionalen Wirtschaftszonen*, Hamburg 1996.
Okun, Arthur M., *Equality and Efficiency: The Big Tradeoff*, Washington, D. C., 1975.
Oliver, Robert W., *George Woods and the World Bank*, Boulder (Colorado) 1995.
Ostry, Sylvia, *The Post-Cold War Trading System: Who's on First?*, Chicago 1997.
Overholt, William H., *Gigant der Zukunft: Chinas Wirtschaft vor dem großen Sprung*, München 1994.
Pankin, Boris, *The Last Hundred Days of the Soviet Union*, London 1996.
Patrick, Hugh, »Crumbling or Transforming? Japan's Economic Success and Its Postwar Economic Institutions«, Working Paper 98, Columbia Business School, September 1995.
Perkins, Dwight, »Completing China's Move to the Market«, in: *Journal of Economic Perspectives*, Bd. 8, Nr. 2, Frühjahr 1994, S. 23-46.
Pond, Elizabeth, *Beyond the Wall: Germany's Road to Unification*, Washington, D. C., 1993.
Pulzer, Peter G. J., *German Politics: 1945–1995*, Oxford 1995.

Ramamurti, Ravi, Raymond Vernon (Hg.), *Privatization and Control of Stateowned Enterprises*, Washington, D.C., 1995.
Ramanadham, V. V., *Privatization and After: Monitoring and Regulation*, London 1994.
Ders. (Hg.), *Privatization and Equity*, London 1995.
Reason Foundation, *Privatization*, Jahresbericht 1996.
Reder, Melvin, »Chicago Economics: Permanence and Change«, in: *Journal of Economic Literature*, März 1982.
Reich, Robert B., *Goodbye, Mr. President: Aus dem Tagebuch eines Clinton-Ministers*, München 1998.
Remnick, David, *Lenin's Tomb: The Last Days of the Soviet Union*, New York 1993.
Roberts, Jane, David Elliott, Trevor Houghton, *Privatizing Electricity: The Politics of Power*, London 1991.
Roberts, Kenneth M., »Neoliberalism and the Transformation of Populism in Latin America: The Peruvian Case«, in: *World Politics*, Bd. 48, Oktober 1995.
Rohwer, James, *Asia Rising: Why America Will Prosper as Asia's Economies Boom*, New York 1995.
Roll, Eric, *A History of Economic Thought*, London 1992.
Rosenberg, Nathan, *The Emergence of Economic Ideas: Essays in the History of Economics*, Aldershot (England) 1994.
Rotunda, Ronald D., »The ›Liberal‹ Label: Roosevelt's Capture of a Symbol«, in: *Public Policy*, Nr. 17, 1968, S. 377-408.
Sachs, Jeffrey, *Poland's Jump to the Market Economy*, Cambridge (Mass.), 1994.
Sakakibara, Eisuke, *Beyond Capitalism: The Japanese Model of Market Economics*, Lanham (Md.) 1993.
Salmon, Keith, *The Modern Spanish Economy: Transformation & Integration into Europe*, London 1995.
Samuels, Warren J. (Hg.), *The Chicago School of Political Economy*, New Brunswick (New Jersey) 1993 (zuerst veröffentlicht 1973).
Schlesinger, Arthur M., jr., *Die tausend Tage Kennedys*, Bern 1965.
Ders., *The Age of Roosevelt*, 3 Bde., *Crisis of the Old Order, 1919–1933, The Coming of the New Deal, The Politics of Upheaval*, Boston 1988.
Schmidt, Vivien A., *From State to Market? The Transformation of French Business and Government*, New York 1996.
Schubert, Aurel, *The Credit-Anstalt Crisis of 1931*, Cambridge 1991.
Schumpeter, Joseph A., *Kapitalismus, Sozialismus und Demokratie*, Tübingen 1987.
Seagrave, Sterling, *Die Herren des Pazifik. Das unsichtbare Wirtschaftsimperium der Auslands-Chinesen*, München 1996.
Shearmur, Jeremy, *Hayek and After: Hayekian Liberalism as a Research Program*, London 1996.
Shevtsova, Lilia, *Yeltsin's Russia: Challenges and Constraints*, Moskau 1997.
Shirk, Susan L., *The Political Logic of Economic Reform in China*, Berkeley 1993.
Dies., *How China Opened its Door: The Political Success of the Prc's Foreign Trade and Investment Reform*, Washington, D. C., 1994.
Shirley, Mary, John Nellis, *Public Enterprise Reform: The Lessons of Experience*, Washington, D. C., 1991.
Shultz, George P., *Turmoil and Triumph: My Years as Secretary of State*, New York 1993.
Ders., Kenneth W. Dam, *Economic Policy Beyond the Headlines*, New York 1977.
Singer, Charles, E. J. Holmyard, A. R. Hall, Trevor I. Williams (Hg.), *A History of Technology*, 8 Bde., Oxford 1980.

Singh, Manmohan, *India's Export Trends and the Prospects for Self-Sustained Growth*, Oxford 1964.
Skidelsky, Robert, *John Maynard Keynes*, 3Bde., London 1983–1994.
Ders. (Hg.), *Thatcherism*, London 1988.
Ders., *Interests and Obsessions*, London 1993.
Ders., *The World After Communism: A Polemic for Our Times*, London 1995.
Ders., *Keynes*, Oxford 1996.
Ders., *Beyound the Welfare State*, London 1997.
Skidmore, Thomas E., Peter H. Smith, *Modern Latin America*, New York 1992.
Smith, Adam, *Der Wohlstand der Nationen. Eine Untersuchung seiner Natur und seiner Ursachen*, München 1974.
Smith, M. A., »Deregulation, Privatization, and Economic Reform in New Zealand«, in: *Fletcher Challenge Energy*, 25. September 1997.
Smith, William C., *Authoritarianism and the Crisis of Argentine Political Economy*, Palo Alto (Kalifornien) 1991.
Solowojow, Wladimir S., Elena Klepikowa, *Der Präsident: Boris Jelzin. Eine politische Biographie*, Berlin 1992.
Sopel, Jon, *Tony Blair: Der Herausforderer*, Stuttgart 1996.
Soros, George, »The Capitalist Threat«, in: *The Atlantic Monthly*, Februar 1997.
Spence, Jonathan D., Annping Chin, *Das Jahrhundert Chinas*, München 1996.
Spinelli, Altiero, Ernesto Rossi, *Manifest der europäischen Föderalisten*, Frankfurt am Main 1958.
Stein, Herbert, *Presidential Economics: The Making of Economic Policy from Roosevelt to Reagan and Beyond*, New York 1985.
Stent, Angela, *Russia and Germany Reborn: Unification, the Soviet Collapse, & the New Europe*, Princeton 1998.
Stern, Joseph J., Ji-hong Kim, Dwight H. Perkins, Jung-ho Yoo, *Industrialization and the State: The Korean Heavy and Chemical Industry Drive*, Cambridge (Mass.) 1995.
Stigler, George J., *Memoirs of an Unregulated Economist*, New York 1988.
Stiglitz, Joseph E., *Whither Socialism?*, Cambridge (Mass.) 1995.
Stockman, David A., *Der Triumph der Politik. Die Krise der Reagan-Regierung und ihre Auswirkungen auf die Weltwirtschaft*, München 1986.
Sung, Yun-Wing, Pak-Wai Liu, Yue-Chim Richard Wong, Pui-King Lau, *The Fifth Dragon: The Emergence of the Pearl River Delta*, Singapur 1995.
Tanzi, Vito, Ludger Schuknecht, »The Growth of Government and the Reform of the State in Industrial Countries«, IWF-Arbeitspapier W/95/136, Dezember 1995.
Tarbell, Ida M., *All in the Day's Work: An Autobiography*, New York 1939.
Teltschik, Horst, *329 Tage: Innenansichten der Einigung*, Berlin 1991.
Temin, Peter, Louis Galambos, *The Fall of the Bell System: A Study in Prices and Politics*, New York 1987.
Thatcher, Margaret, *The Downing Street Years*, New York 1993 (dt.: *Downing Street No. 10. Die Erinnerungen*, Düsseldorf 1993).
Dies., *The Path of Power* (dt.: *Die Erinnerungen 1925–1979*, Düsseldorf 1995).
Thurow, Lester C., *Die Zukunft des Kapitalismus*, Düsseldorf 1996.
Timmins, Nicholas, *The Five Giants: A Biography of the Welfare State*, London 1995.
Toffler, Alvin, *Die dritte Welle*, München 1987.
Tomlinson, Jim, *Government and the Enterprise Since 1900: The Changing Problem of Efficiency*, New York 1994.

Tong, Hollington K., *Chiang Kai-shek*, Taipeh 1953.
Tsang, Steve, *Hong Kong: An Appointment with China*, London 1997.
Tsuru, Shigeto, *Japan's Capitalism: Creative Defeat and Beyond*, Cambridge 1996.
Ulč, Otto, »Czechoslovakia's Velvet Divorce«, in: *East European Quarterly*, Bd. 30, Herbst 1996, S. 331-352.
Valdez, Juan Gabriel, *Pinochet's Economists: The Chicago School in Chile*, New York 1995.
Vargas Llosa, Alvaro, »The Press Officer«, in: *Granta*, Bd. 36, Sommer 1991.
Vargas Llosa, Mario, *Vargas Llosa for President*, New York 1991.
Ders., *Der Fisch im Wasser*, Frankfurt am Main 1996.
Vernon, Raymond, »America's Foreign Trade Policy and the GATT«, in: *Essays in International Finance*, Nr. 21, Oktober 1954.
Ders., *Storm over the Multinationals: The Real Issues*, Cambridge (Mass.) 1977.
Ders., *Two Hungry Giants: The United States and Japan in the Quest for Oil and Ores*, Cambridge (Mass.) 1983.
Ders., *The Promise of Privatization: A Challenge for U.S. Policy*, New York 1988.
Ders., *Privatization and Control of State Owned Enterprises*, Washington, D. C., 1991.
Ders., Debora Spar, *Beyond Globalism: Remaking American Foreign Economic Policy*, New York 1989.
Vickers, John, George Yarrow, *Privatization: An Economic Analysis*, Cambridge (Mass.) 1993.
Vietor, Richard H. K., *Contrived Competition: Regulation and Deregulation in America*, Cambridge (Mass.) 1996.
Virard, Marie-Paule, *Comment Mitterrand a découvert l'économie*, Paris 1993.
Vogel, Ezra F., *The Four Little Dragons: The Spread of Industrialization in East Asia*, Cambridge (Mass.) 1991.
Vogel, Stephen, *Freer Markets, More Rules: Regulatory Reform in Advanced Industrial Countries*, Ithaca (New York) 1996.
Volcker, Paul, Toyoo Gyohten, *Changing Fortunes: The Word's Money and the Threat to American Leadership*, New York 1992.
Wade, Robert, *Governing the Market: Economic Theory and the Role of Government in East Asian Industrialization*, Princeton 1990.
Webb, Sidney, *Die Geschichte des britischen Trade Unionism*, Stuttgart 1976.
Ders., *The Truth About Soviet Russia*, London 1942.
Ders., Beatrice Webb, *Soviet Communism: A New Civilization?*, 2 Bde., London 1935.
Weber, Max, *Die protestantische Ethik*, Gütersloh 1991.
Weltbank, *The East Asian Miracle: Economic Growth and Public Policy*, New York 1993.
Dies., *Adjustment in Africa: Reforms, Results, and the Road Ahead*, New York 1994.
Dies., *Bureaucrats in Business: The Economics and Politics of Government Ownership*, New York 1995.
Dies., *China 2020: Development Challenges in the New Century*, Washington, D. C., 1997.
Dies., *Global Economic Prospects and the Developing Countries*, Washington, D. C., 1997.
Dies., *Private Capital Flows to Developing Countries: The Road to Financial Integration*, New York 1997.
Dies., *World Debt Tables*, New York, jährlich bis 1998.

Dies., *World Development Report*, New York, jährlich.
Winiecki, Jan, *Five Years After June: The Polish Transformation, 1989–1994*, London 1996.
Winterton, Jonathan, *Coal, Crisis, and Conflict: The 1984–85 Miners' Strike in Yorkshire*, New York 1989.
Wirth, John D. (Hg.), *Latin American Oil Companies and the Politics of Energy*, Lincoln (Nebraska) 1985.
Wolpert, Stanley, *Nehru: A Tryst with Destiny*, New York 1996.
Woo, Wing Thye, Stephen Parker, Jeffrey Sachs (Hg.), *Economies in Transition: Asia and East Europe*, Cambridge (Mass.) 1997.
Wood, Christopher, *The Bubble Economy: The Japanese Economic Collapse*, Tokio 1993.
Wright, Vincent (Hg.), *Privatization in Western Europe: Pressures, Problems, and Paradoxes*, London 1994.
Yergin, Daniel, *Shattered Peace: The Orgins of the Cold War*, New York 1990 (dt.: *Der zerbrochene Frieden. Der Ursprung des Kalten Krieges und die Teilung Europas*, Frankfurt am Main 1979).
Ders., *Der Preis: Die Jagd nach Öl, Geld und Macht*, Frankfurt am Main 1991.
Ders., Thane Gustafson, *Russia 2010 – And What It Means for the World*, New York 1995.
Young, Crawford, *Ideology and Development in Africa*, New Haven 1982.
Young, Hugo, *One of Us: A Biography of Margaret Thatcher*, London 1993.
Youngson, A. J., *The British Economy: 1920–1957*, Cambridge (Mass.) 1960.

Danksagung

Im Verlauf der Forschung und der Niederschrift wandelte sich dieses Buch in eine weit umfassendere Untersuchung, als wir ursprünglich vorausgesehen hatten. Unvermittelt wurde es ein Buch über das 21. Jahrhundert und, aus einer besonderen Perspektive, die zweite Hälfte des 20. Jahrhunderts. Dabei waren wir auf die Hilfe vieler angewiesen, denen wir hier unseren Dank aussprechen möchten.

Drei Menschen hatten besonderen Anteil an diesem Buch. Ihnen sind wir in besonderer Weise verpflichtet.

Sue Lena Thompson, Leiterin von Sonderprojekten bei Cambridge Energy Research Associates, schenkte diesem Vorhaben ihre besondere Aufmerksamkeit. Dieses Buch profitierte enorm von der Klugheit, der Hingabe, dem Verständnis und der Überzeugung, die sie in jeden Aspekt dieses Projekts einbrachte. Eher als wir hatte sie eine klare Vorstellung von dem, was dieses Buch sein könnte, und leistete einen wichtigen Beitrag durch ihr Verständnis der Interaktion von Ideen und Menschen.

Siddhartha Mitter ist ein junger Forscher von ungewöhnlichen Fähigkeiten. Er legte zeitweilig die Arbeit an seinen eigenen Studien über das neue Afrika beiseite, um sein Talent und seine analytischen Fähigkeiten unserem Vorhaben zu widmen. Seine intellektuelle Disziplin war für uns von unschätzbarem Wert, ebenso wie sein einzigartiges Gespür für das Wechselspiel von Politik und Wirtschaft und die Dynamik des Wandels. Sue Lena und Siddhartha verbanden dabei ihre Konzentration auf das Projekt und ihr unerschütterliches Engagement mit Humor, Elan und höchst nötiger Flexibilität.

Unser Lektor bei Simon & Schuster, Frederic Hills, sah das Potential dieses Buches und drängte uns zur Ausweitung unseres Vorhabens. Er erarbeitete mit uns das Konzept und half bei der Formulierung der Themen. Er forderte uns unablässig – und meistens unerbittlich –; und er ging in seiner Betreuung und

Unterstützung während des ganzen Projektes weit über das übliche Maß hinaus. Sein Engagement war absolut. Er ist ein Lektor, wie ihn sich jeder Autor nur wünschen kann.

Wir sind außerdem den anderen Mitgliedern des Teams zu tiefem Dank verpflichtet: Bridgett Neely sorgte für die Organisation und Koordination dieses weit reichenden Projektes. Sie leistete auch einen wichtigen Beitrag bei der Recherche und hielt die Fahne hoch. Meghan Oates war uns eine überaus wertvolle und unverzichtbare Hilfe bei den für dieses Projekt erforderlichen Recherchen. Sie erledigte die unmöglichsten Aufgaben mit unfehlbarer Ausdauer und Kreativität. Peter Spiegler brachte seinen Scharfsinn und seine gelehrsame Gründlichkeit ein und half uns mit seinem klugen Verständnis von Geschichte und Wirtschaft. Auch Johanna Klein leistete unerschrockene Dienste bei der Recherche und erwies sich als kluge Analytikerin. Susan Nardone unterstützte uns während des gesamten Projektes mit Geduld und Umsicht, koordinierte Interviews und andere Aspekte dieses Projektes und brachte sie mit einer Unzahl anderer Anforderungen in Einklang. Bei der Produktion half uns Teresa Chang mit großem Geschick unter starkem Druck, ebenso wie Mike Kelly und Gig Moineau. In Paris war Dagmar Wulf bei der Organisation zuvorkommend und umsichtig und Arnette de Mille danken wir für ihre Unterstützung bei den Interviews.

Die Gestaltung des Bildteils aus einer Auswahl von ursprünglich 1200 Fotos übernahmen entschlossen Sue Lena Thompson und Bridgett Neely mit Hilfe von Siddhartha Mitter.

Den Interviewten, die sich die Zeit nahmen, ihre Gedanken und Erfahrungen mit uns zu teilen, sind wir zu großem Dank verpflichtet. Ihre Namen finden sich nach den Anmerkungen im Abschnitt »Interviewpartner«. Unseren besonderen Dank möchten wir Baroness Thatcher und Lord Wakeham aussprechen.

Unser Kollege und Partner James Rosenfield sah das Potential des Themas und ermutigte uns, es in Angriff zu nehmen. Er half uns den nötigen Freiraum dafür zu schaffen und brachte seine intellektuelle Stärke mit Ratschlägen für Aufbau und Inhalt ein. Ihm möchten wir ebenfalls danken.

Ein besonderes Dankeschön schulden wir zwei Mentoren, in deren Berufsleben die Themen Staat und Markt von zentraler Bedeutung waren. Es ist unmöglich, über diese Themen zu schreiben, ohne den großen intellektuellen Beitrag zu würdigen, den Professor Raymond Vernon in über einem halben Jahrhundert leistete. Edward Jordan stand zu einer kritischen Zeit im Zentrum der Debatte. Beide waren für uns bei der Abfassung dieses Buches immer als Ratgeber verfügbar.

Wir sind Amanda Urban und Jim Wiatt von ICM für ihr Engagement, ihre Ermutigung und Unterstützung dankbar.

Angela Stent las das Manuskript in den verschiedenen Versionen und gab uns in allen Phasen ihren Rat. Wir profitierten sehr von ihren scharfsinnigen Bemerkungen und ihren Kenntnissen der Geschichte des 20. Jahrhunderts.

Für in die Tiefe gehende Lektüre, wesentliche Kommentare zum Manuskript und die Zeit, die sie uns damit opferten, danken wir Christopher Beauman, John Browne, Valéry Giscard d'Estaing, Ian Hargreaves, Rudolph Penner, Nicholas X. Rizopoulos, Augusta Stanislaw und Steven R. Weisman.

Für ihre klugen Kommentare zu einzelnen Kapiteln danken wir Anders Åslund, Carlos Bastos, Roger Beach, William Bonse-Geuking, Jin-yong Cai, Jonathan Davidson, Vera de Ladoucette, Herbert Detharding, Benjamin Friedman, Yukon Huang, John Imle, Alejandro Jadresic, Yoriko Kawaguchi, Vijay Kelkar, Constantine Krontiras, François LaGrange, James Manor, Masahisa Naitoh, Tadahiko Ohashi, Rene Ortiz, R. K. Pachauri, Martin Peertz, Dwight Perkins, Jairam Ramesh, Henry Rosovsky, Neal Schmale, William Schneider, Gerald Segal, Marcella Serrato, Lilia Shevtsova, Manmohan Singh, Ronald Stent, Felipe Thorndike, Ezra Vogel, Steven Vogel und John Walmsley.

Danken möchten wir den folgenden Personen für ihre Gespräche mit uns und ihre Ratschläge: John Andrews, Nicola Beauman, David Bell, Kenneth Cheng, Clive Crook, Raj Desai, Everett Erlich, Jean-Michel Fauve, Stuart Gerson, der verstorbenen Pamela Harriman, Paul Krugman, Kenneth Lay, Michael Levy, Paul London, Rebecca Mark, Dana Marshall, Jane Prokop, Dennis Riley, John Starrels, Edward Steinfeld, Richard Stern, William Sword und John Wing.

Wir danken den folgenden Personen für ihre Hilfe bei bestimmten Themen: Daniel Bell, Sidney Blumenthal, Donald Carr, Philippe de Ladoucette, Ruth Fleischer, Susan Friedman, Svetlana Gromova, Barbara Grufferman, David Hale, David Howell, Vidar Jorgensen, Barbara Kafka, Beate Lindemann, Claire Liuksila, Shelley Longmuir, Douglas MacDonald, Hashim Makaruddin, Leonardo Maugeri, Thomas Mayer, Cyril Murphy, Hugh Patrick, Pedro Sanchez, John Schmitz, Adam Shub, Peter Susser, Gloria Valentine, Gina Weiner, Clifton Winston, Mark Wolf, Mark Worthington und Joanne Young.

Sehr profitiert haben wir von der Kritik, dem Rat, der Hilfe und der Unterstützung unserer Kollegen von Cambridge Energy Research Associates (CERA). Wir danken jenen Kollegen, die zu diesem Projekt beigetragen haben: Steve Aldrich, Simon Blakey, I. C. Bupp, Luis J. Carranza, James Clad, William Durbin, Dennis Eklof, Bethany Genier, Thane Gustafson, Ann-Louise Hittle, Peter Hughes, Bruce Humphrey, Kevin Lindemer, Huai-bin Lu, Daniel Lucking, Elizabeth

McCrary, Philippe Michelon, James Placke, Tom Robinson, Sondra Scott, Gary Simon und Julian West. Weitere Kollegen von CERA, die uns unterstützten, waren: Alice Barsoomian, Jennifer Battersby, Barbara Blodgett, Peter Bogin, Sara Burr, Diana Frame, William Hamilton, John Hoffmann, Kelly Knight, Susan Krouscup, Susan Leland, Micheline Manoncourt, Susan Ruth, Helen Sisley und Tanya Ustyantseva.

Die Rollen von Staat und Markt waren in den letzten zehn Jahren ein zentrales Thema von CERA und so schulden wir tatsächlich unseren Dank allen ihren Mitarbeitern, die uns intellektuell und mit ihrer Arbeit unterstützten.

An der Kennedy School of Government at Harvard University gebührt unser besonderer Dank Roger Porter, Direktor des Center for Business and Government, sowie Joseph Nye, dem Dekan.

Bei der Global Decision Group danken wir Alberto Cribiore, Gordon McMahon und David Nixon sowie Peter Derow, dessen Lektüre des Manuskripts überaus hilfreich war. Wir möchten David Leuschen, Eric Dobkin, Richard Hayden, Peter Wheeler, Varkki Chacko und ihren Kollegen für ihre immer währende Gesprächsbereitschaft danken. Unser Dank gebührt auch Leslie Dach, Michael Connelly und ihren Kollegen.

Die Mitarbeiter von Simon & Schuster haben die Autoren so gut betreut, wie es sich Autoren nur wünschen können. Burton Beals, ein wunderbarer und umsichtiger Lektor, war mit seiner Nachdenklichkeit und seinem Engagement eine große Hilfe. Hilary Black engagierte sich sehr für dieses Projekt und spielte eine Schlüsselrolle. Wir sind sehr dankbar für ihre Zuvorkommenheit. Das *copy editing* verdanken wir der hervorragenden und verständnisvollen Veronica Windholz. Besonders dankbar sind wir Leslie Ellen, die das Projekt beaufsichtigte und vor keiner Schwierigkeit zurückschreckte. Ihren hohen Standards entsprach ihre Fähigkeit, das Unmögliche möglich zu machen. Lynn Anderson war mit ihren Adleraugen unsere wachsame Korrektorin. Wir sind außerdem John Wahler, dem Produktionsleiter, sehr zu Dank verpflichtet, der sicherstellte, dass der Zeitplan gegen alle Widrigkeiten eingehalten wurde. Ebenso danken wir Victoria Meyer, John Mooney, Kate Larkin, Karen Weitzman, Sarah Baker, Susan Fleming, Priscilla Holmes und Colin Shields. Die Unterstützung von Carolyn Reidy, David Rosenthal und Annik LaFarge war wesentlich; auch ihnen möchten wir unseren Dank aussprechen.

Bei Simon & Schuster in London möchten wir besonders Nick Webb danken, der sich von Anfang an für das Buch einsetzte, sowie Catherine Schofield.

Allein die Einrichtung des Bildteils verlangte einjährige Anstrengungen und verdankt sich den folgenden Mitarbeitern und Archiven: Archive Photos, Larry

Schwartz; Corbis-Bettmann, Talya Schaeffer; Hulton-Getty, Henry Wilks; Tony Stone Images, Kathy Carcia; sowie SYGMA, Anne Manning.

    Wir schließen mit einem Dank an unsere Familien: Angela Stent und Rebecca und Alexander Yergin; Augusta, Louis, Katrina und Henry Stanislaw. Ihr Verständnis und ihre Geduld wurden wiederholt auf die Probe gestellt. Ihre Unterstützung, ihre Ermutigung und ihr Engagement waren von unschätzbarem Wert. Wir können ihnen nicht genug danken.

Personenregister

Acheson, Dean 70
Adenauer, Konrad 41, 46 f., 474, 483 f.
Agtmael, Antoine van 204 f., 555, 569
Akbar, Mobashar Jawed 93, 550, 569
Alfonsin, Raúl 332
Allende, Salvador 328, 543 f.
Amin Dada, Idi 122, 520
Andropow, Juri 185, 377, 545
Aquino, Corazon 258
Aquino, Benigno 258
Arrow, Kenneth 202
Aspe, Pedro 327, 351, 354, 560, 567
Attlee, Clement 23 f., 27 f., 31 ff., 94, 125 f., 153, 499 f., 542

Balcerowicz, Leszek 368-372, 384 ff., 408, 545, 560 ff.
Barre, Raymond 334
Baruch, Bernard 73
Bauer, Peter T. 104, 551, 569
Becker, Gary 187, 196, 199, 201, 545, 554, 567, 570, 572
Bell, Alexander Graham 438 ff.
Bell, Daniel 417, 570, 584 f.
Bentsen, Lloyd 425
Berger, Peter 417
Bernabè, Franco 179 f., 184, 554
Beveridge, William 29, 191
Bevin, Ernest 28, 32
Bhumibol Adjulyadej, König von Thailand 256
Birla-Familie (Indien) 96, 313
Bismarck, Otto von 29, 484, 494, 541
Blair, Tony 166, 499-504, 526, 546, 565, 580
Blake, Lord 125, 552
Bondini, Silvia di 37
Borman, Frank 436
Brandeis, Louis 63 ff., 68 f., 431, 433
Breschnew, Leonid 185, 377, 380 f., 389, 545
Breyer, Stephen 432 ff., 448 f., 544, 563
Brinkley, Alan 73, 547, 550, 570
Brown, Gordon 501
Buchanan, James 201, 563
Bucharin, Nikolai 375
Bunyan, John 62
Burke, Edmund 145
Burns, Arthur 80 f., 198
Bush, George 163, 424, 466

Callaghan, James 139, 145, 552
Cannon, Will 30
Cardenas, Cuauhtémoc 350 f., 354
Cardenas, Lazaro 348
Cardoso, Fernando Henrique 355 f., 546, 560, 571, 574
Carr, Edward Hallett 26, 547, 571
Carter, Jimmy 85, 231, 414, 419, 421, 430, 435, 544
Castro, Fidel 326, 339, 341 f., 381
Cavallo, Domingo 327, 334-338, 559
Ceauşescu, Nicolae 368
Chen Yun 272 f., 274-277, 280 ff., 290
Chiang Ching-kuo 244, 265
Chiang Kai-shek 237 f., 241, 265, 542
Chidambaram, Palaniappan 305, 307 ff., 311, 315 f., 558

Chruschtschow, Nikita 267, 362, 378, 382, 557, 571
Chun Doo Hwan 228, 233, 235, 546
Churchill, Winston 22 ff., 30, 32, 50, 57, 138, 149, 159, 499
Clark, Colin 131
Clay, Lucius 41 f., 44 f., 549
Clayton, Will 39
Clinton, Bill 409-413, 425 ff., 460
Clô, Alberto 490, 565
Colorni, Eugenio 462
Colosio, Luis Donaldo 352 f.
Connally, John 80 f., 550
Coolidge, Calvin 65, 178, 549
Cripps, Sir Stafford 32

Davis, John W. 70
Delors, Jacques 467-473, 475 f., 478 f., 545, 564 f., 572 f.
Deng Xiaoping 17, 186, 264-269, 271 f., 275 ff., 279-283, 265, 287 f., 290-295, 319, 396, 516, 543-546, 556 f., 569, 572 f., 576 f.
Disraeli, Benjamin 125, 146
Dole, Bob 409
Dornbusch, Rüdiger 327, 565, 570, 572
Douglas, Paul 196
Douglas-Home, Alec 144
Drucker, Peter 154, 527, 566
Dubček, Alexander 372, 378
Dudek, Daniel 451, 563
Dulles, John Foster 36, 70

Edison, Thomas 59
Eisenhower, Dwight D. 75 f.
Elisabeth II., Königin von England 115
Ellison, Larry 314, 558
Engels, Friedrich 280, 380
Erhard, Ludwig 42-47, 57, 276, 319, 342, 368, 481 f., 542, 560
Estenssoro, José 337 f., 559
Esty, Daniel 450, 563, 571
Eucken, Walter 42

Fabius, Laurent 468 f., 472
Fall, Sir Brian 9 f., 547
Feldstein, Martin 327, 415, 563, 572
Fischer, Stanley 327, 566

Ford, Gerald 85, 414, 430, 434
Foxley, Alejandro 327, 330, 559, 572
Frankfurter, Felix 69, 72
Frei, Eduardo 330
Freud, Sigmund 78
Friedman, Benjamin 327, 427, 559, 562, 573
Friedman, Milton 131 f., 195, 197 f., 200-203, 276 f., 329, 340, 373, 417, 542 ff., 552, 554, 573
Fromm, Erich 207
Fujimori, Alberto 343-347, 545, 560

Gaddhafi, Moamar al- 152
Gaidar, Arkadij 381
Gaidar, Jegor 377, 381 ff., 386-391, 403, 561, 573
Galbraith, John Kenneth 75, 573
Gandhi, Feroze 300
Gandhi, Indira 296, 300-303, 310, 314, 545
Gandhi, Mohandas K. (»Mahatma«) 89, 92 ff., 99, 109, 297, 300, 310
Gandhi, Rajiv 296, 301 ff., 310
Gandhi, Sanjay 301
Gandhi, Sonia 302
García Márquez, Gabriel 342
García, Alan 339 ff., 345
Garibaldi, Giuseppe 92
Gaulle, Charles de 34, 37 f., 465, 468, 474, 477, 548
Gerschenkron, Alexander 102
Gingrich, Newt 409, 411 f., 426, 460, 546, 572
Giscard d'Estaing, Valéry 171, 211, 465, 470, 490, 493, 553, 555, 565, 584
Glazer, Nathan 417
Goh Keng Swee 245-250, 556
Goldwater, Barry 200, 436
González, Felipe 477
Gorbatschow, Michail 185, 367, 378, 380, 383 ff., 389, 406, 545, 573
Gore, Al 426, 454, 564, 573
Gowda, Deve 311
Greenspan, Alan 414, 425, 570
Guevara, Che 381
Gujral, Inder Kumar 311
Gurría, Angel 175 f.

Personenregister

Gustafson, Thane 402 f., 407, 561 f., 573, 582, 585
Guzmán, Abimael 340, 345

Haldeman, Harry R. 82, 550, 574
Hale, David 531, 566, 574, 585
Hamilton, Alexander 462
Hansberger, Tom 203 f., 206, 555
Hansen, Alvin 72
Harberger, Arnold 329, 559, 574
Harding, Warren G. 65
Harris, Ralph 130, 132, 144
Hashimoto, Ryutaro 226 f.
Havel, Václav 373
Hayek, Friedrich August von 16 f., 131 f., 144, 174 f., 189-195, 200 f., 203, 277, 340, 373, 383, 417, 420, 506, 542 ff., 553 f., 569 f., 574, 576
Heath, Edward 123, 129 f., 132-135, 140, 144, 146, 148, 152, 544, 552
Hemingway, Ernest 463
Hirschman, Albert O. 100 f., 551, 574
Hitler, Adolf 29, 40, 46, 389, 461, 497
Ho Chi Minh 265
Honecker, Erich 479
Hoover, Herbert, 18, 66, 550
Howard, Philip 453, 564, 575
Howe, Geoffrey 164, 553, 565, 575
Hu Yaobang 277, 279
Hua Guofeng 268 f.
Hugo, Victor 316
Hull, Cordell 55
Hussein, Saddam 163, 303, 406

Ibrahim, Anwar 254, 555 f.
Ibuka, Masaru 219
Ikeda, Hayato 218
Insull, Samuel 59 ff., 70, 443, 541, 549, 577

Jadresic, Alejandro 330, 559, 575, 584
Jaurès, Jean 465
Jawlinskij, Grigorij 383 ff., 398 f., 404, 561 f.
Jay, John 462
Jay, Peter 140
Jelzin, Boris 378, 386-391, 394, 396, 399-403, 405 ff., 517, 533, 545, 561 f., 575

Jiang Zemin 291 f., 294, 557 f.
Johannes Paul I, Papst 364
Johannes Paul II, Papst (Karel Wojtyła) 364 f., 371, 544
Johnson, Hugh 67
Johnson, Lyndon Baines 17, 543
Johnson, Samuel 238
Jordan, Edward 437, 563, 584
Joseph, Keith 17, 124-127, 129 f., 132-139, 141, 144-147, 151, 153-156, 160, 165 f., 544, 574
Joseph, Samuel 136
Jospin, Lionel 503 f., 546, 565

Kahn, Alfred 434 ff., 543 f., 563, 575
Kaunda, Kenneth 112
Kelkar, Vijay 182, 207, 305, 311, 315, 554 f., 558, 575, 584
Kelvin, William 96
Kennedy, Edward M. 432, 434, 544
Kennedy, John F. 17, 68, 76 f., 79 f., 116, 200, 362, 375, 460, 543, 550, 554, 579
Kennedy, Joseph P. 68, 76
Kenyatta, Jomo 112
Keynes, John Maynard 16 f., 49-54, 72 f., 77 ff., 86, 100 f., 104, 131, 136, 139, 143, 192 f., 200 f., 333, 482, 542 ff., 547, 548 ff., 554, 570, 575, 579
Kim Il Sung 229
Kim Jae-Ik 228, 234
Kim Young-Sam 236
Kinnock, Neil 500
Kirkpatrick, Jeane 417
Klaus, Václav 373 f., 561, 576
Knight, Frank 196
Kohl, Helmut 169, 472, 479, 482-485, 504, 544, 565
Köln, Erzbischof von 41
Konopljanik, Andrei 380 f., 561
Kornai, János 382 f., 561, 576
Krenz, Egon 168
Kristol, Irving 416 ff., 562, 576
Krugman, Paul 200, 554, 576, 584
Kwaśniewski, Aleksander 372, 546

Lafontaine, Oskar 504
Lambsdorff, Otto Graf 485

Landis, James 68-71, 75 ff., 430, 432, 550, 576
Lange, Oskar 196, 277
Lawson, Nigel 154 f., 157 ff., 164, 553, 576
Lay, Kenneth 312, 584
Lee Kun Yew 245-249, 304, 525, 543, 556, 566
Lee Teng-hui 244, 546
Lenin, Wladimir Iljitsch 9, 13, 30, 80, 94, 280, 290, 294, 374, 384, 541, 547, 561, 571, 576, 579
Lewis, Sir Arthur 102, 122, 551
Li Yining 277
Li, K. T. 242 f.
Lilienthal, David 106
Lloyd George, David 27
Locke, John 17
López Portillo, José 174, 348 f., 351
Lubbers, Ruud 493
Lucas, Robert 199
Ludwig XIV., König von Frankreich 464
Ludwig, Eugene 441 f., 563, 566
Lushkow, Jurij 396 f., 407

Macmillan, Harold 57, 109, 115 f., 127, 130, 143 f., 146, 161, 549, 551, 574, 577
Madrid, Miguel de la 349 f., 354
Mahalanobis, Prasanta Chandra 96, 101 f., 551
Mahathir, Mohamad 212, 250-254, 544, 555 f.
Major, John 164
Mao Zedong 237 f., 266-269, 272, 275, 277 f., 280, 285, 291, 294, 319, 542 ff., 557, 569
Marcos, Ferdinand 121, 257 f.
Marcos, Imelda 258
Marx, Karl 17, 33, 118, 185, 201, 280 f., 380, 383 f., 541
Masowiecki, Tadeusz 368
Massey, William 443
Mattei, Enrico 48 f.
Mauroy, Pierre 469 f., 472
McCraw, Thomas 68, 549 f., 563, 577
McGovern, George 83, 417 f., 562
McGowan, William 439

Mendès-France, Pierre 467
Menem, Carlos 442 f., 335, 337 f., 545
Mill, John Stuart 17
Miller, William 419
Minow, Newton 76
Mises, Ludwig von 191, 541, 577
Mitterrand, François 164, 465-470, 472 f., 581
Mobuto Sese Seko 519
Moler, Elizabeth 443, 446 f., 563
Moley, Raymond 66
Molotow, Wjatscheslaw Michailowitsch 24
Monnet, Jean 36-40, 54, 96, 468, 474 f., 480, 542, 548 f., 572
Morgan, John Pierpont 438
Morita, Akio 219
Morrison, Herbert 31 f., 154
Mournier, Emmanuel 467
Moynihan, Daniel Patrick 417, 577
Müller-Armack, Alfred 42 f.
Mussolini, Benito 47, 60, 333, 461 f., 541
Myrdal, Gunnar 189 f., 544

Naim, Moises 359, 560
Naitoh, Masahisa 223, 224 f., 227 f., 555, 584
Narasimha Rao, Pamulaparti Venkata 296, 302, 545
Nasser, Gamel Abd el- 119
Neave, Airey 135
Nehru, Jawaharlal 13, 88-98, 103, 109, 119, 296 f., 300, 306, 310, 313, 542, 550 f., 578
Nehru, Motilal 91
Nemtsow, Boris 401, 517, 561 f., 565
Nixon, Richard M. 14, 78-84, 448, 543, 550, 569, 578
Nkrumah, Kwame 110-117, 520, 543, 551, 578
Novak, Michael 417
Nyerere, Julius 117, 307

Okun, Arthur 506, 565, 578
Owen, Robert 33

Paine, Tom 158
Panyarachun, Anand 257 f., 556

Park Chung Hee 230-234, 543 f.
Pérez de Cuéllar, Javier 346
Perkins, Dwight 230, 271, 284, 555, 557, 578, 580, 584
Perón, Evita 331, 542
Perón, Isabel 332
Perón, Juan 331 ff.
Perot, Ross 426
Pinochet Ugarte, Augusto 328 f., 544
Podhoretz, Norman 417
Pöhl, Karl-Otto 481-485, 487, 495, 565
Popper, Karl 342
Prebisch, Raúl 322, 325, 355, 559
Primakow, Jewgenij 406 f.

Raffles, Thomas Stamford 246
Ramesh, Jairam 306, 558, 568, 584
Ramos, Fidel 258
Rao, P. V. Narasimha, s. Narasimha Rao, P. V.
Reagan, Ronald 17, 200, 414 f., 418, 421-424, 429, 460, 544, 550, 558, 562, 571, 573, 580
Rendell, Ed 455, 564
Rhee, Syngman 229 f.
Robbins, Lionel 191 f.
Roberts, Alfred 141 f.
Rockefeller, John D. 54
Roh Tae-Woo 235 f., 546
Rohatyn, Felix 524, 566
Roosevelt, Franklin D., 18, 28, 37, 60-64, 66, 68, 70 ff., 74, 81 f., 99, 414, 438, 441, 541, 547, 579
Roosevelt, Theodore 18, 541
Röpke, Wilhelm 42 f.
Rosenstein-Rodan, Paul 101 f., 551
Rossi, Ernesto 462, 548, 564, 572, 580
Rostow, Walt 102, 242, 551
Rubin, Robert 412, 425 ff., 509, 562 f., 565, 568
Rüstow, Alexander 42
Ruzkoj, Aleksander 389

Sachs, Jeffrey 202, 320, 327, 367 f., 554, 559 ff., 566, 568, 576, 579
Salinas, Carlos 349-354, 560
Samuelson, Paul 202, 550
Sánchez de Lozada, Gonzalo »Goni« 317, 360, 559

Scargill, Arthur 151 f.
Schabowski, Günter 168
Schiller, Karl 482
Schmidt, Helmut 421, 470, 482, 496 f., 565
Schneider, William 459, 564
Schröder, Gerhard 504
Schumacher, Kurt 41, 46
Schuman, Robert 54, 474
Seldon, Arthur 130
Semler, Johannes 42
Sharp, Philip 446, 563, 568
Shaw, George Bernhard 27, 130
Sherman, Alfred 132, 541 f.
Shevtsova, Lilia 400, 562
Shultz, George 83, 196, 421, 505, 550, 554, 562, 579
Silguy, Yves-Thibault de 488
Silva Herzog, Jesús 174 f., 349 f., 354, 553, 560
Singer, Hans 101, 547, 579
Singh, Manmohan 296, 304-310, 316, 558, 579, 584
Sjuganow, Gennadij 399, 406
Skidelsky, Robert 53, 548 ff., 552, 554, 559, 579
Smith, Adam 17, 28, 63, 100, 102, 147, 242, 272, 305, 538, 541, 549, 580
Smith, John 500
Soames, Christopher 149
Soto, Hernando de 340
Spinelli, Altiero 461-464, 473 f., 494, 498, 542, 564, 572, 580
Sporkin, Stanley 453, 564
Stalin, Joseph 22 ff., 265, 277, 280, 375 f., 378, 382, 396, 461, 537, 541, 548, 571, 574
Steffens, Lincoln 65, 549, 575
Stein, Herbert 79, 84, 86, 423, 550, 562, 580
Stigler, George 198, 430 f., 544, 554, 563, 573, 580
Stimson, Henry L. 25
Stockman, David 423 f., 562, 580
Stoltenberg, Jens 491, 496, 565
Suharto, General T. N. J. 256
Summers, Lawrence 202 f., 327, 428, 554, 562, 568

Sutherland, Peter 496, 565

Tata-Familie (Indien) 96, 313
Taylor, Alan J. P. 26
Templeton, John 204, 206
Thatcher, Denis 142
Thatcher, Margaret 17, 20, 124 f., 130 ff.,
    134 ff., 141, 143-146, 148-156, 159 f.,
    164-167, 189, 193, 236, 304, 307,
    319, 343, 357, 360, 443, 454, 465,
    474, 478 f., 499-503, 526, 533, 544 ff.,
    552 f., 564 f., 580, 584
Thorndike, Felipe 342, 564, 568, 584
Tinbergen, Jan 102, 107, 551
Tito (Josip Broz) 119, 382
Toffler, Alvin 277, 557, 580
Touré, Sékou 117, 520
Trotzki, Leo 375, 416
Truman, Harry S. 22, 56, 75 f.
Tschernenko, Konstantin 185, 377, 545
Tschernomyrdin, Wiktor 389 f., 399, 405
Tschubajs, Anatolij 391 ff., 396, 401

Vargas Llosa, Mario 340-344, 545, 560, 580
Vietor, Richard 438, 563, 581
Vogel, Ezra 235, 555 f., 581, 584
Volcker, Paul 14, 419-423, 425, 442, 544,
    547, 553, 562, 581

Waigel, Theo 484 f.

Wakeham, John 156, 552 f., 568, 584
Wałęsa, Lech 364, 366, 371 f., 545 f.
Walters, Alan 131, 552
Wang, Y. C. 241
Wardhana, Ali 255, 556
Wassiljew, Sergei 403, 561
Wattenberg, Ben 417
Webb, Beatrice 28, 130, 548, 581
Webb, Sidney 27, 30, 130, 502, 548, 581
Weber, Max 239, 581
Weinberg, John 454
Whitney, Richard 68, 550
Williamson, John 325, 559
Wilson, Harold 124, 129, 134, 139, 509,
    552, 572
Wilson, James Q. 417
Wilson, Woodrow 64, 73, 230
Winsemius, Albert 247
Wittgenstein, Ludwig 190
Wu Jinglian 276, 557

Yin, K. Y. 241 ff.
York, Erzbischof von 29
Young, David 123 f., 156, 158, 160 f.,
    165, 551, 553

Zedillo Ponce de León, Ernesto 352 f.
Zhao Ziyang 277 f.
Zhou Enlai 265, 268, 294, 576
Zhu Rongji 293, 558

Sachregister

administrative Durchführungsgesetze (USA) 75
Afghanistan 152
African National Congress 520
Afrika
- Bürgerkriege in 519
- Entwicklungsökonomie und 103 f., 114 f.
- Unabhängigkeit in 109-115, 117, 543
- staatliche Handelsorganisationen in 113 f., 116
- nationale Identität in 119
- nach der Reformära 115
- vgl. auch einzelne Länder

AGIP 48
Ägypten 119
Air India 96
Algerien 109
allgemeine Theorie der Beschäftigung des Zinses und des Geldes, Die (Keynes) 16, 51
- von Hayeks Kritik der 17, 131, 192 ff.

alte Mann und das Meer, Der (Hemingway) 463
Amsterdamer Gipfel 488
Angebotsökonomie 423
Angebot-und-Nachfrage-Anpassung (*jukyu chosei*, Japan) 221
Angola 109
Anhui, Provinz in China 270
Anti-Korruptionskampagne in Italien (»saubere Hände«) 180
Arbeiterpartei, norwegische 491
Arbeitnehmer-Arbeitgeber-Beziehungen 71, 173, 347, 452

Arbeitskräfte 15, 103, 146, 275, 278, 283, 287 f., 523, 557
Arbeitslosigkeit
- in Frankreich 57, 466 f., 493, 403
- in Großbritannien 23, 27, 29, 33, 51, 127, 143, 162, 188 f.
- nach dem 1. Weltkrieg 23, 27
- Privatisierung und 161 f.
- in Westeuropa 25, 133, 173, 488, 492 f., 523 f.

Argentinien
- Konvertibilitätsgesetz 336
- Schuldenkrise von 332
- Falklandkrieg und 149 ff., 157, 332, 544
- Marktreformen in 329, 333, 544
- Perón-Regime in 332 ff., 337
- Privatisierungsprogramm in 337

Aschanti-Reich 110
ASEAN (Association of Southeast Asian Nations) 260
Asien
- wirtschaftlicher Aufstieg von 19, 91-104, 187, 238 ff., 550
- integrierte regionale Wirtschaft von 255, 258, 260
- Mittelklasse in 98
- Währungskrise von 1997 in 533 f., 546
- nach der Reformära 264
- vgl. auch einzelne Länder

AT&T 438 ff.
Äthiopien 105
Atombombe 22, 217, 300
Attlee, Clement im

- Vergleich mit Churchill 23 f., 499
August-Putsch (Russland 1991) 385 ff.
Auslandschinesen 259, 284 f., 288
Ausschuss für wirtschaftliche Entwicklung Singapur 248
Außenministerium, US- 56

Bandung-Gipfel 542
Bangladesch 89
Bank von China 288
Bank von Frankreich 467
BBC 31, 129, 209
befristete Beihilfe für bedürftige Familien (USA) 159
Belgien 474
Bericht über Sicherheits- Arbeits- und Fürsorgepolitik (USA) 74
Berlin-Blockade (1948 – 1949) 45
Berliner Mauer 168 f., 186, 201, 206, 408, 424, 479, 483, 485 f., 545
Beschäftigungsgesetz (1946, USA) 74 f.
Beveridge-Report 29, 74, 99, 101, 191, 542
Bharatiya-Janata-Partei (BJP Indien) 311
Binnenmarkt *siehe* Europäische Gemeinschaft; Europäische Wirtschaftsgemeinschaft; Europäische Union
Birma 117, 228
Blair, Tony
- Hintergrund von 499-504
Blockfreienbewegung 119
Bolivien 317-321, 360, 521, 545
Bolschewistische Feingebäckfabrik 394
Börse, russische 402
Börsenaufsichtsbehörde (Securities and Exchange Commission, USA) 67, 542
Börsenkrach (1929) 60, 541
Brasilien
- Schuldenkrise in 355
- Privatisierung in 357
- »Real-Plan« in 356, 522
Breaking the Vicious Cicle: Toward Effective Risk Regulation (Breyer) 449, 563
Bretton-Woods-Konferenz von (1944) 53, 104, 193, 421, 542 f., 551, 577
British Aerospace 156
British Gas 157
British Overseas Airways Corporation 30

British Petroleum 30
British Rail 161
British Steel 158, 161
British Telecom
- Privatisierung von 159 f.
Brookings Institution 431, 433, 452, 563
Bulgarien 479, 545
Bundesausschuss zur Regelung der Beziehungen zwischen Arbeitnehmern und Arbeitgebern (National Labor Relations Board, USA) 71
Bundesbank, Deutsche 481-489, 504, 543
Bundesenergiebehörde (Federal Energy Administration, USA) 84
Bundesenergiebehörde (Federal Power Commission, USA) 443
Bundesfernmeldebehörde (Federal Communications Commission, USA) 71, 438 f.
Bundeskartellamt (Federal Trade Commission, USA) 64
Bundesluftfahrtbehörde (Federal Aviation Administration, USA) 436
Bundestag, Deutscher 46
Bundesverkehrsbehörde (Interstate Commerce Commission, USA) 62, 429, 541
Büro für Industriepolitik (Japan) 223
Bush, George
- Versprechen, Steuern nicht zu erhöhen 424
Bush-Administration 424, 426, 445

Cable & Wireless 156
Calpers-Pensionsfond (Kalifornien) 206
Capital Group 206
Carter, Jimmy
- Ernennung von Paul Volcker durch 419
Carter-Administration 85, 434
Central Electricity Generating Board (Großbritannien) 152
Centre for Policy Studies 132, 167, 544
chaebols (Holdinggesellschaften, Südkorea) 232 f., 235 ff.
Chancen, die ich meine (Friedman) 200
Chicago, Universität von 131, 194-198, 201, 317, 373, 542
Chicagoer Schule
- Monetarismus der 197

Sachregister

- *Reaganomics* und 415, 563, 578
- Revision des New Deal und 71 ff., 76

Chile 105, 120, 139, 327-333, 355, 357, 521, 543, 545, 576, 580

China, imperiales 238-243

China, Volksrepublik
- Landwirtschaftsreform in 267, 271
- Anhui-Provinz in 270
- Rivalität von Chiang Kai-shek u. Mao 237, 542
- »vertragliches Verantwortungssystem« in 276
- Korruption und Verbrechen in 278, 291
- Kulturrevolution in 185, 249, 265, 267 f., 270, 272, 275, 277, 279, 284, 543
- Demokratiebewegung und 279
- Dengs »Reise nach Süden« 281, 285
- Wirtschaftsreform in 270 f., 275, 515, 544 f.
- ausländische Investitionen in 243, 273, 278, 284, 293
- Fujian-Provinz in 278, 285
- Guangdong-Provinz in 187, 278, 281 f., 284 f.
- schnelles Wachstum von 288
- Hongkong und 249 f., 278, 281 ff., 285-291, 516 f., 546, 580
- System der »Haushaltsverantwortung« 276, 544
- japanische Invasion in 266
- Langer Marsch und 266, 290, 542
- Marktwirtschaftsdebatte in 273, 275 f., 280
- 4.-Mai-Bewegung und 265, 279, 541
- Konzept »ein Land zwei Systeme« und 290 f.
- »Unternehmen in Volkseigentum« (*ming ying*) in 292
- in der Ära nach den Reformen 219, 293 f.
- Privatisierung in 293
- Eigentumsrechte in 277
- Revolution von 1911 in 264, 269, 286, 541
- wirtschaftliche Sonderzonen in 278, 280 ff., 285, 288

- Taiwans Beziehung zu 238 f.,
- jugoslawisches Modell und 138

Christlich Demokratische Union (CDU) Deutschlands 46, 482

Christlich Soziale Union (CSU) Deutschlands 46

Churchill, Winston
- im Vergleich mit Attlee 23 f., 499

Civil Aeronautics Board, CAB (USA) *siehe* Zivile Luftfahrtbehörde

Civil Rights Act (USA 1991) 453

Clay, Lucius
- Erhards Treffen mit 44 f.

Clinton, Bill
- »Triangulierung« durch 426

Clinton-Administration 412, 460, 505

Coca-Cola 119 f.

Colbertismus 464

Commentary (Journal, USA) 417 f.

Commissariat Général du Plan (Frankreich) 39

Committee on Social Thought (Universität von Chicago) 194

Compagnie Française des Pétroles 34 f.

Conrail Privatisierung von 437, 454, 564

Convention People's Party (CPP), Goldküste/Ghana 112

Creusot-Loire, frz. Stahl- u. Maschinenbaugruppe 471, 564

Daewoo 231

Dänemark 474

Danone 394

Defizitfinanzierung 52, 72, 79, 140, 172 f., 348

Delors, Jacques
- gemeinsame Währung und 476

Demokratische Partei USA,
- Neue Demokraten 425

denationalization 153

Deng Xiaoping
- Einschätzung von 515 f.
- Hintergrund von 17, 264 ff., 294
- Chens Rivalität mit 272, 275 ff., 280 f.
- Tod von 291 f.
- Großer Sprung nach vorn und 269
- Huas Konflikt mit 268

- Marktwirtschaftsdebatte und 275, 280 ff., 290
- »Reise nach Süden« von 281, 285
- Konzept »ein Land, zwei Systeme« von 290 f.
- Weltkrieg und 266
- Zhou Enlai und 265 f., 268

Dependenztheorie 118, 321, 324, 326, 355-358

Deregulierung
- in den USA 429, 431 f., 434
- der Fluglinien 436 f., 544
- der Stromwirtschaft 443
- des Finanzsektors 329, 345
- Auswirkung von Wettbewerb und 11
- Verfügung 888 und 446 f.
- der Eisenbahnen 437
- der Telekommunikation 441

Deregulierung in Japan 223, 225 ff.

Deutsche Demokratische Republik 185, 480, 491, 553

Deutsche Mark
- deutsche Wiedervereinigung und 484

Deutsche Telekom AG 489

Deutsches Reich 42

Deutschland (Bundesrepublik)
- korporatistisches System der 47
- »Wirtschaftswunder« von 20, 39, 45 f., 57, 481, 542
- Wahlen von 1949 in 46
- Wiedervereinigung von 479 f., 483 f., 486
- Römische Verträge und 55, 476, 543
- nach dem Krieg 33, 40, 42, 217
- Berlinblockade und 45
- Clay-Erhard-Treffen und 45
- Schaffung der Bundesrepublik 45
- Währungsreform in 44 f., 276, 481 f., 542
- Nahrungsmittelkrise 42
- Ordoliberale 42 ff., 194, 482
- US-Hilfe für 42
- wiedervereinigtes 235, 479 f., 483 f., 486
- Zusammenbruch des Kommunismus und 9, 408, 480, 486
- Währungsfragen und 484
- Privatisierung in 491

Devisenhandel 226, 509, 565
Dodge-Plan 217
Dritte Welle, Die (Toffler) 277, 580
Dritte Welt
- autoritäre Regierungen in 121, 514
- Schuldenkrise der 176 ff., 205
- Entwicklungsökonomie und 99 ff.
- Konzept der neu entstehenden Märkte und 203 ff.
- »verlorenes Jahrzehnt« der 178
- Marshallplan und 100 f.
- multinationale Konzerne und 118, 120, 322
- Problem staatlicher Kontrolle in 118, 259
- Verstaatlichungspolitik und 119 f.
- Nord-Süd-Konflikt und 121
- Ölkrise und 120
- Bevölkerungsentwicklung und 118 ff.
- »Dritte-Welt-Ideologie« und 119, 176
- Weltbank und 105 f., 115, 178

Eastern Airlines 463
ECLA, UN-Wirtschaftskommission für Lateinamerika 322, 325
École Nationale d'Administration 171
Economic Backwardness in Historical Perspective (Gerschenkron) 102, 573
Economic Consequences of Mr. Churchill, The (Keynes) 50
Economist, The 136, 139, 319
Economy in Crisis (Cavallo) 335
Einheitliche Europäische Akte 477
Électricité de France 286
Elektrizitätsversorgung, Deregulierung der 430, 447, 490, 508
Elf-Aquitaine 489
Elfenbeinküste 520
Elsass-Lothringen 54
emerging markets 14, 203, 205-208
Emerging Securities Markets (van Agtmael) 205, 555, 569
ENEL 490 f.
Energiegesetz (USA, 1992) 446
ENI (Ente Nazionale Idrocarburi) 48 f.,
- Privatisierung der 179 f., 183 f.
Enron 312 f.
Entdeckung Indiens (Nehru) 90, 98
Enterprise Oil 159

Entkolonialisierung
- Indien als Modell der 97
- Prozess der 99, 109, 115

Entwicklungsökonomie
- afrikanisches Unabhängigkeitsstreben und 109-115
- grundlegende Annahmen von 100 f.
- Abschied von 122, 179
- Indien und 99 f.
- Handelsorganisationen und 113 f., 116
- staatliche Unternehmen und 104, 107
- Volta-Fluss-Projekt und 114 f.
- Weltbank und 105, 115, 178

Environmental Defense Fund (USA) 451
Erhard, Ludwig,
- sein Treffen mit Clay 44 f.

Erlass 21060 (Bolivien) 318, 320
Erziehung, Privatisierung der 458
Etatismus 416, 465, 468, 475
Euro 486 f., 538
Europa, Einigung von 463, 470, 473, 476 f., 486, 504
- amerikanische Revolution und 63
- Amsterdamer Gipfel (1997) und 488
- Bierstreit und 477 f.
- Schokoladenstreit und 478, 565
- gemeinsame Außenpolitik in 477, 480
- Europäische Zentralbank und 486-490, 523
- Europäisches Währungssystem und 470 f., 474, 498, 544
- Europessimismus und 473
- französische Kehrtwendung und 470 ff.
- deutsche Wiedervereinigung und 480, 484
- Feindschaft gegen 488
- Maastricht-Vertrag und 486-489, 492, 523, 545
- Marshallplan und 41, 54, 463, 473
- Prinzip der »wechselseitigen Anerkennung« 476
- gemeinsame Währung 463 f., 476, 479, 487 ff., 523, 545
- Einheitliche Europäische Akte (1987) und 477
- Konzept des Binnenmarktes und 463, 475-480, 490, 498, 523, 545
- Souveränitätsfrage und 464, 474, 479, 519
- Technologie und 491
- Thatchers Kritik an 148, 478
- Römische Verträge und 55, 476, 553
- Einstimmigkeitsprinzip 477
- Ventotene-Manifest und 461 ff., 498
- Wohlfahrtsstaat und 463 f., 467, 492-498, 503, 505, 523 f., 531
- Arbeitslosigkeit in 488, 492 f., 523 f.
- *siehe auch* einzelne Länder

Europäische Gemeinschaft für Kohle und Stahl *siehe* Montanunion
Europäische Gemeinschaft 472 ff., 477, 479, 545, 572
Europäische Kommission 472 f., 475-478, 490, 545
Europäische Union 400, 463, 478, 492
Europäische Wirtschaftsgemeinschaft (EWG) 55, 463, 471, 473 f., 543
- Römische Verträge und EWG 55, 543
Europäische Zentralbank (EZB) 487 f.
Europäisches Währungssystem (EWS) 470 f.
Eropäisches Zentralbankensystem 489
Everglades-Nationalpark 409 f.

Fabian Society, Sozialisten der 13, 130, 132, 299, 301, 307, 552
Falklandkrieg 150 f., 157, 544
»Familienwerte« 410
Federal Energy Regulatory Commission (FERC, USA) 443, 446
Federal Housing Administration (USA) 410
Federalist Papers 462
Fiat 179
Financial Times 159
finanzielle Integration 209 f.
Finanzminister, japanischer 227
Finanzminister, polnischer 372, 408
Finanzministerium (USA) 421
»Firma Asien« 258
Forbes-Magazin 204
Ford-Administration 434
Formosa Plastics 241
Franc, französischer 469 ff., 544

Frankreich
- »Bruch mit dem Kapitalismus« 465, 472
- Abtritt der Kommunistischen Partei 34
- System des *dirigisme* 464
- Monnet-Plan und 38
- Wahlen von 1997 in 503 f.
- nach dem 2. Weltkrieg 34, 37
- »Wiederbelebungs-« (Verstaatlichungs-) Programm 466
- »Zweite Linke« 467
- Politik des »starken Franc« 471
- Römische Verträge und 476
- Vichy-Regime 34 f.

Freiburger Schule 42
Freie Demokratische Partei (FDP) 46
Friedman, Milton
- Hintergrund von 131 f., 195, 197-201

G7-Wirtschaftsgipfel 428
Gandhi, Mohandas K. (»Mahatma«)
- Nehru und 93 f., 109, 297

Gazprom 389
Gemeinwirtschaft, Die (Mises) 191, 541, 577
gemischte Wirtschaft
- Vertrauenskrise der 125, 133, 522
- von Frankreich 35, 40
- goldenes Zeitalter der 57
- von Großbritannien 24, 33, 131, 136, 140, 156, 161, 287, 299, 502
- von Indien 95
- Inflation und 172 f.
- internationales Handelssystem und 55, 219, 271
- von Italien 489
- Keynesianismus und 54
- von Neuseeland 188
- Nachkriegsbedingungen der 40, 54
- Schuman-Plan und 54
- Instrumente der 172 f.
- in den USA 74, 118

Genehmigungswirtschaft (Indien) 308, 558
General Agreement on Tariffs and Trade 56
GATT: Allgemeines Zoll- und Handelsabkommen 56, 350, 549, 581

General Electric 415, 438
General Telephone 438
Gesetz zur Sauberkeit der Luft (Clean Air Act Amendment, USA, 1990) 451
Gewerkschaften
- britischer Kohlestreik von 1984 und 152
- britischer Streik von 1978/79 und 140

Gewissen eines Konservativen, Das (Goldwater) 436
Ghana
- Besuch Elisabeths II. 115
- Unabhängigkeit von 110
- Volta-Fluss-Projekt von 114-117, 543, 551

Giscard d'Estaing, Valéry
- über staatliche Unternehmen 171, 490

GKI (Staatliches Komitee für das Management von Staatseigentum, Russland) 391, 393
Glasgow Herald 130
glasnost (Offenheit) 378
Glass-Steagal-Gesetz 441
Globalität 15, 507, 513
»goldener Anteil«, Konzept des 159, 553
Goldener Tempel, Erstürmung des 301
Goldküste 110 ff.
Goldman-Sachs-Investitionsbank 454
Goldstandard 33, 50, 81, 415
Golfkrieg 303, 406
Gorbatschow, Michail
- August-Putsch und 387

Gore, Al
- Scheitern des Staates 454
- Konzept des »Regierungswissen« 454

Gott der keiner war, Der (Crossman u.a.) 186
Grantham Journal 142
Griechenland 60, 203, 476
Großbritannien
- Schokoladenstreit und 478
- Wahlen *siehe* Wahlen britische
- Falklandkrieg und 150 f., 157
- Ghanas Unabhängigkeit und 110, 112
- Staat-Markt-Debatte in 124 f.
- Kehrtwendung von Heath und 127
- Indiens Unabhängigkeit und 88 f., 91 ff.
- Erfolg von Indern in 91

- Beziehungen Arbeitnehmer-Arbeitgeber in 152
- schlechte Wirtschaftsleistung in 127
- Streik der Bergleute in 129, 140, 151 f., 545
- Verstaatlichung in 13, 30 f., 34, 41, 154, 156, 159, 541
- New Labour in 166
- Ölkrise und 129, 159, 173
- Nachkriegsreformen in 33, 143, 153 f.
- Privatisierung in 129, 153-157, 159-162, 164 f., 332 f., 492, 508, 545
- Streik des öffentlichen Dienstes in 140
- Stahlstreik in 146
- Volta-Fluss-Projekt und 115
- Regierung während des 2. Weltkriegs in 28 ff.

Großer Sprung nach vorn 267, 269, 281
Gruppe der 77 121
Guangdong, Provinz von China 187, 278, 281 f., 284 f.
guanxi (»Beziehungen«, China) 285, 516
Guinea 117, 520

Hafenbehörde von New York und New Jersey 457
Haiti 213
handelbare Rechte, System der 451
Handelsorganisationen (Afrika) 113 f., 116
»Haushaltsverantwortung« System der (China) 276, 544
Hayek, Friedrich August von
- Hintergrund von 189-195, 203
- Kritik an Keynesianismus durch 131, 192
- Thatcher und 132, 144

Heath, Edward
- Kehrtwende von 127

Hilfe für abhängige Kinder (USA) 458
Hindustan Fertilizer Corporation 299
Hiraiwa-Kommission 224
Honda 222
Hongkong
- China und *siehe* China und Hongkong
- Großbritannien und 286, 289

Hoover Institution 200, 554, 573
Hoover-Kommission 75

Huai-Hai-Feldzug 266
Humankapital 108, 188, 199, 503
Hyperinflation 239, 318 ff., 326, 333, 336, 348, 358, 363, 369, 371, 383, 388, 407, 481
Hyundai 231

IBM 120
»importsubstituierende« Industrialisierung (ISI) 323
Importsubstitution 107, 240, 348 f., 358
Indien
Zusammenbruch des Kommunismus und 306
- Entscheidung zu Reformen in 302, 309 f., 313
- Demokratie in 98, 300
- Entwicklungsökonomie und 101
- Desinvestitionsprogramm in 310, 313
- Ostasien verglichen mit 306 f.
- Einfluss des Fabianismus in 301, 307
- ausländische Investitionen in 311, 315
- Golfkrise und 303
- Unabhängigkeit von 88 f., 91 ff., 96, 98
- Mittelklasse in 98
- gemischte Wirtschaft in 95
- als Modell der Entkolonialisierung 97
- Verstaatlichungen in 96
- Wirtschaftsprogramme von Nehru u. Gandhi in 90, 93 f., 297
- Wirtschaftskrise 1990/91 in 296, 299
- Auslandsinder und 307 f., 314
- Beginn der Reformen in 90 f., 93
- »Genehmigungswirtschaft« in *siehe* Genehmigungswirtschaft
- nach der Reformära 313-316
- religiöse und ethnische Konflikte in 297
- sowjetisches Modell und 95, 103, 306
- staatliche Unternehmen in 98, 299

Indonesien 119, 187, 250, 255, 258 f., 261 f., 542
Industrieministerium, britisches 146, 156
Inflation
- gemischte Wirtschaft und 172 f.
- der 70er Jahre 125, 172, 418
- Ölkrise und 147, 173
- angebotsorientierte Wirtschaftspolitik und 415, 423

Informationstechnologie 16, 209, 277, 314, 507, 510
Institut für Systemanalyse (Russland) 380
Institute of Economic Affairs (IEA, Großbritannien) 130 f., 140, 144, 167, 542
Instituto de Estudios Económicos Sobre la Realidad Argentina y Latinoamericana (Argentinien) 333
»Intellectualls and Socialism,The« (von Hayek) 195
Interamerikanische Entwicklungsbank 325
Internationale Bank für Wiederaufbau und Entwicklung 104
Internationale Finanzierungsgesellschaft 106, 204 f.
Internationale Handelsorganisation (ITO) 55
Internationale, IV. Kommunistische 13
Internationaler Währungsfond (IWF) 53, 55, 139, 211, 405, 469, 535, 556, 565 f., 575
– asiatische Währungskrise und 261 f., 308
– Schuldenkrise und 178
– Lateinamerika und 320, 324, 326 f.
Internet 212, 403, 447, 507
Interstate Commerce Commission (USA) *siehe* Bundesverkehrsbehörde
Irak 533, 545
Iran, Geiselkrise im 421
Irland 352
ISI *siehe* »importsubstituierende« Industrialisierung 323
Ismajlowski, Markt von (Moskau) 9 f.
Israel 84, 119
Istituto per la Ricostruzione Industriale (IRI, Italien) 47, 491, 541
Italien
– Anti-Korruptionskampagne der »sauberen Hände« in 180
– Nachkriegsära in 47 ff.
– Privatisierungen in 179 f., 183, 491
IWF *siehe* Internationaler Währungsfond

Jamaika 117
Janata-Partei (BJP Indien) *siehe* Bharatiya Janata-Partei

Japan
– »Big Bang«-Liberalisierung in 226, 396
– Invasion Chinas durch 266
– Deregulierung in 223, 225 ff.
– Zusammenarbeit Staat-Wirtschaft in 220
– »eisernes Dreieck« in 220
– Rolle des MITI in 221-224, 227 f., 230, 243
– »System von 1955« in 220
– Nachkriegsära und 187, 206, 217 f.
– Strukturreformen in 226
– US-Besetzung von 217
Jelzin, Boris
– August-Putsch und 385 ff.
– Wirtschaftsreform und 378, 386, 390 f., 394, 402 f.
– Wahlen von 1996 und 391, 399-402, 533
Johannes Paul II., Papst
– versuchtes Attentat auf 366
Johnson-Administration 17, 420, 431
Jom-Kippur-Krieg 84, 119
Joseph, Keith
– anti-keynesianische Kampagne von 151
– Hintergrund von 125-127
– Führungskampf und 130
– Thatcher und 17, 125, 132, 134 ff., 153 ff., 166
Jugoslawien 119, 138, 272, 382
Justizministerium der USA 65, 440, 453

Kaiser and Reynolds, Aluminiumfirma 115
Kakao-Handelsorganisation 114, 116
Kalter Krieg
– Ende des 169, 238, 454, 460, 479
– Bewegung der Blockfreien und 119
Kanada 289, 352, 354
Kapital,Das (Marx) 281
Kapitalismus und Freiheit (Friedman) 199
Kapitalismus
– Frankreichs Bruch mit 34
– Weltwirtschaftskrise und Exzesse des 61, 322
– Keynesianismus und 53
– marxistische Sicht des 118 f.

Sachregister

- erkanntes Scheitern des 69, 119, 257, 355
- in den USA nach dem Krieg 66, 74, 118

katholische Kirche 364 ff.
Katholische Universität von Chile 328
Keidanren, Unternehmervereinigung (Japan) 224
Kenia 112
Kennedy-Administration 17, 420
Keynes, John Maynard
- Hintergrund von 49-53
- von Hayeks Kritik an 17, 131, 192 f.
- Kritik an *Weg zur Knechtschaft* durch 132, 193 f.

Keynesianismus
- britische Wirtschaft und 53, 139, 143, 147
- Rolle des Staates und 53 f.
- von Hayeks Kritik an 131, 192
- gemischte Wirtschaft und 29, 54 f.
- Armut und, Regulierung und 139
- Thatchers Ablehnung von 151

KGB 185, 384
Kolumbien 101
Komintern 272, 547, 577
»Kommandohöhen«, Ursprung des Begriffs 228
Kommission für gleiche Beschäftigungschancen (Equal Employment Opportunity Commission, USA) 84
Kommission für Produktsicherheit (Consumer Product Safety Commission, USA) 453

Kommunismus
- zentralistische Planung und 19, 28, 214, 276, 326, 363
- Zusammenbruch des 9, 14 f., 99, 257, 279 f., 306, 326, 363, 408, 479 f., 486

Kommunistische Partei, (marxistische) Indien 118, 315
Kommunistische Partei, chinesische 265-269, 279, 291, 516
Kommunistische Partei, französische 466, 473
Kommunistische Partei, italienische 461
Kommunistische Partei, ostdeutsche 168 f.
Kommunistische Partei, polnische 365 f.
Kommunistische Partei, sowjetische 290, 375, 378, 384, 391, 406
- Chruschtschows Geheimrede 378, 382, 561

Kommunistische Partei, spanische 466
Konfuzianismus 237, 239
Kongo 122, 519
Kongress, argentinischer 335
Kongress, US-amerikanischer
- Schließung der Bundesbehörden und 410 f., 426
- Budgetbüro des 427

Konservatismus 17, 139
Konservative Partei, britische 23, 124 f., 127, 132, 135, 141, 144 f., 149 f., 164, 499, 501, 544
- Parteitag der (1980) 148
- Kontroverse zw. »wets« und »drys« in der 145 f.

Konvergenzkriterien 487
Konvertibilitätsgesetz, argentinisches 336
Korea, Demokratische Volksrepublik (Nordkorea) 229, 231, 542
Korea, Republik (Südkorea) 230 f., 233, 235 ff., 257, 307, 330, 542 f.
- *chaebol* in 233
- Korruption in 236
- Schwer- und Chemieindustrie-Initiative in 231, 233, 543
- japanisches Modell und 230
- Liberalisierungspolitik von 233 f.
- nordkoreanische Bedrohung und 229
- Wiedervereinigung und 235
- US-Truppen in 56

Korea-Fonds 205
Koreakrieg 56, 384, 542
koreanischer Geheimdienst 233
Krieg am Ende der Welt, Der (Vargas Llosa) 341
Krieg-der-Sterne-Programm (USA) 423
Kriegswirtschaftsausschuss (USA) 73
Kuba 138, 326
Kulturrevolution, chinesische 185, 249, 265, 267 f., 270, 272, 275, 277, 279, 284, 543
Kuomintang (Taiwan) *siehe* Nationale Volkspartei 238
Kuwait 119, 163, 303, 533, 544 f.

Labour Party, britische 13, 23 f., 27-33,
41, 94, 108, 124, 125 f., 129 f., 139 f.,
142, 145, 150 f., 155, 247, 499 f.
- Blairs Modernisierung der 166, 499 f.,
502 f.
- Verstaatlichungspolitik der 30 f., 41
- Nachkriegsregierung der 28-33
- Streik von 1978/79 und 140
Langer Marsch 266, 290, 542
Lateinamerika
- Zusammenbruch des Kommunismus
und 326
- Dependenztheorie und 321, 324, 326,
355-358
- ECLA und 322, 325
- IWF und 324, 326
- ISI und 323
- »verlorenes Jahrzehnt« in 324, 339,
544
- Rolle des Staates in 321, 325
- sowjetisches Modell und 326
- Technopolitiker in 327, 351
- Washingtoner Konsens und 325 ff.
- vgl. auch einzelne Länder
Lawson, Nigel
- Konzept des »goldenen Anteils« 159
Leutender Pfad (Sendero Luminoso, Peru)
339 f.
Liberaldemokratische Partei (LDP, Japan)
226
Liberalismus, traditioneller 17 ff., 28, 130,
192
liberals (USA) vs. Neokonservative 71, 78,
411
- Bedeutung des Begriffs in USA 76
Libertad-Bewegung, Peru 341 f., 344
Lincoln-Universität 111
Lohn- und Preiskontrollen 14, 82 ff., 173,
431, 543
London School of Economics (LSE) 29,
102, 130, 137, 191 f., 194, 246, 553
Lotharingien 54
Lucky Goldstar 231
Lufthansa 489
Luftverkehrsderegulierung *siehe* Deregulierung
Luxemburg 474
Libyen 152

Maastricht-Vertrag 486 f., 522, 545
Makroökonomie 52, 72 f., 77, 101, 131,
136, 200, 215, 305, 399
Malay Dilemma, The (Mahathir) 252
Malaya 104
Malaysia 187, 212 f., 246, 250-254,
257 f., 262, 530, 543 f.
Marineakademie (USA) 454
Marktsystem
- Reaktion gegen 257, 273
- Chinas Debatte um 186, 272, 516 f.
- Vertrauen in 428, 506, 532
- Fairness und 524, 526
- finanzielle Integration und 509
- Weltwirtschaft und 291, 514
- Legitimität und 526
- Misstrauen gegen und Kritik des 34,
418, 505, 532
- moralische Grundlage 538
- nationale Identität und 19, 511, 528
- Rolle der Unternehmen in 257
- Rolle des Staates in 34, 257
- Hinwendung zu 391
- sowjetischer Übergang zu 363, 365,
379 f.
- Vietnam und 257
Marktwirtschaft von unten (Soto) 340
Marshallplan
- Dritte Welt und 100 f.
- Idee eines vereinten Europa und 41, 54,
463, 473
Marx, Karl
- britischer Imperialismus aus Sicht von
118
Marxismus
- Reiz des 184 f., 341, 467
- Kapitalismus aus Sicht des 184
- Scheitern des 11, 186, 214, 380
McDonald's 396, 453
MCI (Microwave Communications Inc.)
439 f.
Medicaid 411, 458
Medicare 411
Mexiko
- Chiapa-Konflikt 352
- Schuldenkrise von 174 f., 324, 348
- Wirtschaftsreform in 348, 351 f.
- NAFTA-Beitritt von 352, 545

- Wahlen von 1988 in 350
- politisches System von 351, 353 f., 521
- US-Stützungsaktion für 175
Mexiko-Fonds 205
Middle Way, The (Macmillan) 143
Mietpreisbindung 198
Ministerium für Internationalen Handel und Industrie (MITI Ministry of International Trade and Industrie), Japan *siehe* MITI
MITI (Ministerium für Internationalen Handel und Industrie Japan) 221-224, 227 f., 230, 243

mobile Wirtschaft 15, 507, 509
Monetarismus 137, 147, 197
- Volcker und 421
Monnet-Plan 38
Montanunion 473 f., 480, 542
Mont-Pèlerin-Gesellschaft 194 f.
Morgenthauplan 44
Mosambik 109
multinationale Konzerne
- nationale Werte und 259, 508, 529
- Dritte Welt und 118, 120, 314, 322

Nachreformära (*siehe auch einzelne Länder und Marktsystem*)
- Debatte um Klimawandel und 125, 207, 239, 451, 530
- Computertechnologie und 439
- Niedergang des Glaubens an den Staat in 326, 505, 539
- Umweltschutz in Europa 61, 83, 252, 445, 448, 450, 504, 524
- Fairness und 61, 211, 446, 448, 524, 526 f., 538
- Verwundbarkeit der Finanzmärkte in 529
- und Misstrauen gegen Märkte 505 f.
- Bevölkerungsentwicklung in 531
NAFTA (Nordamerikanisches Freihandelsabkommen) 352, 545
National Health Service, britischer 29
National Recovery Administration (NRA) 66 f., 73
National Russian Survey 398
Nationale Aktionspartei (PAN), Mexiko 352

Nationale Bergarbeitergewerkschaft, britische 151 f.
Nationale Entwicklungspolitik und Vision 2020, Malaysia 253
Nationale Volkspartei (Kuomintang, Taiwan) 238
nationale Vorreitergesellschaften/-unternehmen 35, 47 f., 96, 108, 179, 182 f., 187, 476, 489
Nationaler Planungsausschuss für Rohstoffe (USA) 74
Nationaler Wirtschaftsrat, USA 415, 506
Nationalismus 122, 190, 213, 230, 243, 252 f., 265, 311, 318, 385, 394, 462, 511
NATO (North Atlantic Treaty Organization) 45, 496, 504
natürliches Monopol 431, 438, 443, 445, 447, 490
Nazi-Deutschland 26, 34, 40 ff., 44 ff., 101, 135, 196, 372, 475, 482
Neokonservatismus 416 ff.
neu entstehende Märkte 203, 205-208
Neue Demokraten 425, 546
neue internationale Wirtschaftsordnung 44, 56
Neue Linke 416
Neue Ökonomische Politik (Lenin), UdSSR 13
neue Wirtschaftspolitik, Malaysia 213
neue Wirtschaftspolitik Nixons 14, 78, 83 f.
Neues Jerusalem 28 f., 151, 572
Neuseeland 188 f.
New Deal 18, 28, 61, 66-69, 71 ff., 75 f., 84, 86
New Labour 166, 499, 546
»New Style of Government, A« (Howell) 154
New York State Public Service Commission 435
New York Times 18, 41
New Yorker Börse 65, 68, 83, 180, 218, 338, 454, 541
New Yorker Zentralbank 80, 101, 175, 198, 419
»nichtmarktmäßige Entscheidungen«, Theorie der 201, 215, 563

Niedergangstheorien (»*declinism*«, USA) 428, 563
Niederlande 102, 105, 474, 493 f.
Nigeria 519
Nixon-Administration 80, 83 f., 421, 431, 449
Nobelpreis 72, 102, 187, 189 f., 194, 196, 200 ff., 544 f.
Nord-Süd-Dialog 121
North American Free Trade Agreement *siehe* NAFTA
Norwegen 181, 491

Oberstes Bundesgericht (USA) 64, 68, 448
Office of Management and Budget (USA) 83, 423
Ölkrisen
– Golfkrieg und 303
– Inflation und 173
– sibirische Ölreserven und 377
– Dritte Welt und 120
– US-Wirtschaft und 85, 119
Opiumkriege 286
Oracle Corporation 314
Ordoliberale 42 ff., 194, 482
Organization for Economic Cooperation and Development (OECD) 223, 235, 307, 576
Österreichische Schule 131, 420
österreichisch-ungarisches Reich 190, 372
Other People's Money and How the Bankers Use it (Brandeis) 64
Otro sendero (Soto) *siehe* Marktwirtschaft von unten

Pakistan 89, 300, 304
PAN (Nationale Aktionspartei, Mexiko) 352
parastaatliche Unternehmen *siehe* Staatsunternehmen
Parlament, britisches 23, 127, 133, 140, 142 f., 160, 499 ff.
Parlament, Europäisches 463, 476, 478
Parlament, indisches 95, 309
Parlament, polnisches 367, 372
Parlament, russisches 390, 393 f., 400, 402, 518
Partei der Demokratischen Revolution (Mexiko) Partido Revolucionario Institucional (PRD, Mexiko) 350
Penn-Central-Eisenbahn 437
perestroika (Umstrukturierung) 378
Permit Raj (Indien) 298
Personalismus 467, 472
Peru
– Fujimori-Regierung in 343-347
– Libertad-Bewegung in 341 f., 344
– Verstaatlichung in 340, 342
– Wahlen von 1990 in 343 f.
– Leuchtender Pfad in 339 f., 342, 345, 347
Peso, argentinischer 336
Peso, mexikanischer 353, 533
»Petrodollars« 176
Petronas (Ölgesellschaft in Malaysia) 213
Pfund, britisches 33, 50, 139, 142, 509
Philippinen 121, 187, 257 ff.
Pilgerreise zur seligen Ewigkeit (Bunyan) 62
planification 36
Planungskommission, indische 95
Platz des Himmlischen Friedens (Tiananmen, China), Demonstration auf 265, 279
Polen
– Schuldenlast von 365, 370
– Gorbatschows Telefongespräch und 366 f.
– Johannes Paul II. und 364
– Marktrevolution in 367 f., 372
– Wahlen von 1995 in 372
– Privatisierung in 371
– Solidarność-Bewegung in 273, 364-367, 369, 371 f., 544 f.
– Sowjetunion und 364, 366 f.
Portugal 109, 476
positive Diskriminierung 83, 251
Potsdamer Konferenz (1945) 21-24
Preisprüfungsamt 73
PRI (Institutionelle Revolutionspartei, Mexiko) 347-350, 353 f., 521
Principes de politique economique (Barre) 334
Privatisierung
– in Afrika 520
– in Argentinien 333, 337

Sachregister

- in Bolivien 321, 360
- der Bolschewistischen Feingebäckfabrik 394
- in Brasilien 357 f.
- der British Telecom 159 f.
- als »Kapitalisierung« 360
- in China 293
- von Conrail 454
- der Erziehung 458
- von ENI (Italien) 49, 179 f., 183 f., 489
- europäische Einheit und 464, 489, 491, 522 f., 525, 527
- Konzept des »goldenen Anteils« und 219
- in Großbritannien 129, 153-162, 164 f., 332, 492, 508
- in Indien 253, 313
- in Italien 179 f., 183, 491
- in den Kommunen (USA) und 14
- in Mexiko 351, 354, 356, 522
- in Neuseeland 188 f.
- in Polen 369, 371
- öffentlicher Dienst und 433, 455
- Regulierung und 260
- Umgestaltung des Staates und 454
- Umstrukturierung und 179, 183, 293, 392, 395 ff.
- im wiedervereinigten Deutschland 492
- in der Russische Föderation 380, 385, 388, 391-398
- »spontane« 369
- Thatcherismus und 153 ff., 165
- Arbeitslosigkeit und 161 f.
- in der USA 329, 413, 454-459
- Gutscheinsystem der 374
- Wohlfahrtsreform und 458 f.

Progressisten 18, 62, 67, 456, 506
Public Interest 417
Punch 92
Radio Liberty 209
Rat für Lebenshaltungskosten (Cost of Living Council, USA) 83
Reader's Digest 193
Reagan, Ronald
- Fluglotsenstreik und 422

Reagan-Administration 418, 423 f., 430, 454
Real-Plan (Brasilien) 356, 522

»regulatorische Vereinnahmung«, Theorie der 430
Regulierung öffentlicher Versorgungsunternehmen, Gesetz zur (USA) 70, 444 f., 542
Regulierung
- Carter und 434
- Niedergang der 40
- Eisenhower-Regierung und 75
- Umwelt- 449
- Flexibilität und Probleme der 155, 181, 255, 490, 510
- Goldstandard und 33, 50, 415
- Weltwirtschaftskrise und 25, 421
- Inflation und 431
- Kennedy-Administration und 17, 420
- Landis und 76
- Zivilklagen und 452 f.
- Skandaljäger und 448
- New-Deal-Ansatz der 18, 28, 61, 67, 71 f., 75, 84
- Nixons »neue Wirtschaftspolitik« und 78, 83
- System handelbarer Rechte und 451
- Trusts und 63 f., 67
- Lohn- und Preiskontrollen und 14, 82, 84
- *siehe auch* Deregulierung

Reinventing Government Initiative (Al Gore) 454
»Reise nach Süden« Deng Xiaopings (China) 281 f., 285
Renault 35, 489
Republikanische Partei (USA) 414, 546
- Schließung der Bundesbehörden und 410 ff., 426
- Wahlen von 1992 und 426

Reuters 212
Reynolds 115
Römische Verträge 55, 476, 543
»Roofs or Ceilings? The Current Housing Problem« (Friedman/Stigler) 198, 554, 575
Roosevelt Franklin D.
- »vier Freiheiten« von 99

Rote Garden 268
Royal Institute of International Affairs 101
Royal Navy 30

Ruanda 519
Rubel, russischer 379, 388, 390, 394, 399, 405
Rumänien 368, 479, 545
russisch-japanischer Krieg 22
Russland
– Russische Föderation 380, 385 f.
– Bankenoligarchie 401 f.
– Tschetschenienkonflikt 399
– Verbrechen und Korruption in 400 f., 403 f.
– tschechisches Modell und 393
– Bürokratie von 392
– Lushkows Aufstieg in 396 ff., 406
– Mafia in 389, 397, 400
– neue Unternehmer in 387, 392, 397, 403
– Wahlen von 1996 399 f.
– Opposition gegen Reform 388, 390, 392, 395
– Privatisierung in 388, 391-399
– Börse in 402, 533
Sambia 112, 120
Samsung 231
»Santitätsstaat« 29, 541
Saudi-Arabien 119, 470, 544
Savannah 18
»Scheitern des Marktes« 14
Schmidt, Helmut 421, 470, 482, 496 f.
– Notwendigkeit einer Wohlfahrtsreform 497 f.
Schumanplan 54, 542
Schweden 497, 504
Schweiz 177, 194, 462, 509
Schwer- und Chemieindustrie-Initiative (Südkorea) 231
Senat der USA
– Energieausschuss des 446
Sibirien 154, 210
Silicon-Valley 210, 314, 428
Singapur 187, 245-250, 252, 254, 257, 262, 283, 287, 304, 525, 530
Skandaljäger (*muckrakers*) 62, 448
Slowakei 373
Solidarność 273 f., 364-367, 369, 371 f., 544 f.
Sonderzonen, wirtschaftliche (China) 278, 280 ff.

Sony 219, 542
Sowjetunion, ehemalige 14, 202, 385, 530
Sowjetunion
– August-Putsch und 387
– Berlinblockade durch 45
– Planwirtschaft in 290, 384
– Zusammenbruch der 306, 363, 424
– Kommandowirtschaft der 9, 26, 374 ff., 380, 407
– Tschechoslowakei und 378, 381
– Gorbatschows Reformen und 378, 385
– ungarischer Aufstand und 55
– Indiens Wirtschaft und 95, 103, 306
– japanisches Modell und 216, 384
– Übergang zur Marktwirtschaft der 9, 384 ff., 403
– militärisch-industrieller Komplex 376 f., 386, 388 f., 395
– Nkrumahs Besuch in 116 f.
– polnisches Modell und 385, 393
– als Wirtschaftsmodell der Nachkriegszeit 90, 277, 306
– Sputnik und 57, 362, 389
– Jawlinskij-Plan und 383 ff.
– *siehe auch* Russland, Russische Föderation
Sozialdemokratische Partei, britische 150
Sozialdemokratische Partei, deutsche 41, 46, 482
soziale Sicherheit 12, 33
Sozialismus
– »afrikanischer« 113
– »ethischer« 501, 565
– fabianischer 27, 301, 307
– *planification* und 36
– Umverteilung von Reichtum unter 505
Sozialistische Partei, französische 466, 468, 473
Spanien 476 f.
Spanischer Bürgerkrieg 537
Sparkassenskandal (USA) 442
Sprint 440
Sputnik 57, 362, 389
Sri Lanka 302
staatliche Kohlegesellschaft (National Coal Board, Großbritannien) 152
Staatliches Komitee für das Management

Sachregister

von Staatseigentum (GKI, Russland) 391
Staatsunternehmen
- chinesische 284, 288 f., 292
- Entwicklungsökonomie und 107, 112
- Giscard über 490
- Humankapital und 108
- indische 299, 313
- Mängel der 313
- Dritte Welt und 106

Stadt und die Hunde, Die (Vargas Llosa) 341
Stagflation 173, 176, 201
Stalinismus 13, 376, 380
Standard Oil 64
Südafrika, Republik 520
Sudan 519
Südkommission 307
Südostasien 11, 121, 254, 258 ff., 306, 514, 546
Suez-Krise 54 f., 542
Syrien 119

Taiwan 187, 237-245, 249 f., 254 f., 257, 259, 262, 342
Tansania 112, 307
Tante Julia und der Kunstschreiber (Vargas Llosa) 341
Teapot-Dome-Skandal (USA) 65
Technologie
- Deregulierung von AT&T und 438 ff.
- Marktsystem und 219
- im 19. Jahrhundert 18

Technopolitiker 327, 351
Telekommunikation 30, 209 f., 312, 351, 356, 360, 508
Tennessee Valley Authority 69, 106, 542
- als Modell für die Weltbank 106
»Tequila-Effekt« 353, 533, 546
Texas Instruments 249
Thailand 187, 204, 250, 256, 258 ff., 262, 530
Thatcher Foundation (Thatcher-Stiftung) 166
Thatcher, Margaret
- Hintergrund von 141-145
- Centre for Policy Studies und 167
- konservative Philosophie von 144 f.
- von Hayek und 131 f.
- Joseph und 17, 125, 130, 132, 136
- Führungsstil 146
- Nachfolge durch Major 164

Thatcherismus 136, 151, 153, 166 f., 499
Thatcher-Revolution 20, 132, 150, 189, 479, 499, 501
»Thatchers Gesetz« 149, 167
Theorie der ethischen Gefühle (Smith) 147
Time 78, 543, 546
Times (London) 134
Tokioter Börse 218, 545
Tokioter Universität 222 f.
Torys *siehe* Konservative Partei britische
Totalitarismus 42, 52, 143, 467
Treuhandanstalt 491
Tschechische Republik 373 f., 379
Tschechoslowakei 299, 368, 372, 378, 381, 479, 545
Tschetschenien-Konflikt 399
Tsuschima, Seeschlacht von 120
Tupac Amarú 346
Türkei 203

Uganda 122, 520
Umwandlung der russischen Wirtschaft, Jawlinskij-Plan 383, 385, 398
Umweltschutzbehörde (Environmental Protection Agency, USA) 83, 448
unbeabsichtigten Folgen, Gesetz der 416
Ungarn 365, 368, 382, 479, 542, 545
United Malay National Organization (UMNO) 252
UN-Wirtschaftskommission für Lateinamerika (ECLA) 322, 325
USA
- Debatte um ausgeglichenen Haushalt 426
- Chicagoer Schule und 195-198, 200
- Clintons Programm zur Defizitverminderung und 411, 426
- »Vertrag mit Amerika« und 410, 426, 546
- Deregulierung in *siehe* Deregulierung
- Bildungsreform 458
- G7-Wirtschaftsgipfel und 428
- Einkommensungleichheit in 26, 452, 527

- Erfolg der Inder in 307 f.
- Inflation in den 70er Jahren in 14, 79, 81, 83-87
- Besetzung Japans durch 217
- Stützung Mexikos durch 175
- NAFTA und 352, 545
- Gesamtverschuldung der 424
- neokonservative Bewegung in 418
- Nachkriegshilfe durch 42
- Nahrungsmittelkrise und 42
- Privatisierung in 454-458
- *Reaganomics und* 415
- Regulierung in *siehe* Regulierung
- »Explosion der Rechte« 457 f.
- Sparkassenskandal in 442
- Angebotsökonomie und 423
- Volta-Fluss-Projekt und 116
- Wohlfahrtsreform in 458 f.
- *siehe auch* einzelne Regierungsbehörden Ministerien und Personen

Venezuela 119, 544
Ventotene, Manifest von 461 ff.
Vereinte Nationen 119
- ECLA 322, 325
- Gruppe der 77 121
- Block der Dritten Welt 119

Verfassung der Freiheit, Die (von Hayek) 144, 194
verflochtene Welt 506
Verfügung 888 446
»verlorenes Jahrzehnt« 521
Versailles Konferenz von (1919) 36, 50, 265, 373, 541
Verstaatlichung
- im faschistischen Italien 47
- von Ölförderkonzessionen 119

»Vertrag mit Amerika« (USA) 410, 426, 546
»vertragliches Verantwortungssystem« (China) 276
Vichy-Regime, Frankreich 34 f.
Viererbande (China) 268
4.-Mai-Bewegung (China) 265, 541
Vietnam 109, 257, 260
Vietnamkrieg 77, 79, 85, 117 f., 257, 460
Virginia, Universität von 201, 415
»Vogelkäfigthese« (Chen Yun, China) 273
Volcker, Paul
- Ernennung durch Carter 419

- Kampf gegen die Inflation durch 420, 423, 425

Völkerbund 37
Volkswagen 489
Vollbeschäftigungsgesetz (USA) *siehe* Beschäftigungsgesetz
Volta-Fluss-Projekt 114-117
Vorsorgefonds, zentraler (Singapur) 248
Wahlen britische
- von 1945 29 f., 151, 499
- von 1956 127, 133, 136, 143
- von 1974 129, 134, 144
- von 1979 153
- von 1983 150, 500, 545
- von 1997 166, 499, 502

Wahlen USA
- von 1912 64
- von 1960 76, 79
- von 1972 79, 81, 83
- von 1976 85
- von 1980 414, 419
- von 1992 426
- von 1996 412

Warschauer Pakt 480
Washingtoner Konsens 325 f.
Watergate 83, 432, 460
Weg zur Knechtschaft, Der (von Hayek) 132, 147, 192, 542
Weimarer Republik 481
Weltbank
- Gründung der 53, 104 f.
- Rolle der 104 ff.
- TVA als Modell für 106, 551

Welthandelsorganisation 496, 546
Weltkrieg, Erster 18 f., 27, 34, 36, 43, 50 f., 53, 73, 159, 190, 194, 363, 372, 420, 455, 475
Weltkrieg, Zweiter 13, 16, 22, 28 ff., 34, 37, 46, 48, 52 ff., 57 f., 73 f., 84, 91, 99, 101 f., 122, 135, 154, 172, 192 f., 202 f., 238, 322, 348, 365, 383, 460, 492, 539
Western Union 438
Westinghouse 219, 542
Wetteramt (USA) 409
Wirtschaftsrat (USA) 415, 506
Wohlstand der Nationen, Der (Smith) 147
»Wohlstandsschaffung« 57
World Development Report 202

Wuxi-Konferenz (1979) 272

YPF (Argentinien) 337, 546

Zaire 122, 519
Zentralbank (Federal Reserve Board, USA) 175, 198
– Volckers Ernennung zum Präsidenten der 14

Zentrales Institut für Mathematische Ökonomie (Russland) 380
Ziegelstein, Der (El Ladrillo, Chile) 328 f.
Zinsraten 426 f., 481, 533
Zivilcourage (Kennedy) 76
Zivile Luftfahrtbehörde, CAB (USA) 433-436, 570
Złoty 369
»Zweite Linke« (Frankreich) 46

Bildnachweise

Archiv-Fotos: 21, 26, 29, 34, 35, 39, 45, 48
Corbis-Bettmann: 3, 4, 5, 6, 7, 8, 9 ,10, 11, 13, 14, 15, 23, 25, 28, 31, 32, 33, 36, 37, 38, 40, 42, 43, 44, 46, 47, 53, 54, 55, 56, 61, 63
DPA (Deutsche Presse Agentur): 62
HIID Archive, Tony Loret: 41
Hulton-Getty/Tony Stone Image: 1, 2, 16, 17, 18, 19, 20, 30, 51, 52, 57
Photo Researchers: 24
Reuters/Corbis-Bettmann: 60
SYGMA: 22, 27, 49, 50, 58, 59
Time-Life: 12

Den Beruf des Spekulanten bezeichnete Kostolany als den schönsten Beruf der Welt. Mehr als 70 Jahre lang übte er ihn aus – und das mit allergrößtem Erfolg. Denn von Anfang an war ihm klar: Wer an der Börse gewinnen will, muß immer genau das Gegenteil von dem tun, was alle machen. In seinen Büchern erzählt Kostolany Lehrreiches über Gewinn und Verlust und erläutert mit Witz und Scharfsinn alles, was man über die Börse und ihre gnadenlosen, aber logischen Gesetze wissen muß.

Kostolanys drei erfolgreichste Bücher als Sammelband

Der große Kostolany
mit zahlreichen Abbildungen

Econ | Ullstein | List

Das Internet ist längst nicht mehr nur eine Spielwiese für Computerfreaks und Techno-Kids. Sein professioneller Gebrauch ist für Unternehmen mittlerweile schlicht und einfach eine Frage des Überlebens. Der Internet-Experte Tim Cole beschreibt die Vorteile des »direkten Drahtes« zu Lieferanten, Vertriebspartnern, Beratern und vor allem zum Kunden. Überzeugend legt er dar, wie Vernetzung die Wettbewerbsfähigkeit sichert, die Kultur des Unternehmens ändert und die Beziehungen nach außen revolutioniert.

Ein strategisches Meisterwerk für den Erfolg im Internet!

Tim Cole

Erfolgsfaktor Internet
Warum kein Unternehmen ohne Vernetzung überleben kann

Econ | ULLSTEIN | List

Sagen Sie ja zum Erfolg!
Wohl jeder Mensch will im Beruf
und im Privatleben erfolgreich
sein – und laut Jürgen Höller,
von der Presse »Mr. Motivation«
getauft, kann er das auch! Der
europaweit berühmte Erfolgstrainer verrät in diesem Buch
Wege, die zum Spitzenerfolg
führen. Eine absolute
Pflichtlektüre nicht nur für
Führungskräfte, sondern für alle
Menschen, die ihre persönlichen
Ziele verwirklichen wollen!
Mit praktischen Fallbeispielen
und Übungen.

»Jürgen Höller ist Deutschlands
Erfolgstrainer Nr. 1.«
ZDF, »Heute Nacht«

»Daß an der Erfolgsstrategie
etwas sein muß, beweist er in
eigener Person.«
FAZ

»Deutschlands
Motivationspapst.«
Bild

Jürgen Höller

Sicher zum Spitzenerfolg
Motivationsstrategien und
Praxistips

Econ | **Ullstein** | List

Ein geringes Startkapital an der Börse zu 20 Milliarden machen – wem würde das nicht gefallen? Warren Buffett, einer der erfolgreichsten und medienträchtigsten Anlageprofis, hat es geschafft. Seine Schwiegertochter Mary Buffett hat die Techniken des Börsengurus aus nächster Nähe studiert und verrät anhand beeindruckender Fallbeispiele, Rechenmodelle und Unternehmensanalysen die Geheimrezepte von Warren Buffett.

Ein Buch, »das jeder an Aktien Interessierte mit großem Gewinn lesen wird«.
Die Welt

Mary Buffett / David Clark
Buffettology
Intelligent investieren an der Börse mit Warren Buffett

Econ | **ULLSTEIN** | List

Unternehmerische Spitzenleistungen in Europa werden angesichts der großen Konkurrenz aus den USA und Asien oft übersehen. Robert Heller präsentiert europäische Unternehmen, die auf ganz unterschiedliche Weise erfolgreich umstrukturiert wurden – gemeinsam ist ihnen nicht nur der Wille zur Erneuerung, sondern auch die Fähigkeit zu schnellem und flexiblem Handeln. Mit zahlreichen Beispielen von Erfolgsfirmen wie Adidas, Bosch, Ericsson und Siemens

10 Schlüsselstrategien für unternehmerischen Erfolg

Robert Heller

Auf der Suche nach Spitzenleistungen in Europa
10 Schlüsselstrategien europäischer Top-Unternehmen

Econ | Ullstein | List

Politik und Gesellschaft

2. Auflage, 2000. 424 Seiten
ISBN 3-593-36541-3

Der Kapitalismus ändert sich radikal – und mit ihm unser ganzes Leben. In der neuen Access-Ökonomie wird dauerhafter Besitz immer unwichtiger. Alles muss kurzfristig abrufbar und extrem flexibel sein. Zugang, Zugriff, Acess – das ist die elementare Formel für das kommende Zeitalter. Jeremy Rifkins brilliante Analyse zeigt uns eine Zukunft, die schon bald Wirklichkeit sein kann.

»Rifkin liefert so viele Hintergründe zur Neuen Ökonomie wie sonst keiner.«

manager magazin

Gerne schicken wir Ihnen unsere aktuellen Prospekte:
Campus Verlag · Kurfürstenstr. 49 · 60486 Frankfurt /M.
Tel.: 069/97 65 16-0 · Fax - 78 · www.campus.de